自分を見出せない人々

岡木愚山人 著

鉱脈社

目次

自分を見出せない人々

I

第一章

閉じた世界から開かれた世界へ

「月日は百代の過客にして、行きかう年も又旅人なり」と芭蕉は「奥の細道」を書き出した。芭蕉にとっても、月日は飛ぶように過ぎ去って行くものであったろう。そのことは誰にも変わるまい。しかしこの物理的時間は度外視されて自己の内を生きる魂がある。それは命に添うており、月日を知らない。芭蕉は魂の持つ時間に気付いていた。野之宮定一の時間に対する自覚は、青年の時に聞いた父のずっと上の姉、叔母の言葉から始まった。

「これまでの人生を振り返って、何にもこれということをやった気がしない。ただぼんやりとして思い出すだけ」

叔母は信仰の人であった。父の家系は浄土真宗の信仰者を出してきた。定一が知る叔母は心から敬愛の出来る人であったから、この言葉は少なからず彼を驚かした。この叔母をしてそうなら、人は一般にそうして人生を終わるのだなと知った。彼が小説を三十になって書き出したのも、また家系の伝統的宗教に入っていったのも、こういうことと無関係ではあるまい。この「ぼんやりとしてしか思い出せない人生」に対する抵抗は、生涯における課題であり続けたということである。

停年とは一体何だろうか、そして停年後の生活はどう生きることで意義あるものとなるのだろうか。ここには重要な問題がある。この問題は不明のままであってはならない。定一は停年と同時に早朝の書くことを再開した。小説は三千枚を超えた、そしてある事件によってそれは中断され放棄された。その時二年半が過ぎていた。彼は自分の中の通俗性、無自覚性を思い知らされて、書いてきたものの無価値を感じた。そしてすぐにそういう世界ではない、もう一つ別な世界はないだろうかと思った。それはすぐに書き始められた。言ってみればそれは「開かれていく世界」であった。彼は「世界を開いていく行為」を書いたのだった。そうやって更に四年が過ぎて、完成することはないのではなかろうかと思っていた小説は終わった。それは四千枚になっていた。終わった後、彼の書くという行為は中断した。

始めは、書かないことは何か充実感のない、一日の意味を薄めるものに覚えさせたのだが、やがてはそういう感覚も少なくなっていった。彼の朝の時間、多くの人達は眠りの中にある間の活動の意味は、この六年半の間にも変わっていったようである。書くこと自体が停年後の生活の意義を象徴するものではなかった。朝の時間は重要ではあったが、昼間の時間はもっと重要なものに覚えだしたのである。彼は生活そのものに重点を移したいと思った。

停年とはそれまでの人生の実績を全て空っぽにすることである。金も地位も仕事の実績も捨ててしまうことであった。この空っぽになった自分という入れ物に新しいものを詰め込んでいくのが、停年後の生活ということである。このことに大きな醍醐味を感じだした時、六年半の歳月が過ぎていた。

それでは、朝の時間にどんな意味があるのだろうか。一貫して変わらないのは、反省の時間であるということだった。書くにしろ、読むにしろ、日常の時間は反省されていたということである。反省的思考は人間の持つ本能の中にもあるものであろう。しかし世間の中で生きているだけ、ただ世事に追われているだけの生活ではこれは生まれにくい。彼の朝の時間はペンを走らせ、頭を使うだけである。だがどんなに彼が小説書きに熱中していたとしても、日中に起こったことが無意識の内にも反省されている。それにまた、過去の時間をあれこれ考えるのは、単に思い出を蘇らさせるだけではない別の意味を持つ。思い出すだけなら、日本の歌謡曲の持つ機能と同じだ。過去の時間はこういう思い出だけのためにあるものではない。これとは全く違った後悔という作用を持つ。すなわち過去の時間には、道徳性の内容が一杯に詰まっているのである。反省は遠い過去にだけ求められない。ある意味で時間は一つだ。昨日と今日の事が一緒に考えられている。机に座った数時間の間に、今の問題にも反省が加えられているのである。今の定一には、この反省ということに朝の時間の最大の意味があるように思えるのだった。

叔母が言った「ただぼんやりとしてしか思い出せない過去、これといって自分が何かをやり、生きたという感情を生み出さない過去の時間の集積」ということは人間における時間の一つの姿であるかもしれないが、別の、単なる受動的な思い出ではない。能動的な記憶がある。定一が求めた過去の時間はそういうものであることになろう。人間だけが過去の記憶を持つものである。動物には断片的なものに過ぎまい。となると人間が過去の記憶を持つということには何かの可能性が含まれている。それを再創造という篩《ふるい》にかけない限り生の意味は見えないと定一は思う。どんなに有効であったように思える時間も、叔母の言ったような何かわけのわからないものに変質してしまう。それを人々は思い出と呼んでいる。それは歌謡曲を聞いている時の、とめどもなく流されている感情の中に典型的にあるものだ。

しかしそうなってくると、昼間の時間がどんなに重要だと言っても、その時間の質を十分に掌握出来ないことになる。「真実の生活」というようなことが言葉だけに終わってしまう。『どうしても書かなくてはならない』という思いが蘇ってくる。これは基本的には三十歳の時に覚えたものと同じもののようである。文学の持つ本質がこういう点にあるように見える。

停年して六年半が過ぎたということにはもう一つの重要なことがある。その分老いたという物理的事象である。この時間の意味は大きい、その分老いた。そしてこの老いは、死と同様に彼の生の主題である。彼は日々の生活でそれに出合う。主題であるとは、それに対して深い興味を持つということだ。彼は縁あって地域の老人会の会長をやっている。このこともまた、死と老いの問題を手近に見させる。彼は老いて死の現実をもっと深く知りたいと思う、知り過ぎて過ぎることはないと思う。死を知らずして、この生はない。それは彼の直観であり続ける。これも六年半が生んだ一つの結果である。しかしここにも時間の問題がある。時間とは物理的でありながら、他面、形而上学的意味を持つ。定一が老いと死をテーマにするのには後者の意味がある。年齢とか、暦の日月で数えれば有限で飛ぶように過ぎていく時間も、人間の魂の内なる知性で捉えれば無限の質を持つ。これに気付いていたのは最初にあげた芭蕉のような人であり、宗教家である。人間の問題は、全て時間の問題に集約されるのかもしれない。

その年もあとひと月を残すばかりだった。野之宮定一は自分の書いている小説を考えていて「もう一つの世界」があるのではなく、「世界を開いていく行為」があるばかりだと思った。そうやって自分の宗教も文学も、歴史・文化・文明観も日々新しく開かれて、新しいものになっていくばかりだということである。自己にとって既定のものはないのである。御堂を出て仏教を実践するという意味はそういうことだった。小説はここで終わりとしてよさそうだなと思った。彼は初めて、自分の小説が終わりに近いことを感じていたのである。

彼はそう考えたが、ここには壮大な人生のテーマが表現されている。「新しい、自分の仏教の確立」というテーマである。現代を生きる仏教という視点である。しかし一面これは当たり前のことである。何故なら人はいつも今を生きる存在だからである、そうなら今の仏教があるばかりである。それは歴史についても言える。彼は寺にも、僧にも依存しない。今を生きる自分に必要にして意味ある仏教を自己の内に確立したいと思うばかりである。仏教はそうやって二千五百年の歴史を生きてきた。龍樹の仏教も、善導の仏教も、親鸞の仏教もそういうものだった。そんなことを考えているためであろう、翌朝こう思った。

『とても大事な時間が過ぎていく気がする。ヒントはすぐそこにある。それを掴んで飛躍しなくてはならない。現代に仏教がなくなったと嘆いているばかりではだめなのだ。仏教の中に現代がなければならぬ。それを単的に表現するのは自己の体験的仏教だ。何故なら、この自己こそ現代を生きて仏教を捉えるものだからだ。この自己における仏教の姿を表現し、創造し、深めなくてはならぬ。それは新しい仏教を生むことだ。これが数日来、自分の中で生まれようとする概念だった。自己が日々に新しくあるとすれば、自己の中の仏教も日々新しくなる。そうやって、人生も経験も思想も宗教も新しくなっていくばかりである』

しかし現代を生きて捉えた仏教像を確立したいといくら思っても、あるのは日暮らしの時間ばかりである。その日は薬膳料理教室に妻と行った。この時間はいつもすこぶる楽しい。自分の義務のようなものが全くない。自然の素材を使った料理を仲間と一緒においしく食べるだけだ。昼間の内からの、語らいと食事、都会の社会と文化がある。この時間には快楽があるばかりだったろうか。そういう気はしない、こんな時間にあっても何かを求めている気がする。どんな時間でも何かを求めている、悪い時間などない。柔軟な気持ちで時間を、人を見詰め、得るべきことを求めている。その日は昼に食事を取ったから夕食はしない。一日二食は習慣化されて三年以上になる。昼に食べても夜は食べないことで、体が軽い感じに戻る。一日を食べ尽くしで終わらないことで、やっと夕方に精神的な充実感が戻ってくる。そこに我慢とか誠意が働いている。そんな時に知人の大工が尋ねてきた。年の瀬の挨拶に早い歳暮を持ってきた。この大工は定一の家に起こるあらゆる物理上の不具合や改善についての相談相手である。今年は門に大きな改造を加えて、家の入口の印象を一変した。植栽も豊かになった。しかしそういう彼の職業としての関係に終わらない、人間的な関わり合いがある。それは多少うざったい。大工は最近、妻子を置いて定一の近くに越してきて、一人で住んでいる。そうした家庭の問題を持つ彼に定一は知らんふりの出来ぬ性格である。こういう家庭問題にはその人間の持つ特質が強く表われている。道徳的問題と言っていい、そして人生を大きく左右することになる。定一はそれ故に無関心ではいられない。

だが夫婦の関係というのは他人が何かをしてやれるものではない。となると結局はうっとうしさが付き纏うことになる。こうした家庭の問題には時代の世間の姿が特徴的に映し出されている。問題が発生してくる原因は一様ではない。しかしそれが道徳的問題によるとするなら、普遍的なものがある。それは生き方の問題、生の意味と深く関わるものであるということだ。定一の関心はそこにある。夫婦の関係を、従って家庭を維持しえないものが、大工のビジネスを安定的に維持するのは難しいように見える、例え腕は良くともである。だがここには昭和という時代の相が見える。日本の女を駄目にしたのは昭和という時代であるように定一には見える。その女を駄目にしたのは男でもある。それでも、戦後のアメリカ的な文化や法律の流入は女の方により大きな影響を与えたのは間違いがない。そしてこういうことが家庭の問題に留まらず、あらゆる分野に気付かれることなく侵入しているのである。

その夜の明け方に夢を見た。夢は彼にとって考えるための重要なヒントを与える。夜が明けかかっていて人の影を見た。それも夢の中でのことだ。鞄《かばん》を崖の下に取りに戻った。その朝帰りに直接の罪は見えなかった。しかし朝帰りの持つ後ろめたさはあった。きっと夢はおまえには懺悔《ざんげ》すべきことがあるのだと、教えるものだった。「教行信証」には「いわんや常念を修するは、すなわちこれつねに懺悔する人なり」とあった。この常念とは何であろうか。すなわち人間が持つ常念とは「わが良かことばかりで物事を捉え、考えている」ということである。定一が更なる運命の変転と経験によって自らがそれに気付いてくる時生まれてきたのが念仏である。それは日常的な懺悔である。だがこの時の定一はこう思った。

『この末法の世であってみれば、自己を驕《おご》るような時でも場でもない。人類の未曾有の危機は迫っている。仏はそれを予言したのだ。人の愚なるを知りぬいていた。「末法一万年には衆生減じつき、諸経ことごとく滅せん」とは人類の消滅を言ったものだ』

彼はそういう消滅に向かって確実に歩いている人類を見る。夢というのはすごいものだと思った。全人格に向かって異を称え欠けたるものを示す。そこには仏もいるようだった。この場合の仏とは意識の届かない、自己の計らいからは完全に離れた所にいるものだった。夢というものがそういう自分の意識とは離れたところから、自己に向かって呼びかけることにすごさがあった。

人間にはいつも懺悔が必要だということはつねにそこに非善が存在するということだった。定一はそれを増上慢の角と表現する。小学校の一年の時の先生に寺で会って「私はいつか気が付かない内にこの骨が生えてくるので、ここへ来て角を折って貰わなくてはならないのです」と言ったのはこのことだ。説教が教えることを夢も教える。

ベルクソンが言うように、道徳的意識が自分の持つ本質的で原初的なものだとすれば、それは寺で説教を聞いている時間とか、夢の中の時間に教えてもらうより仕方のないことかもしれなかった。しかしこれが他人の指摘によって起こることもあった。自治会長をやって一年が立った時、I氏によって厳しく処断されるということが起こった。定一はI氏の見方を受け入れた。I氏は「会長のやり方は専制的だ」と言ったのだ。これを彼は自ら認めたことで、大きく変わったのだ。変わったけれど、再びこの「自己尊大」は頭をもたげるだろう。それが起こると、自分の考えが言い繕われ、強弁されていくのである。人間の悪の根元が断ちがたいことを、仏はしっかりと教えている。夢の中にも仏がいるように思われた。

定一は書くことを含めた朝の作業が終わって、前日のちょっと奇妙な出来事を日記にまとめてみた。こういうことも書くのと書かないのでは記憶に大きな違いが見える。書くことは意識となって表面にまで出てこないものを露出させるからである。

何かちょっとしたものを作ること、工作は彼の日常的行為の範疇《はんちゅう》にあるものである。小学校四年になる男の子が「おじいちゃんは作る人」と言うのはもっともなことである。机の前のベランダに作った温室は彼の手になるものだ。畳一つくらいの広さである。始めはホームセンターで出来合の物を買うことも考えたが、全部を自分の手でこしらえた。書斎と一体なので夜間ガラス戸を開けておくと外の温室の温度の下がりが少ない。ここで霜と寒さとそれから冷たい風を嫌う鉢植えの植物達は冬を越す。二年前に温室を少し広げる作業をやった時に、薄いアクリルの板を破いてしまった。彼の悪い癖が、意に従わぬ物を強引にやってしまう癖が出たのだ。その年は破いたままにしておいた。そして次の一年も。しかし昨日それに遂に手をつけたのだ。この破れを塞ぐ作業は大変なものだった。

全部を交換するのも考えたが、木を使うことを思いついて取り掛かった。やり始めて、なかなかうまくいかないことが分かる。これはどうやってもだめかなと思った。しかし分かったことは受け入れてそのままやることと、そうしなくてはならぬと必死に思っていた。何度もやり直しながら、表に出たり裏に戻ったりするのを嫌がらずに繰り返す。電気ドリルも動員する、延長コードも使う。この木は始めに両端を固定したのではだめなのだ。だがそうやってあるところから好転し始めた。仕上がりは予想以上だった。これで二、三年はもつだろう。このことがあって、この日は一日中明るいものがあった。何か、生の要点みたいなものを摑んだ。教わった気がした。せっぱつまっている時間の中で機を摑む、待ち摑むという感覚である。世は不可能性に満ちているなと、その時思った。昔も今もそうなのである。アクリルの成形された一枚の板にはたくさんの歪が蓄えられている。破れて一旦その強制から解放された歪の力は始めの強制下には戻せない。だから不可能の内にあるということになる、それと戦って最小限にするということしかない。それが人の仕事ということになる。そういう努力をすなおに続けて機を摑むのであろう。このことは、妻と午後に出掛けた寺でも起こった。その日は月始めの日曜日、恒例の法話会の日であったのだ。

僧の説教を聞いている間、この若い僧ではだめかなと思っていた。しかしそのだめなところを表現する言葉はない。考えてみればそれはアクリル板と格闘していた時間と似ている。Mさんが発言して、H先生が発言した。Hさんはもうかなりの年の、しかし現役の町医者である。定一は何かを言いたかったが言葉がなかった。

そういう間彼は眼を瞑って考え続けていた。ふと聞いたMさんの言葉が、自分に与えられた機を生んでいた。今をどうやって生きるかが大事だと、彼は言ったのだ。定一は少しの間を置いて発言した。

「今をどうやって生きるかが大事だが、これをつきつめつきつめていくと、浄土がないと堪らないんですよ」

彼の言葉には若干の怒りが籠もっていた。向こうの三人はどきりとして身を引いたと後に横にいた妻は言った。彼の意味を理解したのだと言った。「頭のいい人達だ」と彼女は何度も言った。定一は体験から発言し、それを彼等はすぐに頭で理解したと言うのであった。それで彼はこんなことを思った。それは翌朝のことである。

『考えてみると、親鸞が生きた鎌倉時代の貧しいそして厳しい環境は今はない。それに僧というものは食べることには困らなかったと思われる。今の僧も困らない、そして向こう側の三人も困らない、自分も困らない。エリートばかりである。その私を含めた四人が仏教を語る。これが法話会の中心メンバーだ。本当に貧しい者達は今の世にも実は多いのだろうが、こういう場には出て来ない、人生の悩みを持つ者は来る。

こんな風に考えると、仏教が現代を生きるということで考えなくてはならぬことは多い。今の仏教は豊かな者だけに向けられているのかもしれない。ワーキング・プアと言われる若い人々に向かっても問われるべきなのかもしれない。夜半の夢はそういうことを告げて、驕りへの警告としたのかもしれない』

驕りというものは、人から無くなるということはない。「自己尊大」は人間から消えない。そこに始めから人類の持つ危機がある。釈尊は人間の悪を説いて、そこからの離脱を遂げる者は殆どいないという社会の事実を知りぬいていた。社会に対して無用な期待を抱かなかった。人間の本質が知り抜かれていた。

定一の午前中のアクリル板との格闘と、午後の御堂での時間には共通するものがなかろうか。アクリル板の破れを補修し完成しようとさせるものは何か。そこには「責任」ということと、「責任に対する自由」という二者がある。自由ではあるが、責任を負わなくてならぬということになると、二律背反が起こる。定一はこの時自由ではあるが責任を取らなくてはならぬと捉えている。そこに自分の願いがあるからである。願いは道徳性である。自由が道徳的行為の存在根拠となっているのが見える。しかし実行ということにはなかなか難しいことがある。技術的不可能ということもある。

これは彼の一つの小さなトライアル（試行）であった。この場合不可能ということはなかった。買い換えればすむのだから。だがこれが命の問題とか、自然破壊の問題となるとそうはいかなくなる。定一は今の自分達の生が、絶えずこのアクリル板との格闘下にある時間にあるものと同一のものに覚えたのだ。定一の御堂での発言はそういうことに触れていた。わが身はどこまでも現実にありながら、心は絶対の世界を求めずにはおれないということである。それは二つの世界を求めた彼の出発点であった。それは全てが、行為とか生活が二つの世界を持つことを意味するものであった。

この日彼はもう一つの行為、読書を夕方にこなした。本は『西谷啓治著作集』の第十八巻である。その本の中で定一が捉えたのは、清沢満之の言葉である。

「如何に推考を費すと雖も、如何に科学哲学に尋求すと雖も、死後（輾転生死の後）究極は、到底不可思議の関門に閉ざさるものなり。啻《ただ》に死後の究極然るのみにあらず。生前の究極も亦絶対的不可思議の雲霧を望見すべきのみ。是れ吾人が進退共に絶対不可思議の妙用に托せざるべからざる所以。（後略）」

そして更に次の言葉を引用する。

「只だ夫れ絶対無限に乗托す。故に死生の事、亦憂ふるに足らず」（『西谷啓治著作集』第十八巻　創文社刊）

絶対不可思議の妙用、絶対無限に乗托すとはどういうことだろうか。これを命の問題について考える時、これを可能と捉えるも、不可能と捉えるも、念仏の内に昇華させるよりないのである。だがこの真摯な念仏は生を諦めるものでも、死をただ悔やむものでもない。そこには自然の因果に反抗する上昇する精神的な動的なエネルギーが生まれているのである。それはカントが言った三つの概念、自由・神・不死に関わることである。清沢の言うような生を理念的な生と言うことも出来る。そういうことが定一の中に生きているから、清沢の言葉に引かれるのである。そしてそれは運命が彼に経験を与える時、より深い洞察へと導くのである。

定一の一日が肉体の活動と、聞くことと、読むことと、早朝の時間の記憶のより明確な意味を知ることに費されたものであったことが知れる。これを持続させるのは肉体の力であった。肉体を通して知性の源となるエネルギーが生まれているということである。この力は更に翌朝へと思考を進めた。

彼は清沢のことを考えて、普通の人とはどこか違う人生を送った人だな、と思った。

『それは自分ということに重きを置かないところから来るのではないか。だがそう考えても清沢のことが分かったわけでもない。清沢を理解するには親鸞を理解するのと同じ比重をかけなくてはならぬ。全集本を揃えても手が付かない。人はそういう存在を幾人か持っている』

もしそうやって人生が終わるなら味気ないものだった。そういうことは人間のこと以外にもたくさんあるのである。しかし定一は変わりつつあった。そのかぎは清沢に感じた「自分に重きを置かない」ということにある。自己というものが計らいであることをよく知っていた人だということである。このように気付いていくということは、人間というものが利己主義ということを離れていかないと本当のことはなかなか出来ないということに近い。世界を変えるというようなことにはどうしてもそういうことが必要なのである。

彼はその日、鉢やプランターを温室に入れた。十一月は霜の降りる季節である。この植物達は来年の三月いっぱいをここで過す。こうやって何年も元気な植物がある。多くは人から貰ったものだ。孔雀サボテンは小さな花芽を一杯に着けている。夏の間は木の下に時々水をやるぐらいで放ってあるのだが、この季節になると見事に活気を呈す。アロエも幾鉢かある。蘭も名前は知らぬが幾つかある。彼にとってはともかくも死なさないことである。植物を温室に入れると机の前が明るく、生き生きしたものに変わる。夏の間は夏炉に当たるものが収容されているだけだが、冬は生物が陽を求めて華やぐ。しかし夏の温室にも役割はある。乾燥室となるのだ。畑の野菜の種子もここで乾かす。蕺草《どくだみ》などの薬草や保存する豆も乾かす。雨が当たらず、陽が差すと外気より五度から十度は気温が上がるこの部屋では、ものが腐るということがない。定一の生活は畑を趣味の段階から、自給自足生活への有力な手段へと引き上げていくのだった。

そこでまた重要なことは料理ということである。畑に作物を作ってもとの料理をしないならば、作物を作ることの最終の目的である食の持つ本当の意味が十分に理解されない。食の工夫が作物の工夫に繋がっている。定一はここに男が料理をしないことのもつ、基本的な欠陥を見ている。彼の料理への行為は単なる趣味性を超えていた。時に一ヶ月に及んだ生家での自炊の生活は現実そのものだった。彼は元々が料理への関心が高く「男は料理を楽しむ」と名付けられたレシピ集は三冊になる。買った本もイタリア料理、中国料理、日本料理の数冊と、妻共々に利用されている。かくて畑の作物は十分に活用されていく。彼には男が料理をしないことは怠惰であるように見えさせる。しかし実のところ彼と妻の料理は重大な欠陥を含んでいた。人々はこの食の基本を知らなさ過ぎる、能天気である。通常の栄養学は最も基本的な部分に欠陥を持つ科学的俗論に過ぎない。定一は妻の病気によってそれを教えられることになる。そして料理は全く質の違うものに変わった。これは実は料理を作る彼自身の中に新しい野性の力を生むものであった。

温室という小さな物にも彼の個性が見える。その日は鉢を入れた後、屋根と横木の間の空隙を珪藻土で塞いだ。

翌日はカーテンフックを針金から自分で成形した。それからレールを買ってきた。この温室と書斎の間のカーテンレールはこれも彼の短気な性癖から、ある時引きちぎられて使われないままだったのだ。スルスルと動かないのが癪に障ってならなかったのだ。今度はレールを下向きにした。どうもこの方が動きは軽いようだ。

彼の短気は生来のもので今になっても変わらない。これが初めて表面に出たのは中学生の時の、牛を使う耕作作業だった。どうにも意の如くならぬ牛をひどく殴る、すると若い雄牛はいっそう暴れ狂う。それを見た母親は彼の将来を危惧したものだ。彼が「人を殺さないで一生を終われたら、それだけで幸せだ」という感情はそういうことがあってあるものだ。人殺しは決して自分と遠い所にあるものではない。人間とは人間を殺す者である。誰でもそうだということだ。問題はそれがどういう時に起こるかということにしかない。殺すべき時には殺さなくてはならぬ。それが出来ない時は卑怯の誇りを受ける。武士が人殺しの練習をしたのは正しい。

定一は自分の短気を良いと認めてはいない。ただその本質をいつも見ている。悪さは直らない、自覚ということしかないのである。このことは万事に通じることだった。自覚によってしか人生は切り開けないのである。

三日をかけて冬の温室の準備が終わったことになる。それでこんなことを思った。

『こういうことの中に、つきつめつきつめて遣り抜くが後は良しとする解放感があるのを味わう。そこのところにすっきりしたものがある』

ここには後に彼が出合うことになるカントが言った、自由と責務（道徳）の重要な依存の関係がある。だが今の彼はこれを仏教的な概念で理解する。仕事は現実であったが、彼が感じているのは形而上学的世界のものである。彼はこれを「法爾《ほうに》」いうその時出合った言葉で表現する。しかしここに自然のままに成立する行為は意志の力である。彼はそれを願いと捉える。この願いを道徳性、内面に湧き立つ責務的要求と捉えるにはどうしても自由の概念が必要であるように見える。

定一はそうやって畑の作物を作る、料理も新しいものが出来る、コンピュータの台も、本棚も増えた。彼はそういうことを考えて、まるで昔の暮らしの現代版だなと思うのだった。彼の中には現代の都会の生活を超えた、昔の生活への共感が本能として強く生きている。それは都会でのサラリーマン生活でも、アメリカの暮らしでも変質することなく生き残った。そしてそれを単に過去のものとしない、現在の生活の中で形にしようとする努力が続く。日本人であるということは単に国籍に因らない。血肉に流れる一種のエネルギーである。彼は都会生活への関心と、田舎や集落の生活への関心を合わせ持っているのである。それは、過去と未来、地方と都会を現在の自分の世界とすることである。これが彼の行動を、自己から出発しながらも無限に広げていこうとする力になるものだった。

翌朝、清沢のことを次のように思った。

『清沢の言った「有限・無限」ということが、人間にあって現実にもある気がしてならぬ。無限は「命」を考えて浮かんでくる。有限は意識された自己（計らい）である。一人の人間とは有限と無限をもって働く者である。問題はこの有限性を持つ命、根底の自己に多くを語らしめることだ。そのためには命が見る時間に注意しなくてはならぬ。それが自己が持つ歴史と社会なのかもしれない。歴史的時空を生き・死ぬ命であるということだ。「生死は思案の外」こいつは真理だ。自分の自由にはならぬのだから』

定一は生と死にそれぞれの絶対性を見ている。そうなると命と知性を結ぶ回路はない。回路はないが、命である肉体の活動でもってしか知性は語れない。ベルクソンが言う、知性が命と身体の活動から生まれてくるあるエネルギーだということに、後に出合って彼は深い納得を得る。それは彼の生活重視の感覚の理由を説明するものであった。命と知性の関わりが見えないテーマとして彼の中に生きていた。

定一の昼間の活動は力強く続いた。前々日は頭高山まで往復歩いて八時間を費した。前日は午後から皆とグラウンド・ゴルフをした。そしてその日は台所ごみの堆肥化作業をこなしたのだった。この作業を予定した朝は、読んでいても書いていてもある圧迫感がある。その作業は机の前での作業と余りにも違いがある。前者は全く静的な時間、後者は自然や社会の中に飛び込んでの肉体を駆る動的時間である。彼は夜が明け出して、まだ暗さの残っている野外へ決意を持って飛び出す。手には大きな海苔箱に使うビニール袋が十枚ぐらい、小型の唐鍬そして落葉を掻く熊手である。この時ばかりは車を駆る、暗い山に向かって。この時期はどこにも十分な落葉があるから、心に急《せ》くものがない。渋沢の丘陵は落葉掻きの絶好の場である。夏でも十分に集めることが出来るのだ。定一は前日から見定めた場所に車を止めると、これまた外に飛び出す。彼は一人躍るように熊手を使い、ビニールに入れ、それを負って走るように車に運ぶ。車は本田のＣＲＶである。後の荷台は運搬するのに十分な空間を持っている。彼はこの車を十年変えない、そして最後まで使いきるだろう。そうやって息もつかぬように飛んで仕事をやるから三十分もやると七杯ぐらいは集めてしまう。山にはまだ静寂が残っている。子供達が学校に行き出さない内に畑まで運んでしまった。

帰って朝食を済ますと休む間もなく、今度は六個の大きなバケットに入れた台所ごみを畑まで運ぶ。このごみは三〜四ヶ月分である。車にはこの外に米糠も積む。これは発酵を促進させるものである。妻が無料で農協の精米機から回収してきたものだ。これらを畑の横の道に車を置きあとは天秤棒を使って体で運ぶ。これは子供の時からの彼の得意技なのだ。畑の道にこれを運ぶ時、暑い日であれ寒い日であれ心の中に壮快感が湧き上る。人間の快とはこういう行為にある。この行為には彼の道徳観を深く満たすものがあるということである。

これらをあらかじめ掘っておいた穴に交互に何層かに積み込んでいく。水も入れる。もう六・七年の実績を持つ堆肥作りだ。畑の仲間は五十人ぐらいいるが、やっているのは彼ばかりである。それに早朝なので誰もこれをやっているのを見た者がいない。かくして台所から出る生ごみは一片残らず畑の肥料となる。踏込み踏込み積み上げた山に、水の進入を防ぐビニール・シートを被せて作業を終わるのだが、帰った後には一仕事が残っている。バケットや袋の水洗いと天日干しである。車の掃除はいつも妻がやってくれる。ビニール類は乾燥が終わるときれいに折り畳んで次回に備える。一連の作業に彼の願いが生きている。願いのない所に行為はない。そんな風に昼間の活動が続いた日の夕方、机に戻った彼はこんなことを考えた。

『温室の仕事を開始して以来、テーマが継続している。不可能に満ちた人生である。いろいろうまくいかなくてもやり続ける時、それがうまくいくものなら遣り遂げられる。うまくいくかどうかは自分の力ではない。

自然法爾《じねんほうに》ということがあるのなら、それはおまかせしてやるだけだ。成就ということは自分の手の内にはない。自分が思うのはそうやって生きる時、突き抜けるような平安がある気がするだけだ。いいかげんにやるというのではない、かえって徹底的にやるから辛い。しかしおまかせである。そうやって先へ先へと行けるということだ。計らいではそこまで行けない。歩くというようなこともそういうことである気がする。

不可能を可能にしたものは何だろうか。自分の努力ではないのだ。そのことが自己に徹底されるから例え不可能なことであっても挑《いど》めるのだ。そしてそれが成るかどうかはあちら様まかせなのだ、だからどこまでもやれる。ここには構造的なものが見える。それをやらしているのは命である。命は苦しみを厭わない。成否を問わない。うまくいくかどうかは相手まかせ、こちらは肉体と気力を酷使するだけだ。これは生の構造だ。こうやってアクリルの壁はよくなり、カーテン・レールは取り付き、頭高山は道なき道を踏破され、今日の堆肥化は完了した』

定一はやがて母の死に向かいあう姿にこれを見ることになる。それまで直接にも間接にもぼろくそに言ってきた母に、仏を見ることになる。彼はそこに母の人生での勝利を見る。わが良かことだけで生きられた人生ではないということである。苦しみを受け入れ、人生の不遇を受け入れ、他人の所為《せい》にすることなく生きてきたということだ。母が元気な間は子は母の欲だけを見て、この受け入れられた誠意を見なかったのだ。

彼が日々の平凡な行為とそうさせている願い、それは哲学的に言うと意志なのだが、いわば思想的なものと行為とを通じて、出来るものと出来ないものについての直観を、漠然とではあるが自らの力で獲得していたのだ。それは自然的、物的原理をあるがままに見ることと、自己が何かに向かってあるべくようにあるようにあり続けることとの違いの直観的認識だった。後者は道徳的意志であった。その選択に人間の自由という概念があるものだった。ここには既に人間が必然的に二つの世界を生きなくてはならないことの原理が見える。そうなると母の問題だけではなく、全ての問題にこのことがあることになる。彼の日々の歩みはそれに気付く道であった。

定一は「教行信証」の「化身土巻」を読んでいる。毎朝少しずつ読んで九ヶ月目になる。親鸞は「化身土巻」に一つの重点を置いた。それを読んでいる定一も自分がまた「化身土」へしか行けない程度の人間であるのを知っている。何故釈尊は「化身土」を説かなければならなかったのか、そしてまた何故自己の死後の世界を説かねばならなかったか。この両方について、親鸞もまた強くこだわった。親鸞はいろいろ比較して、正法五百年、像法一千年、両時代一千五百年が過ぎて正法滅し尽きせんと言った。しかしこれを末法の始まりとした。これが鎌倉の時代のことである。読んでいる定一は、末法の時代は恐ろしいと思った。親鸞もそれを感じたのだ。「末法一万年には衆生減じつき、諸経ことごとく滅せん」とあった。彼はこれも恐ろしい。リアリティーがあるからだ。そういう世にあってどう生きていくのか、それは自分自身の根底のエネルギーに聞くしかないと思うのだった。法が滅するとは人種が絶えるのと同義だと今知ったのである。

その日はゴルフに行く朝だった。家を出るのが早いから、二時半には起きた。もう少し眠りたいのは山々だった。起きるのは、それはそれで大変かもしれなかったが、その起きた後の時間は誰にも知られることのない、自己との戦いであった。「信証」を読み「ユリシス」の原文を読み、小説を書き始める。

釈尊は人間の悪を知り抜き、それが故に自分の死んだ後の人類の未来も予言した。そこには希望はなかった。彼は人類の希望の哲学を持たなかった。定一もまた希望の哲学を捨てた人間だった。そこでこう思うばかりであった。

『行に生き、行に死ぬばかりなのかもしれない。寒さに耐え、暑さに耐え、歩き、負い、耕す。末法の世の生き方にふさわしい。信になどに生きれないのかもしれない』

定一にとって、絶望とは掲げられた希望であった。絶望を知らない者達によって地球は破壊され続けられてきた。希望に救いがあるのではない。教えの深さと真実に救いがあるのではある。このことは翌日の朝にも確認された。

『書くということはまた一歩、今の限界を超えることであろう。そうでないと書く意味はない。これまでの自分のままであることをよしとするなら書く必要はない、早い朝に起きる理由はない』

ベルクソンは人間の生の姿を、その意味と意義を、創造と進化で説き続けて死んだ。人間の生を道徳や宗教で説明しようと、社会生活で説明しようと、それが変化と進化を遂げていくものだというのは変わりがないのである。定一にとって絶望は行き止まりではない。彼の中には現実は絶望であってもそれを斟酌しない反抗のエネルギーが逆巻く。それが進化のエネルギーである。その点で仏教は一つも虚無的ではない。彼が後に様々の問題に、そして社会的運動を立ち上げていったエネルギーも根元的にはそういうものである。そこには目的性を超えた意志の要請が見える。

翌朝も末法の世についての読書が続いた。

『誕生日より二ヶ月が過ぎた。「像末に証果のひとなし」とある。末法の世なりしかば、仏果をあらわして世の導き手にならんと思うのだが、こう言われて省りみれば、この身は肉や魚は食う、酒は飲むの好き放題の破戒だ。そんな風に修業者のごとくいつも自分を持ち上げている者だとまた知らされた』

定一は仏の教えの苦《にが》さと苦しさを味わっていく。仏の教えには手心を加えた、楽観的未来はない。またそれが二千六百年が過ぎた今日からみて、あまりにも妥当に過ぎることを感じてならないのだ、だから更にこう思うのである。

『読んで恐いけれど、その恐い通りになっていった世の中はもっと恐い。これを五百年、千年、一万年という単位で予測した釈尊の頭脳の力は人間を超えている』

真実のところは朝の思惟が昼間の物質生活、すなわち自然的な因果の世界から精神世界にその時間に彼を引き戻すということにあった。そして両者を一体に捉えようとするところに、彼の特異性があった。この努力は続く。

定一はその日、子供クリスマス会で話をした。彼の自治会長の任期は年が明けた四月で終わる。子供達に話すことは学校の先生が語らぬことであると、あらかじめ母親達には伝えてあった。先生達が宗教について語れないとすれば、悲しくも恐いことである。それは真の道徳性を語れないことを意味するからだ。

定一はその日、小学生が一年と二年の時に書いた蟻の生態観察記録から始めて、ベルクソンの「社会的責務」で話を終わった。

彼の話は子供達に面白かっただろうか、それは不明のままである。彼は現実から話をした。蟻の現実からである。それは先の小学生の夏休みの研究にしっかりと表現されていた。それでこんな風に話をするのだった。

「蟻は首がくるくる動くよね、それから腰もしっかりくびれているから、くるくる動く。そのくるくる動く真ん中を一本の管のようなものが通っているんだね。その管の中で栄養分が消化され、体の中に入っていくんだよね。たった一本の管だよ。それでいて、あんなに元気に一日中動き回るんだね。そんな蟻をつくる自然ていうのはすごい。絶対に人間はそんなものはつくれない」

彼が小学校の先生になっていたら、どんな先生になっていただろうか。ただ言えるのは、やさしさと厳しさの両方を持つ教師であっただろうということだ。

定一はそれからこう質問した。

「蟻さんは一人で暮らしていますか、それとも大勢が一緒に暮らしているかい」

こうして、蟻が一人で暮らしていけないことから、蟻には蟻の社会が必要であることを言った。それから次の質問をした。

「それではこの社会は蟻さんだけのものですか」

彼は人間もまた社会がなくては生きていけないことを話した。それはこんな風だった。

「そうでしょう。君等のあるお父さんは自動車を作る工場に働いているとします、しかし自動車は食べるものではないから、食べるものを作ってくれるお百姓さんがいないと、野菜も肉も食べれませんね」

それからこう言った。

「また、家族、お父さん、お母さんがいて、皆さんも家があり、寒くもなく寂しくもなく、食べるものがあって、命の心配がなく暮らせますね。家族もまた社会の中にあります」

そしてそこでこう言ったのだ。予定の時間はもう半分以上過ぎている。

「さてフランスにベルクソンという偉い哲学者、人間の真実を本当によく見ることの出来る人がいました。この人が人間もまた蟻と同じように社会に対して責任があるのだと言いました。人間が社会から離れて一人で生きていけないとすればそうなりますね」

ここで、彼の話は飛躍して今日の結論を言ったことになる。しかし次に言ったのはロビンソン・クルーソーのことだった。何故ここでクルーソーの話になったのか。彼はつい先日、行き付けの横浜の古本屋で、上・下二巻のクルーソーの文庫本を買ってきたのだ。しかし実際にはまだ手を付けてはいない。だから昔、教科書で習ったことから話した。彼はこの本が文庫本で二冊になるような、大人の読み物であることを初めて知ったのだから。読み出したのは年が明けた春の始めであった。そしてこの読書は多大な印象を彼に与えた。これを書いたデフォーが並大抵ではないスケールを持った人であることが知れる。この本は結局、その頃からの重要のテーマであった、文明ということを考える上で大変役立ったのである。

定一は、アメリカ大陸に近い太平洋の島に一人流れついて暮らし始めたクルーソーにも社会があったように思えると、子供達に話したのだ。

クルーソーのことはちょっとした話の中休みである。そしてすぐ結論を言った。

「ベルクソンが言ったのは社会的責務（責任）と言われるものです。社会に対して人間は責任があるんだよ、社会のために人間は働くものだ、そしてしてはならないこと、社会の迷惑になったり社会を壊すようなことはしてはならないんだということです」

そして更に一歩進んでこう言った。

「実はこれは教えられるものではありません。蟻さんは教えられ、言い付けられて食料を運ぶのですか。違いますね、何で運ぶんですか」

「そうです、本能ですね。人間もこの本能を蟻や蜂と同じように持っているんだとベルクソンは言ったのです」

定一の話はここで終わらなかった。ベルクソンの話は難しいがその全容をきちんと言っておきたかった。

「しかしこの責任だけではなんだかつまらないですね。息が詰まりそうですね。会社に行ってこい、家族のために金を取ってこい、それはおまえの責任だ。これだけでは死んでしまいたいくらい辛い。そこに蟻と人間の違いがあります。

そこで人間には知性が与えられました。この知性は、何のために人間は生きているのだろう、どんなに生きることが値打があるのだろう、もっとよりよく生きる道がないのかと考える力なのです」

最後は聞いている大人でも難しいものになってしまった。そこには定一自身の重い体験が横たわっていた。そのことがあったためだろう、翌日の朝はベルクソンとの出合いの歴史を調べた。始めに読んだのは二〇〇四年の五月、しかしその前年の秋にも読んでいる。本は「道徳と宗教の二源泉」である。この文庫本は部厚く膨れて変色している。田舎へ帰った高速バスから降りての帰り道でこれを山中に落し、その夜の雨に打たれて膨らんだのである。定一は次の日、本の紛失に気が付いて山路を探してみたのだ。秋もかなり深まったその時、ジャンパーを着ていたことを憶えている。そうして手に戻った本だが、帰省中にも碌には読まなかった。三度目は更に一年近く過ぎた三月頃だった。

この時の、本が持つ衝撃性は何にあったか。「社会的責務」の一言は彼の心の中の深い急所を打ったのだ。何故にそうだったのか、それは彼の道徳観、人格そのものも説明するものだったからである。それこそは、彼をして壮年の時代のあらゆる行為を耐えさせたものに他ならなかった。それをベルクソンはその時代が終わった時教えたのである。そうなると子供達に話したことは、彼の人生の体験そのものの帰結であったということになる。

と言っても定一はベルクソンを読み尽くしても、知り尽くしているわけでもない。ベルクソンを知ることは主要な課題として残されていた。だから話してみてまだ十分に自分が理解の出来ないところ、そして疑問も残っているのに気が付いたのだった。

その日は孫達が来た。息子は一人だが、孫は三人になった。四年生の長女を頭に、三年生の男の子、そして一歳にならぬ男の赤ん坊である。妻の映子は孫に目が無い。これは父方の祖母の血を受け継いだものである。体験と血が深く彼女の中を流れている。この御蔭で孫達は人間の愛情というものの一つの形を身に受けて育った。これは大きい。映子は忙しいなかでパンを焼いた。定一はいつもの通りあえて早く寝た。映子は夜になって彼等を大磯まで送っていった。どしゃぶりの雨だったようである。

定一はいつものように早く起きて、机での作業をこなしたところだ。過ぎた時代はそこにどんな苦労があったとしても、後には何も残さない。身一つの人生である。今はこの四年間書き続けた小説の、第三十章「文化と文明」を書いている。この小説への力の入れぶりは自分でも自覚する。今日はやっと加藤周一の本に触れて書き始めた。彼は加藤が提示する問題を徹底して書いてみようと思う。定一には今の文明に対する大いなる疑惑がある。文明は歴史の中で、決して人間の精神を開明の方向に導きはしなかったように見えるのである。ベルクソンは「我々の文明社会もまた閉じた社会である」と言った。これは文明の本質を言い当てている。もしこれが事実なら文明に何を期待するのか。定一はこの不可能性の自覚の中で、自己の世界を開くということに生きるものだった。

この三十章は二一九枚まで書かれた。そして小説は三十一章を持って完成したのである。その朝の努力もそうやって続いた四年の月日の中の一日に過ぎなかった。彼はこのくらいのペースでやって、なんとか事をこなしていけるなと思った。温室に光が射し出した。温室は整理されて植物が生き生きとして美しい。自分でも書斎は輝いている気がした。今日は十一月に父の法事で佐賀に帰った時の写真を整理しようと思った。そこには二十五回忌をやった記録が写っている。二〇〇七年という年が見える。充実した一年が見える。

定一は昨夜は妻に往復で二時間も掛かる孫達の送り届けをさせて、自分は早く寝た。こういうことは、妻は妻、自分は自分というよほどはっきりした割り切りがないと出来ない。またそれがあるから、妻を残して九州への帰省が一ヶ月でも二ヶ月でも出来る。またこういうことがあって、妻の方でも毎月の三日間の日本舞踊の研修会にも気兼ねなく行ける。定一は会社を停年で辞めた時、こう言ったものだ。

「もうこれからは俺のことは構わなくていい。自分の好きなことをやれ。これまでは本当によく助けてくれた。自分も自分のことをやるから、君も自分のことをやれ」

このことは彼等の間で徹底されたようだ。妻はやがて日本舞踊を見付けた。彼は書くことを生活の中心に置いた。やることは同じでも、その行為の意味は変わっていく、だからやり続けられるとも言える。行為の意味はその人に固有なものだった。だから同じ道を二人で行けないことになる。仕事をやっていた現役の生活は世俗的幸福の中にあった。特に八年に及んだ二人の海外生活は、旅や自然の中のハイキングやゴルフ、それに買物まで一緒だった。彼はそれで十分だと思っている。彼の中で不意の別れが覚悟されている。定一は幸せでもあったそういうものとは別のものを求めている。これは既に二つの世界と関係している。夫婦の世界は現世のものである、ということはどうしても利害が、そしてそこには利己主義が関わる。行為としての実践法則はなかなか一致を見ないし、きわどい。二人は現役の世俗生活の中でこれがどうにか出来た。しかし彼が求めた退役後の生活は始めからそういうものではなかったのだ。そこには現世の幸福ということとは関わりのない、浄土と同じような無限性を持つもう一つの世界の追求ということがあったのだ。しかしそれでも妻の命の危機ということが起こるなら、彼は妻の元に帰って来るであろう。それはそのことが現世のことでありながらも、霊的な、霊魂に及ぶ問題だからである。ここにも二つの世界はあるのである。

定一の毎朝はこの四月からずっと「教行信証」の読書から始まっている。その読書も殆ど終わりの方までできて、師走を迎えた。この本を読んでいくと、親鸞は何故「化身土巻」を最終に持ってきて「真仏土巻」の三倍のページをこれに費したのかという疑問を人は抱くかもしれぬ。親鸞の時代ですら、世は末法と捉えられた。この末法の意味はここに縷縷《るる》として延べられている。定一の読書は一進一退しながらも進む。一日一ページを越えない。だがそういう一日一日が彼を教えたようだ。そういう、意識とか内面に関わる事象というものがどんな帰結を生むのかというのは予測できないことなのである。

彼はその日遅く起きた、五時に近かった。寒さの中で体が縮んでいた。それに昨日は酒も飲んだし、食い過ぎもしたので体が重い。冬になっても、起きた始めの一時間ぐらいはストーブを焚かない。「信証」を読んだ後こんなことを思った。それは長い人間の歴史に対する自己の自覚的考察なのである。

『仏法を寺にまかせられぬというのは、こういう末法の世であるから強く言えることだ。しかし仏法を社会に再興するというようなことは、この五戒も守れないような人間には不可能である。それでもそれを「福田《ふくでん》」とするとあった。「このときようやく破戒をゆるして世の福田とす」』

そして更にこう思った。

『仏は世の中が下っていくのを何で見抜いたのか、それはどこに書いてあるのか』

それは確かに疑問だった。世の多くの人が文明の進歩と共に、普通の人間である我々が精神の自立と開明において進化すると考えたのに、釈尊は逆をよんだのであるから。それが故に破戒でも無戒でも「福田」となりうると言った。これは末法の世の姿である。時代の変化と共に、今の世に悪とされるものも「福田」となるということである。末法の始まりとされた鎌倉の時代から八百年が過ぎてみれば、破戒ではなく無戒が当たり前となってしまった。この一事をもって、仏の言ったように法の劣化が進んだのがわかる。定一の中に、戒と無戒の問題は日常生活の問題として残り続けた。親鸞の時代からさえ、法の生活あるいは僧の生活は遠くなってしまった。彼はその現実を思わないではいられない。自分もそういう生活をしてみたいという気はある。そのための絶好の場所は生家にもある、だが感覚としてそこまで行けない気がする。現代の生活が皮膚にまでなじませてしまったものがある。その変化は、人間の法に対する感覚を変えたものでもある。文明というのは、これは物質文明のことなのだが、本質的には人間に対してそういうことを推し進めたものであるように見える。ここに見えるのは人類が幸福とか快という利己主義なもので進めてきた恐ろしいまでの自然破壊の歴史である。定一はわずかに破戒としての自己の姿を省りみるものに過ぎなかった。石に座して反省をくり返した釈尊の姿は余りに遠かった。

定一は「文化と文明」の章を書いていて、加藤周一の『日本文化における時間と空間』について三十ページにわたって触れた。それは幾度も読んで書かれた。そこには反発と理解の繰り返しがあった。そのことは当然のことだった。日本観とか文化観というのは思想の中心的課題であるが、両者の経験は余りに違いがあったのだから。定一は必ずしも自分の考えの優越性を主張するものではなかった。それよりもただ妥当性と普遍性を求めた。それでこんな感想を記した。

『「閉ざされた社会」としての日本、それは司馬の文明・文化観とも重なるものだが、日本の文化が普遍性を持たないということだ。これを加藤周一の本からその本旨を理解した。私は自己の、自国の限界を知った。これはすごいことだ』

彼はそこを書き上げたわけだが、自己と自国の限界の意味することは何であったろうか、そしてそれに対してどういう方向が加えられたのか。定一はこう書く。

『閉じられた世界とは襲うことも、襲われることもない世界である。自己を確立するために前進しなくてはならぬという危機の感覚はそこには生まれない。この閉じた、文化的精神的空間の境界を外の世界に向かって開くという体験を、国も社会も個人もしてこなかったというのが日本の歴史であった』

定一は日本人が歴史を肉体化することに薄いものであることを理解したのだ。それだけで加藤氏の本は彼自身に対して絶対的価値を持った。定一がそれをかろうじて理解しえたのは、四年前の深い自己への慙愧とそこから出発した「もう一つの世界」の追求があったからだろう。それはまた「世界を開くという行為」と定義されたものであった。それまでの世界は世間的迷妄と自己の計らいに閉じ込められたものであった。実のところ、「もう一つの世界」の存在を予感したその先には無限性を持った精神と行為の活動の領域が、時間の経過と共に明らかになっていくのである。青春が近付いてきた時、船乗りになるくらいしか望むものがなかった彼が、今こうして初めて、幼年時に形を持たなかった「野心」が形を持ち出していたのだ。この野心は自己の利害とか、幸福に結び付いていないが故に、表現の形式を持たなかったのである。野心は彼の中の最大の力だった。

これは三十歳になって小説を書かせたものである。それは彼の精神の王国を開き発展させることを意味していた。だが、このことは彼自身の歴史だけではなく、国家の歴史にも言えることだった。国家の歴史は、君主国家そして労働と消耗の国家そして政治的な自由国家へとたどってきたものだ。加藤氏は歴史的に日本が、この始めの段階を超えていないと言っているように思える。

六十三歳になって深い慙愧《ざんき》に出合って四年が過ぎて、「世界を開くという行為」と定義された。それまでの世界は世間的迷妄と自己の計らいに閉じ込められた世界であった。これではとても、社会に向かって実践的行動をぶつけていくというようなことは全くの不可能性の内にあるのである。

ここで注意すべきことは、彼が日本の文化に絶望していないことだ。彼の「日本人でしかありようがない」には元々積極的、肯定的意味がある。ただこれで彼が気付いていることは、それが閉じたままであるならば価値をなさない、新しい役割を果たせないということである。記憶で言うなら単なる思い出となってしまうものである。記憶は現在の知性によって洗われて、再創造のエネルギーによって蘇り、今を生きるものとならなくてはならぬということだ。人は通常、記憶を眠らせたまま生きている。逆に人がそれだけの記憶を持つなら、時間と空間を絶えず翻って、自在に生きなくてはならぬということだ。このことは今という時間がただの瞬間でありながらも、過ぎた時間も現在化されることを意味する。過ぎた時間をぼんやりとさせないということは、こういうことにある。彼が過去の再創造ということを書くという行為でやる目的にはこういうこともある。そしてこういう過去の時間の再創造ということが、自分の記憶についてだけではなく、祖父母の歴史に、更には祖先のたくさんの親様に及ぶなら、歴史が血肉化されることになるだろう。それは本当は避けられないことなのだ。何故なら血肉をもって受けたものは、魂の中に情動や願いや、感受性として生きられているのだから。このことは彼が更にカントを学んでいく時、意志の持つ道徳的責務として、自己に命令するものであることを知るのである。定一はその日本人であることに深い誇りと感謝を抱いていることになる。そしてまた実のところ、日本人にもそういう歴史があったということを知ることにもなる。彼は長い間忘れていた、青春以後に読んだ北村透谷の苦闘の生と死を。あの時代とは正に定一の今につなぐ歴史の道程に他ならなかったということである。自由民権の運動はそれから百数年が過ぎても、この時代にも引き継がれるべき何ものかを持っていたということである。

定一はその翌日、次のことを思った。テーマはずっと持続している。

『自分と異なるものとの接触を厭わない、これがこの一～二年、私を変えた行動のパターンだ。これは言ってみると、同質社会に生きず、異質社会に生きることを受け入れることだ。これなくしては社会に問えないということである。これは「閉ざされた世界」を超える要点だった。しかしこれはまた、戦後の六十二年という時間が私の中に生んだものとも言える。とするなら、日本という社会もまた変化してきたかもしれない』自分の中に起こったことなら、社会の中にも起こっていることではなかろうかと思ったのだ。彼は時代変革の可能性を見ていたということになる。

時がどんどん過ぎていけば、一冊の本から得られた感動もいつしか忘れ去られる。そんな風になる運命を加藤周一の本も持っている。ここで一個所だけ定一に涙を禁じえないほどに情念を動かした文章がある。

古代ユダヤ人は彼らの唯一神と対話しながら、あるいは神との双務的な「契約」に従いながら、民族の歴史を記録した。その歴史は、マックス・ヴェーバーが詳しく分析し、叙述したように、多文化（エジプトからバビロニアを通ってアッシリアまで）を吸収する過程であるよりは、その時代の中心的文化に対して周辺的存在としての自己同一性を確立してゆく過程であり、彼らの律法や儀式はそういう歴史的過程と密接不可分に結びついていた。他者を説得することではなく、自己を説得することが目的であり、彼らの律法や儀式は自己と他者を峻別し、民族共同体の境界を明確にし、歴史の一回性と特殊性を際立たせる。その閉じた文化的精神的空間の境界を外の世界へ向かって開いたのは、ユダヤ民族の歴史を『旧約聖書』として取りこむと同時に、律法や割礼から切り離し、共同体の特殊性を超えて普遍的な価値の体系を作りだそうとしたキリスト教、殊に聖パウロの布教活動である、とヴェーバーは言う。「人の義とせらるるは律法の行為に由らず、唯だキリスト・イエスを信ずる信仰による」（「ガラヤテ書」、二・一五）。もとより福音は割礼の有無に係わらず、ユダヤ人たると異邦人たるとを問わない。パウロはエーゲ海沿岸の異邦に旅し、伝導し、エルサレムで捕えられて、ローマで死んだ（「使徒行伝」）（『日本文化における時間と空間』　加藤周一著　岩波書店刊行）

定一を最も引きつけたのはパウロの伝導の内容にある。あるいは伝導の行為そのものにあり、同時にその死にあった。彼には未だ明確化されてはいないのだが、そこには彼自身の理念的なものが強く反応していたのだ。そのものとは日本の文化や精神そのものであり、パウロが行ったような普遍的な、すなわち単なる日本的なものに依存するのではない価値体系の創造ということが野心となって彼の中に存在していたからだ。それこそ彼の、「日本人でしかありようがない」という観念に潜む根本のエネルギーであった。それはヴェーバーが言ったと同じ意味で、日本の文化が世界の中心から離れた周辺的存在でありながらも、そして閉じられた文化的精神的空間の境界にありながらも、日本民族の特殊性を超えた普遍的な価値体系の存在することの直観が彼の中に生きていたことを意味する。これは経験では説明出来ない理念的なものであったのだ。定一は思惟と行為の両方を通じて、自分の方向を見付けていくことであろう。それにしても、自分は異質社会を生きるのだという強い意志を生んだものは、地域の自治会長をやったことが大きい。自分が「社会的責務」に生きた者であることをベルクソンに教えられ、そして更にはR・P・ドーアの「都市の日本人」によって、日本人の生活実態の中に現われた伝統と、外来の思想・制度・文化との対立というテーマを得て、彼の社会への眼が強く意識化されていた時代だったのだ。彼のこの「異質社会を生きる」ということは、一つの思想としてこの地域の中に原理的なモーションを生んだように見える。「自分の過去に閉じこもるな」と呼びかけているのである。本当に、ドーアが言ったような外来思想に耐ええて生きのびている日本人の伝統が生活の中に生きているのだろうか、それはやがて実際の運動の中で試されることになる。

異質性の自覚ということは前日も考えたことだった。昼間は二回目のたまねぎの苗植えをした。十二月も半ばであるからタイミングとしては遅かった。いつも種から育てるのだが、その成育が遅れたのだ。そして午後からグラウンド・ゴルフをやった。そんな一日だったが、夕方には西谷啓治の本を読み、賀状を一枚書いた。彼の賀状は一日一信である。夕方の時間には一日をまとめるという機能がある。しかしそんな時間はなかなか取れない。この日のようなことは稀なことだ。西谷の論文は彼が朝に書いた小説とも深く関わっていた。定一は西谷が言う「空洞」が心に引っ掛かるのだった。それでこう思った。

『我々は時代が変えてしまったものに対し、迂闊なままに暮らしている。更に、そうであるのは文化というものに対して歴史的理解に非常に欠けているからだ。日本の文化であればそれでいいと思っている所がある。私が「世界を開く」ことに達したのは、閉じた世界が本能的に知覚されていたからだ。私は社会の中にある自分とは異なるものに積極的に触れ、関わり合い、受け入れて生きることを試みたい。これが数日間考えてきたことのようだ』

定一の内部に地殻変動的な変化が進行しているのが見える。理念というようなことも、一朝一夕に生まれてくるものではない。経験は確かに純粋理念というようなものを証明出来ない。だがその理念的なものも成長するものであるように見える。言わばそこに生命の苦獄的時間、体験といってもいいが、それがなければ進化も変容も起こってはこないのである。これは彼が社会に対して現実的行動を取る前の、自己の道徳性の自覚せざる探索であったのだ。それは自覚的には自分からみた歴史の再検討なのである。だからこそそういう人間の歴史的事実が彼の注意を深く引き付けるのである。

その日妻は踊りの研修の中日で不在だった。それに朝からずっと雨だった。彼は午前中は何もせずに蒲団に寝たままだった。『間の抜けたような一日だな』と思った。もう午後の二時だった。寝飽きて起きた彼は机について、岩波の「図書」七月号を読み出した。読むペースが五ヶ月ぐらい遅れている。彼がこの時読んだのは村上恭一氏の書かれた、小西増太郎という人についてのエッセーである。この短い小論一つで、ぼんやりとした一日が活性化されたのだが、一年が過ぎて再読してみると印象にはかなり違ったものがあった。この始めの雨の日の感想はこう記録されている。

『一人の人間の苦労の一生が垣間見えて、寝床から起きる気になった。この人の一生に見えるのは志ということだろうか。そこにはキリスト教だったという家系も見える。十六歳で地方巡回のロシア正教会の伝教師によるキリスト教の説教に強烈な感動を受けたとあるが、ここがまず第一に違う。かくして上京し、駿河台でニコライに合う。

この人を育てたのも時代といえるかもしれない。日本的精神が西洋的精神と出合って目覚めさせられた、ということである。この人は老子の研究も若い時からずっとやられた。他人のことではない、自己の道を歩き抜く、自己の内に精神のエネルギーをもって一生を生きる道が見える。この時代の人間（一八六二年生まれ）にはそういうことがありありと見える。これが日本人の魂ではないだろうか。ここにも日本人であることの一例が見える』

明治を迎えた人々にあったのは新しい文明への期待だった。それは精神的なものだった。だから明治の初期に青春を迎えた人々は、自分の自立した生を、それが唯一意味のあることに思えたから求めたのだ。自由民権の運動はそういうことを母胎としているということだ。また小西氏の一生も形は違ってもそういうものだった。定一はそこに引かれたのである。

定一がそれから一年が過ぎての再読で引かれたのは、トルストイ最晩年の姿だった。そこのところを村上氏の文はこう示す。

出口なき狭間のなか、老いた作家は絶望の発作と熱病にうなされるがごとく、わが家をぬけ出し、彷徨をつづけ、名もない一寒村の駅舎で窮死した。

トルストイをこのように本質的に作為的である人生を、それは世間的な人生であるが、捨てさせ、無為に生きることを促したのは老子思想の研究だった。それが単なる研究に終わらず、自己の道とせずにはおれなかったのだ。このトルストイの六十代半ばにおける人生に、若き小西は「老子」の露訳という共同の作業を通じて関わったのである。定一はトルストイの、思想と行為の一致、そして死に方に、例えそれが悲劇であっても正当的なものを感じている。そこには自己の思いを託するものがある。

結局自分の思いを実現させるために現実を生きなければ、その人生に何の意味があるというのだろうか。パウロの伝道も、北村透谷の世に容れられずその容れないものを産出して終生刻苦した人生も、トルストイの思想と行為を一致させた最後の旅にもそういうことが実現されている。

小西氏の一生も当時の日本人としては数奇なものである。村上氏の小論にはその晩年が書かれていないから最後の姿は分からないのだが悲劇性は見えない。定一の始めの読書で彼を傾動したのは小西氏のキリスト教との出合い、そしてニコライとの出合い、西欧精神の研究であるが、その背後には残り続けた日本人の持っている精神的な資質という問題が隠されている。

一年という時間の経過があって本を再読するなら、印象の力点が他に移るのは当然なのである。彼は毎朝の読書にあって、昨日と違う所に自分の眼が行くのに度度驚く。必ず前日の部分をチェックして新しい文章に移るのでそういう事が起こる。感性も知性も日々に変化する。しかし動かないものもある。彼の初めの印象と二度目のそれに共通するのは、信仰の人生であるように見える。それは彼の願いの根本に生きているものであり、意志的でもあるものだ。道徳性がかかっているのである。信仰の人生とは、単に宗教的用語で解されるものではなく、神にも近いカントが言った「実践理性の最高原則」が実践的な要請として、意志として彼の中に実在することを意味しているのである。

トルストイの最晩年の悲劇を生んだのは老子でもなく、キリスト教の信仰でもない。伯爵とか所有する領地と言った地位・身分そして更には名声ということのなせる業である。彼がただの真摯《しんし》なる生活者、少なくとも無名の文学者なら起こりえなかったことだ。定一はこの点を日頃から考えて止まなかった。そこには戦後の村の老人達と共同風呂に一緒に入って見た彼等の一生の姿に原点がある。彼の中の心願はそこに深く関わっている。人は何のために生きるのか、それを考え続けた人生だった。大きい領地とか、名声・身分といったものは生の意味を傷つけるものなのだ。老子が言わずとも、キリストが示し、釈尊が身をもって示したことだ。定一の心願は今も生き続ける、そして実のところは、より実践的な課題を求めていたように見える。自分自身を追求する姿勢は、三十四歳の時に路傍の小さな宮に立てられた「心願成就」の赤い小旗に出合って気付いた、自分の中にもある「心願」の存在を知って以来変わらなかったのである。

十二月も半ばになると自然気忙しくなる。眼には見えない興奮があるのだ。それを煽《あお》るかのようにクリスマス・カードや年賀状を書くというわけだ。それでも読むことは続き、書くことは続く。そしてどんな一日であっても、その日がなかったら得られないことがある。彼はその朝の読書からこう残した。

『余の事を念ずるなかれ、余の行をなさざれとある。これはすごい、基本的精神はいつもこれだ。これでないと浄土信仰があるとはいえない、絶えず突き抜けていく、ということだ』

一日の読書はその日の日中の肉体的活動を経て再度の本の持つ思想を閲する。そして一つの偈文に注意した。親鸞の引用になる「日蔵経」である。

もし衆生ありて仏に帰すれば、
かのひと千億の魔をおそれず。
いかにいはんや、生死のながれを度し
無為涅槃の岸に到らんと欲するをや。

もしよく一香華をもて
三宝仏法僧に持散することありて、
堅固勇猛の心をおこさん。
一切の衆魔、壊することあたはじ。
われら無量の悪、
一切また滅して余あることなけん。
至誠専心に仏に帰したてまつりおはらば、
さだめて阿耨菩提の果をえんと。

定一の印象は次のようである。
『浄土信仰の核心を歌う偈である。浄土往生の願いに自分をたくしてこそ、より道しない、そして卒業という観念もここに発するようだ。どんな人生の苦獄も魔も度して、彼岸往生を遂げるだけだということだ。そこに内心の強いエネルギーが沸き立ってくる。どんなことも恐れることはない』

仏に帰するとは何だろうか、余の事を念ずるなかれ、余の行をなさざれとは何だろうか、ただ浄土への帰還だけが願われているのである。何ものによっても説明出来ないもの、しかしそれが実践的原理として実在的である時、カントはそれを理性の道徳的原則と読んだ。これは西洋哲学による説明である。浄土というものが理性的な概念であり、すなわち実在的なものであるのが分かる。それに比すればこの世の一切の富や幸福やそれに関わる思いや行いはただ流されて滅するのみである。千億の魔は、すなわち欲望は消えないけれどこの精神は生きていくうえに重要なのである。なぜならば人間はそれによって初めて、自然とか神というものに利己心からではない敬愛の心を持つことが出来るからである。

定一は数々の悪に身を汚した人間だった。より道の悪さは徹底して知った。このことは彼の現在のありようにある意味を持っているように見える。再びそのようなものに帰りたくないという確信を生んでいる。かつて彼はそれを「卒業」という言葉でよんだのだった。より道は浄土がそのぶん遠くなることを意味する。残りの寿命を考えて、そういう時間はなかったということである。これが彼を強く誠意させるものである。

定一は「ユリシス」を読む、そしてこういうことを考えた。これはジェームス・ジョイスに対する、それは「芸術家の肖像」「ダブリンの人々」そしてこの「ユリシス」と進んだ、長い間の原文読書の時間から生まれた疑問だった。

『ジョイスのカトリックに対する見方についてある程度理解したのは、この一〇二ページによる。これは彼の基本の姿勢だ。教会の権威が否定されている。これはドストエフスキーが「大審問官」で描いたものと同種のものと思われる。自分が思うのは、教会の権威を全面的に否定することが良かったかどうかだ。特に、この末世的な現代の世を考える時そう思うのだ。かの大審問官と同じことを考えるのである』

定一は神仏に対する畏敬の心を失くしたくない人間である。確かに僧達によって神・仏は権威化され、信仰の本当の意味は消えて流れ作業のような儀式と儀礼があるだけになったのかもしれない。しかしだからといって、神仏を忌避し、揶揄するまでに到ることがいいことだろうかということだ。神仏への根底的な信頼ということがあって、自己の人格的道徳の自由が守られている。文明が生んだ知性のようなものはこういう人格的なものを超えはしないのである。彼はまずとりあえず、祖先が伝えた宗教を守る者であった。それは始めは暫定的であったかもしれぬ。この点において彼はジョイスと対極的であったかもしれない。頭悪く、頭鈍く、そうした無自覚的なありようの背後に、根底の自己がおり、人格の自由は守られている。これは長い間気付かれなかった。ただジョイスの本の毎朝の読書が、主人公と違った自分のありようを知らしめたのである。

新しい瓶のインクを使う時になった。この瓶は特別に頼んで買ったものだ。今日で古いインクは全部ペンに移し終わるだろう。それを使い切ったら、ペンは水で洗って新しいインクを持つのだ。一年に一度の行事である。そうやって一日、一日がある。それは進歩の跡である、だが誰の眼にも見えない。ただ彼だけが使い切られていくインクを見て、その努力を評価する。一日では何も出来ないのだ。日々の努力の積み重ねだけがそれをなす。そしてこの行為だけはやめられない自分がいる。その朝は五枚書いた。書き終わった原稿を入れる棚が天井にまでとどいてしまった。四年間書いた小説は四千枚にならんとしていた。

翌朝は六波羅蜜のことを考えた。「信証」の読書は「化身土巻」も後半、月蔵経からの長い引用の部分である。定一はともすると読み飛ばそうとするのを抑え、前に進むのは少しにして繰り返して読む。ここでは彼が何故、六波羅蜜に自覚的にこだわったかが重要である。

『六波羅蜜は人生の生きるべき姿を書いている。だが自分がこのことに気付く過程は長かった。念仏への自己の歴史である。世間とのかかずらいから離れていく「道・知・覚」の認識の歴史だ。だがそうやって知った六波羅蜜は耐えていく道だ。悟りの境地にあることは、弛まぬ実践と苦しみに耐える道である』

㈱六波羅蜜は岩波書店刊の「仏教辞典」によると、菩薩の六つの実践徳目であり、⑴布施⑵持戒⑶忍辱⑷精進⑸禅定⑹智慧から成るものである。

定一は菩薩道というようなことを現実的な実践課題として真剣に考えるようになってきた。それはこの徳目の一つ一つの持つ意味が切実に感じられるものになっているということだ。何故に彼はそういう道を実際に歩いてきたのか。悟り等ということは遠い、自分とは無縁な概念のように見えながら。それを説くものは彼の理性の中に生きている道徳性そしてそれ故の実践性ということに本質があるのである。その二つが必然的に彼にそういう道を歩かせている。このことは個人の歴史に起こり、人類の歴史にも起こった。定一にはこの六波羅蜜の概念の明確化には歴史があるように見えた。そしておそらくそこに龍樹が係わっていると思った。仏教における龍樹の歴史的存在の意義は大きい。彼は、ほとんど世俗化して失われてしまった原始仏教の精神的エネルギーを再興したのだ。彼が出現しなければ、仏教は地に埋もれたままであったかもしれない。仏滅後の六百年という時間は、それが可能な時間である。龍樹の再興があって、仏教は中国に伝わり、日本に伝わった。それによって法然がそして親鸞が浄土教の本質をしかと摑むことが出来た。定一の龍樹への関心は強まっていく。長い間関心はあっても読めなかった本への接近を生んでいくのである。

師走の異称を持つ十二月の時間には、その一年を集約しようとする気持ちにならせる働きがある。定一の日々の生活の時間の内に、先の菩薩の徳と言われるものがあるのは確かだった。しかし彼が意識的にそうであるということは全くなかった。意識した瞬間それは功利の罠に落ちることであるのかもしれない。この利己性ぐらいやっかいなものはない。人は純粋理性の実践性にかけて、功利的な目的を排除する責任がある。

定一は前日書いた部分を読んでいて、自然ということを考えた。小説の主人公は大磯の波が打ち寄せる浜に、孫を背中に帯びて立っている。

『自然というものを思う。自然と一緒に生きる者であるということだ。人が人事から学べることは限られている。どうしてももっと、自然から学ばないと大きな人格は生まれない。自然に触れないと、仏という概念も自分の中で成長しないのだ。精神的な病もこういうことと関係するのではないか。なかなか重要な問題の一つだ』

自然が作ったものを、一生の精神の歴史において我々は自覚しない。もしその歴史がなかったら、人は小さくぺしゃんこのままであったかもしれない。海と向かい合って育った者にはどこか広い心が生まれ、山と向かい合って育った者には困難に負けまいとする力が生まれる。それは人事を超越したものだと彼は思った。自然というのはそれを概念として見る時、なかなかに高級なものである。自然を神として感じるか感じないかはその人の本質、すなわち思想に関わることである。成人してしまった大人に教えることは出来ないのである。このことは自然の破壊、環境の破壊に繋がっているものである。

　アメリカの友人のマイクからクリスマス・カードが着いたのは翌日だった。彼のカードが来るようになってもう十年以上が立つ。日頃は忘れている彼等のことをこの時期ばかりは身近に憶える。アメリカ生活の真の体験は未だもって彼の中にしっかりした概念を持たない。それは生活が快楽性を伴っているからだ。アメリカとは一体何なのか、という問題が残る。マイクのクリスマス・カードにはこの一年の家族の歴史が、夫妻の父母から孫達に到るまでタイプされている。それをもう十年も受け取っている。しかし今年は初めて、一枚余分に私信が付されていた。それでも終わりは夫妻の名前があった。これを読んでまずこう思ったのだ。

『分からなければ飛ばす、興味が湧かないと飛ばす、それはよいことではあるまい。だが仕方のないことではある。マイクの手紙を読んで、やっぱりどうしても理解出来ない所に合う。時間・肉体・精神、これらが絡むと人はよく理解出来ない。しかし時間を持ちだすのは面白い。日本人はそうならぬ』

　実のところ、彼はマイクからこんな手紙が来るとは思ってもみなかったのだ。そこにはとても精神的なことが書いてある。リタイア後の時間は会社での時間とは全く違うんだよね、と自分のセンスで書かれていたのだ。それを彼は単的にunscheduled timeと概念化していた。どんなに読んでみてもやはりそれは難しかった。彼と現実上の付合いを持った時間において、彼からこんなにも精神的な言葉を聞いたかどうかははっきりしない。このことがアメリカ人特有のものか、それともインディアンの血を持つ個人的資質によるものかもはっきりしない。マイクの手紙はその後数日間に渡って考えられたが、悲しいかな人の宿命とも言うか、その内すっかり忘れ去られた。それが再び考えられることになるのは、アメリカ生活の体験的意味、更にはアメリカのこの現代の真実、何かアメリカが駄目になりつつあるように見えた時だった。だがこういうことは自国の問題でもあり、なかなか簡単には見えてこない。ただマイクの手紙はかつてのアメリカの生活を思い出させ、アメリカを描いて示唆的だった。本当はもっともっとこれを機会として突っ込んでみるべきものであったように見える。

彼のアメリカは何だったのだろうか。単なる快楽だったのだろうか。そして自己の幸福感という快だけで成り立っていた生活だったのか。アメリカ人もまたそういう生活しかしていないのだろうか。今の彼の思索には限界があった。しかしそうではあるが、幸福感だけで生きる人生は否定される道に彼はあった。そのことは妻ともども出合うことであった。

マイクはまず丁度読み終わったという『非凡な友人達』という本のことについて書いていた。そこにはエジソン、ヘンリー・フォード、ハーベイ・ファイアストーン、リンドバーグといった人達の名が挙げられて、彼等や家族を含めて出合った特別な人達との関係、人々が持っていた思想や夢・精神、そしてそれが与えた内観は固有なものであったことが書かれていた。その全てはアメリカに対して偉大なる衝撃力を持つものだとあった。その時は思わなかったが、ここに書かれた人物が今のアメリカにおいて遥かに遠い時代を隔った人に思われたのは、それから一年が過ぎて、やはりクリスマス・カードを出す時になって再読したからである。彼が持った端的な疑問は、何故アメリカが製造業をかくも国家的な規模で衰頽《すいたい》させたのか、ということである。はっきり言ってそれは政治の結果であり、国策ですらあるように見えた。技師として半生を生きた彼には専門の分野である。アメリカの製造業のシステムは、人間の手足と頭脳に基づく活動である製造という労働を正当に評価していない。それは八年に及んだアメリカの工場での生活が徹底して感じさせたことだった。マイクが読んだ本にある人物の二人までが、こうした工業人である。それら二人の人物の時代にあっては、アメリカの工業の姿はもっと違ったものであったと思われた。しかしマイクの手紙は端的にそういうことだけを言うものではなかった。退役後の時間が会議や予定を持たなくなることで、外部からの要求や委託によって運ばれない、もっと個人的な意志や欲求に基づくものとなることが述べられていた。だから彼は時間を、自己の人生と生活を走り抜けていく精神の糸にもっと緊密に織り込めというのだ。それを単なる知識とせず、実際の日々の時間の中でそういう時間の存在を感覚し、感ずる大変重要な好機だとあった。

opportunity（機会）という言葉が好きな奴だったなと、定一は思い出すぐらいだった。その彼がこんなに難しい、精神的なことを言うなんて。unscheduled timeという言葉に退役後の時間の質の全てが要約されている。それは消費される時間ではなく、創造される時間を意味する。この時間の質に生きれないものは、退役後の生活における落伍者であった。とするならこれは好機でありながら、危機でもあることになる。定一の自覚はそこまでいかなかったが、この新しい時間の袋の中に一体何を詰め込んだのだろうか。そういうことが、やがて自覚的に意識化されていく日々であったと言うことは出来る。マイクの手紙は衝撃だった、そこには日本人と異なる資質、日々の生活感覚に対する違いが見える。それはどこか内に籠もることをしない、野方図で周囲を気にしない、もっと大胆に自分の生き様を決める感覚だ。手紙を受け取って二日後にこう記録されている。

『マイクの手紙が着いたのは十九日である。時間と肉体と精神のことが書かれている。スケジュール化されない時間をどう生きるんだ、ということだ。これは退役した全ての人に与えられる課題だが、こう捉えたこと自体に文化の質の違いを感じる』

彼はマイクへの手紙を書きかけている。クリスマス・カードを出し損ねたので、新年の挨拶としてこれを送る積りなのだ。いつもそうだがこの英文の私信を作るのはどこかしんどい。日本語でさえ伝えるのが難しい内容を英文にしても、どうもぴんとこないのだから。彼はやはり時間ということを考える。加藤周一の読書以来持続されているテーマである。定一が考える質の違いとは、アメリカ人が日本人とは異なる時間の感覚を持つ者ではないかということだ。加藤氏が言う「今・ここ」に終わらない、民族的な文化からくる人間の資質ということである。定一はこのことをマイクの手紙から、時間を生きる身体と精神ということで考えている。そこから次の日、こう思うのだった。

『われわれはこの人生でたくさんのすばらしい思想に出合ったのだが、それを忘れて深めることなく、迂闊に生きてきた。今、そのひとつとして、仏の身・口・意の業というのがある。人は身と口に終わって最後の霊まで行かぬ。マイクの手紙にそんなことを書きかけているところだ』

定一のその時の思いは人間が身をもって行為し言葉をもってそれを表現することは出来るが、それをなさしめた精神・意志そのものは捉え、表象するまでにはいかないということだった。人間には身・口・意による行しかないが、意にまでは行かないで終わっているということだった。このことはマイクへの手紙にうまく表現出来たとは言えない。彼においてこの時間概念は意識的な探究が始まったばかりであった。だがこの研究を飛躍的に進めたのはこうした意識的なものではなかった。この道には二つの道があるように見える。一つは身・口の行であり、他は意の行である。定一に進化的変化を生んだのは後者の重要性である。それは「思惟」として捉えられたものだ。それはやがて「無量寿経」によって教えられた。そして更には西洋の近代哲学が、哲学するという概念を彼の内に確立していくのである。

定一はもう一つ読み始めた本がある。『講座日本思想』の巻四「時間」(東京大学出版会)である。これはこの秋に妻との旅で京都で買ったものだ。

定一はこの時の読書でこれを十分に読んだわけではない。彼の日常性がこの読書を深めえなかった。それでも二ヶ月ぐらいかかって、七章の「近世武士における死と時間の意識」ぐらいまでは読んだ。この本は九人の大学の先生が日本の時代毎に分担して書かれたものである。そうなると定一のように日本の歴史を一貫して自己の意識から捉えようとする者には、それじゃ今の一日本人に生きている時間や歴史意識は何なのか、という問には答えられにくい。切れ切れに読んだ彼の感想はこうして纏まりきれなかった。しかしこの本は彼の時間概念が深まっていく時、やはりある重要な問題の提起があるのに気付かされる。その本質は定一が追求する庶民(住民・市民)の精神的な自立とそこに生まれる発言や行動の社会の中でいかに発生させうるかという日本の歴史に対する変革への要求と関わる。そういう視点で見るとこの本に書かれていることは参考になるということである。例えば一例だが、この本の「はじめに」に尾藤正英氏はこう書かれている。本居宣長の「玉くしげ」の言葉がまず引用されている。

「大かた世ノ中のよろづの道理、人の道は、神代の段々のおもむきに、ことごとく備はりて、これにもれたる事なし。さればまことの道に志《こころざし》あらん人は、神代の次第をよくよく工夫して、何事もその跡を尋ねて、物の道理をば知るべきなり」と主張している。神々の事蹟という具体的な事実の上にこそ、人生の真実の道理が表現されており、人智で案出された理論や教説などは、かえってその事実から遊離したものにすぎない、とするのである。

そして続けて西田幾多郎のことが書かれている。ここには日本の一つの歴史が見える。

この宣長の主張は、近代日本の代表的な哲学者である西田幾多郎が、昭和十五年に著した『日本文化の問題』(岩波新書)の中で、日本文化の特色は「理よりも事と云ふこと」にあるとし、「事を離れたる理は空理であり、理を離れた事は単なる偶然たるに過ぎない。日本文化の重心は理事一致よりも事理一致に、寧ろ事事無礙にあると思ふべし」と述べている考え方に通ずるものであろう。

更に西田は「事」を「物」とも表現して「日本文化の真髄は、物に於て、事に於て一となると云ふことでなければならない」と言っていることが書かれている。尾藤氏は「西田が語ろうとしていることの中には、日本人の時間意識や歴史意識の本質にかかわる、重要な問題が提示されている」と言う。氏は「はじめに」の最後を以下のように締め括っている。

このような意味での時間の意識は、日本の思想の特質を解明するための鍵として、重要な意義をもつものと考えられるが、その大きな課題へ向けての開拓の道を開こうとするのが、本巻の主題である。

この課題の解明は進んだだろうか。日本という国が持続性ということに強くこだわってきた国であるというのは事実であろう。そしてそれは国だけではなく、定一のような普通の人間にもある。彼の中の「日本人でしかありようがない」はやはり日本人の中に流れるある資質の継承・持続にあるからである。しかしその中味は権力や国家に関わってはいない。それよりも個の確立ということにテーマは関わっている、定一の場合はそれが解明されなければならないということである。国家を超えた普遍的な概念の追求である。

この本には明治維新後の歴史は語られていない。これはやはりどうしても重要な欠落を生む。確かに古代の歴史も、浄土信仰の歴史も近代歴史の武士の歴史も重要だが、維新によって開かれた近代化の過程で過去の歴史がどう引き継がれ、またその弱点がどう克服されたかは重要だからである。そしてそれは今の問題でもあるからである。この本には、もしこの時もっとしっかり読んだなら注意を止めたであろうことが書かれている。8章の「本居宣長のうちに住む歴史のかたち」である。野崎守英氏の書かれた章である。最後の問題への展望の中でこう書かれた所がある。

宣長の視軸のあり方から示唆されるもう一つの点とは、まっすぐに哲学的な視角の問題にかかわっている。現在において二世界論をわれわれの世界のあり方として構想するとしたらどのような道があるのか、という問いを立てるとする。その時宣長の歩みは何ほどかの示唆をわれわれに投げかけるのである。

これは何を意味するか。思想の構造の中で古代的なものが歴史の中で動く、光を投げかけるということである。これは二つの世界にかかわることだということだ。氏はこのことについて、最後を次のように終わられている。

宣長の先で、宣長の方法に学びながら、宣長とは違った仕方で、どういうかたちで二世界像を描きうるか、それは、まさに今においてこそ解明することが要請されている問題であると少なくとも私には思われる。以上に草したものは、その問題性を宣長の場合を通して歴史のかたちの考察に還元することで確認しようとする試みであった。

日本人の歴史をまたその時間意識をトータルに捉えようとするなら、明治から現代に到る時代への考察は欠かせない。そこにある最も大事なものは何か、それを定一は個の精神の自立ということに見る。そしてその自立ということに、古代の歴史も、浄土教の歴史も、武士の歴史も関わるものだと知る。本質は精神の自立にある。これがなかなか容易ではない、それが故に物質文明だけが進んで精神の文明は進まず、自然と環境が破壊され続け、時代は下り坂になってしまったのだ。そしてここに、人間の自律的精神を生むもの、それは開拓的、創造的思惟と行為なのだが、二つの世界の存在が積極的役割を果たす。現実的な利害の中でだけ人間がどれだけの努力を尽くしたとしても限界がある。そこに形而上学的思考の世界への限界なき挑戦が伴わなければならないのである。定一の浄土はそういう根本の思想である。簡単に言うと思想のない存在では役に立たないということである。何故ならその存在者は、自己の幸福とか快という概念の中で溺れている者だからである。定一の中には既にこの時点にあって二つの世界は厳然として実在的であった。この二つの世界は生活の中で行き合うことが必然的なもの、そして概念的でもあった。

日本人は歴史と組織に今も強く制約されている。彼の「日本人でしかありようがない」は、この日本人の歴史と組織に関係するものではなく、精神性そのものにある。すなわち仏と神の概念にかかわる。そしてその概念は祖先の中に生き続け、自分に伝わったものだった。神も仏も自然も理念的で道徳的である。歴史や時間を持続性で表わすとすれば、彼の場合はそういうものだった。「日本人でしかありようがない」は、かくて持続する。そして、反省を加えられながらだが新しい行為を生んでいくことになるのである。ここには明らかに二つの世界がある。すなわち現実の自然的、因果の世界の業的強さと、理念から生まれる自由性を持つ実践の法則が相対しながら進んでいくということである。その日々の時間が彼にとって宿命的だったということである。

人間は多種・多様性の内にあって一つの行為を選ぶ。本を選ぶことも、そしてそれを読むかどうかもそういう典型的行為の一つである。一つの原因が一つの帰結を決定付けない。読んでも読めない本がある。その中にあってぐっとばかりに突っ込んで読む本とは何だろうか。そこにも、読まるべし、の強い理念的なものが働いているのだろうか。ただ流されて読むだけなら、後に残るような結果は生まれないだろう。しかし今、この本の場合は時が過ぎて戻って来た時、それは彼自身の変化が大きかったことを意味するが、考えさせられることが多かったのである。これは時を生きる人の姿であった。

次の日、こう思ったのは「信証」読書の後である。

『法というものが長い時間の間に衰えていくということには、普遍の真実があるのだろう。法と書いて、流れ去ると書くと言ったのは佐賀の僧だった。その法を今の世に新しきものとして興すことが、今日を生きる者の勤めなのだ。それを除いて勤めということはない』

だが彼はそれから先が分からなかった。もしそうなら、自らが悟るということがなければならないのだろうか。しかしその悟りの内容となると分からなかったということである。法が拠とならぬなら、自らが解脱していくという道しかなかったのである。次の日はこう思った。

『仏が仏法護持のために神道的神々を配置した、しかしそれも劫の時間のうちにあっては衰える宿命を持つものだが、このことは考えさせられる一面がある。真理を守るためにそれが世代を越えて生きるためには、風俗、習慣、文化の変動を超えて生き残ることの難しさである。こういうことはよくよく考える必要がある』

時代の変化を超えて生きようとするものは何であろうか。定一の母は「流されていかんばいかんやろうもん」と子に言った。しかし彼の中に流されていくことを拒絶するものがある。とするとそれは時間の外に立っているように見える。それが現象なら時間のまにまに漂うであろう。かく、時間の外に立つ力こそ知性のものに他ならなかった。この知性はカントの言う悟性を超えて実在的な理性的な力である。ここに彼が仏の身・口・意の行に強く引かれた理由があった。知性が日々の生活の行に関わることの少ないことへの認識があったのである。もしも経験だけで生きる生があるとすれば、現象世界の外には立てないということになる。彼はただの日暮らしの生活を否定したのだ。彼の中に物理性を持つ時間と思惟性の時間が分岐されようとしている。前者は現象の中にある時間であり、後者は物理的な長さを持たない時間である。

定一は前日、畑仲間の忘年会で殆ど一日を費したのだが、暮れのこんな一日にも生きるとは何かが現われている筈だと思った。忘年会は彼が企画した。畑の地主の庭で、薪から起こした火を使って料理は全部自分達でやった。料理の技術があらゆる面で必要だった。準備から始まって、最後の片付けまでやることになる。昼間から酒もしっかり飲んで、自ら楽しむ。妻にも来て貰って、眼に見えないところで手伝って貰った。こんなことでも何年か立ってみると、再びやって来ないことであるのが分かる。世間的幸福などというようなことは明日にも消えてしまうことなのである。だがそんな行の中にも彼が思ったような、生きるという行は現われている。料理の技術などというものには、人間が生きている限りの進歩ということが託されている。定一はこの方面においても非常なる進歩を遂げることになる。食は生に直結するものなのである。どんな世界であってもそれは閉じられたものであってはならないのである。あらゆる出合いの内にその契機が隠されている。食は単なる快楽に終わるものではなかったのだ。畑をやるということがそういう食と深く関係付けられていたのである。

その日の夕食を二人とも抜いた。定一は散歩に出た。丘陵を歩く一時間のコースである。そうやってやっと、昼間の自己陶酔的な緩んだ肉体と精神を元に戻した。『一日を生きるとは何だろう』と今日が、一夜を寝て「昨日」となった時思った。ということは一日が終わってもその一日が十分に納得されないままに翌日という日になってしまっていたということだろうか。何故時間は今日を昨日に変えて区切ってしまうのだろう、人間にとっては連続する同じ時間なのに。もしそんな風に不納得なままの今日が続くなら、一生はどんなものになるのだろう。とするならその日々に力強い考えるという時間が強く求められているのではなかろうか。定一の朝の時間はそういうことを目的とはしていないが、それに関わっているのは確かである。一日への納得性は重しのようにその人の心にあるものかもしれない。

朝の書く時間が終わって、妻と話をする。マイクの手紙、書きあげた年賀状のこと、それは出すばかりになって三十枚ぐらいである。これは彼の友人付合いの限界数を示している。彼はこういうことの全てに、自分の日常の生が一杯に詰まっていると思った。今年のこれらの賀状には、その日の毎日に生まれてくる自分の表象、思想に近いものを書いた。日が違えばそれらの一枚、一枚に書かれたことは違う。賀状は一日に一枚しか書かなかった。映子にはマイクへの手紙はほとんど理解出来なかったようだ。定一の行為を自分には全く出来ないこととして受け取ったようだった。彼が書いたのは、日本の文化がその歴史において閉じられたものであり、自分はそういう日本人の限界を超えて生きたいと思う者であり、おそらく書くということの目的はそこにあるのだろうと書いていた。そんな風にして新しい一日が始まった。その時、彼は次の様なことを思うのだった。

『生きるとは何だろうか。パーティーの間だって、人と人は様々に交流する。たしかにその行為は身と口に収まる。人格と人格のレベルにまでいかない。世間とも言える。しかしその時間の流れを貫いて、マイクが言うような精神の糸に編まれるいわば真実を見ようとする心は持続されている。それが生きるということではないか。これがこの暮れを生きる心だ。これは念仏の心だ』

日本人の限界を超えるとは何であったろうか、それは時間の質を変えるということを意味していた。一体自分は何だろう、何をしてるんだろう、何を願っているのだろう。そういうことを明らかにしないで日を送ることが拒絶されていたのだ。そしてそのためには自己の功利性が常に否定されていた。しかしそれは念仏の力によるしかなかったのである。欲望的存在としての人間がなくなるわけではなかったからである。

マイクの手紙に書かれた意味の本質はそういうことにあったものであろう。だが今の彼にはやはり難しかった。時間を、ということは生活をということになるが、自己の歴史を貫いてきた精神、人格ということで捉えて、それを離れないで生きるということが求められていた。それはマイクが言う好機であった。だから彼はopportunityと言ったのだろう。未だ気付いてはいないのだが、彼をそうさせずには置かない内的な動機があった。それが道徳性の原理だった。かつて三十四歳で心のなかなる「心願」として気付かれたものこそ、カントが到った純粋実践理性の法則の存在と合致するものであるように見える。彼は翌日こんなことを考えている。

『マイクが教えたのは「予定を持たない時間」の意味だ。これは停年後の時間を象徴する言葉だ。だが会議も予定も無くなってしまったわけではない。それでも予定の意味することが減じてしまったのは事実だ。会社の生活のように特定の目的で貫かれていない。そうなると今の目的は何かということになる。会社的目的から解放されても、社会的責務が無くなったわけではない。日常的時間を超えた精神的世界への飛躍を私はいつも見詰めている。この暮れの時間の中にそういうことが生きている。この午後の読書の意味もそこにある』

午後の読書の意味、これはまた朝の読書とは違うやはり無限性を持つ命題だった。従ってそれは固定をされず変化していく。しかし概念的に言うとそれは現実生活上の問題を提起し、そしてそれを解くという種のものであった。「現実上の問題」、実はそこに気付かれざる猛烈に多種・多様な問題があったのだ。気付いてみれば、過去の自分とは能天気でそうさせたものが怯懦《きょうだ》な意志であったのかと思わしめられるほどだった。午後の読書は新しい彼の行動の分野を切り開くもととなったものである。だが今の彼の思考はそれとは違う、あるいは逆である。しかし何かが新たな形で生まれてくるためには、それは一度本来的自分の中に沈潜するものであるのかもしれない。そしてその時間がなければ、行為はすぐに尻窄まりになってしまうというような種のものであるのかもしれない。

定一には自治会長としての仕事が今はある。マイクもまたフロリダでcondominiumの会長としての仕事があった。それはマンションではなく、海の保養地の別荘群と思われる。その仕事が日本における自治会のような性質のものかどうかは、定一には分からなかった。マイクはその仕事を得たことをchallenge of a mental natureとして表現していたのだが。マイクは更に、この仕事に会社での経験は役には立つがmannerは変えられなくてはならぬと書いてあった。それより柔軟で、心を開いたものでなければならぬとあった。それはこの二年間の自治会長としての彼の経験に全く合致するものであったのだが。

マイクが時間について言うようなことは、仏教で言う解脱なのである。定一の中には無意識の内に、好機を好機に終わらせてはならないという覚悟が生きていた。そしてこの解脱には現実的行動面と、精神面の両方が含まれており、仏教的でありながら西洋哲学の哲学することでもあった。二つの世界はいつも彼の前に用意されていたものだった。

年が終わろうとする時間には異常なものがある。一年の時間の経過が身の内に集約せられるからだ。それは翌日、定一の思考の中に、次のようにやってきたものだ。

『昨日は賀状を全部出した。今は考えることはあるのに、出す相手がいない。じっと寒い暗い朝に座って考えていると、いろんな事を思うのだが、その思いに確信性があるのかどうかも分からない。

過ぎた時間のことを考える、すると死ぬ時も過去を考えるだろう。だが過ぎてしまった時間は覚醒された表象を与えない。昔、叔母が言ったように、ぼんやりしたものしか与えない。この事実は幾ら小説を書いても、その過去の時間は再現出来ても、死の前ではただの思い出にしかすぎまいと気付いた。となると、死を前にした心の光景は他の人と変わらないことになる。そうだからだろうか、一日、一年ということを考えた。一日があって一年がある。過ぎてしまえば、一年は今日という一日にしかない。死の直前の風景も従ってそうであるのか。一生は一日にしかないことになる。そうなると加藤周一が言う刹那主義が生まれてこないのか。だがその今日を考えている自分が一生という時間の産物であることには変わりがない。時間は自分の中を生きた。しかし時間が作った厖大な記憶は活用が出来ないままに死ぬ。そして死という奴だけはその行為の意味を語れない。

結局、生の意味を問うているのだ、一生の意味をである。しかし一生の意味を問うてもあるのは今の時間でしかない、となると今のこの時間が問われていることになる。この今は新しいものを求めている。自治会総会報告の「活動と反省」をまとめている内に、何やら嫌になった。どこか真実に触れえていないものがある』

彼のこの年の暮れにあったような時間は、それをもっと積極的に捉えるならば、今という時間を、一生という自己の中に生きた時間を集約して現在化することだった。一生を過去に捉えるのではなく、今の時間に捉えるということ、逆に過去が全部現在化することなのである。これは単に空想だろうか、そうではあるまい。ベルクソンが捉えた記憶は、記憶の全容量、それによって進化ということが生まれていく本体として実体性を持つものだ。そういう生き方は老人介護施設に見る老人達の時間と全くの対称性を持つものだ。彼は自分の老いにある可能性を見る者だった。

定一の暮れの時間の内に、自治会長の仕事から離れようとする気持ちが生まれていた。仏の身・口・意の業についての強い関心、それがマイクの手紙と重なる。この時間を経て、会長を辞める決意が固まっていった。この仕事は自分に十分な試練を与えてくれた。そしてそれを自分はしっかりと受け取ったという思いがある。これ以上は無用なのである。これ以上やっていたら惰性が、権力が持つ怠惰性が強くなるだろうということだ。

今彼の心にあるのは別なもの、世間的なものを超える真実を、この平凡な時間の風景の中で見抜いていくことであった。テーマは「解脱」であった。それですぐにこう思ったのだ。

『やはり浄土思想はすごい。それは不変にしてある。その他のものは不確かである』

「絶対」に対する信仰が彼の中に生まれていた。しかしここにもやはり二重の意味があった。それは単に形而上学的なすなわち思いの中にある無限なるものを意味していなかった。この「絶対」は実践的な純粋理性の道徳法則でもあった。そういうものが精神そのものとして存在していたのである。このことは理性的道徳に無縁な者には起こりえないことであった。そうやって暮れの時間が押し詰まっていった。そしてやがて『なるようになれ』とでもいった惰性の時間に変わっていった。そうした変化の前の頂上にいたのだろうか。翌朝こう思った。

『やっと分かってきた、この暮れを支配している重い空気を。それは人の死、病気、老いといったものだ。昨日、アメリカのキャロラインからクリスマスの手紙が来た。自分が重いガンになり手術を受け、他にも三つの病気があって治療中だという。考えてみると、死者に触れることの多かった一年だった。会長という仕事は必ず葬儀に行くし、葬儀に行けない時は、遺族と連絡を取り香典を確実に届ける。年間十人に及んだ死者の、その最後の姿を様々に見た。自ずと人間の死と一生を考えずにはおれない。死者の眼を通して時間を見ようかとするかのような努力が、私の中にあったのだ。夕方のパトロールに行って、一緒に回った知人に、この年の暮れは頭が錯乱する、と言ったことの意味だった。帰ってきたらキャロラインの手紙が着いていた』

キャロラインとはどうして付き合うようになったのだろう。夫のジムが長年働いた会社を停年になり、一緒の会社で働くようになってからだ。キャロラインの家では度々夕食を御馳走になったものだ。夫婦同士のこういう社交にこそアメリカ生活の一つの特長がある。これはまた都会性でもある。しかし今、彼女は会社を辞めたばかりだというのに、やっと自分の思い通りの生活が出来るようになったというのに。定一には返事の書きようもなかったのだ。それでこう思うのだった。

『だが僕は死を恐れたくない。どんな形の死も自分は受け入れたい。他人であれ、自分であれ、それが命の宿命だからだ。生がそうであったように、死もまた宿命だ。そういう前提の元にこの生があることを忘れてはならない。生と死を考えた一年であったということにある』

ここで確認しておかなくてはならぬことは、死がどのように決定的な事実に見えても生を諦めることではないという一事である。定一はその死を受け入れる。『よし、死なば死ね』そこに念仏がある。だが命は反抗する。死を受け入れるところには感謝がある。しかしそこから力が湧き上る。『ありがとう、がんばるぞ』それは体験によってしか到り得ないことであった。

死を超克することこそ、人間の最大の願いである。人は繰り返しこの問題に帰る。死ぬまで答えはないのだろうか。しかしその死は生者にして初めて対象たり得る。生と死は二律背反的に一事の上に成立している。意識というものを与えられた人間は、このことに耐えて存在することを始めから求められているのである。

この困難の背後には更なる難しい問題が控えている。自己の命の問題が解消されたとしても、他者の命の問題は残るということである。命は他者の命を配慮して生きるということである。それは恐らく、命というものが自分だけでは守れないからだろう、と定一は思った。そうやって種は生命の歴史を守ってきた。自己の救済には、他者の救済が含まれていることになる。かくて行為は無限の連鎖を持つことになる。

定一はカントに出合う前から既に気付いている。人間の意志を動かしている純粋実践理性が持つ道徳法則の存在を。それは自分の命がそんなに大事なら、他者の命はもっと大事なことを定言命法として責務化する。戦争が最も悪いのは、この道徳法則を破壊することにある。

「信証」を読んでいて貪着《どんちゃく》という言葉が出てきた。これは執着の意である。もう年も終わりかけの二十九日のやはり早朝である。

『貪着の悪さということが盛んに書かれている。「世間の名利」「精進を起こすが、後に休廃すること」「自然香味の飲食に愛着せしめられること」とある。これらは「みな見愛我慢の心を離れず、世間の名利恭敬に貪着するがゆへなり」とある。愛着することなら幾らでもある、こと欠かないのだ。それは自己陶酔的であり快だからだ。老いていく時この感情に負けがちなのだろうか。しかし負けたら、愛苦のうちに沈むだろう。何故なら老いたる者に肉体の苦は必然なのだから。そして真に正しい道からそれるだろう。仏道はそういう自愛の生からの離脱を繰り返し説くものだ』

生に愛着することではなく、この生に与えられたものを受け入れていく母の姿に、定一は本当の生を見る。こういうことは一朝一夕には起こらないことなのであろう。それは母の最後の教えとして、子供の心に残ることになるのである。

定一はこのあと小説を書いていて、気になる言葉について考えた。「形而上学」という言葉だった。彼はこの言葉が一人歩きすることを嫌った。物質的、現象的な世界の外にそういった純粋な精神的な世界はないのではないかということだった。それは特に仏法を考えた時そうだった。それで思わずに『以後一切、形而上学という言葉を小説には使うべからず』と思ったのだ。現象を持たない世界といえど、現実世界があっての故の思考、現実を深く知るが故の思考であるからである。「形而上学」という日本語訳の言葉が与えるイメージを彼は嫌ったのかもしれない。しかし彼の生の主題が、それまでの能天気とも言える生き方への深い慙愧を生んだ五年前から、もう一つの世界の存在の追求にあったことは変ええない。そうではあるが、このもう一つの世界の存在は疑い続けられた。その世界を確たるものとして、自己の持つ世界として受け入れられることに、彼の生の主題は今もかかっていたが、未だそれは過程にあったということである。

日本人の暮れの騒動という奴は一体何だろうか。宗教性がないからそうなるのだろうか。欧米人の聖夜には静けさがある。定一はもう十年以上の昔のことになってしまったが、テネシーの夏、山の中のキャンプ場で知り合ったあるアメリカ人の家族を、フロリダに尋ねたことがある。その時の聖夜の食事の風景を忘れることが出来ない。粗末な食事、食事の前の神への感謝の祈り、従ってその後の会話も声が低くなってしまう。キリスト生誕の日としてしか、その日の意味は捉えられていない。

日本の年の暮れにはこうした精神性はない。ＮＨＫの紅白歌合戦もこうした風潮に手を貸すものに過ぎない。定一もまた流される。その日、家族で餅を搗いた。臼と杵はもう三十年も前に貰ったものだ。この餅搗きには臼取りがいる。それは映子には絶対出来ないことだった。それで昔から手伝いさんも頼む。彼等の借家時代から付合いのある映子の友人である。

この暮れの餅搗きは楽しい、いや楽しいに決まっている。長年来の友人が来て、彼女は家族同然でそれに子や孫も来るのだから。映子の五年に及んだ借家の生活こそ、彼女の恵まれた御嬢さん暮らしから一息に庶民の暮らしを体験せしめた、すなわち彼女の再出発の人生の基礎を作ったものだった。そこで得られた友人だから尊い。彼女の家は歩いて行ける所にある。こういう一日の印象も、一夜が過ぎてからの方が正確なものとなる。『過ぎて行く十二月、あるいは今年。そして事に紛れる日々、不安があるのは致し方ない。この事の多い時期にあって精神は遠い。昨夜は「今日は何もしなかったな、餅を搗いただけだったな」という思いがしてならなかった。しかしである、一夜がたって思ってみれば、本当は良い時間もあったのじゃないかと思う。一歳にもならぬ孫を抱いて東の公園・北の公園、Ｉさんの家の前を通り、Ｋさんの家を通って帰った。赤ん坊は背中でもう寝ていた。

手伝いのＴさんといつものように餅を搗く、いつもの年のように餅を搗く。おいしい、おいしい牡丹餅、あんこ餅、そして新年を祝う鏡餅。Ｔさんに持たせ、息子の家にも上げた。年の瀬をまだ働いている息子には、餅のことなど思いにも及ぶまい。

子供達と遊ぶ。百人一首。二人の孫は夢中である。こういう騒動の中にも本当は心に残る出来事はある筈だ。

そう考えて不安を諌める』

定一が追求しているのは生活の時間における自己の精神性、後に出合う言葉で言うなら思惟性に他ならない。一体人間の過去の厖大な記憶はどんな役割を持つのだろうか。それは二十の時に叔母に聞いた言葉にあるように、ぼんやりとして自分がこれとしてやったことでもないし定かでもない。彼のこの暮れの餅搗きもきれいさっぱりと忘れ去られるだろう。しかし後にベルクソンに、記憶が人格に関わるものであることを教えられる時、記憶が消えてもその行為と思い出は人格の形成に関わったものであるように思えるのである。だが他面において記憶の喪失が人格の混乱を、あるいは無人格性を作るという恐ろしい事実もある。自己の罪に気付いていなかったが故に彼は死にたいほどの慙愧に出合わなくてはならなかった。貪着してはばからぬ現実の生活の悪さがこういうことに隠れている。今の彼は朝の時間が反省を生んで、かろうじて精神世界に引き上げられるのだった。ここにこそ朝の時間の不可欠性が見える。

夕方、一時間にも満たない、机での読書の時間に戻る。このわずかの時間はいいと思った。それは何故か。日々の中を貫いている一つの真実に帰ることだった。それは魂を呼び戻すことだった。魂とは持続するもののことだった。それは未だ気付かれてはいなかったが、道徳性の認識に関わることだった。自己の義務が点検されていたのだ。それでこんな風に思った。

『こういう時間がないと人生はその意味を失う。生は豊かに膨らませなくてはならない。午後の読書は読書そのものより、落着いて自分に戻ることに意味があるようだ。夕方にもう一度朝の理性的な思考に帰り考えてみることだ』

定一は岩波の本を読んでいて、写真が語る歴史ということを考えてみるのだった。「歴史の裂け目を表わす現代美術」とあった。

注（生井英考氏の言葉。写真と歴史より）

定一はその年、農文協の「昭和の暮らし」十巻を買っていた。それはまさに歴史を顕にして見せてくれるものだった。彼がこの写真集の中の二冊をもって、ガンを患って死の床にあった自治会役員のSさんに持っていったのは春のことである。Sさんは夏の始めに亡くなった。そんな写真集であり、見ているだけでも考えることはたくさんあるのだが、まとまった言葉にまではならないのである。まるで歌謡曲を聞いている時と同じように、思い出だけが浮かんでは消えていく。それは創造されたものではない記憶の本質だった。写真もまた歌謡曲と同じ本質を持つものかもしれない。戦争の写真などでも同じことがある。歴史を知ることの、それを自己の意識をもって自覚的に知ることの難しさがここにある。肉体化されない歴史、自己にとって他者である歴史の本質がこんな所に見える。とするなら歴史はどうやって引き継がれうるのか。それは人格から人格へと引き継がれるものだった。そうなるとそれはどうやって起こるのか。やがて定一はこれを直接に体験することになる。この時化石から蘇った人物がいる。それが北村透谷であった。

遂に年の終わりの日が来た。時間は暴力的に過ぎていく、だが人は、その時間の中で考え、生きていくしかない。一日といい一年と言っても、元々は人が便宜上決めた時間の長さに過ぎないのだが、今はもう人を徹底的に支配している。彼の中にある無為の感情がある。

『自分の持つ友人関係の狭さを、今年ほど感じさせられた年もない。会社の人間以外ではわずかに二、三人に過ぎないし、それも内容は深いものではない。六年かかってもこんなものだ。時代を共に生きても、こうであることには悲しいものがある』

彼はとても重要なことに気付いている。なぜならそれは今までこのようにはっきりと、現実から自覚されたことはなかったからである。実のところこれは彼の世界が閉じられていることの具体的な証拠だった。そしてまた気付いてもそれが直ぐに変わるという種のものではなかった。そうではあるが以下のように進んだ思考には未来が持っていたある可能性が見える。世界は開かれずにはすまなかったということだ。それを開くものは、歴史的存在としての自己という視点に他ならない。だがそこまでには幾多の紆余曲折が待っている。『人間は何か一芸を通じて友人関係を作っていく者であるように見える。自分は畑を作って、そこに集まる人達と一つの友人関係を作る。妻は日本舞踊をやって友人関係を深めていく。そうするとその一事の他の関係は薄まっていかざるを得ない。それでも長年の友人関係が、ある種の人間との間に残りはする。しかしそれすらもだんだんと遠くなっていく気がする』

彼の無為感は、自分が小説を書きながら文学関係に友人を持たないことと関係していたかもしれない。だが友人とは誰のことだろうか。彼は過去に持った友人達との関係を切った。それらが自分の新しい関心とか、分野への開拓に繋がらないように思うからである。彼が歴史的存在としての自己に目覚めていく時、別の友人関係があった。それは同志的関係である。それは文学によって生まれるのではなく、社会的な存在としてのありようから生まれてくる、年齢や性別、身分や過去の世間的な地位とも関係しない、社会的にありように対する同志的な共感の関係なのである。だがこの時の彼の思考はここまで到ってはいない。彼は閉ざされた友人関係にある人間の本質を感じ取っていたのだ。特に老いが深まっていく時、このことが強まるように見えた。彼にとっては未だ定かならざるテーマである。マイクの手紙にあったような新しい時間の持つ可能性ということはあるのだが、新しい友人の創出ということには可能性が低いように見えた。こういうことが老人の孤独死を作っているのかもしれないと思った。実のところ、彼にはマイクの言ったunscheduled timeの持つ可能的無限性は捉えられていなかったことになる。このことは友人関係の拡大ということについても言えたのだ。それからわずか二年で彼のこの閉塞された友人関係は塗り替えられていくのである。

そうではあっても、現実は未だ闇の内にあっても、心は既に準備が出来ていたようである。それは次のような思いの中に見えているものである。そういう根底の中にある思いが彼を運んでいく。そうやって暦上の一年が否応なく過ぎて行った。いつものように七時には寝てしまったから「紅白」も、年越の蕎麦もない。普段とどこにも変わりがない一日があっただけだ。

『無為にして空、その中で努力を続けていく人生、あらゆる苦を自らの内に課していく人生であれ』

彼は何故に人生の苦獄ということを自己に受け入れていたのだろうか。彼の内に無言で目指すものがある。それは自己の道徳的義務に忠実であれという強制の力である。それは当然に快・不快という感性的なものを超えたものであったから、苦獄はものともされなかったということである。

時間は無情に、今年と読んでいたものを旧年に変えた。年の瀬はあわただしくも越えられて、正月の朝となる。すると人々は、やはりどこか違いを感じる。しかしこれは日本人に独特な感情であるのかもしれぬ。恰も旧年は脱ぎ捨てられた外套のように遠退く。定一の過ぎた一年に感慨が付き纏う。魂の持つ時間からすればそんなことは無視すればいいのだが、こだわりがある。一年の変化、進歩ということを思想の面から考える。思想ということがなければ、人はただ快楽を求めて生きる動物に過ぎないということだ。思想とは人の依って立つ基盤である。彼の考えによるならば、人とは思想によって生き、死ぬ者である。自己の死は思想によって受け入れられるものである。

『浄土信仰に確信が持て始めた。前の年は仏法を日常生活の中で実践すると宣言した。浄土真宗の信仰の核心は浄土にある、それほど苦しい人生である。この苦しみが分からないと、浄土は教えられない。従って教えることの出来ないことである。この苦しい生き方に導くものがある。ゴータマに王宮を、妻子を、両親を捨てさせたものと同じものだ。人生の不浄、無為、空ということだ。そのために意味のある生を求めて努力するのだが、この人生の無為性は変わらない。そこでどうしても浄土の必要性がある。そのことを知った一年であった』

夜が明け始めた。新年の朝である。もう机の前で四時間が過ぎたのだが、妻が起きるまで二時間ぐらいはあるだろうと思う。思わずも新年になっちゃったなという気持ちがある。年末の家の掃除に追われている内に、過ぎていく一年の反省が十分に出来なかったのだ。しかし起きて四時間が過ぎてみると、それはもうどうでも良さそうだった。一年の意味を人間は求めるのだが、あるいは考えてみたいということが昨日の一日にはあったのだが、掃除をやることにも意味があった。彼の中に人生の時間を目的や意味で捉えられないものがある。『意味でもない、目的が持つ成果でもない。そんな風にして人生の一日が、一年がある。一日の無駄は一生の無駄に通じている』

この感覚はその後長く続いたものだ。この感覚は一日にも無限性があるということだった。無駄であるか、無駄でないかを決めているものがあるように見える。そこで人は一日の中である最大限の努力を行う。その努力とは何か。それが「閉じられた世界から開かれた世界へ一歩を踏み込む」ということではなかろうか。そしてそこは昨日の世界とは違うものとなるということである。そうなると、その日のある結着はあったとしても、それは明日には通用しない、明日には明日の結着すべきことが待っているのである。このことが閉じられた世界を出ることの意味である。なぜそういうことになるのか。みずから内に省みてみる人生ならばそうなりざるをえないということである。ここには生きるに値する人生の追求ということの具体性が見える。ただ、今の定一にそれを説明する言葉はない。

第二章
社会の中の自分

そもそも彼に、自己の社会的存在ということを強く教えたのはベルクソンの哲学であった。「道徳と宗教の二源泉」に書かれた「社会的責務」という概念は、それゆえに自分が苦しんできた半生の意味を説明した。責務はそのまま自己への強制であった。そういう風にあった人生である。社会的責務ということを人間が持たなくなるならば、社会は崩壊への道を歩く。定一は思春期になった時、なるべき職業がなくて船乗りを夢見、大学からそして東京に働く所を見付けて出て来ても、放浪にしか自分の人生はないと思い続けた。バガボンドは本性であった。

そんな彼が大学を出て四年になる冬に、自分と血縁に繋がる娘と一日の見合いをして、たった十分間風呂に入ってる間に答えを反転させて結婚を承諾したのだ。これによって家族が生まれた。彼はその全ての責任を果たした。「一諾命を軽んず」とはこういうことにあるのだろう。だがそれはベルクソンが言うように、蟻と同じ本能によって支配された半生を意味した。彼の人生の苦悩は全てここにあった。小説を書くことはそうした苦しみに耐えかねた知性の要求だった。自己が何者であるかということは、そして生きる意味の追求は止むことがなかった。五年の後、余りの肉体的負担により病気になり、小説書きは中断された。その小説書きの最後の年に、自の中を生きる「心願」の存在に気付いた。外的な一つの風景が内部にある表象的概念の存在に介在したのだ。日曜日の、言わばその時だけが自由人となった、散歩の途次であった。小さな石の社に誰かが立てた「心願成就」と書かれた赤い小旗が風に揺れているのを、食い入るように見ていた彼は、自分の中にもそういうものがあることに気付いたのだ。その意味も目的も解き明かすことは出来なかったが、こんなに抑圧された自分の中にも願いがあるのを知った。そうやって過ぎていった壮年の時代を振り返る時、その時々の出来事にあるものは「心願の見える風景」であったと知った。定一はベルクソンの言う、本能と知性の二つの元に生きた半生に深く納得したのである。ベルクソンはそれを教えたが、彼の実践は既に三十年の歴史を持っていたのである。この現実の人生は重い。

だが、家を守り家族を守っても、彼の社会的存在としての役割は十分に果たされてきたのだろうか。この問は特に、退役後の生活のありように対して問われるものである。退役後過ぎていった六年の歳月にその答えがある。アメリカの友人マイクは、会議も予定もなくなった生活にあってその時間を精神の糸で編み上げろ、と書いて寄越したのだがそんな風に自己の精神に於いて生きるとは、意志的注意、持続する思惟の時間に生きることだろう。それは時間が霊的なものとしてあるということだ。しかし彼の行き着いた結論は「自己を深く知るとは、社会を深く知ること」だった。自分を深く知ることは、社会を深く知るということと同時に成立するものだということである。人間が社会的存在であるなら、それは自明なことだった。彼は実践によってこの結論を真理と認識した。実践として役立ったのは自治会長の仕事だった。アメリカでの八年の生活が終わって日本に帰り、四年が過ぎて引き受けたこのタイミングは絶好としか言いようがない。この四年なしに、日本の持つ風土性とマイクが言う組織を離れた新しい時間の感覚を、自分の中にしっかりと持つことは出来なかったからである。一体、彼がそれまで持っていた時間というのは何だったろうか。彼が故郷の佐賀の浄土真宗の檀那寺の、七日続いた報恩講の御満座の御堂で、死んでしまいたいほどの慙愧に落ち込んだのは、能天気に過ぎたこれまでの時間の質に関わるものだったのだ。彼は自分の犯した罪ということに、無自覚、無反省であり続けた事実を教えられたのだ。退職後二年半が過ぎていた。彼はその日、城原川の土手道を泣く泣く歩いて帰った。死にたいほど恥ずかしかった、しかしそれでも一方に、これは気付かないよりましだという思いがあった。自分がこれまで迷妄の中に生きてきたのを知った。彼は「もう一つの世界」はないのだろうかと思った。ある人々は言うだろう。

「もう一つの世界などあるわけないだろう。生きている限り。この現実の世しかないのだから。この世を生きるこの身というのは、なくならないのだから」

定一はあの慙愧に泣いた日から四年が過ぎて、もう一つの世界はある気がする。しかしそれは固定された世界ではなく、「開かれていく世界」であった。迷妄の世界は、自己の利害とか幸・不幸の感覚によって固定された世界であった。人間にはこの「世界を開くという行為」しかないと思うようになっていた。そしてそこに社会との関係が深く関わっていたのである。

こうして新しい一年の到来を受けてみると、今年の課題がひとつ、現実としてはっきり見えてくる。『自治会長を辞めた後に重点がかかる。会長という社会的な地位を捨てて、それを補うほどの社会的な働きが出来るのか、それは生まれるのか』

彼が自治会長という仕事によって社会性の急激な目覚めを得たことは事実としてあった。たくさんの人との接触、意見発表の場が、彼の社会観を活発化していった。また他人との軋轢《あつれき》や批判が反省的時間と思考を生んだ。この両者が必要なことだった。こうやって一旦獲得された社会性が後は萎んでしまうのか、それは重要なこととして自覚されていた。この新しい社会性の発揮ということには、非常な未知数が隠されていた。しかしその活動がより知性的色彩を帯びていくことは予測されたことだったかもしれない。彼は過ぎてしまった六年間の間の交友関係の貧しさを強く感じている。それを何かで埋め合せようとする努力が内部にある。それは知性が求めるものだった。あるいは人格的渇望であった。それはなかなか、小説を書いたり本を読むだけでは満たされないものなのである。普段の生活の中で無自覚の内に高まっていった。このことには、これまでの人生とは違った、生き方の新しい方向が見える。それは後にカントに出合ってみれば、強制的命令なのである。こうして彼の生き方を規定してきた「非政治的人間」ということが脱ぎ捨てられていったのである。しかしそれでも、政治的でありながら、人格は非政治的であるということは貫き通されるであろう。

新年の初日は平凡に過ぎる。朝のお屠蘇はそんな一日を更に無為なものとする。夜の時間は彼にはない。元旦の昼間には労働がなかった、ただ朝の時間だけがあったのだ。二日の朝だった。

『自分の道は本当はこれからが大変なのかもしれない。そういう地点に来たのだ。世界を開くということは自分の中で衝動化されていたから、会長の職も、それは現実的なものであったが大いに実社会に対してそういう働きかけを生んだ。それから更に時間ということでも、今までとは違った感覚を持ち始めた。否、昔から持っていたものかもしれない。「ユリシス」を読んでいてふと思うのだが、ここでは男達は眼前の風景にアダムとイヴを連想するのではないかと。「図書」の十月号の表紙に描かれているのはそういう光景だ。時間を超えて、見えるものが見える。それは歴史の風景とも言える。時間は凝縮され、過去もまた現代となる。だから古代ギリシャの英雄ユリシスが眼の前を歩いていくのが見える。こういう感覚を持たないと「ユリシス」は読めない。自分はこれを二年も読み続けてやっとそれが分かってきた。この普通の人とは違った感覚、しかしこれも各人の人格のもつ固有性ということから見れば、誰もそうなのだが。ただ人はこの自己の人格性を自律したものとせず、どこかに置き忘れたようにして生きている。ただ自己の幸福だけにこだわった生はそういうものだ』

定一は、現にそれが見えていながら、自分達の眼は余りにもその風景を見ていないのだと思った。そこには重要な一つの体験があった。去年の十一月も終わりの頃だった。父の二十五回忌と義弟の七回忌で佐賀に帰省した時のことを思った。全ての予定が終わって、残された一日、彼は筑後川の河口にある大野島を自転車で見て回った。この島は妻の祖先の地である。彼は川を渡って、島の下流側、佐賀県の地である大詫間に自転車を走らせた。それは長年の彼の夢だった。大詫間は殆どが干拓地である。それは川の歴史であった。定一は島の東岸の土手に出て南下して島の海側に出た。頑丈な堤防が築かれているのだが、時間はやがてこれを無用とする。川の運んだ土砂がその沖合へと海を埋め続けるからだ。これが島の歴史である。定一は海へ下りて歩ける限り沖の方に出て一時間ぐらい遊んだ。戻って来て、堤防の道を自転車を歩いて押して佐賀県側の早津江川の河口に出た。まだ二時頃だったが、陽は海に傾いて、光は水面に反射して眩しく、赤々と照り輝いていた。川から流れ込んだ水はそこだけが細波を立てて、キラキラと光っていた。海苔の養殖漁場が島からそれほど遠くない所に、それと見て取れた。今年の海苔の網は入れられて間もない。養殖は始まったばかりである。漁場から帰ってくる海苔船が見えた。船はうねるようにしてカーブになった航跡を描いて、海から川へと進んでいる。その瞬間、彼が見たのは、義父のそして義弟の生きた歴史であった。それは生きて今に存在していた。それを見たのは彼の心だった。彼が義父と義弟の魂がまだこの川のこの風景の中に生きているのを見た。彼等はこの川に、有明の海に、そこに生活の糧を得るために働いてきたのだった。その心は今も残っているようだった。

この体験がジェームス・ジョイスの「ユリシス」の人々が現代において、古代ギリシャを今の時間において見る眼を理解させたようだ。そこには海という一つの共通点が介在している。だがやがて彼は時間の外にある存在、現象に左右されない自律した人格的存在というようなことに思考を深めていくのである。この早津江川に見た風景は、そういう魂とか人格に関わる時間ということを考える切っ掛けとなったものだ。しかしここには二つの大きな意味が見える。一つはこの物理的なものではない時間の思惟性であり、他は風景自体が持つ意味である。この世には失ってはならない風景がある。風景とは人間が彼等の行為の、やってきた結果の現われである。従ってその風景を失うということは祖先のやってきたことを、子孫に残してきたものを見られなくしてしまうことを意味する。このことは基本的に子供達の精神性を損なう。風景なくして子供達を育てえないものがある。この視点は自然保護運動の一つの重要な柱となるものだ。

そんな日々も、記憶から消え去った日々も、決して安易に過ぎるものではない。物理的な時間が過ぎただけだ。今日から明日へ、またたくまに時間的に過去となってしまう日々ではあるが、そこには失われることのない精神の証跡がしかと見える。それが無駄にされない一日の意味であろう。定一は次の短な言葉を残す。

『もう四日、ただ朝の苦闘だけが続く』

それは「ユリシス」を読んだ後のことだ。このことは誰にも知られない。自分だけの事実である、そして昼間の生活にあっては忘れられている。しかし冬がいよいよ寒さを増して、どんなことがあっても続く自分だけの作業に対する叫びのようなものだった。この苦闘があって自分というものがある。それがなければ自分が自分でなくなるということである。人はこの原理に生きている。朝の時間は彼の自律性を守るものだった。その時間が、彼の苦しみをなんとか凌がせていた。そこには自分を守るものがあった。それは自己の道徳性への義務への新しい目覚めであった。もしそうなら、過去にあっても労苦に耐えさせたのは道徳性であったということになる。彼は朝の時間を一日として欠かせられないのである。

一体その翌日夢を生んだものは何であったろうか。彼は、夢のなかで、旋盤の切削点ということを考えていた。それは一種の、切削に関係する、切削を可能にしている理論上の点であったようだ。理論の問題だったが、昔の仕事での若い部下が一緒だった。だからあくまでも仕事から生まれた問題のようだった。彼は寝る前に、岩波書店刊行の古い写真集を見た。「農村の婦人―南信濃―一九五四」と「村と森林―一九五八」である。更にこれを見らしめたのは「図書」十一月号の赤瀬川氏と川本氏の対談である。前者の本には働くことと育児と家事に追われた婦人の姿が、そして僅かに始まった生活改善や教育の姿が少しばかり写っている。しかし昭和三三年の末をもって終わったという岩波写真文庫シリーズのタイミングからして、ここに納められたのは言わば戦前・戦中の生活そのものである。これは後者の主として男達の森林での木材の伐採と運搬作業が写ったものにも当て嵌まる。そこに写るものは、実のところ定一の少年時代の全てを被うたものと同一のものであったのだ。言わば自己の出生がそのまま写真に写されていた。だが彼は写真を見て、決定的な印象を摑めなかった。しかし写真は漫然として眺められたわけではない、そこには強い意図があった。

視点は貧しい生活ということにあった。写真が写し出しているものはそれだった。彼はあの時代に戻れるかどうかの可能性を考えていた。

彼はその前日『信証』を読んで、ノートに次の記録を残している。『信証』には「戒」ということが書かれている。それがあって、彼が写真に見たのはそこに「戒」があるということだった。見えたものは貪であったが、その生活にあるのは戒であった。「戒」は次のように記録されていた。

「世間からくるもの」

「貧しさからくるもの」

「金によらない生活からくるもの」

「家からくるもの」

「父母の戒めからくるもの」

「自然の厳しさからくるもの」

それで夢からさめた朝、それを分析してこう思ったのだ。

『戒と無戒これは世相を見る、夢の中の旋盤の切削点なのだ。われわれはこの切削点である「戒」をなくすために努力してきたことになる。豊かさを求める行為とはそういうものだということである。その結果、今のような世の中が生まれた。末法の世そのままである、戒がなくなったのだから。仏はそれを知っていた。善龍の力は衰えて、悪龍の蔓延《はびこ》る世となったのだ』

ノートには次の言葉が書き写されている。

「ひと戒をたもたざれば、諸天減少し阿修羅さかんなり。善龍ちからなし、悪龍ちからあり」

定一は自分の印象を交えてこう記録している。

「せっかく仏が天地に配した諸神の力が、劫の時間が過ぎて衰えることを仏は説いた。それは無戒によるものである」

人が戒を捨てる時天地は衰え果てて行くのである。これが現実に見る自然環境破壊の根本の原理である。定一の中にこの十年間、ひと時も忘れられることのなかった課題がある。リヴィングストンの『破壊の伝統』を読んで以来の、豊かさに代わる行動の理念はないのかということである。今彼はそれを戒に見ていた。それが夢を生んだものであるようだった。

戒は消滅して無戒の世になった。だが定一は自分の中に戒は生きていると思う。実のところはこの時点で彼はこの戒ということを十分に見破ってはいなかった。ただ直観的にそれが道徳性を語っていることに気付いていた。戒は写真の中に息衝いていた、そして引き揚げて帰って来た戦後の村の生活にあったものと全く同種なものだった。戒が守られる時、自然は守られる。人々は生存を本能として求めるが自然を壊すような富を求めはしなかったのだから。豊かさが一般化し、それが自分の手に入るようになっていく時、戒が消えてあの時代の生活も消えていった。誰もがこの豊かさを否定しない。人が自己の幸・不幸ということで生きる限り、戒は消える。これが「破壊の伝統」なのである。

東洋の思想は深遠ではあるが分析はしない。彼が西洋の近代哲学に近付いたのは哲学することを学ぶためである。彼がベルクソンからカントへ辿った道は歴史的には逆の流れであるが、カントが縷縷として説く実践理性の哲学はまさにこの「戒」を分析し、批判的には説明するものなのである。戒とはこの道徳の法則の経験性によらない強制なのである。この道徳が強制する世界こそ、もう一つの世界を支えている根本の原理であったのだ。

この日の昼間を境にして、定一の時間はあの正月気分を捨て切った。そして更なる切迫感を生んでいった。それは単に自治会の仕事があったためだけではなく、自分の追求すべきテーマがあって、意欲的だったからである。世界は切り開かれねばならなかった。人間が向かい合う時間の質というのは限界がない。だからそれは苦獄的なものになっていかざるを得ない。それは世界を開くということに関わってもいるのである。

午後の三時である。定一は司馬遼太郎の『対話選集4』を読んでいる。彼はこの選集の全十巻を揃えて、今読み終わろうとしている。こういう「対話」の面白さはどこにあるのだろうか。読書の方からみると、対話の全部が面白いのではなく、その一人の人がたくさんの人と様々な事を話し合った内の、ある特異な会話の一点に注意が行くようである。時にはそれが読者の生き方を変えてしまうようなことにもなる。この場合の対談の相手は憲法学者の樋口陽一氏である。そこに次の氏の言葉があった。

「ご指摘のように、帝国憲法というのも立憲主義をとりいれております。けれども、社会をつくり上げている我々一人ひとりの人間の、かけがえのない個性の尊重という価値理念を掲げていませんでした。それを正面に掲げたのが、日本国憲法の一番肝心の点だと思います」（文春文庫）

定一がこういう言葉に強い注意を引かされることには、彼を動かしている、ということは実践的行為を生むものであるが、根本的な動機が見えている。市民が、自覚された庶民が動かしていく政治ということである。しかしその前に、自律した市民の存在がなければならないのである。憲法の問題は彼をしばしば悩ます、しかしこの憲法を持つことの良さは大きい。前文にはこうある。
・主権が国民に存することを宣言し……
・国政は、国民の厳粛な信託によるものであって……

・国政の権威は国民に由来し……

定一の関心は国家の当事者としての国民の定義付けにある。ここにあるのは、国民が政治の当事者だということである。こういう憲法があっても、政治や行政の実質は市民の意向に沿うものではない。だがそういうことは実際に何かで行動を起こさない限りは分からないことである。もしも市民が意見や行為で意志を示さないならば、資本や金の力や、それらに乗せられてしまった政治家や行政の吏員によって、国や市の経済も行政も飲みこまれて、案件は処理されていくのである。定一は実際に憲法を読み、少しばかりだが勉強をした。その翌朝である。

『結局は現実の生き方に鍵があるのだな』と彼は呟いた。そこには次のような思いが生まれていた。

『そこに真摯な努力と行為がないならば、人生はいかほどのものともなり得ない。この人生は一刻の内に過ぎる。後へは戻れない。だから真摯であって過ぎることはない』

現実の生き方から、突き詰め突き詰め到るものとは何であろうか。彼にはそういうやり方しかなかった。それは時間がかかることだった。しかし揺るぎ無い行為はそういう方法によってしか成立しないように見える。

その日は寺での、月例の法話会の日だった。寺の墓地を買い、檀家になったのはもう何年ぐらい前のことか。あの時、母が一緒だった。母は沖縄旅行を子、孫、曾孫達と一緒にやって、この神奈川の地に二週間いたのだ。四代の家族で行った六泊の旅だった。あの時は母と妻で散歩に出たのだが、バスから降りると墓地の広告があって、寺への急な坂を登って行ったのだ。母もまだ強かった。そこで契約を済ませた。定一にはあらゆる条件が揃うものだった。ここなら御堂の読経の声も聞こえてきたし、周囲には家もなかったのだから。伝統ある親鸞ゆかりの寺だった。母、墓地、寺、これだけの条件が揃うことはない。

寺の若い御院主が二年ぐらい前から、法話会を開くようになった。だが一度滅んだ法灯は再び戻ることはない。集まってくる人々に、地元で長い間檀家であった家の人々は少ない、いないに近い。定一は故郷の檀那寺に集まってくる何百人という人達を見てきたから、この十人に満たない法話の会に対する興の醒めた感覚は否めないのだった。ここにもまた、一度壊された本能が二度と戻ってこないのと同種の原理が見える。本能が作った長い時間が再現されえないように、庶民の信仰の血を伝えた歴史は再現されえない。定一の信仰は本能に近い。信仰は経験を超えている。それはまるでカントの言う実践理性の道徳法則のようだ。このことは彼の二つの世界と深く関係するものである。

定一は一人、御堂に座り若い院主の説教を聞いている。いつものことだが彼は聞きながらも自分の思いは自由に馳せまわらせる。但し世間的なことではなく、僧の話す仏の世界に関わることだ。御堂をそういう場として、空間として使うがために毎月ここへ足を運ぶ。こういう空間はなかなか生活の中にない。御堂は人が何人いても一人になれる場なのである。この精神の集中は三十分も続いて、自分自身の考えが形成されていくようだった。

僧は先ほどから、若い世代にどうやって仏法を伝えるか、彼等を近付けるかということを話している。定一の中にもそういう主題が馳せ回る。その思いには実体がなかった。ぐるぐる回るだけだ、こんな具合に。

「仏への礼拝」—「仏教の教え」—「人間の生の意味を求めて」—「八聖道」—「仏の教え」—「世間に伝わっていない」—「浄土」—「その過程が大事」

僧は今、五戒のことを話している。

「人にされていやなことは他人にもしない」

『仏はこれをどこから持ってきたのだろうか』と、定一は数日前の十戒のことから考えている。十戒の内容は思い出せない。かろうじて、身・口・意の業が生むものであることを思い出す。そして無戒と破戒が違うということを確認する。現代は無戒の世なのである。

誰かが発言した。僧の話が終わりに近いのが知れた。定一はどうしても発言せずにはいれない心持ちになった。それでこう言った。

「子供に仏教を伝えるのは大事ですが、仏教は出世間道ですから」

若い僧がはっとしたのが分かった。

「そうです、出世間道です」

それは彼の言葉のオーム返しだったが、その認識には確信が宿っているのである。ここには、子供に対する教育による仏法の伝達の不可能性がある。教えられないものをどうして教えるか。仏教はその生誕以来、この矛盾の道を、二律背反の原理にあって伝えられてきた。彼の中にいつもある考えは、生の苦しみということが分からぬ者には仏法は理解出来ないという一事である。彼の親鸞への信頼もここにかかっている。生は苦獄であった。この世界を生き延びさせるのは、道徳の持つ強制の力であったということである。

定一は翌日、僧が話したことから十戒について整理するのだった。

- 身体から発する行為の戒
  - 不殺生《せっしょう》
  - 不偸盗《とうとう》
  - 不邪婬《じゃいん》
- 口が生むものへの戒
  - 不妄語《ぼうご》
  - 不悪口
  - 不両舌
  - 不綺語《きご》
- 意の行為への戒
  - 不貪着
  - 不瞋恚《しんい》
  - 正見

彼はどうしてこうした善と悪の問題に繰り返し帰るのか。心の根底に人格的道徳が生きている。この仏法にあるものはそれに触れている。善と悪は言葉だけのものではない。彼はそこに出世間的観念を見ている。それを善悪の本居となるものとして理解されている。この理解は先験的なものであり、彼の理性の内にとうから存在するものである。人格的道徳とは人生の目的そのものに他ならない。だが戒は破られる、しかして生は意味を失う。そのことは、実のところ自分自身に最も当て嵌まっていた。だから、悪をしようとしても思うままには出来ず、善をしようとしても思うままに出来ないというのが実相であった。そうではあっても修業の心はなくならない。これもまた人間の心なのである。出世間的なことは教えるのが難しい。それが単なる教えではなく、その実践にあって実存的であるからなのだ。それは気付かれていくしかない。

午後に読書の時間を得て、白州正子の『西行』を読む。もう終わりの方である。彼女が西行をよく理解していることに感心する。彼は自分自身の力で西行を理解することが出来なかった。彼にとっては、西行と芭蕉は日本の歴史上における別格の人物である。両者に対して深い共有点を感じる。それは出世間という彼等の行為に感ずるものなのだ。自分には出来ないが、共感があるのだ。それは、寂静と無為の世界に自己を置いた、あるいは置こうとした現実の生の姿であった。そこには人間の生の究極が見えた。定一の中には例え自分がどんな人生を生きたとしても、それは社会的坩堝《るつぼ》に生きる狂乱の生でもありえたが、最後にあるものはこの寂静・無為の都に住むということだった。彼等の句や歌はそこから生まれたのだ。彼にはどうしてもそういう歌は作れない。二人を別格とする感覚はいつ頃生まれたのだろう。それは単なる世事に生きた人達への無関心と同時に生まれたものだ。「もう一つの世界」の存在に気付いた彼に、こういう変化が生まれていたことになる。

定一は翌日も「西行」を読んだ。

『自分には西行の歌を読んでも、本当はよく分からない点がある。ただ彼の本物性、自己を偽らないで求める心のようなものを感じてひかれる。自分をまっ直ぐに立てて、弱音をはかないところだ。人生を感じてならない』

西行を、歴史上の人物を、こういう風に理解してくれた白州という人に有りがたさを感じる。人が一生で理解できる人物は限られている。これは仕方がない。せめて自分でも、一人や二人はそういう人を持ちたいと思う。そうやって幾人かの全集を買うのだが、読まれないままになっているのが多い。ましてや、白州のようにその人の旅の跡までも踏破するなどということは、容易に出来ることではない。人生の後半の時間は切迫しているのだから。だから有難さを感じてならないのである。

その日は午前中は体を使わなかった。これは珍しいことだった。暗い内から数時間も机に座っていれば、体は反動的に運動を求めるからだ。だが頭が疲れているという事実はある。だからぼんやりとして何もしないでいたいという気持ちもある。通常はそれを押し切って肉体の活動へと向かう。これは何か自己を律しようとする力の存在によるものであるように見える。そこに義務的なものを感じる時、感性的な怠惰な感情の生まれる余地がなくなる。生活は意志的なものになる。

午後も晴れていた。彼は行動を起こした。それはずっと気になっていたことだった。そしてそのことは簡単にうまくいくようには思われないことだった。常識性を超えており、従ってやってみないと分からないことだった。自治会の「どんど焼き」で使う沢胡桃の木を取りに山へ向かったのだ。本当は水木を使うのだが、沢胡桃で代用出来ることを覚えたのは昨年のことだった。この木に桃色に染めた団子を刺して、四隅に立てる時、この伝統行事はその真の意味を表わすようだった。従ってそれは彼にとって、どうしても今年も自分がやらなくてはならないことだった。この渋沢の丘陵の存在は、この点において掛け替えのないものだった。彼は山の中に入りこみ、藪を踏破し、四本の立派な木の枝を得た。いつもの地下足袋で腰には愛用の鉈が差されていた。この木が今年も祭りの色彩りを添えると思うと、他人の山から取ってきた後めたさがありながらもどこか弾むものがあった。

帰って来たその後、すぐその足で定例の防犯パトロールに出た。この活動も彼が始めたものだが、定着して一年半が過ぎている。それが終わって家に戻ると、キムチにするため桶に塩漬けしておいた白菜を取り出して、水で洗って天日に干すのだった。このキムチ作りは冬の間、二週間置きぐらいに繰り返される行事だった。午前中はのんびりし、午後には目一杯に活動した印象はその夕方にこう思われた。

『今日は暑くて汗が出るほどだった。こういう風に体を使わないと活性化しない。従って精神も活力を得ないというのは事実である。法話会での自分の言ったことがずっと心に引っ掛かっている』

ひとつの言葉が生んだ反響が自分の中にある。言わば彼の発言はこの世の外に飛び出たものだった。形而上の言葉であったから、現実の生活の悩みを解決するものではなかった。解決をしなくても、現実の問題解決への強い糸口となるのなら意味を持つ。そう考えると、ただ言葉だけに終わっている嫌いがあった。そうなると発言をした自分自身に刃が向かう。翌日こう思った。

『この数日の頭のもやもやは、仏道と仏道以外のことを同一に論ずることから生まれたようだ。「いまだ世を逃れずして真を論ずれば俗をこしらふる」とあるのは祭祀の法を言ったものだが、外道に墜ちるとはこういうことだ。未だ世を逃れることの出来ない自分がいる。この、世における自分をさし置いて言葉を出してはならない』

定一は自分の未熟なることを知っている。それは信仰の未熟さでもある。いつの日か、自己の信仰を前面に押し出せる時が来るのかは分からない。今はただ常識性をもって、それは自分の身にあう言葉をもって、この問題を扱うということである。

定一はその日の新聞で、加藤周一と東大教授との対談を読みやはりもやもや感を持った。社会の基本の問題は男女間の問題であり、これはそのまま家庭の問題でありそれが更に地域の問題に繋がる。定一は、家庭を抜きにしてどこに教育とか福祉の問題があるのか、と思うのだ。それで自分達のことを考えてみた。

『自分達が同郷人であるということぐらい有難いことはない。佐賀の風土性は自己の利害を超えて、正しい行為とは何かというような道徳法則にまでなっているのではないか。

これは説明したり、論争したりして分かり合うことではないからだ。そういう一致性がなかったら家庭が維持出来ない』

定一には日本の社会から、かつての世間が、世間的な道徳が消えてしまったように思われる。だがそれに代わるものはあるのだろうか。それが彼の大きな疑問だった。阿部謹也の『ヨーロッパを見る視角』に強い注意を引かされたのは二年前のことだった。それはこの「世間」の問題だった。ヨーロッパにおいても日本と同様な世間が存在したのだが、十一世紀頃からキリストの教えが民衆に浸透し、世間性よりも正しい人間の生き方ということが人々の間に優先され始めた。これは信仰が世間性に優先したことを意味し、それが一般化したのである。これは個人の成立を意味する大変重要な歴史的事実である。

定一はこの時大事なことを見落していた。それは今の世に世間が果たして残っているのかということだった。それは宮本常一が記録した「世間」のことである。かつての日本人は、特に女性達はこの世間を知ることから人生を出発させた。それは世間的な生き方ではあったが、世間的道徳も意味した。それが信仰的な、人格的道徳ではなかったとしても、社会が秩序を保っていく上では大きな機能を果たしてきた。この日本的な世間を、戦後の六十年はこれを弱め、消しつつあるのではないか、そしてそれに代わるものを生み出してはいないのではないか。これが阿部氏の本を読んで二年が立った、今の定一の疑念であった。

世間が消えたのなら、自分自身の自立の道を立てるしかない。だがそれは「出世間道」ではないように思えたのだった。信仰でもない、世間的道徳性でもない、そんな理性的な道徳が生まれえることであろうか。家庭を維持するということの裏に、すさまじいばかりの責務的な要請がなければ、そのことは成立しないのではなかろうか。物の豊かさが、人間に外見上の自由を与えて、人々が利己性と恣意性とで生き始めた時、家庭の基本である夫婦の間の軋轢は深まっていく。定一には、「出世間道」を社会の中で論じるのはおかしいのではないかと思ったのだ。人間にある道はあくまでも社会の生活にあっての自立の道、自己が開明されていく道であると思った。彼はこの自立、自律の道の根本に人格的道徳を置いているように見える。それは言葉にならぬが、自己の人生における選択を決定しているように見えた。彼の中にそういう無意識の活動が続く。彼は現代における自己のあり方に苦闘する。このことは日本人の危機、人類の危機と次元を同じくするものではないだろうか。社会の中の自分という命題は彼にとって避けがたいことだったが、それは社会が持っている危機と無関係ではありえなかった。それが一層の困難を与えるのである。

明け方に夢を見た。まるでカフカの小説のようだった。彼はナチスの収容所みたいな所に入れられていた。それから移動していた。ドクターに体を診て貰っていた。バスが建物の中に突っ込む、自分は逃げている。後から石を持った男が追いかけてきた。

定一は何でこんな夢を見るのだろうかと思った。この夢にはどこにも記憶に関わるものがない。だが過去の何かの記憶が発動したものであろう。それを考えるとこう思われた。

『今の現実がこういう風にできているのではない。法話会の続きだ。妻の若い友人の家庭不和のこと、自分の一番の友人が心臓の発作で死にかかったこと、妻が忙しいこと、自分が忙しいこと。起こってくることに何の脈絡もない、それは夢の中の出来事のようだ。事件ばかりが次々と起こる。ひとつひとつを十分に考えている隙がない。世間の価値観が崩れてしまっている。人と人とが共有の価値観を持ちえない。それが夫婦であっても起こっている。これは無戒の世だ、末法世界の姿だ』

彼のこの思いには自律の道の遠さが見えている。だからこそ彼は新しい仏の出現を待つしかないと思った。しかしそれがどれほど時間が掛かることか分からないことだった。このことは自分の歩く道の遠さをなぞらえるものでもあった。彼には依存出来るものはなかったのである。

寝る前だったが何かを考えてみたい気がした。何をだろうか。この世における不動なるものを求めてである。どんなに身は不定であっても、それをよく知る者であるなら求めないではいられないだろう。浄土はそういう者のためにあった。潰《つい》える身でも、浄土は世間性を超えて生きる者のためにあった。しかしそのことだけが不動ではないのではないかと思った。何か、この世の生における本当のことを知りたいと思う。例えば西行とはどんな人物だったかというようなことだ。こういう人の真実はなかなかに見えなかった。人生の究極にいどんだ人のように見える。そういう点の解明はむずかしい。定一は今読んでいる『ユリシス』が、後何年かけてみても、主人公達の人物像は見えてこない気がするのだった。定一が見ているものは人生の不条理であった。この不条理性に往き当たらざるを得ないということには、彼がこれまで感じてきた、人生の黄金時代を、盛りの時代を過ぎてしまったことを意味していたのではなかろうか。言わば登り続ける肉体の持つエネルギーにあっては、そのことは忘れられていたのだ。しかしそれはまた青春の持つ不安とは違うものだった。運命が下り坂に向かう中にあって、彼が閉じた世界から開かれた世界への必死とも見える跳躍に挑み続けたというのは不思議なことである。

翌朝、定一は小説を書いている。小説を書いている時間はそれが過去のことであっても、それは決してその過去の時間そのものを意味しない。時間には今しかない。今の時間の中で過去の時間が、実はその一部が記憶から再現されているに過ぎない。その記憶といえど固定的ではなく、今の時間の相の中で様々に意味を変えながら、新しい意味が求められて変容する。変わらないのは事実だけである。彼が小説を書きながら再現する主人公は、やはり考え、小説を書き、過去を現在化する。だから回想は回想の中にありいつも批判的である。そこに定一は混乱を感じる。人はそんな風に過去の全記憶を負うて生きている。過去のその時においてその主人公がどの記憶によってその記憶を現実のものにしたのかなどというのは解析が不能なのである。そして問題なことは、特にそれが心理学上のあるいは思想に関わるような表象である場合には、関連性が希薄だという事実があることだ。Aという考えと、Bという考えは後で気付けば関連性が強いのに、自己の内部では別々にすんで来たということが多い。これが自己の解明が容易に進まない原因となっている。記憶の貯蔵庫が違うせいだろうか。それでは恰も思想が記憶に連結されたものになってしまう。しかしそれでは思想の真の意味はない。彼は経験上ずっと感じてきた。このことは人間を動物の生に近付けているのかもしれない。人間の進化を阻んでいるように見える。その朝書き終えて、百六十七ページまで進んだその章の原稿はずっしりと重い。文化と文明ということが詰まっている。しかしこのように原稿の重さがある自分の努力に対して、感性的な感慨を生みはするが、本当の充実感には遠い。このことはどこまで行っても同じことだった。見える成果などどこにもなかった。それはそのまま人生の姿である。もしあるとするならそれは、自分の知らぬところで成就されるばかりだった。

実のところは彼は厳しい状況に立たされていた。しかしそのことは自覚されていない。彼は五日前に出世間道ということを公の場で発言した。この発言は彼の行動を規制した。この規制の意味は説明することが難しい。理性的なものだからである。この規制は直接に行為の実践に関わる。そこに働いているものは利己性の排除ということである。これはリーダの資質と係わっているように見える。利己性が抑えられないなら、リーダとしての器量は縮小してしまう。彼が心において仏道に、そして西行のような身を捨てた人物に強くこだわりながら、実のところ彼の現実は自治会長としての最後の勤めに余念のない状況であったということである。彼はこの勤めを悔いなく遣り遂げたかった。

彼はそうやって小説を書き終わって、今日は「四念処《しねんじょ》」ということを書いたのだと思った。だがまたそれは昨夜の寝る前の机上での短くはあったが回想が、すなわちこの世における本当のものを求めるものが生んだものでもある気がした。ここにあるのは利己性の排除、すなわちこの世における幸福感の除外である。この世における幸福を求めることぐらい悪いことはないのである。「四念処」の本質はそういうことを意味している。

定一は一連の自分の考えに安心感を憶える。もしも前に書いたり考えたりしたことと、後で思うことが違うということになると自己の存在自体に不安を憶える。気付かないことに気付くというのはあっても、人格は微動だにしてはならないということだ。そしてふと一昨夜のナチスから逃げ出す夢は「四念処」から生まれたものではないかと思ったりした。

『仏道を出世間道と言いながら、いつのまにか、体を心を感覚を真実を、自分の都合で恰も真なるものであるかのように捉えている自分がいる。すぐにそういう自分の都合のいいところに持っていく。そういう傾向性がいつも付き纏う。釈尊は見事に人間の四つの姿を示した。だから惑いが生まれるのだ。法話会での出来事はそういう自分の姿を教えた』

定一の仏道の持つ現実性が見える。仏道を深めるほど現実の姿が見え、自分の中の本質的なものが見える。そうやって現実の中の普遍的なものに近付く。これは明らかにリーダの資質となり得るものである。彼は決して仏道をそうした現実上の功利的なものとして捉えてはいないが、そういう機能を果たすということである。それは当然と言えば当然であり、何事であれ、それを為し遂げるのはその人物の人格に由来するのだから。

法話会から五日が過ぎていた。彼はその朝書いた小説のなかで四念処をこう書いている。

『身は不浄、受くるは苦ばかりなり、心は無常にして、我が心の法は定相なしと、いつも自分を振り返って観ずること』

自分だけが確かと思う心がいつも身を誤まらせてきたのだった。源信が言ったようにそんな心のことは魑魅《ちみ》魍魎《もうりょう》の類に過ぎないということだ。これは空の思想に導くものであろう。真実を説いて空を説く。ここにも人間の思考に係わる二律背反がある。真実を説いて説けず、教えて教えられないのである。

定一は仏法をもって自己の指針とする、ということは、まず仏道ありきということが自己の歴史であったからだ。六歳において体験しなくてはならなかった四歳の妹の死にあって、仏は確として実在性を持っていた。

仏あっての死、仏あっての救いということである。日本人であることの資質性はここに始めから極まっている。だが全くもって西洋の思想を無視するものではない。それは東洋思想のより深い理解へと導くものとなってい く。具体的には、ベルクソン、そしてカント理解へと進んで行くものである。こうした努力が思想の体係化を目指したというのは結果的なことではなかろうか。彼の中にそういう目的的なものは見えない。

定一は本当に忙しかった。忙しいというのは何だろう。会社も仕事を辞めた者が何故忙しいのだろう。この問はずっと続いた。自治会長を辞めてからもだ。これも後のことだが、知り合いの専門農家の夫婦が畑で働いていた。その日、気が向いて秋の景色を写真に撮って回った後に言葉を交わした。定一が忙しくてならぬと言ったら、二人ともびっくりした顔になった。外見からは閑人の典形と見えているのであった。

この時、彼は本当に忙しかったのだ。その朝、連合自治会の研修会の集まりで泊まった箱根湯元の宿を暗い内に立って、一番電車で帰って来た。どんど焼きの行事が待っていたのである。前日は箱根に行く前に、団子作りに精を出した。彼等は米粉を竈《かまど》で蒸す係だった。だんごも甘酒も昔そうだったように、出来る限り本物にしようというのが方針であった。こういう考え方は無意識の内に彼の中に強い、自治会活動を主導する精神の背後にあるものである。多くの者はこれに音をあげる。だが彼にはそれを許さないものがある。田舎の妹もこれには弱っているのだ。

箱根には一年後に始まる裁判員制度について、小田原の簡易裁判所から判事が来て話すのを聞くためだった。この制度についての不安や批判ばかりが目立ったが、定一は積極派である。最後の質問や意見でも消極的な意見が多かったが、彼は明確にこの制度への期待を語った。基本には、人間の裁判能力に対して、世間的学問や地位・職業による差違を認めないということがある。世の中で労働をしてきた者ならば、かえってその方が社会的な事象についての判断は妥当であるという考えがある。この「労働」ということは重要である。労働は霊的なものでありながら、その人間を社会と繋ぐ現実の縒糸《よりいと》であるのだから。定一にしてみればこの裁判員制度くらい、日本人の自立性を試めすものはないように見える。それだからその結果を短兵急に見ようとする気持ちはない。権力の側がこういう制度を自ら作ったということに奇異の感さえある。

どんど焼きは楽しく終わった。彼のこの数日の動きには、これをなんとか無事に終わらせようとする強い意志が働いていた。だからこそ今朝のまだ暗さの残っている道を、湯元の駅に急ぐ彼の中には緊迫感があったのだ。「そんなにまでしなくても」と他人なら言う状況が、平時のいつもの彼の心の中にある。これこそカントの言う実践理性なのである。全て何事も実践なくしては解決もせず、進展もしないことが本能のレベルまで高まっている。定一はその日、地下足袋姿だった。彼の考えでは、これは火と土の祭事だった。この姿だと土を掘るのも、最後に土をかけるのにも、そして火を守るのにも最適なのである。人々はたくさん集まって来たし、今はもうめったに顔を合わせなくなった老人の同志が、深々と頭を下げた嬉しそうに言葉を交す姿を、定一は煙の向こうに見て、これまでの努力への満足を与えていた。それだからこそ、団子だって甘酒だって本物を振る舞いたいのだ。

火をつけて二時間、全てのものが燃えつきて炭となった。燃え殻にも土を被せて埋めると、後には全く何も残らない。竹も木も、皆が持ちよった正月飾りの一切も視界より消えた。このさっぱり感はいつも心地良かった。

普通なら、こんな日の午後ぐらいゆったりとした気分になって寛げることはない。どんなに忙しくても、こういう時間がやってくることに退役後の特権があるように見えるのだから。しかし彼の人生はそういうものになっていかなかった。老いるほど忙しさが増すようだった。そこに彼の実践理性の持つ特長があった。しかし彼はそれに気付いてはいない。この姿には、父と重なるものが見える。死の床でも、父は忙しかったのかもしれないと思ったのはずっと後のことである。

彼はまだアメリカで働いていた時のことを思い出す。やっと夏休みが来て、妻と二人仕事を逃れて、グランドキャニオンのコロラド川の源流まで騾馬旅行をした。一泊を彼等だけのキャビンに泊まって、素敵な時間だったのに、谷から戻って来てその夕方泊まった宿での夢は仕事のことだった。工事をアメリカ人の部下にまかせたのが気になって仕方がなかったのだ。それで翌朝、帰りを一日早めたのだった。アメリカの生活はそんな風に、いつも仕事と旅の時間しか持たなかった。それは日本でも同じだったのかもしれない。妻との休みごとの遠くまでの散歩、京都や奈良への旅はやはりそういうものだった。しかし今は、昼寝が出来るような時間を持つことが出来た。だがこのことによって彼の忙しさは遠のいていたのだろうか。忙しさとは何かということが問われざるをえない。ここにあるのは時間の問題である。それも時間と心の問題だ。忙しさは確かに心の余裕を消した。そして仕事に追われさせた。だがこの心の余裕は何ものにも優先される、すなわち優位でなければならないものだろうか。そもそも何故、心の余裕が失われていったのか。

人間の現役時代の労働が人格的なものであるというのは、誰にも当て嵌まるのだろうか。定一のそれは道徳性に準じたものであった。だから仕事の困難から逃げることはなかったということは当然である。彼はいつもやり抜いた。これが労働が人格的なものであったことの証明となる。しかし仕事に埋没することもなかったというのも事実である。仕事は彼にとりそういうもの足りえなかった。本当に楽しいことは仕事にはないことは、半生の体験に刻印されたものだった。だが彼は他の誰よりも、仕事において実践的であり果敢だった。それでいて価値を仕事には求めなかった。彼を満足させるのは実践への自足ではなかった。

彼にあっては妻との二人の旅が最上のものだった。その旅はいつも歩くことを主体にして成り立っていた。そういう彼に仕事によって出世するというようなことは、本当の目的にはなりえなかった。彼の労働とは、少年時の牛を役して田の耕作に従事したことの延長であったのだ。ここには労働に対する全く別の価値観が見えている。そしてこれは単に観念的なものではなく、入社四年後の社長との管理職登用試験の面接で対立させ、その後の有力な役員との対立を生んだ、彼の本質に関わる実在的なものであった。

定一は旅にあった時間に対して強い幸福感を憶えている。しかしそれは事実だろうか。その幸福は日常労働への強い責務への、すなわち道徳的な法則の要求に従い続けたことによる、成就された徳のようなものではなかったろうか。このことは未だ気付かれてはいない。旅の幸福感よりも義務に準じた日常的日々の生活に逆に讃歌の視線が生まれるのは、老いと急にやってくる死の危機に出合うことによってであったのだ。仕事をそのように義務にまでさせてきたものは何だろうか。それがベルクソンによって説かれた社会的責務であった。だが責務だけがあったのだろうか、社会への愛ということが始めからあったのではなかろうか。彼がまだ若く、製造の課長の時代を終わった時、『自分にとってこの時代は何の意味もなかったが、現場の人達と喜びと苦しみを共有したことだけは残るであろう』と思ったことは、長い壮年の歴史の記念碑なのである。

誰だって、若い時は、カフカが描いた人物達、あるいはカフカ自身の近親者なのである。虫になる可能性はいつもある、定一はその強い傾向者であったのだ。だがこのカフカの不可能性は乗り切られた。労働は第二の天性となった。結局定一は戦争が終わって帰って来て一緒に生活した戦前そのままの村人達と同じ一生を持ったことになる。『人間の一生はこの山村の百姓の一生を越えじ』は正しく自己の上に実現されたことになる。誰もがこの一生を受け取らざるをえない。かくて定一の中のバガボンド性は消えた。

その午後になすべきことを全て果たした安堵感はあったけれど、忙しさはずっと続いていた。夜は亡くなった会員の方の葬儀に出なくてはならなかった。今朝は小説も書けなかったから、どこかに落ち着かないものがある。それでも一時間休んで疲れは少し回復したようだった。雨が次第に強くなって、屋根を打つ音がする。どんど焼きの行事はからくもクリアーしたのだ。彼は「四念処」の行をする。どんなに努力しても得するものはない、また何ものにも依存するものはないということである。全ては空と無に帰す。それは先ほど「どんど焼き」で見たものだ。こうでないとこの苦に満ちている人生はやり抜けないということだった。

・身は不浄。死して焼かれて灰となる。

・命の受くるものは皆、是苦。
・心に定相なし。いつもふらふらと無常の風ふく。
・真理をわがものと思っている自分。我々は何ひとつ確たるものを持たない。

『かく生きているのが命だ。命おわる時、すみやかにあの世に行くべし。仏はこの私を浄土にひきとるとおおせられた。なんまんだぶつ』

自分のことを何様だと思う時、死が恐くなる。この、生きて考えている自分が、無に帰して、この世になんの証跡も残さず消えしまうことに哀惜の念が生ずる。しかしそれは自己尊大にすぎない。この肉体からして汚れたもの、焼いて灰にするしかしようのないものなのだ。四念処は、物質としても非物質としても、無価値きわまりのない自分というものを教える。このことが徹底できるなら生き方は違ったものになる。こうして定一は午後の落ち着いた時間を得たようだ。この四念処がが教えることは身の事実だった。人間の幸福性などというのは実在性を持たないことだった。とするなら、それは忘れても、何度でも引き戻される境地であったのだ。

定一はそんな午後を読書にあてた。司馬の『歴史を紀行する』である。「佐賀県」のことを書いてある所でこう思った。

『自分が微妙に感ずることは、佐賀県人の持つ思想には出世間的なものがあるということだ。正しさにこだわるとか、派閥を作らないとか、体制の中にありながら反骨的とか、商売とか株式会社というようなものに興味を示さないというようなことの全てを説明できるものだ。これは土を生きる者の姿からくるものだろう。自分はそれを、報恩講の道筋に、集落の風景に見た。「何もなか」風景である。この生活風土が生んだものが佐賀の思想である。土と生きる一生が人々の間にある限り、この思想的なものはなくならない』

定一は若い時から『葉隠』を思想の書、それも日本には稀な思想の書として捉えてきた。その思想は歩いて出合った風土の中に見えた。それはまたその思想が自分の根底を生きるものであることを教えた。彼の労働観が士との人間の関わり合いを基本としたもの、それがまた佐賀の風土性とも強く関係しているのがここには見えている。

　それから今度は薩摩人のことを読む。するとこう思うのだった。

『隼人の血ということだろうか、人間が強い。佐賀人と比較すればいい。佐賀県人は農耕の民、弥生人の末裔である。こういう形の出世間道では強さという点で、薩摩人に劣るのは当然だ。「葉隠」にはやはり、それを言葉や心で補おうとする強がりがどこかにある。平野人の血は本来緩やかである。

　薩摩の人は中央に向かって戦う力を、一国の内に持っていた。佐賀にはこういう力はない。佐賀が浄土真宗の地であるのは頷ける。薩摩は少し違うだろう』

　定一はそんなことを考えて、面白い午後の半日だったなと思った。忙しかった昼までのことはすっかり忘れられていたようである。彼が考えたような県民性といったようなことは、一体には無くならない。藩制は一世紀半も前に滅んだというのにである。定一の家の周りにも九州人は多い。この人達の中にも特有の県民性が見える。それが都会人一般とは違う風土性を感じさせ、日頃の会話に面白みを加えている。

　定一の忙しさ感は続いた。逆に言うと何かに急き立てられている生である。自治会長は四月でもって辞める決意はしていたが、ただ辞めるというだけでは済まないものが彼の中にあった。このことは自分にすら自覚されないものとしてあった。これは彼の大きな特質だった。そこから彼の全ての特質が、変わり者と言ってもいいが、発生する。それを彼は「願い」として捉えてきた。その願いはベルクソン流に言えば、注意への努力とでも言えるものだ。だがカントは既に二世紀以上も前に、実践理性の要求、道徳法則からくるア・プリオリ的な強制の力だと言っているのである。「しなくてはならぬからする」ということである。カントの定言命法である。そこに条件はないから、他人から見るとヤクザ的だということになる。生が苦獄でしかないことの原理が見える。彼は会長を止めるに当たって、自分が二年間で摑んだことを後の人達に残したかった。また不足の点については、活動を別の形にして継続したかった。考えたことは実行しないではいられぬ。こうして忙しさ感は助長される。

翌々日に思ったのはこんなことだった。

『仏性とは人間の絶対平等性に関わることだ。この信念は私の中を生誕以来生きてきた。これは自分の根本信念である。この精神がまた、今の自分を導いていく。人々はそうである私を見る、私は常にそこから言葉を発する』

釈尊が開いた仏教は、この人間の絶対平等に根本を置くものなのである。定一は既に六歳にしてこの信念を摑んだ。妹が死んだ時、始めは罪もなく妹を死なしめた仏を責めたのだが、それではどこまでも妹が救われないことを思って、妹は他の人々と同じように、不幸でもあったが幸福でもあったと思い直して心の平安を得た。全てを仏の責任に帰するのであれば、人間のこの幸・不幸における平等性も仏の所為なのである。彼が仏教に引かれる理由はこうした経験にも由来している。

定一の信仰はその全てを経験に依存しているわけではない。それは先の体験にあって仏の存在が六歳の子供にあって確定していたことにも見える。仏の存在は幼児にあって必然的な要求であったのである。だが他方では、人生でのありようが、生き方が、信仰に導くものであることは意識化されている。それは二日立って次の思いに現われている。

『仏教が生まれたのは、釈尊出家の動機、人生の不安、頼りとすべき何ものもない不安、死んでいく命、頼るべき思想のないこと、そして苦に満ちた日々の生、そういうことがあって、「このままじゃ、人生たまらんな」という苦悩があって、心から発するものがあっての故なのである。苦しい人生ということが本当に実感されないなら、仏は無用であろう。これは教えられることではない。その人の生き方そのものが教えるものである。もし加藤周一が言うように、日本人が「今・ここ」の感覚にだけ強く生きる民族であるなら、仏道はこの民族に強い存在力を持たなかったことになる。それが歴史の中にも見て取れる。人生が与える苦は世間の法では解決できない。どうしても出世間道であらざるを得ない。仏道の原点なのである』

しかしこれはまた次のように反省されざるをえない。更に二日が過ぎている。

『出世間道と口では言っても、なかなか出来ないでいるんだなと気付かせられる。世間にこだわるから不安がある。心に細波《さざ》が起こる。全てを捨てきって弥陀の誓願に助けられんと、全てをそこに頼めればこの世間のことは気にならない。念仏の肝要性がかくて少しずつ理解できる』

定一に強く働きかけている見えない力がある。これは全ての人が持つものだ。人は全て自己の道徳性の実現のために生きんとするものである。それが故に信仰は不可欠なものである。自治会の仕事は彼に社会に向かう力を目覚めさせた。今彼の願い、注意はそこに意志的に働いている。だがそういう行動を認めながらも、そこにある、そして自己の中に生まれてくる世間性、名利性に気付く。名利と自己の計らいが消そうとして消せないということである。彼は自治会長は辞めても、老人会、畑の仲間の会、ボランティア活動の代表の仕事は継続したからこの葛藤もまた続いた。こういう活動に利己心が出たら、やっていること自体が無意味化するのである。なかなか出来ないことだが深まっていったようである。それはやがて、毎朝の書くという作業にも明確に適用されていくことになる。そこに何らの世俗的な意味とか価値を期待しないということである。社会への愛は道徳的なものである。しかしまたそれにもとづく行為が反道徳的なものを生むなら、最初の道徳性に意味が無くなってしまう。道徳の法則はあらゆる思弁性を超えて貫かれる種のものである。そこに生の意味と価値がかかる。この時代は彼が利己主義的な考え方について、自分の中で生まれてくるものにも、そして社会の中で平気で横行しているそういう考え方にもより敏感になっていったのである。

人間のその時々の思いには正当性がある。そういう経過を経て更に上なる段階に行かんと日夜努力するものなのだ。それをベルクソンは注意力と呼んだようだ。そこに成就されていくものがあるということだ。始めからそこに目的があるのではない。それは徳と呼ばれるものだが、目的性を持つものではない。仏教は単に経験だけによって導かれるものでもないし、頭の中でだけ考えられたものではない。定一は行為を生み、やがてそれが経験となる原点に、それを契機するものとして願いということを考えてきた。その願いは人格的な道徳から発している。ここにはどこにも厭世的なものはない。ひたすら「自己のなすべきことをなす」という果敢なエネルギーが息衝いている。定一が親しんでいった西欧の思想はそういう仏教の本質を説明するものであった。ベルクソンの哲学によって彼の仏教理解は深まった。このベルクソンは、デカルトからライプニッツ、カント、J・S・ミルに及ぶ近代哲学をトータルに理解しつくしているのが見えるのだった。

出世間道と言いながらその難しさ、すぐに他人の評判等を気にしている自分を朝に反省したわけだが、朝の時間が過ぎてしまうと昼間の活動が待っている現実には他人と変わるものは少しもない。早朝の思惟の時間を持ちながら、現実の行為としての活動に心を逸速く切り替えてしまう。これは青春の時代と大きく変わった点である。二つの世界がしっかりと両立しえるようになったのである。こういうことがその日の一日にもよく現われている。朝は公民館での料理教室に出席した。老人のための料理ということで彼がメンバーを集めたのだ。もう二回目である。三角巾とエプロンを持って参加した。料理というのは彼にとって付足し的な行為ではなかった。外で働いていた時なら、料理をしなくともよかろう。しかし働くのを止めたら男も家事をすべきだ、というのは信念にまでなった。だから男が家事をしないのは怠惰であると思うまでになったのだ。彼の料理歴はサラリーマンの生活に、ある踏ん切りが生まれた頃から始まる。会社では「戦争引き受け人」と呼ばれた彼は、逆に仕事の状況が安定すると組織の主流から外された。彼はそれを素直に受け入れた。妻との日曜日の遠出の散歩が恒例化していったのもその頃からである。料理もそうして始まった。彼が仕事人間ではなかったことがここにも見える。あくまでも仕事というのはその時実践性が道徳的なまでに要請されたもので、目的性は仕事の完遂にだけあるもので、それ以外ではあり得ないということである。

「男は料理を楽しむ」とレッテルが貼られたレシピ集はもう三冊になる。彼の中に出世の願望は元々少なかったというのは、今にして思われることである。しかしそうやって作られた自己の経歴は、停年後の生活の豊かさに繋がれている。自分の中では「世界を開く」という行為はメタフィジカルなものとして捉えられていたのだが、昼間の身体を使った、すなわち筋肉を使う生活と一体化されており、両者は不可分なものであった。責務としての仕事以外への活動の広がり、散歩や旅といった自然への親しみ、料理とか家庭生活への参加は、サラリーマン生活が一段落した頃に始まった。それは出世から本質的に除外された人間であることを意味したが、それは本人にも上司にも都合のよいことだった。そのことがまた必然的に彼の品行を自然の内に変えた。あれほど夜の街に遊び浮名を流し、酒を飲むという行為もその頃からぴたりと止まったのである。それらはやけくその行為だった。やがてアメリカに移ると、友人関係を含めた生活環境は激変した。否応なしに彼はサラリーマン生活を出直した。以来、夜の街は遠い所、自己とは無縁な空間になってしまった。こうした歴史が料理の分野も広げ、今日の活動を生んでいる。

定一は次第に主夫になってゆく。これは幾重にも宿命的だった。妻が踊りに専心するようになると、自然に家事は彼の方に回ってくる。そして彼は意識的に主夫を受け入れる。別に少しも嫌ではない。彼は恬淡な性格だった、そして仕事が早かった。それは短気という悪さと同体ではあったけれど。

昼を過ぎて戻ってきた彼は近くの農協まで石灰硫黄合剤を買いに行った。これは春が来る前に撒布する定番の庭木の消毒剤である。買ってくると直ぐに使った。それがすむと夕方だった。彼は気になっていた自治会の細かな用事を走り回ってこなした。夕食は簡単なものですました。こうして一日が終わった冬の夕べである。日が暮れると寝るのが習慣である彼に、夜というものはない。この単純だった一日の終わりに、定一は自分が充実して働けることに深い感謝を覚えた。そういう自分に幸せを感じた。（幸せ）というのは彼にとって殆どタブーな感覚である。この今覚えている幸せは妹が呉れたなと思った。何故そう思えたかは分からなかった。

これは連想されたものではなく、彼の人格から発したものだった。それは死者が呉れたものだった。死者は幸せを覚える時も、苦難の中にいる時も一緒にいる。それが彼の中に住み続けた妹であった。

幸・不幸の概念ぐらい、人間を惑わしてきたものはない。こんな概念を人類が持たなかったら、文明はもっとましなものに、精神的なものになっただろう。生者は幸・不幸ということで人を惑わし、死者はただ安らぎを与えるというのはどういうことだろうか。人間の本質がひたすらなる欲望にあるということだろう。彼の平凡な一日に対する安らぎの思いはそういうことを示している。

一日が終わり次の日が明ける。これこそ幸せな日々だ。人とは全くそうとは限らないものだから。その日は自治会役員候補の教育をやった。これは集まった三十人からの人々には衝撃だった。自治会活動についてこんなことを聞くとは思いもよらなかったのだ。彼は家に次ぐ地域の重要性を説き、地域を愛さずして人間のモラルはないと説いたのだから。反論も大きかった。大言壮語と取られたのかもしれない。これは一日が過ぎた朝に、次のように自分の中で客観化の努力がなされた。

『例え私の話したことが間違っておろうが儘よ、私と一緒に間違いに入ってください。否、親鸞様と一緒に間違いをしようではありませんか』

『信仰、妻の「軒並」(踊りの会への勧誘)、老人会への参加募集、自治会専門員制度の私の提案討論にも同じものが見える。間違ってもあの人と一緒だから、それで良しということがないと成立もしない、加入者もいないということである。親鸞が法然に従って、「地獄に落ちるなら落ちよ」と自分に言ったのはこの意味だとやっと分かる。弥陀の浄土建立の慈悲もそういうものだった。信ぜられなければ入ることが出来ないのである。間違いではないかとびくびくしているようでは入れない。「まことに浄土に生まるるたねにてやはんべるらん、また地獄におつべき業にてやはんべるらん」とついていく心がないと出来ないのだ』

定一は自分の教育の結果がかんばしいものではなかったと考えて、一晩よく眠れなかった。だがやはり早く起きて数時間が過ぎて、今は四時だったが、不安は消えていた。この不成果によって逆に見えたものがあった。それは、異論・反論・激論のあと、彼をカバーしてくれた役員数人の発言、ある人は涙まで流し、ある人は熱弁を揮ったものにあるものだ。そうやって、午後には市の「防災とボランティア」の集会に参加した。そして夜の定例の役員会をこなしたのだった。そうやってまた一夜が過ぎた時、自分の中にやるべきことの確信が見えだしていた。

役員候補の教育という行為は、彼の人格からの強い要請が生んだものだった。元々それを「教育」と言うことからしておこがましい。しかしそれを敢えて言い、かつ実際の教育は歯に衣を着せず、二年間に考えたこと、やってきたこと、更には自己の思想をそのままに皆の前に開陳したことは、せずにはおれないこと、すなわち理性的強制であった。それをやらずにすますことはこの道徳の法則が許さなかったことである。簡単に言うなら、彼は自治会の活動に思想を導入しようとしたのだ。それはこれまでとは全く異質なことだった。彼は異論・反論には出合ったが、自分のやるべきことははっきりしたと思った。まだやるべきことが残っており、それを自分の考えでやり抜く決意を固めていた。

この結果について確定的なことを言うのは難しい。教育と言っても僅かに二時間だけの、それも一回だけのこととなると、効果はしれたものというのが結論であろう。その点では長い会社の生活で人々に残したものは大きい。人がその人格と行為を見たからだ。定一が自分はまだ働いていると思うことがあるのは、自分の意志を体している人がいるからである。両者には明らかな違いがある。しかしだからと言って彼のこのような行為が無駄であったとは言うことが出来まい。それは彼の歴史の一点であり、地域自治会の歴史の一点なのだから。そしてその歴史とは、歴史となりうるものならば、新しい時間に人の心の中に再生しうるものである。そこにしか歴史の意味はない。人の心にその歴史は再び赤赤と燃え立つものでなくてはならない。そのためには、そこに思想が必要であるように見える。

その日の夕方は新しく秦野市が計画中のごみ焼却場問題についての、弁護士の話を聞きに行った。聞いた後、これが本当に必要かどうか疑いだしたのだった。この問題についての関心は前からあって、それでも仕方のないことかなと思っていたのが、別のやりようもあるように思えてきたのだ。そしてそれは十分に検討されていないように思えた。彼がこのように話を聞きに行くという細やかな行為ではあるが、社会的な行動にただの個人的な意志から手を付け始めたことには重要な意味があった。それは市民という問題に具体的な実践上の解明と進化の切っ掛けを与えるものだったからである。社会に対する市民の主張ということで、彼に新しい活動の領域を切り開かせることになる端緒となったものである。

『市民であるということを要求されなかった時代があった、ということが出来るのだろうか。例えば親鸞の時代、しかし彼はみかどの決定で殺されるところだった。これは何か。自己のありようを貫くが故に受けた断罪ではなかったか。親鸞にはその後数十年が過ぎてもこの自覚は明確だったように見える。みかどの行為に迎合するものは見えない、自分は自分であり、自分の道は確定されている。この自己を貫くということに市民の本質があるのではないか。市民であるとは人間の本質に触れることだ』

ここには市民論の本質が見えている。そして人間の自立ということが宗教と深い関係を持つものであることが見抜かれている。このことは後にカントを知って原理となるものである。この宗教は道徳法則そのものである。それは神によって絶対、永遠化される。このことがないと自律・自立ということが成立しえないということである。

彼が自治会活動ということで、思い切った教育をやったことで浮かんできたことは日本における市民社会の未成熟ということだった。彼はそのことに対するありようを自己の宗教体験から、個人の主体性の確立がこういう形を取らないと成立するのが難しいと見抜いていた。そしてそのことはいつの時代も実は要求されてきたことだと認識された。それを歴史に示したのが親鸞の一生の姿であった。ここには親鸞への別な面での理解がある。しかしそのことはまた、日本においてこのことが、人々の自己の意味と価値がしっかりと覚醒された唯一の時代であるということだった。日蓮や道元は代表的人物だが、多くの無名の庶民達も今日の市民の形で歴史を動かしたのだ。定一は何故こういうことに敏感なのか、それは会社に働いた半生の歴史の生き方に貫かれたものと同質のものだからである。退役時の感慨『会社は変わらなかったが、自分も変わらなかった』は、会社の人々が持つ体質と自己の体質が全く違ったものであることを表現したものである。そうなってくると、彼のやった教育はにわか仕立てのものではなく、半生の歴史の延長にあるものだったということになる。またそういう風に挫折することなく、会社生活の中で、始めから終わりまで貫かせたものが、宗教性であり道徳性だったということになる。『なすべきことをなす』それは避けられないことだった。

　このことは翌朝も次のように確認されている。

『信ずるということを考えないでいられない。何故信ずるのかということだ。そのことの確かさを本当に知ることなど出来ないではないか。人の信条を、秦野の焼却炉反対運動の正否を、妻が誘う踊りの会への入会を。そこに信がなくては門に入れないのだ。「人信ずる所あるは、最も厚し」とあった』

　彼は前日、それは弁護士の話を聞いた翌日だったが、その焼却場の予定地を自転車で回った。何か苦しい気分があった。それは今もある。寒風の中を、大寒の入りで小雪が散らついていた。その寒さのせいではない。何かを求めて生きようとする苦しさだった。だから今も続く。何かを求めるから、求めるものがあるから苦なのであろう。そしてこの求めることは一生続くように思える。みずから苦のなかに生きるしかない。これはみずからの中に強制するものがあるからであった。そこに念仏が必然であることの理由があった。念仏がないと単なる幸福論に、それを求めた傾向性に流されようとするのである。彼には念仏に生きるということが、自己の独自の世界を生きる者にとって不可欠であることが感じられていた。

『「諸仏の大悲は苦あるものに於てす、心偏に常没の衆生を愍念す」とあった。仏の大悲はこの生の刻々の時にあって必然的なるもの、しかしてこの生は大悲の中に生きるものである』

定一の読書は『教行信証』から『歎異抄』に変わっていた。前書が金子大栄の校訂であるのに対して、今読みだしたのは暁烏敏の講話録である。そしてこれは十年の歳月を経た後の再読だった。彼は八幡の叔母から昨年の秋に暁烏の全集を送られるまで、これを金子大栄の著作だとばかり思い続けていたのである。送られてきた全集をあれこれ見ている内に、この勘違いが気付かれ再読ということになったのだ。読書もまた人間を作る重要な行為であり機縁である。彼は本を読む人間だが、彼の家の中までよく見た人は殆どいないから、そのことは知られていない。いつか尋ねてきた「農文協」の青年は、彼の蔵書を見て、その人間性を他の誰よりも一度で理解したようだった。読書とは単に読むということではない。過去を生きた魂との対話、その時間の現在化、そうして得られる新たな認識と確信は自己の歴史によって実証されるか、今後の人生の時間で立証されるものだ。かくて魂と精神は物理的時間の外に生きることになる。そこに読書の意味がある。それは彼を新たな行為へと導く。その人を知りたければ、蔵書の倉は開けさしてもらうがいい。

「教行信証」は十ヶ月かけて毎朝読んで終わった。『教行信証』が机上で親鸞により書かれたということは、それが純粋理性の探究の成果であるということになる。この探究は宗教的動機に発している。この宗教はカントの言う道徳法則と意味を同一にするものだ。それに対して新たに読み始めた歎異抄は、親鸞の日常生活の他人による観察の結果、生活の姿である。一人で書いたものは黙黙たる自己の行である。他人が見た生活は、言わば人々の会話の中に見られる談論風発のようなものである。そして両者に共通するのは道徳性なのである。読む者はそこに、一切の実例の真実性と生まれてくる徳の純粋性を見らんとする。結局人はそんな風にいつも反省をせまられて生きているものなのである。これが生の苦しみの根元である。

定一にとっては自立の人生とは、信仰なくしては成立しえないものであった。それは六歳の体験、妹を収めた白木の棺と向かいあった自問自答の対話が証明している。始めから仏という概念がしっかりとわが内にあったのである。これを理性と呼ぶことも出来よう。それはまた無限でも絶対でもある。ここには既に「心の不死」という概念が見える。妹が生者である彼の中に生き続けるというのは、彼の絶対的な要請なのである、従って実在的なのである。そういう彼であってこそ、「仏の大悲」は限りなく実在的である。それから更にこう思った。

『今にして思うのだが自分がどんなに危いところに差し掛かっていたとしても、日々の努力の内にそれを乗り越える者、更なる高みに登るその過程にある者だということだ。この日々の努力がなくなれば瞬間に高みより墜落し、大地に投げ出される者であろう。今日、辻井喬の本を読んでいて、彼の言う創造的ナショナリズムの意味を初めて知った。実のところは私の地域への目覚め、愛はナショナリズムに関わることだと気付かされたのだ。一日とは一日の進歩のことである。自分の信じる道を歩き抜きたい、私は生まれ変わったのだ』

辻井氏の『新祖国論』は現実の社会に対する考えなり、主張が書かれていた。定一の宗教は現実の社会の問題から離れているためにあるのではなく、それを正しくまたぶれることなく理解し、更には社会に向かって行動するためにあるものだった。彼が求めるのはキャッチフレーズではない、理論と現実が一体である思想である。それはまた自分の道でもあった。自治会長の仕事は今まで出口を求めていた自己の社会的存在ということに、具体的行動を開いてくれたのである。ここに彼が受け入れたナショナリズムはゲマインシャフト的なものである。家族、地域、都市どまり的なものであった。人格的なものに限られていたということである。これがゲゼルシャフトの方向にまで向かうかどうかは未知数なことであった。

辻井氏の論文は定一の生活的行動に持続的な影響を与えたようである。ここには人格と思想の関わりあいがある。となるとその人の歴史が問題となる。彼は生まれ変わったと思ったのだが、それは一度に起こったのではなく、日々に生まれ変わるということがあってのことだから。しかしここには重要な意味も隠されていた。それはトーマス・マンに出合って以来の、丁度三十歳の時だったが、自己を規定した「非政治的人間」としての規制が自然に取り払われつつあったということである。彼の半生は非政治的人間であることが深く了解されたものであったのである。逆に言うとそういう生でありながらも、政治性は彼の中で自然に再生されていたということになる。とするならばその関心が単に人格的な関係社会に対してばかりでなく、ゲゼルシャフト的な世界に行動が広がるのは自明のことだったということになる。

定一がたとえどんなにかつての僧の生活を望んだとしても、生活から現実が消えることはない。それに彼は人類がそして文明が下り坂に向かいつつある現実を厳しく捉えている。それは反面における社会に対する強い関心なのである。彼が否定するのは名利と計らいと憍慢であって、社会生活の否定ではないのである。「社会的責務感」は今も強く生きており、それは人格的範囲にとどまらず、社会的全般への義務として要請されているように見える。彼は青春の時から「共産主義」にある許容感、親近感を持って生きてきた。少なくともかつての日本人には共産主義へのタブー感があった。それは思想へのタブー視と繋がっているように見えた。そのことを最も強く見たのは母だった。これが二十歳の時に両親と決別を生むことになった原因である。彼にとっては思想というのはそれだけ身近なもの、欠くべからざるものであった。思想性は世間性と相対立するものである。それが母との不和の決定的な原因だったのである。彼自身は生まれながらにして思想的人間だったように見える。そういう彼から見ると、日本人的な特性として、思想を忌避する傾向が今でも生きていると思われるのである。それは「共産党」に対するコンプレックス的な感情としてもある。定一にはそれが少ない。だがこの党自体にも問題がないわけではない。彼が最も感じるのは庶民の党ということと政治権力としての党との間の落差である。それは党というものの持つ原理的な性格であろう。個人として生き抜く努力をしてきた彼のような人間には、こういう集団的な権力、それが組合であれ党であれ忌避されるのは仕方がない。反権力というのは彼の体質的宿命である。彼が半生にあって出合ったのは庶民の党員だった。例えばこんな事例である。

まだ小学校に入ったばかり、満州から引き揚げて父の里に帰ったばかりの頃、祖父が父に遺した田を、牛を連れて鋤《す》きに来てくれた人がいた。隣の集落の若い人だった。その頃は鋤も牛も家にはなかった。父母にとり有り難い人だった。そういうことがあって、名前を聞くだけで今も親しみの感情を覚える。それから六十年が過ぎ、その人が共産党員であることが伝わってきた。『そうだったのか』という深い感慨が彼の中に湧いてくる。何故それが耳に入ってきたか。実は先日の村の議員選挙でその人の立候補の話が出たというのだ。そしてそれはその人の嫁さんによって強く諌められて差し止めになったということである。「そんなことをしたら、貴女とは一緒にいれない」とでも言ったのだろうか。定一にはそう言った女房のことも、それで立候補を止めた男のことも、何かわかる気がする。それは長年一緒に暮らしてきた村人の恩義に関わることであったように見える。そしてこの感情に、思想の独立性を唱える彼とても無縁ではありえないものがある。もしそうでなかったら、逆に言うなら人々の支持とか協賛というようなことはこの人生で得られないということであったろう。個人的でありながら集団の一員にとどまらんとするは動物の本能である。彼にとってこれは、生涯を庶民の生の枠内に留めんとする自覚的意志と一体とあるものである。そういうことを聞いて、定一はいつか部落に、その人を尋ねてみたいなと思うのである。彼がいかに政治性を自己の中に再生させたとしても、こうした非政治性が残り続けるから、ここには二律背反がある。しかしこういうところにしか人間の本当の指導力というようなことは成立しないのかもしれない。庶民であることの意志と思想の自律性との意志の両立ということである。

　定一はアメリカに行くまでは「赤旗」の日曜版を取っていた。彼の息子は自分が物心がついて、家にこの新聞があるのを奇異に思ったと言う。彼にはこのことも日本人にあるこの党へのタブー感の現われに思われる。

　定一は市の新しいゴミ焼却場の建設に反対する決心をした。そしてそれを行為化するために署名することにした。少なくともその位置が市街地の中心に近く、将来の問題が大いに危惧された。しかし十分な市民サイドによる討論を経ないまま、行政側だけで決定されているように見えた。自治会は明確な反対を表明していたのだが、周辺の自治会は知らぬふりだった。定一はこの署名書を近くの知り合いの共産党員に持っていった。

持っていったついでに家に上がりこんで、夫妻と話をした。夫妻とはもう二年、自治会活動を通じて昵懇の間柄である。彼等はこの時、イデオロギー的なことを話題にしなかった。夫の方は定一より二歳上、樺太からの引き揚げ者と分かった。そして奇しくも定一と同じ体験、帰国後に四歳になる妹を亡くすという目に遭ったことを聞いた。鰊漁の番屋で妹が熱湯を浴びるという事故を被ったのが原因であった。彼が共産党に入ったのは二十一歳の時、既に若い労働者であった。六〇年安保と重なるようだ。それから四十六~四十七年を共産党員として働き、生きたことになる。

「あと十年ばかり、世の中に何をするのか」と言った言葉に、その道に生きてきた人の感慨がこもっていた。誰だってそうなのだろうが、組織の中で自分は何をしてきたのだろうかという感慨を持つ。そうすると虚しい気持ちになるだろうか。しかしもし、その人が自己を売らなかったら、そういう気持ちは起こらないであろう。人間は社会の中でしか生きられない。だがそれは自分を売ることではない。このわずかの違いの中に、個性の自立が持つ尊厳がある。定一はここだけが自分は違うと思うし、それ故に苦労をした。自分という者がいたことで、会社も人も違うものになったと今でも思っている。これが、自分は今でも会社で働いている、と感ずることがあることの理由である。

「私という人間を知らなかったら、あなた達は違う人間になっていたのですよ」

それは今も、口には発せられることはないが彼のメッセージなのである。単独にして固有なものはない、他との関係において固有性が生まれる。社会に対してどういう関係にあり、何を為したか、どう影響を与え続けたかが重要である。彼の『自己を知ることは社会を深く知ることであった』とは個性が社会との関係に於いて生まれ、育っていくものだということであろう。

夫妻はイデオロギー的なことは全く話されなかった。そこにはたくさんの体験が隠されているように彼には見えた。だがである、そういう活動の組織で働いてきた人も、働いてはこなかった定一にも、この今の時代の持つ閉塞感は同じように大きかったのではないか。だから、『なんとか社会を変えなくてはならないな』という思いは同じものがあったのではないか。社会に対する働きかけ、それは社会への理解を深めたいという衝動と一体なのだが、そこにあるのは変革への意志なのである。それが故に定一は、共産党員に対して連帯感を持っていたのかもしれない。この変革の意志はこの後ますます見えないが深まって、ということは現実の行動に繋ぐ可能性を持っていた。この夫妻との交友関係は持続されることになるのである。この時点でこういう意志が確認されるのは重要である。

翌日は一転して雨だった。この雨はまるで定一のエネルギーの向かう方向を転換させた。晴れているとすぐに行きたくなる畑にも行けなかった。映子は踊りの練習に出掛けた。雨は彼の足を塞ぎ、更には妻を家より去らしめて、孤独の空間を用意した。この孤独くらい人間にとって有効なものはない。定一は孤独を邪魔するものの一切を日常から遠ざける。孤独は人間の最良の友である。これは青春の苦労が教えたことであり、その後の一生にあって変わらない確信である。その日は十二時半頃から机に向かった。まず西行を読む。そしてこう思った。

『何をやっても西行のような人物のことを忘れないようにしたい。自分の生活のなかにどんなに社会のためにということがあってもである。そうでないと、社会のために生きることが価値のないものになってしまうからだ。西行の一生は最高の生ではないのか。釈尊の悟りが開けない者にあっては、そういう真の生の意味を一生持てないことをひと時も忘れてはならぬ。この自覚にあってせいぜい自分の努力を続けたい』

全てのことが所詮は空であることの自覚の要請なのであろう。自分が少しでも何かやったかのような自尊の心が生まれたなら、行為は全て無価値に変ずるということである。行為はただ社会を知り、自己を知るためのものに過ぎない。他の目的性は消える、行為そのものが目的である。

定一は現実世界と精神世界の両者に足を跨がらんとするものである。西行の一生に最高の価値を認めながら、社会変革の意志を持つものである。そしてこのことは幼児以来の人生の道であったのだ。そして今そのことがやっと自覚的になり、両者の方向が自分の中で明確になりつつあった。これは幼児において自分の中にある表現出来ない野心が具体的になった姿であった。今の野心はこの両者の方向を無限なまでに押し進めることである。

先ほど日の暮れを知らせる四時のチャイムが鳴った。雨はまだ降っている。小説は八枚まで書いた。まだ、パソコンで自治会の「専門ボランティア制度」を打つぐらいの時間はあった。だが彼はそれはしないだろうと思った。この新制度は数回の議論を経て固まりつつあったのだが。彼は一日の持つ可能性ということを考えていた。夜に酒さえ飲まなければまだ三時間はある、何かをやるに十分な時間があると思っていた。

彼はあることを、自分にとってまだ未知数なことを考えてみたかったのだ。それは最近気が付き始めたことだった。彼はある過ぎた一日のことを書いていた。その一日を書くのに三日か四日をかけた。それで分かったことは、その時の現実をしっかりと摑まないままに書かない方がよい、そうやってしっかり書いていると隠れていること、その時には気付いていないことに大変重要なことがあるのに、その時と同じように通過してしまうことになるということだった。彼はそれだけの日数をかけてやっと書けた気がした。発見は新ナショナリズム論の自分における意味だった。彼はこれを丸山真男の数冊の本の読書に繫げなくてはならぬと思った。

彼がもう一つ気付いていたのは、自分の書き方の変化だった。それは起こった事実は変えられないが、その意味とか、その後に与えた影響には新しい視点があるということだった。変わらない自分がいるのではなく、変容を重ねていく自分がいる。そうなると未来は不確定である。

だがナショナリズムというモチーフは彼の中で何らの進展をみなかった。ナショナリズムからの議論には不毛性が見える。確かに彼にも、国家と時代の退廃ということがより明確に見えてきた時、結局このことは伝統の思想・習慣・制度の廃絶から起こっているのではないかと思われだした。そこには新しいナショナリズムの芽生えてくる要素はあった。しかしナショナリズムを運動としてみる時、定一は懐疑的だった。彼にとっては個の自律ということが優先することだった。それなくして、他のいかなるイデオロギーもこの地球の崩壊現象を止めえるようには思えない。人類が置かれている危機はナショナリズム等ではどうにも出来ない、人類の道徳的退廃が生んでいるものなのである。彼はただ根本の問題の解決に生きようとする。彼には次善の思想とか対策というのはない。逆に世の中は目先主義である。政治も経済も。定一はそれらに関心がない。そういうことで世界が救済されえないのは明白であり、悪化のスピードは落ちないのである。定一はどうしても人類がその起原から持っている「破壊の伝統」に戻らざるを得ない。そして十年立ったが未だ彼はそれから逃れる答えを持たない。しかしここでも彼が気付いているように、個人の自律性ということを優先的な思想としているのが見える。この自律性は道徳性に関わり、実践的なものである。このことを庶民に求め、市民に求めているということである。そして次第にそういうことを歴史的に考察し、自己による理解を深めようとするようになるのである。ナショナリズムがあったとしてもそれは遠いところにあり、彼にとっては身近な庶民の自覚的、自律的な生の可能性ということに強い関心があったのである。彼にはこの自律性は宗教性そのものを意味した。それによってのみ自己のコントロールということが出来るのではないかということである。このコントロールとは欲望と利己主義の抑制を意味する。彼の自立は自律を意味しており、自己の道徳性と関わるもの、あるいは道徳性そのものであったのだ。人格的なものであるが故に、避けられない衝突があった。心願の実質もこの道徳性に繋がっている、そして実践的なのである。

雨の一日に充実を生んだのは耐える心である。それは雨だけが生んだのでもない。何かに向かって傾斜する心を止めるもの、抑制する心、自分自身に立ち返らせるものである。このような時間は日常の中にあるものだ。そういうことが徹底されえて終わった次の日の早朝である。

ジェームス・ジョイスの『ユリシス』は不思議な本だった。この本は日本語に訳しても面白くない気がする。

彼はこの日読んでいてこう思った。

『ユリシスの世界は、異論戦う世界である。不敬あり、敬神あり……』

定一はジョイスという人物に、反社会性の臭を嗅いでいる。写真に見る彼の顔もそういう特質を示していることに気付き始めた。だがまだジョイスの本質が摑めているわけではない。定一には自分とは逆の人生を生きたように見えるジョイスを自分の力で捉えたい気がある。しかし何年かけても無駄かなと思える時もある。

彼は自分の小説書きが変容しうると考えだしていた。それは過去の出来事を新しい眼で見ることであり、時間が過去へ遡り今という時間が物理性を超えて過去と一体化することでもあり、持続された記憶の変容ということでもあった。進化的な可能性を含むものであった。彼はその頃から「風景を見る心」ということをモチーフ化しつつあった。時間の持つ質を変えようとする最初の動きだった。時間そのものがひとつのモチーフとなるものである。この時間に対する意識の変化には、自分の時間に対する無限性の意識が関係している。そういう意志的なものが隠されている。

このようにして生まれつつあった変化は当然に読書の時間にも現われる。「ユリシス」を読む時間の内にも微妙なものがある。出来事を読まないで心理的事象を読むということだろうか。読み出してもう一年が過ぎていた。

その翌日である。

『「信」ということの定義をやっと知った。親鸞が「例ひ法然様にだまされて、念仏して地獄におちたとしても後悔はしない、いづれの行も及びがたい身であるから、地獄は一定すみかである」と言った、ここまでいかないと信は生まれないということだ。またそこには、法蔵菩薩、釈尊、龍樹、善導、法然と伝わった信があった。信とはそういうことだ。そういうふうに信じられる人になるというのが道だ』

彼がこのように考えた信は一方において現実的実在性を持つものである、あるいは不可欠の必然的要請である。そのように信じられる人には、それだけのものがあるからだ。この道は更なる厳しさを意味する。彼はそこに道の存在を見ていた。その道は自分が信じることの出来る道であり、他人からも信じられることの出来る道であるということである。

翌朝は暁烏の歎異抄から、宗教における「絶対」について書かれた所を読んだ。前日の「信」も絶対である。親鸞の中に法然という存在があって、法然の説法があって、念仏―救済―如来というように信じられたということである。ここには目的も理由もいらない。しかしそのように信じられるのは彼自身の苦しい道が、九歳から二十九歳まで比叡の山で修業の生活をしながらも納得出来ることに到らなかった青年の苦しみがあっての故であった。説く法然の法を絶対のものとして、親鸞は受け入れた。読んだ定一はこう受け取る。

『宗教は絶対である。心内の経験的事実である。他にそしらるるは必定だ。「後世を知らざるを愚者とす」とあった』

この宗教における絶対の主張は、現代においては様々の反論に出合う。しかし宗教が絶対的概念をもって成立するという原理は変わらない。定一は絶対あるいは永遠の概念によって信仰の力を強めていった時代であった。死すべき身でありながら、死を超えるものを求めるところにあるものは、そうさせるのは強い力である。自己の中にこの力を強制するものがある。カントはこれを道徳法則によって説明した。宗教は道徳法則の一部に過ぎない。しかしそう言い切ったところで、それは現実的世界に満足することの出来ないもので、人は不死の概念を必要として、死ぬべき身ということを超克せんとするものである。

そういう風に思ったことは、彼のその日一日の昼間の行為と関連性があったのだろうか。彼のその日の行為はあくまでも、対社会的行為である。朝の時間は、自治会の役員と新しく作ろうとしている専門員制度を議論した。原案は定一が作ったものだ。議論の結果直ちに修正した。この一連の作業は、制度とか法律がどうやって出来るかを体験させられて、後に多大な興味を彼に残した。反・転・合を経たが、まとめて行ったのは全て彼だった。そうやって午前中を終わったのだがほっとする間もなく、近くのSさんが訪ねて来て話をした。Sさんは八十を幾つか越して、主人を数ヶ月前に亡くしたばかりである。しかしこの人には、夫を失っても悄然とした所がひとつもない。定一と同じ佐賀の生まれであり、かつ同じ引き揚げ者である。こういうこともよくよく考えてみると面白い。Sさんの体験からするならば、彼女が毅然としたところを失わないのは当然である。佐賀県人の気質もあってのことだが、戦前・戦中・戦後を朝鮮・満州と暮らして、二十四歳で引き揚げてきた体験にはひとかたならぬものがある。それは表面では見えぬものである。映子が「あの人は私の見本です」と言うくらいである。そんな風に、年が追い込まれ、体が弱り生の条件がきつくなっていく時、いやでも過去の体験が、それをどう生きたかが問われるのが人生である。そのことに今の定一が十分気付いているとは言えない。しかしそういう予感があって老人に親しみと接近を試みているというのは、若き日からの真実であろう。

女の歴史も面白い。女は死んだ男の歴史を引き継ぎながら、男の人生に別の解釈を付け加える。司馬が書いた秀吉の正妻、寧々の夫死後の生はそういうものに見える。彼女が夫から引き継いだのは財産や地位ではなく人格的なものである。だからその生はすがすがしいものに見える。これが財産だとそうはいかない。夫婦には血縁はないのだからこういう人生もあるというのだろうか。とにかくSさんは元気である。腰痛を患いながらも強気な人生の姿を失わない。定一は彼女が大好きなのだ。夕方になって、子供会の母親が相談に来た。子供会が集めた古紙を業者がその日引き取りに来ず、夜を越すのだが雨が心配だというのだ。彼はすぐに家にある青テントを持っていって、その大きな山に被せた。レンガも持って行き、少しぐらいの風では吹き飛ばされないようにした。

彼が見らんとするは自立の生、それは他人の中にでもあり、自分の中にでもある。それを助けることが出来るなら、それ以上に望むことはない。Sさんには出来る限り自分の家で暮らして、施設の生活に移らないでほしい。自立は現実的でもあり、他方では思惟的でもある。そのことは人生の折折がためすことになる。自立ということを究極的に求めるなら、彼がその朝に考えたような宗教の持つ絶対しかないのである。妹の死以来、彼の人生に示されたのはそういう姿であった。誰も頼りにはならないのである。朝の思考と昼の行為にはやはりある相関が見えている。

時は大寒の頃である。彼の時間は豊かに過ぎていった。早朝の時間も、昼間の時間もである。彼のアフォリズムは六日間書かれなかった。そしてやってきたのは激しい慙愧であった。知ったのは自己の愚であった。あるひとつの充実が生む、これもまたある種の傲慢、人はそれを日々の時間にあって予見出来ない。それはかつての会社仲間とゴルフをやった翌朝に気付かれた。

『今朝ふと思った。先日の役員候補の教育で私に現われていたものは、己惚れと傲慢ではなかったかと。そして書くものにも出てはいないかと心配になる。

うぬぼれを教えたのはゴルフである。ゴルフにうぬぼれが出たのなら、自治会活動にも出るはずだし、小説にも出るはずだと気付いた。ある意味で努力すればするほどうぬぼれる。煩悩のなせる業、はびこるゆえんである。頭を下げて進まなくてはならない、それが忘れられてしまう。人の姿が仏を教えた。二人の友人の姿はそういうものだった。ゴルフをしている姿に、彼等が話す子供達のことに何か真摯で苦しいものが見えた。何もかも順調でなくてはならぬと思っている自分は見苦しい』

あまりにも恵まれた人生だった。仮令どれほどその生が苦しいものであったとしても、彼は命の持つ宿命、有為転変、すなわちどこにも頼りとすることの出来ない事実を知らなかった。運命はそれを否応なく教えるだろう。しかしそうではあるけれど、今は今の時点でそういうことが気付かされるというのは重要なことだった。このことは二日前の体験に既に現われている。彼は小説を書いていて、風景が二つあることに気付いていた。真仏土、化身土のようにである。

『雑行《ぞうぎょう》の内に見ている風景、だが心の内にはもうひとつの見らんとする風景がある。だが自己の煩悩は抜けないから、雑行はなくならないから雑心がまじらざるをえない。しかし真の光景を見らんとする心は生き続く。念仏とはこの雑心が見ている世界を振り払らわんとするものだろうか。

自力の専心に生きている自分がいる。人間の限界を説いてやまぬ。自分などはなんとなく身の回りをととのえて暮らしている。そしてそれにやはりどことなく頼っている』

定一は『西行』を読み考えていた。とても読みかねた。出家するしかなかった西行を知るのだった。子も女房もけとばして出家したのだ。定一はそれを時代の持つ過酷さが生んだものとして捉えていたが、真の意味はそういうところにはあるまい。それでもなんとなく身の回りをととのえているだけで暮らしている自分とは何であったろうか。またそれがこういう時代であるから成り立っているということはある。西行は生の持つ享楽への欲求を否定した。ということはそれとは別の人生への強い欲求があったということだ。定一は「自力の専心に生きる生活」の限界について、教えられていた。西行をそのように出家せしめたのは理性的道徳の強制によるものであろう。それはその後の西行の人生に貫かれているように見える。真の意味の幸福ということがそこに見える。自由な生である。自由しかそういう行為を選択しえないということである。そういうことが定一に次第に理解されつつある時代であったということになる。ここには社会的な活動を行う者に宿命的な心の軋轢がある。充実は目的たりえない。彼がゴルフで見た友人達の姿に、それは普通に生きている者の姿だったが、そこに教えられるものがあった。特異なる努力が特異なる傲慢を生むというのは悲しいことであった。こういうことは繰り返して起こることである。

この季節には寂しさがある。正月が持ってきた人為的な季節の賑わいと華やかさが消え、ものみな寒風の中で鎮まっている。草木は枯れて、色彩の持つ快適性は消える。動物も植物も耐えている。逆に言うならもっとも良い季節である。浪費するかわりに蓄える。快に代わって不快に耐える。それは抗する力でありエネルギーである。快・不快に動かされずして、自己の為すべきことをのみ為すということである。暖かい蒲団から抜け出すということは、それを一日も怠らせないのはこの強制によるものでしかない。単なる努力では出来ないものである。この季節にあってこの行為はその意味を増しているのである。この行為にこそ彼の自由が、自由意志が現われている。

畑で半日働いた。堆肥と石灰を撒いた大地に、スコップを深く突き差して天地返しをする。こうやっておいて一ヶ月ぐらい放置するのだ。午後にいきつけの種屋で春の種を買ってきた。彼は出来る限り専門店から買う。帰って来て、人参の胡桃和えを作った。胡桃はこの数年の間に拾って蓄えたものだ。胡桃を割るのは大変だが、金槌で叩いてなんとか出来た。畑から取れるものは家の主たる食材である。それは映子が言ったことだった。この彼女の言葉は、畑作をより強固な生活の基盤にしていったようである。

自治会活動の予定が続いて忙しさ感は抜けなかった。任期を終わる総会を二ヶ月ぐらい先にして資料の最終に近いチェックが必要だった。冬の間活動が多いというのは思いもしなかったことである。しかしとにかく、活動は思い残すことなく終わらなくてはならなかった。定一にその思いは強いものがあった。

そんな日が続いた夜、市の文化会館に鈴木安蔵という人を描いた映画を見に行った。この「日本の青空」はどうしても見たかった。そして見た後の印象は強く残った。ここには個人の日本国憲法との直接的な関わりと、日本国憲法の歴史自体とが並行的に描かれている。大多数の人間が新憲法誕生と関わりなくその時代を送ったのに対して、この鈴木安蔵は深くその誕生にコミットメントしているということである。自らが新憲法の草案を作るという行為によってである。最大の印象は、政府でもない官僚でもない、民間の国民のなかにそういう人達がいたという事実である。この映画にあるものは何よりも、この時代に日本人が持っていた、戦争が終わった解放感であり、新しい時代への期待であった。そうしてやってきたその時代にあって、単なる生活上のことではない、精神に関わり、日本の未来を決定する憲法の思想を主張する者達は少なかったわけだが、新しい憲法を自分達で作った人達がいたという事実は驚くべきことだった。歴史というものをこういう形で捉えていかない限り、歴史を精神において内面化するという作業は成り立たない。人民であり国民であるためにはこの種の勉強をしなくてはならない、ということが映画に示されていることだった。

鈴木安蔵を含む七人の知識人からなる「憲法研究会」が作った「草案要綱」はこれまた驚くほどに、その後二ヶ月も立たないで出されたＧＨＱの草案に似ている。定一はこれまでは、ＧＨＱが独断で二週間で草案を作ったという事実だけを認識していただけである。長い日中の戦争があって、それが太平洋戦争に連鎖し敗戦に到った歴史への反省が個人の中で血肉化されていたからこそ、この七人は憲法を作るという行為をした。この事実は新鮮だった。日本人として誇りを持てることだった。戦争も、またそれにより苦しみを受けながらも、知らぬふりをするようにして生きてきた者ばかりではなかったという事実が、見る者に力を与えた。考えてみると、七人が作ったのであれ、ＧＨＱが作ったのであれ、十人にも満たない人間があのタイミングで必要に迫まられて真剣に作ったということに、今の憲法の特色がある。官僚とかポピュリズムでこれをやれば、こんなに毅然とした憲法は出来ないのである。憲法には敗戦直後の人々の反省が生きているように思えた。

自分の思想の正しさはどうやって証明されることだろうか。定一にとってこのことは長い人生で問われ続けたことではあるが、本当に疑った体験はないのである。ここに哲学の、批判ということの意味があるのであろう。そんな彼ではあるが、『思想に生き、思想に死ぬ』は信念であったものである。だが冷静に考えるなら、その思想を誤って死んでいった者は多い。定一の後半の半生はこのことに関わる戦として使われた。こういうことが哲学の歴史であるのかもしれない。そしてここには実践ということが関わっている。だからこそ誤謬の認識が恐い。まるで本能的に生きてこられた前半生にあってこのことはどう乗り切られてきたのだろうか。逆に言うなら、彼が自分で考えているほどに自律の人生ではなかったのかもしれなかった。彼がカントの三つの批判哲学に出合って精読することになるのもこういうことに内心の動機があった。しかし哲学することでそういう理解が深まっても、自分が間違っているのでないかということからくる苦悩は深くなるばかりであった。実践ということは反省を、道徳の反省を強いないではいない。全てが最後は判断力に掛かるということだろうか。もうひとつの重要な認識があった。それは題名となっている「青空」の意味だった。彼はこう思ったのである。

『青空の意味、それは空が青かったのではない、その後のその人の生き方に、あの青空の意味がこめられていたことを意味する。その人の戦後の生き方に、あの日の青かった空が象徴されているということだ。一体そんな風に生きた人はどのくらいいるのか、そしてその青空は今もあるものなのか』

それは今も問われるべきものであった。青い空は、たくさんの死者達の犠牲があってやって来たものだった。それが生かされて青い空は続くことが出来る。定一は「日本の青空」をそういう持続していく概念として捉えるのだった。そう思う時、民族の未来も希望も終わってはいないようだった。彼はこの時、青い空をそういう概念として深く心にとどめたのである。それは歴史の一回性を思想として普遍化しようとする努力の一つであると言える。青空とは透谷が言ったような、人民の地下の水脈に通じるものである。そういう人々の犠牲が空しくされてはならないということである。しかし世の中が一見落ち着いて、平安と豊かさだけが謳歌される時間が続く時、この歴史の水脈を省みる者は少ない。だがそれより重要なことは今のこの現実において、社会の重圧ということがあって犠牲はなくならないということである。こういうことは今の彼にあって自覚された認識ではなかったが、経済的苦境の時代がやってくる時、苦しむ人々の問題をただその人々の責任としてだけは捉えられない、社会全体の問題として捉えようとする衝動としてあるものだった。それは彼に社会問題により深く関心を持たせる原動力となっていった。歴史を生きるとは、現在を生きることの内にしかあるまい。

二日を過ぎた朝である。『歎異抄講話』を読み出して二週間になる。

『凡夫に死はあつかえないのだな、と昨日ぐらいから思い始めた。死ぬべき存在としての自覚を持って自分をきちんと掌握しようとしても、すぐに乱れてしまう。そんな意志、立派なものは持続しえない。それよりおまかせして、いつでもこい、自分は浄土に行くばかりぞと、念々に思うていくより他なしである。これが念仏のありがたさだ』

定一は心よりそう思ったのだが、数日前に感じた宗教の持つ絶対性という概念は変わってはいない。「心の不死」というような信念も、ただおまかせして浄土へ行くばかりだという一見弱い信念も、やはり宗教の持つ絶対性なのである。そうでなければ「死の超克」などということは成立しない。それは生誕以来の、そして最初の危機、妹の死にあった時、仏の概念が既にしっかりと彼の内部にあったことにも示されている。宗教と生活は密着しているものである。

次の朝である。その日は大磯の孫の所へ行くことになっていた。だがどんな予定があったとしても、朝の時間は全く独立したものであった。その時間の中で追求されなくてはならぬ、それは今の自由を一歩進め支えるための欠くべかざるものであったのだから。

彼はこの朝、司馬の『人間の集団について』の読書体験を小説化している。そして今やっと司馬の真意が分かり始めた気がした。それは本の標題にも表現されていた。

『人間というものが、集団としてみた場合と個人としてみた場合では違うということを言っているのだ。個人であれば、寝て、食って、愛するということを基本として生きている。しかしこれが集団となると、「正義」というようなことが振り回されて、個人はそれに従わせられる。そんなことを司馬はベトナムの地で考えさせられたのだ、痛いほどに。集団の思考にあるものは、いわゆるナショナリズムと深く関わる。そこからナショナルなものを取り除こうとしても至難なものがある。辻井の新祖国論も結果としては危い。司馬は普遍的という言葉で、この、食う、寝る、愛するということから考えていくことの大事さを強調したのだ。やっとそれが分かった』

司馬はマス・コミの社会の中で働いてきた人間である。彼と比べるなら、定一にとってのベトナムはほとんど無縁に近い地であった。この両者の生きてきた社会の違いは大きい。定一がこのことに気付いていくのはやはり必然的であった。なぜならこれも「閉じた世界」、「開かれた世界」に関わることなのであるからだ。司馬のベトナム体験は人間がどんなに個人的存在であるように見えても、集団の力によって流されていく人間の姿を見ざるをえなかった。しかしそれでも個人が個人の人生を生きるという事実は変わらないから、その生活に普遍性を見ようとした。

考えてみれば人間の問題は、個人の問題と集団の問題に集約されてしまう。国家の政治や経済から考えられるとき、個人の問題が無視されるということが起こる。個々の人間の隆盛ということなくして、集団の隆盛もまたないことは明確なのにである。集団として扱うのが政治や経済であるとするなら、そこに別な論理が働くということなのだろうか。とするなら個人としての、人民としての論理はいつもある犠牲を伴わざるをえないことになる。戦争の時代と同じようにである。

司馬が人間の不断の生活といったことに普遍的なものを見ようとしたことの裏には、政治や社会の現実を見、考え続けた人間の苦渋の結論が見えるのである。司馬の位置と政治や社会の現実を真剣に見ようとしない人間のギャップは大きい。司馬が死の前に到った絶望はこの大きさに関わっている。司馬の反対側に自分達の問題でありながらそれらを自覚的にそして真剣さを持って捉えようとしない人々がいた。司馬は戦争中の人民と変わらない民衆の姿を、戦争が終わって四十年も五十年も過ぎたのに見たのである。

政治や経済の政策というものも、基本的には人々の不断の生活の、現在と未来の生活の安寧を目的としていることには変わりがあるまい。それが思うように容易ではないことに、人々は注意しなくてはならないのである。だがその注意は、すさまじいほどの自覚的努力の注意でなくては実効を上げることが出来ない。何故なら誰も、今日のこの時代を正しく教え得ないからである。全ての問題が、自己の力が事象を事態を得心出来るまで、すなわち明断性のある所まで解明されなくてはならない。そしてこのことは個人が持つ世界全体に適用されることだ。彼は「世界を開く」という概念を得て、四年半その解明に努力してきた積もりだった。しかし実のところは、それを遥かに超える努力を「世界」は要請していた。何故そうなのだろうか。それは肉体も行為も常に不可能性の内にあったからだ。そしてそういうことは実際に「死」の問題にぶつかり、社会的運動に手を染めて分かることだった。しかしその時、「世界を開く」という行為は新たな展開を見せるであろう。それは苦を受け入れ、向かいあい、しかし更なる前進のために力を傾けることを意味していたのである。自己と世界の救済ということには、単に精神的なものでは終わらない実践性が含まれていたのだ。この道の容易のなさは未だ彼に気付かれてはいなかった。しかしこういうことは全ての人間に課されていることではないだろうか。

定一夫婦はその日孫達の家に行った。それは現象として見れば、単なる祖父母の孫に会うという出来事である。孫の持つ魔力から、映子は勿論のこと定一も自由ではない。だがそれでもその行為に見えるものを子細に見るならば、どこか切実な風景が見えてくる。その意味は時が過ぎても消えない、かえって明らかになっていくのである。彼はその日、もうすぐ二歳にならんとする男の子を背におぶって、海と空と浜と、海鳴りの音に向かいあって、二時間半を歩いた。そして一匹の犬を連れていた。

男の子は彼の背中にある限り御機嫌で泣くことはない。犬はいつも力強く引っ張るので、定一と引き合ってふらふらしたところがない。彼の散歩に最適な犬である。妻も一緒の散歩である。道路の下を潜って浜に出る。トンネルの中にいる時から、海の溢れるような光が見える。そして光の世界に出る。こうして砂浜を横切ってなぎさに出た時から、彼の表情は変わったように見える。ここでは人は自然の一部に戻る。波は寄せては返すだけ、海鳴りは止まない。天と地の間に海は埋め尽くされて動じるものはない。それは太古以来の風景である。人は点描の如き存在とある。

だがそんな自然の中の半日も、人事の出来事とオーバー・ラップする。定一は孫達の家の玄関口に立っていた。すると直線になった道の遠くに、孫らしき男の子の姿を見た。男の子は真っ直ぐには歩いてこなかった。

車の影からひょいと出て直ぐに引っ込む。それは自分で一人でいることの、それによって生まれてくる内面的な精神状況の表われと見て取れる。そうやって一人で、学校から歩いて来たのだ。彼はそこに祖父を認めても、特別な表情も言葉も発せず、「どうかしたの」と聞かれても「なんにも」と言って家に入った。定一は元気がないのかなと思いながらも、変化しつつある子供の、彼が子供から少年になりつつある過程にあることを感じていた。このことは一見些細なことだった。しかし少年の立場で考えるなら、世界は変わりつつあった。世界とは何であろうか。少年になるとは、自分の中に世界を持つことだ。動物のようにただ見えるだけの世界ではないものだ。それは同時に自己の孤独性の認識でもある。世界とはそのように自己の生の独自の意味と価値を作るものではあるが、また苦しみの種となるものでもあった。この世界という事象は、老年に入った定一にも未だ解決した問題ではないし、かえってこの数年小説のモチーフであったものである。

だが彼はそんな思いを全部心の内に納めた。夕食は御馳走がたくさん出る。映子はたくさん作るのだ。家から持参したのは彼女が作ったパンであり、定一が作った人参の胡桃和えである。更には豚カツと鯖のピューレ煮が出た。知らぬ間にあの渺渺たる風景が、この家族の風景に転じている。それは違和感もなく、彼の心に納まっていたのだろうか。そうやった夕食の後はいつもはトランプ遊びに興ずるのだが、赤ん坊が生まれて様子が少し変わった。どうしても赤ん坊中心となる。上の男の子に、僻《ひが》みが出る。

「僕、おばあちゃんのこと嫌いなんだから」

その真意を定一は痛いほど分かる。逆に言うならそれほど可愛いがられたのである。祖母の命令には定一の厳しさよりも従わせる力がある。愛の力は何よりも強い。

その日は大きなボールを転がして遊んだ。赤ん坊は歩けるようになってきた。大変に賑わったのである。だが定一の朝は早いから、こういう時であっても遅くまではいない。どんなに子供達への心残りがあってもである。彼が玄関で座って靴を履いていると、彼の大きな背中に男の子が乗ってきた。彼は男の子の気持ちが痛いほど分かった。半日を自然の中に費しながら、残りの半日は人事に尽きるものであったということになる。そんな思うことの多かった一日は、夜の間に、無意識世界の中で篩《ふるい》にかかり再結合されてこんな風に思い出された。

『この一事に昨日は尽きたり。人と人とに言葉上の慰めはいらない。人生は厳しい。誠実だけが必要だ』

それからこんなことを考えた。

『早く起きれたから良いのではない、遅く起きたから悪いというのでもない。その長い時間にあるいは短い時間に、どれだけの思いがありそして充実出来たか、真実に到り、自己が深まり思想が進んだかだけが問題なのだ。青い海に、何かそれは深い思想が宿っているように思えた。

如月の　大磯の海　去りがたし

孫おぶる　大磯の浜　海響動《どよ》む』

彼は平凡な時間の内にある、非凡なる時間に気付いている。それは恰も、平凡なる時間から非凡なるものを盗むことだった。それを取らなければ永遠に過ぎ去ってしまう時間である。ここに時間の秘密がある。このことが次第に彼をして、行為を種によって選ばなくさしていく。行為の種類は何でもよい。ゴルフもいい、老人会の付合いもよい、犬と浜を歩くのもいい。ただそこに、何かがなくてはならない。それはまだ言葉を持たない。ただ今の彼には、魂の感受性と注意力に関わるものに思えた。そうなってくると、行為というものが自分の為と他人の為の間に境界線が引かれないことになる。無差別にどちらであれ、一生懸命にやるということだった。彼のこの性向は、快・不快を、適意・不適意を、基本的には利己主義の悪さということに対して意志的な力を生んでいったものである。そしてこのことは実践性と深く関わることであった。

その翌朝こう思った。

『何も起こっていないのだが、人生は緊迫している。しかしあるいはまた何事でもないかもしれない。仏に対しては、善人とか悪人だというのは関係ないのである。こう思い切れるものがある時、信仰の要点は一歩深まる気がする。それでは何が要点か。絶対的真実である。絶対的真実の前にのみ、頭を下げねばならないのである』

定一の仏は西洋のGodに近い、ただ裁かない。絶対の慈悲である。だがそれでも、彼の内にある緊迫感は裁きと関係しているのかもしれない。時間はない。Godは"no more"と結論を下す。それは死を持つ生命の宿命である。彼のこの朝の感覚には大磯の海が関係しているように見える。自己の有限性が自覚されたのだ。更にこの大磯は翌朝次のように回想された。

『大磯は三日前のことになる。明日は板橋まで行かねばならぬ。大磯は楽しかった。どこかで海そのものが大きな思想だと感じていた。大磯の浜に来るたびに、日本が自然を壊し、すっかり変えてしまったようでもこの海の響動は変わらないことを感じている。海の底には、昔に変わらぬ、二年前に自分が取った大きな蛤達が生きているのだから』

彼が感じた思想とは一体何だったろうか。それは自然という思想だったのだ。それは後に彼を社会の運動に歩ませたものだ。大磯の海も街もすっかり壊れて、無機質なものとばかり感じていた彼の中に、まだ生きている自然と人の暮らしが見え始めていたのである。自然も暮らしも、そして伝統もまだまだ生きていることが気付かれていく。そしてそれはやがて、どれほど進歩したものであるように見えても、伝統から生まれ、そして伝統を引き継いだものでない限り真の実体あるものとなりえないものではないか、という考えに導いたものである。世界を開くという行為には、絶えず、横への空間的な広がりと、縦への時間系列としての歴史への振り返りが必要であるということだった。そういう形でしか、限界は破れないということである。それはすさまじい努力をそして苦悩を伴うものでもある。それは社会との関係を知性をもって捉えることである。この変化は間近いところまで来ていたのだ。

一日が過ぎた、東京の板橋の寺まで出掛ける朝である。昨年の同じ日に行って二回目である。建国記念日である。しかしこの行事との関係は全くない。この寺は定一の祖先が九州の地で代々檀那寺としてきた寺の、老坊守りの実家である。何故毎年来るようになったのかというと、大阪の方から決まって同じ僧が話しに来るからだ。始めに聞いたのはもう十年も前、その時は母が一緒だった。そして四年前は故郷のその檀那寺で、七日間の報恩講を歩いて通って全部聞いた。そういう歴史あってのことだが、何故片道二時間以上もかけて行くのかということは残る。

僧の説教に善し悪しはない、それが定一の基本の考え方である。問題のポイントは御堂という場で、世間的思考を捨てて、仏世界を、生きていく自分の道を、人生の正しきありようを思いめぐらすことである。となると話の持つインパクトということは当然にある。しかしそれ以上に説教を聞いているその個人の心境なり、日頃の生き方とか考えがどうであるかということに比重が重いのである。彼が板橋まで説教を聞きに行くというのは、宗教にも社会性があるということなのかもしれない。僧の話から、この宗教の社会性に触れるということだ。とするなら非常に大きな意味があることになる。

定一は前日を殆どパソコンに向かって過ごした。自治会の防災規約を改訂したのである。自分達が二年間の間に変えた防災活動を次の役員に引き継いで貰うには、規約を最新のものにしておくのは必然であった。しかしそこまでの意識を皆が持たなかったから、自分でやることにしたのだ。彼はそうやって規約を仕上げて散歩に出た。既に冬の日は傾いていた。しかし季節もここまで来ると、日は延びて、春の気は近い。彼の内には明日の寺詣でのことが心にある。だから仕事は遣り遂げて、心に影なく寺詣でがしたかったのだ。そうやって終わった後の散歩には喜びがあった。歩いて見る丹沢の尾根は白く凍り付いていた。

『心の中にはいつも成就ということがある。願ったことを、やらなくてはならぬことを遣り遂げるということだ。だが他方では、ならぬことはならぬということがある。必要以上に自分の計《はからい》にこだわってはならない』

だがこの成就という概念ぐらい人を悩ますものはない。人間には行為、それだけで十分なのだ。この場合なら、パソコンで防災活動の規約を考えながら打ち込む、それが出来たことだけで満足するがいいということだ。思いが実行されたことだけで十分なのであり、成功とか、うまくいったなどというのは不要なのである。だが彼の中に成就ということが適意の概念と重なって隠れているのが見える。人はそこから逃れえないということである。だから苦しみが離れない。だがこの苦しみは正当であるように見える。彼の心の中の願いに必然性と普遍性があるならばである。成就ということには、彼にとってはやっかいで重い概念であった。願いに生きるという人生の質はそういうことに繋がっているのである。容易ではない人生を意味するものだ。

『我々は何気なしに今を生きているが、この今にはなんと過去が生きているのだろう。例えば武士の心である。「平家物語」を読んでも、あのような一族の死に方をあまり不思議に捉えないのだが、武士というものが集団であり、その共同体が持っていた一所に死ぬという思想、共同体を支えそれがかつ自己の生を守ることであった現実が理解される時、考うべきことは多い。「葉隠」の死狂いもまた、その武士の共同体あってのことであった。奉公第一はそこからきたものだ』

彼のこの思いの事実には自覚される以上の深い現実が伴っていた。歴史が現実を生きている、そしてそれは多くの場合越えられないものとしてある。だが何気なく生きている人間たちにはそれは気付かれない。歴史を翻ることが彼に求められていた。読書の意味がそういうことにおいてあった。

定一の寺詣での感想は、翌日僅かに記録されただけである。行き帰りを含めると、八時間も費されたのにである。心を占めているものがあった。読書によって契機された、人民の歴史に関わる概念である。これは主題となって、彼の自治会の活動に、「日本の青空」の映画の印象に、大磯の海に流れているように見える。

人間を運んでいくものがある。しかしそれは見えるわけではない。この箱船の行く先は見えない。死がすぐにやってくるなら、ここで終わり、それならかえっていい気がする。限りなく流されていく箱船なら不安である。生は本来そんな風に不安定なのかもしれない。確たる行き先などというものもない。どこまで行ってもその過程にあって死ぬだけのものである。

本は司馬の対話選集六巻「戦争と国土」である。始めにノモンハンを扱った、アルヴィン・D・クックス（日本歴史の研究者）との対話である。ノモンハンの戦争には日本人の持つ本質的な弱点が徹底的に見えている。定一は恐しいことが書いてあるなと思った。クックスの次の言葉である。

「ところで、ノモンハンからちょうど五十年がたちましたが、私は、ある種の恐れを持っています。密かに思ってきたことなのですが、日本人はこの五十年間、何も変わっていない、表面は変わったようだけれども、ぜんぜん変わっていないような気がするんです」「文春文庫」（初出は「週刊朝日」の一九九〇年、十二月号）

ここには日本としての絶望的事実がある。日本人というものがこんなものとしてアメリカ人に摑まれており、そしてまたそのことが事実であるなら日本人はどこに向かって歩くのだろうか。ノモンハン事件が教えることは、日本人が個人としても集団としても、総合的な判断力に弱い、あるいは不在であるということである。

この意味はこの事変が起こった時の、ソ連と日本の対応の違いに現われているものが、今も続いていることを指す。この時スターリンは、ジーコフという個性ある将軍に三ヶ月間トータルに預けた。日本のノモンハンの将軍達は今日か明日のことしか考えられず、そのまま戦争に突入した。この違いは直っていないのではないかというのが、クックスの予感である。これは事実であるのかもしれない。司馬の死の直前の絶望は、このクックスの予感と全く同一の種のものである。彼が軍隊にあって感じ続けた、自らの問題として国家を、軍隊を、上官を、組織としての集団のありようを考えようとしない日本人への絶望は、戦後彼がこれほど小説を書いて人々の啓蒙のために生きてきながら、何にも日本人は変わっていないじゃないかと思わされた時、決定的に深かったのだ。その司馬の死は対談から六年後のことである。定一には自覚されなかったが、この事実は彼自身の歴史において気付かれていた。というのは彼が会社を去るに当たっての感慨、「会社は変わらなかったが、俺も変わらなかった」にあるものはこういうことだからである。しかしこの事実は繰り返し体感されずにはいないものであったということは出来る。これが彼自身の絶望ということで、どれほど決定的であるかということは未定なのだが。

定一はこの本に書かれた司馬の次の対談に読み進んでいた。これも戦争と日本人の体質が話題である。対談の相手は大岡昇平である。まずこの対談の時点が、先のクックスとの時より十八年前の、一九七二年であることに注意がなされなければならない。ページをめくっただけで時と空間は様変わる、だが主題は続いている。定一を捉えたのは歴史としての「戦陣訓」についての大岡の次の言葉だった。

「戦陣訓」で、あのすぐ前に「恥を知る者は強し。常に郷党家門の面目を思ひ……」という文句がある。捕虜になると、家族の恥になるという、日本人がすでに持っている弱味につけ込んだ文章になっているんだ。これが実に陰惨なところです。あの条項のほんとにいけないのは、ここだ。おまけに軍人だけではなく、民間人までこの条項の考えに引きずり込んだですからね。サイパンとか沖縄での集団自決の悲劇が起きてしまった。そのうえ、アメリカ軍がガダルカナルで捕虜の死体を戦車で轢いたなんてことを宣伝しましたからね。

（前出同「文春文庫」）

両者の話題に共通するのは、日本人とその軍隊という組織の体質である。組織の指導層の戦略性のなさと、それなのにそれに従って安易に命を捨ててしまうという、忠誠心という言葉によって利用されつくす兵や民間人の悲劇はノモンハン後も続いたのである。両者に不足しているのは自らが考えて生み出していく総合的な判断力の欠如、手段や方法についての新しい考えがないから、実践ということが生まれてこないのである。これは状況にいち早く諦めてしまっている姿だ。この個人や組織の姿は、彼が考えてやっと自覚的なものとなりつつあった「世界を開くという行為」と真反対にあるものだった。彼にとって世界は自ら選び取らなくてはならぬものだった。しかしそれは未だ、本当のものにはなりきれていなかった。越えなくてはならない困難な壁があったということである。

「今に生きている過去」という事実は恐ろしい。このことは個人の無数の親様から伝えられた歴史の中に、また集団としての国家の歴史の中に伝えられて生きている。両者の対談にはこうした日本人の体質に関わる本質の問題が見えている。そんな風に個人の自立が達成されていないとすれば、それを補ってきた「世間」や「伝統」や家族法といった古い「法」が消えてゆく時、人々は何を頼りとして生きていくのか。ヨーロッパの十一世紀において世間が消えていった時、キリスト教の神が説く道徳があった。それは聖書が説く「真実の生活」であった。戦後の新しい法はそういう真実たりうるだろうか。もしそうなら、教育さえ十分になされれば済むことになる。だが起こっていることは逆に教育の崩壊であるように見える。何事であれ人間の質に掛かるということは変わらない。司馬の絶望はここに由来するから、いかんともしがたい。幾ら物質文明が進んでも、また法が変わっても、自分の道を選び、自立と自律の生が選べない人々しかいないなら、社会もまた流されていくだけだというのは自明の事実である。そこに絶望は避けがたい。定一の場合は初めから、それは人生の縮図であった。これが「絶望は掲げられた希望である」の意味するところであるようである。こういう世界を生き抜くには不撓不屈の精神しかないのである。これは武士の心である。これもまた日本の心なのである。

この読書の後に、前日の寺での僧の話が短くメモされた。僧の言ったことは実のところは難しかった。深くよく考えないと分からないことだった。ここに残されたのは彼の解釈である。

『話の主題は「悪人正機」であった。最後に慈悲が開く世界と言った。これは直接には「涅槃経《ねはんきょう》」の中でアジャセが「私の働く場所が出来た」と言ったことを指している。それを私は「開かれた世界を作るのは仏の慈悲の心なのだな」と感じていた。これが最大の収穫であったようだ』

アジャセの言葉は、自分が父王を殺して誰にもその心において受け入れられなくなった時、罪を釈尊に告白して「あなたの気持ちはよく解るよ」と言われた時に発せられたものだ。仏の慈悲は悪人に対して正機となったわけだが、定一にとってそれは罪の自覚、すさまじい慚愧を経てのことだった。そうでないと世界は開かれないということである。ここには「罪と罰」に書かれたものと同一の原理が見える。悪人であることが気付かれないと、十分なる新しい出発は出来ないということである。定一もまたそういう体験を持つ者であった。

人間には仕事があるのだ。だがこの仕事をやるには何かにどうしても気付かねばならない。釈尊はそれをアジャセに教えた。こういうことが起こるのは人間の道徳的原理が存在することによってである。定一の中には絶えず二つの世界への深い願望がある。現実と精神、それは片方だけではどうしても深まらない。現実には様々の躓きがある。精神はそれを乗り越えていかなくてはならぬ。となるとそこには、彼をそうやって、それでも向かわしめる力が存在することになる。その力は強制するかのようにある。絶望があっても許さないのだ。精神の世界を単なる形而上学世界だと、言葉だけで始末することは出来ない。そういうことを哲学の形で教えたのがベルクソンである。西洋の近代哲学に正面から向き合うことになる宿命があったのである。そしてこのことは彼に彼の仕事を教えた。その仕事にこそ、彼の自由の本義がある。この仕事は様々の形を取って模索されていた時代であった。

翌朝の記憶のメモには知人の夫の死と、ユリシスの中の一シーンがまるで暗号のように残された。しかし両者を結ぶ暗号はあらかじめ意図されたものではない。

『Sさんの主人が昨日早朝なくなった。ユリシスの読書は私の英語能力、それよりも言語能力からして不可能のようだ。例えば、今日こんな所を読んだ。

Vain in heart of hearts. All for a shadow.

「彼女の中のひそかなる己惚れ、その一つの暗い影、その影のために全てがある、一つの己惚れがあって、それによって全てが動いている」

こう訳してはみるが、本当のところ、これらを理解する力はない。そんなことを考えると、辛いような悲しい気がする。須賀敦子の苦闘がわかる気がする』

ジョイスはヴィクトリアが夫の王アルバートの死の、それを悼む壮大なみたまやへの葬列にあって、彼女がボンネットにつけた数片のスミレの花のことを言ったのだ。そして暗には、先立っていった男の死が彼女を自由にしたと言っているのだ。

ジョイスはこういう人生や、人間の己惚れや、快楽や、そして崇高なまでの信念すらも無用な饒舌の中に投げ込み、散らばす。読む定一は毎朝の時間の中で、それらに真剣に立ち向かう。言葉は残らず、時が過ぎていく。この積み重ねに意味があるかは分からない。だがそこには適意とも言える、過ぎてしまえば快楽のような、時が与えたものが見える。時間というものにはこういう要素もあるのだよと、恰も教えるかのようだ。

女と男を描いて、ジョイスは僅かな言葉で両者の本質的関係を表現する。Sさんと定一の間に生まれた関係は、やはり彼女が夫を失ったことと無関係ではありえない。そしてSさんは、普通の女が夫を亡くしてがっくりとなる落胆を、その後全く示さなかった。それは自然にそうだったものだ。彼女は八十の半ばを越し、介護要支援一を認定されている。そこにはすさまじいばかりの人生の体験が、生き抜かれた労苦が隠されている。彼はこういう女達を幾人か知っている。そのことがSさんの今を理解するのに知らないところで役立っている。彼は自治会長として、通夜にも葬儀にも出たが、彼女の毅然としたところが崩れるのを少しも見なかった。それはその後も変わらなかったわけだが、それは彼女がより大きな自由を得たかのように見えさせたが、それが不道徳性であるかのようには彼には思えなかった。このことは日本人の世間的眼から見ると、かなり異常かもしれない。日本の世界はそれを不道徳性として、「やもめ」の言葉に示されるように女を閉じ込めてしまう。

しかしまたそれと全く違う振る舞いをする女もいた。庶民の歴史もまたそれをよく見れば面白い。Sさんの夫の死と、ユリシスの文章に深い相関があるのに気付いて、定一は不思議の感に打たれずにはいられなかったのだ。だがその時は、この二つの物語はただ並例に置かれただけのことだった。この男と女の、片方の死を境として生まれる残された者の新しい物語は、それがあるのかないのかさえ、彼には未知数なのである。

定一はその日も司馬の対談集（巻七）を読んだ。対談集というのは不思議な本である。こんなにたくさんの人と対談をした、あるいはさせられた司馬は苦痛でもあっただろう。そして読む人はそれを書かれたもののように読むというのは、これまたおかしなことだ。まるで読む方に優越性があるかのようだ。定一はついついと引かされて十巻全部を読んだのである。この対談の魅力は、後に鶴見俊輔のそれにも感じられた。この二人は最も多くの対談をこなした者であろう、そしてかつ魅力がある。対談の有用性は情報の多さと、そのポイントが示されていることにある。ポイントが分かれば関連の本を読めばいい。情報は捨てられて知性的知識が残る。たくさんの人の本を読むには限界があるから、まず人を知るという手段としてこの方法は有効なのだろう。

司馬の対談の相手は山崎正和氏である。所収は「日本人の内と外」一九七八年四月、中央公論社刊である。この読書は彼に非常な興味を生んで、現役の評論家である山崎氏の名前を強く頭に刻んだ。ここで語られた文化論は、彼が自治会で初めて単独で開催した「自治会館祭り」の体験にしっかりとコミットしていた。定一の次の記録は一日が過ぎてのことである。

『都市文化と田舎の文化、公の文化と私の文化というテーマである。私の文化に芸能が育たずと言っている。これは微妙なことを言い表わしている。そして文化は公私の中間にある筈だと言う。都市の文化を「親しんで狎《な》れず」と言う。昔から言われてきたのだ。都会の一つの価値基準、美意識であったと言う。

自分はこれを地域文化論として、この自治会地域の文化と関わって読む。この町が都会であることの認識だ。私はそう扱ってきた。だから「異質性を認めあう社会」と言ってきたのだ。だが山崎氏はもう一つ、権威・聖性を付け加える、この場合それは、進んだ文化性・芸術性ということである。

自分が考えてやってきたことは、都会と田舎の中間に、公と私の中間に関わる新しい地域論であったということになる。専門員制によって新しい次元を切り開きたい』

定一の中に興味を超えて興奮があった。そして翌日こう思うのだった。

『地域が母体となって文化が、防災が、防犯が、福祉が生まれて育つことを願う』

本の新しいところには「志をもって、本当の都市をつくらなければならない」という司馬の言葉があった。

この興奮は実のところ長くは続かなかった。自治会長を辞めると、それまでのような表面の感情として沸き立ってくるものは消えた。彼は老人会やボランティアとしては地道な活動を継続するのではあるが、人を強く引っ張っていくようなものではなかった。公の指導的立場なり地位にはないということがそうさせるのだろうか。彼の本当の興味はどこにあったのだろうか。これはなかなかに難しい根元性を問われるものである。山崎氏は文化とか芸術という言葉で、普遍性を問うている。そこに定一は発言の意味を感じている。それは活動が単に個人の興味で終わらないことを意味する。やがて定一の活動は庶民の生活全般に関わって、農業とか介護とか病気そして食に広がっていく。それは一つには自治会という垣根を越え、二つには歴史的視点を持つようになる。彼を動かしていくものがある。一人の人間をより総合的に捉え、より広い空間的広がりを持ち、歴史の中の水脈を探す法則的力である。彼が自己を規定した「社会の中の自分」という概念はそういう実践性を含むものであったのである。そうなると彼の活動が公的な形だけをとりえないことは自明だ。だからと言って個人的な活動だけでは限界がある。地域の中で仲間が生まれ、連帯の力が醸成されていくことが必要である。どうしてもそういう風に社会に対して変革の意志を表示することが必要だった。そして更に彼の場合、そういう自分の活動に普遍的な妥当性を要求することから離れないものがあった。庶民の共感と地盤から離れないということである。それでいながら歴史の水脈を汲むということである。司馬や山崎の言は定一のその意味では長い人生の一点において確たる方向性を示して意味があるのである。人はいつも志を高くもって生きなくてはならない。

彼の自治会活動がある限界を持っていたことにある。しかしそうではあるが、会長として地域の活動をあらゆる方向に先導した意味は大きい。またそのことは何よりも彼の意識世界を広げ、かつ尖鋭にした。ある人が「新しい風が団地に吹いてきた」と言ったのは、単なる世辞ではなかったろう。彼の活動にはある特徴が見える。それは現実の維持ではなく、絶えざる新しきものへの飛躍と挑戦である。そこにしか風は吹かないし、吹き続けない。そこにはそうさせずにはおかない力が生きている。単に思想とか哲学では説明できない何かが。壮年の時代を彼を強制して「社会的責務」に従わしめたもの、その力は実のところはこの老年にあっても生きていたのだ。この力は、壮年の時がそうであったように、今この時間にあっては確たるものとしては自覚されえない。そこには今、この時間の持つ困難性があるからだ。定かな道があるわけではない、ただそれは選ぶだけだからだ。いつも方法と手段が考えられなくてはならない。判断力がいつも問われている。

老人もまた社会のために生きる。だがそれは本質的には煩わしいということは伴い続ける。だからカントが言うように、人間は寂寞の境地に身を置いて世間についてはもはや何ごとも見聞したくないというひそかな願望を抱くものであろう。定一の、故郷の山の栗畑に小屋を建てて一人住みたいという気持ちは、そういうものである。だがそうなるまでには、未だ多くの現実の風を受けて、風の中で生き続けることは責務的なことだったし、それは彼の中の道徳が要請するところであった。あるいは、戦は今にして始まったばかりであったのかもしれない。

第三章
祈りの文明

何故に新興宗教の命題であるかのような、「文明の救済」という途方も無い思いが、個人の中に宿るのか。滅びに向かう文明という事実があるからだ。文明を論じた諭吉の時代にはなかった概念である。定一がリヴィングストンの「破壊の伝統」に出合って十年になる。以来、豊かさに変わる人類の基本概念が求められ続けてきた。この今の彼には文明への楽観は完全に消えた。滅び行く文明という概念なしに、文明の救済ということが真剣な思考や行為として、自分のものとなるということは起こりえないであろう。それは彼にとって現実問題そのものだった。それが他の現実問題、例えば自分や家族の誰かの死というような問題と同一のレベルにあり続けるというのは何だろうか。そのことが「自己の救済」と決定的に関わることだからである。例えば自分の命が助かるということだけではどうしようもないということである。世界もまた同時に救済されなくてはならない。

「文明の救済」とは自己の行為そのものを意味し、それを出でない。何事であれ自分がそれをどう考え実践し、しかしそれは単に自分の思考とかその結果に収まり切れず他者の眼によって見直される。文明の救済に関わる行為などというのは典型的にそういうものであろう。そして更にそこには理性から来る一貫性が、すなわちぶれないということが必要であろう。カントはそれを美学的判断に使い、「共通感覚」という言葉を使った。

とするならば、定一が求める「文明」もまた普遍的なものでなければならなかった。従って単なる物質的文明というようなものは眼中になかった。美の概念がわれわれの生活を取り巻いているように、文明の概念もそれと同じようにあるのかもしれない。美が実践されるように、文明もまた実践されているものだ。

定一が文明ということを自分で理解し始めようとしたのは、「世界を開くという行為」の当然の帰結であった。彼は受動的な社会的存在としては納まりきれなかった。彼の中の根本感情として『こんな社会ではどうしようもない』という思いがある。「破壊の伝統」に出合って共感されたものだ。どうしても新しい文明観が必要だった。そしてその文明観は自分の生き方そのものだった。彼の生き方には宗教が強く関わっている。従って彼の文明観もまた宗教と関わっている。このことは彼自身にとっても大変にやっかいなことだった。文明と社会は一体である。しかし定一には「社会の中の自分」という視点では吸収されつくしえないものがある。「出世間道」という概念が彼の中に生まれている。しかしここに自立と自律の精神の生まれてくる根幹がある。このような宗教性を持ってしか自立精神が成立しにくいというのは由由しき事実である。

「閉じた世界から開かれた世界」へという動機がある時、「社会の中の自分」という事実の認識が生まれた。しかしそれだけでは解決しえない、社会そのものが崩れかかっている認識がある時、社会の変化そのものが求められないではいない。このことは二つ目の事実であった。そしてこの社会の崩壊を救い得るのは人間の、普通の人々の精神の自立ということにしか求められなかった。彼は諭吉の「文明論」に深くこだわったことの背景にあるのは、そういう彼自身の歴史にあったことになる。だがそもそも人間の出立ということから見ると、宗教が社会性より先にあった。宗教的基盤がなければ社会との関わりに耐えることが出来ないというのが人間の歴史である。定一に「社会的責務」を耐えぬかしめたのもそういうものである。宗教性は道徳性と重なっている。自立ということはそこにしか成立しないように見える。しかし逆にとるならば、この自立が生む文明は、現代の文明との違いが大き過ぎる。それは自己の内なる文明である。言葉を変えていうなら「祈りの文明」である。それが定一の「文明の救済」の意味するところであったのかもしれない。文明というのが現実のことでありながら、物質だけに終わらない人間の精神の発達ということに関わらざるをえないとすれば、特に現代のように人間の精神の発達ということに疑問が見える時代にあっては定一の思考には一つの必然性が見える。定一は自己の内なる文明に生きんとする者であった。それにしても文明を論ずることの困難性が見える。それは人間の歴史を、そしてその成果を総合的にまた普遍性の面から評価することを意味するのだから。

その朝の歎異抄講話の読書からこう思った。

『念仏にこめられた深い意味。自力を捨てるとは、良しとか悪しとか、善・悪ということを超越することだ。我等は因地の世界に迷わされている者。因地の世界より出でて、出世間世界を開いていく。これをなさしめるは仏の慈悲の心である』

どうしても出世間世界を出なくてはならぬ、それは定一の確たる思いであった。そうでなくては仏の世界を自分のものとすることは出来なかった。現実の生に対してこの因果の原理がどんなに強く自覚されても、あるいは自覚されるほど、精神はそれを超えた仏の真実にすがるということが起こる。

そんな風に読みながら、そして次には書きながら、現実はその間に反省されていく。定一は今やそのことに自覚的でもある。

『政治というものから、早く手を引いたがよさそうだな、これがこの朝の結論だ』

その日は次年度の役員を決める日だった。『日本宰相論』を読んでいて、定一は山崎正和氏の発言に注意を引かされた。そういう昨日のことが反省される。氏の言葉はこうである。

「ある意味で言うと、能力については自信があるんだけれども、そういう自分の限界を自分の手で引いておくことで、よけい力が出るというのか、日本の政治の行動様式のような気もしますね」

定一は一年前のＩ氏との出来事を思い出していた。また昨夜、ある役員が言った「人は口では再選を言うが、腹の内では嫌がっている」というのは現実をうがっているなと思った。

一体政治的能力などということはどう考えられるべきものであったろうか。ましてや定一のように政治に触れることを避けてきた人間には、殆ど無縁のテーマである。しかし、にも関わらず、この問題は身近なところにあったように見える。彼の自治会の仕事はそういう面における才能というようなことを自然に考えさせる切っ掛けを作っていたのだ。しかし今の彼には、政治に対する忌避の感情の方が強かった。自分が本当にやらなくてはならぬことは別なところにある気がした。例えば、マックス・ヴェーバーが言った「ある写本のある箇所の正しい解釈を得ることに一生を費やされた人生」に対する妥当感である。政治というものが他を扱う限り内的な統一と集中を欠いて、雲散霧消するのではないかという魂に関わる恐れがある。そうではあるが、また半生のありようが彼を政治から遠ざけてはきたが、「社会の中の自分」ということに目覚め、人間の自立した精神ということを求める時、政治への接近、そしてどんな形であれその現実的行動は必然的であったのかもしれない。人間とは常に自己の変革の内に生きるものである。そこに運命の見えざる手が見える。彼という個人においてもそうだったかもしれないが、日本という国にも政治の季節が近付いていた。しかし戦後六十数年が過ぎて、平和が続き豊かさに慣れた時代が続いてみれば世に利己心と怯懦が蔓延るばかりで、あの幕末の志士達を育てた環境はないのである。そういう国に才能のある政治家などいるのだろうか。このことは政治家だけではなく、庶民の問題でもある。平和の時代にも武人は必要である。文明の衰頽がこういう点にも見えている。

定一は自治会の役員から離れた。新しい自治会長が決まった。この最大の意味は公的な活動から、ということは権威的なものから離れたということにあった。それはその時には十分認識されてはいない。公的なものによって住民の自治なり、市民としての主張をすることと、単なる一市民のままで民権を主張することの間には大きな差がある。それは自覚されていなかったということである。

自治会長をやったからこそ、市民としての役割、義務ということに気付いた。そのこと自体に大きな意味はあったけれど、それが権威的なものを伴っていることにも気付いていた。だからそれを出来る限り早く切りたいという思いが本能的に強かった。彼は市民の運動を歴史上の視点から見ていなかった。彼が一市民としての運動に立ち上がる時、彼にこれまで見えていなかった日本の歴史が見えてくることになるのである。

定一に歴史という視点がなかったわけでもない。新会長が決まった二日後の午後の読書である本を読んだ。何がその本を彼に読ませたのだろうか。本は鷗外の『かのように』である。彼はその内容的なことをほとんど理解出来ていないなと思った。ただ、主人公のような人間は不幸であると感じた、そして時代が悪すぎるなと思った。そのように真意は摑み切れなかったが、一方では、書かれていることに深い意味がある気がした。彼が感じたのは、どんなに時代が進んでも、変えようとしても変えることの出来ない人類の歴史が進んでいるということだった。人々は依然として、かのように生きているだけかもしれなかった。人民主権があるかのように、政治的自由があるかのように、男女の平等があるかのように生きているだけだった。真実は手にとって見ることの出来ないものであった。「世界」はぼんやりとしたままだった。だから毎日自分は書くのだなと思った。

鷗外が行き着いた明治末期の閉塞状況は、定一には無縁ではないものがあった。定一は鷗外の努力を認める。人間は誰であれ二つの、あるいはそれ以上の限界の中でしか生きれない者のように思える。命という限界であり、社会という限界である。その中にあって鷗外は意志的努力を最後まで捨てなかった。その他のことは末梢的なことだった。例え鷗外が「かのように」生きたとしても、ぼんやりとしか見えない人生を拒絶した人生であったということには違いがあるまい。定一はそこに意志的努力ということを感じる。そこにあるのは、出来る出来ないを、可能・不可能を超える、すなわち判断力を超越している理性の要求なのである。それは同時に人生が苦であることを意味する。定一もやがてそのことに気付くことになる。それは苦の人生を自分に認めることであった。

その頃、定一がずっと気にしているモチーフ、概念があった。彼はそれを今書いている小説の中で考えさせられていた。半年くらい前の「文芸春秋」の七月号に載った山崎正和氏の「わたしの『道徳教育』反対論」を読んで生まれたものだった。となると半年も考えていたのだろうか。このテーマがやっかいであるのは事実であろう。

ここで注意すべきことがあるように見える。定一が理解している山崎氏は、一九七八年頃の氏がまだ四十代の半ばで行った司馬との対談で受けた印象であったということである。この同じ人物が三十年を数ヶ月で過ぎて、定一にとってはいきなり出現したのだ。一人の人間の三十年の歴史は彼には全く知られないものとしてある。そうなるとこうして書かれたものにとまどわざるをえないということになる。それも読んでから半年も時間が立って、自分の小説の中で書いてみようとする時、本当の意味を理解する必要に迫られて難渋するのであった。ここにも書くということの一つの難しさがある。

道徳の代わりに「順法精神」を

では現在の学校教育においては、道徳の代わりに何を教えたらいいでしょうか。私は「順法精神」を教えるべきだと考えます。順法精神とは、自分の属する社会で民主主義的に決められた法に従わなければいけないという考え方です。言うなれば、先述した「取引の倫理」と言ってもいいでしょう。

定一のこの発言に対する違和感は普通のものではなかった。彼はこれを理解するために、氏の司馬との対談を再読したり、新しく買い求めた『混沌からの表現』を読んだ。しかし氏の真意を理解することは出来なかった。結局彼は次のように結論した。
『日本の歴史の研究が、その結果が、日本人の体質の限界を知り抜かせて諦めを生んだのだろうか。そこから常識ということに戻って、現代の状況に対する処方箋的な、「順法精神」をして道徳となさしめる、ということが書かれたのか。しかし自分は、自分の生きる意味の追求からして、自立の精神を文明の中心に据えざるをえない。宗教が必要な理由もそこにある』

定一にはどうしようもない社会の姿が見えていた。滅び行く文明の姿が不可避的にあるから、目先主義や暫定主義は全く考慮の外に置かれた。これは彼の思考の本質をなすものだ。とするから、絶望とは絶えず向き合うべき本質的なものだった。だからそれは掲げられた希望だった。そこにはやはり、彼の判断力を超えて要求してくる力がある。

鷗外を読んだ翌朝に彼が書いた小説は、この山崎氏の言葉に対する思いが反映せずにはいなかった。書き終わって、彼はこう思った。
『山崎氏の発言の背景を知る作業には時間が掛かった。しかしどんなに時間をかけても、書くことは決まっていたのかもしれない。常識が重要だとはいえ、最も大事なのは、いかに生きるか、どう生きるかである。それが教えられないことであるのは解る。現代という時代はそういうことを考えるということ自体に、何か大きなベールを被せている。自分の頭で考えるということの不在だ。覚えた知識だけでは社会ではほとんど役立たないという事実があるのにである』

定一は一つの困難にぶつかっていた。それは他人の持つ思想と対話すること、違う考えの人達を理解することの難しさであった。彼はこの困難を避けようとはしなかった。そうやって諭吉の文明論が、また丸山真男が読まれた時代だった。定一にとってそのような思想とは何であったろうか。それはまるで生活の中に見える言葉の断片のようなものであった。それでいながら、自分という個人の歴史に、そして日本人の民族の歴史に一貫して蕩蕩として流れているものだった。学問の範疇にも納まらないし、生活の範疇にも納まらない。そうだから学者も、一生活者も苦労せざるをえない人生となってしまう。これが思想的境涯を生きる者の宿命だ。命を縮める行為だ。日本の庶民が本能的に思想的であることを嫌うのはこのことを知っているからであろう。

その日から妻は三日間不在した。日本舞踊、毎月恒例の宿泊研修である。妻の不在は微妙に彼の心理に影響を与えた。この最初の一日にあったのは空虚感だった。それは翌朝次のように反省された。

『いずれ人はどちらかが一人で残るというのに、こういう寂しさを感じるようではどうにもならぬ。こういうことはいつか克服されていくだろうか。こういう現実的なことが克服されないままに、思想とか精神的なことが深まっていくなどということが可能だろうか、そうではあるまい』

困難性に耐えることは、両者に於いて必然であったものである。もう一つの反省は思想的なことだった。

『福沢諭吉を読んでいて、絶えず疑問がある。西洋的な合理主義、あるいは理性中心的な考え方で日本人は幸せになれるだろうかということである。彼の論は日本的な霊性に合わない気がしてならない。諭吉の時代から百年以上が過ぎて、そしてその間にひどい戦争があって、戦争に負けて、アメリカによって法律や習慣も変えられてしまったのだが、日本人の自立と自律の精神には十分な進化が見られない。他方では日本人はたくさんのものを失った。家庭や地域にあった仲の良さ、それは人を不合理的なものに耐え抜かせた力だった。人生とは所詮は不条理なものではなかろうか。人とは孤独を本質とするものでありながら、かつ、社会のために働き社会を守るものである。そうでないと家庭さえ守れない。諭吉の思想は西洋かぶれである気がしてならない。明治初年の「廃仏毀釈」運動を生んだものと心情を同一にしていると思えてならない。人間の自立性の根本に宗教的なものがあるのにである。宗教性の少ない人間の思想、そこから自立を説く人の考えについて、よくよく研究したい』

定一の考えたことの全てが正しいのではない。特に諭吉の思想を全体から理解するということは一朝一夕に出来ることではない。しかし手は既に付けられたのだ。彼が丸山真男著の『「文明論の概略」を読む』を読み始めたのはいつ頃だろうか。辻井喬氏の本からであったようだが、始めたのは昨年の秋に父の二十五回忌をやった時、田舎まで持ち帰ったのが始まりだった。上巻は一九八七年発行のものだから、まだアメリカに赴任する前に買ったものだ。彼はそうして二度・三度と読んだのだが、この時もその思想を本当に理解出来た気はしなかった。そういう歴史があって、メモを残し始めたのは中巻が終わる頃になってからだった。その頃から、しっかり読もうという気が生まれていた。そこには定一の文明理解という自分の関心が、直接諭吉の思想に関わるところがあったからである。

『ルールを昔の儒教的観念にもとづく徳義とはっきり分けた上で、ルールとルール感覚の発達が結果において道徳の領域を拡大するのだという結論を引き出した』

定一はこの後こう書いている。

『これは山崎氏の考え方の元をなしているように見える。これでよいのかどうかは大いに疑問だ。少なくとも日本人には適用出来ないのではないか。歴史性がない。日本人に共通してあるのは仏教精神なのだから』

定一には諭吉が日本の歴史を逆に見ているように思えた。日本の持っている伝統から、その先を見るのではなく、「開明された世界」があるかのように考えて、そこから伝統を見ているということである。伝統が小さなものに見えてしまって、簡単に見えてしまっているということだった。この時にあっては彼の中の伝統重視はそれほどの比重を持たなかった。とは言え、『日本人でしかありようがない』として自己のありようを受け取っているのは、伝統の概念以外のものではないであろう。どんなに伝統の中に悪いものがあっても、伝統の先にしか真のものは、普遍的で不動なものは生まれてこないのではないかという概念がいつも心の中にはあるのである。ベルクソンの「創造的進化」を受け入れる基盤もこういうところにあるのかもしれない。

丸山の本の中巻を読んでのメモに次のことが書かれている。諭吉のことを言ったものだろう。

『ゲゼル・シャフト世界の到来が早くから感じられていた。そこに法律の必要性を感じていた』

丸山真男氏の原文は諭吉の考えを次のように説明している。定一の先の感想はこれを借りたものである。

いったん、ルールというものと、昔の儒教的観念にもとづく徳義というものとをハッキリ分けたうえで、あらためてルールとルール感覚の発達が、結果においては、道徳の領域をも拡大するという結論をひき出すのです。（『文明論の概略』を読む　丸山真男著　岩波新書）

定一の小さな紙の一ページのメモには、どこか激越な感情が含まれている。彼はこういう考えを全く受け付けていない。後に定一の考える道徳性を納得性を持って説明したのが、カントの『実践理性批判』に書かれた自由としての道徳であってみれば、宜《むべ》もないことである。だがこのように自分とは違う考え方を持つ人の本を読む意味は大きい。定一には異論相戦うことの意義を感ずる心が強い。それは苦であるかもしれない。しかし苦にあって前進することにしか、真の進歩とか進化は生まれてこないのではなかろうか。平和が長く続いた時代は怯懦な人間を多く作った。しかしその平和な時代も武人を必要としているのは事実である。山崎氏の考えにも、諭吉の思想にも、そしておそらく丸山氏の考えにも定一は違和感を持っている。時間はかかるのだが追求する。このモチーフには自己と世界の救済ということが関わっているように見える。

世界とは何だろうか。定一の場合、いつも二つの世界が問題になっている。その二つの世界はその時々で様相を異にする。しかしこの問題の出発点がそもそも『もう一つの世界はないだろうか』という、自己の罪ということを気付かされた「慚愧」に発することに見えるように、見える世界と見えない世界ということに原点がある。物自体の世界と精神あるいは思惟された世界である。人はいつもこの二つの世界の間で生きる者だ。それでいながら自己という人格はぶれもせず、物を見、思惟の世界に移りまた物に戻る。両者が魂に触れあうところの一つの世界があるからなのだろうか。しかしこのように二つの世界を意図的にそれぞれしっかり見ようとする心の働きは意味が深い。物や自然の現象はそれら自体に働いている原理的なものをしっかりと見る。思惟の世界にあっては、それが哲学的なことであれ宗教的なことであれ、より実在的なものにまで、それはより自己にとり真実であるということだが、意志的努力が続くからである。慚愧以来の彼の生はそういう二つの形にあったようである。そしてこのことは、生命の危機とか、自己の社会性ということから発したより積極的な社会への働きかけからくる苦難とか、人類のありように対する絶望とかにあっては、より仮借無い意志的な努力と前進を要求したのである。苦難は深まるほどその器《うつわ》は大きくなる。それがカントが言った有機的存在ということの意味であるのかもしれない。

毎朝の暁烏敏《あけがらすはや》の『歎異抄講話』の読書は続いている。こんなことに心が引かれる。

「自分が仏になりたいと仏を念ずることが真実の慈善である」

「念仏は度衆生のこころなり、度衆の心はこれ、利他真実の信心あり」

「君の忠義というも念仏にて足り、親に孝行というも念仏にて足り、夫婦の愛情というも念仏にて足れり」

それで定一はこう思った。

『やはりこういうことは教えることは出来ないな。しかし教えることが出来ないことは最も教えなくてはならない』

教えることの出来ないことこそ、教えなくてはならぬと思っている彼は例外者であろうか。だがそこに絶対的な矛盾があるようでいて矛盾があるわけでもない。すなわち彼にとってそれはどこまでもやはり現実問題なのである。昨年の子供会のクリスマスでは、学校の先生が教えられないことを話す、と明言してベルクソンの「社会的責務」について話した。逆に言うと山崎氏のように考えると、先生も楽なものだ。しかし苦のないところに進歩はない。定一が先生なら苦しくてなるまい。彼が自分の学校での歴史を考えて、先生は自分には何も教えてくれなかったと思うのは、そういうことがあってのことである。それでも例外的な先生はいた。定一の感謝の心は、その先生に対しては一生続くものなのである。

ここで彼はもう一つ注意すべきメモを残している。これも「講話」に書かれていることである。

西洋の道徳：夫婦の道を基礎とする

人間の道徳

東洋の道徳：親と子の関係を基礎とする

自然の道徳

人間と自然の道徳に分けたのは、定一自身である。これは西洋と東洋の道徳を分けて、言い得て妙である。定一の考えの中にあるものは、夫婦の関係ということに男女の愛という概念を深く持ち込まないということにある。それでいて命の尊厳ということについては、夫婦の関係は最も強いものである。そこには夫婦の関係をも自然的なものとして見るものがある。自然的な合目的性であるかのように捉えている観念が見える。そしてそういうことを、妥当性に欠けると言うことはない。もともと日本人が古来から神という概念を強く押し出したこと、持っていたことにはそれだけの理由が、自然や風土の持つ特性があったためであろう。そういう自然が失われない限り、この特性は残り続けるものなのである。

三日間不在であった妻が夜には帰って来る朝のことである。今日はシダンゴ山に登りたいと思った。行き帰りとも歩けば八時間かかる。妻のいなかった三日の時間について考えるのだった。

『妻のいない時間には、どこか手持ち無沙汰の感がある。始めは長く思われた時間も、こうして過ぎてしまうと短い。どんなに長い時間も過ぎるのが知れる。このことは次の二つを教えた。今は彼女を待っているが、どちらかがこの世を去れば待つということのない時がやってくるということだ。そうすると今度は待っていても戻ってこない時間が始まることになる。待つことのない時間が始まるのだろうか、それとも待っても戻ってこない時間が始まるのだろうか。ここには一つの問題があるだけだ。果たして待つことはなくなるであろうかということだ。いなくなったら待つこともない、そんな風に単純にすむことではないだろう。彼は永遠に、生き続けている限り妻の帰りを待つのではなかろうかと思った。

『だがそれでも、この朝の書く時間は続くだろう。この答えは出せない。しかし書き続けるということが残るとすれば、不動なるものはなくなってはいないことになるだろう。それを支えるのは、苦行の行為を支えるのは、自分にとっては念仏しかない。そうやって死者と共に生きるだろう。宮沢賢治は妹を亡くしてそういう心境に転じたのだろう。異界が自分の中でも生きるものとなるということが、起こってくるのである』

彼は、待つ時間はなくなるが、愛した人は自分と共に生き始めると捉えていた。妹の死が、父の死が教えたことだった。その寂しさがどんなものであるかまでは考えられていないのだけれども。

彼が考えたのは自己という存在の不動性についての概念だった。小説が書き続けられるなら、書かしめるものは残るからである。それは苦にあって、それでも生きていく力であった。彼はそれをやはり念仏に求めるしかなかった。自立と言っても、その力によるしかなかった。そんな風にして自分は一人で生き抜くであろうと思った。何故にその力は力たりうるのか。念仏は彼に於いて無限の力であったということである。定一はこのことを、未だ切羽詰まってはいない状況の中で確認するのだった。このことは重要なことだった。何故なら苦は生の本質であり、そうであるならこれまた際限のないものであった。念仏を生み、育て、伝えた古人はそういう生を知り抜いている人々だった。世が下り、平和と豊かさに慣らされていく時、人の困難に耐える力も衰えていく。そしてそこに歴史ということが忘れられているなら、人間の劣化ということが起こってこざるにはえないのである。文明の衰頽を、それを生んでいるものである。豊かさそれ自体は悪いことではないとしても、それ故に生まれる怠惰、怯懦、困難に耐えても道徳性を守り切ろうとする意志的努力の弱さが文明の力の衰頽の元凶となっているということである。定一が念仏を求めた歴史にも現実的な必然性が見えている。

定一はその日シダンゴ山に登った。全てを歩いた。翌朝の記録は次のようなものである。

『我々が何かをするのは、何かの為ではない。それでもその行為は何かの為にはなっているかもしれない。しかしこの二つは、少なくとも始めからは結びつけられない。昨日山に登った。今でも、頂上に着いて見た檜洞丸から蛙ヶ岳の雪の山のことを思い出す。それを見るために、そのことで得られた精神上の生き返るような快気のために、山へ行ったのではない。それは得られてみて初めて知ったことだ。自分はただ、歩くことにその目的を置く。私はあらゆる行為をそういう風に見る。そこに行為の尊厳性があるのではなかろうか。単に目的があるだけなら、行為は卑しい。功利という罠に捉えられたままだ。そこにどんなに立派な目的があってもである。グラウンド・ゴルフのようなものに意味があるように思えるのも、そういうことがあってのことだろう。表現しえない思いの内に人生はかつてあり、今もあるのだ。会社生活もそういうものだっただろう。長い年月の生活はそういうものでなくてはならない。そうやって今日に廻向《えこう》されたものがある。となると、今日その行為を捨てるなら、未来に廻向されるものを捨てることになるのである。

人間と人間が同じ時間を共有するということには厳粛なものがある。だから相手を認める、受け入れるということがあるのだ。これが人と人との交流を定義するものだ。ここから学ぶということが生まれる。自分にはないもの、自分の不足なものに気付かされる。そこにはいつも相手へのリスペクト（敬意）がなくてはならない』

行為の無目的性は定一が日常の生活でしばしば覚えることだった。それは人生の無為感に繋がっている。彼の場合、この人生の無為性は、自分の人生に対して清爽な感覚を生んでいるものだ。所詮どう転んでも、人生は無目的だということだ。しかしそのことは行為の道徳性を弱めることではない。かえってそれを守ることで、人生の無目的性が受け入れられているように見える。

定一が山から帰って来て、そして夜が来て映子は帰って来たのだった。翌朝の回想は続く。

『三日が過ぎれば帰ってくると決めこんでいるのだが、帰ってこないかもしれぬということだ。人間には、今生きているこの身ということしかない。自分も相手もそういう存在に過ぎないことが示されている。三日だって与えられるとは決まっていない。そうやって今をいる自分という存在がある。念仏しかないな、ここにもそういうことがある』

こういう彼の日々の生活の中に見ているのは信仰に対する強い渇望である。この信仰なくしては現実世界で受ける苦難とか苦悩に耐ええないという予感がいつも伴っているのだ。そして苦難は必然的なものだった。それは彼の生き方そのものが決めてきたことだった。彼にとっては避けようとして避けえないものだった。そういうことがあっての信仰であるということだった。

信仰ということは、冷静に考えて冷静にすむことではなかった。このことは何を意味するのか。カントが言うような悟性による客観的な実在性を持つ認識に出発しながら、それだけでは終わりえないということだ。そうなると悟性を超えて理性的なものに、客観的妥当性を外れた領域へと進まざるをえない。人はこの矛盾に苦しむ。だがこれを逆に翻って見るならば、常にそのように、客観的実在性を求めている悟性の概念を伴うことを止めない、それでいて理性を持つ人間の存在があるいうことこそ、そこに客観に対する妥当性が持続していく条件があるのではないか。これは定一が考えた二つの世界の現実的ありようを意味している。どちらかの世界の一方的存在者にならぬということである。

定一が毎朝読んでいる歎異抄に書かれていることも、親鸞という人間の、信仰とそして現実的存在ということから免れえない者の姿である。定一は人間の不動性ということをそういう点に求めている。生きるということは、生涯の時間を一点の染みを抜き取るのに費すのに等しい。あるいはそれ以上を出ない。このことは経験からは説明されえない。しかしそうやって誰に知られずとも、何かひとつをやり遂げた人生なら尊い。定一が満州から引き揚げて来て知った村人の一生に見たものは、そういう類のことだ。だからこそ『人間の一生はこの村人の一生を出でじ』の確信が宿ったのだ。だが人はそういう決心を日常のものとしえない。何かしら安全な生ということに自足してしまっている。それが人間の姿である。安全で無難な生などというのはない。そんなものは投げ捨ててしまわなくてはならぬ。死を恐れるのは、死を忘れようとするからだ。死はいつでも自分のものでなければならぬ。

妻が戻って来て、そして一日が過ぎ二日が過ぎるという風に時はどんどん過ぎた。そして三日目の朝が来たが、妻が不在であった時の時間の感覚は生き続けていた。それは安全な生などないという感覚である。無意識の内に針の筵の上で戦っている命があった。

『朝机に向かう直前だった。ふと自分は最後までナンマンダブツを守りたい。それで死にたい、それで死ねるかなと思った。机に座って『講話』を読んだ。「如来より賜りたる信心」と説いてあった。それではたと知る。自力の信心だから先の不安があるのだ。如来よりいただいた信心、この信心がどこへ逃げていこうか』

定一が求めているのは絶対の信心である。だから「如来より賜りたる信心」ということに確信を覚えたのだった。しかしそれでも、この（如来）は様々の解釈が出来る。そのように自分を信仰に導いた機縁というものはあるからである。それぞれが如来様ということになる。蓮如上人が言ったという、五重の義ということを、彼は自分の歴史からは次のように解答してみた。

一　宿善　妹の死で知った仏という存在

二　善知識　村人、祖父、叔母

三　光明　父の死が教えた自己の姿

父は死んで自分に自分の悪さを教えた、自分は父を殺したのだ。しかしこの自覚は光明でもあった。

四　名号　自然に口に出るようになった。

五　信心　仏よりいただいたもの

ここには彼の人生の全てがある。しかし完成しているわけではなく、出発点だった。信仰は結論ではなく、出発点であるということである。彼が社会の中の自分というようなことに気が付いて、社会的存在としての自分を捉え直していく時、このような信仰の形は確立していたということである。翌朝の再読は「五重の義」から新たな思いを生んだ。

『一の宿善も、三の光明も、それを教えたのが人の死であったとすれば恐いことだ。私は妹を殺し、父を殺したのだから。生き残る者はそんな風に他者を犠牲にするのだろうか。そうやって生き残るのだろうか』

彼はそこにエゴの原理を見ていたのだ。妹を、父を殺したのは自分であるという感は拭えない。とするならそのことは母にも妻にも起こることではないのか。この不安は常に彼に付き纏うものである。エゴ的存在の匂が消えない。

定一は雨を待っている。雨が降らなくては野菜の種は播けず、ジャガイモも植えることは出来ない。二月が終わろうとする季節の感覚には不思議なものがあった。一方には春の間近かな、萌え出ずる季節への強い確信がありながら、去って行くものへの惜別の情がある。寒くて暗い朝の時間を毎日机に向かって数時間を戦い抜いた彼にしてみれば、後者の感は強くありざるをえない。寒い冬は充実の時間であった。だがここまで季節が押しつまってくると、春を迎える喜びに勝てないのだ。これが自然の感情なのだ。冬将軍は去るべき運命にあるもののことである。

前日は下曾我まで梅を見に行ったのだった。丘陵を越えての三時間の歩行である。定一夫婦にはもはや始めて二十年になる古典的コースである。最後に山を下る坂道でも、そして下りてきた集落の中でも、この梅の里の古木はその香に満ち満ちて花を咲き乱らせていた。そうやって早い春を満喫してから、恒例ともなっている焼鳥屋に行ったのだ。これぱかりは贅沢は承知だが欠かせない。冷えた体に、更に冷えたビールは欠かせない。

実のところは、未だ冷たい外気にあっても、歩行という肉体の活動によって肉体の血は熱くなっていたというわけだ。歩いた者だけの特権である。

そんな風に梅を見た印象を、肉体も心も強く残しながら、新しい今日の時間を生きている。映子の踊りの先生が尋ねて来るという。それでこんな風に思う。

『いろんな人と交流するのはいい。交流とは何か。相手を認めること、そこから考え方や行道の仕方を学ぶことだ。この体験から社会ということ、社会の持つ本質を学びたい。宗教と社会の関係についてももっとよく知りたいと思う』

「妻の不在」ということは一つの時間概念としてあったものだった。そうやって出発しながらも概念としてはこの時明晰化されなかった。しかし彼はこの「妻の不在の時間」をいつでも自分の意志の力で設定出来るような気がした。これがこの時の気付き点である。そしてそれが既に朝の時間にあるものだった。彼の朝の時間の本質は「妻の不在」にあった。とするならばこの時間は午後にも設定出来るものだった。妻のいる暮らしが、その時間が、「何かしらの安全な生」というものを錯覚させていた。そのことに彼は気付き始めていた。だが明確な認識にまで至ってはいなかった。仏教書を読んでも、知性という悟性の認識の力がそれを摑み切れていないのは不思議なことである。ここには時間の絶対性ということがある。時間というものが、長短にも、暇か忙しいかにもよらず、ただそれをぐいとばかりに摑んで活用に資する意志の力にかかっているということである。それさえ出来れば、時間の活用性は一段と増す、活用出来る時間はあるのである。定一が午後の読書ということを考えて五年が過ぎていた。その時間認識の本質は、「安全な生などない」ということがあってのことであった。実のところは、このことは命の危機という現実体験を待つしかなかったのである。

もしこのようにわれわれの時間意識が、「安全な生」があるかのように捉えられていることで無意識の内に流されていくものであるなら、由由しいことである。時間すらも「かのようなもの」になってしまう。これもまた文明を下り坂に向かわしめている元凶のひとつであるのかもしれない。

　期待した雨はその夜さして降らなかった。夜が明けた今は、目も眩みそうな青空だった。昨夜寝る時には、余りにも早く過ぎる時間に、そして自分の大事な時間が使われてしまったことへの思いの少なさに、唖然としたものだった。彼の中のどこかに、時間というものがもっと有効に、しっかりと使われなくてはならぬという思いがある。流されていく時間に勝てていない思いだった。今目の前に、四時間を使って書かれた五枚の原稿があった。そうすると朝の時間にあっても、耐えて、流れるのを止めて書くことの重要さが思われた。そこには彼には見えていないのだが、実践性ということしかなかったのである。それでも彼は、時間の重要性の感覚はもっと高められなくてはならぬと思った。それは老いを深めていく者の義務に思えた。そしておそらくそういうことが「老い木の花」の意味するところではないかと思った。そうでなくては、ぼんやりとした老木に花など咲くはずはあるまい。白州正子もそうやって、残された人生の時間を追い立て、力を尽くして旅に、書くことに励んだのだと思えた。そこにこそ、老年の持つ未知数的なものが見える。そこには単なる現世的な目的というものが消えていながら、無限性の見える何かへの努力が見えている。死を自覚した生、安全な生など存在しえないという認識が生むそうした活動こそ、定一が望んだ気付かれざる退役後の時間であったのかもしれない。

　「二月は逃げる」とは定一の口癖だった。やってくる春への期待よりも、去って行く冬将軍への愛惜の感が強い。二月も終わりの朝だった。

　『月日は矢のように過ぎていく。そのことは今のこの生が死を目前にした生まで一気につづまってあることを意味する。すなわち人生は無為のままにしてあり、浄土は目前である。生死は、煩悩濃き者には超えがたしとある。だがこの事実を前にして敷かれたのが、仏の道なのだ。それはそのまま如来の御徳に他ならぬとあった。これを感ずるが故に、浄土への道を歩くばかりだと知った人々はただ感謝の念を覚えるだけなのだ。

金でもって人生は自由にならない。健康でも自由にならない。金も健康も喜んでそのまま受け取るには、心の障りのない無碍の一心がいる。この一心は、浄土をありがたく思える感謝の念によってではなくては受け取れない。自分だけの力の視点ではだめだ』

こういうことは歎異抄の読書が生んだものである。そしてそれはなかなかに常時自分のものとはなりがたいことである。信と死への道程は長い。その道に仏の願いは既に成就されている、しかし人はそれをいつしか忘れ、自分の道を行かんとす、そしてやはり躓く。自己を尊大化するものが生まれるからである。しかし繰り返し、この仏の道ということに帰ってくる。定一はいかなる自分の努力も、自分の歩く道がこの凡愚の道をおいてしかないことを思い知らされずにはいられなかった。信仰は彼の全ての行為の土台であったのだ。

定一の新しい歴史が始まろうとしていた。月が変わった最初の朝のメモにそれが現われている。

『思想というものはあるレベル以上にまで行くと、自分の中に閉じこもることをやめて、違う考え方に触れて批判の矢を受けようとするものではなかろうか。そうでないと本当に広く、そして普遍的なものになっていかないからだ。丸山真男の「福沢諭吉の哲学」を読みながらそう思った』

彼はそこにページ数を記していた。だが他方では仏教書が読まれ、彼の中では既に「惑溺」も「自立精神」も「諭吉」も「文明」もモチーフ化されていた。だが他方では仏教書が読まれ、ベルクソンに始まる西洋の近代哲学が読まれていく時代である。そうなると諭吉のことは彼の中でどのような比重と位置を占めていたのだろうか。日常の時間を生きなかったのだろうか。それが彼の中で生き始め、真剣味を持ち始めるまでには長い時間がかかっていたということである。丸山著の『「文明論之概略」を読む』は前の年からずっと読まれ続けていたのにもそれが見える。こちらの方も「上」と「中」を終わってもノートは、メモ紙一枚が残っているだけだ。そこには彼自身の複雑な心境が見える。彼は諭吉への違和感と戦っていた。そしてそこには丸山の諭吉理解とオーバーラップするものがある。ストレートな諭吉理解とは違うものがあるということである。丸山自身が理解するのに難しい人間である。彼はもっとずっと時間が立って、丸山にも再接近することになる。考え方が違うからどうしても相手を理解するまで十分に読みこまなくてはならない、という思いがある。これは読み続けられた原動力だった。実のところ、こういうふうに違う考え方の人のものを読むというのは、初めてのことだった。諭吉にしても丸山にしてもその思想の嵩は大きい。だがそのように、自分が興味があるなら異質である人間の考え方を知るために多大な労力を費すというのは、哲学者のそして思想家の宿命であろう。このためには、時間のもっと進んだ活用が求められているのである。

彼が求めた「もう一つの世界」の意味は読み解かれようとしていた。終わることがないのではないかと思って書いてきた小説に、終わりが近付いていることの予感が生まれていた。「もう一つの世界」とは「世界を開くという行為」が生んでいく世界であった。閉じられた世界から開かれた世界へということになる。彼はその意味を行為性に求めたが、獲得された世界は形而上学的世界でもあった。与えられた世界ではなく、精神の自立が生んだ自分の世界であったのだから。そうなると次の課題は、その世界をいかに誤謬なきものにするか、出来るかということになる。それがこの朝のメモにも現われている。その意味では、諭吉の思想との対比は大きなスケールを持つテーマ足りえていたのである。そしてなおそこに、両者の主たる関心の対象が文明の中味と、その行く先にあるという共通点があった。「世界を開くという行為」はそのようにして、無限の拡大と連鎖を求めるものだった。苦の生が必然的に必要だった。

人はせっかく人間というものに生を受けながら、結局のところその世界の偏狭さは、眼を覆うほどの惨状にある。例え、よき魂と、よき神を得たとしてもである。彼がもう一つの世界を得たのだと思った時、今までの世界をよく見ればそういうものであったことになる。彼の六十歳での退役の決意にはそういう予感が含まれていた。それは既に三十歳で小説を書き始めた頃にもあったものだ。もう一つの世界へのチャンスは人生でそういう風に求められてきたのだ。会社の組織から離れなくてはならぬという予感の持っていたことは今、実現されつつあった。だがそれは彼が別の人間になったことを意味するだろうか。彼は幼年期に会った村人の一生への尊敬の心を失ったわけではない。それは地域の老人会の人々との交流の中にも現われている。だが人間を規定しているものは何だろうか。彼が既に幼年期において捉えたもう一つの自分、自分の中にある野心、そして三十四歳で知った自己の根底を生きる「心願」もやはり彼の人生の全体を貫き、持続されているものなのである。そしてこの野心は村人への愛と分離したものとしてあるのではなく、それを生んでいるものとしてあり、今もそれと結合してあるものであり、人類への愛と重なるものなのである。

世界は今、彼の前に開かれたのだ。そしてその世界は深く思想に関わっていた。だからこそ諭吉の思想は、そして文明の真の意味とその未来は、彼自身にとって一つの主要な思想課題であったわけである。

翌朝のことである。朝の作業を終わって、昨日から心に残っていることを考えていた。彼は昨日、今日に予定されている法話会のことをどこか甘く考えている自分に気付いていた。その前にゴルフに充実して、寺行きを軽く見ている自分がいた。しかしトイレに座っていて、本山が発行した法話カレンダーに、吉水の草庵で衆に混じって法然の話を聞いている親鸞の姿を見ていて、彼が法然の話を聞いた時間も今の自分の時間も同じ時間だと気付いた。それなのにこうしてあの時間この時間と軽くあるいは重く捉えている自分を恥じた。どんな時間もそこに差はない。それがアメリカの友人マイクが教えたことだった。時間はスケジュールによらないものに変じたのだ。現実にあってスケジュールは消えつつあったが、その少なくなった予定が重みを増すということは、あってはならない。時間の等質性は回復し、今のこの時間の意味が高められなくてはならなかった。退役により人は自然に帰る、会社も組織も仕事も知らなかった時間に戻る。それは死を迎え入れる準備でもあった。作り変えられたということではなく、柵《しがらみ》が取れて人間の本来的な自然の姿に戻ることを意味していた。

時間の質の進化にはその個人の、考える人としての総体がかかっている。これで終わりということはない。終われば仏様だ。仏の道を歩ききって死に到るということが、この点にも見える。未だ定一にはスケジュールの消えた時間の意味の本質がはっきりとは捉えられていない。そしてこの時間が「妻の不在の時間」と同質のものであることにも気付かれてはいない。知性としての悟性はその時々に生まれてくる観念についての概念化において、その時々の事象にとどまっている。これが彼が「関連性の希薄」という現象でずっと考えてきたことだった。

時間の中で悟性がもっとトータルに概念を捉えていけるなら、知性の進化はもっと早いだろう。その悟性の持つ欠陥の故に、定一は朝の時間を使っての過去の時間の再創造という作業を必然とする。青年の日、叔母に聞いた、過去を思い出してもぼんやりとしか見えない、人生の記憶にはこういう根本の理由があるのである。

その日は寺の法話会に行った。「正信念仏偈」を唱和した後の、若い御院主の説教は一時間くらい続く。定一は正座しながらも心は自由に遊ばせて、何かを考えている。しかし意識はいつも仏とか、命にかかわることの回りを動いている。これは御堂という空間の働きだ。耳からは僧の話が入ってくる。彼はこの時間に意味を認めているのだ。僧は脳死をめぐる問題を話していた。聞いている定一の中にいつしか苛立ちが生まれていた。命と心をめぐる僧の話ははっきりしない。生物学的自然の現象と宗教的な考えが、ここではどうしても矛盾せざるを得ない。定一はこの問題をそういう風に理性的に聞いてはいない。ここは御堂の場である。心優先である。話題は場に似付かわしくないのだ。理性的でなければ聞いている頭は混乱する。僧の話がくだくだしくなっていった。脳死の体に心があるのか、それともないのか。だがこれは大問題である。心がそんなに早くなくなるなら、精神の不死を説く宗教は成立しないことになる。ここには文明が進んだ、あるいは進み過ぎて技巧に走る社会の現実が恐ろしいほどに炙り出されている。定一は痺れを切らして発言する。「心と体は一体である」と断言したのだった。

人間の問題はこういう一つのことについてすら結論を得ない。結論を得ないままに流されていく。アメリカで暮らした彼は、脳死と個体の一部の移植が現実として日常化されているのを知っている。現に親しくしていた日本人の知人は生体の移植を受けた。魂の不死を解くキリスト教の国で、何故こういう事実が先行するのか。だがこのようなことはギリシャに始まる西洋文明の一つの特質なのであろう。それは自然の領域への人間の侵入の歴史である。田野の開発も、荒海に魚を求めて船を漕ぎ出すのも、自然破壊への一歩である。これは今日、命の領域に及んで人工的な生を、自然ではない生を人が作るようになってしまったのだ。

一夜が過ぎると、この問題はより大きなものに思えた。そしてもう一つの現実は、脳死が緊急医療との関係で増えていることだ。畳の上で死すべき時に、救急車を呼んで病院に運び、管を差し込んで最後の死から呼び止める。だが意識は戻らない。その死はただ機械にまかせられる。それで定一はこんなことを思う。

『こんな現実を作るのは人間の弱さである。大往生を喜んで迎えられないのだ。もう一つ大事なのは、これでは仏というものが存在の余地を失うことだ。仏は自分の中に住む、命と共に私は終わり、心は浄土に行く、その仏が成立しなくなる。仏が遠くに押し遣られたままだ。自分の中にはいまだ怒が残っている』

宗教は単なる形而上学的世界のものではない。現実の生き方を、受け取り方を決めているものである。僧の話を聞きながら取った彼のメモには次のように記録されている。

「緊急医療で人工的に生かされてしまう。この時点から人間の生を外れてしまうように見える、動物になってしまう。自然に死ぬ、死にかかった体を病院に持ち込まない。命と仏は一体。これを切り離してはならぬ。現代から仏が遠くなった理由がこれらの社会現象にも見える」

命や仏に対する考えがそのまま自分の生の現実を作っていく。考えがなければ流される。彼が言う「世界」が形而上学的なものだと言葉だけでは表現しえない。そしてもう一つ重要なことはこれが文明観に関わるということである。この問題には未だ彼が気付き得ていない、大きな裾野があった。現実における文明の進歩はそうした個人の命とか人生の価値を、無価値の方に押し進めているように見える。人間の自立と自律が現実面から揺らいでいる。定一は『福沢諭吉の哲学』を読んでいて次のように思った。章は「福沢における『惑溺』」

である。

『諭吉という人は、生活の中で宗教ということを全く度外視していたのではないか。昨日の法話会のことを考えても、仏ということが日本人から遠く離れてしまった。それは既に維新にあって宗教離れが特に武士階級に著しかった。仏教は既に弱体化していた。これこそは、二百年の徳川の政策が、すなわち社寺をもって死者の弔いと祖先の供養に、その機能を限定させることで生まれたものだ。この歴史にそのまま従っている寺は愚かなものだ。仏教を寺の坊主だけにまかせられない理由はここにある』

人々が伝統的宗教から離れていくというのは、結局、文明がたどる歴史的必然なのだろうか。定一の物としての文明に対する不信頼はここにある。丸山の諭吉論にこんなことが書いてあった。

「非常に無智な人民というものは、彼らの無知によって奇蹟に富んだ宗教に向かう傾向がある。その宗教は無数の神を誇り、そのあらゆる出来事をこれらの神々の直接の権威に求めたがる。これに対して知識を通じてエヴィデンス、つまり明証によってよりよい判断を下すところの国民においては、また懐疑の実践というものになじんでいる国民は、もっと奇蹟が少なく、もっと出しゃばることがなく、クレデュリティを強要する程度がより軽いところの宗教に向かう」（『福沢諭吉の哲学』丸山眞男著　岩波書店刊）

定一は丸山の引用の目的などということからは離れて、それを独立して自分の思想から考えている。書かれていること自体には問題がなかった、ただ文明がそういう方向に向かうかどうかが問題だった。それも切実にである。文明がどんなに進んでも、人間が自立と自律を達成し、よく考え抜かれた自己の世界と自己の道を歩く者となるかどうかは未定であるということである。現在の人類の危機の根本問題はここにある。福沢の時代と今の時代にある違いはそういうものであるのだろう。百年の実験がそれを明らかにした。文明の進歩は伝統の力を弱体化した、これだけは予測された通りに進んだ。しかし人間の自立と自律という精神の進化は進んだのか。彼の中にあるのは怒りである。

『この文は非常に腹が立つ。バックルは一八〇〇年代半ばの人だから、人間の理性万能主義が時代を一色に染めた時代だ。その頃の知識人はこういう宗教度外視の思想を持った。だが問題は「よりよい判断を下すことの出来る国民」をいかにして作るかにある。しかし自己中心的な計らい、エゴの取れない人間に、そういう普遍性のある思想は育たない。それが故に法を作るという所為はありはするのだが。法によっては人間の道徳性そのものは守れない。精神の開発のためにはどうしても宗教がいる。「念仏者は無碍の一道なり」を暁烏は、人間中心の自由の要求の声であるという。エゴが取れているからである。エゴに従うのではなく、道徳に従ったのだから自由だということである』

定一がこの歎異抄の言葉に出会ったのは二日前の朝である。彼はたったこの一行の解釈に数ページを費している暁烏の本を読むのに三日を使った。暁烏はこの一文に深くこだわった。その中から定一は次の部分を抜き取っていた。

念仏者は念仏を称うるがゆえに無碍の一道ではない。如来が無碍の一道なるがゆえに、その御力によって念仏者も無碍の一道となるのである。信心の行者また信ずるがゆえに無碍の一道ではない。如来の御力によって無碍の一道たらしめ給うのである。（『歎異抄講話』 講談社学術文庫）

彼の感想は次のようなものである。

『我々は念仏によって無碍の一道を得るのだと勘違いしてしまう。この世は、浄土信仰の心を高めることによってしか生きていけないように思われる。無碍は自分にあるのではない。無碍の力は仏にあるものなのだ』

定一は信仰の絶対性を信じている、しかし自己の絶対性を認めない、計らいということがなくならないからである。そこに念仏を求める、どうしても仏というものがそこに必要だという理由がある。そのことは仏の名乗り、救わずにはおかぬぞという宣言と一致する。だが一致に至ることは自力によらないということがある。それが自分に無碍の力があるのではなく、相手、仏様にその力があるのだということだろう。

だが定一が信仰に対する確信を深めながらも、そういう自分の世界、それを持つが故の誤謬ということも考えないではいられなかった。これがカントの三つの批判書の精読へと導いた動機である。簡単に言うなら批判的精神を自己のものとするということである。実のところ信仰というものは、ほとんどが生まれながらに持っていたもののように見える。そうなると人生の経験とかこういう読書も批判の力を持つもので、誤謬と増上慢の反省にその役割が認められる。批判精神とはそれほどに重要なことだということであろう。仏への信仰と批判精神は彼の中である無限性をもって両立せんとする。そうさせるのは道徳性であろう。批判の精神はそういうものとして受け取られていくのである。そうするとこの批判精神は信仰に対してどういう力を持つのだろうか。そうなると両者を統一している人ということに触れなくてはならぬ。そしてこういうことは文明の進歩ということに深く関係しているのである。

定一においては、幼年期において理性は既に確信的概念を生んでいた。それは長い人生の中で経験的に試された。しかしその人生が付加したものは少ない。妹の死は、人間に幸・不幸の差はない、絶対の平等を教えた。少年時の山村の生活は、老人達の一生を見て、人間の一生がこの村人の一生を超えるものではないことを確信させた。彼は自分の一生に、世間的希望を持っては託することが出来なかった。しかし現実の世は生きていかなくてはならなかった。これが彼の青春を苦しめたものである。しかし彼は時々に自分の中を生きている野心に気付いた。だがそれは精神的なもので、概念化には遠かった。小説を書き出したのはこのことと関係しているようである。

こういうことが、彼が文明を考えることでの基本をなしている。彼は文明の進歩を信じていない。文明の進歩を、先に諭吉が言ったような国民の判断力のより高い明証性ということで判定するとした時、今の文明は諭吉の時代より進歩したのだろうか。確かに法律は進歩した。そして戦争は日本において六十年以上もなかった。だが人類は多くの禍を屈服したというよりは、増したように見える。文明はなくてもよいものを求めて、なくてはならぬものを阻害し続けているように思える。それが定一に、人間の資質が変わっていない、というより昔の人に良いものが多くあった、と思わせるものなのである。

禍を増していくものは何であろうか。それは依然として変わらない欲であり、利己心の所為のなすものである。定一の信仰はこれに関わってくるものである。諭吉の言う、奇蹟を求めることを中心とする、あるいは出来事を神の権威に委ねるという種のものではない。しかし信仰である限り、奇蹟を願うものはある。人間の力は余りに有限なのだから。またそこには、自然の法則ではありながら人間が知り得ない超越的な法則が人間の力の外に残り続けるのだから。信仰とはそういう無限性への願いともいえる。それは悲惨にして苦獄である現実からの超克への願いであり、その意志へと繋ぐものである。現実が地獄的なものとして見えてこない限り、信仰ということは、この意味での宗教は生まれてこない。

文明に対する楽観論は、福沢の時代から百年が過ぎて縮小した、あるいは消えた。その根本は諭吉が言った「よりよい判断を下すところの国民」を作ることの難しさが少しも変わっていない、あるいはより難しくなってしまったことにある。それは文明の進歩ということに、豊かさとか便利さしか求めない人間が、有史以来歩いてきた結果のように見える。それをリヴィングストンは「破壊の伝統」と呼んだのだが。定一はそれに気付かされて既に十年の歳月が過ぎた。彼の「世界を開くという行為」はそこに関わっている。自己を進化させえずして、どうして文明を救えようか。それは彼にとり自明なことである。そこで自己と文明の救済に関わって、神を、あるいは神に代る善という概念を考えることになる彼の道の困難性は、増すばかりであったのだ。

定一が人生の不条理ということを考えたのは、法話会で「命と心は一体である」と言った翌朝のことだった。このことは、命とか心が文明が進むにつれて置かれだした、新たな困難と関わっているようだ。

『人生について。人生は不合理である。従って合理性を求めれば求めるほど、間違いが大きくなる気がする。しからばどう生きるか。不合理を受け入れて、合理性を求めることだろうと思う。耐えながら合理的思考に生きることである。これに宗教が役立つのだ』

ここにあるものは人間の生が持つ本質としての苦の認識である。悩むことと苦しむことが否定されていない。それでいながら前進ということが積極性を持って根底にある。それは理性のエネルギーである。そこから実践性が生まれてくる。彼は未だ本当の意味で、苦悩の人生に到ってはいない。しかしこうして諭吉の読書を進めていく上で、こうした基本の姿勢があったのである。思想書の読書などというのは、こうした人生の持つ苦の一面に向き合うことであるように見える。そしてそれは歴史から学ぶということでもある。

もう三月だった。この季節の推移は人の心にも変化を生んでいる。彼がそれを最も感じるのは、夜が明けるのが早くなってしまったことだ。少し寝坊すると外が白けている。これにはがっかりしてしまう。冬の間はそんな心配は全くしないですむ。逆に夜は明けず、暗闇がいつまでも続く、そこに寒さと共に安らぎがある。彼のための時間が、そこでは保証されている。だがそういう季節も終わらざるをえないのだ。

その日は芦ノ湖に釣りに行く朝だった。鱒釣りが解禁になって一週間になる。釣りをほとんどやらなくなった彼の、一年における唯一の行事になっている。二十匹以上釣れたら、燻製を作るのである。

その朝小説は書けなかった。早く起きても二時間ぐらいでは、書くまでにはいかない。昨日書いたのを読んでみて、改めて思うことは、他人がこれを読んではくれないな、ということだった。彼は自分勝手に書かれているからそうだとは思わなかった。仏法などには遠い存在の人ばかりだろうと、思うからである。現に、身の回りに少しでも親しい人が出来ても、それは知性に関わってのことだが、「私は仏法などは信じていません」

と言われると、自分自身の内にその人に対する興味が知らない間に失せて、全く関心の埒外の人となってしまった例が、一つや二つではないのである。そういうことは日本では早くから起こったことかもしれない。仏に全く関心のない人と、深くひきつけられる両者の存在。これが日本の歴史にあって始めからあったのではないかということである。そういうことが体験としてあってのことであろう、こんな風に思うのである。

『諭吉の論文は、明治にあって人々がすっかり宗教離れをしていたことを示す。自分から見ると、信じられないような廃仏毀釈のような運動が起こったのも、そういう事実があってのことだろう。諭吉は宗教を度外視した。私は宗教を核心にして生きる。しかし、諭吉のことは勉強したいと思う。それは日本人を研究することでもあるのだから』

季節の変化が、春の到来が知らざる内に、彼に思想や歴史の勉強に、諭吉を通じて燃え立つものを生んでいたのだ。人間は一気には核心には迫れない。長い下準備の時間がいる。社会の中の自分ということが気付かれても、社会に対する行動が生まれるのにはこういう長い時間を要したということである。その意味では、諭吉やそして丸山を知り学んだことはその後の彼の更なる進化への基を作ったようである。「人間としてかくあれ」というようなことを教えるのは何であろうか。それはやはり、カントの言う純粋理性の実践ということにしかないように見える。実践が教える、これしかない。

その日は釣りから帰って、湖での釣りは寒くもありそれはそれで大変だったが、魚を捌《さば》いて燻製の下準備のために塩と胡椒をまぶすのだった。そういうことのいちいちにも楽しいことも多いのだが省いてしまおう。結局そこに精神性は少ないのだから。だが、彼がこうした生活的行為にたけているのは確かだった。そしてこのことは、もう一つの世界である形而上学世界と深い関係を持っていた。定一はこのことをかねがね釈尊の人生に感じてならなかった。物の理、物的存在としての人間の理を深く知らずしては、彼の宗教はあれほど開けたものにはならなかったという予感である。彼は現実問題も解くことが出来たのだ。自己の中におけるこの二つの世界の相関は見えない。そしてそのことは他人にはより見えない。だがそういう両者世界の充実に人生をかけているのだろうか。そうなると他者は全く自分に関わりのないものになってしまうのだが。現に冬の間続いた暗い、寒い時間の格闘などということは、他人との関係を全く持たないのである。仏になる道を歩くというのはそういうことなのだろうか。仏との対話があるばかりである、ということになる。

『歎異抄講話』から、人生の不合理性と「無碍の大道」について考えて、四日が過ぎている。その間に「命と心」を考え、諭吉を読み、バックルを知り、寒さの中で釣りをした。一連の思考は続いている。彼が思うのは苦悩の人生、苦悩を避けては生きれない生のありようである。そんな人生をどう生きるのだろうか、釣りから帰った翌朝も考えるのである。

『不条理な生を引き受けて、苦しみを苦しみのままに受け入れて生きねばならぬ。だが自由を求めている心はなくなるものではない。しかしそれは受けなくてはならぬことを全部受けて、そしてやってくるものではないか。それが「無碍の大道」ではないのか。これがなかなか出来ることではないのだが、そこに自由の道があるということである。「人間中心の自由の要求に応ずる声」とあるのはそういうものだ。それが絶対的な要請であるなら、それに従うこと自体が自由を意味する、これが自由の定義なのだ』

定一に暁烏の解釈がそのまま受け入れられた。そこには彼の過半の人生の苦悩の歴史があっての故のことがある。彼はその絶望から身の過ちを犯した人間であった。彼はその時、身が受けている苦悩をそのままに受け入れることが出来なかった。それが若い日の姿であった。彼が今、こういう風に身にかかってくる現実の苦をそのままに耐えて受け、信仰にまでするのはそういう体験あっての故だった。そして体験が現実や信仰に光を当てたのは、ベルクソンであり暁烏だった。自己の世界の解明に、仏教が西洋哲学が役立っている。そして実のところはそれらに限らず、様々の方法と視点が人生には用意されているのである。それが「世界を開く」ことに導くものであるが、ここには時間の持つ別な質が関わっている。定一はこの時、今までと同じような時間の質にあっては、現実的に見て、西洋の近代哲学まで学び尽くすことは出来ない気がした。これまでがそうであったようにである。それでは新しい時間の質とは何か。それが「妻の不在の時間」として認識されたものだった。その時間とは、夜が明けて日が暮れるそういう数えられる時間とは違うものだった。ただ魂が何かに向きあっている時間である。彼はそういう時間の存在に気付いた。それが妻の故郷の早津江川の河口で見た海の風景に、魂が感じたものだった。義父も、義弟もこの世を去ったが、未だこの川を海苔船に乗って漁場との間を夕陽に染まって行き来しているかのようだった。その労働は家を支え、社会を支え続けている力であった。現に今も船は行跡を残して、海から河口へと登って行くのだった。海苔の海の畑は眼前遠くではあるが今も見えた。

魂がそんな風に、精神とか思想とか真理だけを求めて身をゆだねるなら、時間の質はそれだけ無限性を帯びるということである。そんな風な時間が日中にも設定出来たなら、それも場所とか時間に関わらず出来たら、哲学の勉強は進むだろうということである。釈尊が持った時間はそういう時間だったんだなと、後に彼が「法蔵菩薩の物語」から理解することになるのである。それと比べるなら我々の時間は、飲み食いと世事に追われ、ただこの世の快楽と幸福ということで閉じ込められた、日と月の進行の間に、季節の移ろいの間に、過ぎて行くだけのことなのだ。ところがこの新しい時間は現実の生活の持つ質までも変えていく。他者に依存するものではないということが本質的なものであろう。

その日から、福沢の『文明論之概略』を読み出した。丸山の『「文明論之概略」を読む』と合わされて読まれていくのである。

文明を考えるということは、あるいは文明という概念は、彼の世界の中でどういう位置付けにあるのだろうか。彼が持つ文明の概念は明らかに単なる物的それであるがため現象的である世界とは違うものだ。だが物ということも含まれている。彼があらゆるものに見ている物と精神という二つの世界が含まれているのである。

しかしそれが自分の文明である限り「内なる文明」ということになる。それは彼の世界なのであるから。彼の内なる文明は因果系の世界の外にあるのではない。だから彼は因果系世界としての、文明の正しきありようと進化を考えているということには変わりがない。世界の文明と言えども、自己の文明観がそしてそれに従った現実的努力がない限り、文明に対して無縁かつ無力であるという思いがある。文明論はかくて彼の存在の全体を規定する。彼が経済問題に強い関心を持つのも、日本の土地問題の基本的欠陥について教えられるのも、文明という概念と深く関わっている。となると文明とは自己自身の問題から、人類と世界全体の運命に関わって、思考が拡大して捉えられた人間のありようであり、あるべき姿の考察を含むものであるということになる。人間あるいは人間性ということが抜きにしては論じられない。定一の思考は、文明も経済も、政治と科学も自己の身体性と精神という場の中で捉えんとするものである。彼の中を諭吉の文明思想が、人間の知性の進歩という命題が、精神の自立と信仰の問題が生き続けたのである。

『諭吉を読んでると、何故か人間の愚かさを考えずにはいられない。文明に対する絶望とは、人間に対する絶望なのである。諭吉の文章はいたるところで、そのことを語っている。人間が愚かなるままで、人間は何で科学や工業や医学ばかりに頼っていれようか。そういう自分の問題を恰も自動的に解決してくれるものであるかのようなものは存在しない。どんなことでも自分が自分で考え、行動しなければ解決もしないし向上もしない。釈尊であれ、親鸞であれこの人間の愚ということを考えて尽きることがなかった』

ここには逆に宗教の持つ現実的な力がある。科学が持たない現実性である。宗教が人間の知性の現実を、その限界をしっかり見ている。そこから現実的な施策が生まれ得る。魂の世界は形而上学的なものに過ぎないかもしれないが、物的現象世界に正しい判断力を与えることを、行為の形で示す。数日してこう思った。

『結局、不安とは自分が生の勤めを、あるいは一日の生を、あるいは社会に負うている責務を十分に果たしていないのではないかということから生まれるものだ。道徳的なものだ。この不安を自分の力ではなかなかに解消できない。無碍であるところまで自分の行為を突き詰められない。不条理性がなくならない、そして自分の心がすっきりしない。するとどうしても仏の世界に戻ってくる。仏の力なくしては私は耐えられない。このことは自力の力にはいつも限界があるからであろう』

定一は自分が自然の一部であるということを、一つの原理としている者であった。それは帰結していく原理である。ここにはコモン・センスが見える。思想には限界というものがあるのかもしれなかった。

『人間の生の不条理性が徹底的に知らされると、単に正義やそして真実ですら、我々に平安を与えられない。苦楽を超えた、平安の都、浄土が必然となってくる。そこにはありがたさしかないことになるのだが。あの沢の源流が思い出される』

彼は二日前に行った渋沢丘陵の沢の風景を思い出している。沢には源流が幾つもある。人が来ない沢は、そこが自然的な造形であるが故に、浄土を思わせた。命が向き合うものは苦である。この苦ある限り浄土の存在は必然である。結局彼の苦しみは、人生に自立と自律を厳格に要請するが故に生まれてくるものであるように見える。そうなると目前的な結果の良し悪しとか、自然的な目的性が消えたところで、死を必然とする、それだけを目的とするような生を受け入れない限り心の平安は得られないのである。このことが彼の人生で繰り返し繰り返し確認されていく。彼が所詮は文明に対して絶望的であらざるを得ないのは、自己都合でしか生きられない人間の姿を、自分の姿から知るからであろう。こうなってくると宗教が、自己の自立を支えるものというようなことを超えて、そして文明の成否を超えて祈りの領域へと進むことになるのである。

諭吉の読書が続く。そのノートには定一のたくさんの所見が書き込まれた。しかしどんなに読んでも、諭吉の本質を理解したようには思えなかった。諭吉の本質はそれだけ深い。彼は「あたかも一身にして二生を経るが如し」と言っている。人生の前半を封建の世に身を置き、後の半生を文明開化の世に生きた。そういう者である自分が、所見を残して後生の者の参考に資するという。そうしてこういう意味のことを言う。

「彼の者は西洋の本もよく読み、そして日本の事情も詳にして、所見広く、議論を密にして、真の文明の全体論を書け。自分はそれを助けるものだ」

まさに諭吉の論は歴史における一つの証言なのである。これが定一が受け取った基本だ。しかしそれだけでは収まらないものがある。そこには思想があるからだ。この思想は時間の歴史を超えて生き延びる。定一が「葉隠」に感じ続けるものはそうしたものだ。ここには思想とは何かということがある。思想とは単なる利害特質を超えたものである。「思想に生き、思想に死す」と彼が捉えるのも、そういう特質あっての故であろう。しかしここにはまた、日本人が思想を持つことに弱いということが隠されている。常朝も諭吉も日本の例外的な人物ということになる。定一はその日の読書からこう記す。

『やはり諭吉の考えは自分に合わない。それが正しいものであっても合わない。文明といい、文明の精神というが、誰のための文明であるのだろうか。普通の人々のためのものでなくてはならない。その点で釈尊がみた衆生という見方を私は支持する。知者に文明を託するが故に、その文明は間違うし、そもそもそんな文明に意味がない。どんなに不可能でもこの衆生が文明の主役なのだ。ここには途方もない困難がある』

定一はこれを二時間かけた、散歩とゴルフを兼ねた丘陵への歩行から帰って来た後の読書が終わって書いた。体も頭も実にすきっとして諭吉が読めた。これでもわかるように彼の身の現実は平凡で静かに過ぎた。諭吉は時代の要請に生きた。幕末から維新に生きた人々の困苦は、今の時代とは比較に絶する。そうではあるが、今の世にも非常なる困難が人類の前に横たわっていることは定一にも気付かれている。実のところは困難ではない時代はない。確かに今の彼は現役の時代のそれなりの苦労は終わって、余生的な生にあるが、もしそれだけで満足するならば大きな罪があるのではなかろうか。すなわち、老人であるが故に不作為の生を送ることは、現代の見えざる悪なのである。定一が文明を考えるというのは、現代の状況に対する積極的なコミュニケーションの意味を持っていた。そして定一はいつか自分も諭吉が言ったような、真の文明の全体論を書くことを考えるようになるのである。

翌朝いつものように『歎異抄講話』を読んでいて、こんなに精神的、霊的なことばかりが書かれていながらも、ひとつもマンネリ化せず繰り返しにもなっていないのは不思議なことだと思った。同じことが書かれているように見えながら、変化をしている。逆に言うなら同じことは二度書けない。そんなことは自分が毎日書くものにも感じる。精神と知性は日々に変容する。新しい心境へと日々に進化を重ねている。どんなに苦しい時でも、この進化は神に仏に自己の根底から願われているものなのだ。念仏はいつもそういうものを含んでいる。そういうことが、この講話に表われていると思う。

確かに、親鸞の知性が、悟性がかくも近々と自分に再現されるということは、日本人の霊性が共有されていることの、明らかな証明に思われた。諭吉に感じた違和感がここでは全くない。逆に言うと諭吉は何故こういう霊性を持たなかったのかといぶかるばかりであった。

霊性とは何であろうか。彼はこの問題を様々の形で学んでいくわけだが、霊的なものをもって人間知性の唯一なるものとはしなかったようである。それは本性的なものであろう。それが他方で西洋の哲学の精神を学ばせたものと言える。そのことは霊と並んで「判断力」の存在を教えた。霊と判断力を持って人生を生きようということである。これもまた常識ということに帰着するものかもしれない。

次の朝、講話の九節を読んでいる。

『我々が何かを学び、知っても踊躍歓喜《ゆやくかんき》の力が持続しない、それで時折、現世の問題から不安をいだいている。これが我々の姿だ、すなわち凡夫の意味だ。この凡夫である我々を、世に満ちている衆生を救わんと、この世に生きている限り苦しみから逃れられないものを救う、救わずにおかぬというのが仏の慈悲の心であった。それをよくよく見失いたくないものである』

定一は凡夫ということに自分の逃げ道を用意しているわけではない。この凡夫が人をも殺し、原爆も作り、投下することが出来る。社会的なことは限りもなく付いてまわるからである。彼の考えは続く。

『我々がなかなかに不安ということから離れられないところに、生涯がそうであることの凡性があるのだなと知った。いくら悟ったようでもだめなのだ。ここに仏が救済の手を差しのべられた理由がある。妻にも仏にまいることを勧めねばならぬと、初めて思った。かくも煩悩の火は強い。世上の小さな問題からも逃れられないということである。人と人の争い、それを解決してやれないのである。となればそれは不安である。この不安に耐えて前進しなくてはならぬ』

定一が単に自己の信仰上の世界で考えている人間の凡性というようなことが、今の文明に見える一つの大きな特性なのである。そしてその凡性は個々人の信仰にあって基本的な問題として捉えられてきたのである。このことは千年が過ぎ、二千年が過ぎても変わってはいない。見えてくるのは人間の愚かさばかりであった。二日が過ぎた。その二日の間に、経済の大変動が起こっていた。まるで九月十一日のテロのように。彼はこう思った。

『金の如きものに余りにも惑溺しているのが我等の姿である。ドル暴落の翌朝そう思った。そんな預金などなくなればなくなれである。預金、株、年金の価値がどんなに低まろうと、土筆《つくし》、菜の花、粥を食ってがんばればいいのだ。大事なことはこの今の人生の時代を失わぬことだ。人生の比重はそういうところにあり、金にはない』

この時にあって、彼の私的財産としての金の目減りは、殆ど自分の問題とはされなかった。彼はアメリカでの生活が長かったことで、未だ銀行預金をいくつか持っていたのだが。彼は始めからこのアメリカ発の経済危機を、文明の歴史的過程と見る関心が高く、私的な面での受け取り方は弱かった。だから後に、世界が何千兆円と失ったのなら、自分が失った何十万円は問題ではないと本当に思ったのだ。この危機の本質は何にあるのであろうか。定一はなかなかそういうことが分からない。しかし二年ぐらいが過ぎてみて、これが「債権」の問題だなと気付いた。それは日本の土地問題と類似していた。投機の材料とされてしまっているのである。このことは本来の資本主義とは離れている。資本主義とは資本が投下され、労働力と設備と部材が加わって付加価値が生まれていくことで利益が得られることである。しかしこれらは単なる投機行為に過ぎない。これは人間の倫理観を貶める。それが生む、自然や環境の破壊ということに気付いていないからである。

人類が文明を功利的なものとして捉え続けるならば、この経済の危機は致命的打撃を与えたことになる。しかし逆に言うなら、それは形だけの文明に対する警告ではないのか。定一には「アメリカ建国の神話は、自由と独立平等の精神はどこへ行ってしまったのだ」と思えた。この債権の暴落ということのどこにも、そういうものは見えなかった。

資本主義の問題くらい、人間の文明を決めている本質的なことはない。この問題はマルクスが死んで百年立っても、何ら解決も進歩もしてはいない。このことは逆に言うなら、マルクスを忘れるのではなく学び直すことの必要性を示している。定一はやがてはその道を通るであろう。何故ならば彼の現世離脱の方向性は、転じて社会変革の意志と一体にしてあるものだった。この大きな背景をなすのは宗教倫理なのである。

彼のマックス・ヴェーバーへの関心は古いし、今も強い。しかしどうしてもその肝心な理解には到達出来ない。問題の核心は、西洋の資本主義がどうして今のように暴走して歯止めがかからないのかの理解にある。とすればその宗教倫理に間違いがあるのではないかという疑いである。しかし今はまだそういう追求の段階には遠いので、ここはこれで終わりにしよう。

定一は今、自分の小説が、四年間書き続けたものが終わりに近づいたことを予感し始めている。死ぬまで続くのかと思えたものに対し、これだけの感覚を生んでいるのは、彼の世界が一つの転換を遂げつつあることの確信があったからだ。それには文明論が、彼の考える文明論が深く関わっていた。文明をどう捉えるかは、自己の生の意味を、価値とも言ってもいいが、どう掌握するかと深く関わる事柄である。文明は彼にとっては、自己の生にあって完結するものであった。彼はそう自覚的に捉えたわけではないが、諭吉の文明論に対抗する基本的なものはそこにある。次の時代とか、他者に依存出来るものではなく、自己の一生にあって完結するものだった。ここには人間の見方に対する、諭吉との違いがあるようだ。彼の内にあっては、昔の人は愚、今の人はそれに対して賢という考えは全く成立しない。彼の信仰を成立させているものは、人間の不易性ということが無自覚の内の前提となっている。彼は自己の生の歴史から、四歳で死んだ妹の生の価値も、その直後に合った村人達の生も、今の自分の一生と変わりがないということだった。彼の「自分は日本でしかありようがない」は、こういうことを原点に持っていた。これは文明史観に関わることである。

定一はそういう人間の不易性を日本人的霊性の形で捉えている。このことは後になって更に深い関心を呼んだし、生命の危機に出合う時無視されえないものであったが、他方ではそういう自分をある客観性をもって捉えているものがあった。彼が小説を書きながら感じている進化、変容する自己というようなことはどう位置付ければいいのだろうか。彼にあっては、霊的なものと、進化と変容を重ねる理性的な力があって、両者を統一するものが、すなわちそれは究極的目的と言ってもいいようなものだが、そういうものが存在しているかのように見える。しかしどんな自分であろうとも生ある限り欲は抜けないから、愚性は、凡夫であることは変わらないということである。これが妹への愛を、村人への愛を不動とするものであった。霊は愛と深く結び付いたものであった。

諭吉が言ったように、人間の自立とか自律の精神というのは進歩しうるものだろうか。もしそう考えるなら、その人の晩年は深い絶望に臨しざるをえないのではないか。定一は愚かなるままに死ぬ自分、それが故に浄土を必然とする自分、親鸞のように苦しみ続ける一生に自分を托したいと思ったのである。

定一の中に彼が見ていない思想の闇が見える。それは自己に変容を認め、そのことが日々の生活の中で体験されるほどになっていながら、社会に対して同じことが求められていないということである。変化のない社会は進化のない、ただ親から子へと同じことが繰り返されていくだけの世界である。そういう風に社会をしているもの、閉じ込めているのは何だろうか。この視点が定一に欠けていた。この視点が人民主権的な考え方である。彼は自分の愛する庶民にこの視点を追加しなくてはならなかった。例え変わっていかない庶民にいかほどの絶望を持ったとしても、そのことは自分の思想の道であったということである。

諭吉の考えたことは原理的であったのだ。定一の反発は感情の利己性が生んだものだ。こうしたことは彼の社会運動の実践が、丸山の政治思想史の読書が開明していくことになる。人間が自分の中に思想化出来ないことを持っているのが見える。そしてそこに歴史の勉強の真なるものの不足がある。それに丸山も諭吉もそうなのだが、何か人生にあって、大きな丸太で叩かれるような体験を何度か潜らなくてはならぬということなのだろうか。世界の開明が、そしてそれはおそらく自己の人格の全体的開明ということだろうが、かくのようになかなか進まないのである。「自分が日本人でしかありようがない」というのは消えることのない音のようなものだったが、果たしてそれが自分の本質としてそうであるかというようなことは未だ開明されるには遠いものであった。定一は小さな自分の中でもがいている。こういうものを切り開く、鋭い刃のようなものはないのだろうか。読書というようなこともその刃の一つではあろうが、そこには本人の成長に関わる、機縁というようなことがあるようである。それでも、彼が文明ということを考えて辿ったことは、やはりどうしても人民の歴史の開明ということに導くものではあったのである。そこに必然性があったということである。

諭吉の使った「惑溺」が彼の記録に繰り返す。ドルの暴落からまだ数日しか立たない。

『諭吉の論調は文明礼讃の気風に満ちている。これは結局のところ、維新後の時間を支配した時代の風潮だったのか。しかし今にして思えばそれは西洋文明への惑溺ではなかったのか』

定一はこの惑溺を十分に説明出来なかった。そしてこのことは未だ現代に残っているように見える。日本人は合理的なものを科学や工業やまたある程度までは経済の領域に於いては大いに取り入れながら、精神面における合理化というようなことを受け入れてこなかったのである。合理的な精神の芽生えは弱かった。ここに西洋との歴史の違いが関わっている。人民の精神を覚醒させる歴史を持たなかった。唯一明治の自由民権運動の歴史を持つだけである。このことが深められ、認識となり概念化され、彼に広く実践性が要請されるようになるまでには二年の時間が必要だったのであるが。諭吉が逸速く、幕末・維新にかけて、人民主権的考えを掴んでいたのは、奇異というか天才的というか、その思想の突出した斬新性ということになる。

その後彼は小説を三時間ほど書き進めた。そして午後の時間に再び机に戻って、感想をこう記す。

『「自分の中に起こった一つの転換」ということを書いたのは今日の朝である。加藤氏の本を読んで、再読・再々読してここまで来たのだが、これにかかった時間は長い。読んだら直ぐに変わるということは起こらないのだ。ことは日本民族の文化の質を決めている時間と空間のことであり、それが自分をどう限界づけているかが問題なのだから。自己の限界を知ることとぐらい、難しい仕事はない。そして自分は、日本人というものが、生活空間の境界を越えて働きかける力が弱い、全体に対する関心の弱い文化であることを認めたのだ』

ここには定一の従来の枠を超える、一つの理論的なものがあり、彼はやっとのことでそれを認めたのだ。日本人が社会全体に対して関心の弱い思考しか持ってこなかった原因がどこにあるのかと考えた。定一はそれを日本人の思想性の希薄に求めた。戦争中の「思想統制」が生んだ、庶民の思想に対する忌避の感情が今にその影響を残しているのだと思った。彼のこの問題への関心は周囲の普通の人々に接して、いつも生まれてくるものだった。だがこの謎は長く解けなかった。

社会が変革されていかない理由は何だろう。変革されない社会というのは、親から子へと同じことが繰り返されていくだけの世界だと先に書いた。実はこれは儒教的精神に、すなわち父を至上とする考え方に支配された世界に他ならない。そこには変革ということは起こらない。とするなら進歩というものはない。科学や医学や技術だけが進んで、精神の変革が人に生まれ進化していかないなら、人間と生活環境の大きなアンバランスが起こってしまうのではないだろうか。父の世代を子は乗り越えていかなくてはならない。このことは彼に認識とはなっていない。そうではあるが、彼自身の歴史にあっては既に証明されていることであったのだ。

定一はこの二年間の自治会の仕事が生んだ自分の変化の重要性に気付いていた。

『他者理解の大事さを教えたのは、やはりIさんの事件であった。だが変化は起こるべくして起こったのだ。私の専制性を指摘した彼の行動には正当性があった。自分はそれを認めることで変わることが出来た。人間の驕りというのは、人の意見であれ、内的な概念の認識であれ、それを指摘しうるなずく内部に存する何かの力がなくては気付かれない。

「社会を知らずして自己を知ることは出来ない、社会を知ることは自己を知ることである」は、この二年間の体験から生まれてきた。そして社会に対する自覚的で積極的な活動が生まれた。これはこれからも変わるまい。この活動は二つの世界の開発を意味するからだ。自己をより深く知ることは、自立と自律に関わることであり、変革されていく自己の状況の中で、従って苦悩の内に進化されていくだろう。社会に関わることで、自己の問題が気付かれていく。それが市民として活動することの意味ではないだろうか。そこに新たな実践性が生まれていくのではないだろうか。

考えてみると、まだ二十になったばかり、大学の図書館で本を読み出して出合った、ショーペンハウエルの言葉「世界は我が意志の表象である」を引っ繰り返したもののように思える。これが「転換」の意味だ』

五十年に近い半年を自己と共に生きた概念が転換されたことを意味していた。彼の思想は変革性の小さいものであった。彼は大学の時から十年を経て、トーマス・マンの『非政治的人間』に自己の本質を見た。それは会社生活でも押し通された。しかし今、自分の持つ政治性の本質が確認されていたということが出来る。その意味は社会と関わって、自己に変化を受け入れることであった。これが自治会長を辞めても、様々の地域の活動に関わっていくことを自分に許した理由である。

彼のこの時期の考えの跡は、その頃に完成した「自治会総会資料」にしっかりと残されている。彼はこの団地を都会的社会と規定し、異論を認め合う社会とよんだのである。違った考えを出しあって、そこから発展的な自治精神を育てることを謳ったのである。

定一が諭吉の『文明論之概略』を読みながら、言わば「西洋文明礼讃」の思想に対して、対抗するようにして日本的霊性を引き継いだ文明を提唱しているように見える。彼はそれによってのみ、日本人の自立精神が発達しうるのだと考えている。これを説明するのは何だろうか。これは簡単である。彼が霊性と言ったのは宗教であり、具体的には親鸞の浄土真宗である。彼はこの宗教への信なくして、自己の自立も自律も成立しえないことを知っている。これがあっての市民精神ということである。北村透谷が、内村鑑三がキリスト教の精神によって自己を支えたように、浄土の信仰が定一を支えていたということである。またここに、日本人が唯一に近く人民主権的な改革を日本の思想と歴史の中で可能性を示した事実がある。一向一揆に示され、自由民権運動に示されたものである。定一の民衆への信仰は、こういうものを血の中に引き継いだものであったのかもしれない。これが死ぬまで、彼の中に顔を出すものであろう。ただここに到るまでの道程は長きに過ぎたものであった。だが遅きに失するということはあるまい。それにしても信仰的領域にあった妹や村人や会社の労働者への愛が、社会的現実の中で、人民主権的思想として自覚され結びつくのに、このように長い時間を要したというのは驚きである。

二日後の朝である。

『自己の救済なくして、他人の、あるいは社会の救済はありえないということだろうか。あるいは、自己の救済は必ず他人への救済への働きかけを生むということだろうか。私の昨日の横浜での本探しは、その時間にあったのは自分への集中だった。何かを必死に考えていた。自己の内部に向かって問うように。こういう時間がないと、あるいはあって対社会的な発想も生まれてくる。自己を問いながら社会を問うているのだ。帰りは古書店で買ったロビンソン・クルーソーに熱中して時間を忘れていた』

固定的発想と変遷する発想というものがあるのだろうか。ベルクソンが言ったエラン・ヴィタル（生命の飛躍）ということは後者を言うものである。前者は本能的である。だから発想は閉じられたものになりやすい。対社会との関係で自己が見られる時、変化が生まれてくるということだ。

彼の中を、熱い何かが駆け抜けているのが見える。何故の、それも今にしてのロビンソン・クルーソーであったのか。彼はこれが文庫本で上・下二巻となっていることを知らなかった。小学生も知っている彼について、それはどう書かれなくてはならぬことがあったのだろうか。実のところはこれは大人のための本であったのだ。この物語が単なるデフォーの創作であるとは信じがたかった。ここにあるのは、一人の人間の長い時間を生きた記録であり、それは個人の持つ時間の意味とか、行為の本質とか、そして何よりも個人と社会そして文明との関係について改めて考えさせるものなのである。時間は変わっても変わらない、人間と社会の持つ関係の本質が描かれている。このことは更に読書の中で考えられていくであろう。

彼が行った横浜の古本屋は、行き始めて五、六年になる。東京の神田は少し遠すぎる。ここならかなり気楽に来れる。この街に来ると、かつての青春の悲しい記憶が蘇ってくることもある。だがそれはもう余りにも古くなってしまった。今の彼には、馴染になった古本屋の時間にしか興味の対象はない。この本を探し買うというのはなかなかの難事、苦しいことである。それで疲れて古本屋を出て、アメリカ式のコーヒー店でケーキとコーヒーでエネルギーの補給をして元気を取り戻すのだった。そんなある意味では長い昼間の時間にあって生まれてくるものがある。翌日、それは自分への集中であり、何かが生まれてくるのを待つ時間であったと感じている。単なる測られる時間ではなく、思惟的時間であったということになる。生活の中にもそういう時間があるということである。

彼がその本を買ったのは、京都の古本屋であった。その時数冊を買ったが、その内二冊は仏教の社会性に関わることがテーマとなっていた。彼はそれを意識的に買ったことを憶えている。もう一年以上前になるが、九州からの帰りに京都の駅の近くに泊まって、東福寺の紅葉を見に行った時のことである。彼はまだ暗い内に宿を出て、仏教関係の本が多いと聞いていた古本屋の在り処を尋ねておいたのだ。そして朝食の後、妻と一緒に行った。以来そこは彼の古本屋の一つの拠点である。

その日の午後、その本、『仏教の社会観』を読んだ。芳村修基という人の書いたところを読み、一ヶ月ぐらいそのままとなっていたのを読み継いだ。彼は仏教を個人的な心の問題としてだけ捉えたくないと気持ちがその頃強くあった。社会の側からは「出世間道」としてそれが故に厭世主義と見られがちであった。だが定一には、そういう出世間道の道を自己の中に確立することが、どんな苦しい問題に対しても立ち向かい、受け入れ、超克出来る根本のものであった。信はそういう自分がなさなくてはならぬことを、恐れなく進ませるための日常的な心構え、或いは訓練であった。しかし今の彼には未だ十分にそのことは自覚的ではなかった。こういうことはその状況がやってきた時、分かることである。それで彼は、本という書かれたものの中に、仏教は歴史的に社会性を持つものであるという説明がほしかったのである。そして自分もそのことを具体的に考える切っ掛けとしたかったのである。その時こんな感想を持った。

『不安の源が、煩悩だけではなく、煩悩に関わることではあろうが、環境そして社会との関わり合いからも生まれてくる。これを「所知障」と言っている。ここから生まれる苦は、人間が社会なくして生きられない限り当然のことではなかろうか。社会に対して発言し行動することは、この障を大きくする。しかしそれを乗り越えるということは仏道修業の一つではないだろうか。「三原則」という形で次のように述べられている。

1自分たちの生存しうる意味を確立する。
2人びとに協力して社会生活を樹立する。

3あらゆる者が安らぐように行動すべきである。

僧とは伝導の人である。そして伝導に関わって社会的存在である。自分の存在の意味が重要であるなら、それと同じように他者の存在の意味が重要である。だから他人を犯してはならないし、それを守るために他の人々に協力もしなくてはならないのだ。ここに人が社会に向かって踏み出さなくてはならぬ理由が、そしてそのことで自分の生きる意味もよりはっきりしてくるという理由がある。自己の救済は他者の救済と同時に成立するものであるのだろう』

彼はこれが一昨日、「転換」と自分がよんだものだなと思った。宗教は自己の救済を目差しながら、社会の救済へと向かうものであった。「ロビンソン・クルーソーの物語」を、始めはクルーソーがやることを当たり前のように思って読んでいた。例えばこんな個所である。

こういうふうにして自分の境遇にいくらかでもなじめるようになり、沖を通る船をみようと海のほうばかりみていたのをやめるようになると、私はこんどは生活条件の改善に努力しはじめた。できるだけ住み心地のよいものにしたいと思ったのである。(『ロビンソン・クルーソー』 デフォー作 平井正穂訳 岩波書店刊)

それからまた次の個所だ。

理性が数学の本質であり根源である以上、すべてを理性によって規定し、事物をただひたすら合理的に判断してゆけば、どんな人間でもやがてはあらゆる機械技術の達人になれるということである。

クルーソーは道具一つ扱ったことのない人間であったが、時のたつうちに勤勉と努力と工夫のおかげで欲しいものならなんでも作れるようになった。道具がなくともじつにおびただしいいろんなものを作ることができたのである。この中に一枚の板を、まず一本の木を切りたおすことからはじめて、それをたてかけ、鉈と手斧だけで平らにけずっていくことが書いてある。一枚の板を作るのに要する途方もない時間と労力のことである。そうして今度は、テーブルと椅子が作られていった。定一はこうして開けていったクルーソーの言わば生活の改善に向かって続けられていった努力に多大な興味を引かれた。もし彼がそれをやらなかったら、生活ということ自体がなかったのではなかろうか。先に読んだ、仏教の社会性は、クルーソーの行為と関わるところがあるのだろうか。

クルーソーの行為は始めから、社会性を持っているように見える。そして更にその奥に宗教性が見える。そしてその二つが彼に自分の生活に文明的なものを求めさせているのである。一人絶海の孤島へ流されても。このことは彼がやがてフライデーに出合い、そして他の人々に合うことになっていく時、遺憾無く力を発揮させるのだ。彼には雄大な人生の時間が用意されていた。中国からヨーロッパへの大陸を横断するというような旅の時間である。僧であれ、それは世間を捨てたものであるが、社会への働きかけは失わず、クルーソーのように孤島に流されて一人になっても、社会性は失われないのである。定一の中に、両者に対する共通的感覚が生きていたようである。クルーソーには社会との縁が切れた時、ただ自分だけの勝手であるような、自己陶酔的な生は求めなかったのだ。だからたった一枚の板を削り出すというような行為に、長大な時間がかけられたのだ。定一の次のような感想にもそういうものが見られる。

『クルーソーはいろんなものを作るために、途方もない時間をかける。その時間は我々の持つ時間と同じだ。我々は金のために途方もない時間を使い、彼は自分の道具を作り、穀物を収穫し、加工するためにその時間を使う。そうすると比較して、我々の使った時間の方がつまらないように見える。我々は文明のために働いてきたのか、それはどんな文明なのか。クルーソーは自分の生活のために、自分の文明のために働いたのだが』

彼のこの見解には何か非常に大きい概念が摑みかけられている。しかしそれを表現するには至らなかった。ここにあるものは何であろうか。彼は自分が文明に扱《こ》き使われてきた、それは自分が家族を養い食っていくためだったが、ただ文明の受動的な存在者であったことを感じていたのだ。彼は自らが選択した文明を生きてはこなかった。結局本の最後まで彼の中にあったのは、クルーソーの一生に対する羨望の念であったのである。クルーソーにとって、板一枚、そして机や椅子を作ることは、文明を作る行為そのものであった。そして自分にあった文明を自分の周囲に作っていった。寝る家もベッドも、垣根もそして畑も丸木船も。それに対して、定一が作った文明は何であり、受領した文明は何であったろうか。

定一は半生を自動車作りに働いた。自動車は現代文明を物質面から代表する一つの典型だ。彼はそれに意味をもって働いたわけではない。しかしそんな風に意味も認められないのに一生働くなんて、なんだろうか。そしてまた、文明の受領ということでも無意識であった。すなわち、クルーソーが文明の制作において意識的であり、従って受領においてもそうであったのに対して、定一の場合は無意識的にそれらが行われてきたのだった。そこで、クルーソーの使った途方もない時間の方が価値がある気がしたのだ。

定一は文明が個人によって選択されうるということの可能性について考える。そこから自給自足的な生活ということを考える。また車を極力使わない、冷暖房をしない、テレビを見ないなどという生活も、自分が選んだものである。もしも本当に個人によって選択された文明を生きるということになれば、定一の生活はもっと違ったものになるであろう。人間がクルーソーのように自分の身の丈に合った文明だけを選んで暮らすようになったら、文明はもっと違うものになるのかもしれなかった。しかしそれにしても、定一が感じた人生という途方もない時間が、クルーソーのように一枚の板を作るという目的も持たず、無意識の内に浪費されていることを感じているのである。作る文明ではなく、作られる文明をただ受用しているだけの人間の姿である。人生のあらゆる努力が、少なくとも文明との対比の上で意識化されたり、行為化されてはいないのである。

彼はこの日の朝こんなことを思った。

『結局何をやっていても、新しい歴史の始まりを生んでいかなくてはならぬということだろうか。老人会の案内状一つにしたって、そんな意味を持つのではなかろうか。一日の意味は新しい歴史を始めること、作ることにあり』

朝のこの思考と、昼間の「クルーソー」の読書という行為の間に、相関はあるのだろうか。彼自身がそういうことを考えることもあるのだが、定かには分からない。ただ日々に変容していく、多くのことが忘れられていく自分があるばかりである。だが時間にあって彼は待っている。それは常に、新しい出発ということだった。ここには人間というものは変化するものだという概念が強く出ている。これは思想の革新性へと繋がるものである。二日後の朝にはこう思った。

『祈ること、頼むことのそういう心の大事さは諭吉においては気付かれていない。これは現代人にも言える。しかしこれほど大事なことはない。人々は有限なるものを願う。それが現実化したのが文明のように見える。だからそれは便利なもの、役に立つもの、豊かなものということになる。祈る心とは、自分が有限なもの、自然の一部であることの自覚から生まれる。自己の力の卑小なるを知っている者である。諭吉に対する私の批判はここにつきるかもしれない。諭吉は合理的に過ぎる。私は生の非合理性を自覚し、受け入れて生きる、それでいて合理的思考を続けることをやめない』

死すべき命という不合理性のうちに生きる身でありながら、魂の不死性に生きようとする彼の努力は合理的なものだ。これは彼における道徳的なものであり、言いかえれば宗教であるものだった。この思考は朝も昼も一貫するものであった。翌朝更にこう思った。

『どんなに人生の真実を先に進んだとしても、お念仏しかない。この念仏とは、おそらくきつい、苦しいということがあって出るものだろう。「山のような時間」、これはクルーソーから連想された私の言葉。我々はかつてそれを持ち、今もある、だがそれは失われていく。しかしである。昨日書いた所を読む、昨日は気乗りがせず、ペンが進まなかった、だが今日読むとすばらしい。ここにも念仏がこぼれた。考えるに、歓喜も充実もいらぬらしい。しかし何かがいる、耐える心、これも念仏と同根にあるものであろう』

何故彼は耐えなくてはならなかったか。それはそれが責務であったからだ。それは道徳のそして仏の本質である。定一が文明を考え続けて求めていたのは何であったろうか。彼が求めていたのは祈りの文明であったように見える。それは道徳の文明とも言えるものだった。道徳性だけが、それに従うことだけが、人間が物質ではなく命を持つ有機物として生きるものとしての意味であるようだった。彼は自己の内より出発するものであった。与えられたものによって生きる限り、行為の意味も本質も問われなかった。それでは山のような時間が与えられていながら、始めからなかったもののように見える。文明を考えるとは、人類の存続を考えるということであったのだ。そこに祈りということが生まれてくる理由があった。人類の命が、社会の命が考えられていたのである。内なる文明の意味するところである。

クルーソーの読書と諭吉の読書が微妙に一体化されている。そしてこのように、与えられた文明、与えられたものによって開化が進むというのではなく、自己自身によって開化が進むのだとなると、要求されるのは厖大なる努力であった。定一にはまだこのことは気付かれていない。しかしクルーソーの持った時間の質を考え、諭吉に文明礼讃的なものを感じて反発する時、彼のこの方向性は定まっていたように見える。一年近くが過ぎて、西洋の近代哲学を読破しようとか、経済問題も基本から勉強しようと考えるようになるのも、こうした日々の時間が生んでいくものであったのだ。そしてはやがてはそれが、現実において運動へと進ませたものである。思想の革新性が生まれてくるというようなことは、やはり彼にあっては外から与えられたものではなかったのである。彼の中でこの「変化するもの」としての自己の内なる精神の概念は次第に強く認識されるようになっていくのである。

定一はその朝、四年間毎日書いてきた小説が終わったことを知った。この認識はその後変わらなかった。原稿は四千枚近くになっていた。彼は自分の小説主題を過去から振り返ってみて、「心願の見える風景」から「もう一つの世界」へと変わってきたものだと思った。それは「世界を開く行為」によって絶えず変容を重ねていく新しい世界のことであった。こうして「もう一つの世界」は具体性をもつものとなっていった。「閉じた世界」から「開かれた世界」へである。それが四年間の彼の唯一の成果であったということになる。それで彼はこう思ったのだ。

『小説のモチーフはどこまでも自己の確立、生きる意味の発見とそれを深めることだ。世界は、どうしても自己の確立ということがないと救えない。そのための仏教であり、キリスト教であり、その他の宗教もある。宗教が第一であるように見えても、本当は自己の確立が大事なのである。そのためには宗教という絶対無限なものが必要なのだ。合理主義だけでは、この不合理に生きる命は支えられない。耐えて生きる命である。だがそれを認めた理性には、合理性の追求が残る。理性はどこまで行っても批判的であるからだ。世界を開くという行為はその意味で理性的なものなのである。

昨日は書いていて気乗りがしなかったのに、今日は読んでみて、よく書けているなと思われたことは、今日の完成に力を与えた』

定一は小説を完成した、そして書かない日々が始まった。結果的にはそれはかなり長い時間続いた。彼はこれを一つの実験として自分に試みた。書かない分だけ、読書の量が増えた。朝早く起きるのは変わらなかったのだから。読まれたのは暁烏敏の『無量寿講話』であり、『歎異抄講話』の再読だった。定一は全集を自分に呉れた叔母への感謝の気持ちを長く失わなかったことからみても、この読書の意味は大きかった。このことは後述されることになろう。

もう一つはベルクソンの講義録四巻と、それによって始まった近代哲学の読書である。考えるということから見た時、書いている生活も書かない生活もさして変わりがないのだろうか。書かない生活は、再び始まる書く生活のための、思考世界の総点検的時間となったようだ。書き続けた四年間という時間がそういうことを要請したということである。確かに読書の量は格段に増えて、思い付くだけで従来は及ばなかった西洋哲学の領域にまで広く深く及んでいったのである。この時間はカントの三批判哲学を読み切らせる原動力を生んだものである。

小説を書きあげた翌朝である。

『自力の計らいが、いつのまにか心を占めてしまっている。小説をなんとか書きあげた、自治会の仕事をなんとか大過なく終わりに向かって急ぐ。自転車とゴルフ靴の修理なんとかなる。人の協力あって物事のうまく運ぶ時、なくならぬ自力心に気付いてうんざりし、涙が出そうになった。「自力の御はからひにては真実の報土へ生ずべからざる也」とある。自力心の悲しさ、自己を正当化することから離れられない自分の姿にこの言葉はしみるのだが、この言葉はまたこの悲しさから私を救う。ひたすら念仏の心に頼む、その時悲鳴のような念仏が出て来た。「念仏には無義をもて義とす」は私の心に深くしみた』

ここには彼自身においては何も終わっていない何かが見える。苦というのは終わったように見えて、何も実は終わっていないということである。彼が自分に、命は苦をもって生きるものだと言い聞かせるのはそれが分かりかけているからだ。老いが、死の身近さが苦しみを深める。だがそれ故に老いは教える。動物にならこんなことは起こらない。とするならば、人間にとり老いることは賢者への道であるということになる。

小説を書かない日々が始まってみると、それはそれでいろいろ考えてみることになる。翌朝にこう思うのだった。

『書くことの新しい形、スタイルも含めて求めたい。そのためには、我慢をして書くことはせずに考えてみたい。

本を読むだけでは満足出来ない気がしてならない。それだけでは世間性を超えられないということだ。生が世間的なものとなってしまう。そうなると、世間が与える不安、煩悩と所知障が消えない。それは思考がもう一歩深まりきれないことを意味するのだろうか』

定一は自分の書いたものを考えてみて、新しい世界は得たような気がした。しかしその世界の真の意味は描けていない気がした。そしてそれは文明観の不十分さにあると思った。それでそれを考えるのだった。はたして今のこの文明が、人類に対してどんな意味があるのだろうかということだった。文明がただ豊かさを求めた人類の活動の、同心円上に発達したものとするなら、彼はその文明を否定せざるを得なかった。彼は文明に何を求めていたのだろうか。文明に意味があるのならば、それは人類の存続ということに役立つものでなくてはならなかった。人は自己の死を知りながら魂の不死性を信じている。そんな風に、社会に対しても同じような願いがある。それが文明の不死性ということであるように見える。そこに彼の気付かれざる、文明の意味を追求する真意があった。

定一は『文明論之概略』を読んでいる。文明の力に、当時の最高の知識人がこれほど圧倒されていたのかと驚く。その心理が、文明に対して無条件的な服従心を生んでいる。それは逆に言うなら、文明への楽観論と言ってもいいものだ。

概してこれをいえば、人智を以て天然の力を犯し、次第にその境に侵入して造化の秘訣を発し、その働を束縛して自由ならしめず、智勇の向かう所は天地に敵なく、人を以て天を使役する者の如し。既にこれを束縛してこそを使役するときは、また何ぞこれを恐怖して崇拝することをせんや。誰か山を祭る者あらん。誰か河を拝する者あらん。山沢、河海、風雨、日月の類は、文明の奴隷というべきのみ。

（『文明論之概略』）

この後にはこの調子で人事についても得得と書かれている。何たる暴言、何たる愚と定一は思った。しかしそれでも彼は読み続け、再読し、丸山の「『文明論之概略』を読む」も読むのであった。それで自分は今、自分とは違う人の考え方を勉強するのだと、言い聞かせるのだった。それは辛いことだった。自分自身が文明とどう対峙して生きるかということに彼の「内なる文明」の意味があったのだが、こうして自分自身による模索が始まったということには、予測されえない幾重もの困難が待ち構えていたのだ。そこには文明が進歩しえるものか、とするなら人間の精神が進歩しえるものかというような根本命題が関わっていた。彼は未だ、次の感想に見られるように東洋の精神にこだわる者であった。トルストイやガーンディに見られるような、人生との厳しい戦は彼にあってはこれまで無縁なものであったのだろうか。しかしそれでも、彼が開いたと思った世界はそういう未知の領域にして不測の道を用意するものであったとは言えよう。先の諭吉の文を読んだ彼のそのままの気持ちは、こんな風に表現されたものだった。

『丸山はこれもまた、歴史の一つの課程として受け取って容認している。しかし根本的にこの思想は東洋の精神に反する。元々諭吉は東洋の精神などしかとは認めていないのだが。自然をただ利用するものとして捉えるのは、ギリシャ哲学以来の西洋思想の伝統だ。東洋の思想は、人間を自然の一部として捉えている。自分にもそれは強くある。これは仏教の心に繋がるものだ。ここから離れないで一生を終わりたいと思うのは願いである』

ここに定一の基本の文明観が見える。彼における文明は作られる文明ではない。文明が発展するものであるとするなら、自己によって開かれていく文明である。何故そうだろうか、それは彼の基本の人間観に由来するからである。そしてそれは仏教の人間観でもある。彼にあっては、時代のいい悪いも、人の良し悪しも、人智の開・未開もない。もしそんなことがあるとするなら、昔の人の人生は価値のないものになってしまう。同じ人の命を得た者にそんなことはあるわけはない。人は皆、己を尽くして無限に真実を求めて生き、人生を終わる。彼の中に四歳で死んだ妹の魂が生きている。あの小さな白木の棺に向かって、歯を食い縛って思った六歳の少年の『妹は不幸ではあったが幸福でもあった、それは皆と同じであった』は、彼と共に生き続けた、不動の信念であったのだから。そしてこのことは引き揚げが終わって帰って来て出合った、山村の百姓の一生にも適用されたことだった。しかしそうではあるが、そうした文明が自己にとって開かれたものか、閉じられたものかということは残るであろう。そうなるとこのことは各人の人生にも適用されることになるだろう。暁烏は、ある越中のおばあさんをベルクソンに比したが、そういうことはやはりあるだろう。人はただ、内なる文明に生きて、それを閉じたるものとせず、開き続けるだけである。それによって自己の世界は無限の前進を約束されるのである。

一年ぐらいが過ぎて、トルストイを最晩年にあって絶望にあえぎながら旅をさせ、小さな駅舎で死なせたものがこの文明史観に関わること、文明が進歩するものとするならこの自分の死に価値を見出せなかったことによると知る時、問題の大きさに定一は納得させられるのだった。それが故に自分の小説の完成とか価値などということより、もっと大きな問題との対当感の内にあったのである。諭吉のことは反発感も大きかったが、学んだことも大きかった。こういうことが現実の人物に対してであれ、本に書かれたことであれ、思想的なことの発展のためには不可欠なことであることが自覚されるのだった。そこにあるのは、反発、変化、分裂といった概念であり進化へと繋がっていくものである。

諭吉の読書はそれから二ヶ月くらいは続いたのだが、思想の本質を理解するのは難しいことだった。ましてや一様な読み方であるなら、読書は流され、個々の議論に終始し、本質の理解に到らない。定一に影響を与えたのは諭吉の本質的なものか、それとも部分的なものかははっきりしない。このことは重要なことである。思想というものが、反発や変化や分裂といったものによって育つものとすれば、両者の本質には意外と近い類縁性があるのかもしれない。それが何かとはその時はしかとは言えないのだが、更に時間が過ぎて気付くのは、「人間の精神が進歩しうるのかどうか、進歩しうるならどうやって可能か」の一点に関わることだった。諭吉が意図したことも、定一の意図もこの一点ではぴたりと合っているのである。この問いは原理的である。定一の思考は、そして生活もずっとこの問いのもとにあることになるのである。

この問題の底にはもう一つの基本的命題がある。それは霊魂と物体の関係である。物体を物質的文明と置き替えるなら、議論は次のようなものになる。諭吉は文明の進歩は人智を開明化し、その自立精神は高まると言っており、定一は単なる物質的豊かさの文明の進歩は人間の思考力を弱め個体の弱体化をまねくと考えているのだ。定一はこれを諭吉後の百年の歴史に見るようになる。諭吉に時代が持つ限界があるのだろうか。とするなら、思想とは何だろうかということにも繋がるものである。例えば、諭吉の文明論の書き出しに近い、第一章「議論の本位を定める事」に次の文章がある。

大名藩士の禄を奪うは、鰌《どじょう》を殺して鶴を養うが如し。

これは維新において大名制度が廃止され、従って武士も禄を失っていくのだが、鶴である国家が重要なのだから、今は国家をいかに立てるかの時だから、鶴を養うために鰌に例えられる大名・藩士の禄を奪うのはしょうがないことだということである。

ここで定一の念頭に強く去来したのは「葉隠」のことだった。山本定朝は、大名制が確たるものとして時代の基本的制度として固まっていく時を生きた。従って彼は、この厳しい制度の制約下にあって、それでも自由なる生を模索せざるを得なかった。それは人間の本性だからである。そこから「武士道とは死ぬことなり」も「主家への奉公第一」も思想として生まれた。定一はこんなことを考えるのである。

『時代の制約は大きい、人はそのなかでしか生きられない。大名強き時は大名に従い、大名に藩士は飼われた。その大勢下にあっては、侍は大名を守り、家を守って禄を得た。「葉隠」の奉公を何より大事とするは、この自己の生を成立させている構造を認めたものだ』

となると、諭吉の言う「議論の本位を定める」ということも、時代の制約を認めることであるように思えた。定一の中に矛盾がある。議論の本位が時代の制約として必然性があるなら、定朝に認めたように諭吉にも認めなくてはならないからである。諭吉の時代は西洋文明が怒濤のごとく押し寄せてきた「文明開化」の世であったのだから。文明が人心を開化するであろうと考えたことにはある必然性がある。定一はこう思った。

『そうすると、今の時代の自己の生を成立させている構造とはいかなるものか』

答えは記されていない。この答えはある。定朝の時代が幕藩体制であり、諭吉の時代が文明開化の世であるとするなら、定一の時代は豊かさに自己を預けたものだということになろう。そこにあって定一は定朝に匹敵する思想を持っていたのだろうか。ここにこの問題の主眼点がある。定一は定朝の思想の強さに引かれているのだ。時代の制約のなかで、思いの丈《たけ》をいっぱいに伸ばして生きるにはこれしかなかったのだ。そしてこういう時代の困難さがなくならない限り、定朝の思想は今にあっても妥当性があったのだという内心の思いがある。決して定朝を卑下しえない、敬意の感情がある。このことは時代の文明の中で、自分の精神をどうやって守り、ぶれることなく生きぬくかという、諭吉の言う「人の精神発達の議論」に関わることであった。ここには個人が自己の精神をいかに発達させるのかということと、社会がまたそれをいかに発達させるかの二つがある。個人と社会のどの時代にも当て嵌まる根本の問題である。彼は現役の半生が終わった時『会社は変わらなかった、しかし私も変わらなかった』と思った。彼は会社に自分の価値を預けたり、組織に自分を依存するというようなことは一度もなかった。だが彼の言葉にあるものは、組織は全く変わらない、それは進歩をしていないことを意味しているのではなかろうか。定一の言葉には誇りと諦念が同居している。会社であれ、社会であれ、個人と社会的なものとの関係はそういうものだろうか。定朝の「主家への奉公第一」と定一の会社への働きは実のところはさして違ってはいなかった。だが会社は変わらなかった。とするなら、彼が現実に社会の組織に対して発言していく時、それは少しでも変わっていくのだろうか。そういうことが始めからあった。そして社会との関係は、彼の現役の会社との関係とはかなり違っているように見える。そしてそういう問題にぶつかっていく時、やはり彼の人間性は、そして思想もその限界を幾度も乗り越えて、変わっていかなければならなかったのだ。自立ということだけではすまないものがある。

諭吉の論文には、この種の様々に議論のテーマとなるアイテムが多い。それだけに丸山もそれらにいちいちの注意を促して、現代の理性によって光を当て直したのだ。これらについては、後にもっと取り上げることになろう。

四月になった。しかしまだ寒い。書斎につながる温室の温度は零度Cである。小説を書かなくなって四日になる。その小説は結局、自分が通ってきた道を描いたものであることが分かる。それは十年に及んだ自分の歴史のことであった。文明論は既に十年前に自分の中で始まっていたのだ。その歴史は次のようになるものであった。

彼はまだ現役であった一九九八年の夏、白神山地への登山を行った。沢筋を歩いた四泊の旅だった。アメリカの四年の生活が終わり、日本に帰され、管理職も解かれていた。結果的にはこの日本の生活は一年で終わり、再びアメリカに出されたのだが。しかし時間が過ぎてみると、この一年半の生活ぐらい、物心両面において充実した時間を会社生活にあっては見出せないぐらいである。精神面で言うなら、既に書く生活に二十数年の壮年時代のブランクを経て戻っていたし、仕事の方は管理職を辞め自由度と自主性が高まって、教育、技術開発、工場指導と実質的な充実をみていたわけだから。おまけに、本社までの遠くなった電車の時間は朝の書斎となって、アメリカとは違って多くの本を読ませ、今でも本棚の一角を占めている。この一年がなくてずっとアメリカにいたら、アメリカ呆けで終わって、今のような日本文化への自覚的回帰は生まれてこなかったということだ。

彼の白神山地への旅の体験は、小説として完成され、新人賞に応募されたくらいである。この旅には一つの結論があった。彼はそれを「自然を求めて、結果としては文化に出逢った旅だった」と概念化したのである。この文化の具体的なものは藤田嗣治の絵にあるものだった。彼は山を降りて、能代で一泊し、次に秋田で一泊したのだ。そこの美術館に藤田の絵はたくさんある、藤田を知りたかったらそこに行かなくては分からぬ。定一を覚醒したのは二枚の絵である。一つは「一九〇〇年」、他は「那覇の客人」である。前者はパリのメトロに乗った二人のパリジェンヌを、後者はこれまた二人の沖縄の婦人を描いたものだ。二つの絵は、西洋の文化と東洋の文化を余す所なく表現していた。それが出来ることが藤田の絵の腕の力であった。そのことは彼の書いた本『腕一本』を読むと分かる。定一は婦人の姿に、その視線一本から両者の文化の質の違いを強く嗅ぎ取っていたのだ。このことがあってから、彼の関心は自然にではなく、人間が作った文化に向かったのである。しかしその対象は妙に変化したのだ。彼はそれをこう記す。

「芸術―生活―歴史―社会―文明」

これは次のように意訳されなくてはなるまい。

始めに芸術への願望があった。しかしそれは生活自体に芸術を求める心に変わった。しかしそれも不十分であって、自己の歴史性が解明されなくてはならなかった。自己がここに運ばれた歴史を考えると、やはり社会との関係、社会なくして個人なしということが気付かれた。そして文明論へ、人間の精神発達の歴史ということに行き着いた。そしてこれは人間の生きる意味とか価値に繋がるものであった。そこから次の感想が生まれた。

『諭吉は「他者とのコミュニケーションと、その間の調整が文明発達の前提」と言っている。これは、個人と文明が関わり合う歴史を表現して正しいと思われる。こうみると、今の日本は逆に文明との関わりを、それを考えることを精神の上で避けているように見える。文明を物質性としてだけ受け取って、万事良しとしているのだ』

彼が考えた「個人と文明が関わり合う歴史」という概念には、「自由市民」という理念的概念が既に芽生えている。これは社会に向かって働きかける存在としての人間を意味する。彼が文明を内なるものとして捉えながら、自分を出て外に向かって働きかける存在として人間を考え始めていたのには理由がある。彼が「文化」、それは人の暮らしにある文化であったが出逢ったその一九九八年はまた、リヴィングストンの『破壊の伝統』に出逢い、その人類が豊かさしか求めてこなかった文明の歴史が、地球の破壊と人類の滅亡を宿命化していることを教えられた年でもあったのだから。彼のこの十年は、豊かさに変わる哲学を持つ文明はありえないのかと考え続けた時間であったのだ。文明を物質性としてしか受け取らないということは、現代人が依然として、破壊の伝統の上を歩いていることを意味した。とするなら、文明救済の願いに生きるということは、常に絶望の淵に沿うて歩くことを意味した。だがそれはリヴィングストンの結論がそうだし、読んだ定一がそのまま納得したことだった。彼においては絶望は始めからあったものだった。この絶望は命と共に始まったものだった。絶望が出発点であるということである。妹の死にあって彼が責めた仏の存在は、この絶望に関わっている。絶望がなかったら仏はいらない。「絶望とは掲げられた希望である」には、始めから人生に何も期待することのない人間の切なさと楽観が交錯している。しかしそこには霊的な直観が見える。霊は苦も楽も眼中にはしない。そういう定一が六十六歳という年齢になって初めて、自由市民という概念に到り着いたというのはまるで人生の逆転劇である。だがここにも父親の血が色濃い。彼の父は村の議長のままでこの世を終わった。死の直前まで公のことばかり考えていた父の姿は、やがてこの長男である定一にやっとその本当のことを気付かせるのである。どんなに深く思考は形而上学世界に切り込んだとしても、行為は、そのありふれた行為は平凡なままであり、とするなら人は平凡なままに行為にかけて死ぬしかない。どんな小説を書いたところで、それは彼の人生の最大の収穫物ではない。その行為は彼の世界を閉じたものとしないための、せいぜいその一助としてあったものであるのだから。四月の始めの五日間に現われている彼の姿は、そういう本質的なことがあって説明されることだ。二日の朝にこう思うのだった。

『清沢満之は言う。「いかなる思想をも包容し尽くされる信心でなければ、真の信心とは言えない」

ここまでの信心を持たなかった司馬は絶望せざるをえなかったのだ。司馬もまた文明に絶望した。諭吉が持ったような文明に対する楽観はもはや現代にはない。戦争に一緒に行った兵隊達と同じように、戦後に育った人達にも、自分で考え、それによって生きる自立の精神が育っていないことを知って、司馬は絶望せざるを得なかった。

自分の信心は逆にこの人間であることの絶望から発したものだ。自己の絶望は、自己が属する社会の絶望と一体だ。しかしこの絶望は社会に対する自分の働きかけを弱めないし、社会への熱情を弱めない。ここに念仏があるのだ。これは仏教が始めから持っていた社会性だ。別の言葉で言うと伝道ということなのであろう。私は一年ぐらい前から伝道に進んだようである』

定一の社会への働きかけは始めからそういう種のものであったということになる。それは自由市民という西洋的概念の裏に隠されているものである。彼の中に浄土真宗の歴史が生きている。鈴木大拙は『日本的霊性』の中でこのことを明解に述べているが、彼はこの時点では全く大拙の影響は受けていない。定一が言う念仏は慈悲への願いであり、帰命《きみょう》であり、仏による救済の証でもあるものだ。念仏は利己心を排除する仏の願いである。彼の自由市民にはこのことが含まれている。そうでないと自由とは言えないからだ。これは大拙の言う霊性でしか説明の出来ないことであったのかもしれない。

先の満之の言葉は、彼を生涯の師として仰いだ暁烏の『歎異抄講話』からの引用であろう。「念仏は無義をもて義とす」のあるこの部分は、浄土真宗信仰の要を述べた部分である。普通の悟性的な知性でもっては理解の出来ない部分である。親鸞は人生の長いそういう道程を通って、自分の信仰を打ち立てたのだ。大拙は、それをなしたのはインドの精神でも、中国の精神でもない、日本の霊性の伝統がなしたものだと言っているのだが。

その日は芦ノ湖まで釣りに行く朝だった。自分が車を運転して、近くの先輩を乗せて、五時には出なくてはならない。それで彼は一時に起きたのだった。そして読んだ本は驚きである。プラトンの『ティマイオス』であったのだから。何故に驚くべきか。本人は全く普通のことでもあるように行為しているのだが。その理由はあとにして、感想はこうだった。

『ティマイオスを読む。この本が、「ユリシス」も同じだが、朝の時間を使ってしか読めないのは事実だ。読もうとは思っていても、机の近くにはあっても、読めないままに打ち捨てられたままであらざるをえない種のものだ。司馬の本なら、昼中でも少しずつ読めるのだが。このことは清沢や西田の本についても言えるし、プラトンについても言える。昼の時間では読めない。

しかし書かない朝はつまらない。本当の活力、情熱が沸き上がってこない。自己の開発が止まったままなのだ。これはなんとかしたいものだ。

書くことを犠牲にして、新しく、書く方法の道を見付けるということ、この夏はそういう風に使ってみたい。山に登ること、本を読むこと、昼間の読書、例えば昨日は図書館に行って『「文明論之概略」を読む』の中・下巻を借りてきてノートに記録をとり始めた』

定一が一ヶ月くらい前に気付いた「妻の不在の時間」ということから生まれた時間の概念がここではしっかりとした関連性をもってはいない。昼間でも『ティマイオス』が読めるくらいにならないと、時間の質を転換出来ないということが忘れられている。時間というものの真の活用はそれほど難しいものである。習慣と感情と本能が我々をそうやって押し流す。書く時間は、おそらく、我々のそうした惰性に対する最も強力な杭であるものだろう。だがその杭は昼間にも必要だということである。本当に開かれた世界はそういうことによってしかやってこないのである。

それでも釣りに行かなくてはならない朝に『歎異抄』と『ティマイオス』を前後して読んだ行為は驚くべきことなのだ。両者は、日本の精神と西洋の精神を代表するものだからである。書かないことでそういうことが出来るようになっていた。ここにおける「精神」とは、世界を、宇宙をどう人間が理解するかということだ。しかしことはそう簡単には進まない。ティマイオスの語ることは「宇宙の生成から始めて、人間のなりたち（自然の本性）で終わるもの」だからである。今の定一が持っている時間の質では、これはどうしても中味を十分に読みきれない。

定一は釣りから帰った次の朝も読んだ、そして読み了えた。と言っても不完全極まりないものだった。朝の時間を使っても集中力が続かない。ただ理解したのは、この本が自然的人間像を描いたものだということだった。実のところは、この人間像を定一は全く受け入れることが出来なかった、というより彼が考える人間像とは全く反対のものであったのだから。ティマイオスが語るのは、人間を作った神は、神自身に似せて、出来る限り立派なものとして人間を作ったということだ。とするなら、理性を持つ人間、それも秀れて立派なものとしての人間ということになる。定一はこの神に近い人間、理性的人間ということには全く納得出来なかった。彼が考える人間とは、釈尊が説明した人間であり、親鸞が悩み苦しんだ罪悪甚重の凡夫のことである。信仰が始めから彼の人間観を決定している。

ティマイオスの語る人間観は、その後の西洋の宗教や哲学の歴史に生き続けた。近代の西洋哲学にそれが見えている。カントの言う、理性的それは道徳的人間でもあるが、そうした人間観を引き継いでいる。どちらの人間観が正しいのか。歴史は神が作った人間という考え方を捨てさせたようだ、それは神の存在をも否定させるものだ。その原因は人間というものが余りにも御粗末であることが露呈したからだ。そんな不完全なものを神が作ったとするなら、神もまた不完全なものとなり、神そのものが存在を否定されるのは自明である。

内心の思いが深い時、どんな絶望も希望の旗となる。キリストの隣人愛は残る、仏の慈悲の心も残る。定一の庶民への愛、庶民のまま死ぬことの願いも残る。そうではあるが、定一は西洋の近代哲学の生んだものにも共感を覚える。ベルクソンからカントの三批判を読了していく彼の中にあるものはそういうものである。人間とは道徳責務に一生を生きるものであるということが深い納得性をもって彼の中を生きているのである。

定一が行った芦ノ湖の鱒釣りは、春が近付いていたとはいえかなり辛いものである。彼のこの釣りには目的があった。鱒の燻製を作って、それを知人に配り、出来うれば近く出発が決まっている九州への里帰りに持っていくことだった。彼は病気の見舞いで不義理をしていた人が二人もいたのだ。そのため、かなりの成果のあった魚は、家で捌かれ、塩と胡椒をまぶされて、天日に干された。そして一日立ったこの日は、七厘の火で燻さなくてはならない。それでも止めなかった早朝の机での時間とこれらの諸作業の両立した時間には、限界に近いものがあった。それが卑近なことで爆発した。用事で出掛けて、帰って来た妻を殴ってしまった。定一はそれを忘れ、妻はいつまでも覚えていたことである。そんな翌朝であったが、思ったのはこんな事である。

『先日の満之の言葉にある信心は、人格と読み替えることも出来る。思想は人格とならねばならぬし、なったものである。だから思想に死ぬことが出来るのだ。古来、こういう人物は少ない。これらの人の言葉は、よって通常人とは違う響きを今日に伝える。出合いのない信心、宗教はむずかしい。私の場合は全て出合うことで与えられた。妹、村人達、父、自分を導いた人達に無限の感謝がなされなくてはならない。

結局、私の小説は結論が出たのだ。「もう一つの世界」が意味したことは、「世界を開くという行為」にあったのだ。しかし今、私は人生に新しい意味を求めようとしている。それは更なる小説の主題を生み、新たなる行為へと導くだろう』

ここに定一が求める世界が、それは形而上学的世界でありながらも、そこから生まれてくるものはあるいはその世界を作るものは、身体的行為であることが示されている。新たな世界を求めた彼の心にはいつも、身体的活動に向かって押し出す力があった。彼が世界を行為と解釈したのはそういう意味であった。これを最もよく説明したのが後に出合うことになる、カントの実践理性の概念である。道徳を責務として受け取る人間の形がある。翌朝こう思った。

『念仏に全てがこもる。身の行よりも、観念の行よりも、最も易しい行である口に出して唱える念仏に。極悪最下の私のために開かれた極善最上の法をとき、最勝の浄土に往生する道が開かれていることを謝して、ありがたさが念仏に集約される。身・口・意の行が念仏に集約されているのだ』

信仰の問題と、社会に対する精神とか活動の問題は彼の中では分けられるものではなかったが、そのことはなかなかに自覚されることではなかった。そのことがこの日の午後の読書の感想にも出ている。本は霊山勝海という人の「真宗信仰における社会対応の問題」という小論文である。それはまるで今の定一のために書かれたようなものだった。彼が思ったのはこうである。

『私の信仰は、社会に対する慈悲の心を生んだ。そこから自立した市民の概念が生まれたようだ。だがこの「自由市民」は信仰と直結しているのだろうか。私に初めてこの概念を示唆したものは、三年前のアメリカの南部デルタ地帯の旅で得た一冊の本だった。その「ナッチズの床屋」を読んだ頃から、私の中に顕著に意識された。この自由市民のイメージに信仰は直結していなかったのだが』

市民意識が彼のこの年齢にあって、強力な芽生えを生んでいる背後には、やはりそれなりの由来が見える。ナッチズの床屋の物語との出合いは全くの偶然の出来事だった。ミシシッピー川の下流のこの町の小さな売店で買ったものだった。ニグロと白人の間に生まれた一人の男は、この街で床屋として身を立て、自由人として生きたのだが、まだ南北戦争が始まる前の一八五一年に、一人の白人によって暗殺された。この、奴隷の少年からビジネスマンとして成功して自由人となった男は、市民的な活動に、それは消火作業や自営農業やスポーツマンとしての活動や家族への貢献に示された。定一はそこに、原初的な「自由市民」のイメージを得ていたのだ。ミシシッピー川を眼下に見降ろす高台の街に咲き誇る真夏の百日紅が今も忘れられない。妻との二十五日に及んだ旅での出合いだった。定一は何故にこの一人の男の物語に、かくも強く引き付けられたのだろうか。男は時代とこの南部の場にあって、ニグロであるという宿命を背負うていた、しかしその行為に示させたのは自由人の姿であった。人は皆、宿命の下にある。だがそれをそのままに受け入れて自由である。これが定一の具体的な市民のイメージの出発であったのかもしれない。逆にそのことが一人の白人に反感を持たせたのだ、そしていわれなき殺人を生んだのである。

定一は自己の信仰から生まれた慈悲の心と、その身体的活動、実践理性が生み出すものを自由市民の姿に描いて、その両者の結合に、自己と文明の救済の道を求めていたということになる。自己の文明を内に向かって築きながら、外に向かっては具体的な行為が要請されていたことになる。だが文明の滅亡と人種の消失は自分のイマージュから消えることはなく、彼の行為はそこから離れることはなかった。彼自身にあって豊かさの文明は否定されていたことであり、その度合いは強くなるばかりだった。身体性を持って生きることは、少年時代の全時間が教えたことであり、彼の宿命の生であった。だがその少年にあって、既に自由と独立は、彼の人生の目標であったのかもしれない。

第四章
自由市民

その時代を表現したのは「自由市民」という言葉だった。この概念はどこからきたものだろうか。彼自身にあってその解明は不可能に近いことだった。問題は二つあって、これが信仰から生まれたのか、近代的市民精神から来るものだろうかということである。そしてもう一つの別の問題として自己の歴史性の屈伏がかかっていた。そこには常に「非政治性」に生きた半生の歴史が、別の形を問われていたということである。問題をかくも難しくするのは、「自由市民」が自由とそして独立という、それは人間の生の二つの目標を含んでいるからではないだろうか。信仰を含み、市民精神を含んでいるということである。

自由ということぐらい、求めて得られないものはない。定一の青春と壮年の苦労はこれにつきる。彼に自由の意味を解させたのは、ベルクソンの「社会的責務」であり、カントの道徳という責務であった。「なさねばならぬことをなす」、そうした道徳の要請に従うことそれ自体が自由を意味するということである。責務感があって、受け入れる行為を自由な意志として感じるということである。ナッチズの床屋の行為にもこういうものが見えている。信仰が単なる祈祷的なものを超えて、理性的精神が生まれてくる時、こうした実践的な活動が生まれてくる。カント的な批判的な理性的精神と浄土真宗の信仰が矛盾することなく合一されているのである。それが目差していたのは、十分な自覚とはなっていないのだが、人民主権的市民としての目覚めであったように見える。
定一が文明論を考えて、諭吉との対話のなかから人間精神の発達ということを考えていく時、彼が行き着く人間像は、精神的自立と自律を確立した人間を意味した。だがそれは諭吉が表現したものと違うように見える。定一の場合は信仰を確立した、絶対の孤独者を意味する。このことは内的世界とこれを形而上学世界と言ってもいいのだが、外的世界すなわち因果的現実世界の両者が一端は分離されながら連関をもっていることを意味する。ここにこの時代特に二つの世界が意識的に考察された理由がある。世界が一方だけで成立しないことが強く自覚されていたのだ。この二つの世界がしっかりしていなければ、人間の自立などということはありえないということが思想にまでなっていくのである。諭吉死後の百年の現実が示しているのはそういうものである。司馬の絶望もそこにある。維新後の歴史も、敗戦後の歴史も、日本人の自立と独立を達成しなかった。達成するためにはどうしても市民としての強い自覚と行動がなければならなかった。彼の「自由市民」はそのことを先駆けた、早い内からの概念であったのだ。この時代は自由市民の概念を抱きながらも、暗中模索の時にあったということになる。それは信仰者という個人的側面と、社会的歴史的存在としての人間を総合して捉えようとする、自覚的努力の時間であったということになる。

定一が知り合いの同年輩の奥さんから、ある会合の後で、「あなたがいる時といない時では雰囲気が違うわ」と言われて、それを自慢としてではなく考えてみることがあるなと思った。それは自分が加わる各種の会の在り方の反省にもなるからである。それで霊山勝海の論文から三つのことを考えてみるのだった。

一　僧の意味（出家者の生活）
　　世間的絆《きづな》からの解放
二　伝道の目標

人々が安らぎを得るように

三　その注意

一つの道を二人で行ってはならぬ

定一は僧ではない、しかしここに示されたことに深い同意と羨望をおぼえたのだ。これが僧の生活であるなら、それはまた彼の理想でもあるものだ。三宝のひとつとして、僧は正に敬うに足るものだ。そしてこの最後にある、人間の絶対的孤独の認識は彼の人間観の根本をなすものだった。それはあの苦しかった青春の時代の唯一最大の収穫だった。例え石に刻まれた双体の地蔵でも、二人の道は別々だということである。そしておそらく、奥さんが言ってくれたようなことは、基本的には彼のそういう面と関わることなのであろう。逆に言うと、一人行く者はいつも賑やかであるのだろう。

翌朝『歎異抄講話』を読んでいて、「一諾命を軽んず」いう言葉に合った。ずしんと心に衝撃が走る。一度出合うと忘れられない言葉である。彼は退役の日に皆に話した自分の言葉「信頼を裏切ってはならぬ」を思った。これによって社会が成り立っていることを思う。この、まるで武士の言葉ででもあるようなものが、社会の約束事なのである。だからこの言葉には今の人をも揺さぶる存在感がある。ここで使われたのは、浄土建立と衆生救済の仏の御約束が、五劫思惟の後、案じ出された決意の力を説明するものであった。凡人の約束だって命を軽んずるほどのものである。定一は『まして仏の御約束をや』と思うのだった。

定一は自分でも気付いていていない、青春の拠《よりどころ》のない苦しみと、そして実は結婚後も続いて壮年の時代にまで延長されていた苦しみから、自分を救ったものの正体を。その過程は自分にとって解析不可能なものだった。彼はこの苦しみ故に罪を犯した。彼は投げ遣りな行動などしたことのない人間だった。悪魔が彼の苦しみを突いた、そして彼はとめどもなく流された。今はもうその苦しみも、そして罪も遠いものとなっている。

一体何故に小説など書くのだろう、三十代前半の五年、そして今も。これにもまた本当の答えはない。苦しみがなくなっても何故書くのだろう。本当の苦しみはなくなっていないのだろうか。しかしその苦しみは少なくとも今のそれとは違う。何故なら苦しみに追われながらも、それが自己の計らいから生まれてくることを知っている。そしてそれらを全部受け入れようとしている。やがて苦しみは乗り越えられるであろう、そこに念仏が生まれている。そこに仏への信頼がある。今の彼はこの仏への信頼の上に、何か壮大なものを打ち立てんとしている。だがそれは自覚されたものではない。重要なことはただ一つ、書くことでもなく、自分の中を流れている浄土真宗の信仰体験であった。彼はそれを四十代の終わりから五十代の始めにかけて確立していた。彼が信仰の本質を理解した時、半生に及んだ労苦の物語はその前半を終わりかけていた。彼の信仰は、その人生を苦しませ続けたものの見返りだった。信仰そのものに救いがある。苦しみが生んだ信仰だった。それが故に解析不能だった。それで彼は霊が生んだ信仰とでも呼ぶしかなかった。彼の親鸞への共感はこの人生の苦しみあっての故のものであった。もしも信仰が霊的なものであるなら、語られるべきではないであろう。しかしどんなにそういうものであれ、やがては語られる時が来る。定一は後にカントの生涯にもそういうものを感じる。彼に人生の前半の理不尽なまでの苦労がなかったら、老年を迎えての理性的道徳的哲学は生まれなかったことを、自分にも準《なぞら》えるのである。そこには、責務と自由を同じに摑まえるものがある。それによって人生が捉えられるということである。

彼の小説を書くという行為は妻を除いて誰も知らず、自分からみても無為の行為のように思える。その度合いは深まってきた。そしてたまたま書くことは中止された。まだ書かない生活は定着していない。しかし書かないことによって生まれた時間の余裕は、現在の精神の状況に対する思考を、反省を強めていったように見える。それは早い段階から生まれたものだ。その日の午後にこう思った。

『小説を書かない生活には充実感が少ない。書くことで世界は開かれて、今日が楽しい日となる。それは発見されて世界は広がるということだ。発見と書くことには相関がある。どんなに早く起きても、そして本を読んでもそれだけではだめである。

しかし今は書くことをやめ、それに耐えて新しい小説手法なりモチーフの開発に時間を使うことを決心したわけだから、こうしてしばらくは耐えてみようとするのだが辛いものはある。そんなに長くは耐えられないのかもしれない』

書くということは一体、世界のすなわち生活と経験の広がりに関わるのか、それとも思惟と生活が何か一点に集中することを意味するのだろうか。前者は壮年的であり、後者は老年的な時間であるように見える。しかし定一の時間は後者的でありながらも依然として前者的でもある。世界の広がりが求められているのである。というより世界が一面的で見直されるべきことが多いということなのだろうか。

『最近の自分の重要な疑問点は、メディアが操る政治ということだ。これはメディアの持つ本質であるように見える。煽るということが本質的にある。政治は単なる手段ではないのである。政治は人間の自由と一体にしてあるものだ。そうであるべき政治が操られ、流される。戦争の時もそれはあり、今もある。しかしジェームス・ジョイスの時代、ジョイスはこのペンに信頼を置いていたように見える。宗教を否定した彼はペンの力を信じていたのではないか。これは時代の持つ制約なのかもしれない。諭吉にもそれが見える』

定一はマスコミの持つ原罪のことを考えているのだ。世界中の情報は即物的に、それも時間を置かずに取り扱われなくてはならない。朝、市場の競りにかかった魚のようにである。しかし誰でもわかることだが、時間をかけないと、それは自己の中に表象を、そしてやがては概念的なことを生みはしない。マスコミのこの情報を発する構造が、時間の要素を含まず、そして空間の隔たりさえ無視しようとする。となると、その世界は一過性の本質を持たざるをえない。そして反省の力は弱い。メディアに人格性はもともと淡いのだから。人間性の本質から、自然の本質から状況を考え捉えていく力が弱いのだ。日本の大戦中の報道と現在の報道に同質のものが定一には見える。そういう定一はテレビを全く見ない。新聞だけは見るが範囲は限られている。彼はいつも、読み応えのありそうな論評を、政治・経済から文化の広い領域に渡り探しているのだが、それは少ない。しかしそこには読者の側の問題点が、やはりこれも時間の質に関わる思惟性のなさということが記事の内容の十分の理解に至らないことが隠されている。紙量の半分以上はコマーシャリズム的なもので埋まっているわけだから、こうなると読者が政治なり経済の真実を摑むということには非常なる難しさがあるということになる。このことがマスコミの責任か、読む側の責任かは断定が出来ない。後に定一は、新聞を残しておいて再チェックと関心記事の切り抜きという時間を特別に設けるようになるのだが。

彼はその朝、プラトン全集(岩波書店刊)の「ティマイオス」の種山恭子氏の解説を読んだ。既に数日をかけて読んできたものだ。人間のこういう努力、読んでも読んでも簡単には自分のものとならぬ行為は一体何であろうか、単に無駄に過ぎないものか。彼は「ティマイオス」についての何枚ものメモを、それは記録した日々が飛び飛びで時間を隔てたものであったが残していた。しかしそれらは本当の理解からは遠い。彼にとり「ティマイオス」は長い間読みたい本であり、読まなくてはならない聖なる書でもあったのだが。だがこの日の記録だけはプラトンの本質に、かなり迫っていたように見える。それは解説の力あってのことではあるが。人生は多くの無駄に満ちている。だが不思議なことであるが、その人生が、ただ土を耕して生きてきただけのものであっても、個の人間の魂と筋肉の中を通過していった時間には少しの差もないのだ。人とは何かを思い、考えて一生を生きるだけである。彼のこの時間についての考えは次のように記録された。

『よくもプラトンという人、宇宙と人間の成り立ちをここまで考えたということ、そしてその前に多くの人々の宇宙についての考察の歴史があったことも知られる。人間はこうして歴史を開いてきたということだ。あるいはそのことは、自己の歴史についても言えることだ。それにしてもこの解説は良い』

彼はどこの部分に自己の注意力を集中させたのか、得たものは何であるかということは残る。だがそれは、例えば、人間が最初に宇宙を飛んで月に降り、それからまた最も近い惑星の近くまで飛んでいって帰って来ての印象記のようなものだ。その具体的な印象は記されていない。宇宙はそんな風にプラトンにとって身近な存在だったのだろうか。そしてそうやって宇宙の正体を知らずしては、現実の人間問題も解きえぬものだったのだろうか。全てはそういう大きなスケールで思考が成り立っているのは事実だった。ティマイオスが説く宇宙とは、不正・不滅、それは釈尊が言う、因縁によって生まれたものではない、それでいて真なるものであった。その宇宙と「生成されたもの」従って、生と死を持つものの関係が考察されたのだ。それから宇宙の統合と秩序が考えられた。そしてそれから宇宙の素材が考えられた。そして最後に結論を、理性と必然の共同作品としたのだ。定一がただはっきりと理解したのは、魂と身体の訓練の重要性であり、そのためには身体の世話が重要であり、他方では神によって与えられた「理性」の世話を怠ってはならぬということだった。

自然世界を動かすものも、理性的なものとして捉えられているのだ。すなわち知的存在者が宇宙全体を支配しているというのが、宇宙の見方なのである。「最善を目指して配置づける知的な力」、これを原因者とする宇宙論なのである。

定一は考える。これ以上の宇宙論はあるだろうか、宇宙への信頼は少しでも裏切られただろうか。そんなことはあるまい、裏切られたのは、宇宙の善なる製作者である神によって、神に最もよく似せて秩序あるもの、善なるものとして作られた人間の裏切りが証明されただけだ。この全く信用の出来ない、不埒な生き物、人間が地球を壊し続けたという事実が、プラトン後二千五百年の歴史そのものであるということだ。古代にあって捉えられた人間の理性の比重は、現代にあってはずっと軽いものになり、欲望の比重は逆にはてしもないほどに重くなってしまった。文明はそういう人間を作ったものだ。古代の人間の思想は遠くなってしまった。そこに現代の人間の粗悪化が、劣化が見える。多くの現代人には、カントが説いたような「純粋意志」というような理念的なものが欠けてしまっているように見える。人間というものがそんな風にただ欲望を主体としたものになってしまったとするなら、人間を作ったものは神ではない。神は造物主ではない。だが他方では理念的なものに自己の日々の生を托して、道徳性の内に自由を見出さんとする者がいる。彼等の内には神が、不死なる概念が存在し続けているということである。定一の二つの世界の考究は、人間の現実の姿と他方ではあるべき姿をより明晰なものとしていくのである。何があるべき姿であるかということが、常に心の奥から要請されているということである。

プラトンは何故宇宙のことをそんなに考えたのだろうか。この時の定一にはそういうことは分かってはいなかった。しかし実のところ、彼の道もまたそういう方向にあったのである。何故なら二つの世界を持つ、あるいは考えるということはプラトンがやったようなことをすることなのである。現実的なことだけをどれほど考えてみたところで、その現実を解いてそこから個人なり人類を救済する道は見えてこない。釈尊もそういう苦悩を通った。出世間道は必然であった。プラトンは宇宙の正体を考え、カントは数学と物理の原理を究明し尽くすのに壮年の時代を使った。カントはそうやって、理性と道徳の法則を発見した。定一は次第に「世界救世教」というようなことが、荒唐無稽なことではないのだな、と実感されるようになっていくのである。言わばそういうスケールとなっていかなければ、自己の解明も進まないし、現実の世にも力を持ちえないのである。形而上学を抜きにしては深まりえない、現実理解があるのである。このことは次第に自覚化を深めて、二つの世界を考えさせたのだが、この道程には幾多の先駆者がいたということになるのである。

定一は書く代わりに読む。朝の集中力の高い時間だからその迫力は増して、今まで読めなかった本に手が着いていく。これはなかなかに魅力的なことだった。そうでなかったら「ティマイオス」のような本は一生読めないで終わる。読書の世界もそういう形であるものだった。

その日は彼が心待ちにしていた日だった。そして事実、それは彼の期待を裏切らないものとなった。桜はもうほとんど終わり、それはコートの類が不要になったことを意味し、煩いなく身軽に自然に向かって歩いていけるのだった。こういう感情の率直な表明はアメリカ人の方が強い。彼等はすぐに半ズボンになり、オープンカーを持ち出す。彼等には梅雨もないから、長い夏の始まりなのだ。彼等には夏と冬しかない。日本人はそういう感情をあまり出さない。季節に対する用心がいつもなくならない。

彼が心待ちにしていたのは、檀家になっている寺で釈迦の誕生祭が予定されていて、孫達と一緒に出掛けることだった。嫁も一緒である。定一は一歳になって間のない次男を背に負った。その道具はアメリカで買ったものである。山の方を歩く予定である。そうやって電車に乗った時から、何か楽しい気分がした。こういう風に人が何かを心待ちにするというのは、そこに何があるからなのだろうか。そこには単なる快楽的なものの要求ではないものが見える。それは明らかにされるだろうか。

小さな子供達にも、寺に親しませようというのが定一の今日の行為の基本にある。彼等には日頃、寺にも僧にもそして仏にも親しむ機会がない。家の墓地さえ見たことがないのだ。もっとも墓地は買ったが墓石はない。子供達にはそうしたことが何もかも初てのことだったのだ。

定一のやっていることをよくよく見れば、そこには生まれ故郷に対するものと、今住む土地に対するものの両方がある。これを人について言えば、故郷に住む母であり、今この地に住む子や孫達である。彼が寺を選び、家の伝統の宗教をしっかりと、思想においても習俗としても継承しようとするのは彼の意志の表れである。そしてそういうことは知らない間に、家族の強い伝統になりつつある。母の存在は、過去へと祖先へと繋ぐものであり、孫は未来へと繋ぐものだということである。彼の中に生命の継承という、本能的であるより理性的な概念が隠されている。

アメリカから帰って六年半、孫達はしっかりと育ったようである。いつまでもアメリカにいなかったのはこの意味でも正解なのである。それは確信となって彼の内に宿る。子供の成長のタイミングは絶対的なものである。彼自身の体験にしても、彼が祖父母に会えなかったのは人為的なものだった。あの戦争の最中に満州へ渡らなかったら、祖父母の膝下に甘えることが出来たのだから。彼は父方も母方も祖父母の記憶を持たない。このことは彼の中に一つの重要な傾向を生んでいないか、家族的な伝統に関わって。彼は自分がそういう家族という伝統的な志向性の薄い人間であったことを今になって気付く。彼は一度、故郷を、家を、親を捨てた人間だった。彼はそんな二十歳の頃から、自分を、巣を捨てて二度とは戻って来ない鳥のように準えたものである。だがそこには一つの秘密がある。一体そんな彼を、たった一日の見合いで、故郷の血に繋がる女との結婚を諾《うべな》わしたのは何なのかということが。それは本能ではない。理性的なもの、責務的要請であったのだ。彼はその時、「誰もがやることなのだから、自分もこれを受け入れよう」と思ったことをかすかに憶えているだけなのだが。だがこうして、六十歳の停年後の新しい世界は、一つの伝統回帰への歩みでもあったのだ。ここにも退役後の世界の重要な意味がある。宮本常一が、孫を育てるのは隠居の仕事である、という言葉を記録に残したのは重要である。老人が体験的に生命の継承ということを捉えており、それが孫達に無言に伝わっていくということの内容がそこにはある。結婚と生と死が一体なのである。こういうことを信仰と言ってもいいかもしれない。そういうことは故郷の人々の姿が教えたものでもある。そしてこれは日本的霊性とも呼ぶことが出来よう。帰国時の感慨、「日本人でしかありようがない」は、まさに言葉なき日本的霊性の自覚であったのだが、これを日本人の伝統ということから、現実の様々の問題に対して解きほぐすとなると、課題は容易なことではなかったのである。

孫との付き合い、寺の行事への参加という、何事でもない行為の裏側にあるのは、そういう彼の人生の全貌がある。だからそれは人格と言ってもいい。そこに目的や意図があるわけではない。彼を導くのは日本人の霊性であって、学校教育とか法律とか制度ではない。彼を作ったのは妹であり、共同風呂で会った老人達であり、少し長じては牛を使った労働であり、大地と共にした生活なのである。それは彼を人生の苦しみの果てにおいて、信仰まで運ばずにはすまなかったし、現に苦しみの中にある限り、それはますます強いものとならざるを得なかった。他において、いかなる救済の手段もないのである。

こうみてくると、彼の信仰は親鸞のその過程に似たものが見える。親鸞の信仰は法然に会って確定した。三十代半ばのことである。しかし親鸞を真に親鸞たらしめたのは、国家による念仏弾圧にあって、北陸へそして北関東へとたどった三十年に近い流浪の生活であった。それは民衆の生活に、大地に触れることであった。それは信仰を更なる強いものに、仏の救済が更なる真なるものとして受け取らされたのだ。そういう意味で言うと、定一の会社の生活は親鸞の関東での生活に該当する。この壮年の、長いそして過ぎてしまえばあっという間の時間にこそ、苦闘の歴史は凝縮しているのである。書くことしか見出せなかった三十代の前半、罪に近付かせた四十代の絶望、だがそこに希望はなくとも彼の精神がごまかすことなく見ているものがある。彼が念仏しかないと自然に思い始めたのは、四十代の後半である。彼の中を妹が、村人が、そして現場の労働者達が生きていた。そして遂に、この世間的生には、例えそれが再生の希望であっても単なる希望に過ぎないことを知ったのだ。救いはこの世間を出ることにしかないのを知ったのだ。それを教えたのが会社の生活であったということになる。その意味では会社は大地であったということになるのである。大地が教えたのは民衆の意味であり、そこに生活することの意味である。その意味では定一の場合、信仰の視点と、政治的な人民主権の考えがぴたりと合一化されて一体なものとなっている。親鸞の場合で言うと、彼が仏教弾圧にあって命さえ奪われかねない状況に出逢わなかったら、あれほどの民衆への接近はなかったのではないかということである。親鸞はその後の一生において、権力側のあの弾圧を許してはいない。

会社という大地に住むものは労働者であり、土の大地に住むのは百姓である。それにしても、この人民の姿に触れずしては信仰は生まれない。民も苦しい、自分も苦しい、ということがあってのことで、概念的なことだけでは受け入れられないことが見える。定一が製造の現場を預かって苦労した五年間が過ぎて思った、『この時代は自分にとっては何も収穫はなかったけれど、現場の人々と喜びと苦労を共にしたことは残り続ける』は、彼の中に信仰が生きていたのを意味するものであるだろう。

定一が求めたのは、そのような生における、日常的生における何か真実なもの、生きる意味であった。それを象徴したのが小さな石の社に奉られた、赤い小旗の「心願成就」の言葉であったのだ。「心願」は彼の中を生き抜いたのだ。彼の半生は、こんな現代の時代にあっても浄土教の体験がありうることを、そしてこれは日本人が力強い霊性をもって自己の道を発見し、絶対の孤独性の内に自立の道を歩くことの可能性を示唆するものだった。自立の道は単にあるものというより、可能的であるものなのかもしれない。定一にとっても達成されたものというより、未だ残された生において、可能的なものなのである。ただ彼の道が、親鸞を生み、無名の大衆を引き付けた鎌倉時代の浄土教信仰が現代に引き継がれたものであるとは言えるであろう。

定一と家族は御堂に座っている。僧と一緒に「正信偈」を唱する。彼の側に座っている、女の子と男の子の二人の孫も言葉にしている。二人とも大変すなおに仏様と向かい合っている。定一はそこに無限な感謝をいただくのだった、そしてこんなに幸せなことがあるのだろうかと思うのだった。よく育った子供達に感謝せずにはいられないのだった。

「正信偈」の後で、子供達は一人一人前に出て仏の像に甘茶をかけた。この時御堂で撮った写真、それには定一と三人の孫が写っているのだが、不思議な落ち着きがあった。写真の一枚は、この年の暮れ、アメリカ人の若い友人にクリスマスカードに添えて送られた、そしてある反応を夫妻に生んだようだ。そこには彼の今が、ある揺るぎのない存在が写っている。その意味するのは、家族を守るものであった。考えてみると、国は違っても彼等は壮年の直中《ただなか》を、定一がそうであったように必死に船を漕いでいるのだから。

寺を出たがまだ正午になったばかり、春の陽が中天に輝いていた。彼等はバスに乗って駅に戻る途中で下りて、急な斜面を山に向かって登っていった。この後の半日ぐらい、明るくて、自然を味わい、汗をかき、子供も大人も楽しんだ時間は一生にめったにないほどのものであったと言うことが出来よう。目差したのは、最明寺という天台宗の寺の跡地であった。定一は孫を負っていたから、それでも斜面をかけ上るように登ったから汗をしっかりかいた。それで上半身を裸にして汗を拭いた。そうやって大人と子供の六人は並んで昼飯をとった。すぐ下には八重桜が満開で人が群れていた。定一達はそれを避けるようにして、更に高いここまで、急な斜面を子供達とかけっこでもするようにして登ってきたのだった。そうやって午後の時間はゆったりと過ぎていった。また、帰りのこの高松山の斜面の道に見た風景には、人間の歴史が見えた。ひっそりと樹林の間に静まり返った茶畑、そして道そのものが、寺と里を繋いだ人々が往還した証跡であった。こんな意味の説明板が掛かっている。

『言い聞かせ坂』

母馬が子馬に急な坂道で言い聞かせた坂道である。「最明寺」に生活物資を運んだ馬のことだ。

昔は人にも馬にも子供にも言い聞かせたものだった、不条理な人生に耐えることを。この説明板は微妙に、そうした古人の習慣的・思想的伝統が偲ばされて、定一は初めて合った十年以上の昔から忘れられないものがある。そういうことが成立するのは、人間が歩くという行為あってのことであった。定一にあるのは失われた伝統に対する哀惜感であった。だが彼の中にはそういう感傷を超えたものがある。それがこうやって歩いて来る者の少ない山道に、家族を誘うものなのである。彼は自然を肉体を以て知らずしては大きな人格が生まれないことを知っている。しかしその彼にして気付かれていないことがある。それは今の世にあっても、昔を守って我関せずと暮らしている人達がいるという事実である。これはなんとも奇妙なことである。家は昔の形を保たせて、なんと床は土間のままなのである。定一の歩くという行為は、昔を保つための一つの行為であるということも出来たのである。一つの形を守ることが、思想的伝統を守ることであることを自覚はなくとも成立させている。家族の伝統などというものは、そういうところにしか生き得ないことであるかもしれない。

こういう印象深い一日は、終わって夜を越えた朝こそ、より深い認識の光を受ける。

『「世界が開かれていくこと」はあることのための条件であるかもしれない。それは自己の不動性を維持するものである。不動性とは世間世界の動向によって動揺を受けない、自己の世界が保証されていることである。このことのために、世界を開き続けることの必然性がある。ここに不動の元があるのかもしれない。自分は見えないものを見ようとする、待っている。だがそれはなかなかやってこないし、明確にならない。昨日御堂で孫達二人の「正信偈」を読む声に感じていたのは、そういうものだった。期待されたものではなく、生まれてくるものだった。

一日が孫や嫁達と時間を共有されて過ぎて行った。その時間の中で、自分は大磯の家には妻の手伝いがいるなと思っていた。それは自然に思われたことだった。それを妻には言わなかったが、妻もそれを感じていたのだろう。自分一人で夜も遅くなって送って行ったのだ。

人は無言の内に決意が生まれ、それを抱いて生きるのだろう。それが日々を新しきものにしていく。書くことは日々を新しくする、それは新しい自分を知ることである。この変化し、移ろい変わる自己ということに重要な意味がある。そうでない進歩とか進化はありえないからだ。そうなると書かない日々はよほどの工夫を要するだろう。やはり風景ということを考える。誰もがそこに風景を見る。私が夕食になってビールを飲み出した時、嫁は驚いた。しかし妻は私にビールを飲ませ、自分が大磯まで送る決意をしていたのだ。このやりとりの中に見えたのが風景である。単に義父・母に見たものというより、人間としてかく行為する者の姿だ。御堂、山登りそして夕食後の姿、それらの一切を彼女は見た。それは良くも悪くも、彼女に影響を与えずにはすまないだろう』

彼の中には、自分は今日の務めをもう十分に果したという概念にまで達したものがあった。それが、あるいは自分がしなくてはならぬことであった大磯まで送るという行為を、妻に無言で委託したものだった。彼はその行為を回避した、そしてそこには、自分の明日の早い朝への義務感があった。このことは世間的道徳観では説明出来ないことである。全てを家族優先とする道徳感情は始めから彼にはない。いつの時代にあっても、彼の中にあるのは自分自身がなんとかならぬのに、家族をなんとか出来るわけがないという思いが生きていた。それは妻と息子には暗黙の内に了解されていることだったが、嫁には違和感のあることだった。ただ定一はそのことに、嫁が見た風景に気付いていたのである。

六日間のスケジュール化された日々が過ぎ去っていた。彼の中にこのことに対するこだわり、抵抗感がある。アメリカの友人マイクがクリスマスカードに書いたことと全く反対の時間の質ではないかということである。一体何が残ったのだろうかと考えるのだった。どこにその不満はあるのだろうか。

二日　芦ノ湖への釣り　配られた燻製の魚
三日　公園での花見　老人の交流
四日　役員引き継ぎ　今後の自治会活動
五日　薬膳料理教室　春の料理
六日　花まつり　孫、嫁への影響
七日　知人の家へ　知人の絵と自分の小説

『こうやってみると、自分自身の収穫はさして大きなものには見えない。予定をこなす気持ちの方が強かったのだ、とするとやはり、無為ということに帰するのか。その中で何か受け取ったことはないのか。今、自分が求めているのは書かない生活の意味である。書かなくても、有る意味である。書かなくても何かを生み出す、発見のある生活のことだ。しかしまだそれは見えない。この世は「世界を開いて行く者」と「開かぬままに生きている者」との組み合わせにあるのだろうか。結局のところは、この現実のありのままの人間の真実が、文学の力で摑めればいいのだが。しかしこれは、時代と歴史の視点から姿化されなくてはならないのだろうか。今の我々の姿は貧弱に過ぎるのだろうか。

新しい小説の発想には時間がかかりそうだ』

彼を悩ましているものは、信仰と、自己の社会的存在のどちらに優先度があるのかという問題である。その両者が人間の生に本質的なものであればあるほど、それは融合し統一されなくてはならない宿命を持つ。これもまた二つの世界に関わることなのであるが。彼がこの日々にあって求めているものが、ここには表現されている。彼が求めているものは、ありのままに生きる人間の真実である。それは小説家の真実ではない。日暮らしの人間のなかにこそ真実があるのだということが、概念として彼の中にある。それは意志的である。そこには誰もが受けていかなくてはならぬ労苦と、それに耐えて生まれる喜びがあるからである。それは人間の生の本然的なものである。かつての、少年時に会って見た、村人の生活にあったものと同じものである。土を耕して、土に生きるだけのものであった人生に見たものと、同一種のものである。これは信仰者の視点である。ここに書くことを止めた時間の意味があったように見える。だがそれは今の彼にとっては決して自覚的なものではない。彼には自分自身がそういう日暮らしに生きている庶民だということが、実質的にそういう生活で成り立っていることが理解されていなかった。彼の少年時の感慨『人間の一生はこの村人の一生を超えじ』は、今の自分のありように敷衍《ふえん》されたものだった。自覚されなくとも生活に生きているものは信仰だった。信仰の層は、書くことの層よりも、もっと深いところにあるものであった。信仰は霊的なものである。しかしこれはカントが言った道徳的なもの（法則）と言い替えてもよい。この自覚の過程は長い壮年の歴史である。自覚はされずともその人間を律するものである。定一が結婚を受け入れた決意にはそれが見える。彼の村人への愛も、庶民への愛も同じものである。彼が三十四歳で気付いた自己の内を生きる「心願」もまた霊的なものであり、かつ道徳的なものである。

自覚するのとしないのでは決定的な違いがあるだろうか。というよりは完全な自覚などということは、こういうことにはあり得ないということかもしれない。何故ならこれは悟りに近い、我々は悟ってもすぐに流されている。幸福とか快の概念を捨て去り切れないからである。この欲望の分野は、生きている人間にあっては限りなく広く深い。定一は今の書かない生活にも意味を認めている。書かなかった、ただ仕事に追われて苦しかったが労働者と喜びと苦しみを共有したことだけには意味があったと認めた壮年の時代と、それは共通するところを含んでいる。庶民への愛などということは、書くか書かないか等ということに関わることではないのである。逆に言って、その愛が偽りのないものであるなら、書くことは自覚に達せずとも振れることのないものになる。彼は時折、文学が人間の生活の真実を摑むものであるならばと、期待感を寄せることがある。だが書くことは、カント的な悟性概念を越えないように見える。信仰的、霊的世界はより深い所に、これもカント的に言えば理性的世界のものである。その意味で、彼が今気付きつつある社会的、歴史的存在としての自己という視点も、現実的世界を超えるものではない。彼は二つの世界の意味に対して自覚的でありながら、それを統一しようとする力を本能的に持っている。幼児にあって、少年時にあってそうだったのだ。統一する力とは人間への愛である。彼が少年時にあって野心と感じ取ったものは、この愛であったように見える。この資質が、いつの時代も彼が生きることを困難にしていた。

過ぎてしまった六日間を概念的に捉えて、理性的な解答を与えることは出来ない。理性で摑まえようとしてもぼんやりとしたままだ。定一はそんな体験を何度もする。それは昔叔母が言ったことそのままなのだ。その時間にあるものは、日暮らしの時間そのものなのである。彼は自分が、叔母が感じたような人生の限界を超えることが出来たのかどうか、自信はない。この問題はベルクソンによって「物質と記憶」の中で追求されている。定一は自分の思想概念を西洋哲学で見直す努力をする。だがそれも成果のほどは見えない。時間というものが日暮らし的な時間を超えたものにならなければ、人生に進化もないし創造的なものも生まれてこないというのは事実であろう。定一は自己の人間性における変化、変容ということに、人生という時間の唯一的な価値を認めるようになる。これは書くことが教えたことかもしれない。だがそのことは日暮らし的時間にある生を否定するものではない。それは否定されえない人間の生の事実である。そこからの救済ということに、仏の本願があった。そこには決定的な困難がある。この困難は今も克服されてはいない。定一の過ぎ去ってしまったある時間をまとめて考えてみる試みは、そこに自己に起こった決定的変化がなかったかと探し出さんとする省察なのである。

何とはなしの、そして平凡な一日の感想の中に、隠された真実が見える。翌朝こう思った。

『自分のためから、人のため社会のためへの変化が起こる時、人は大きな変換点を迎える。しかしその前に、何ものの助けにも依存しない、仏が遠い昔に自分のために願ってくださっていて、またその事実に気付くということがあって、自立が成立しているということがあるのだ。かくして、慈悲の心が自然に自分のもの、仏のものが自分のものとなるということが起こるのだ』

認識と念仏には違いがある。生活に生きているものは念仏だ、認識ではない。生活とはスコップで土を掘ることだ。認識は早朝の時間のものだ。生活には不平等というものはない。生命の活動そのものだからだ。この生活の大地で人は学んでいく。そして定一における自立とは、絶対的孤独の自覚でもある。それを教えたのは青春の絶望だった。彼はキリスト教の教会を尋ねた日のことが忘れられない。だが信仰にも伝統が必要だったと、彼の場合にはなる。宗教によってしかその孤独は支えられなかった。自立を可能にしたのは仏の慈悲であった。それはデカルトの言った、自分を幼児より育ててきた宗教であった。

だが人間というものは、どこまで行っても行き難いものである。努力をすればするほどそういうことが起こる。その翌日の起きたばかりの暗い朝、『だまって勉強、しかしそれはきつい……書きなぐっている方が楽、やさしい』と、これは溜め息のように出たものだ。彼が書かずとも、あるいは書かない故により苦しみを覚えていたというのは注目される。妻は研修の中日で不在だった。やはり小説のことを考える。彼の中に今までとは違った小説が書けないかという思いがある。今はそのための休暇であるという意味がある。

『小説のことをずっと考えてみるに、どうも対社会の問題、すなわち社会とどう向きあって、社会生活を樹立するかということに最大の力点があるのではないかということだ。現代社会の混乱の最大原因は「社会的責務」すなわち道徳的要請の喪失にある。そうなると、それでは社会に対してどう向き合うかがテーマとなる』

彼はそこまで考えて、一週間前に読んだ仏教徒の三原則をチェックしてみた。仏教徒の社会性、社会的責任ということが気になったようである。そして読んでみて、これがやれるには自己の生の意味が明らかになっていなくてはならないな、そして自立が達成されていなくてはならないなと思った。ということは、この三原則が、社会的にあるリーダーシップを取る者の条件であるように見える。僧というものは、元々その始めにおいてそういう存在であったのかもしれない。修業などというものも、まず始めはそういうところに始まったものであろう。人間が振れていたのでは政治にはならない。

この頃にあって、後々まで大きな印象として残ったのは『ロビンソン・クルーソー』の読書体験である。この本ぐらい、人間の活動ということを、個人ということでも、社会ということでも、具体的にかつ哲学的にも考えさせてくれる本は少ない。ここには、今特に定一に関心が深い、文明・宗教・個人の行動能力の資質といったことが書かれている。僧の場合も同じだが、自分を一旦は社会と切り離すことでかえってこういう視点が生まれてくるのだろうか。定一の読書は既に下巻に移っていたが、次のような強い注意を引いた個所をノートに残す。

「こういうふうにして自分の境遇にいくらかでもなじめるようになり、沖を通る船をみようと海の方ばかりみていたのもやめるようになると、私は今度は生活条件の改善に努力しはじめた。できるだけ住み心地のよいものにしたいと思ったのである」

更に進むとこうある。

「理性が数学の本質であり根源である以上、すべてを理性によって規定し、事物をただひたすら合理的に判断してゆけば、どんな人間でもやがてはあらゆる機械技術の達人になれるということである」（デフォー作　平井正穂訳　岩波書店刊）

定一はこんなことを思うのである。

『こういうことは初めは当たりまえのように読んだのであるが、今はこのクルーソーがただ者ではないのが理解される。なかなかこんな風に、自分の境遇は境遇として受け入れて、生活の建設ということに積極的に向かっていく人は少ないということである。考えてみると、孤島ではなく今のこの生活でも、工夫を加えなくて生きている人は多いのではないのか。これが更に、後半では宗教が主要な問題となってくる。精神も生活も、クルーソーはまじめに考えている。そしてそこには向上ということ、社会のためにということが初めから見えている』

ロビンソン・クルーソーの物語は、言わばその一身において人類の歴史を再現し体験した所にその深い意味がある。そしてまた著者が生きた年代、一六六〇年頃から一七三一年という時代の特性も確かに見える。本が出版される一七一九年はカントが生まれる五年前である。定一は後にデカルトとスピノザの影響を見るし、またそこに既にカント的な近代的合理精神が生きているのを見るのである。

定一は、クルーソーの孤島での生活に流れていった時間に、人が人生で持つ時間の質について深く考えさせられる。クルーソーは島の大きな木を船に乗っていた斧で切り倒し、それから一枚の板を切り出す、途方もない時間を使って。何日も何日も斧で削る、だが仕事はそれで終わらない。テーブルや椅子を造りにかかる。クルーソーは一枚の板を得るのに途方もない時間を使ったのだが、それは彼の人生の中では一瞬の時間であった。何故なら三十年の孤島の生活の時間の中ですら、彼はたくさんのことをやり遂げ、そして他方精神的な発展もめざましいものがあるからである。それから今度は島を離れると、イギリスでの生活と結婚、やがては商人としての旅を企図し、船での旅、そして中国から大陸をラクダで越える商の旅を敢行するのであるから。定一が考えるのは、人間というものがほとんど無限とも言える時間を持つ者、あるいは持っていたものだという概念である。もし悪いとすれば、この初めから持っていた途方もなく有った時間を成果に導かなかった人間が悪い。定一はそう思わざるをえない。そう考えると確かに時間は無限にある。先に書き上げた小説は四千枚になった。これからだって生きているなら、何千枚だって何万枚だって書けるだろう。問題は、クルーソーが一枚の板を切り出すのに使ったよう時間を何に使うかだった。それは物理的な時間ではなかった。時間には二重の意味があった。そういうことに気が付いていく、きっかけとなったものである。

クルーソーの物語で定一が最も興味を引かされたのは、宗教のことである。クルーソーは初めは全く宗教に関心のない男であった。しかし孤島での生活の内に、次第に神のことが考えられていくようになる。このことは深く考えさせられることを含んでいた。学校はこういうことに触れて教えることを全くしない。それではこの読書の半分は無駄である。宗教のことが初めて出てくるのは、船から持って来た荷物から種子がこぼれ落ちて、十本ばかりの大麦の穂を見付けた時である。クルーソーはこう思った。

「神は、種もまかないのに奇蹟的に穀物を生ぜしめたのだ。それもただこのような絶海の孤島で自分を生かしめてやろうという思し召しからなのだと思った」（前記「ロビンソン・クルーソー」より）

人間というものが本当に喜びとか感動を得るのは、このように、自然であれ出来事であれ他人の行為であれ、それに対して感謝の気持ちを受け取った時なのである。自分のことは何でも自分で出来ると思っている限り、本当の喜びはない。それは尽きるところは空しい。宗教性というものはない。仏教が言うように、大地なくしては一歩も歩けない存在なのだから。だからクルーソーはこう感じる。

人生というものは、摂理の織りなすなんという不思議な市松模様であることか！　少しでも別な事情が生じると、なんという目に見えぬ別の力で人間の感情は動揺させられることか！　われわれは今日あるものを愛していても、明日にはそれを憎むかもしれないのである。今日求めているものも明日はさけるかもしれないのである。(『ロビンソン・クルーソー』より)

その日の定一の感想は次のようなものだった。

『この本を読んでいると、考えさせられることが多い。後半部に宗教が多く入り込んでいるのは、社会の成立に宗教が欠かせないところからくるのだろう。人類の歴史もそういうものであったのだろう。

クルーソーは、始めは生活の改善から手掛ける。二十年ぐらいはほとんどそれに掛かり切りである。しかしフライデーに合い、やがて人との関係が生活の多くを占めるようになり、すなわち社会が成立していくと、宗教はその本質において、人間の「交際」にあって主役を演じることになる。人間と人間の秩序ということの基本は宗教がないと成立しないのではないかと思われる』

彼がこの時直観した宗教の役割は、後に出合うカントの言葉で言うなら、自己を律する道徳性なのである。宗教を失うことの意味が、道徳を失うことに繋がっているのが見える。

翌朝である。日々は人間を刷新するものである。それは思想をも変える。それではこの変化していく人間に対して、変わらぬ自己とはどういう形であるものだろうか。その境界を自分で定めることは出来ないのだが。変わらぬものは確かにあって、それを人格とか道徳性と呼ぶことが出来ようが、それは実践的なものであってあらかじめ言葉によって説明したり、境界を定めうるものではない。それでも定一はそういう自己の領域を信仰で捉えている。そうだから信仰の質を問う。だがその信仰は不動性を持たない。そこには原理的なものが見える。信仰が現実の人生の選択と行動にどのくらい関与しているかは見えないのだ。信仰と生活が同一の質を持った時、「妙好人」の定義が成立するように見えるのであるが。

『疑城胎宮に生きる者は、仏法僧を見ないというのはひどい罰だなと思った。だがである、なおどこかにこの世の幸せを喜んでいる自分がいるのを知る時、この罰は自分に下るやもしれぬと思う。罪福心の心がたやすく抜け切らないのだ。仏の慈悲ひとつにかける浄土往生の願いの念仏があるばかりなのだ。

この世の苦しみがわからない者には、浄土は教えられない。従って教えるということの出来ないものだ。この苦しい生き方に導くものがある。ゴータマに、王宮を、妻子を親を捨てさせたものだ。この生は、無常・無為・空であるということだ。そのために意味ある人生を求めて努力をするのだが、この人生の無為性は変わらない。そこにはどうしても浄土が必要である理由がある』

彼は浄土の必然性と普遍性を理解する、しかしそうなると、生きることとか書くことは何であるのか、どんなに信仰が確立しても書くことは残るのか、そうとするなら書くことには別の意味がなくてはならない。書くことには、現実的存在者としての自己の解明が求められているのだろうか。彼は自己の歴史からそれを考えざるをえない。

彼は小説の主題を、毎日の生きる意味と行為の一致ということに置いてこの四年半書いてきたように思う。彼が求めたのは「もう一つの世界」だった。あの四年前の「報恩講」の御満座の日、迷妄の内に漫然として生きている自分の世界に気付いた。彼は自分が罪を犯した人間であることを知った。慚愧の情は彼を殺すほどに湧き上がったのだ。そこから生まれたのが、「もう一つの世界」はないのかという思いだった。罪ある人間でありながら、それに気付かないで生きているような世界では意味がなかったからである。

それからの四年間の労苦は、それなりの結実を生んだ。「もう一つの世界」に生きることを、「世界を開くという行為」に結実させえたように思う。それは「閉じた世界」から「開かれた世界」への移行を意味する。そして今、彼は新しい小説主題の存在を考えている。彼は始めから主題のはっきりした小説を書きたいと思う。それは日常生活の中にその主題が生きている筈だという思いがあるからである。だがこの両者の直結は容易ではない。だからそこに書くという行為があった。しかし今、彼は先に小説主題を求めている。それが今こうして、書かない日々を選んでいる理由のようである。いたずらに書くことは封じられている。

その日は、自治会の総会を二日後に控えた時間であった。彼は二年間の活動を終わる。小説を書かなくなって二週間ばかりが過ぎていた。総会のことは気になっているが、今日というこの時間は自分を野山に解放して、思いっきり自由の中に置いてみようという決意がある。春は正に盛りとなって、野山には緑が溢れだした。桜は散って季候は一段と和らぎ、外套はいらなくなった。畑から間近に見る渋沢丘陵は木々が芽を吹き出して、最も美しい時期を迎えつつある。妻は研修の最後の日で、夕方には戻って来る。こういう時の条件下にあって、彼は山に登ることにした。妻のいない日が数日でもあると、家を離れて、遠くに行ってみたいという衝動が生まれる。恰も与えられた自由に、その実質を与えたいというがごときの衝動である。あるいはまた、未だ残っている放浪願望の名残であるかもしれない。

定一は歩いていく内に、日常的な生活空間から離れていくに従って、別種の生き生きとした情感を獲得していった。一時間も歩くと、高度も百メートルぐらい登って上《かみ》の集落まで来る。身は殆ど山中にある。それからまた一時間歩くと、一つの尾根を越して寄《やどりき》の川に達する。そこの集落が人家の最後で、八百メートルに近いシダンゴ山の頂上まではあと二時間ということになる。この登りの道で、山に向かう者に会うのは皆無に近い。彼が選ぶ登山道はこういうものでなくてはならぬ。歩く道の時間に求められているのは、全てが無為なる感情である。音もない、声もない、一人行く道でなくてはならぬ。だが何を考えても、結実する概念的成果はない。歩きにかけた筋肉の活動はある。頭脳は活性化し、魂の鮮度は上がる。

彼がその日歩いてやったことは、野に咲く花の菜をつむこと、そしてそれらを生薬することだった。自然のものを取って食べることは、子供時代に身について、今は思想性すら帯びている。自給自足的経済ということであり、人間の自然的生と死に繋がることである。そのためには、こういう植物とその食べることについての経験と知恵が必要だ。このことは様々の形で彼の行為を広げていくことになる。そこには、老いと死が予感的に働いている。彼が山への道すがら集めて、リュックと手提げ袋一杯に詰め込んだのは、スギナ、ヨモギ、イタドリ、雪の下である。その日の夕食にスギナはテンプラにし、ごはんにも混ぜた。雪の下もテンプラにした。スギナは生薬して茶にする積もりである。その日は生茶でも飲んでみた。それらは三日振りで戻って来た妻にも出された。彼の御馳走という概念は、金から作られたものではなく、自然から作られたものである。これは食生活に対する行為の基本的な理念を作っている。美しいとか美しくないということは利己的なものによって生まれず、自然に対する同意とか感動によって生まれてくるものである。このことは後に大きな現実上の意味を持つことになる。

その日は行きも帰りも全部歩いた八時間の行動だった。過ぎた一日がこうして翌朝の暗い時間に回想される。夜はぐっすりと寝て、食べた野の草は消化され、吸収されて、知らない内に新しい細胞となっている。目覚めた時、われながら元気が出た気がしたのだ。

『だが何よりも、自然の花の菜を求めつつ歩いた時間と生薬する時間の中に流れていた一途な心に意味があった気がする』

彼が求めているのは何だろうか。物理的な意味を持つ時間の長さを超えた何ものかである。それはいつも彼の生きる真意でありながら判然とはしない。

『こういう春の草によって喚起される情緒、またこれをなんとか食ってみたいという情動、そして坂道に足を運ぶ肉体の運動が生むもの、肺に入ってくる自然の大気、見える野山の風景、全てが一体となって自分の魂の時間を生きた。帰り道で合ったIさんと話したこと、あの時私の心は弾んでいた。あれは「天然の旅情」というものだろう』

「天然の旅情」とは誰が使った言葉であったろうか。定一はそれを何十年振りに思い出していた。柳川出身の檀一雄の言葉だ。檀は、自分の最後を「天然の旅情」において死なんと決意したのだろう。現代の人間はこういう行為をしなくなった。人は、自然を最後まで旅する者でなくてはならない。西行も芭蕉もそうやって生き、死んだ。これなら最後までぼけない。自然ということが分からないと、人間の本当のところが分からないのだ。そこに今の世相の根本問題があるのかもしれない。自然は人間の最大の教師である。

彼はそこまで考えてみて、自分の新しい小説主題のことに戻ってきた。

『結局、新しい小説を書く目的は、日々の生活の全てをかけて「自由市民」のありようと、文明が向かうべきありようを描くことにあるのではなかろうか』

「自由市民」というイメージは、まだわずかこの一週間ぐらいの間に彼の頭の中を去来するものであった。この言葉は、この春の盛りの一日の時間の中で見ると、奇異なるイメージではない。彼の中に一方では野の中を歩き回った自由感があり、他方にはこの二年ぐらいの間に自覚されだした社会的存在としての自己という概念が考えられていたからである。しかしこの両者の内実を決定することは難しい。だが浮かんできたこのイメージには、何故か自分の希望の全てが託されている気がした。この「自由市民」から行動が生まれてくるのだろうか。これは理性的な概念だろうか、それは今は分からない。だが彼が今の人々を、そして自分を、市民として更には国家の人民あるいは文明の一員として見る時、そこには途方も無いような無智性が見えていた。

とするなら、それが真に気付かれる時、そこから行動は意志的に求められることになるだろう。人間の最後を「天然の旅情」にではなく、「自由市民」に求めるということもあっていいことであった。だから「自由市民」のイメージは全くの錯覚的なものであったとは言えない。前者は彼の本能に強く根差しているが、後者には市民的責務と道徳的責務が課せられていたのである。その実質を実践行動に求めるならば、苦難の余生を意味するものであった。

『丸山眞男は、人は習慣によって考え方が基本的に制約されていると言った。しかしこの習慣は新しい記憶によって、どんどん変わっていくものではなかろうか。われわれは新しい出来事に次々と出合うからだ。それが現在という時間だ。思想を作るのが朝の時間だけではないのが分かる』

定一の中には変化していくものとしての人間の概念が強くなっている。これは人間を有機物としてて、進化していく存在として捉えられた姿だ。そしてこの有機物を精神的存在として見るならば、その物の持つ時間の質が問題なのだ。彼はそこに強い関心を持ち続ける。それは物理的な時間に流されない、生と思惟の時間への関心だ。それを全体として言うなら、理性的存在者への移行ということになるだろうか。彼が自己の罪に気付かずして暮らした時間への深く鋭い慙愧が予測した「もう一つの世界」はないのかという思いは、この理性的存在者に繋ぐものであったのである。本能的なもの、習慣的なもの、感情的なものは、そこでは否定されている。

定一はそうやって、自治会総会の朝を迎えた。実のところ、彼は前日のリハーサルの後ひどく寂しい気がしたのだった。その寂しさを人間の持つ当然の姿として、従ってそうであることはいいことだと彼は内観していた。そこには世間的なものが関わっていたことの自覚がある。とするならそういった虚飾は脱いで、原点に戻らなくてはならぬ。そしてそこから再出発しなくてはならぬ。

『出来る限りこのただの人の原点から、社会に働きかけなくてはならない。会長といえど、名は飾りだ。今は飾りを捨てた。人は何であれ飾りにしてしまうのだな』

彼は父のことを思い出していた。父は村の議長のまま死んだ。父は自分の死ではなく、議長としての死を死んだのか。しかし名はどうあれ、一人の人間の死は社会的存在の死でもあると思った。個人としての死と、社会的存在としての死が起こる。二つの死に重要な意味があるように思えた。名というのは関係がない、両者における存在の重みに意味がある。葬儀には本来そういう意味があるのだろう。どちらか一方だけにすると、やはり寂しいものである。だがこの時点で、定一は父の死を、父が死の前にどういう心境であったかを理解していない。その時の父が自分の殆ど全てを公的なものに、公的な精神とでもいったものに没していたことをである。この理解は彼が社会的な活動において、ある理念の元にその運動を実践的に押し進めた時、生まれてきたのである。その意味で自治会の仕事は、レベルの低いものであったのかもしれない。

『作家でもない、信仰家でもない、何かの長でもない。真人の持つ力ということだ。これを高めるのが逆に信仰であり、書くことなのだろう。この真人の力が強まらないなら、そのやってることはすべてが虚飾に過ぎないだろう』

だがどんな日も、暗い間の四時間の机についての作業ということに変化はなかった。彼がその時間に、どんなに自分の過去の時間の再創造の内にあったとしても、それが全て現在の意識であることには変わりがない。ベルクソン的に言うなら、過去の時間とは想起されたものであり、意識はあくまで現在のものである。過去そのものではないということである。逆に言うと、その想起されたものによって現在が点検・反省されている。ここに朝の時間の別の意味があった。この想起には感傷的なものは全くない。これは一種の作業であり、現在の自己の不動性へと繋ぐものである。

彼がその朝起きてまず初めに会ったのは、「講話」にある次の言葉だった。

「光明遍照、十方世界、念仏衆生、摂取不捨」

そこからこう思った。

『仏を信じることは、自分の心の闇に閉じ籠もることから、外に向かって（社会に向かって）歩いていくことだ。閉じ籠もりは疑城胎宮のイメージ。平和だが、発展と変化がない』

そうやって総会に出た。人々は例年以上に集まり、自治会館の会議場は人で溢れそうだった。定一は二年目の議長をやり、前日のリハーサルで記憶したこと、訂正を意図したことを追認しながら議事を進行した。意見は活発だった。彼はそれを何より歓迎した。意見の出ない会議などやる意味がないのである。

会議が終わって家に戻ってきた彼は、朝の思いを再確認するようにして、こう記録する。
『より、高い高い目標を持たなくてはならぬのだな、と考える。自治会長などということにいつまでもこだわっていれば、人間は知らぬまに小さくなる。それらを捨て去って、より高い目標に向かわなくてはならぬ。それは時代の解明であり、日本人であることの具体的意味であり、現実の交際の拡大と深化の中で人間の真実をよりしっかりと摑むことであり、小説の完成である』

その日の夕方、近くの鮨屋さんで役員の解散会をやった。これで文字通り自治会の仕事の役目と責任から解放されるのだった。この二年という時間には、確かにそれなりの仕事の意味も、組織の意味もあった。定一はそれをはっきりと感じている。しかしやはり、それにこだわるより、捨て去ってしまうこと、そして新たに出発することにこそ、深い意義があるのを感じている。人間には捨て去っていいことと、継承しなくてはならぬことがある。定一がこうして一市民に戻ったことは、市民であることの本質についてより深い考察と、そして次の活動へのステップを生んだようである。そしてそういうことが実は、「自由市民」のイマージュとなって早い段階から現われていたものなのである。

そうやって会も終わり、一夜が明けた。その朝も早い。仏書を読むと、前日のことが思いとなり再現される。

「光明遍照、十方世界、念仏衆生、摂取不捨」

仏の精神というのは、それがインドのものか中国のものか日本のものかに関わりなく、この言葉に全て現われているわけだから、何度読んでも、その時の自分の心境において受け取られるものだった。すなわちこの現在を彼の意識にあって生きるものだった。その意味で言うなら、古代の信仰などというものが現在にあるわけではない。現在を生きるものなら、それは新興宗教である。そうでないと信仰は真の力を発揮しえない。定一がこの朝、すなわち「新しき出発に向かって」として捉えた日、その印象はこうだった。

『このことが出来たのは、この世だけのお恵みによるものではない。十劫の昔よりの仏の願いが既にあったのだ』

彼はこの朝床の中で目覚めた時、『私の総会であったな』と思った。下書きのメモは一貫して彼の考える世界を、小説のそれのように展開するものだった。議論の活発化、交際と交流、新しいものを生み出すこと、自治会がそういうものであるべきことを信念として語った。新役員には三度目の話になった。彼等にも少しは染みたのかなと思った。彼が自治会活動に持ち込んだのは、何よりもそういう思想的なものだった。彼の自治会活動は政治性に触れるものだった。だからこそ、彼に政治性のある目覚めを生んだのだ。彼はこの政治に必要なものが哲学だと思った。哲学さえしっかりしていれば、政策の統合性、ぶれない方向性、人に対する指導性も生まれるのではないかと思った。彼は哲学することを退役後の生活に学んできたと思った。しかしこの考えには重要なことが抜けている。それは政治というものは哲学よりも実践力にかかるものではないかということである。この実践力は理性的な力であるから、哲学することの重要な役割はあるが、物自体であるような人格的道徳から発せられてくるものであるということである。それはもっと霊的力であり、信仰にも近い物である。定一には、政治は禁断の匂いがする。だが彼は、それに触れずして一生を終わることが出来まい。

彼はその日、神田の「岩波ホール」へある映画を見に行った。妻が一緒である。映画はバルザック原作の「アンジェ公爵夫人」である。ただでさえ楽しい行事であったから、この解放された第一日目のような日にあって、これが楽しくないことはありえない。彼の日常性はすっかり切り離されていた。例え映画がどれほど深刻なものであってもである。しかしこの映画自体にも、深刻なものと、起こってしまったことはもうどうしようもないという突き放すような磊落性があったようである。それがバルザックの個性なのか、時代の特性なのかは分からなかったが。定一の中に例え状況がどういう所に追い込まれたとしても、自己の中の力だけは失いたくないという思いがいつもあるようである。妻との旅はいつもそういう力の原点への回帰の意味を持つものだった。

映画の後は、行き付けの昼食店の二階で食事をした。それから東京駅まで出て、新しいペンを買った。ペンは二年毎に買い替える。退職して四本目になる。これは彼が自分自身に与える唯一の褒美である。これくらいのことでもしないと、毎朝がんばっている自分が可愛そうだ。映画のことは翌朝次のように回想された。ここにも二つの世界が見えている。一方の世界に偏しえないということである。

『映画「アンジェ公爵夫人」を見た。一夜明けて考えると、これはバランスの問題だと、一言にして片付けられる。恋愛（愛の事実）と人生とか人が生きている社会とのバランスの問題である。愛に偏した夫人は、絶望の道に赴かざるをえなかった。これは早急ならざるを得ぬ死以外を結果しないということだ。諭吉の言う徳義と知性の問題でも、バランスの問題と一言で片付けうる。一方に偏してはだめである。

諭吉に見えるのは、そしてこのことは明治の知識人（鷗外や漱石に代表される）や庶民にも見えるものだが、西欧から入ってくる圧倒する文明の力に対する無力感である。漱石が言ったように、抵抗すれば神経衰弱に落ち入らざるをえなかった。その力は日本人の理性を失わしめるほどのものであったのだ』

そうやって新しく買ってきたペンを使って書き、考えた朝だった。その日、午後の書斎は実現した。「現代社会と仏教思想」を読んだ。これは孝橋正一氏の論文である。定一は論文の真意を読み切れたようには見えない。それでも、宗教によって自己の絶対的な真理的確信が得られたとしても、向かい合っている現実世界は社会的、歴史的存在であるから、内面的な自覚の論理をそのまま対象する世界に不当に拡大してはならぬと書かれていることは理解した。定一がバランスとして捉えているもの、そしてこの本に書かれているような宗教的自己の存在と社会的存在としてのやはりこれもバランスと捉えられるものは、人間が二つの世界を生きざるを得ないことからくるものである。

定一に春の九州への帰省が迫っていた。これは、総会が終わったら出来るだけ早く、ということで決められていた。例年の予定からすると、一ヶ月くらい遅れている。しかし今回はまだ残されている予定も多く、帰省のことがなかなか実感となりにくい。翌日は市役所に会長交替で挨拶に行った。特に台所ごみの堆肥化では力を入れたから、一緒に取り組んだ廃棄物の担当課などには知己が多かった。「今後は一住民としてやっていきます」と言うと、新会長が「うるさい市民ですよ」と言った。二年の間にはここにもしょっちゅう来た。いつも自転車だった。だがそれももう終わり、そしてそれらは既に忘れかけられていた。それでも、社会に対する住民としての積極性だけはなくすまいという気持ちは残っていた。しかしそれから二年ぐらいが過ぎてみると、この時の彼には、行政や市政の持つ本質は全く見えていなかったのが分かる。人間とは絶えずそういう風に自己の限界を打ち破っていくことを宿命化されているものである。ただこの時の彼が、二年間の自治会活動としての市民活動に区切りを付けたかったのは事実である。午後には九州へ送る荷物を整理して、運送屋まで自分で車で運んだ。それが終わってどこか肩の荷が下りたような気になった。そしてマイクが言ったような、スケジュール化されない時間に戻れる気がした。

この故郷への帰省は、それは二十日に及んだ滞在であったが、彼にそれまでの生活の区切りをつけさせた。そして更に、母の病気に関わって秋までのその後三回の帰省は、その事を完全なものとした。この間におけるる彼には一種のダイナミズムが見える。人間が自分の家という一個所だけに住んでいれば、ある閉塞が生まれるのは事実である。またその頃の彼には、場所や環境を変えながらも、この自由の多くなった時間の中で勉強したいことが多かった。特に諭吉の文明論を理解することであり、新しい小説主題の発見だった。書かない朝は読書量を増していた。そしてこの帰省は暁烏の『無量寿教講話』の読書を起動させた。この暁烏の主著である本は三巻からなる厖大なものだが、精読しながらも毎朝欠かすことなく続けられたから、その年の内には読了された。彼の中に、宗教へのより深い関心と文明とか社会に対する関心が共存した時代であった。前者には自立と自律をより高める要求があり、更には人間の持つ思惟性に関わって時間の持つ別の機能が求められていたということになる。書かない時間は無駄には終わらなかったようである。

それではこの時にあった「自由市民」のイマージュはどう位置付けられるものだろうか。それは単なる「キャッチフレーズ」のようなものだろうか。定一には初めの自由の意味と後の市民の意味の、両者の明確化が求められていた。

自由という言葉ぐらい、現代の日本人を誤らせている概念はない。自己の自由と背中合わせにあるのは他人の自由である。自分にとって大事なものほど、それは他人にとっても大事であるという事実に気付く時、他人の自由を守ることの責務感も強くなる。つきるところこの責務感は、自己の権利の主張に対して勝るものとなっていく。となるとそれは利己心とか計の逆の概念である。自由とは、利己心をどれだけ自分が離れうるかにかかるものなのである。これは道徳性の自己への強制に他ならない。そこに見えるのは自律の意志、物の存在である。しかし他方、人間である限り自然的存在、すなわち利害に関わる因果的存在であることは生きている限りなくならない。自由とはこの自然の必然性があって成立しているものである。道徳を守らなければ、自己の存在は無意味化する。だが自然的存在でありながら理性的存在でもあるとするなら、宗教的苦悩は無限である。ここに仏の存在の意味がある。人間の生きる現実は地獄であらざるをえない。彼の「自由市民」には宗教性が強い。

だが他方、市民には政治的な理念が含まれざるをえない。自由には強制的概念が見えるが、この政治性も強制的なものだろうか。政治性とは、特に日本人にとっては避けたいもの、本能的にはそういうものである。ここには丸山の言う、公と私の区別がない、前近代性の特徴がある。この特徴は今の日本人にも強い。定一に起こった、私から公への接近ということは、非政治性から政治性への接近を意味していたということになる。そしてその時同時に、自分の政治の現実に対する無知、また政治的な無力性ということが気付かれていたのである。そういう定一だが、戦時中の日本人のような存在を激しく嫌悪するものがある。国家の権力によって、誤ったマスコミによって、自己の選択する道を間違ってはならないということである。強い自立心がそれを生んでいる。「反体制的」と言われる所以もそこにある。だが半生にあっては、それは政治性を持ってはいなかったということになる。それは今、変わりつつある。自由市民の原形はこういうところにある。政治性を厭いながら、政治的であらざるを得ないことを受け入れるとするなら、ここにも強制力が働いていることになる。とするならこの人間の政治性も理念による強制なのだろうか。すなわち道徳的なことなのだろうか。定一の父は最後をそうやって死んだのだろうか。

定一はその朝に『仏教と社会の諸問題』という本を読み終わったのだった。彼は、単に老人だけではなく、子供や若者や労働者も交際を広げることの必要性を教えられたと思った。それは時代が持つ社会の問題状況に、トータルにそれも積極的に関わり合うことだった。彼の場合このことは、絶えず反省されなくてはならなかった。こういうことにも、自己の救済にはとどまらない、世界救済の概念の必要性が見えている。こう見るならば、「自由市民」であることは既に始まっていたことではあるが、彼がどのくらいその政治的意味で耐えられるかは未知数であった。法然も親鸞も、日本の庶民が初めて自己の人生の意味を求めて歴史上覚醒の時を迎えて勃興してくる大衆のエネルギーを見た。彼等の浄土教信仰の体験は、そういう民衆の力の萌芽と軌を一にするものであっただろう。そこには単なるコモンセンス的な理解を超えるものがある。そこに時代の趨勢があるということだろう。時代が人を生み、人が時代を引っ張るということだ。だがその時代を生きる人間達にとっては、ただひたすらなる生があるばかりである。日本人のエネルギーを今の世に再生したいというのは定一の隠されたる願いである。そういう彼の生きた時代は、六歳で満州から引き揚げた時から、戦後という六十数年の全体をぴったりとカバーするものである。戦後の歴史は彼の中に凝縮されている。だがその正体を、真実を見切るのは難事である。歴史の先に歴史がある。彼が願いを実現するためには、個人的な思惑と、これもまた個人が受けなくてはならない肉体的、世間的な運命の酷薄性を越えていかなくてはならない。それはまだ全く未知数なことであった。

一夜が明けると帰郷の朝である。こういう時間はどんなに先にあるようでも、あっという間にその時が来る。そしてその現在に少しとまどう。彼はいよいよ帰る朝になったなと思う、だが朝になってみて気持ちがそう切り替わったのを知る。忘れものがいろいろ浮かんでくる、向こうでの生活のことが考えられるようになる。その時が来て、その時が今化されたのだが、こちらでの用もまだ全部終わっていないような気がする。あるいは今でもまだ用が続いているのかもしれないと思った。

彼は、帰ったら「報恩講」に行きたいなと、それをしきりに思う。するとここでの生活のことが一度に忘れ去れうる。ここでの生活の惰性があるのが気付かされる。生活に、交際に、自然に、夫婦の間にもある。『それを時にこうして断ち切るのはいいことだろう、しかしそうなら、そこには気付かれざる不安もあるはずだ』

こうした時間は、彼にあってアメリカでの退役・帰国後の六年半、繰り返してきたことだった。そして奇妙にどこかに『妻との本当の別れがいつかこのようにして来るのではないか』という、恐れにも似たものがいつも隠れるようにしてあった。それは必ず来るものでありながら、仮想的なものだったということである。この人間のありようは浅薄なものである。それでも彼にとって一つのトライアルを意味してはいたのである。

今年の帰省は遅れている。例年なら三月の初めに帰るのが、今は既に四月の後半である。会長職の切り替わりがこうした。母のことがやはりどこかで心配だった。昨年十一月に父の二十五回忌をやり、子も孫も含めて家族全部で帰ってから半年ぐらいが過ぎた。定一は寒い冬の、母の一人暮らしが気にかかる。だがそれに対して今年は何も出来なかったのだ。実のところ結果的には、この彼の帰省は母の大きな変化に立ち合うものとなった。母の生活者としての正常性が潰えてしまったのである。そのことは既にもう数ヶ月前より始まっていたが、家族の気付くところとはなっていなかった。弟は一緒に食事を取りながら、母の生活そのものに触れてはいなかった。弟の妻は家に帰って来なくなって久しかった。母の冬の生活は一人の時間が多かった。誰もが、母がどんな薬を飲みどんな症状を持つのか無関心であったのだ。定一自身が、年に何度も帰省しながらそうしたことへのうかつさに気付くことになるのである。人間とは、例え母であれ妻であれ他人のことにはうかつな存在であった。だがおそらくは、自分の体に対してもそうであるかもしれない。そこには生命の持つ不安定ということが、基本にある。生命は始めからそういう存在である。人間とは、そういう命に委託されたものに過ぎない。自然の一部ということである。しかしそのことが深く摑まれていない、従って本当に自分の道というようなことが歩まれない。体に対してうかつというのは命に対してそうであり、自分の道にそうであることなのだ。そこのところを人類の歴史上、最も深く気付いたのが釈尊であったということになる。定一の今回の旅は、この釈尊に深く合わせるものがあった。釈尊は待っていたのだ。

朝の羽田空港ではこんなことを考えていた。

『けさはなさけないほど余裕をなくし、苛立っていた。それだけにかえって今、解放された安堵感がある。考えてみるに、自治会であれ老人会であれ畑の会であれ、落ち度なく完璧にやろうとする気持ちは強かった。どうやら一応やれたか？　老人会というのは、なかなか油断が出来ない。組織が弱いのでその分、自分に責任がかかる。会に参加する人がいない。勧誘の手紙を全戸に回覧したのだが、参加者は遂にいなかった』

フライトを待っている時間は、本を読んだり何かを考えたりするには、実に絶好な時間である。余分に自己を動かすものがないから、集中度が上がる。それはいつものことだった。彼は宮本常一の『女の民俗誌』を読んでいて涙が流れてならない。何故だろうか、何故常一の時代の女達の姿が、今の彼の涙をしぼるのか。そこにあるのは、命をもって戦う赤裸裸な人間像であった。それは大地に戦う百姓であり、風俗店や商売の女達であった。定一にとってはそれはまだ、身近な者達であった。部落の女達が、連れだって、下の平野の方まで田植えに行くのを見た。母も行った。女達の辛くも苦しい境涯、それは何故に彼の心を打つのか。そこには生の本質があるからだ、時代が変わっても変わらぬものが。それは拒否しえないものであることが、彼には感じられているのだ。女達の命の戦いは今も続いているのだが、人々はそれを見ないだけである。

このことは本だけのそして昔のこととしてではなく、今の自分に呼び掛けるように起こっていること、団地の人々の生活の姿を想起させるのだった。歩いていて会ったAさん、駅で会ったBさん、総会で感謝状を渡したCさん、魚の燻製を持っていったDさんEさん、それから何度か手紙を貰って遂には親しく心を割って話せるようになったMさん、それらの人々に同種のことを感じていたのだ。それでこんな感情を生んでいた。『だが、しばらく離れよう、愛する町を。私の愛が、まるで人々に分かるかのようだ。私の話すことが街を変えていく。

ふるさとへ　向かう別れの　青葉街
誰が言い　教えてくれし　街の愛』

自分の生まれた土地、今住む街を愛することを教えてくれた人がいた。その教えが、今やっと彼にも具体的なものになりつつあったのだ。そこに住むということの意味が、そういうことにあったということである。

そうやって故郷へ帰って来た。高速バスを降りた時、雨が降っていた。雨の中を荷を負って、山峡を通る往還道を登って行った。彼は里の家の者に、一切の送り迎えの気を使うことを禁じている。彼はそこに生まれる自己の怠惰な感情を厳しいまでに排除し、歩くことを必然化してしまっていた。

家に着いてもぼんやりとしてはいられないのは、いつものことだった。寝室にしている離れも、勉強部屋も、ざっとではあるが掃かなくてはならない。荷物は収めるべき所に、きちんと収めなければならない。早朝の机の時間に支障をきたしてしまうからだ。そして夕餉の仕度を自分でやらなくてはならぬ。台所もこれまたざっとだが、掃除から始めなければならぬ。だが彼はそういう手間のことは余り考えないようにする、体を使うだけのことだから、体にまかせようとする。そうやって三十分もやれば、食事の用意が整う。そんな風にどんどん用事を進めて、母が用意してくれた風呂に入り、七時には床に就いた。食事一切にも、母に手を出させないのは、これまた定着した習慣なのである。彼はこのように二つの家を持っていた。しかしそれは殊更《ことさら》意識されることでもなかった。別の言い方をするなら、秦野の家は妻の家、ここは母の家ということになる。根本的には自分の家などないということだ。彼はそれが自分にとって本来的なことであるように思えることがある。自分には土地も家も不要だと思う。この「天然の旅情」に生きる自分も、朝方に思っていた「愛する街」を思う自分も、その両方が事実であったということになる。そしてこの家には、彼が古きを慕う、突き詰めてみれば生活を昔の形に戻して自然的に生きたいという願望を現実上に満たすものが色濃い。実のところ、そういう生活の景色は今の日本から消えたものではなく、地方のあちこちに残っているものなのである。

　古き家に一夜を寝ると、もはや山の人である。どこか都会から、それも遠くから来た人間だと思う気持ちはどこにもない。この家の住人になりきっている。朝の机での作業が終わって、彼は母のことを考えている。そして、ぼけたのではないかと、初めて思った。彼は母に、訳《わけ》の分からないものを感じていた。だがそこには理由があった。定一は全てをストレートに受け取りながら、反省を加えていく。初めの、母を母とも感じていないかの如き感情は、露骨に過ぎる。だが、母が一つの転機を迎えていたことは事実であった。老いの問題は様々に捉え得る。それが母と子であってみれば、過ぎた歴史と重なって、なかなか一様にはいかないことなのである。母も子も、その道を歩いていかなければならぬ。血の近さは受け取り方に、言葉に、世間的なものを交えさせず、例えひどい言葉を吐きながらも真情における真実は維持されんと努力される。母が老いてしまって、あらゆる機会にあって定一が試されることになるのは、そういうことであった。それがこの時から始まったのだ。

　春爛漫の山の里には、やりたいことがそして楽しいことがたくさんあった。彼はまず、家の周りに生えている竹の子をかいだ。上にも前にも下にも生えている。それらを運んで、外の竈に火を点けた。あとは母が全部をやってくれる。これは長年の慣わしであったが、この年ばかりはそれが少し怪《あや》しかった。それは何十年と続いたことが、ある時急に、終わってしまうということだった。人はそういう感覚を持ち合わせていない。それはいつまでも続くと思っている。

定一はその後、山の上の方の畑、昔そうだったと言うだけだが、そこで蕨・ぜんまい・うど・蕗・菜の花と採ってきた。これらも母が大釜で茹でてくれた。野外の景色は庭であれ、山の中であれ緑一色である。彼がそうやって採ってきた物たちは、冬の寒さに耐えて、季節を越えてきた生命の種達であった。そうやって彼の食材はあっという間に増えて、弟の畑に行かずとも十分に揃ったのだ。一日を野山に一人忙しく駆け回った彼は、それだけでもう満ち足りていた。家を離れて僅か一日で生活も環境もそんなに変わってしまっているのだが、ここもまた少年期を暮らした土地であってみれば、このことは全く意識されていることではなく、ひとつの連続性の上にあることなのだ。こうして二夜目を迎え、ぐっすりと寝た翌朝の感想はこうだった。

『夜寝ていて、ここの豊かさを感じていた。渋沢の家は窮屈だ。ここでは自由に寝起きが出来る。貧と富は絶対上の定義を持たないのではないか。山の中に半日を費やした私は、セリ・ウド・ワラビ・ゼンマイ等を取って帰った。夜はウドを刺身で食べた、これまた豊かさである。貧は定義できても、豊かさは定義しにくい。これを生活の上で徹底してみるならば、その本質がもっと明らかになるかもしれない。しかし我々は便利さを豊かさと思っているところがある。こういうことはもっと追求して、日常の生活に反映したい』

実のところ、こういうことは彼の人生の大命題であるものだった。身も心もそれを要求するものだった。食であれ住であれ、質朴であれという意志的命令がある。このことは元来日本人にあったもののように思える。またこれは言葉を変えると、金で買えるものを出来る限り排除する生活だった。このことはこの山の生活にあっては、より適う暮らしであった。金を使わないほど貧しい生活に近付くのか、実のところはそうでないように見える。金があるなら、母の元に帰るフライトの代金に、本を買う費用に、たまさかの妻との旅に、寺へ通う布施に使うがいい。肝心なことは、金を使わない生活が生む、その概念のより普遍的な結実なのである。そうでなかったら、ただ甘い物を食い酒を飲み賭け事をするというような生活で良しとすることになる。それは自己の生の持つ時間が流されることを意味する。貧であることは逆にそういうことを防ぐものであるように見える。貧の生活は、クルーソーが孤島に流されて一人始めた生活のように、自分の力を使って何か絶えざる、それがどんな対象であってもいいのだが、創造的であり質の向上を目指すものだということである。結果の豊かさではなく、行為の豊かさが求められているのだろうか。そうとするなら、行為は目的を持たないのだろうか。

彼はこの日、生まれて初めて自分の糞尿を担桶《たご》に杓で汲んで運ぶということをした。四回運んだ。上の畑までの道はかなりの急傾斜である。腰にゴムバンドを巻いて出来たことだった。彼は生まれて初めて、自分の糞の始末をした。都会の生活では全部を水に流して、知らん振りをしてきたのだった。それで、俺もこれでやっと一人前になったのかなと思った。終わってから、桶や杓を洗って帰ってくると母が言った。

「ありがとうない。腰の痛うてない」

「俺こそありがとうたい。六十六年も俺の糞の始末をしてくれて」

「誰がそがんこと言おうかい」

母の言葉を涙ぐんでいた。定一は川に手や顔を洗いに行った。彼の言葉は単なる戯れごとだったが、川で洗っていると涙が出て止まらなかった。言葉を超えた身の事実があった。戻って来ると、すぎな茶を飲みながら、日の光る庭を見ていた。昨日取ってきたぜんまいが茹でられ、揉まれて筵に干されている。母が洗った彼の洗濯物が干してある。今、たしかに母がいるという事実を、彼は感じていた。

定一は昼間どんなにやる事が多くても、特にこの田舎の生活では、短な午睡の時間を取りたいと思う。そしてこの日、次のメモを残している。

『貧と富の問題を解くことは「日本人でしかありようがない」を解くことでもあるかもしれない』

しかしここには大きな問題・障壁があった。そしてこのことは、彼が文明を考えていつもぶつかり、越えられないものと同じだ。それは貧ということが、幾ら現実に捉えようと思っても、概念的なものに過ぎないということだった。そして更には、信仰とは違って、精神とか霊的なものでも捉えられない実体だということだ。それはまるで貧が形而上学的概念でもあるかのように、経験からでは説明されえない。定一の生涯にあって、貧はどんな形で体験されただろうか。少なくとも、幼児や少年時の体験の中には残っていない。満州からの引き揚げでは栄養失調になって帰って来たが、ひもじさの経験は全く記憶にない。貧乏という感覚が少しでも残っているとすれば、働き出して十年間ぐらいの歳月にあったものだろう。少なくともその時代にこそ、貧への恐れが最も強くあった。それが仕事に耐えさせたものだ、自分のその日々にあれほどの無意味性を感じていたのに。となると貧の問題は、基本的には精神や哲学や、そしておそらくは政治や経済だけでも解決出来ないことではないだろうか。そのことは多くの人々が感じていることだろう。世の中の仕組みなどでは解決し尽くしえないものがあるということだ。それでは貧とは何か。貧とは「業」ないしは「業障《ごうしょう》」のように思われる。「苦」に似て「死」に似ている。身に負わされたものだということだ。従ってこの業に追われることは、生を受けた者の宿命であるということになる。となれば、人はこの業を尽くして生きるしかない。苦と同じように、それを受け入れ、それに対して果敢に立ち向かうということである。このことは、死と苦とそして貧に対して同じように当て嵌まる。業から逃げ出すことは出来ない。業を尽くして生きるしかない。

定一が考えているようなことは、そして故郷でこうしてやっているようなことは、遊びに過ぎないのだろうか。若者達が現実に当面する回答には全くなっていないのだろうか。それは少し違うように見える。定一のこの田舎の生活は貧の世界に身を置いたもの、とすれば先の論法からすれば形而上学的世界だということになる。すなわちここにも彼の持つ二つの世界が具体的な形であったのだ。彼の故郷の生活への関心はそこに根本的理由があるのである。それは勿論自覚的ではないのだが。彼に苦の生活への隠れた願望があるのだ。死も老いも苦も悩みも貧も受け入れて、しかしなおそれらを超克して生きたいという願望なのだ。逆を言えば、それらを知らない生を、生とは言えないという思いがあるのである。一体このような生の願望は何から生まれたものだろうか。それは経験からは説明しえない。これを説明するのは唯一、カントの「理性的存在」であるように見える。彼が先ほど見ていたような庭の風景は、そういう存在者としての心に映るものであったことになる。形而上学という言葉の意味するものは、追求すればするほど、そして経験が深まるほどに、その現実的実体とそれを受け入れている生命からの実体という二つの世界をより鮮やかなものとするのである。彼の人生は、この言葉の意味をより豊かにするものであったと、いうことになる。

文明もまたその業に追われ、業を尽くして生きてきた。文明は貧なき人間の生を追求した、そして今に達成出来ないでいる。他方では自然は破壊され尽くされようとしている。死なき生がないように、貧なき生もないのにである。だが、現代医学が死なき生があるかのように振る舞うと同じく、文明も貧なき生があるかのように振る舞ってきた。結果として自然は破壊尽くされようとしている。それは逆に人種が滅亡へと向かう道なのだ。

今の定一には富ではない生への回答はない。十年の生活をそこに掛けたが答えはない。ただ人間が自然の一部であり、自然の力をいただいて生きるばかりだということがあるばかりである。貧と富の問題を解くということに、もし「日本的な精神」が有効であるとするならば、それは死に対すると同じように、霊性的な力に関わることであるのかもしれなかった。だがそうであっても、そのことは「理性的存在者」には受け入れられても、全ての人間に対して、すなわち普遍的な概念とすることには、この現代にあってはこれまた一つの大きな別の問題なのである。定一はどこまで行ってもそうした困難を生きる者でしかなかった。

人間の叡知の不足が見えるばかりだった。だがそれは釈尊が二千六百年前に見た人間の姿と変わらない。定一はこの母の家での二日目の朝にこんなことを思った。

『信仰は学問とは無縁である。なんでこんな当たり前のことがはっきり分かっていないんだ。「本願を信じ念仏をまをさば仏になる」これしかないんだ。それなのに、これほど勉強したのに信仰がないなんてと、考えてしまう。私はそれを、白州正子、司馬、諭吉、山崎正和氏等に覚えている。仏の本願の絶対に到達させたものは、人生の苦しみ・真実なのだ。血が宿命がそうさせたが、この苦の持つ比重は大きい。私の場合は非常に早くからそれがあったように見える』

このことは三日目の早朝に引き継がれた。

『「学問は学問の無効を知って、本願に帰するにいたって、目的が達せられた」

ソクラテスは「無知は知の極である」と言った。学問をしぬいて、己の無知を本当に知るということが起こる。その時仏の本願を了知することが出来る』

法然にも、親鸞にもそれは起こったことだった。だが逆に言うならそういうことが学問をして起こることなら、学問することは重要なことである。この学問は形而上学である。ここには無限な時間のイマージュがある。無限な時間の中で不明な一点が払われて、明らかになっていくということである。ここにある時間は物理的なものではなく、霊的な時間である。

定一は、遂に母の厳しい現実に遭わねばならなくなったと思った。それは今までとは大きく違うことであった。人生の最後は、糞まみれ尿まみれとなるのであろうか。だがそれは、問題は他人事と見てはならないということだった。老いの厳しさは自分の問題であった。生涯に残された時間の短さも、一日という時間の貴重さも、完成しなくてはならぬ小説も、やりたい残されたことも、市民の務めも、今日一日の中でやり遂げていかなくてはならないものだった。それはどんなに教えられても、過ぎたることではない。何故なら人はそういうことに会っていかない限り、なかなかに目覚めてはいかないのだから。世間的幸福の感覚の中で、ぼんやりとしてまどろんでいるのが人の姿であった。そこに激しく杭を打ち込んでくるのが、逆境と言われるものである。

定一は『ロビンソン・クルーソー』を読み終わった。小説を書かないから、朝の暗い内から読んだのだった。『「クルーソー」の本は文明について書いたものだとも言える。それだけに私にとっては時宜に適うものだった。クルーソーは野蛮と文明の間に一生を生きた。だが野蛮を解消するものを人間の知性に求めてはいない、宗教に求めている。彼は宗教のない孤島に流されて一人暮らし、二十八年の間に宗教に目覚めたのである。それは自らの野蛮の生活を変えた。内面的神との対話を持つ重要性はここにある。そして彼の体験はこの島で終わらず、再度の冒険（旅行）は、ロシアの蛮人達の姿も観察した。彼は人生に安逸を求めなかった。

定一は読書の終わりは念を押す。次の日に、残された「解説」を読んだ。訳者平井正穂氏の書かれた「デフォーの人間像」である。

この物語には一貫して或る一つの主題があったのだと、作者は言っているのだとある。資本主義とプロテスタンティズとの関連がコンテキストとしてあるということである。それは「経済と信仰」と言い替えてもよい。この物語が定一を強く引き付ける裏にはこの一面がある。労働は定一にとっても「一種の聖典礼」なのである。しかしこの時には、資本主義ということの理解に、この労働の持つ意味はそれほどはっきりとは理解されていなかった。人々は資本主義ということの理解に弱い、それは特に欧米人に比較して言えることかもしれない。日本人はそれを単に利己的な金儲け主義と思っている、それでそのことを正当化してしまっているのだ。それは経済活動に「公」を見ないことを意味する。これは、「公」を虫食む癌である。

定一はこの本を丁度一ヶ月で読み終わった。読み始めの動機は、クルーソーを葬ったのはフライデーかどうかという単純なものだった。それにしても文庫本で、上・下とあるのには驚いた。作り話なのは読み始めて直ぐに分かった、だから読みやすかった。

『言葉は悪いが、御都合主義的なところが多く、大抵はうまくいくようになっている。従って読む方も気が軽くて、読み飛ばせるというわけだ。自分はまず、この物語に「文明と野蛮」という題をつけたい。

野蛮を制するものは初めは宗教、やがては文明が生んだ利器であったというのが人類の歴史である。しかし文明が本当に野蛮を制したかどうかは疑問である。宗教なくしては、人間の持つ野蛮性は今も消えない。人間とは人間を殺す存在だ。臨界的状況における人間は、それを容易になす。

クルーソーに経済人の側面がある、あるいはその高い資質があるのは事実だ。彼は商人であるだけでなく、生産人でもある。それがあってこそ、孤島の生活が貧より逃れ、秩序あるものとして進歩していった。それを精神的に支えたものは宗教であった。この二点は大いなる注目と興味を引いた。とにかく面白い本だった』

デフォーはクルーソーの霊的側面を強調してはいない。だがそれを描くかどうか、あるいは出すかどうかは別として、クルーソーが困難な状況を生き延びて克己しえたものが、霊的な力であったというのは事実である。そういう人間であったからこそ、懲りもせず再度の冒険に挑んだのだ。霊性の強い人間であるからこそ、孤独の生活に圧せられることもなかったし、他方に於いて貧しい生の現実に対して立ち上がって秩序ある生活を樹立した。二つの世界がしっかりと確立しているのが見えている。このことは他の漂流者達と比較して格段の違いが見える。こういうことは、西欧的な文化や思想の伝統の反映として見ることが出来るであろう。

クルーソーの物語がデフォーの作り物だとしても、その面白さはどこにあったのだろうか。この物語にクルーソーの死は書かれていない。彼は冒険の生活を七十二歳で止めて隠退し、死の準備に入った。その後は書かれていない。もしこの物語に後半部が、すなわちクルーソーが島を離れて自由の天地を得て再度の冒険に乗り出したとの話がなかったら、定一はこれほどの興味を引かされなかったかもしれない。後半の物語にあるのは、彼が二十八年の孤島の生活で養った信仰と生産人、あるいは経済人という、人生を生きえるための二つの秩序を身に付けた生活人、冒険者の姿なのだから。そこには定一自身との人生の類似性があったのだ、ということは普遍性があるということだろう。「信仰と経済」とはどういうことだろうか。生活そのものに重点を置いた、しかし信仰がその内部において生きる者には生活活動そのものが霊的なもの、精神的なものではないだろうかということである。こういうことが、プロテスタンティズムと資本主義ということで語られるわけだが、経済活動である資本主義に「公」の精神を見ることのない人間には、両者の両立ということは理解から遠いものとなる。日本の仏教でも信仰と労働は切り離せないものだった。定一が戦後の村人に見たもの、それ故にそれを自己のものともしえたのだ。もともと労働にはそういう宗教的霊的意味が宿っているのだ。そういう力がないと人間の現実的経済的活動は大きなエネルギーとはなりえない。こういうことは全て大衆について言うことである。定一は自分自身に於いて、労働の公的性質を失うことのない人間だった。彼は労働を霊的なものとして捉えてきたのだ。村人の一生が、彼の一生を生きたのだ。

ここでの生活が、始めてから四日目になっている。彼の中に余りに早く過ぎていく時間への不安がある。ここでの予定された時間もあっという間に終わって、何にも記憶に残らず、思い出すことが出来ないものになるのを恐れている。そこで、全部の日に数字を打って何をやったか、そしてその日に浮かんだイマージュを一つでも二つでも記録することを始めた。そんな朝のことである。

『日を送る。この一日一日を大事にせずばなるまい。今日すでに四日目を迎えた。源信僧都への母の手紙に戻す。この中に「夢の世」という言葉がある。夢の世にすぎぬ時間の中で、どんなに名をあげたところでいかんがせん、とある。この「夢の世」は尊徳の短歌にあるものと同じ、人生への感覚を言うものである。学問の目的は、自己を、人生を暁烏の言葉を使えば「刻下の運命をいかんがせん、この煩悶をいかんがせん」にある。しかしここに人生の厳しさが絡む。源信の母はそれをよく知っていた。ということは法然や親鸞が現われる前に、日本の庶民にあっては、この人生の苦しみが後に彼等が味わったのと同じように知られていたということだ。すなわち、学問を極めた僧がこの庶民の位置まで下りてくることは、ずっと求められていたのだ。となると生は厳しく、信は易きについたというのが、自分の目下の有り様である。逆になってはならぬ。しかしこれは意識して出来ることではない。生も厳しく、信も厳しかった時代から、今やっとこういう境地に行き着いた。

生の厳しさの中に、信の易きままに一生を終わりたいものである』

学問の僧の苦しみは、庶民のためのものでなければならなかった。それが源信の母が子に要求したものだった。そういうことは、気付かれぬままに定一の中にもある。それは何の目的もないように見える人生の、究極的な目的なのである。

その朝は弟は休みだった。母に起こった肛門脱腸のことで、村の診療所に三人で相談に行った。外科の手術で、これが処置出来るかどうかは分からなかった。手術をするなら妹のいる久留米の方が便がよく、大きな病院もある。診療所の女医との相談がまとまり、紹介状を書いて貰った。

実のところ彼は母の病気の実際に全く触れてはいなかった。それは弟も同じだった。妹だけはよく摑んでいた。元々のところ、母の肛門のことまで世話をするということは彼には出来ないことだった。それを妹はしっかりやった。そして母の病状は具体的に知られたのだ。だが定一は何も理解してはいない。だから全ては第三者から伝えられたものに過ぎない。それでも今のままでは、母の生活は無理が多いように思えた、何らかの外科的な処置が必要だという結論になったのだ。このように母のことは初めは曖昧模糊《あいまいもこ》とした形から出発したが、次第に病気も生活もはっきりとしたものになってくるのである。母がこれまで余りに丈夫であったが故に誰も気を使わなかったわけだが、大きな転換期を迎えており、これがかなり早期の段階で周囲が気付き動き出したのだ。これは結果的に大変良いことだったようである。そして特に、妹が与えてくれる情報は定一に役立った。

彼はこの日の午後、かつての牛小屋の整理に手を付けた。そこには彼の今の心境が、何故今始めたのかというのが垣間見えている。小屋には長年母親が使ってきたたくさんのものが詰まっていたが、有益な物は殆どないことを彼は感じていた。それは不思議なことだが、小屋にあるものは彼女の元気な間は色んな漬物などが入れてあって有益だったが、人間の衰えと歩調を合わせるように遺物となっていくのだ。家の前と後にある池にも、もはや水はなく涸れたままだ。かつては大きな鯉がいて、定一は料理をしたものだ。この小屋は彼が父と二人で作った。自家の山から、切り倒した椎の大きな木を牛に引かせて運んだのは彼だった。そしてここで飼った牛は彼が田の耕作に使い、面倒は主として母が見たのだ。父が死んで既に二十五年になる。そして母の病気により、次の転機が訪うているのが定一に感じられているのである。

彼の中に歴史の視点がある。一つの牛小屋にも歴史がある。それは彼の育った歴史でもあった。彼は無意識に、この歴史を忘れ果てるようにして朽ちていく小屋を、それは「物」だが、「現実上の何か」として見始めているのだ。小屋は牛がいなくなってから、物置、そして多くの場合それはガラクタ置き場なのだが、そういうものとして見られてきた。それは、定一がこうして帰省をして毎朝暗い内から勉強する部屋が、母によって「物置」と言われるのと同じ視点である。定一の中にも長い間、見えている風景にある歴史を見ていないということがあったのだ。それは歴史を無視することだった。この場合、何が無視されてきただろうか。牛と少年と、母と父の戦後の二十年の汗みどろの労働の歴史である。定一にはそれが見えていながら、未だ言葉はない。彼は十年前、まだアメリカにいてここに帰ってくることがあったが、いつもこの小屋に来て曰く言いがたい感情、それは一種の違和感を覚えたが、そこには単純に見える物と、それが持つ歴史とのミスマッチがあったということになる。

彼はこの日、小屋に入っている物を全部、徹底して引っ張り出した。殆どが生活廃品だった。鍋、釜、食器の類である。彼はそれら全部を運んで、上の畑に捨てた。残したのは壺の類だけである。それから農機具を残した。まず鋤である、それから車力の本体の台である。いずれも、彼の少年時の労働にあっては主役をなした機具である。精米をしてもらうのに、車力を牛に引かせて、下の隣村のうどん屋まで往還道を歩いたものだ。あの時代を思い出すと、何とも不思議な気持ちになる。うどん屋には大きな水車が回っていた。初めは水車の力がそのまま伝えられて、臼の米を搗いていた。いつの頃からか、水車が発電機を回すようになった。そして今は、水車は影もない。少年の定一は、外で米が剝がれるのを待っている。そこにはいとおしいほどの自分への感情がある。彼はそれを今でも、往還道から下る昔のままの十メートルに満たない道の傾斜の感覚の内に感じる。少年の心は今もそこにあるようだ。

いつも会った、うどん屋のおじいさんはそういう彼を見ていたのだろうか、それから十年以上が過ぎて、そのうどん屋の娘との縁談が持ち込まれたのだから。まだ彼が結婚ということに全くの関心を持てない時代だった。縁はなかった。うどん屋は今も繁昌している。おじいさんは事業家精神の持ち主であったのだろう、子供にしっかり伝わっているようだ。

そうやって小屋の二部屋をきれいにしてしまうと、農機具は残したくなった。棟木に大きな釘を打って、太い針金で車力も鋤も吊るした。千把扱きも、田植綱も残っている。牛がいた部屋には土瓶や瓶類を並べる。小さな小さな博物館である。彼はそうやって一日体を使ってみて、何かの意味があったのかどうか分からない。しかし退職後の彼の日々は全てそういうものだった。

この一日の作業は約一年が過ぎて、その他の様々の出来事と重なって、特にはベルクソン読書が教えることと合致する形で、叔母の言った「ぼんやりとしか見えない」過ぎ去った人生の秘密を解いた、その出発点となったものである。単に感傷に過ぎない過去ではなく、かつて実在し、今には実在しないが別の形になって生きており、未来に繋がれている力の実在ということである。だがこの具体化には一年を待たねばならない。

ここでの生活には殆ど他人との会話も交流もない。ただ自分と向き合っているだけである。秦野にいる時とは全然違う。「自由市民」などというのは忘れてしまっている。しかしこの生活が嫌であるという感情は全くない、他人と話したいとも思わない。午後の半時ばかりの、離れの室での、長くなっての休みの時間にあるのは至福の感情である。祖父が残した庭の石南花《しゃくなげ》は丁度満開だが、そのピンクは色合いを薄めない。純日本種である。人の声も、車の音もしない。一日はあっという間に終わる。夕暮れが近くなるのを感じて食事の用意を始める。始めはうざったいが、やり始めればさっさと終わって食事にする。これもあっという間に終わって、直ぐに片付ける。風呂に入ればもうやることはない、一人寝るだけである。ここではテレビも新聞も全く無縁だった。朝の四時間が多少長いといえば長いのだが、終わってしまえばこれもまたあっという間である。それでもやはり朝の時間には、例え起きるのがどんなに辛くても、最後の頼みの綱のような感覚がある。これは書き始めた三十代の前半の五年にあったものと全く同じのようである。人生の無為性に対する認識は、若い時と同じように今になっても変わっていないようである。

『名聞恐るべし、布施恐るべし。源信の母の手紙は、無学なれども仏教の本質をむずと摑んだ生活者の心構えを伝えて、揺るぎがない。母の言うのは、本当の僧の姿であろう。そういう僧にした積もりなのが裏切られて、よほど腹が立つのだ。そこに母の偉さがある。

「更に出離の御動作にあらず、唯輪廻《りんね》の御身となり給ふぞや」

帝に物を貰って喜んでいる息子を罵倒し、かつ情けなくてしようがないのだ』

定一は源信の母が言うような僧の生活が、自分の生活の理想であると思った。この感情はこれまでも屢々《しばしば》覚えたものだ。僧の生活は、三宝の一つを占めるものである。彼は三宝を敬うこと、誰にも負けない。だからこそ、現実に僧になりたい気持ちになるのかもしれない。だがここにあるものは微妙である。真に自己の生命の問題に気付くならば、なかなかにこの出離という動作が出来ないということだ。源信が母に引かされたのも、母が自分に近い命であったからだろう。母の導きが、彼のそういう思いを超えさせた。だが極極普通に考えて、僧とは職業以外のものではありえない。後に生まれた親鸞は、僧であることをも捨てた、捨てさせられた。それこそが、彼をして霊的には飛躍せしめたものだ。「非僧・非俗」の言葉には哀切感が深い。彼はそれまで日本の社会で持っていた「僧」の歴史性を捨てねばならなかった。となると、そこに自分というものは何もなかった。ということは、全てを仏にあずけることを意味した、それしかなかったということではなかろうか。そのことは、北関東の大地にあって出合う百姓達の生涯の姿に自分を一体化させたのではなかろうか。それでいて俗たりえない自分がいた。そういうことが、最後には妻の恵信尼をも捨てさせたのではなかろうか。出離というようなことは、なかなかに凡人には出来がたい。またそれを真に理解することも、その困難性は高い。親鸞は長い人生という時間の中で、自己の人間性を培《つちか》ったのだ。それが定一の心を引かせる。

人間というのはどこまで行っても、未成就の最中を生きていくものである。その中で、直観と経験と悟性の認識を積んでいく生き物である。本を読むことはそのためにも重要なことだ。それは他人の考えに触れること、出来れば理解することだ。しかしこれがしんどい。書かない彼はそれだけ読む本が多くなった。それもまだ世間が顔を出さぬ暗い内だから、雑念の入らぬ直接対決だ。起きてから二時間が立って読み始めたのは、『混沌からの表現』山崎正和著、「ちくま文庫」である。この表題に本の第一主題が掛かっているが、その意味は深い。人間は混沌たる意識の海から出立して、やがて客観的な妥当性のある概念に至る。彼が後に理解しえたのは、ここに日本人の今の最大の問題があるということだった。日本人が自己のアイデンティティーを言葉によって、それは概念的なものだが、表現するに十分な訓練を経ていないことである。そこに時代が混沌として止まぬ原因がある。自己を表現出来ないということは、個人であれ国家であれ、大変に御粗末なことだ。そしてそれに終わらず、それは自分のことが自分で決められないことを意味するから、道の選択が出来ないことになる。定一はこの主題の設定に対して、全くの賛意を覚えた。この本の第一章は次の構成となっている。

第一章　日本人の自己表現

Ⅰ　自己イメージの分裂

Ⅱ　十六世紀は実験室

Ⅲ　江戸時代の文化政策と現代

定一が強い印象をもって読んだのは、この第一章だけであったのだが、この日読んだⅡの中にある「西洋的でない日本人」は最も強い反応を生んだ。それは次のように記録された。
『日本人の生活に関わって、その個性の追求から、日本人は文明を生まなかったということがテーマとなり追求されている。「偉大な司令官を生まず」とあった』
定一が感じていたのは、同感ではなく違いであった。この概念には既に司馬の対談から出合っていた。それは「文明とは何か」という根本のところから関わるものである。今定一は、落差という観念で、著者と自分の位置との違いを感じていた。その落差の中で、自分は自分の人生を生きてきたという思いである。彼が考える自分の位置とは、信仰に生きた、それは庶民の信仰と共に生きた歴史にあるものだった。凡であり凡でなければならぬ自己であった。親鸞が出合った衆であり、定一が出合った村人であった。そうでなければ自己の人生そのものが無意味に帰す、そういう位置であった。だがこれだけでは読む者には理解出来まい。まず、著者が表現する「西洋的でない日本人」とは、どういう意味なのか。ここに日本人の位置付けがある。この前に、「西洋的な日本人」ということが書かれている。これは歴史的に明らかにされることで、西洋の文明は、アラブ、インド、中国を通って日本にはずっと遅れて入ってきたわけだが、十六世紀の日本人は「あたかも近代人のように生活を改善することに意欲を持っていた」ことに示されるものである。それは維新後の生活にも示された。そこで、著者はこう記す。

事実、西洋の宣教師は日本の庶民層の倫理水準の高さに驚き、神を信じるかどうかという一点を除けば、これは西洋人より優れた国民だと、本国への報告に書き遺しています。

著者はこれを「西洋的でない日本人」のところで、「この日本人の西洋的な性格は、宣教師たちのいうように信仰という一点を除いて成り立つ性質のものでした」と追認している。

そして次にこれも非常に重要なアイテムだが、司馬遼太郎の『木曜島の夜会』から、日本人の労働観ということが書かれている。明治末年から和歌山の農民たちがダイバーとして、オーストラリアの小さな島にボタンの材料になる白蝶《しろちょうがい》貝を採集する。危険で厳しい仕事に献身的に従事した話である。このダイバーたちがいかに成功して蓄財ができても、楽に儲かるはずの「親方」にはなろうとはしなかった、ということが書かれている。なぜもっと安全で利益も多い親方に転業しなかったのかと訊ねられて、生き残りの老ダイバーが「それが日本人の性」だと答えたというのである。問題はこの事実を著者がどう解釈したかにある。そして定一はここに自分との落差を感じている。著者はこう言う。

自分が身につけた職業と技術に、ほとんど宗教的な執着を示した事実とつながっているようです。彼らにとって、個々の技術はたんに技術以上の精神的価値を持っていたようで、これを裏返していえば、人生を貫くひとつの普遍的な価値が、彼らの心の中には存在していなかったと見ることも出来ましょう。普遍的な価値というのは、この場合でいえば金銭ですが、その金銭を手に入れることが第一義であり、技術や職業はそれを得るための二次的なもので、取り替え可能の手段だという観念が、ときとして日本人の脳裏から滑り落ちているように思われます。

定一はこの著者の言葉に驚いた。それは彼の人生観と深く対立するものであった。まずその第一は、普遍的なものが金とかの現実的な物に求められていることだった。これは定一のように、現実的な物世界ともう一つの世界すなわち形而上学世界の両者に生きる者には違和感の強いものだった。もう一つは、目的とか手段の捉え方の違いである。定一にあっては行為そのものが目的である。この行為はカントが言った実践理性から生まれてくるものである。かのダイバーは海にもぐること自体に目的を見ていたのだ。とても金などには置き替えられない。労働は定一にとって聖なるものだった。それは彼の道徳そのものであった。それでは金は何だったろうか。それは行為から回向されるものだった。となると、その多い少ないのはそれほどの問題ではない。しかしよい仕事をすればよい金になる。彼がどう思うとも、そこに自然の原理は働いている。一方に自然の原理を熟知した定一がいる。それはこの自然世界が原因と結果から外れることが出来ない業の世界であることの認知でもある。それ故に彼は普通の人より働く。だがこの世界が因果という業に制圧されているが故に、それを超える、世間より出離した形而上学世界を求めざるをえない。労働が目的そのものとなり、霊的なものとなることで彼はこの問題を解いている。彼がまだ三十の前、入社後四年が立っての管理職登用試験の社長面接で対立したことの基本にこのことがあったのだ。それは既に少年時の労働が理性的概念にまで完成していたから、彼は職を賭しても考えを譲る気がなかったのだ。だから一年が過ぎても同じ対立を生んだのだ。

そこには日本人の本質に繋ぐものがあった。定一が考えていることは、著者とは全く逆のものである。労働の生活自体が日本人の人生の意味だということである。その生活は霊的生活という意味あいを持つものである。少年時における彼はそれを既に自分のものとしていた。そしてそれは浄土教信仰の本質に近いものである。少年時の「人間の一生はこの村人の一生を超えじ」も、そしてそれから五十年が過ぎた退役時の「自分は日本人でしかありようがない」も、この日本人の本質に関わるものなのである。

文明については既に多くの人が語った。ギボンはローマ帝国の衰亡の歴史を書くために、一生をさえ費やした。しかしどんな人間であれ、個人が生きている時間はその文明にあって、わずかな狭間《はざま》に過ぎない。人は自己の生きた文明を語り尽くすことは出来ない。そしてここで言う文明は力、すなわち物である。物には終わりがある、しかしその時、物を支えていた精神も終わる。それなら文明は人間の一生のようなものである。となると衰亡は宿命的である。死を確かめることは出来ないが、死ぬのは確かであるのと同じということだ。定一の文明に対する見方は、恰も彼が自分という個人の一生に託するのと同じように、物と精神の両立にあって、その両者の深奥を極めんとする努力に繋がっている。生命という肉体の馬に打ち跨がって、精神の領野を駆け抜けることだ。そういう彼は自己のありようを、日本人として本質的なものとして捉えている。

その日本の文明は、平安の末から鎌倉の初期に芽生え、力を拡大した。諸仏教の興隆と軌を一《いつ》にしたものだ。背景にあるのは庶民の目覚め、力の勃興である。この力は消滅してはいない。定一は戦後の山村でこういう人々に会ったのだし、それは彼という個人においても、しっかりと継承されたものだ。定一にはそういうことが気付かれつつある。それが山崎氏との間の「落差」として感じられたことの具体的内容であった。文明をどう考えるかというのは、結局は個人の持つ思想であるかもしれない。となると、その人の祖先とか、風土とかということからは離れられないことになる。福沢には福沢の文明観があり、丸山には丸山の、山崎氏には山崎氏の文明観があることになる。それではそういう文明観にどういう意味があるのだろうか。それはその人間の生き方を決めているということである。定一の車に乗らない生活、自然に対する尊奉、霊魂と道徳の重視、質朴な生活といったものは彼の文明観から発したものだ。となるとこの文明観は理念的なものである。他人の行動が違うからと言っても、他人のようには出来ない必然性を持っている。だとすると自分の文明観を持たない者は、利己性に傾向性に流されて生きることになる。文明の衰亡ということに人類の運命を感じるならば、人間はもっと思慮深くあらざるを得ないだろう。

定一が考えているような文明が一つの日本的文化の伝統だと仮定して、それは特異性を持つものだろうか。彼はそれをまとめるようにして次のようにメモした。

文明を受け入れ、世界でも決して見劣りのしない日常生活を享受しながら、生活を見る視点は合理主義なものではなく、東洋的な、霊魂と物を一体化した精神的なものである。

これはイマージュの分裂を意味しない。この精神が、物や金の独走を防いでいる。物と精神の関係はなくならない。人間にとっては、どちらか一方だけがあるということはない。これを定一は、日本精神の特質として捉えたのだ。彼の「日本人でしかありようがない」は生活にも係わることだった。アメリカ人は豊かな生活にこだわりを持たない。それは広い自分の家の土地、豊かな食生活、ドライヴィングによる長距離の移動に見られるものだ。定一の七年に及んだアメリカの生活は、一度はそれを受け入れ、後には自省的なものになった。初めは五百坪の土地を買いながら、二度目の滞在はアパート暮らしにしたのもそういうことがあった。ある友人はそれに対して、crazyと評したのだ。定一は物だけが普遍的であるとは考えないし、精神だけが普遍的であるとも考えない。人間が物と精神の二つの世界に跨がる存在であることから、死ぬまで離れられないと思う者であった。彼の思想や形而上学重視の考えにあって、自然的な原理世界との相関的関係は失われないということである。山崎氏が提示した問題は、定一には、アメリカ帰国以来の根本的な思想課題であったということになる。

定一は、その日家を離れることにした。四日も家のことばかりやっていると、窮屈さを覚える。家を離れるといっても、車で遠くへ行くことではない。歩いて、離れた山までわらび刈りに行くことだ。そこを初めて教えたのは弟だった。その近くには、昔、父が村から買った山がある。それで弟は見付けたのだろう。しかし定一が行きだしてから六年が立ったから、雑木が伸び藪は少なくなってしまった。当然わらびも減ってしまった。それでも、春の山道を誰にも会わず登っていくのは、楽しいことだった。それに途中の道にもわらびはある。一時間くらいかけて目的地に着く、そして藪の中を歩き回る。一度は迷ってしまったほどだった。

そこを終わって、そのまま帰るには何かおしい気がした。未だ春の野山の持つ余韻が引きつけていた。今はもう廃道になりかかっている林道を上に登ってみることにした。やがて林道は完全になくなったが、林の中を沢の方へ降りて行った。やがて小さな川に着き、川の流れにそって歩いた。彼が着いたのは、村の中心地、役場のある集落の広い盆地の一端であった。それで今度は、発電所に引かれた水路に沿って歩いて帰って来た。何のこともない、ただ春の一日を野山と山道にさまよっただけのことである。どんなに工夫した積もりでも、一日はそんな風に無為に過ぎる。それが人生の姿である。定一は帰って来た家の庭に、夕方の陽がキラキラと光っていたのを記憶しただけである。世間性からも物質からも離れた一日の時間が、彼にそれを仏でも見るように思わせたのだ。

山崎氏の本のことは長く忘れられた。だが、家からも離れて、体を使っての誰とも会わない、山道と集落を歩いたこの一日を終わっての夜の床は、妻さえいない、山の夜の霊気の中でどれほどの熟睡を生んだかは言を待たない。彼はただの歩く人であり、働く人である。それ以外の目的を持たない。山から「ドゥックドーコー」と鳴く、みみずくの声が聞こえてきた。彼は自然な眠りに落ちて行く。

だがそうであっても、行為が生んだ、それが単なる筋肉活動でも、体内の力は朝の目覚めにあって強いものとなっている。早朝の時間にそれだけ強く使われるというのは原理的なことだった。ということは一日の活動というのがその日の為にだけあるのではなく、翌日の力の発揮に繋いでいるものだということである。夜の八時間の睡眠とは、細胞再生の時間である。一日の原理は命の原理でもある。

目覚めた朝は雨だった。この雨を定一はある安らぎを持って受け止めている。そしてこの肉体的には動けない時間を、逆に肉体的活動を抑えて、精神の充実に当てるのだという強い期待がある。前日の遊びに過ぎた一日が生んだ力はその源泉なのである。彼のそのような、エネルギーを外に発散させそれを今度は内に向かって力の高揚に振り向けんとする活動のパターンは、殆ど本能的である。外に力を一度発散させないと、静的な集中が出来ないのである。思考は筋肉と強く関係している。筋肉の活動を強めることは、思考の活動を強めることである。

朝の『歎異抄講話』の読書が続いていた。その本から、三つの髻《もとどり》（勝利・利養・名聞）を切った僧の生活への強い同感を覚えた彼が、その日の殆どをその概念的な思惟に集中させたのは、人間の持つ避けられない誤謬について考えさせることがあったからだ。彼はそれを弟の言葉から得ていた。

「兄ちゃん、いいわらびは藪の中にあるんだよ」

と、弟は言ったのだ。この言葉はずっと数日頭にあったのだが、この雨の朝に、反省的に強く蘇ったのである。そのことが行為によって確認され、そして初めて意識化されていたからである。定一はこの季節、わらびをかぐ。だが弟の言うことは聞かれていなかった。だから彼はいつも草が年の内に一度刈られた土地に、わらびを求めた。実はそういう所のわらびは小さい。刈られないわらびは、夏の間に生い茂るわけだが、その分根は土中にしっかりと伸びて、葉からの養分は蓄えられるわけだから、春に芽を出す茎はその分大きくて逞しい。これこそわらびの醍醐味なのである。これを得るには、一年中刈られることのない藪の中に、足を踏みこまなくてはならないことを、弟は教えたのだ。それは彼の心の肺腑を衝いていた。

『ひとつの真実は多くを教える。そうした誤りを破り破り、気付き気付いて生きるとするなら、その生は不安なものだろうか。だがそれは正当な生ではなかろうか。行き詰まって通ずるのが道ではないだろうか』

定一は過ぎていく日々に、何とはなしの不安を憶えていた。そこには逆境の持つ意味が隠されていた。彼は何とはなしの幸福感に生きていた。逆境はまさに逆の境地であり、多くを教えるということを意味していた。人は逆境に遭わざれば、真実との出合いが少ないものであるのかもしれない。逆に言えば、順境にあるものは真実を見ることなく生きている。定一に不安を与えているのは、自分のそういう姿である。

それで彼は母の家に着いてからの毎日に番号をふって、行為と心に触れた風景をメモするのだった。それが今日は六日目である。書いてみれば、何とはなしの日があるだけだった。だが書いてみないと、それさえない。日々を生きる人間の物的事象は、わずかに二、三行にしかならず、見えた魂の風景は切れ切れである。プラトン流に言えば数々の矛盾と誤謬があり、プロティノス流に言うならばただ俳優の演技があるだけなのだろう。

本質はなかなか見えない。結局この不安は残り、正味二十二日に及んだ生家での生活の日々は、番号をふられてメモと共に残った。この作業は後にも時々されることになる。余りにもあいまいな日々がそうさせる。定一が摑もうとするのは何か。野山を歩き回って帰って来た、家の庭にキラキラ輝く光に満たされているものは、物であって物ではない。物から精神へといつも繋いでいる橋がある。彼は庭を、光を見ているが、感じているのは一日の充実を生んだ時間であり、そこに生きた命である。それは仏と言ってもいい。この現実世界を超越した形而上学世界の実在性が問われていた。

『このことの最大の教えは、弟を妹を母を謗《そし》ってはならぬということだ。「智者をも愚者も平等に助けるという如来の御意は、人格の価値を平等、普遍に認めるからである」と暁烏は言った。こういう形而上学的な誤りとなるとまた無数だ。おそらく、書くという行為はそういう誤りを作りやすい』

定一は仏教思想の根本を、人間の絶対平等の教えに見る。それは妹の死が教えた人生の出発点でもある。この思想は影となり日向となり、彼を導いた根本的なものだった。

『浄土を信ずるということは、この世でのあらゆる人間の差というものを否定することだ。ところがそう思いつつ、いつのまにか人を差別し、他人を謗る自分がいる。地域での交際から、この生家での親・弟・妹との暮らしから、そんな自分が知らされた。これも交際ということになろう。そう考えると、この身に触れていくものはみな「交際」ということになる。人も自然も、わらびもぜんまいも交際である。真実に触れ、教えられるならみな交際なのだ。ただ何かをうまくやろう、うまくやろうとしている自分がいただけかもしれない。三つの髻は切られてはいない。六日目が来て、私は寺へ行きたくなった』

本当のことを見ることの困難が、現実の出来事と形而上学的認識という二つの世界の両方に見えている。それが彼の未来だった。だからこそ彼が思ったのは念仏であり、それは力であったのだ。善も悪も、希望も絶望も、力とはなりえなかった。どんな懺悔も自分を真なる者とはなしえないことが知られている。そこに求められるのは念仏の力であった。彼の叔母が夕食の最中に庖丁を放りだして、「こうしちゃおられん」と往還道を寺へと五キロの道を歩かしめたのと同じ心なのである。彼は叔母の無言なる継承者であり、その死の最後を改悟と念仏で送った叔父の継承者であった。祖先の霊的伝統が現代の彼に生きているものは、ただ真実を求めてやまない思いであり、そのための困苦ならどこまでも受け入れて越えていかんとする覚悟のようなものだった。しかしそれは刻々と変化する現実の中で試されるだけのことであった。

　雨の日であったが、ガラス戸の修理、前日採ってきたうどの塩漬けと、体を使ってしまった。だがこの日の一番の発見は、暁烏《あけがらす》敏《はや》の全集第一巻『仏説無量寿経講説』を読み出して、実にすばらしいと思ったことにあった。今まで知らなかったことが知らされたのだ。何故そんなことがあるのかと彼は思った。本は昔からあるものだった、それも彼の身の回りに、母の所持するものとして。だが手を出したこともなかった。きっかけは、父の弟の妻が残りの全集本を定一に寄贈してくれたことにあった。彼はこの本全部を収める棚を、この生家の机の横の壁に自分で作った。板は、弟の杉山から取った丸太から、一日をかけて切り出したものである。ずらりと並んだ全集は、この勉強部屋にある力を生んだ。この雨の一日は、それも前日は遊び三昧に送ったが故にこの本を開かしめ、集中力を生んでいたのである。現実生活と直接にはそれと直接関係しない読書とが、こういう形で結び付いている。本はこの場合、彼の形而上学世界を強固に打ち立てるものである。だが本との出合いには、こういうすこぶる現実的なことがある。その道は長かった、今やっと出合えたのだ。

　結果として、この本は早朝の第一番目に読まれることになる。そして上巻から中巻、下巻と続いて全部を終わったのは、その年の十月の終わりだった。その年を代表する本となった。彼は諭吉の文明論に関わる読書をまだ残していたし、それらが一段落するとベルクソンを読み出すのだが、無量寿経の読書は遅怠することもなく、早朝第一番の時間を最後まで占めた。読書ノートは百ページを超えた。彼は、これを贈ってくれた叔母にひとえに感謝の気持ちを覚えたから、その年の暮れ、年賀状を書きたくなるのを禁じえなかった。考えてみるなら、伝統の宗教でありながら、その聖典である、釈尊直接の説法「無量寿経」を理解するということは、なかなかないことなのだから。叔母が大事な機縁を作ってくれたのは間違いのないことだった。

この本に出合って、書かない日々が固まった。読書が中心となった朝の時間のことは、次の日に考えられた。書くという行為には今もって、不確定なものが多かった。彼は「書かない生活」について、体験的にこう考えた。

『本は読むから、新しい知識は入ってくる。しかしそれらは単なる情報に近い。従って自分自身が新しくなるということは起こりにくい。ここに書くことの意味があるのだろう。書くことは過去の体験の再創造の作業なのだから。山崎氏が言うように、そこには手仕事という要件もあるのだろう。書いてみないと、ただ思っているだけでは、本当のところは理解されていないということだろう。イメージの羅列ばかりが続いて、創造はないということである。このことは、小さなメモ紙に言葉を書き込むという作業をやるだけでも、違いが出来ている。書くことが何かを生むのだ。書けなければ、自己が新しくなるということは起こらない。書かない生活の不満感がそこにある。おそらくこのままだと、あいまいな人間が出来るのではないか。

今日は三時に起きて、我慢して四時間山崎氏と丸山の論文を読んだ。書くことも耐えなくてはならぬ、同じように読むことも耐ええるなら同じ価値があるのではないか。いずれにしても、耐えに耐えて何かを構築していかなくては、後世に残るようなものは生まれないのだろう。丸山はヨーロッパ文明の根本原理の一つとして、ゲルマンの「森林の自由」を教えてくれた。これはすばらしい、それは自然の声だ。今、日本では自然の持つこの役割が忘れられつつある。大きくて広い人格は、自然との交わりなくしては生まれないのだ。小さな人間がごろごろしている時勢だ。山崎論文にも自然が触れられていない』

時間とは何だろうか、時間のない時間というものはないのだろうか。定一の感想には、後に読んだマックス・ヴェーバーの『職業としての学問』に書かれているのと同質の時間感覚がある。時間は消されて、絶対的努力だけが存在する、これは霊魂の世界である。時間の中で生まれたのは虚飾的なものに過ぎない、そしてその時間によっては自己は全く進歩しないということだ。彼の朝の時間の意味も変わっていかなければならなかった。読書もまた時間を忘れた没入、著者の言葉との精神の交流なくしては、真の理解に至らない。時間に長い、短いがない。著者の霊がそこにいるだけだ。それは真実と言ってもいい。問題はいつも何かを発見することだった。この朝の彼の姿には、時間の持つ別の意味が開示されつつあった。それを「思惟」として理解させたものは、「法蔵菩薩の物語」である。

その朝はよく晴れていた。雨の後で、自然は一層と生き生きしていた。この七日目を、彼は帰省した翌日の初めにやったことと同種の行為に使った。自然の食物の採取ということである。筍《たけのこ》は今は盛りと顔を出しているのである。それにわずか一週間で、蕗《ふき》が食べられるほどに大きくなった。蓬《よもぎ》も伸びた。この時季の蓬が一番おいしいる。冷凍しておけば一年中使える。草も木も一斉に芽をふく。野山に命が溢れる。定一はじっとしていられない気分になる。採取と生薬は一体の作業である。生薬をしっかりやらないと口にも入らぬし、保存も出来ない。彼の姿に見えるのは、自然的な質朴な生活を求める、本能的な、しかし経験と年齢を積んだ人間であってみれば、理念的行為でもある。彼の関心がいつも命に向かっているのが見える。自然は命に溢れていた。だが自分の命が終わり、この自然世界から去る時が来る。存在しない私、それはとても考えられることではなかった。それにも関わらずやってくる事実であった。これは人間にとって、不条理としてしか捉えようのないものであった。次の朝こんなことを思った。

『念仏について考える。どんなに一日を大事にして生きようとしても、否すでにそういう気になることからして、この飛ぶように過ぎていく生の無意味性に対して、手のほどこしようもなく死を待つ自己の不安の現われなのだ。してみると、念仏は念々刻々に自分に生まれる願いだ。朝起きた直後の胸を圧せられる苦しみと念仏の姿にあるものだ。浮世という奴はどう生きても当てにはならない。持続するものはない。ただ過ぎていくこの生の先に、不滅の浄土を願うしかない、自分の力でどうにかなる人生ではない』

信仰は、信仰であるが故に正当化されることは出来ない。しかし信仰は経験の限界内にとどまるものでもない。その決意によって止めることが出来るほど生やさしくはない。そこに誤謬が、仮象が生まれることも十分自覚されている。だがここに到る認識には、辛苦に充ちた研究がある。釈尊の思惟はそういうものであった。案じ出された浄土はそういうものだった。死する命には、永劫の命が与えられなくてはならなかった。

世俗的幸福とはやっかいなものである。捨て切った積もりでもその先がある。まして妻や子を持つ定一であってみれば、その先には限界がない。その限界のない過程を味わい尽くして生きなくてはならない。それがどう乗り切られるかは定かではない。しかしここに一つの信仰があったと、今は言うしかない。

定一は早くも『無量寿経講話』の本格的な読書に入っている。まだ三時前、室温は九度C、アンカに火を入れた。

『暁烏は少年の頃から先生について、たくさんの経本を習い、広く深く仏教を学んだ。昔はこういう形で、仏教であれ儒教であれ、長い間勉強してきた人達が多くいた。こういう学問を、古い時代のいわば文明化しない野蛮な時代にのみ通用するものとして退けるのは、間違っている。時代時代にあって、懸命に勉強した人達の智慧は今の世にあっても生かせるものだ。それを文明化だけが重要だとするのは、文明の毒気に当たった者の言ではないか。かくして我々は古人の智慧を失い、路頭に迷わんとする窮状にあることになる。仏の深い智慧などはその典型であり、学ぼうとしてそう簡単に学べることではない。ギゾーとバックルで文明を、文明による開化を占おうとした諭吉は浅薄だ。歴史というのは長い時間で考えなくてはならぬ。諭吉は、自分が生きた半生と半生、江戸の世と維新後の新時代だけで国や文明の未来を考え過ぎた感がある。彼には父祖から受けた恩沢ということへの思索が不足している。霊的なものが少ない。時代の流れは余りにも激しかった。逆に自分は、江戸を維新をもっと知らなくてはならぬ。その点で司馬の勉強はすごい。このことは「日本人とは何か」の座談の中で、多くの本や人物が指差されており参考にしたい』

考えるべきことは多かった、また様々の考え方や視点があった。自分が自分の考え方の中でだけ生きることは許されてはいなかった。その点で書かないことは良かった。

小説を書かないことは、これまでには読めなかった本世界に、彼を本格的に力強い足取りで踏み込ませた。人々は寝ている、従って世界からは無用にされており、自分もまた世間は無用である四時間には、読書という花が開く。どんな歴史書も、哲学書も理解が可能だった。時間は止まり、彼の没入を許したからだ。朝の時間の時間的意味はこういう点にあったのだ。あってもなきがごとき時間である。ただ、起きた直後の吐き出したいような苦しみがあった。思わず念仏が出る。それは命の出す悲鳴の如きものだった。

丸山の『「文明論の概略」を読む』と、諭吉自身が書いたその本は並行して読まれている。定一は読んでいて深く引っかかることがあった。それは歴史の教科書で知っていたことではあるが、それがこういう風には気付かれてはいないということだった。

『ローマ帝国消滅後の「教権」と「俗権」の並立ということについて、初めてその意味するところが分かる。教権と政治権力が別々の権力下に置かれえたヨーロッパの歴史の意味が理解出来るまでに、私は六十六年の歳月が必要だった。ところが、実際の歴史はそういうことを、既に二千年近くも前に血みどろになって体験していたのである。日本では、そういう歴史はなかった。諭吉はそこから、ヨーロッパについて「寺院、権あり」、日本では「宗教、権なし」と言った。確かに宗教の力をこういう風に、ヨーロッパと日本の歴史から比較して言えるのである。精神の力が権力のレベルまで浮上したのは、一向一揆だけであったなと、やはり思われる。しかしそれは、キリスト教が千年にわたって持続したものと比べると、余りにも一時的なことだった』

「教権」ということが彼を引きつけたものは何であろうか。それは諭吉のように、「宗教、権なし」と他人事のように切り捨てられるものではなかったのである。定一はそれを、自己の浄土真宗の信仰体験に求めることは出来た。しかしこのことはもっと霊的なもの、祖先の血に繋がるものであるように見える。そこに彼の自己アイデンティティーがある。それは人間の自立に関わることである。そこには明らかに民衆への信仰がある。「人間の一生はこの村人の一生を超えじ」を生んだものであり、そういうことが、入社後四年立っての社長との面接試験で二人の考え方が対立し、彼を一歩も引き下がらせなかった根底にあるものである。定一の中で、日本人というのは、諭吉が言うようなものではなかったと、いうことになる。信仰というのは、自己の体験からだけでは説明出来ないように思える。彼はどんなにキリスト教を理解しても、信者にはなれない。自分が自分であることを生んでいるものが、信仰にはある。

親鸞は宗教を権力としては捉えなかったように見える。宗派も寺も作らなかった。しかし定一は親鸞の中に、政治権力と対立する、それを眼中に置かない何ものかを見る。それは、承元の念仏弾圧に対する異議と不納得を一生涯捨てなかったように見えるところに、あるものだ。それだからこそ、定一が出合った村人達は、親鸞が今も生きているかのように、その言葉を語ったのだ。民衆の中に親鸞は生きていた。そんな風に、鎌倉時代に生まれた宗教が戦争が終わった時代までも生きていたのだ。定一の「教権」理解はこういうところに繋がっていた。宗教や信仰が形而上学的なものでありながら、政治的権力と対抗出来るということは、定一が考え続けた二つの世界の実在性がある。そしてそのことは、一個人の中では一方が力となって他方の俗権的生きる力を、そして政治権力を支えているのである。精神の力がなかったらどんな現実も生きられない。死の問題、救いの問題はどんな人間もが共有し、かつ不可欠なことなのである。宗教的なことと政治的なこととの繋がりが、個人の中に、歴史のなかに見える。そしてそのように生きるということは、人間として自分達が人間らしく生きることへの主張なのである。それが歴史上における、農民達が起こした一向一揆の姿であった。念仏とは行動を生むものなのである。それは定一の上にも現実となって現われるのである。

彼のその日の一日は長いものになった。三時前に起きたから、五時間勉強してから飯を食ったがまだ九時前である。彼は夜の明け始めから天気がいいのを見て、今日は山登りをしようと考えた。それを動機せしめたものは見えない。だがそれは、彼が帰省以来番号を振って過ぎて行く日々を見ていることと関係しているのかもしれない。彼は日々の営為を見ている。この営為というのは何だろうか。能力なのか。彼は凡そ一千キロ離れた故郷へ、空を旅して日常的空間を離れた。しかしどんなに遠くへ旅しても、また日常的空間は身を捉えている。するとやはりまたここを離れてみたくなる。閉じられた世界がいやなのだ。本を読むこともそれと関係している。番号を振られた日には、何かそういう特異性が暗黙に求められていた。朝の食事が終わった時、彼の決意はしっかりと固まっていたのだ。歩く道は言わば、彼が住むこの家から見えるものであった。住む家は盆地の底にあり、歩く道はそれを見下ろす山の上にある。彼は、今日は自分を見下ろしているものの所まで行って、逆に見下ろされている自分を見てみようと言うのである。

山はこの集落を南側を遮って聳えている八天山である。この山はそうやって集落を威圧して、一日もそれを止めたことはない。富士山だって、余りに近くにあると鬱陶しい。だがそれは人が選んだのだし、山がやって来たのではないから仕方がない。定一はそこに登ったら、西に向かっている尾根を歩いて、腰巻山と呼ばれる東鹿路の山まで行く予定である。地図の上に道があるわけでもないが、村境でもあり、歩けると判断をつけていた。食事を終えると、サブザックひとつですぐに出立した。時間は九時である。全ての道を全部自分の足で歩いて戻って来たのは三時である。終わった彼の中には限りない満足がある。日中の時間配分はこういう形が最適なのだ。朝の十分な時間が確保出来て、日中は日中で何か一つをやりとげて、それでいてまだ書斎に帰って来る時間、それは三十分でも一時間でも長さに関係しない思惟性を持った時間に帰還することだ。一日の時間の持つ、三つの構造が見える。朝最初の時間は思惟的、昼間の物質的時間、夕方の時間には思惟と物が融合されていて、明日の時間とエネルギーの下地を作って、あたかも肉体の場合の細胞再生の夜の時間に匹敵するものだ。

腰巻山の頂上から、文字通り直下に見えた東鹿路の昔に近い集落の風景は、いつまでも忘れられないものになった。正午の太陽は燦燦《さんさん》と輝いていた。昔ながらの暮らしがこの山奥の部落に残っているのだろうか、という思いが無意識の内にあった。戻って来た机の前での感想は、この日のことを次のように記す。

『今日は、八天山—腰巻山—東鹿路と縦走す。八天山から腰巻山まで九十分である。子供の時から、朝な夕な見上げてきた二つの山を歩きたかった。もっとも随分と前に一度行ったことがあった。藪は漕ぐほどでもなかった。道標はしっかりしている。やはり巨石が多い。庭に置きたいような大きな石が、数個あった。

　この日の心に残る風景

腰巻山の山頂より、直下に見た東鹿路の集落。そこから百二十メートルぐらいの標高差を真逆様に下りた。着いた所で、農家の庭先で蕨を採む主婦の姿、何故か涙が出た。この山村に嫁いで、厳しい自然の条件下を生き抜いた、けなげな女性への涙か。今はこういう人は少ないのではないか。三つ目はそこからずっと下ってきて、往還道にかかる「眼鏡橋」の欄干の全てが、手から切り出された花崗岩であることの驚きだった。橋は明治二十四年三月竣工とある。この橋を毎日歩いて九年間通ったと思ったら、これまた涙を禁じえなかった』

定一は欄干をスケッチした。後に知ったところによれば、これは連子と呼ばれる構造のものである。欄干の立ての四角の柱が四五度回転させて、角の前後が道の方向と平行に並んでいる。この柱が意外に小さいことに気付く。この柱の上に、手摺りがこれも花崗岩なのだが乗せてある。言わば、欄干としての装飾性が十分に考慮されて作られているのだ。全体の持つ優美性は深く訴えるものがあった。明治・大正・昭和と百年を超える時間の中で、風雪に耐え、損傷されることもなくこうして存在し続けたことへの、言われざる感慨が彼の中にあったのだ。下の川底まで三十メートルはあろうか、橋を壊して車が落ちれば、人の命はない。彼は自分が毎日通りながら、そういう橋の美しさには気付いていなかったことを、初めて感じさせられていた。

こうしてみると、生活の仕方というのはもっともっとしっかりしたもの、実体的なものでなくてはならぬことが見えている。後に定一は佐賀の昔、「長崎街道」であった古くからの商店の街に、土間の家が今もまだそのまま使われているのを見て、人間はこんな風に暮らさなくてはならないのだと教えられたことに繋がっている。ただ便利性を求めた生活には実体がない。生活の実質が見えない。そして今も、この生活実体を守っている人達がいることの事実だった。そういうことを、この日の一日は教えるものであったのである。

念仏に始まった朝だった。何故、朝起きた時こんなに苦しいのだろうと思う朝は続いた。それは命の苦しみであった。そこまでは彼も理解出来た。しかし何故命はそんなに苦しむのか、それはなかなか理解出来ない。命とは死の定めを生きるものである。これは生きる命にあっては最大の不条理であるが、生が始まった瞬間に定まったことである。生と共に始まった死、ここに不条理の原点がある。結局このことは生涯におけるどんな経験をもっても、その経験だけでは満足する解答は得られない。ここに理念的世界の存在理由の原理がある。これが定一に「もう一つの世界」の存在を気付かせた根本にあるものである。だがどんなにそうであっても、経験世界を超出して、理性世界だけに住むことは出来ない。命はまたこの世にその生を養うものだからである。定一の世界は、その生の時間は、そういう二つの世界を往き来せざるをえないものである。命はこの世のことを超えてあの世のことも窺う、しかし病を得て苦しみもする。

こうして過ぎて行った故郷での八日目だった。日中は太陽の輝く下で、山と高地集落を歩いた一日だった。その日出合ったことに、読書によるものであれ歩いて出合った現実の風景であれ、一貫性があるとすればその時間は思惟的なものであり、現在見えているものだけではなく歴史を含んでいたということになる。昼間の時間に思惟性があったのかもしれない。それが彼を十分に満足させたのだ。釈尊の旅の一日はいつもそういうものであったのだろうか。

集落の姿に、明治の工作物である橋のデザインと集積された労働の結果に、そして本からは日本人の霊性の伝統に対する自己の一体感に、そしてヨーロッパの歴史上に起こり確立した、信仰の俗権に対抗する権利に、それらはいずれも歴史を作り、時間を生きた人間の霊的活動の現実上の成果であることを感じていたのだ。単純なる労働でも、アーチ型の橋の土台として一個一個積み上げられ修正の手を加えられた石組みの仕事にしてもである。労働とは聖なるものである。命がそこに生きたものであるからだ。そのことは忘れられてはならないことである。定一の中を、物と霊が行き来しながら、何か一つに統一された体系がある。見、感じ、思考する存在としてである。そういう彼に飛び抜けたような一日の充足感があった。彼は本を通じて、日中の見る物を通じて、人間の歴史的活動の残したものに触れていたのだ。集落にも橋にも人間の霊が生きているのを見たのだ。彼がそれを見たのは、彼の中にそれを見ようとする強い力が生まれていたからだ。彼の日々はそういうことを求めていたということになる。それは感傷ではなく、今の自分の中に生きているものであり、未来に繋ぐ力でもあった。これを求めているのは、理性の力である。こうして長い一日が終わった。

翌朝、『無量寿経講話』の読書で次の言葉に出合った。

『かつは諍論のところにはもろもろの煩悩発る、智者遠離すべきよし』

実のところ、この言葉はひどく彼の心を不安にした。だがここに今日の出合いがあった。それは昨日とはなんと違うものであったろう。これと比べるなら、昨日のそれは形而上学的世界の出来事であった。出合いは求めずして起こり、それでいて必然的なものがある。そこには彼の作った原因がある。経の言葉の意味は、一度諍論が生まれる時、それまであった何がしかの信頼の関係が崩れて、元に戻せぬことを言うものである。彼はそのようなことをつい最近、弟と妹と自分の間に、自らの行為から起こしてしまったのだ。従ってこの概念は、その日一日と次のもう一日に引き継がれた、否、このことは兄弟妹の関係を引き裂いて修復のきかないものにしてしまっていたのだ。

定一はその日、ずっと考えていた、佐賀の本願寺会館に説教を聞きにいくことにした。六の付く日はいつもやっているることを知ったからだ。それと、目的はもう一つあった。市内に住む、妻の叔母を訪ねることだった。

叔母は亭主を亡くしてまだ一年が過ぎたばかり、その寂しさは言葉では尽くしがたい。彼は彼女のその現実の苦しみを味わうことには程遠い。だが彼はそれが何となく理解出来る。すると、自分が少しでも力になれるなら、何かであれしたい気持ちになる。叔母は金の面でも余裕がない、それは一層と彼女を厳しく追い込んでいる。老いも病も金も、結局のところ、人が終末に臨んで追い掛けてくるものである。彼にはそんなことが何となく分かる、それが老人に対して無関心ではいられなくしている。

彼はその日、取れたばかりの竹の子を湯掻いたものを持って行ったのだが、不在のため、玄関に置いてきた。叔母との関係は、その後も機会を求めるようにして続いた。この日々にあって、彼は自分もまた同じようなことに追い込まれるとは、現実のこととして浮かんではいない。そうではあるが、自分もまた老い行く者、死に行く者であることの一体感は、既にしてあるものだった。人間であることの身に置かれた事実として、自分と他者に分けることの出来ないことだった。そしておそらくここに、介護行為の本質的なものがあるのであろう。こうして叔母は、遠くても近い存在であり得たのである。

そうやっておいて、県庁の隣にある寺に詣で、説教を聞いて帰った。その感想は翌朝、印象をより鮮やかにするのだった。佐賀の街は全部足で歩いた。彼はやっとこの街を少し知りつつある。かつてこの街は自分にとっては遠い異質の地であった。父が一度、連れて来てくれたことがある。憶えているのは、「バカ盛り」という名の駅前の食堂のことだ。まだ中学生にもならぬ子供だった。山の奥から出て来た少年には、そして少年の中で満州と引き揚げの体験はneglectされていたから、別世界であり、食べたラーメンだかチャンポンの味もまた別世界だった。その後通った高校も郡部にあるものだったから、この県都は依然として見知らぬ町であるままに、故郷を去ったのだ。今始めて、彼は街に近付きつつある。叔母の家は旧長崎街道の道筋にあった。吉田松陰も長崎からの帰り、歩いた道である。定一は、戦後六十年、街はすっかり形を変えていると思っていたけれど、実のところは人々は大事に昔を守っていたのである。

寺より帰って来た夕方、叔母より御礼の電話があった。一日が明けた早朝の読書の時間は、前日の僧の説教とからんで、自分自身の内的問題が意識を引き締めている。そして次の言葉をえた。

「日々精神に慰藉を受け、苦悩を救われつつある念仏は捨つることは出来ませぬ」

これは暁烏が聞いた、当時の庶民の言葉であろう。定一は『念仏によって苦悩の淵より救われているのであり、明るく生きられているのである』と思うのだった。

結局定一の思想的な進化は、全てが念仏理解の一点に絞られていた。ある時はそれは救いと慰藉に集中されたものであり、ある時は激しいばかりの行動を生み出すものであった。それでも彼は信仰の持つもう一つ大きな意味に、概念的なレベルでまでは気付いていなかった。だが「自由市民」という発想にはそれが予感されている。彼における宗教は、それによって初めて自己が自己たりうる、すなわち自己アイデンティティーの根源をなすものだった。ということは信仰は自立と自律の源、それを生み出しているものだった。そしてそのことは「自由」の概念に近い、それによって人間が自己に自由ということを導入出来る、理念的なものだった。そしてそのようにして他に依存せず自己に立脚するということは、市民による自治、市民主権の道を指し示すものであったのだ。そのことは、一向一揆に見る庶民の姿が、この現代にあってその時代にあったような新しい力をもって再生することを意味した。信仰とは全て新興宗教である、何故なら今を生きるものである限り。彼が人民主権という言葉に引かれるのは、そういう信仰の歴史によるものであった。そしてこれは、彼の「日本人でしかありようがない」という感覚的なものを生んでいるものなのである。そしてそれは何かの古めかしい伝統への固執を意味していたのではなく、そこにあるのは、仏の言った人間の絶対平等に繋がる彼の庶民信仰だったのである。だがここにも、そうした新しい自己の世界を切り開いていくことの険しさはあり続けた、ということになる。それは経験世界の限界を打ち破って、形而上学世界を現実のものとすることを意味する。世界を開くという行為はこういう形においてしかなかった。これは理性の本質的目的なのである。

定一は昨日の諍論のところを読んでいて、自分の罰、弟・妹・自分の間に生じたそれを考えずにはいられなかった。

『思うのは兄弟の間に生まれた諍論のことだ。これは弟が買ったマンションのことから生まれ、その最初の招待を私が拒絶したことに始まった。妹は「マンションぐらい良かさい」と言い、弟は「自分はこの生家から離れない」と言っていた。またこの間は「妻が別れるなら、いつでもいいよ」と言ったくらいだ。とするなら、私は諍いの種を兄弟の間に生むべきではなかったのだろうか。夫婦の間ですらそうやって我慢し、最低限のところで繋がっているわけだから。弟は私に向かって「兄ちゃんあれは×だよ」と手を組んで示した。私は無言であった。

これ以上の争いはいらない。弟は弟でいい、妹は妹でいい、主張はお互いに幾らでもある。そこに私の罪があるのは確かだ。弟に私がいくらNOを出しても、弟はそれを変えることが出来ないのだから。そして私の出したNOに対してこだわりを捨て切らないのだから。いずれにしても、考え方の違いから諍論を起こしてはならないことの一つの典型である。これからもこの件によって争ってはならないのである』

彼がこのように罪を覚えるのは、一度の諍論から生まれた不和は決して元に戻らないからである。

その日の『無量寿経講話』を読み終わって、それが余りに良いので、本を呉れた八幡の叔母に手紙を出した。郵便ポストは急坂を下ったバス停にある。朝の頭の疲れを癒すことは大事である。使ってばかりいたのでは力が出なくなるのは原理である。盆地は春たけなわであった。発電所の方へぶらぶらと行ってみる。部落の先輩達がゲートボールを楽しんでいる。本家の従兄夫婦もいる、同級生もいる、皆知った人ばかりだ。近くに寄って見ていると、彼より八つばかり先輩の人が寄ってきてこう言った。

「定ちゃん、幾つになったかい、俺は七十五ばい」

その顔は本気になって、寄る年波を嘆いている。不安と寂しさの強い印象を定一に与えて、返す言葉がなかった。過ぎてしまえば、あっという間の人生だった。定一もまた、この飛んで行くように過ぎる月日の早さを恐れる者だった。その日はここに来て十日目だった。こんな風に毎日を数えながら、風景と行為を残そうなどということを、若い日なら考えることもなかったのに。そして過ぎた過半の日々は忘却から蘇らせることは、殆ど出来ないことなのである。

少年時からの見慣れた風景の中を、そして部落の先輩達の言わば老人を生きる姿を見、接して散歩から帰った彼の中には、この二日を、一日は山と高地集落歩きに、次の一日は佐賀の街歩きと使って、そこに投じられたエネルギーによって霊魂は治まり落ち着き、ゆったりとした時の流れを受用するのだった。実のところ、それは彼に与えられた田舎での最後の安らぎの時間であったのだ、というのは、母の病気が彼の眼前にその明確な形を見せようとしていたからである。運命はそんな風に、こっそりとそして着実に人間に忍び寄る。病は隠れもない実在であるというのにである。人は、その現実を見て初めて動転する。人は業から離れられない。

その日もまたよく晴れた一日だった。終日定一は家にいた。弟の妻が久しぶりに戻ってきて、一緒に竹の子を外の竈で茹でている。彼は縒《よ》りが戻ったのかなと思った。それで、居ては目障りかなと散歩に出たのだ。戻った時は二人はいなかったが、釜の中では竹の子がまだ煮られていた。定一は勉強部屋に籠もった。そして、昨日の寺での僧の説教について考えた。メモに書かれていることは、とりとめがない。だが一夜寝た彼の想起は、かえって核心だけを捉えている。

『僧としては型破りだ。しかし過去の体験が反省され生きている。京都の龍谷大学を出て僧の資格を取りながらも、僧にはならず、露店の商売で生活した十年あまりの体験が、やはり人間を作ったように見える。始めから僧であった者達とは違う。彼は話した。親鸞上人の比叡山での二十年を、「だんだんと自己の醜さが晒し出されていった歳月であった」と。上人の辛い時間が思われる』

そのことは、僧が自己の体験に重ねたように、彼もまたその青春の体験に重ねていた。このことは大変に重要なことである。親鸞という一人の秀れた個人の歴史を、ただの物語として受け取らず、自己の歴史としても妥当しうる現代にも通じる普遍的なものとして捉えるからである。その苦しみは、上人のあの時代にあっての僧としての苦しみだけを意味しないということである。それは何よりも青春における人間の苦しみであった。定一は自分を地べたに投げ出したかった二十一の時の苦しさを思う。自分のことは自分の力でなんとかなると思ってきた、その自分はもはやどこにもいなかった。教会に走り込んだ、あの日曜日の朝のことを。その苦しみをどん底から這い上がっていったのだが、その根源から自由になったわけではなかった、苦しみは続いた。働き始めても、結婚しても、子供が生まれても、そして彼は書き始めた、暗い朝に。親鸞にあったのは僧としての苦しみ、宗教的形而上学的な苦しみではなく、人間としての救われようのない生のあり方に関わるものであったということだ。そういうことを、昨日の僧も定一も共有していた。親鸞の苦しみには普遍性があった。それは生涯続いた。だがそうだからこそ、そこに念仏の必然性がある。念仏とは、業に生きることを免れない人間の、それを受け入れながらも生きていく者の、生きるための力なのである。

『幾ら修業しても、言葉で言えるような人間の向上を見出せなかったということである。三十の頃は一番辛い、そしてそれはずっと続く。「貧愛瞋憎之雲霧　常覆真実信心天」である。晴れやらずなのである。これはかなり辛い人生であるなと思った。

僧は自己の体験を持って「教行信証」を解かんとする者、それは自己を晒して恥ないということでもある、これが二時間の印象であった』

彼がこの印象を書き残さなかったら、それは永遠に再び思い出されることはなかったであろう。このように、一日の出来事は夜の眠りのあとに枝葉を切り捨てられて、新たな相貌をもって立ち現われるのだった。

彼は都会の風景には印象が薄いなと思った。だが人との交流にそれに代わるものを求めるのだった。それを昨日のことで言うならこんな風である。・絨毯屋の女性・電気店のあるじ・体育館前の店の男・本願寺の僧達

『僧が言っていたことだが、今後日本の最大の問題は人口の減少化だろう。弱年者が不足するのはあと十年だろう。日本は一足先に、弱体化の先頭を走ることになる』

こうして帰省後の十日が過ぎていった。そこに見えるのは何であろうか。市民であるかどうかは別にして、自由人であるとは言えるようである。彼が選択する行為は理性的なものから生まれているということである。その理性は単に知性とか精神というだけでは表現しえないものである。カントの言う実践理性である。しかしそれが行為へと降りにいく時、そこには現実そのものがある。命令は理念的道徳的でありながら、行為から生まれてくるのは経験的なものである。しかしそれは再び理性に帰る。恰もそれは夜の眠りの間に、無意識の活動によって帰還するかのようだ。これは一つの経験世界を超えて、次の経験へと導くものであるとも言える。定一は今これを、霊の活動として捉えている。この霊と行為の間の、下降と上昇の関係に彼の自由が存する。行為には目的がなく、目的は理性が生んだ命令、行為そのものなのである。山へ登ること、説教を聞くこと、叔母の家をおとなうこと、それは目的自体だということである。

他方、「市民」ということについて言えばどうだろうか。今の彼の行為には見えない、そして行為の社会性ということも見えない。だが彼の理性の内には、社会を見る眼にも、実践についても常に社会への高い関心が秘められていた。彼の中には、人々の生活の姿に何か真実を見らんとする意欲がある。後に彼が、高地集落への関心が深まって旅をするようになったのは、この帰省の時間が生んだもののように見える。また市民としての活動の関心と様々のイマージュは、こうした静かな日々の時間に、自治会長を辞めてからの一年ぐらいの間に、醸成されていったのである。

彼の「市民」への関心は、理性的理念的なものだった。彼の根本には一九九八年のアメリカから日本に戻った完全な一年という時間の間の反省、読書、旅の体験が生きている。そこにあるのは目先の問題への関心ではない。人類の救済ということがいつも根底にある。技術者として生きた半年から、手段や現実の大切さはよく分かっている。だが、人類が滅亡へと向かう基本的な方向と運動エネルギーを、その傾斜を十年間見、感じてきた彼には、根本問題から重心をそらすということは起こらない。自己の内に可能性がないことは、人類全体にも起こらない。自己の問題として人類の問題が確立していくことが、そしてそのことが社会の問題と平行して相互的な影響を与えあうなかでの進展が求められていた。そういう形で、市民は彼の中に生きていた。

「市民」という概念に含まれているもう一つの大きな意味は、政治的なものであろう。定一の「政治的人間」であることをタブーとして来た人生は終わろうとしていた。彼の中の「非政治性」は屈服されつつあった。自治会長の仕事が、現実面でそのことに与えた影響は大きい。他方諭吉や丸山の本は原理的な意味での政治の意味を彼に教えていた。だが定一が政治へと全面的に傾斜するということは起こらないであろう。それは自己の生活へのこだわりが強いからである。その生活とは、質朴で自然的であることを基本とするものだった。そうではあるが、彼の「市民」概念の中心にあるのは「自治精神」であったから、それは具体的行動を求めずにはいられなかった。となると、両者が併立するなかで、思想的にも現実行動としてもどれだけの進化を見るかが課題であったということになる。自由の問題も、市民の問題も同じように現実的問題であり、理念的なことであった。しかし後者の問題には多大な学習が要請されていたのである。

Ⅱ

第五章　霊的生活

生活の中に霊性が見える、少なくともそれがかつての日本人の生活であった。定一が妹を失って満州から引き揚げて来て、今のこの故郷で六歳から始めた暮らしの中で見た、山村の戦前のままの暮らしにあったのはそういうものだった。戦争は終わっても、戦前と同じ生活が長く続いた。お金の多寡で、人生を人間を労働を判断する人などどこにもいなかった。労働それ自体が、人生の意味を満たすものであった。しかし人生において、それ以上の何かがあるのだろうか。定一が子供ながらに確信していたのはそのことだ。これ以外の人間の姿はないということである。このことは、戦前のままの部落の老人達の姿が、直接的に彼の心に伝えたものだった。共同風呂はそういう、老人と子供の心の交流を可能にする場であった。老人と子供は友達だった。老人達は、親鸞がまだ生きている人のように語った。

「人間性悪ならざらん」

「善人なおもて往生す、まして悪人をや」

五右衛門風呂の底板を、老人と子供は一緒になって沈めながら、老人達はこの今日という日を戴けたありがたさを感じて、念仏を溢《こぼ》す。学校に上がったばかりの定一は、それを言った親鸞が生きている人と、本当に受け取っていたのかもしれない。彼の中に妹を失った悲しみが生き続けていた。彼は本当のところ、子供であることをもうすっかり卒業していた。先生達には理解の出来ない子供だった。それを理解したのはたった一人、小学校二年生の時の担任の先生であった。その先生は一度も彼に対して、贔屓《ひいき》の言動も表情も示さなかった。しかし彼は、彼女の厳しかった自分を見る視線の内に、暖かな慈愛を覚えていた。それはその時も、そして今も全く変わらない。先生の彼を見る視線は遠いものであった。そこには遠いものであらざるをえない、そのことを理解した何ものかがあった。彼もそのことを既に理解していた。そういうことは妹の死が教えたものであった。それは人間の絶対的孤独を知った者の姿であった。定一にそれを教えたのは妹の死であった、それはまた仏との出合いでもあったものである。

しかし人がどんなに自己の絶対的孤独を知り、人生の無為なるを知ったとしても、彼が向き合っているのは現実、日暮らしの生であることは変わらない。そうなると悲しきかな常に煩悩に制せられた凡夫、という存在でしかなくなる。だが問題の核心はそこにあって、凡夫であるがままに、それは矛盾であるが、霊的生活の余地が成立するのではなかろうか。もしそこに、信仰の真の気魂が実在しうるならばである。しかしそれはなかなかに困難な道である。かつての村人に自然にあったものが、今の世に難しくなったのだ。これは現代の文明の作用のように見える。人々はそれを喜んで、ただ無自覚に受け入れている。定一はそこに強い異議を覚えるのだ。そしてそこに彼の命をかけた槍を突き立てる。そうでないと信仰は成立しないからだ。彼の念仏はそういうものでもある。定一は文明の問題を、そうした自分の信仰から切り開くようにして解かんとする。文明を解く手段は彼の内部の衝動に、後にカントが教えたことによるならば、理念的なものの内にある。彼は無自覚の内に、この内的衝動の解明を求めているのだ。更に言葉を変えて言えば、普遍的精神の追求ということだ。世界的霊魂の実在化が求められているのだ。それでいながらこの精神的なものは抽象化されえないし、また仮象でもない。それは経験があって指示するものだからである。ここにこそ、彼の二つの世界をわがものとせんとする意図の実現がある。

彼は霊魂から行動へ、行動から霊魂へという降下と上昇、行為と反省の繰り返し、これは言わば、思惟と行動の間に瞬間、瞬間を生きることなのである。個人的霊魂の内にしか生きられないものでありながら、世界的霊魂を求めるということに人間性の本質的なものがあるのではないだろうか。内なる仏と、外なる仏がいつも対話しているのである。外なる文明と内なる文明は、かくして同一の道を歩くであろう。

定一の見る景色は変わらんとしている。しかしそれは事件が変えたのだろうか、それとも見る心が変わったのだろうか。その心の変化は日々の行にあってそこから生まれてきたものだ。言えることは、それは何か一つのあることが変えたのだと、指摘することは出来ないことだ。日々の行は忘れ去られていく、そしてその時はどんなに重要なものとして捉えられていた概念であっても。このことはとても悲しいことだが仕方のないことだった。二十の頃に聞いた叔母の「ぼんやりとしか見えない過ぎた人生」に対する悲しみは、定一の自覚的人生の時間の出発点であったのだから。今の定一の中には、精神の持つ本質が変容と変化にあることが知られつつある。そのことは彼の朝の努力が教えた。昨日の自分と今日の自分が違うということ、またそうでないと今日の意味もないという事実との出合いが生んだものだ。しかしその変化とは、より自己の真実に近付くこと、知ることであるように見える。それによって自己が自己であるアイデンティティーはより確かなものになる。かくて我々は変化と統合の内に生きていることになる。この変化する自己という概念は重要である。

暁烏敏の『無量寿経講話』を読み出して、まだ一週間ぐらいにしかならない。しかし定一は既に幾つかの核心の部分を捉えている。それがありがたいから、叔母への手紙を出した。昨日のことである。彼はこの朝こう記録した。

『右手の上の文殊菩薩から左手の上の普賢菩薩への道のりは、いかにも遠いものであったことか』

これは「講話」にある次の文の、自己の経験的領解である。

「智慧の文殊菩薩から出立して、慈悲の普賢菩薩まで到達せられる。ここに我々の求道の道程がほのかに味はられるのであります。我々が道をもとめるときには、何か今の自分にはいたたまらぬものがある。それから一歩踏み出そうとして、まず初めにいろいろ理屈を聞きます。道理を求めます。それがだんだん七ころび八ころびして、いろいろの師匠からいろいろのことを聞きます。それから遂には、大慈悲の普賢菩薩のもとにゆくようになるのであります」

普賢菩薩は求道の終局なのである。それをこう言う。

「他に説くことでなしに、内省することであります。我々は内省によって人を救ふのであります。その人の頑なことを知らす前に、その人を頑だと思ふその自分の心を砕くのです。そこに自分の心に映った向こうの影が頑でなくなったときに、向こうが現実に自然と融けてをるのです」

こういうことが分かるというのは、悟りを意味してはいない。何故ならここで言われているような、自己の考えに頑なであることは、取り切れていないからである。しかしその心が砕かれるということは起こる。砕かれて分かる、それが人生に繰り返して起こってくることである。この後にまた重要なことが言われている。

「行は生活である。願は生活の基調をなすところの中心の動きであります」

これは『無量寿経』の次の文にある「行願」ということを、人間の姿になおしたものだった。

「諸の菩薩の無量の行願を具し、一切功徳の法に安住せり」

そして功徳を暁烏はこう言う。

「あの人は徳のない人だといふことは、骨折らん人だといふことである。徳といふことは骨折りの酬いであります」

「我々が勤めてをるといふことは、酬いられることであります」

ここから次のことが言えてくると暁烏は言う。

「遠い向こうの極楽浄土の徳は、今の自分の一念にあるのだ。といふことがわかってまゐります。遠くに望んだ極楽は徳であります。その徳はいつ具はるのかといふと、今のこの現在のたのむ一念の信心の開発のときである。この信心から念念称名の大行が出来ます。そこから徳が成就してくるのであります。我々は果上の徳を聞いて因位の行願に徹してゆくのであります」

『無量寿経』の文はたったの一行に過ぎない。しかしそこから、暁烏は信仰の本質を引き出している。智慧から慈悲の心への長い道程、それは人生そのものを意味し、定一自身が強く感じるものがある。彼はこの本との出合いに感謝を覚えてならず、叔母に手紙を出したのだ。一夜が明けて、同じ個所を再読した。するとやはり、ゲートボールをしていた部落の先輩の言葉を、その深い寂しさと不安を思い出すのだった。

「早かのう、月日の過ぎていくのの早かのう」

彼はそう言ったのだ。定一はなぐさめの言葉を持たなかった。一体こういうことはどう解決できるのかと思う。

『ここにそもそも、念仏の由来がある気がする。この世は夢の如しである。過ぎてしまえば一瞬である。どんなに充実した人生を求めたところで、この過ぎてゆく日々を止めようはない。ここでの生活も十一日目を迎えた。だから何かを残したい、だが残ってはくれない。遠い極楽は今日のこの自分の脚下にある。今の自分の一念にある。これを「因位の行願」というのだ。極楽は因位の必然である。念仏は未来をすぐ今とする。長い時間はあっという間に過ぎる』

結局こういうことは、人生を通しての問いであろう。「時間よ止まれ」と幾ら叫んでも、時は止まらぬ。とすればそれは形而上学的問いである。しかし人間は経験の生き物でもあるから、これに対する現実的対抗策を考えずにはいられない、だがそれでも時は、ただ無闇に過ぎていくだけだ。

彼がこういう風に一つの仏教書と出合うということ、そしてそれが毎朝の読書として続いていくということ、更には昼間の行為にあって部落の先輩のこうした姿を見るということ、こうした世界が一人の人間の一日に起こってくるというのは不思議なことである。彼はここにも現実に「因位の行願」ということがあるのを感じているのである。しかし、この「因位の行願」の意味は深い。この行願には実体性がある。定一は三十四歳にして、自己の中を生きている「願」の存在に気付いた男であった。それは出世間的なものであった。それでいて経験世界を離れて外にあるものではなかった。現実と願いは不即不離の関係にあった。そして人が、止めても止まらぬ時の流れにあってみれば、暁烏が言うように、念々一刻の内に何かが実現されていかなくてはならぬ。だがそういうことが更に深く体験化されていくには、死の問題に、それは結局命に触れていくことだが、必要なように見える。そうやって霊が目前に呼び出されるということが起こる。しかしそうではあるが、人間はこういう日々にあって、ずっと学んでいるということはある。経験が、そこでは可能ならしめられているのである。可能的にしかすぎない経験が実現化される、それは自己の力によるものではない。仏の手にあるものだ。だからここには、意図によってではなく、成就されていくものがあるばかりなのだ。定一が不思議として感じたことは、そういうことであった。

人間は命の危機に触れた時、ある転化、それは真の思考に関わることであるが、進化を見せるようである。どんなにぼんやりとした生を送った者でも目覚めが起こる。逆にどんなに秀れた人でも、思考は概念的なものに終止してしまう。これが死を眼前に見ない者の生である。定一の場合もそういうことから免れてはいない。傾向性が、世間的幸福感というようなものに繋げて、命の生を安易にさせている。これは単に精神的なことを言うものではない。前者の形で霊魂が目覚めなければ、やることが、行為が怠惰に堕するということだ。行為という運動の質を決める重要なアイテムなのだ。念仏はそもそもそういう質を持つ。行動に係わって生まれてくる。「死」の概念を考えることを避ける人間では、こういうことは起こってはこない。

その日の朝、まだ昼にはかなり間のある、久留米の聖マリア病院の外科の外来診察室である。ベッドに母が横たわっている。若い外科医がその側に立っている。兄・弟・妹三人の子はこの室に呼び入れられたのだ。驚くべきことは、母の尻から飛び出ている、大きな鱈子《たら》のような赤い腸である。三人とも言葉も出ず立ち尽くしている。『これが母の現実であったのか』定一は歯軋りするようにして見ていた、そして自分の無定見を恥じた。母はここに向かって歩いていたのだが、それらの何も摑んではいなかったのである。それは妹だけが知っていた、彼女は母の肛門に脂を入れることまでやっていたのだから。若い外科医は、まずこの現実を三人の子供に見せることから、治療を出発させようと思ったのだ。この考えは恐ろしいほどに正しい。子供達はこの日から母の側に、肉体的にも精神的にも、ぴったりと寄り添うたのであるから。確かにそれは、直接命に係わることではなかった。しかし母の難儀は一目で知れた。肛門の運動神経も筋肉も既に失われていた。その結果を作ったのは便秘であり、そのために長期間使われた下剤によるものだった。こういう形で進んでいった病の経過に定一は全く無知であったのだ。この日の風景はこれに尽きた。彼はこれ以降、鱈子という奴を見る気もしなくなったのだ。だがこの日以来、何かが変わった。母が身近な存在になり、役に立つことは何でもしようという気に、兄弟妹三人がなった。それまでの母は、家の奴隷だった。自らの意識においてそうであり、弟の家の飯のことばかり気にして、暗い内から起きて動いている行為に示されているものだ。老人となってかえって家の奴隷と化した母の現実に、彼は気付いてはいたが、それを変えることは出来なかったのだ。母を取り巻く物心が力によって抑えていたのである。定一は母が元気な間に、それを取り除くことが出来なかったのだ。病というのはこういう風に、この現実の中に原因を持つものである。しかし多くの場合、例えばガンの発症原因というようなことになると、その原因を知ることは出来ないでいるのである。

移ろう日々にあって、人は移ろわぬ日々を求めている。これは霊魂の日々である。言ってみれば、物質的、現実世界と併行し連続している形而上学世界に身を置く時間である。しかし人が行為から行為へとただ流されている時、移ろわぬ日々は実現しない。霊魂は不動である。その霊魂への上昇ということがなければならぬ。

定一の朝の時間は、無意識ながらこのことに係わるものであったのだ。朝に「因位の行願」ということを教えられ、昼中には診察室のベッドの上に母の病を負うた肉体を見せられて、翌朝、彼岸ということを考えた定一に、わずかに移ろわぬ日々の片鱗が見える。

『彼岸とはまず初めに発見だ。彼岸が人間にとって必然的なものであることの発見である。そしてその究竟ということが生まれてくる。そこで初めて、法蔵ということが問題となる。発見はすでにして出世間である。世間にはないことの発見である。「自分の希望は、全て出世間的な希望であった」と自覚することがそれである。ここに初めて出世間への目覚めがあった。古きものは新しきものへと変革されていかずにはすまない。これはいつも変わらぬこの世界の事実なのであろう』

ここに書かれた法蔵とは何か。法の蔵のことである。法の蔵に入るとは、仏法の蔵につかっているということである。そこは此岸ではなく、彼岸である。願が此岸ではなく、彼岸にかかっていることの意である。定一はそこで、「転法輪経」に出合って、はっきりと自覚した、自分の内なる出世間的希望の存在について思い出したのだ。それは今も生きる力としてあるものだった。それは一つの発見があっての出来事だった。

定一は昨日の母のいる風景を思い出す。それは彼をコントロールして、夕方は酒も飲ませず、食べ過ぎもさせなかった。

『それは未だ自分の脳裏より去らない。あのような尻をかかえて、毎日の生活をやっていた母は不思議である。仕方のないこととして耐えていたのだろうか。そしてやっと最近になって手術の決意をしたのだろう。あの外科医をもって、風景は印象が強まる。外科医は忙しい。次々と緊急の手術が飛び込んでくる。彼に負けない耐久精神で、日々をやっていかなくてはならぬ。のんびり、おっとりしていてはだめだということだ。それでは社会に対して発言の資格を欠くことになる』

これは、病院というものとの彼の初めての係わりであった。このことは、母が今日まで生きてくれていて起こった。老いも、老いのもつ苦しい生活も、母がいて教えてくれたことだった。こういうことの全てが、自分にとってよいことだとの自覚が彼にはある。だがそこに、未だ死はない。死がそこに近付いた時、風景は更に一変する。そうではあるが、これは彼が医者と患者の関係世界を覗いた最初のものとなった。それらは母が生きていてくれたから起こった。医療とか看護ということが、具体的に現実の視野に入ってきたのである。そこには大きな意味があった。やがては信仰の持つ現実的意味が、問われることになるからである。

その日は病院から一人戻ってきた。母もまたそうやって少し生活を変えるのは、妹が病院からすぐ近くの自分の家に連れて帰ったのだ。妹の存在はありがたかった。母は、妹が病院からすぐ近くの自分の家に連れて帰ったのだ。昼間を暗い家に一人だけでいるのは、陰陰滅滅たるものがあるだろう。若くても元気な時なら、どんなに孤独な環境でも心は賑やかに暮らせるだろう。今の定一はそんな人間である。この生家には誰も来ないし、新聞やテレビも全く見ないのだが、自然のただ中にあって居心地が良くて仕方がないほどだ。だが母を見ると、その姿は違ってくる。この家にはかつての賑わいはない。暗い室に、灯も点けず黙然として横になっている母を見れば、それが老人には良くないことだとは知れた。そこには、かつての、夏の日盛りにも笠を被って田の水の見回りをしていた元気さはないのである。確かに母の生活に大きな変化が生まれているのである。彼はそのことに気付き始めていた。

その日は家の掃除をした。よく晴れて日差しも強かった。五月が間近い。母の寝具を、ふとんから炬燵の掛け蒲団まで干した。竹竿二本を作って、渡して干す。よく乾いた。室も台所も、竹の笹で天井の蜘蛛の巣まで払って、しっかり掃除をする。それだけでへとへとになるほどだった。昼過ぎて母と妹が戻ってきた。夕食の時、風がすがすがしく通り抜けるのを感じた。それはたったそれだけのことだった。妹がしきりに感心していた。

掃除を、それも出来る限り徹底的にやった、それだけの一日にどんな意味があったのだろうか。翌朝の彼はそうやって過ぎた一日に、やはり印象の薄さを感じた。それは確かにやらなくてはならぬことではあったのだが。それでも彼のこの行為には言われざる意味があったのだ、またせざるを得ないものが。彼はまるで母が受けた煩いを全て彼女の身の回りから払い去るようにして、家中を綺麗にしたのだった。そうしないでいられないものがあった。一人で生きていかなくてはならぬ、人間の悲しみのようなものがこの家にはあった。母は当然のことのようにして、そのことを二十五年間も受け入れてきた。しかしそれは悲しみの凝縮のような人生ではなかったろうか。子供の定一は母のそれに気がついてはいない。男と女の二人が共にする人生はいつか必ず終わる。その時生まれるものは、そういうものだということである。残された者には、悲しみと相手がいなくなった分の現実の重しが両肩に伸し掛かる。これでは、早く死んだ方がいいという気にさえなる。おそらくそうなのだろう。早い死とその幸福、遅い死とその不幸でもって両者の不平等は解消されるのだから。一人生かされるというのは辛いものである、ということだ。これを日本の「寡《やもめ》」という言葉は、語感と意において残酷なばかりに表現して、最近そうなった人の表情を思い浮かばせてしまう。華やかなる生の中の死は、悲しくも辛いが、そこに自己の生への満足と周囲への深い感謝があるならば、勝利であるようにさえ見える。何故なら、その人は元気なままにそして自覚さえ持って死んでいったのだから。残された母の一人だけの二十五年という時間に、定一は残酷なものを覚えている。こうなって初めて、家という物質的でもある空間に、その歴史を感じているのだ。この家の寂しさを作ったのは、父の死であり母の老いであったが、また長男である彼の長い不在の時間でもあったのだ。気づかれざる家というものがある。世代から世代へ、しかしその一世代は余りにも長いから、極部を見るだけで世代を超えていく事実は見えにくい。それはまさに人の業である。我々は一生しか持てない、一生が一世代として給せられる。結果は次の世代が受けていくということだ。人は一生しか生きられぬ。もし二生を生きるということがあるならば、業を知って反省的な生き方となるのであろうが。家の意味はこうしてある。眼に見えぬが、子から子へと伝わる。定一が退役後、故郷への帰省にこだわってきたのは、この世代間の無視しえぬ業の存在に気付いているからである。それがないと、死を学ばす老いを学ばず、従って生を学ばないことになる。

彼はこの日家を離れた。それはまるでこの日常との縁を断ち切って、一人の人間としての天然の旅情を回復する試みであった。母は家に遺した。彼は、母の日常の生活にあるいはその不便さに対して、何かを手伝う気持ちは持たない。その関心は薄い。従って日々における母の印象も残ってはいない。彼女はほとんど一日を、ぼんやりと横になっている。しかし、弟の家の飯だけは作る。この何十年とやってきた生活の惰性の内に生きている。この生活は、まだ若くて元気な時はさしたる欠陥を見せない。しかし老いて、病になる時、それは露骨に色を出す。生活の中にそもそも人間の頭脳の働きに内在する創造の力がないから、命を活性化するものがなくなってしまうのだ。芸術とか文学や哲学の存在意味もここにある。芸術が頭脳の働きを活発化し、逆に頭脳が芸術を活発化するのである。こういうことが、霊と生活の間にも成立している。定一は今の自分に母を変える力が全くないのを感じているのだ。

八時に家を出た。目的地は、脊振山の直下にある行ったことのない、高地集落である。倉谷に始まって、白木、古賀ノ尾、田中、伊福、中屋敷、頭野、一番ヶ瀬そして広滝と全部を歩いた。戻って来たのは三時半だった。彼にとりこうした旅の一日は、楽しい、楽しいものだった。ただ歩いていく、道から道へ、集落を遠くに見、あるいは近くに見、見知らぬ人に会い、見知らぬ風景に会う。閑散たる世界に、時間が止まったようだった。

脊振山頂のレーダーを古賀ノ尾の背後に見た。白木に出る前、林道が終わって、山の中の大きな田に蛙が鳴くのを聞き、いもりが多数いるのを見る。人には全く会わぬ。そんな風に一日は終わったが、翌朝反省されたその日の時間はどんなものだったろうか。

『家の中を徹底して掃除をさせたものが、その思いが私をあえて集落めぐりに出立させた。身の回りのことをすませてしまったので、世事を離れ、一日を山と歩行にまかすべきという思いが強まって実践した。今思って一番楽しかったのは、誰も来ない林道の中であった。野営地によい場所を見付けた。これで脊振山直下の集落めぐりは、一応片がついたわけだが、改めて五万分の一の地図を見ていると、溜め息の出る思いがある。次は大高山から犬井谷、辰巳谷をめざしたい』

ここにあるような人間の感情はどう考えたらいいのだろうか。新たなる空間への流出、見知らぬ土地への憧れというのがいつも心の中に隠れていて、それは時をチャンスを見付けると強く現実化を求めるのだ。これは人間だけではなく、魚や鳥にもあるものかもしれない。何千キロ、何万キロと回遊し、飛翔するものたちにも。五万分の一の地図を見ていると、そういう土地たちが彼を呼ぶ、そこには本能との強い関わりがある。

定一の中に日々を支配しているものが見える。母の問題を抱えながら、それに対して自己の最善を尽くしながら、それがある結実を見る時、自己を別の何かに解散させずにはいられないものがあるのだ。目下のそれを徹底させる時、逆に他の何かがそこに生きている。因果の法に従いながら、それを支えてもいる別の自立の意志の存在である。因果の法だけに従って生きるのは、余りにも空しすぎるのだ。それは定一の人生にあり続けたことだった。彼のアメリカ生活は、仕事と休暇における旅の時間で成り立っている。どんなに仕事をしても、逆にどんなに仕事をやっても旅の空に自分を解放することがなかったら、身が心が持たなかったのだ。

目下の義務への、それは道徳的責務としてのそれだが、忠誠が、自由を意味していたのだが、こういう許された旅の時間は、これもまた自由を意味するのだろうか。後者の自由がなくなっても彼はやっていけるだろうか。それは問題ないのかもしれない。自立と自律が早くに達成されているならば。「死への道を歩く日々」という概念、そういう人間に過ぎないことの自覚があるならばである。とするなら人生に於ける旅とは、許された至福の時間ということになる。

定一は丸山論文を読んでいる。丸山の文は彼を容易に思想の領野に引き込む。

『「会社は最後まで変わらなかった、しかし自分も最後まで変わらなかった」を言葉化するならば、「自家の本分を保つものなし」という、諭吉の言葉が当てはまる。会社の組織はそういうものだった。日本にはnationが生まれなかったということは、この源泉的悪癖からくるのだ。私は会社に尽くしはしたが、信頼は持てなかった。それでも会社を変わらなかったのは良かったと思う者だ。

私の未完の小説「心願の見える風景」はこの意味で価値を持つ、いつかは完成させなくてはならない』

だが本当のところ、諭吉の思想も、丸山のそれも定一の資質はそれを理解するには困難度が高い。全体的な解明ということにはいかない。特に、国民とか国家ということの理解となると難しい。世界は否応なくグローバル化へと進んだ。それに定一は戦後の六十数年に人生の大半の時間を生きた者だ。「日本人でしかありようがない」という形で、民族とか祖先、そして現実的には家族に対する高い道徳心が維持されているが、国家というものへの自己の概念的なことははっきりしない。このことが後に、彼に勉強することを、それは自己の考えを持つことの必要性を感じさせて、そうすることを余儀無くさせたものである。しかしこのことは、今の日本人全体に言えることだろう。それほど、国家概念が日本人には遠いものになってしまったということだ。それが今の政治を、或いはそのコンテクストを困難なものにしているということだ。だが定一の場合、自分にとって国家が何かということは既に明確ではなかったのか。会社と同じことだということだ。尽くしはするが、信頼はしないということである。信頼するのは自己の道徳法則だけである。自己の半生はそれを証明したものだったのだ。ただそこまで自覚されていなかっただけだ。しかしこういう点において、諭吉や丸山とは違っていたのであろうか。

彼は昨日あれほど体を使ったが故に、今日は思想に深く頭をつっこめる充実を感じていた。丸山論文がよく頭に入ってくるのである。すなわち時間の立つのが忘れられ、本の世界で没入出来るのである。

日中は再び一日中雑事に紛れるのだった。竹の子掘り、わらびとぜんまいの湯搔きである。買い物は店が遠くてめったには行かないから、出来る限りこうした山の幸だけで暮らす。こういうことはやがて生活の哲学、自然な暮らしということに知性を上昇させる。肉体の力は知性の上昇を生むものである。彼はそこのところを微妙に感じている。

弟が来て、母の手術に先立って、連帯保証人のサインを求めた。弟はその日、母を病院に送っていった。定一は母がこうして苦難に遭って兄弟妹がまとまるのを感じた。そこに父の力を感じた。死んでも二十五回忌においで子等をまとめたものだ。このまとめる力が日本では弱くなったのを思った。こうしてまた一日が過ぎていった。

翌朝である。昨日のような一日と、高地の集落を尋ねた一日にどんな違いがあるのかと考えた。確かに旅の一日には永遠の記憶が残るだろう。しかしその一日の方が意味が深く、価値があると言えるのだろうかということである。こういうことに思いを致すのは、なかなかに意味が深いことだった。

『これは実に疑問である。昨日、母が入院のために出て行ってしまって、内心寂しいものがあった。母がいてのこの家だ。母がいないと、家があっても家にあらずである。そう思うと、母がいなくなった後の、この家にいることの空しさが思われた。妻にとって、父母・弟がいての里の家ということと同じことだ。人間の存在の大きさということだ。本家の叔母の死の時もそれを思わしめられたのだ。そうやって昨日があった。のんびりしたのではない、すこぶる忙しかった。竹の子はずい分とたくさん掘り、湯掻いた。本家の従兄の妻に言われて気がついた。そんな様に、ふうふう言うほどに働いているのだ。働きは徹底されている。その前は歩きに歩いてくたびれ、次の日は働きに働いてくたびれたのだ。しかしそんな風には捉えられきれてはいない。それが日々のありようだ。働きはあっても精神の充実はない』

定一が生活に求めているのは何であろうか。それは決して行為の種類ではない。だが今の彼に、その生活を導いているものは見えない。生活より、行為より、肉体より上なるものがある、だがその存在は日常時間のなかで気付かれてはいない。だから精神の充実はない。その存在とは何か、それは個体を、人種を進化に導くような力ではないだろうか。肉体と霊、行為と精神、生活と信仰、そういう二元的構造を持つものだ。それは力でありながら、時間そのものを意味する。定一は気付かない、しかし切実に求めていたのだ。今のところはそれでいいのではないか。求むればいつかは与えられるであろう。

彼のこういう姿には深く考えさせられるものがある。天才とはそういう二元性の内に生きて、力と時間を行使する者のことではないだろうか。人間というものが進化に導かれないなら、すなわち知性の進歩がなく愚かなるままに、この文明の受用者であるならば、その文明は失敗の文明と言えるのではないだろうか。定一が諭吉の文明を否定するのは、そういうことにあった。そういうことがあって、そしてこういう生活があって生まれてきたのが、「祈りの文明」という概念であったのだ。定一が、文明の定義に、現実としては文明の質にこだわっているのは、文明に人類の命がかかっているためであった。諭吉の文明論は、そうであるが故に定一の思考を強く刺激するものであったのだ。「祈りの文明」は「霊的生活」を指し示すものであり、その生活は人間が大宇宙のなかで、自分という小さな宇宙をもって生きている存在であるという事実の中にあるものだった。人間の生とは不条理なものであった。そうであるが故に、祈りには実体的なものがあったのだ。

母が妹と戻って来た。入院は三日先と決まった。再び母との生活が始まったが、彼女が弟の家の人間であることには変わりがなかった。このことは今の定一によく気付かれていない。実のところ、母をめぐる彼の数年の関係はそういうものだった。彼は部外者として存在した。彼はただの滞在者であり、母との共同生活者ではないということである。それは冷徹な事実だった。やがてこのことは、決定的に気付かれることになる。

翌日は父の誕生日だった。起きた時からそのことに気付いていた。彼は母の危機を知ってから、深い深い人生の持つ真実を感じ、念仏が出るようになってきた。朝の時間が過ぎ、窓外にほのぼのと暁けていく空が映る、そして毎日鶯の声を聞く。この朝の数時間という自分の時間は、何があっても失われることがなかったものだ。

妹は前夜から泊まっていた。手術を間近に控えて、彼女は手抜きがない。夫も義父も、彼女がそうすることを許してくれていた。彼女の世話は行き届いたものだった。それに比すれば、定一などただの木偶坊《でくのぼう》に過ぎない。

定一はその朝、妹と母の手術の内容について議論した。彼は人工肛門の如きものを作ることに疑惑を持ったからだ。出来る限り、人間の本来の力で生きてほしいと思うのだ。しかし、今は少しでも生活をしやすいものにそれがするなら、それも良しとすべきなのかとも、思うのである。なかなかに肉体に関しても油断ができない、やり方を間違えれば、肉体はその結果を受けていかなくてはならない。妹は定一の言うことを理解してくれていた。確かにそういうことで、医者との話し合いが必要だった。妹はその手を直ぐに打ってくれたのである。彼女は嫁いでから、義母そして義父の兄までも、その最後を看病した人間だった。この経験は今、この時、大変役立っていたのである。

定一はその日、初めて体のことなど、母と話したのだった。大部弱っているのが分かる。体重もがっくり減った。しかし死の影はなかった。悪い病気はないように見える。痛みもないと言った。

彼はそういう時間を持って、昔々の親子の感情が蘇るのだった。満州時代のそれのようなものだった。その感情とは小さな子供が親に持つ源感情だった。それはたまらない気持ちに彼をさせた。何の思わくも持たなかった、母に頼り切っていた子供の感情が戻ってきて、母はまた母心に帰るのであったから。母は言った。

「お前が小説を出すまで生きていたかの」

それは真の親子の感情が復活した、短な時間だった。霊魂と霊魂が触れ合い、一体となったような時間であった。それは人と人の間に、めったにやってくる時間ではない。両者が、自己の利欲心と世間的虚飾の全てを脱ぎ捨てた時、初めて成立するものだった生命の危機が生んだものであった。

貴重な一日、一日だなと思った。しかし他方では医者と会って問い直し、最後の決めをすることが残っているなと思った。それにしても、母と子に暗い影はなかった。彼の中にあるものは、自分のなすべきことは全部なさなくてはならぬという思いである。そしてこう思った。

『しかしである、母との時間は明るい。母は「覚悟は出来ている」と言う。病になっても明るくしていられるというのはいい。口では「健康が一番ばい」と言っていても、病気になっても明るいのは大変いい。健康が斃《つい》え、今日をも死ぬ身となって、その時生が暗くなるなら、人生を貫く生そのものが暗いものとなる。生は一貫したものだ。意味があるなら、最後まで意味がある。死を前にしても意味がある。生死病老を問わず意味がある。そこのところが大変いい』

妹との対話、母との時間、そして考えたことには大きな意味があった。このようなことは求めて得られるものではなかった。母の「覚悟は出来ている」とは、何十年に渡って聞いてきたお説教が生んだ帰結だったのである。仏の概念が、彼女の中にしっかりと生きていた。どんなに勝れた人間であっても、仏のない人にはこういう心はなかなか生まれない。定一は後に再び現実の死ということに出遭って苦しむ時、この「死を覚悟した生」こそ最も貴重なるものではないかと知るのだった。母が困難に出遭って、いつも見せたのはこの受け入れられた死であった。この日の経験が、後に彼の危機にあって思い出されたわけではないが、心中深く求めていたのは、そういう覚悟の上に立った、あくまでも明るい命の姿であったのだ。そこに念仏のゆえんがあるのである。彼はこの覚悟のない明るさをひどく嫌った。それはただの楽観に過ぎぬものだったからだ。反省なき生は唾棄せずにはおれないものだった。このことは妻に対してすら妥当することであっただろう。

肉体に宿った霊魂とは、真実のところは従って本来的には、高次元の何かである。それは単なる悲しみ的な存在ではない。明るい力なのである。その高い質を持った霊が下って、このより劣った肉体に宿ったのだ。この下った霊の力は、本当のところはいつも前向きで、進化を目指すものなのだ。プロティノスを深く極めんとして努力を続けたベルクソンは、その力を「心的秩序に属するある原理」とより具体的に言葉化した。かくて物と霊が合体してひとつの生命が誕生したということである。そうして最後まで明るい生が維持されるということには、命の本来の姿を裏切らないものがあるのである。

その日は、朝より大変天気が良くて、緑が浮き立つように美しかった。散歩から帰って、彼は少し手持ち無沙汰を感じた。しかし直ぐに思い直すと、杖を作り出した。物作りには、男の本能的なものがある。そして結果としては慰みである。材料は二本あった。一本は腰巻山まで歩いた稜線の尾根で取った物、他は脊振山直下の集落を歩いた時採取したものだった。杖の材料は、自然木が自然に生えている尾根ではすこぶる手に入りやすい。彼は杖の先端に蝙蝠傘の鉄の先端を仕込むことで、その実用性を上げるのだった。それからよく磨いてワニスを塗った。そうやって夕方が近付いて、栗畑まで蕗を摘みに行った。春の菜は成長が早い、この前来た時は青い小さな葉が、二、三枚ピラピラしていただけなのに、もう茎も伸びて食べられるほどになったのだ。帰った彼は直ぐに夕食の用意を始める。こうした日常の日々にあって、妻のことは、彼女が側にいないということは、全く気付かれることもなかった。従兄の妻が言ったように、ただ終日立ち働いている男の姿があるだけだった。

翌朝である。母の入院は次の日に控えていた。定一は暁烏の本から浄土を考える。そこには失われていく時間への愛惜の感情がある。母がいてこその時間である。

『浄土ということ、そして往生ということを考える時、そもそも、何かをすればいいということが間違っているのだし、浄土を自分の便宜的なものとして考えることにも間違いがある。もともと仏が浄土を願い出されたのは、人間の不浄ということにある。この不浄の身であることが、普段は忘れられている。それがそのまま頂けるなら、浄土はありがたいし、そのまま受け取られる。初めて浄土が自分に必然であることが分かる。生きて救われぬものであるものが死して救われる。そう信じた時、救われぬ自分が救われているのである。

もともとが、自己の善・悪と行為によってとどく浄土ではない。身の汚れ、不完全性にまみれているが故に、死して行く先は浄土しかないのである。もはや、汚れたこの身は沢山だ。かくして汚れのない浄土はありがたい。浄土は固定して捉えてはならない。無量の信念と、信仰の上に存在するものなのである。悪徳を我々は越えられない。母の危機を前にして、私の心は不安に震える。この不安は自己の罪への恐れに他ならない』

浄土の存在ということを、こういう風に実体的に捉える定一の考えは、信仰のない者にはどこまで行っても奇異なものである。だが定一はやがてカントの五十七歳から始まった五つの『批判』関係の著作を読み切った後でも、この考えは変わらなかった。理性的批判に十分耐え得るものだったのである。釈尊の思想とカントの哲学は両立しえるものであった。

定一はここへ来てもう十七日目になる。初めはなんとはなしに過ぎて行った日々の時間の風景が、診察室のベッドに横たわった母の尻を見て以来、一変してしまっている。それは十一日目のことだった。兄・弟・妹三人の働きは、母の手術が順調に行くことに向かって協力しあっていた。全ての時間の風景に母がいる。それは母が子供達の霊魂に戻って来たことを意味していた。すると母の姿がよく見える。定一は、母の力が弱ったなと思った。力が弱れば、間違いも大きくなる。手術がこれを好転させるかどうかは分からない。

『年齢を考えると、多くを期待出来ない。そうなると今は大切な時だ。一つの変化が生まれるかもしれないが、死期を早めるかもしれない。出来る限り側にいてやりたい。本当に相談出来る人がいないのだ。そのように心を開いてやってこれなかったのが、ここまできて響いている。母は弟にも言えずにいる』

定一にとってこれは、自分の身近な人間の病気に対して立ち向かう、初めての経験であったのだ。人生の長きに渡って、死が病気が、遠くに追い遣られていた。母の危機はそうした子供達の心に、これまでとは違ったものを生んでいた。心の目覚めであり、霊魂への回帰である。肉体に埋没していた霊が醒まされたのだ。これは自分に対してであれ、自分ではない者に対してであれ、医療行為の根本にあるものではないだろうか。彼はこのことに対して無縁であったのだ。命の危機が生ある者の誰にも起こることでありながら、霊魂はそんな肉体の中で眠りこけているのである。しかし問題は、一旦は目覚めた霊魂が再び眠りこけようとすることだ。何故だろうか、何故人間はそんな風に安易な道を取ろうとするのか。すぐに楽観論が支配する。人は、命の危機に出遭って覚えた死の自覚を忘れる。そこには隠された人間のエゴイズムが見える。定一はこういう点に人間の罪の源泉があるように感じる。プロティヌス、ベルクソンが言うように、無時間的世界霊魂から分かれて、個体霊魂として肉体に下降した時、すなわち時間と空間の中への転落は原罪を意味する。エゴイズムの誕生でもあるからだ。「人間とは謬《あやま》る者である」ことの原理がここにある。医療行為を総合的で、出来る限り誤らせないためには非常なる努力がいる。それは医者にだけ求められているのではなく、本人にも、身近な介護人にも求められることである。定一にとって、この母のことはその最初の出発点となったものである。彼の医療への関心の根本に、こうした生命の姿に、それは命のありようを具体的に摑むことだが、接近しようとする衝動的な力が働いているのである。

定一はこの時期三つの諭吉の本を読んでいる。丸山の『「文明論之概略」を読む』、同じ丸山の「諭吉の哲学」、そして「文明論の概略」である。読書は、小説を書かなくなった三月の終わりから六月の半ばまで、集中度の高い朝のまだ暗い時間にあって毎日続いた。それでも、本当に精神が没入し時間が忘れられるほどであったというのは、少なかった。しかしこのようにして諭吉のことを学んだことは、定一の文明観に強い刺激と活性力を生むものであった。諭吉の思想は、定一のアンチテーゼとして影響を与え続けた。一言にして言うなら、諭吉の思想は世の秀才の思想であった。定一は秀才を忌む。彼は愚民の思想家である。従って文明観も愚民としての人間観の上に立つ。「自助と自立」というようなことが、人民に対して自明なる原理として求めるということが、諭吉思想の延長の上に起こる。結局諭吉自身も、そういう方向で間違ったように定一には見える。出世主義とか、無際限な競争が放任される。しかしそれは、肉体の原理、利己欲に依存しすぎた文明となってしまう。それは現代の文明が「失敗の文明」であることの原因をなすものなのである。人間はもっと、肉体を離れ霊魂的世界に生きなくてはならない。これが定一の基本思想なのである。そしてそれは現実世界に、様々の有り様と可能性を持つ、生活と行為をもつものであった。

定一は『文明論の概略』から「宗教に権なし」の言葉に出合って、ある愕然としたものを覚えた。先には、ヨーロッパの歴史から、「教権」が「俗権」に対して十分対抗しうるものであった事実を知り、その意味の深さに驚き、それが日本の場合だとかくも言い捨て得るという諭吉の説明が、納得されるものであったからである。定一は歴然たる、東西の歴史の違いに啞然としたのだ。諭吉は「日本文明の由来」を説いて、権力が政治にだけ偏って、人民の歴史というものはなかったと言うのである。宗教を権として捉えていなかったから、維新の廃仏毀釈というようなことが、安易な形で人民の間に煽動しえたのである。定一は今この悲しいばかりの事実がやっと分かったのだ。そしてこう思った。

『「宗教に権なし、学者に権なし」すると、患者に権なし、社員に権なし、市民に権なし、という社会になってしまう。己を低くしてはならぬ。価値は対等である。この点が「自由市民」の主題であるようだ』

それは彼自身の人生のテーマであった。「自由市民」は彼の中で生き続けた理由を持っていたのである。しかし日本人の社会や組織は、今もそういう個人の自立と対等性の上に立っていないのである。定一の一生は、それと戦ってきた一生、そして今に続いているものであった。

定一にとって、諭吉の思想を自分で考えるということは、社会の問題を考えることであった。彼に対して社会性ということで、日常の教えや行為を喚起した意味は大きい。社会的存在としての自分を、政治、経済、福祉といった分野でどう位置付け、行為化することに係わることだった。しかしここに別のもう一つの問題があって、それが彼にとり第一義的なものであるかということである。何故なら、例えば文明のことでも、彼にあっては自己の内より出発するものでなくてはならないからである。となると第一義的なものはなく、物と精神のバランスの上に成立するものがあるだけかもしれない。少年時に知った労働にしても、肉体の活動という物的なものがあって、それは確かにある。だがそれにあって命が生き続ける限り霊的なものである。労働そのものに目的がある。それ自身によって人生が成立している。貧富は問題とならぬ。それが村人の姿であったものだ。

諭吉の思想は大変に深い。諭吉以後のその思想の流れには二つが見える。一つは諭吉の思想にとどまって、人間の本質への思想を更に深めないままの、単なる延長上にある秀才達の流れだ。他は諭吉の思想を手懸かりとして、時代と歴史に学び、人間の本質への研究を深めて、別の文明観を生む変化と変容の流れである。定一はこの思想の変遷ということを自らの歴史のなかで学ぶ者であったのだ。彼は「外なる文明」と区別された、「内なる文明」の確立へと歩きを進めていくのである。彼は自分の道が難関にさしかかったのを感じている。しかしこの難関という奴は幾重にもかさなるものであり、まるで連なった険しい山河を幾つも越えていく旅のような人生なのである。やがては定一の中で儒教的な考え方が完全に否定される。そのことにおいて、彼は諭吉と全く同一の地点に至る。ただ彼の場合、父祖への感謝が信仰にまで達しているが故に、自覚的認識には障害があったのだ。しかし彼自身の人生の現実は、自己以外の一切の権威を認めないものであったし、朝の書くという行為は創造を意味し、自己の変遷ということは余儀無いことだったのだ。

母が入院する朝だった。定一は奇妙なる夢に起こされた。それは鮮やかで楽しい夢だった。まさに過ぎし日の夢、アメリカの匂いがした。それもその始めの頃の、能天気で異文化への興味だけがあった頃の。それはこんな風だった。

工務課のA、一緒にアメリカ時代を過ごした十以上若い奴だが、言った。
「あそこのライオン像は派手すぎるよな、と誰かが言ってるよ」
彼はそれを自分に言う。その像はダンスホールに飾った自分の職場のものなのだ、会社に実際、ダンスホールなんかありはしないのに。そんなわけで会社へ行ってみた。Aの女房に会った。目が細くてとても日本人のように見えない。組立ラインの洗浄機のドアの外に、立派な牛が二頭繋がれていた。それからブラシ洗浄機で見付かった長いタバコを持ってきた。誰かが言った。

「千年も前のものだから飲めないよな」

『夢にあるのは過ぎ去りし夢だな。夢が夢を呼んだんだな。こんな時代もあったよな、という感覚である。楽しく、そこにどんな責任感もない楽しかった時代の思い出である。何故こんな夢が今浮かんでくるのか。この故郷に帰って見る、地元の「ダム早期建設促進」の赤い看板へのアンチテーゼだろうか。

「お前は祖先とか伝統とか言うが、人はそんなもんで生きているんじゃないぞ」

夢は私にそう言うのか。それにしても久しぶりに超現実的な愉快を味わった。あれはアメリカに行ったばかりの頃にあったものだな。今、四時を回った。あんな思い出は、他人はちょっと持つまい。

それとも、夢は本家の自分より一つ下の従妹との会話が生んだのか。私は父の墓参りからの帰り、坂道を上って来た時だった。従妹は言った。

「博士が来るのかと思った」

「どこの御嬢ちゃんかと思ったよ」

結婚をしなかった従妹は昔のままの姿であった。故郷とは様々のインパクトを持つものかもしれない。悲観だけでは測れない、夢はそう語るのかもしれない。人はしばし、過ぎ去りし夢の時間に生きる』

定一はそう思ったのだが、夢ではただ楽しかったその時代には苦しみもあった。少年時には苦しい労働があったし、アメリカの始めの時代は公害問題が起こって、その処理に全責任を負い、買ったばかりのベッドの上で一睡も出来ない夜が、一夜ならずともあったというのにである。だが苦しい時であるからこそ、こういう夢はいいのかもしれない。地上へ降りた霊魂は肉体に宿り、苦しまなくてはならない。霊は常に肉体の危機を共有しなくてはならぬ。夢は一瞬、そんな魂を肉体から解放したのだ。そして昔の夢に酔わしたのだ。夢は現実を切り捨てたのだった。

こんな夢を見て、それが珍しくも朝の時間にまだ名残が残っていたそんな朝に、『歎異抄講話』の次の文に出合った。

ほこりとか、つのりとかいうことはあまりほむべきことではない。ゆえに宗意安心の上では何々ぼこり、何々づのりというを嫌うておるのである。ところが「歎異抄」の第十三節と「口伝鈔」の善悪二業の章には、本願ぼこり、仏智づのりの安住を鼓吹せられたのであります。

私ども罪悪の凡夫、どこにたよるすべもない身が、唯一のほこりとすべきは如来の慈悲である。唯一のつのりは如来の智慧である。かくて絶対他力の信念は、自己の善悪二業以上に超越したる如来の大願業力に安住することである。

定一は思うのだった。

『夢のあとからだろうか。この言葉は、すんなり頭に入った。深刻なのもよいが、それだけの苦労をしたら、ちょっと肩の息を抜いて違った感覚で考えるのも手だよ、と夢は語ったようだ』

彼のこの夢には様々の意味が隠されている。一体最初のアメリカ滞在生活にはなんでこんなに安逸なる概念的なものが流れているのか。あれからもう十五年以上も立ってみれば、それを生んだものが日本的文化概念からの一時的開放にあったのが分かる。日本的文化とは民族の文化であり、伝統であり、更には思想性を意味し従って軛であったのだ。そういうことがあるから、若い女達は自由を感じ、容易にアメリカ人との結婚になびいてしまうのだ。その女達には魅力がある、そして真面目でもある人が多い。

定一はそういう時代が四年続いて、日本に帰らされた。その一年半ぐらいの帰還の時間ぐらい、彼にとって重要な意味を持ったものはない。仕事にも生活にも意味があった。だが最も意味があったのは、日本文化の再認識であったろう。そこにはその人間を決めているのが文化であるということの認識がある。とするなら、アメリカ人になった日本人の女の一生も、実は何にも変わってはいないことになる。定一の場合は、自覚化された日本の文化が二度目のアメリカ生活にあっては自分と離れることなく、ということはアメリカ人の生活に対しては批判的に眺められていたのである。だからその二年が過ぎて、会社も停年になり最終帰国する時、『自分は日本人でしかありようがない』という強い感慨に浸ったのだ。彼がもっとアメリカに留まって働くように頼まれたのを断った裏には、もうアメリカの生活はいいという気持ちがあったのだ。会社もいい、アメリカもいい、ただ本然の生活に戻りたいという思いがあったのだ。そして残された時間はもう長くはなかった。

そういう歴史があって、夢はあった。こういう体験があって、彼はアメリカという国に反感を全く覚えることが出来ない。基本的にアメリカ贔屓を作っている。だが夢から醒めた彼は仏教の言葉に出合い、仏教の精神に戻ったのだ。彼の祈りの文明の根本となっているものが、こうした暁烏の言葉にも表現されている。利己主義ではない、仏の力に慈悲にすがってしか、生が本当の意味を持ちえないという確信がある。そこには、人間は自然のごく小さな一部分であり、大きな意味における自然的原理に生きているのだという受容の心がある。この自然的原理を自分の利己主義で置き換えてきたのが現代の文明である。暁烏の言葉を受け入れさせるのもまた、日本文化の本質に係わっているようだ。こういう風に、仏書を読み、諭吉関係を読む時期が四ヶ月ぐらい続いたのである。書くことを止めた一年近い時間は、別の意味での精神の集中と開拓を可能なさしめていた。異論とか他人の意見に耳を傾けるには、こうした時代が要る。飛躍のためには下積みとなる時間が要る。それがなかったら、人は危機に出遭った時、精神は飛躍の土台を持たない。何事であれ、成就というようなことが生まれるには、そういう元となっている時間があってのことだろう。それは言葉にもならず、目にも見えない。逆に言うと、そこに名声とか評判の持つ危険がある。そういうものには近付かないのが一番なのだ。

母が午後になって、弟に連れられて病院に入院した。母は身の回りを整理して、必要なものを持っていった。この日の、母がいなくなってしまったこの家にいることの寂しさは、定一に生涯忘れられないものとなった。そしてこのことは、この家にそれが常態化されることの出発点となった。言わば、母がもはや自立した生活に耐えられない時期にきていたということである。定一はこの頃からそのことを感じ始めていたようだ。家の奴隷のように働いてきた母は、解放されなくてはならぬと思った。しかしそこには大いなる陥穽も隠されていた。すなわち母がやってきたような家事労働から離れるということは、彼女がこの世の現実的な行為から離れるということ、それはこの世という働きからある世界にあって無用の者となるのを意味していたのだから。これでは家族といても、ホームにいるのと同じになってしまう。定一はそこにまでは気がついていなかった。

彼はこの日、母の去った家には一人でいれなかった。と言っても人にも会いたくなかった。それで山の方へと登っていったのだ。上へ上へと登って、やがて道は尽きた。彼は雑木林の中を登って行った。尾根は大高山に繋がっている。彼は寂しさを振り切るようにして、坂道を上る。藪を漕ぎ、倒木を乗り越えて、蛭のいる山を。だがその寂しさはいかんともしがたかった。肉親の死ということが、それは自分の老いが深まることで、身近なものとなりつつあった。すなわち彼は初めて老境という、肉体と心の現実に遭遇していたのだ。この日の寂しさには、そういう気付かれざる心の空隙《げき》が含まれていたのである。

山より一人寂しきままに降りて来て、一人食事を作り、食べた。風呂も自分で沸かして入った。そして離れの室に、一つ伸べられた床に寝た。まだ外は明るかった。このように寂しさの拭えなかった一日であり、これは今後もずっと続くのかなと思ったのだが、実のところは、この日を頂点として彼の心は変わっていった。寂しさを全部受け入れた時、転化したものがある。それはこの場が、空間が、元々一種の修業の場の如きものであったからかもしれない。早朝の彼は、仏書の読書から考えるのである。

『善悪の業は宿業である。善も、自分がそれで威張ることではない。逆に言えば、避けられぬ悪もある。いいことばかりやっている積もりになってはならぬ。人間の本性が文明が進んでも変わらぬものであることを、諭吉が知っていたならその考えはもう少し違ったもの、宗教を取り入れ過去の聖賢の教えをこの文明化された時代に、新しい形で示すものになったろう。しかし、彼もまた仏に遠かった。これは決定的なことだ』

定一は裁断したのだ。宗教とか霊的な力を持ってしか、文明とか人の心を導きえないということを。それは人間の生きる力の基《もとい》をなしているからである。利己主義的文明の否定である。このことは彼の日常の思念において繰り返されていくことだった。

定一には、諭吉によって過去の思想的偉人達が否定される時、気になる人物がいた。それはこの故郷の思想家、山本定朝のことだった。定朝の終焉の地、金立山の南陵へは腰巻山から尾根沿いに歩いて二時間くらいで行ける。それで彼は、定朝を考えて『彼の思想は「郎党根生」を超えていかなくてはならない」とふと思ったのだった。諭吉の言った「党与」は彼に衝撃を与えていた。しかしそれは彼にとり、定朝への批判となるものではなかった。ここには何か非常に根本的なものが隠されていて、定一自身の本質にも繋がっているものがあるのである。それでこう思った。

『一七〇〇年の初期の定朝の時代的位置を考えると、お家奉公は必要であったろう。お家は武士にとり普遍的なものであった。それでも彼の奉公のありように学ぶべきことが多い。「党与」のためが、自己の本分に生きると発出するには、時代的な時間を要したと考えたい。彼の思想はこの地に生を受けた今の私の内にも生きているのだから』

定一が、「葉隠」の思想は風土に生きてきたものだと感じたのは、「報恩講」で歩いた、神埼や千代田の寺々への道で出合う、集落、田野の風景に見たものだった。大地から生まれた思想であるが故に、今も生きるものであった。この感覚は現地に育った者、そして歩く者でなくては分からない。このことは未だ直感的なものに過ぎなかったが、経験が積まれ思惟が深まっていく時、新たな認識概念として表象されていくことになる。

会社の組織とか、組織人、引いてはその組織のありようということは、長い時間をそこに生きた者には、一種の人生のサブテーマの如きものだ。そうではあるが、定一はそれをよくよく考えたことはない。これらに対する考え方が、会社を健全にもし、不健全にもする。そしてこの考え方は、アメリカ人とは大きく違う気がする。しかしそれもしかとははっきりとは言えない。定一は反権力的な生き方を貫いた人間だった。しかし今になって考えれば、「会社も一つ、女房も一人しか知らなかったのは大変良かった」と思うのである。これは定朝が持っていた、お家奉公的な体質なのである。やはりこの「お家」は普遍的なものである。とするなら、お家は間違ってはならぬ。間違ったことを利益のためになしてはならぬということである。間違う会社は体質が悪い。「お家」とは今の時代に言えば、国家に比肩される。「お家」はまた彼の現役時代の会社に比べられ得る。その会社に対する姿勢は、一貫して尽くすものであったが、信頼するものではなかった。やがてこのことは国家に対しても全く同じことだと認識されたのである。自己より出発する者にはこれしかないのである。とするなら定朝もまた全く同じだったであろう。道を死に求めるということは、これ以外を意味しえない。こういうことは定一が入社四年後の社長との面接試験で起こった対立の裏にあった、両者の持つ根本概念の違いにあったものである。自己より出発する者には譲れない一線がある。例え、命を奪われてもである。

全てのことが意識によって認識され、明証化されなくてはならぬと考えるのは、近代思想の持つ悪の一つである。英雄は自分の勇気を自覚しない。プロティヌスは、この意識を外在性を含意するものだと言った。名声を意識する時、人は名声に左右され始める。それは、徹底された孤独にして無名なるままの努力に劣る。定一の会社に対する感覚、女房への感覚的な意識は長い間分析を拒んでいたように見える。彼の結婚の決断にも見えるものだ。そこにあるものは霊的なものである。日本的霊性と言えるものである。この霊性は普段にあっては自覚されていない。それは命の危機に遭遇した時、明確な姿となるであろう。

その日、母が入院した久留米の病院まで出掛けた。妹が話してくれて、女性外科医と面談の時間を取ってもらったのだ。彼は久留米の駅からも歩いて行った。歩いて行く時間は様々の思いを託するものであった。この担当の外科医と話すことが出来て、定一は最小限の安心を得た。あとのことは分からぬが、自分の役割は最小限果たしたなと思った。この安堵の心は大きかったようだ。これもまた、昨日の一日の中にあった不安と寂しさを安らがせたものである。しかしこの手術で完治するような種のものでもないことを知った。勿論、今後は老いによる体の弱体化はこれによって加速されるだろう。腸が弱くなってしまっている。運動も制限される。下剤ばかり飲んでいるとそうなるのだろうと思った。

彼はそれまでの自分の中にあった、ある間違いに気付いていた。だがそれはその後も繰り返される種のものであった。彼の中に「事勿れ主義」が、生の無難を求めるものが言葉なく潜んでいたのだ。母の病気は、こういうことが現実の生であることを教えた、最初の事件であった。定一はその日、神埼の駅からも五キロの道程を歩いて帰った。何故か、歩くことによってしか湧いてくる様々の思いに対処出来ないものがあったのだ。

翌朝である。諭吉の本から定朝のことを考えて、彼にも公という精神はあったのではないかと思った。公の意味に不明な点があるのを覚えて、英語の辞書から二つを得た。

public：国民一般の。これにも「政府による」、「国家」という意味あり。

common：「共用の」「公衆の」

こうだとすると公の精神は、国家的なものと社会的な性が合わせ持たれたものになる。それでは定朝には、前者はあったが後者はなかったのか。だが定一はこの公の意味を更に深く考える時に、その根本はまず自分が利己心を離れること、公なるものに殉じることにある気がする。とすると定朝の四誓願は、より公的精神に近いように見えた。

一、武士道に於いておくれ取り申すまじき事
二、主君の御用に立つべき事
三、親に孝行仕るべき事
四、大慈悲を起こし人の為になるべき事

これを額面通りに受け取ると、諭吉が古代の聖賢を批判したようなことになってしまう。しかしここに利己的なものは一点もない。公の精神に自己を投じ尽くさんとする強い意志だけが見える。目的は書かれていない。行為自体が目的である。結果は帰ってくるもの、成就するものに過ぎぬ。仏教は現世の勝ち負けを否定したが、人が生を終わる時の最後の勝利を否定しはしない。定朝の言葉は、そういう人生の勝利を表現している。これは武人の言葉である。そして武人とは、平和な時代にあっても必要とされるのである。武人の心が平和を守っているということは、普通の者には見えない。こういうことは定一の文明を見る視点にも共通するものがある。定一が後に出合ったベルクソンの言葉「我々の文明社会もまた閉じた社会である」にある、そうあらざるを得なくしているものは、利己心の正当化にあるのである。利己心が、社会を自己を閉じたものにしてしまっているのである。社会を開くのは、自己を投げ打つような、激しく厳しい、運命に抗して乗り越える飛翔の心、力なのである。「武士道とは死ぬことと見付けたり」には、自己の意志をもって一生を貫いた人間が見える。死を受け入れることによってしか、死は超えられない。

その日は母の手術の日であった。母は車椅子に乗せられて看護師と手術室に向かった。母は手術などというのは初めての経験であった。定一もまたその家族の立会い人という立場は初めてのものだった。手術室は多くは二階である。彼はその隣の、家族待合室で手術が終わるのを待った。定一のある時代が終わろうとしていた。それは生の無難性だけを求めた、死を知らない従って自覚しない時代であった。妹を失って六十年、その間、死らしき死はなかった。父の病と死は重大な出来事ではあったが、その面倒を見たのは全てこの母であっ

た。定一は臨終の席にもいなかったのだ。そしてそれを自己の命の危機、命がもつ本質として、自分のこととして理解するには若すぎたように見える。あるいは現実の自分の問題に掛かり切りだったのだ。そのことは彼が本当に父の最後を理解することから、遠いものとさせていた。彼は父のことを書く資格を持たないのである。

手術が終わって、自分の病室に帰って来た母が、ベッドに寝ている。兄・弟・妹三人の子供が側で見ている。三人は手術後に医師の説明を聞いて戻ってきたばかりだ。この、患者が麻酔をかけられて手術を受けて、その麻酔から醒めんとする時ぐらい、人間に対する人間の悲しみが深い時はない。麻酔とは仮の死に他ならない。その時の麻酔者の姿は後にまで残り、生者でありながら死者のイメージがつきまとう。一度呼び寄せられた死の影は、あたかも消えないものであるかのようにある。ましてやそれが老齢者であるならば、そして現実にも老いの影は一層深まるようである。麻酔は一時的な死であるが、その真の回復には長い時間を要するように見える。

母を見ている定一の中に深い悲しみがある。それは壊れてしまったものに対する悲しみだった。母は壊れてしまったのだ。ベッドの上で、ただもぐもぐと舌を出しながら動かしている母には、もはや人間の知性を持つ者としての姿は見えなかった。だんだんと壊れる方に時間が過ぎてしまい、もはや壊れてしまったのだと思った。彼は母が元には戻らない気がしているのだ。それは後に考えてみれば、ある意味において正しかったように見える。それとも死のイメージが母にこびりついただけだろうか、あるいは壊れてしまっていたのに壊れていると気付かなかったのか。麻酔を打つという行為は大変恐いことのように思える。抵抗する力を失って、壊す力にただ流されていくだけの、そういう人間の悲しみの姿があった。それは、人間が人間に加える、手術とか投薬といった行為の一面の本質なのだろうか。少なくともそれは、人間が自然的な存在、自然の一部であるものから外れることを意味するのだから。考えてみるなら、人工延命というようなことは、こういうことから既にして始まっているのである。彼は無意識の内に感じていたのは、そういうことであったように見える。

『一体そういうことに対して人間は、戦って生き残れるものだろうか。いっそのことそうならば……。手術後母がだめになってしまう気がする。これまでの母を支えてきたものが壊れてしまっているように見える。それは回復しないのではないか。自分が再度戻って来るのは、そういうことを見極めるためだ』

その日のことは、この母を見る悲しみに尽きた。それは壊れてしまった母への悲しみであった。壊れたものは、壊したものでもあった。そこに見えるのは人格上のある破壊である。だからこそ、彼は切ないほどの悲しみにあえいだのだ。

翌朝である。故郷での生活は二十一日目になる。明日は秦野へ帰らなくてはならぬ。しかし再訪のためのフライトのチケットは予約をし、十一日後に戻ってくる。この状態下における二十一日目の時間は、やはりかなり反省的なものであった。我々の、人生の時間に対する出来る限りの総合的な把握ということは、大事なことである。例えそれがその時だけのものであってもである。彼は日数をカウントしながら、意識的に行為を風景を捉えようとしたのだが、そこにあるのは、この一定の空間と時間にあったものが何であるかの理解ということである。しかしその日のまず最初の読書からこう思ったのだ。それはどうしても心の問題なのである。

『心は心願に生きなくてはならない。心を見失ってはならない。この御旗の下に力を尽くして生きよう。仏、見ませたもう。仏の本願を信じ、道を誤ってはならない。母のこと、ふるさとのこと、どんな難問もこれは宿業である。だがそれがいかに手強くとも、それを超えて私を導く仏がいる』

ここには一つの決意が表明されている。生命の危機に出遭っていつも生まれてくる、彼の心の根本原理であった。信仰の母胎なのである。逆に言うなら、彼をこのように思わしめるところに、母のそして故郷の存在の意味があったということになる。両者はまた現実に彼を生み、かく育てたものでもあった。こういうことは日常にあってはなかなか気付かれないものである。これこそ真の風土性ではなかろうか。定一が故郷を同じゅうする妻に、ある親和性を見出し、山本定朝に対して土地的な繋がりを感じるのも同種のものである。

彼はこの故郷の二十一日間で得た、二つのことを考えた。

一つは、暁烏敏著の『無量寿経講話』との出合いだった。道を求めるということが、まずは智慧を求めることに始まって、衆生救済の慈悲心の実行に到るということを知ったこと。まことに、毘盧舎那仏の右手の上の文殊菩薩より左手の上の普賢菩薩に到ることは、長い人生の道程そのものであった。

二つは、丸山の『「文明論の概略」を読む』より、諭吉の言葉「自家の本分を保つものなし」に出合ったことだ。治者と被治者とがはっきり別れていて、治者の側に権力が偏重されており、そこに価値までが伴っており、治者にだけ価値があるとされてきたのが、日本社会の歴史であったこと、そしてそれが今の会社などにもあって、おべっか社会を作っているのだ。そこには彼の体験と強く共感するものがあったのである。

定一はこの二つを考えてみて、一と二には共通点があるように思えた。大事なことは自己の究明ということにあった。それが道ということの意味するものだった。自家の本分を保つ前に、自家の本分を知るという努力がある。そして初めて一人で立つことが出来る。ところが、自家の本分の背後に利己欲が見えない形で隠れている。それなのにこの欲を持って立つことを、自立という言葉で置き換える。そういうことを世間の秀才と言われる人がやっている。自立が名目だけのものとなり、人は容易に時代の風に流されていく。そういうことが諭吉にも起こった、と言えなくもないのである。

結局は自己を知ることが、人間にはむずかしいことなのである。我々の霊は肉体について迷い、まどろんでいる。そもそもの、霊魂がこの肉体に下ってくる前の、高い次元にまで上昇すること、定一の考える道とはそういう道程を意味している。「仏になる道を歩く」は、こういう意味で具体的でもある。

定一は宗教なくしても自家の本分に生きることが、可能なのだろうかと考えた。しかし今、その証拠は諭吉に見付からなかった。そのためには諭吉のトータルな一生の研究が必要だった。それと他方では、霊的なものと現実問題の相関する関係の研究が必要だった。彼の二つの世界の自覚は、そういう研究の領野を自動的に開くものであった。

その日、弟と二人して術後の母を見舞った。そして母と三時間を一緒にした。妹は昨夜、母のベッドの側で寝て、夜中も母の面倒を見てくれたのだ。定一は、自分はこんなことは出来ないな、とつくづく思うのである。十時頃になって、妹は家のことがあって、自転車で戻っていった。その間、弟と二人で母を見た。車椅子に乗せて、外気にも触れさせた。聖マリアの像の前に、一時間くらいは休んだ。母に人間らしき表情が戻ってくる。定一はある可能性を感じて、幾何《いくばく》かの安堵を覚えた。今日は弟に言われてここへ来たのだが、大変にいいことだった。それは、より近くに母の現実を知り理解することであったのだから。ともするとそれを他人に預けて、現実から遠ざかってしまうということが起こるのである。そういう意味では、兄・弟・妹の三人はそれぞれのベストを尽くしていたように見える。最後の一日をこのような時間を持って過ごせたことに、言われざる充足感があった。十日前に部落の先輩が言ったように、過ぎて行く月日の早さにあって、それは束の間の休息の時間だった。そうやって故郷の二十一日間は過ぎて行った。この時間は彼の中に何かを生んだのだろうか。時間が立てば、それも疑問だった。しかし彼が見た心の風景の一つ一つは、ベッドの上の、尻からたらこのような腸が飛び出した母と、外科医と三人の子のいる風景、腰巻山の頂上から直下に見た東鹿路の集落、眼鏡橋の花崗岩の優美な形、部落のゲートボール場で会った先輩の寂しげな表情とその言葉、それらは想起されるごとに、ある力となって現下の肉体と霊の力となって存在することが、意識されないままに確かめられているのである。過去の全記憶が今日の彼を支えている。この一瞬を支えているのは、彼の全記憶だとも言える。人間とはそういう存在である。信仰はそういう人間を表現するものかもしれない。念仏にはそういうものがある。過去の全てがこの一瞬に凝縮する、内なる仏と外なる仏が出合う、そこには力がほとばしる。生命の危機が自覚されればされるほど、霊の目覚めは深まる。肉体の危機は霊の危機でもある。

帰る朝の読書は充実した。おそらくこういう点が彼のいい点であろう。あとにどんな予定が控えていても、朝の時間に動揺が見られないということが。暁烏は言う。

　私どもは世の中の万事のことにつき、また自分の境遇などのことについて、不平も不満もあったものではない。ゆえに先師（清沢満之）は、「因縁と諦むる事」という親切な教訓をしておかれたのである。

清沢が言うようなことは、人間がその努力の究極にあって衝き当たることなのである。定一は学生時代の苦しみはそれだったと思うのだった。地べたに自分を投げだしたかった。教会に牧師を尋ねた日のことが思い出される。それは自分のことは自分で出来ると信じていた自分の放棄を意味していた。この体験は辛いものだった。だがこうして知った、自己の力の限界ということは貴重であった。無限の努力と「ならぬことはならぬ」という他方の諦念はいつも共存するものであった。念仏というのは、現下の危機に対する激しい闘争の力であると同時に、不可能性に対する一瞬の納得である。両者が一体のところで生きている。それを別の言葉で言うなら、自然、大宇宙の中にあって、その摂理の内に生きることを意味する。人間とは自然の一部に過ぎないものである。定一はそんなことを考えて思うのだった。

『こういうことが少しも分かっていないことが、現代の男・女の関係にある。それが家族問題の根本をなしている。人生を、ただ自分が好きなように渡れると思っているのだ。そこに宗教性というようなことは全くなく、芽生えてくる要素もない。生まれたものは死ぬ、若いが老いる、立身出世を幾らしたとてやがて身は零落する。この因地の世界を知り、受け入れ、さてどうするか。ここに宗教心の芽生えてくる源泉があるのだ。因地の世界の自覚は宗教の種子の苗床なのだ』

　定一が求めているのは何であるだろうか。そのことは意識もされないし、自覚ともならない。ただそれが概念的なものだとは言える。だがそれが普通に言葉化されても、千変万化と変容していくだろう。彼が嫌うのは、一切のknow-how的思考だ。彼が求めるのは、精神を満たし、更なる深い思惟に自分を追い込むことだ、ただ奥へ奥へと。それが出来ない時、彼は空疎感と寂しさに襲われる。それは単なる現実であるものの寂しさだ。帰結するものを求めるのではなく、成就されるものがあるばかり、ということだ。そこにある努力があったのなら、ある成果は生まれているということである。ある時彼はそれに気がついて、心の中で、にっこりと微笑むだろう。

真に求めているものがありながら、目下の何かに、それは卑近な希望のことだが、そこに惑うている自分がいる。しかしだからこそ、その空しさ故に、彼は自己の中に生きる心願を知る努力に帰らなくてはならない。それは念仏への帰還を意味する。これは「昼間の念仏」だった。彼は「死への道」を歩くしかないのだから。現世の希望は、全て余りに空しい。その帰還は大宇宙の原理に還ること、従うことでもあるのである。

『「われらが心の善きをば善しとおもひ、悪しきをば悪しと思ひて、本願の不思議にてたすけたまふといふことを、知らざることを仰せ候ひしなり」とは如信の聖人について言った事である。全てを自分の心の計にだけまかせて、天地の間に生まれた生命の持つ宿命、自己を支え、今日にあらしめている他力の力を認めていない人達で、今の世は大方を占められている。現代の社会を支配するのは、ただ己の意によってどうにでもなると思っている者たちの迷いの世界だ』

この迷いの世界ということが、現実であることに現代の文明の悲劇がある。しかし多くの人々はそれを見ようとしない。自己の計とは自己の利と同じである。定一は後に、世界の経済が次々と恐慌を起こして行く時、この市場主義の名の下に正当化された統制なき自由競争の世界が、この人間の利欲心に根本の原理を置いたものであることを、理解するのだった。そういう人間の欲望によって、文明を引っ張って行くことを正当化するのは、やはり俗なる秀才達の考え方である。

定一は未来に希望を掛ける者ではない。しかしそれは現実を棄てることではない。現実を見定めることに最大限の努力を払いながら、その現実を超え出ることである。この努力に念仏が掛かるとはどういうことだろうか。それは、現実というものが常に飛躍を、それは進化と言ってもいいのだが求められているということである。そこに生命の力が、ベルクソンの「エラン・ヴィタル」がかかっている。彼が自分の仏教を虚無主義とは全く理解していないのは、信仰が現実との格闘を一体としながら秘めるものだからである。そういうことは、「死への道を歩くもの」としての命の認識、それが故の浄土の必然性という概念なくしては成立しない。しかして念仏は力となり得るのである。

彼は出立を前にして、こうした自分自身に還った。それはゆったりとした時間に戻ることだった。時間の悠久性に還ることである。それは思惟の時間である。そこに朝の時間の持つ最大の意味があった。自分自身の安定性と不動性の源でもあった。そうやって朝の時間が尽きた。故郷での長い時間は終わろうとしている。

『人生を自分の思うように生きられると、無意識に信じているような人間には、自己の何たるかも分からず、社会との関係そして歴史的、政治的、経済的関係における自己の位置は見定められることがない。問題は、そういうままに自己を不明にして、生きていくことの不幸だ。結婚をし、子供を生み育てながら、家庭の中に不和と悪果を生んでいく。宿業を知り、それでも耐えて自己の本分のありようから離れない、生の核心を摑む努力がそこにないからだ。こういうことは、弟にも妹にも分からないようだ』

この仮借なき人間認識は、妻に対してであれ、母や弟妹に対してであれ、適用されずにはすまないものだった。だがこれは厳しい要求だ。彼の中にはそうであらざるを得ないものがある。それはこの人生の命題が、同時に理性的、道徳的事柄でもあるからである。

フライトの時間が気に掛かる。雨が降っている。故郷の家を去る朝は、いつも雨である。それは母の涙であった。涙の雨はポツリ、ポツリと滲んでくるように、空から落ちてくる。定一は古いビニールの傘をさし、リュックを負うて、高速道路のバス停まで往還道を下り、峡間を出でていくのであった。かくて正味二十一日の時間が過ぎ去った。バスに乗れば、一時間の間に故郷の山は視界から消える、そして空港という人界に呑み込まれていく。しかしその最後の時間を、彼はフライトの待合室で、故郷での時間の検証に使うのだった。

『今回の最大事件は母の病気であったろう。だがこの母のことは宿業だ。人は誰もがそういう道を歩いている。ただ今日は元気であり、そうであるが故に命の危機ということを考えないのだ。そうやって快楽と思い、快楽の内に生きている』

定一は母のこの命の危機に立ち合って、本当の精神の目覚めに出合ったのだろうか。それを自分自身の問題として受け取ったのだろうか。彼の中では、高地集落の魂に触れる風景も、母のベッドを囲んで立つ兄・弟・妹の風景も同一の質を持っていた。そして昨日の聖マリアの像の前で車椅子を押す母と自分と弟の風景もまたそうしたものとして思い出されるのだった。

そこに決定的なものが欠けていたのは事実である。だがそうなると、人が命の危機に遭ってどう目覚めるかということには、様々のレベルがあることに気付く。彼は確かに、母の危機によって命の持つ本質的な不安定性と孤独性に気付き、母のことが悲しかった。そしてそのことを忘れた日常の生活は、霊が肉体の上で眠りこけたものであることにも気付いていた。それが快楽の生であった。しかしそれも手術が一応無事に終わってみると、ある安心があったのは事実である。

『マリア様の前の風景は、今思うと大変いい。ああいうことはあまり見ないのではないか。宿業を受け入れて悲しくではなく、母と兄弟は風に吹かれていた』

この事件の核心は、日常の生活というものが、霊魂の側から見てみると眠りこけているということの気付きにある。それは生活に精神的なものが欠けていることを意味する。日常生活に霊的なものが欠けてはならないのである。霊的生活とは命の不安定についての、日常的な気付きの上に成立している。死は日常化されている。だが事が一応うまく運ぶとそういう気付きが遠くなる。彼自身の霊の目覚めは弱かったのである。

数時間で身の置かれた空間は変わった。帰ってきた横浜の風景、しかし喜びはなかった。母のいない空間、やはり定一は寂しかった。この寂しさ自体が彼の霊性の弱さにあることが気付かれていくのである。かくして空間は変わった。だが朝の時間は変わらない。確かに、人がどんな空間を持つかは重要だし、決定的だ。しかしそれでも他方、人は時間性の中でその不足を補う存在であろう。母のことはそうやって彼の心に残る。空間と時間における総合性ということに、人はもっと大きな努力をしなくてはならない。そういうことの不足にも、国とか地球の破壊の原因がある。人間とは「今・ここ」だけではすまない存在なのである。

再び秦野の書斎での朝が始まった。定一は数時間読み、考えたことを確認する。再読は見逃していたことを気付かせる。

『全てを身の罪（宿業）として諦め受け入れても、理性からくる道徳的実践ということは別の問題である。身が宿業的であるのは、実存的であるということだ。自分は学生時代に、理想を高く持てば持つほど、身の現実はそれに遠く離れていること、その虚しさに苦しんだ。そして自分はあの時、実存ということを認めた。この問題は現役を退いた今にまで尾を引いている。四年前に自分の罪ということを忘れて暮らしている自分を知って、深い慙愧に落ちた。道徳における自己の完全な落伍者ぶりが教えられたのだ。私は実存的ではなかったことになる』

彼をそのように迂闊ならしめたのは、世俗的な価値観だった。それは自分の境遇に満足してきたことを意味する。しかし清沢は、そんなものは良くあれ、悪しくあれ、問題じゃないと言ったのだ。そんなところには、どんな人生の真の意味も価値もないということである。定一の四年前の慙愧は、自己の壮年の半生に対して、無価値を宣言したのである。そういう風であった壮年の生活から比較するならば、宿業とか道徳の問題を考えるとかいうのは宗教的なことなのである。この世における徹底的な因果性の自覚、しかしそれが故に自己の理性から生まれてくる道徳的実践というようなことは、彼をより広い世界に導くものである。それは霊的世界と現実の因果世界の両方に、鋭い槍を突き立てることである。

『雨はこの秦野まで私に付いてきた。母の涙と感じて悲しい。

宿業ということを考えて。宿業ということを離れて自己の人生での出来事を考えても捉えられない。かえってそれを受け入れることからそうなった原因も捉えられる。悪い考えは悪い結果しか生まないということは、気付かれることである。その意味でも母の病にもそれは見える。

人間が呆けるというのは、人との交際を積極的にせず、仕事は家事しかせず、仏様には遠くなり、テレビだけは見ているということの結果するものではないのか。全てを老化だけで説明するのは間違いだろう。

宿業を認めて、すなわち何が起ころうとどんとばかりに受け入れて、しかし投げ出すことはなく、「窮すれば通ず」の信念で押し進められればどうにかなるものである。ここには楽観がある。今はこれを哲学的にはうまく言えないのだが。このことは人生の経験上から真実である。出来ぬことは出来ない、それは初めから決まっている、しかしだからやらないのではなく、承知して押し進める精神だ。これはとても大事なことで、他人には無理だよというようなことでも平気でやっていく。これが自分の五十代にあって、「仕事とは不可能を可能にすることだ」と、そこにしか仕事の価値を見出し得なかった自分の姿にあるものだ』

ここには、彼が母をなんとかしたいと思ってやってきた気持ちの底にあるものが、かなり表現されている。願いが現実のものとして現われた時、それを希望とするのではなく、なるようにしかならぬ宿業として受け入れながらも、かえってその諦念の上に住しながらも、願いの現実上の解決の道を考え続けることを怠らないということである。いかなる良い目的も、手段がないなら達成の道はない。これは因果の法則である。他人から見ると、「そこまでやるの」と言われる行為の背後には必ずそれがあった。諦念が無策と、本人にも他人にも勘違いされる。諦念とは釈尊が言った、「所有の法」を離れることである。それは、「わが良かこと」から離れることである。この諦念は活力を生む。それは生を惰性で成り立たせることと、全く反対であるところのものだ。

その日定一は故郷の家での二十一日間を考えて、一昨日にあげた二点に加えて第三点を追加した。それは寂静無為という概念だった。それは定一がかねがねから、西行と芭蕉という二人の人間を、人生の師として最も深い尊敬を与える根底にあるものだ。

『寂静ということがないと、人を感化出来ないということである。そこには宇宙原理との結び目があるということだろう。そういう体得がないと、不断の発展とか進化が起こってこないのである。そこで菩薩の生活がこう説明されている。

「静かに考えて、広く尋ねる」

自分の朝の時間は、静かに考える時間である。私はこれによって寂静の時間に帰還する。昼の時間は広く尋ねる時間である。これは一日に対して持っていた感覚を最もよく説明する。両方が不可欠で、どちらが大事ということもない』

彼の二十一日間の時間の反省の第一点が、智慧から慈悲へと進む救済の道に関わり、第二点の「自家の本分を保つ者なし」が社会に関わり、そしてこの第三点「寂静無為」は生活のあり方、生き方そのものを表わすものだ。ここに彼の故郷での生活の収穫の大きさが見える。

妹より電話が来た、まだ朝の七時半である。定一は妹のがんばりを聞いて、ありがたいなと思った。母は快方に向かっているとのことだった。母から遠くなっただけ、妹のがんばりが有り難かった。言わばこういう形におけるそれぞれの責任の分担は、家族の協力の本質であろう。何故なら身は誰も不定であり、介護するものがされる立場となるのが人間なのだから。こういう解決の方はいつも不可欠なのである。だがそれにしても、この妹が二年も待たずに急に死ぬことになるとは、予想しえないことだった。となると「無量寿経」や「歎異抄」に書かれていることは、世の真実であった。その事実は、定一が老いを深めるに従って彼の生への闘争を激しくも、厳しくもした。すなわち身に降り懸かる困難の大きさは、それに見合った抗争の力を彼の内部に生まざるを得なかった。定一は親鸞の一生にもそれが見えると思うのだった。

定一が母の問題から考えていたのは何であったろうか。命の危機に出遭うことは、何を教えられることだろうか。それは翌日のノートに記録された。そしてこのことは、一年が過ぎ、新たな体験により更に深められていく。「無量寿経」で出合った言葉は、彼の体内にずっと生き続けていたのだ。結局、あらゆることは事前に勉強が終わっていなくてはならないように見える。

『母を見る眼は、心の中に、人生を生きる厳しさの実感を生んでいる。「閑と不閑との間をゆくことが大事」とある。本当にそうだなと思う。母の人生はそういう風になっていない。元気な間は外にばかり出掛け、閑を楽しむことがなかった。静かな、考える時間を持たなかった。だから急に閑だけの時間に入ってしまって、茫然自失してしまったように見える。精神もまたコントロールすることが重要である。これを十分に学ばないままに、人は老いていくのだろうか。経本は生き方そのものを説くものだ。それを学び、生活に反映していくのが大事だ』

彼の母への見方は容赦のないものだ。しかし人生というものが、その人生におけるその人の努力の成就するものによってしか生きられないというのは事実であろう。だからその努力は、誰の為のものでもないただ自分の為だけのもの、そしてそれは他人には全く見えないものなのである。

そして彼が出合ったのは次の言葉だった。彼は何度もこの言葉に戻ってくることになる。「無量寿経」の原文は次のものである。

世間諸の所有の法に超過し、心常に度世の道に諦住す。

所有の観念故に人は苦しむ。妻がいとおしければ妻に苦しみ、子がいとおしければ子に苦しむ。地主は土地に苦しみ、金持ちは金に苦しむ。それは霊魂が物体に、肉体にしがみついた姿である。霊的生活が忘れられたままである。定一は仏の生き方が書いてあるのだなと思った。とするなら、それは人の生き方、菩薩の生活でもあった。こういう生き方でないと、毎日ぼんやりしたものになってしまうということである。彼は母にだけ厳しい批判を加えたが、それは妻にも当て嵌まっていた、そしておそらく彼自身にも。こうやって人は痴呆に陥る、しかしそうなると元気な時も痴呆の生活だということになる。ただ元気に飛び回っているからそう見えないだけのことだ。

もしも世界が、それは自分の世界ということだが、常にトータルに考えられているものであるならば、この「度世の道は」かつて説教で聞いた「仏になる道」と全く同じ意味であると受け取られたであろう。希望に生きてはならぬということである。希望とは所有の観念が生んだものに過ぎない。仏になる道にはひたすらの努力はあっても、一切の所有の観念は捨てられなくてはならない。とすれば、そこには霊魂の世界があるばかりということになる。この言葉ぐらい、彼が危難に遭って考えさせられたものはない。それだけ所有の観念を離れることが難しいということだろう。そこに、念仏がそして慈悲の力が必要である理由がある。念仏が表の言葉とすれば、先の言葉は裏の言葉であった。

一人の人間を誤らずに見定めることは難しい、本人自身にも他人にも。ともすれば、彼のような人間は空想的な人間に見誤れてしまう。彼が考える霊魂への回帰は、精神の高次元への上昇を意味する。それは世間の法を離れなくては実現しない。そこに生きているのは「願い」である。彼はそれを三十四歳の時、「心願」という言葉で示された。そこに到るまでの道は長かったが、そういう高次元の霊魂だけでは生きられないという現実はなくならない。ただ彼にとって幸いだったのは、肉体の中に少年時の労働が刻み込まれていたことだ。結局そういうことに於いてのみ、少年の労働は意味があった。この労働こそは、霊魂の持つ願を現実に生かすものであった。ギリシャ哲学の用語をここで用いるならば、彼の中に質料的感覚がすばらしい発達をみている。妻がいつも驚くのはこれだった。だから彼女は、夫のことを生活の達人と呼んだのだ。それは壮年における半生が作りあげたものだった。そこにもまた長い長い物語があった。人はそう簡単には器用人にはなるまい。だが誰もがそういう要素を持ってはいる。デフォーはそれを「クルーソー」の姿に描いた。定一のその出発点をなしたのは、死にたいほど苦しんだ青春の挫折にあった。その苦しみをどうやら超えた時、彼はこう思った。

『人間は今日やらなくてはならぬことをやるだけのことだ』

その時、残された人生はただ灰色の、どこにも希望のない時間の集積として見えた。彼はこういう形で現実に引き降ろされたのだ。だがそうやって十年、二十年と立った時、自分が技術屋であることに深い満足を覚えるようになっていた。何故なら、技術ある故に自分の思想を守りぬける人生を得たな、と感じるようになっていたからである。ここには、ギリシャ哲学が概念としてこだわり続けた、イデーと質料の相関する関係が、経験的な形で得られている。イデーは質料なしには、存在たりえない、単なる空想となってしまう。そうならぬためには、霊魂は物体への降下、すなわち劣化を経ざるを得ないのだ。物体は物であり、肉体である。こうして霊魂は上昇と下降を繰り返す。霊の高次元への回帰は、反面において質料的感覚をそして行為を研ぎ澄ます。それが彼の歴史においてあるものだった。彼の念仏はこの両者にかかるものだった。そして技術が思想と生活の両者を守っていたのだった。

「無量寿経」の読書は、イデア的世界を深化させるものだった。次の朝こう思った。

『本願のありがたさが分かってみれば、どうして無慚無愧にて果てることが出来ようか。人生の要諦はここに尽きる。死を前にしても、自己への誇りはない、救うてくださる仏への感謝ばかりがある』

彼には自分の愚かさが見えてくるところに、救いが実現されていくように見えた。彼の残された人生の課題が、全て利己心の屈伏ということに掛かっていたのである。ということは、人生の時間における全ての安易性が否定されていたということにある。

定一は昨日からの読書にあって、仏の概念について深く気付くことがあった。

『自分にはずっと、大衆（庶民）であることを自己の内に強いるものがある。共に働き、共に泣き、共に笑うということだ。これが釈尊にあったものだ。だから自分と自分の前にある人々との差別が消えて、皆が尊く見えたのだ。その時釈尊の顔はいっそうと輝いた。それが経にある「光顔魏々とまします」の意味だ。その世界は、「ただゆたかな、広い世界であった」』

定一の中にそういう形の火が燃えているのである。これは仏の火である。仏心ということを具体的に言うなら、こういうものかもしれない。彼が製造の課長をやった四年半は、苦しくも虚しいものだった。その時間は、彼の精神生活という面では何の意味もなさなかったからである。彼を女に墜したのは、この余りに虚しい日々の時間だった。しかしその時代が終わった時、自分の精神に於いては意味がなかったが、唯一残るのは人々と共有された時間、共に働き、喜び、苦しみ、悲しんだ思いは残り続けるだろうということだった。彼はこのことにのみ、この時代の意味を信じた。この心は仏の心と同じものである。それは彼の心にあっては最も本質的なものだった。こういう体験があって、会社を去る時、「人間は人の信頼を裏切ってはならぬ」という言葉を、最後に後輩に残したのだ。彼がまだ製造の課長の頃、現場のあるおばさんが言った「野之宮さんと一緒にいる時が一番安心していられる」は、見えざる彼の心の勲章であり続けたのだ。彼が「無量寿経」を読む心は、こういう生涯の経験にもとづくものだ。そしてこの読むという行為は、自己の本来性をより高度を上げて理解するにあった。試行錯誤的であり続けた人生は終わりかけているように見えるのにである。しかしもしそうであったとしたら、彼の人生は今始まったばかりであったのかもしれない。

定一はこの日、老人会で定例となった話をした。この原稿作りには、毎回実質一日をかける。今日は「人間の交際ということについて」と題して、諭吉の『文明論の概略』から話したのだ。この話には彼の諭吉理解がよく出ている。その後半部は次のようになっている。

論吉という人は全体を理解するのが大変に難しい人ですが、一言で言うならば、人民と社会と国の開明を切実に望んだことにあるでしょう。開明とは人知が開けていくということであり、野蛮の反対です。諭吉は野蛮を嫌いました。野蛮の世に戻したくないということです。人知は進歩して文明が開けていくと言ったのです。いい家があってもそこに閉じこもっていたのでは、何にも開けてはいきません。ですから、「人事の進歩は多事争論の間にあり」といった。どんなにいい考えや、説であっても、その一つだけの考えの支配は必ずその社会を堕落させます。専制になってしまうのですね。こういうことから、儒教が説いた聖人の政治ということも否定しました。

聖人や英雄の出現を待つのではなく、多事論争によって、すなわち人民が考えを出しあってよい世の中を作っていくということになると、どうしても人民自身の知恵が進歩していかなくてはなりません。そこにやはり交際の大事がありますが、人間の知恵が進歩していく上にはもう一つの大切な要件があります。それを諭吉は「独一個の気象」と言いました。そして「乱世の武人に独一個の気象なし」と言った。何故でしょうか。武士の働きが、先祖のため、家名のため、君のため、父のため、自分の身分のためであって、「独一個の気象」より発したものではなかったからです。これを一言で言うと、「党与」の内に利益を得んとしたものに過ぎないのです。その集団の栄光が自分一個の栄光のように感じられているのです。このことは現在の「日本株式会社」まで続いている。それでは個人の栄光とは何でしょうか。そして、人間の知性を本当に開いていくのは何でしょうか。来月また考えたいと思います。

話が終わって、彼より十歳以上年上のある女性が、手を合わせて話が良かったと言ってくれた。座はしんと鎮まった。「静かに考える時間があって、広く尋ねる時間があったということだな」と彼は思った。諭吉のことは次回にも話されることになる。一体彼のこの老人会での毎月一度の三十分ぐらいの話は、彼の日々の生活、人生とも言っていいが、そこにあってどういう意味を持っていたのだろうか。この場合、老人会は身内に近かった。しかし後にはこういうことが、外部に向かっても発信されていくことになるのである。始めはごく内輪の話であったものが、公共の場に公開されていったことになる。とするなら、それは小説の形と同じものではなかろうか。彼の小説は公開することを目的としては書かれていない。ただ始めから彼の内部にあって公開的であるだけである。そうみると、この老人会での話は、聞いてくれる人のためであるより、彼自身のための有効性がより高かったのかもしれない。小説もまた同じである。しかしそのように自分のために努力されたものであるが、時期が来て、自然に公開されていく時、別の意味を持ち得るように見える。だがそれは十分に開明されてはいない。あるいはそういうことは、死後にまで待たれることなのかもしれない。

始めから分かっていたことであるが、彼が秦野に戻った時間は、実質十日に過ぎない。定例の老人会はその間に済ませた。畑の仕事も十分に出来ない春である。苗床の芽も全然出なかった。自治会の仕事を止めたのは、結果として正しかった。そういう彼にとって、朝の時間だけが、自分にとっては持続され続ける時間であった。そのことだけが、彼が彼であることを守るものだった。こういう状況下では、彼の心はずっと母の元にあったように見える。秦野の春は、かりそめの春であったのだろうか。翌朝にこう思った。

『「無量寿経」との出合いは、恰も私に第二の人生を切り開かせるものだった。なぜなら、そこに道が教えられているからである。それは私の道を教え、人々のそれぞれの自身の道を教えるものだからだ。この道を行け、というのはないのだ。一つの道を二人で行くな、というのはそういうことだろう』

本を読むことだけで人生の問題がどれだけ深まるかは、定かには言えない。彼は母の病を前にすることで、命の問題に近付いた。どんなに精神が進んでも、現実の問題の前では迷いがある。しかしそうではあるが、逆に言うとそうであるが故に普段の努力がある。「無量寿経」はそういう日常の生き方を教えた。それが更なる命の危機に出遭うことの、準備をなしたものである。人間とはそういう風に、幾重にも用意された危難を超えていくものである。「無量寿経」が教えるのは、どんな困難下にあっても一人で歩いていかなくてはならぬ道の存在であった。二人で歩く道はなかった。

定一は自分の人生が今始まったばかりのように感じる。それを教えるのが「無量寿経」だった。彼は道の存在に具体性を感じていた。自分には道があるということである。

『利己心によって生きるのではない。他人の慈悲の心に生きるということだ。それを今日の言葉で言うと、その心には蓋がない、無蓋ということである。ただなんとなく広いのである。またそうでなかったら、指導というようなことも出来ない。もし喜んでくれる人が一人でもいるなら、それでいいのだ。それぞれの生き方をもって良しとしながら、教えはある、しかし教えは縛らない。教える者と教えられる者がいない。釈尊はそういう境地に立って、この経を説いたのだ』

「無量寿経」は、その人に道の存在を教えるものである。定一が『人生は今始まったばかりのような気がする』と感じたということは、それまでの人生が利己主義の固まりであったことを意味した。彼はこの利己主義を捨て切ったわけではない。しかしこの後、この感慨は繰り返して襲ってきた。定一の本家の叔父は、死が数週間後に迫って、かく慙愧の言葉を吐いた。

「おいが悪かった、おいがお前達にようしてやれんかったのが悪かった、すまんじゃったのう」

ここにあるのは、利己欲に気付いた人間の真の慙愧であり、その利己心の死を前にしての放棄であった。叔父はこうやって、今日までどこか不納得のままに生きてきた人生の全てを、改悟したのである。

「俺は浄土へ行けるかの」

叔父は、死の床に呼ばれた寺の御院主に聞いた。御院主は言った。

「心配なさらんでよか。行けますよ、必ず行けますよ」

「なんまんだぶ、なんまんだぶ」

それから僅かに一週間、叔父は念仏を絶やすことなく成仏した。

叔父の最期に示されたのは、人生の奇蹟であった。このことは一つの物語となって、彼の中を何十年も生きているが、いつも感じるのは、この慙愧に遅すぎることはないという信念である。死ぬ前の一日でも一時間前でもよいと思う、真の悔悟に到るのであるならば。叔父はこの慙愧によって、それまでずっと覚えていた自分の人生に対する不如意性を解消させた。「俺がようしてやれんかったから、それが全ての悪さだった」と知ったのである。叔父は死して、人々の光となった。死して叔父の評価は上がった。そして人々の心に残り続けた。叔父にこの奇蹟を生んだものは何であろうか。日本的霊性の一つの伝統が生き残り続けていることの証左である。法然・親鸞が開いた浄土思想が、この辺境の地に、その後九百年も生き続けたのである。叔父のことは、物語であることを超えて定一の中に日々に生きているものである。従ってこれは、単に語って他人が理解し実行出来ることではない。根底にこの信仰の伝統があり、それが日々を生きて実践出来るものである。宿命というのは、こういうことを言うのであろう。元がなければ、結果はない。釈尊が言った「成就」はこれを言うものだ。誰かが命に関わるような努力をしたのだ、それが子に孫に成就されていくものだ。定一が「度世の道」、「仏になる道」を言葉で受け取りながら、無意識的には、祖先が身をもって示してくれた事実があってこそ、受け入れられているということである。

定一は宗教の精神と、諭吉の思想を矛盾することなく読み続けた。彼の精神にあっては両者が必要なものだったのである。翌朝の感想には諭吉の思想が色濃い。

『「自家の本分において生きる」は宗教の面からと、政治、経済上の面の両方から語ることが出来る。人間の存在のありようが、政治や経済の形に結果として現われているのである。諭吉の「一身独立して、一国独立す」はそれをよく表現するものだ。諭吉という人は自己の体験上に生きた人なりと知る』

彼は朝の四時間の読書が終わって考える。

『人生は絶えず面白い。そこには発見があるからだ。この予感は、昨日、玄関からの道横に植えて三十年経った。金木犀の根っこ掘りのきつい作業の後に生まれた。今日の発見は諭吉の読書から生まれた。「諭吉という人は、自家の体験に生きたり」である。「自家の本分を保つ」が、経験が生むものと同一的、一体的である。そうやって門閥によらない、人民の平等ということをあれほど強調出来たのだ。

自分の経験をもってしか生きられない、というのは事実であろう。自己の生の意味はそこにあるし、生命の意味もそこにある。自分以外のものに、それが金であれ他のいかなる結果であれ、依存することは出来ないからだ。時間を生きる自分ということにしか、価値はない。それが低かろうと高かろうと。かくして日々における生に全力を投入せずにはいられないのだ』

この定一の諭吉評価は肯定的である。何故か。従来の評価と齟齬をきたすものではないか。それは、人間の活動を宗教的なものと、現実的なものである政治・経済とを分けてしまったからである。霊と物は一体である。行為の背後にはいつも霊があって一体なのである。そうなると人間の行為は、その人を突き動かしている霊を、この場合理性と言ってもいいが理解しないと、その全体を摑むことは出来ないのである。定一は政治や経済に関心を持って勉強を始めたばかりである。しかし彼の場合、そういう分野であってもそれを見る根本の視線は、霊的なものであったのである。だが本当の命の危機ということに到っていない彼は、未だそこまでの認識には遠いのである。

だが気付いていることがある。それは彼が「無量寿経」に出合って、利己主義の屈伏ということが自己の生の課題に無意識の内になっていたからである。すると、近年の新しい市場主義経済が、利己主義の一層の正当化に基本を置いているのがわかる。利己主義を人間の自助・自立という言葉に置き替えてしまって平気になる。

しかし定一の「自家の本分」は、経済の問題を論じてもその宗教的な本分は生きていて、利己主義では人類が救えないことは徹底されている。宗教性のない人間は自家の本分を持つように見えて、時勢に流される。諭吉自身にもそういうことが起こったように見える。いかなる人間も間違う。そこに欲望の持つ恐さがある。従って人類も間違う。諭吉において、利己主義の問題は乗り越えられていない。

定一のこの頃には精神の緊張が見える、それは持続する。絶えず母のことが頭から離れないのだ。命の危機に出遭うことは、反面からすると、素晴らしい機会なのである。体の上に眠っていた霊魂が目覚める。その目覚めた霊魂と共に生を終わるのは至福である。だが逆にそうはいかぬ。霊魂は弛緩し、希望に生き始める。それは命の現実を再び遠くへ退けることだ。目覚めた霊魂と共に最後を生きれるならば、そこには感謝の心があるばかりであろう。

同じ一つの言葉が、その人の体験の深まりと共にその意味を変えていく。それが思想というものだろう。そうなると言葉だけでは思想は説明が出来ないことになる。本から知った「自家の本分を保つ」は、彼が命の危機に出遭う体験を更に深めていく時、その人間の根底にしっかりした信仰がなければ、信仰があって成立するものだと体感されたのである。山本定朝の「武士道とは死ぬことなり」にもそういう意味の深さは無限である。しかし原理的に、この覚悟なくしては何にも出来ない、というのは変わらないであろう。両者が思想の表現であることは変わるまい。

老人会で話したのは三日前だった。しかしまだ充実感が残っている。彼は知らずの内に、それだけの努力をしたのだ。そして力が残り続ける。彼にはそれだけで自足出来ることだった。こういうことが老人会の活動で積み重ねられていった。その朝、前日のことを考えるのだった。この作業も強い形で定着していった。彼の中に恰もその一日中に鳴り響いていた、言葉ではない音を残さんとするが如き行為なのである。それは時間の連続性を、日々を越えた一つの思惟性として求める行為であった。

『老人会で、「一日中世事に追われてはだめだ、静かに考える時間を作りなさい」と言った。自分には朝の時間があるが、昼間にこれを作るのは、以前からずっと難事であった。他人にこれを言った後では一層と気になるアイテムだ。今、四時を回った。こんなことを普通の人が出来るのか、気になることだ。これはなかなかの課題である』

彼がこのことを人々に求めたのは、そこに「真実の生活」ということが掛かっているからである。しかしその生活の真実性は、なかなかに見えない。その生活にはただ因果の世界があるばかりなのだから。定一はこんな風に思った。

『昨日も今日も芹《せり》を摘んだ。畑の土手にあって見事な芹だ。ほうれん草と胡麻和えにすると堪《こた》えられないほどうまい。何故他人はこれを取らぬのかと考えて、世間の人は話題になったことに関心を寄せるが、そうでないことには知っても知らぬふりであるのを知る。これが人間についても言える。人間の評価もそうである、本当は限界に近い努力をしている人に対しても人々は見向かない。スポーツ選手にだけ注意を向ける』

それでつい定一は、地方のあるコマーシャル紙に載っていた知人のことを思った。彼がその人と話していて、「マスコミに接触するのが悪い」と言ったのは二年前だった。彼はコマーシャリズム嫌いである。新聞の紙面を被っているのはコマーシャリズムである。これでは読者は正しい判断が出来ない。だがそれは新聞の持つ基本的構造である。定一がメディアからいつも離れていたいと思うのは、それ故である。

『あれだけの仕事をやりながら、「タウンニュース」などで宣伝するのはおかしい。残念だ。相当な人物でもそういうところで動いている。それによって、真に価値あるものが台無しになる。名前に生きてはだめだ。偉大なるものを生むためには、名利に色気を使うのは厳禁である。宗教に遠い現代にあっては、本当に偉大なことは生まれない。畑の土手の芹のように無言でありたい』

定一は芹の存在に霊性を感じている。そして出来ることなら自分も、書くことだけに自尊して、そうしたら後は日々の仕事に励みたい。だがこの願いは、書くことが保証されてのみ適うことだった。言わば世間的に恵まれた状況であった。命の危機に出遭って、生活そのものに比重がかかり書くことが圧迫されていく時、この願いは新しい困難に立ち向かうことになるのである。しかしそれは、書くこと自体の意味が深められることでもあるのである。願いの本質は変わらない。願いは「真実の生活」にある。そのためには、考える時間が、霊にまで及んで心が深く省みられる時間が不可欠なのである。世事と雑事から離れられない身の事実は徹底的に知られていた。知る故にこそ、精神の高次の飛翔ということは求められざるを得なかった。ここに仏教が求めてきた本質がある。この世を地獄と断じるものがある。こうした彼が、次の朝に「新しい信仰」ということを考えたのは、故あることだ。

『新しい信仰の勃興ということには無限の響がある。あらゆる形式を打破し、戒律を顧みずして奮起する……』

彼は今の時代に必要なものはこれだと思った。心にそう思わせたのは、無量寿経ではなく歎異抄であった。後者の方が二千年近く現代に近く、空間的にもインドと日本の差がある。比較すれば、後者は新興宗教である。こういう差は通常は意識されないで読まれている。

親鸞は僧侶仏教を捨て、俗人仏教に生きた人である。定一のこの認識が、自分自身を強く親鸞に近付ける。恰も親鸞が、加古の地に住んだ教信沙弥をもって自身を任じたのに似て。親鸞の「僧にあらず俗にあらず」は、定一の心を哀切なまでに捉える言葉である。彼はここに親鸞の信仰の本質を見る。かくて親鸞の信仰が、自分のそれと同質性を持ち得るからだ。人とは皆、愚禿人なのである。

『あらゆる機会を捉えて、自己の思想と行為の飛躍へのチャンスとするということだろう。「新しい信仰」ということは、それに生きることであるということが、忘れられてはならない。想念をこらして日々の時間の中で本当のことを見、それを考えて新しい行為へと自己を繋げなくてはならない。自分自身の生に自然に価値を認めるということがあって、自分の本分ということがこれまた自然の内に守られるのかもしれない。老人会のメンバーにも、近所のSさんにも、友人のTにもそれが見える。だがこういう人は少ない気がする。これをどう説いて人々に気付かせるかは大切な問題である。

小説自体に価値があるのではない。それを書くことで開かれていく新しい世界に意味がある。とするなら、使われた時間の意味もそこにあることになる。この世界は自己が自己となって生きる場、自覚者の世界=仏の世界ということになるのではないだろうか。この「真の自主的な存在者」となるということは、生死からの解脱ということがないと成立しない。そうでないそれは、利己主義・欲望主義に他ならないのだ。この問題を解決しようとするのが浄土信仰なのだろう。しかしこれは自分自身の問題以外ではない』

ここに「自家の本分」ということに係わって、定一と諭吉で全く違うのが見える。といっても、今の定一に明確に自覚されてはいないのだが。極端に言うなら、諭吉のそれは世俗の中にとどまるものであり、定一のそれは信仰の域に入って、「所有の観念を離れて、度世の道を生きる」ことなのである。自覚者の世界はそこまで行かないと成立しない。利己主義にとどまる限り、誤謬は避けがたい。人間とは間違う動物なのである。かくて人類も間違い、その歴史も間違う。現代の文明を失敗の文明と言った人がいたということは、正鵠を得たものだ。

『「新しい信仰」ということに限りない力を身に覚える。だがこの力は「自らをよしと思う心を捨てて、わが身をたのまず、あしき心を賢くかえりみず、又他人をよしあしと思う心を捨てたもの」でなくてはならない。人間が上等になって、新しい信仰が生まれるのではない。「新しい信仰」に意味があるのは、人間の迷妄が新しきものを見ることを妨げている、その闇が打破されていくことにあるのだ。無明が破られて、智の世界が開かれていくことに、既にして新しき信仰は生きている。昨日の芹のこと、名聞のこと、マスコミの持つ悪さのこと、これらも新しい信仰という概念に係わることだ。各人が自己の価値に目覚めて、そこにおいて不動でなければならない。常に新しい時代にあって求められているのは、そういうことなのだ。そこにあって「自家の本分」は意味を持つのだ』

自家の本分は、自己の中を生きるものだった。定一の言葉で言うと、仏性そのものであったことになる。彼の一生の探究は、いかにして自己の世界を誤謬から守るかにあった。このことが、近代西洋哲学の全容的理解と、更には古代ギリシャ哲学の同様な理解へと、彼を駆り立てたものである。

定一はその日、諭吉自身が書いた『文明論之概略』を読みだした。もっとも、初めに読み出したのは二ヶ月も前のことである。なかなかに読むことの徹底しえない本の一つである。こういう本は、朝の読書の定例の中に加えるのが一番である。こうして毎日読まれることになったが、彼にとってこの本は、読めば読むほど自分との違いに、異義が深まるものであった。

『数日前から念頭を去来していたことだが、諭吉が前半生を封建の世（中津藩の足軽として）に生き、後半生を維新後に生きたという事実のことである。古い世と新しい世を一身に於いて生きた事実である。これは歴史を自己の身体に於いて経験したということだ。彼はこの自己の好条件を生かして、所見を記録し残した。「今の世に所見を遺して後の備考に供せんとする微意のみ」と記す。われわれの諭吉読書の意味はここにある。諭吉が感じ考えたことは、今の時代にあってどこに位置するかということだ。テーマは、「文明とは何か」であり、「国家とは何か」であり、「文明と国家の主体である人民の智慧はどこまで進んだか」であり、そういうことの基本である「自家の本分に生き」と「真の自主性ある存在者」となることができたかどうかである。これはもっと深く考えてみなくてはならない』

諭吉は定一に考える主題を、特に社会に係わって、完璧なまでに与えたのである。彼はこう考えて、それにつけても思うことがあった。それは現代の世のことであった。今の老人会のメンバーの人生が、諭吉が言うような意味における時間的な位置付けを持つことだった。

『この人達は半生を戦争が続いた世に、後半生を六十数年の平和に生きた。私はこの世代にかろうじて駆け込んだ者である。敗戦前の歴史を教えたのは、共同風呂で出合った老人達であった。ここには歴史の類似点がある。仲々に興味深いことだ』

彼がこのように自分の歴史を戦前の半生と戦後の半生に分けたのは、注目すべきことだ。自分の人生を戦後のものとしてだけ捉えなかったのである。彼には前半生の時代に対する深い共感がある、これが老人好きを作っている。共同風呂の老人達は六十歳ぐらい上だったし、下宿をした宇部のおばあさんは四十歳上だったし、今の老人会も二十歳くらい上の人が多い。彼は敗戦前の数十年の世代を共有しようとするのだ。これは彼の伝統回帰という資質に繋がっている。逆に諭吉にはそういうものが見られない。これは対極的違いである。しかし彼はそのどちらの極にも誤謬の危険を感じている。伝統にも背理があり、諭吉が時代が受け入れた新しい文明にも背理が含まれているということだ。しかし人間とはそういう危うさの中で生きざるを得ないものである。定一の信仰にも背理が、そして錯角が含まれていよう。とするなら、それは自己に対して悪果を生むであろう。この問題を解決するものは何であるかが残されている。哲学することは、彼にとって全てこれに関わることである。哲学することが不可欠だったのである。

定一が佐賀から神奈川の自分の家に戻ったのは十日前である、そして明後日には佐賀へ行かなくてはならぬ。彼のこの十日間にはある充実が見られる。その原因は次の朝の記録に示されるものだ。彼の心はある意味で佐賀から動いていない。母の危難と一体である。

『魂の住み処ということを考えずにはおれない。魂は一体どこに帰るのだろう。根底の自己とは、この魂を受け入れるほどに安定したものだろうか。そうすると西行や芭蕉のことを考えてしまう。寂静無為という場しかないように思えるからだ。魂には物質界を離れて帰還する場がいる。そこからしか業を受け入れる心は起こるまい。他人への慈悲の心も表面だけにとどまるだろう。誰にも頼まれないのである。自分が立っている地はそういう地である』
彼の心の中に暗鬱なものがあった。そしてそれを誰もが、妻さえも共有していないのが分かるのである。それはどういうことか。
『生の不安を、死の不安を誰もが望まないのだ。そういう人は、わが友ではない。私は帰ってくるべきではなかったのかもしれない。人はそうやって、自分が健康な間は死の不安を遠ざけ、人の死の到来を他人事と割り切っているのではないのか。そうである限り、自分の番がくるまで無反省に日々を送るのではないか。それでは死の準備は出来ない。
自分は母の死を自分の死として捉えたいと思う。そこに自分のことを学びたいと思う。そうであることは他人が踏みこまない、踏みこめぬ世界であるということだ。人生の真実の姿はいつもそういう風にあるのかもしれない。小説を書く自分の時間がそうであるように、芹が生えている空間のように、人々はそれと無縁なままにある』
ここに定一の人生への基本的スタンスがある。死を見詰めて生きる、老いや病への深い関心と共有、これは既に六歳にして遭った妹の死で生まれたものだ。こうして「死への準備」はより具体的に深められていく。それは自分を、恰もずっと生きていく者として捉えないことである。限られた生への自覚である。そうなるとここに一つの問題が見える。彼の人生への態度が、信仰から生まれたのか、身の現実から生まれたかということである。これは簡単に明らかにされることではない。しかし、彼が六歳で遭った妹の死に際して、既に信仰はあったように見える。妹の死は一つの苦難であった。母の危機はそれから六十年が過ぎて得た苦難であった。しかしこの苦難は、別の意味ではチャンスだった。千の読書よりも一の事実が、魂のより強い自覚を促すからだ。こういうことは彼の人生の始めから、予感されてきたのだ。彼は死を足下に踏み締めた生活を求めてきたのだ。これは「葉隠」の本質であり、佐賀の風土的なものである。次の早い朝である。

『世間に拘泥する限り、仏の本願への信は生まれてこないのではないか。禅定の時間は、世間的幸・不幸の問題を投げ捨てたところに意味がある。死を思うと安らぎを障《さわ》る、とある。生・死もまた世間である』

世間に拘泥しないとは、世間と付き合わないことではないのである。大いに付き合って拘泥しないことである。これが徹底されていくと、世間話的なことそして幸・不幸というようなことは話題にしなくなる。この生活態度は自然に生まれてくる。彼は前日参加した市民体育大会のことを考えてみて、大変楽しく思った。まず、その前日に知人のフランス料理店で飲んで体が重かったのを食事の前に一時間散歩して体を軽くしたのが良かった。結局朝食は摂らなかった。それで競技が懸命にやれたのだ。それからたくさんの人と話しが出来た。たくさんの人の姿を見た、子供から老人まで。

一年に一度、この競技会でしか話さない人もいた。その女性は彼より十歳ぐらい上、若い時は商売をして活躍し、今でも息子は東京で店を継いでいる。仲々に気位が高い、しかしそこのところが逆に定一の興味を引く。青いビニール一枚を敷いた大地に尻を据え、二人はこの四年間、毎年一緒に競技を見てきたのだ。定一はこのなんとはなく過ぎていく一日、地域の人と顔を合わし、子供達の姿を間近に見る一日に、意味を憶えるのだった。この日も幾つか面白い会話があった。

老婦人とはこんな話が出た。

「なんで死んだら焼かれるんですかね」

「汚れているからですよ、汚れているから焼かれるんです」

定一の断言に婦人は答えた。

「私は何も悪いことをしてないのに、どこも汚れていないのに」

定一はこれは仲々面白いなと思った。そしてこれに対する反感のようなものはなかった。かえって、そう言えるような人生を歩いてきたと思う人達がいるのだなと、肯定的であった。ただ自分のこととしては、この不浄な身は焼かれるしかないな、と思うばかりであった。

もう一つ面白かったのは、定一と同年輩の夫婦の間のことから起こったことだった。妻とその婦人はずっと座り込んだまま、長い時間話し続けていた。夫の方がたまりかねたように定一に話しかけてきた。

「妻は何を話しているんでしょうね。私の悪口でしょうかね」

定一は言った。

「そうですよ、夫の悪口ですよ」

こう言い切られては、男も納得するしかなかった。夫の悪口ぐらい、婦人達にとって恰好な話題はない。しかしこういう時ぐらいは、好きなようにしゃべらせてすっきりさせてやるのは、必要なことであるように見える。男というのはやはりそんな風にどこかで女に制約を加えているのだから。この春の青空の下、何をしゃべっても後腐れなく消えていくだろう。それにしても、退役後の男が家庭に還っての生活には、人生を締め括る重大な意味がある。しかし現代はこの夫婦の最後の関係に困難を持ち込んでいる。だがどうであれ、この最後にあって長年維持した関係を破綻させるなら、その人生の歳月そのものが無価値化されるように見えるのだが。それでも人々はそれを意に介しないよう見える。一体、性を基盤とした青・壮年の時代の充実した関係はどこに行ってしまうというのだろうか。老いて始まった男女の間に、精神的な深さがないのは、結局両者の人生自身がそういう結果に帰結しているのではないだろうか。となるとそれは個人的な関係を超えて、文明的な現象のように見える。文明の質がそういうものに過ぎないということである。

そんな一日のことは、一夜の眠りで余分なことが削ぎ落とされ、より鮮明になり風景化されていた。

『あの一日は、自分の中で燃やしている思いを解放するものであろう。それが交流の意味であろう』

彼のこの思いには不思議な一面が見える。何故なら彼のこの数日あるいは一ヶ月は、死の不安から、そしてそれを妻とも共用しあえぬことからくる暗鬱な気分下にあったのだから。それなのに、この青空の下での何気ない地域の人々との交流は、彼に解放される思いを生んでいたのだから。しかしここに彼の人生の見えざる真実がある。彼は庶民の懐に戻ったのだ。ただの普通の人としての自分に、あるいは無意識下にあってそのことを確認することで、最も本性上の安らぎを憶えているということである。これは、苦難を経て帰って来た六歳の少年が村の老人達に会って覚えた感情と、そしてまた壮年の課長時代に現場の作業者と喜びと苦しみを共有しあった感情にあるものと同一のものであるように見える。彼にはここにしか帰ってくるところはなかったのだ。だがそこは形而上学的な時・空でもあった。前者の二つがもはやどこにも現実の場も時間もなく、ただ彼の心に生き続けながら、後者はつい昨日、青空の空の下に存在したものだった。ということは後者のそれも無限に心の中に生きることを意味していた。それはもはや一日立った今、形而上学的存在となったのである。

諭吉によって教えられた交流の大事さは、彼の体質の根底と結びつき、人民の交流ということを現実に生んでいた。それは彼にとっては始めから、宗教的なことだったように見える。その日は帰省を明日に控えていたから、荷物を用意して送るなど予定の仕事が多かったが、日中の読書も進んだ。それは次の重要なメッセージを残した。

『諭吉より、考えた。いかにして人心（気風）の向上を図るか、問題はこの一点にかかっているのだ。人心は文明の進歩によって進んだのだろうか。もし進まなかったのなら、文明は進歩したとは言えないのではないか。昨今のあらゆる面における世相に、それが見える。母のことなどにも、そしてこうして直ぐに帰省することにも、そういうことを自分の眼で見ようという目的がある』

諭吉が文明に期待したようなことは実現しなかった。それが定一の結論である。このことは、人間の命の環境破壊が著しく進み、しかし人々の行動のパターンは全く変化せず、ただ利己的な自己の快楽にのみ「現を抜かし」ている現実が明証に示していた。ただ一人往還道を歩いて、車の行列に出合う時の彼の激しい怒りはこの事実に尽きるものだ。人々は死を前にしての、束の間の享楽に溺れることに自己を甘んじ、目覚めを拒否している。定一の行為の全ては、自覚されなくとも、この「いかにして人心の向上を図るか」に集約されたものであった。彼にあっては至難の目的が常に第一の目的であった。ノウハウ的なこと、目先のことには始めから関心がなかった。

母の元に帰る朝が来た。暗い内にも、雨が屋根を強く打つ音が喧しかった。この帰る朝には、いつも緊迫感がある。数時間の内に、空間的日常の場は切られてしまう。フライトの時間が決まっているなかで、朝の勉強は予定の行為を完遂させなくてはならないという時間の持つ要求もある。この朝の思いは、戻ってきた十日間、彼を動かしてきたものを指し示している。

『ここはひとつ、母のことで身心ともに勉強して、大いに思想の進展を図りたいと思う。苦労多ければ得るもの多し、やはりいつも求められているのは、思想的停滞からの脱出なのだ。このためには真心からの努力がいる。結果は見えない。母の現世上の幸福を求める気持ちもあるが、どんなに苦しくとも母が自分の生に、一条の明るさを見ることを期待する。これは自分の行為にかかっている。仏の願われたことは、この世に於いてもまた願わしきことである。四歳で死んだ妹以来の死が、今私の上に降り掛かってきたのだ』

思想上の変革、進化ということに、彼の日々の時間の目的がかかっている。彼の念仏は、「ふりきって進む」念仏である。不可能を可能にする願いがある。彼の過ぎた一日を振り返る視点にはいつもそういうことがある。そこに霊的なものがある。霊とは生成と変革の動力でありエネルギーである。

定一は羽田のフライトの時間に対して、三時間前に家を出ることをもって、習慣としている。その日は妻に二ノ宮の駅まで送って貰った。しかしそこにはトラブルが待っていた。人身事故が起こって、電車が延着したのだ。結局一時間近く待った。横浜駅の改札への通路で駅員から遅延証明を貰った。駅から空港までのバスの間、もうだめかなと何度も思った。空港の機械の前に着いたのは八分前、機械には拒絶されたのだが、カウンターに相談すると直ぐにフライト券を発行してくれた。かくして予定通りに、彼は機上の人となった。そこでこんな感想を持ったのだった。

『運命に従いながら、受け入れながら、諦めることなく現実への努力を緩めず、精神に於いては幸運を求めず、世界の新たな開拓ということに集中する。限られた人生にあって、何か偉大なる事績を残したい、思想とは、そのようなこの世における幸・不幸とか、便利・不便というようなことからくる限定によって制約を受けない未来を開くものだ。人々がその思想によって安らぐことの出来るものだ。思想は危機にあってこそ飛躍的に進む。母のこともそんな風に考えよう。受け入れ従いながら、その母が嬉しいこともあるように、その一瞬を待ちながら。これは単に親孝行などで括ってしまえるようなことではない』

朝起きてから、そしてやっと予定通り機内の人となれるまでの時間にあって彼が考えたことには、彼における霊的生活の意味することが十分に表現されている。そしてこれは深化しながら、命が終わるまで続くものだった。要約するならば、霊的生活はその人の内部に生成と変革のエネルギーを生み、それはやがて一つの概念的な思想を形成し、その思想とは身の境遇とか世における幸・不幸とかに制約を受けないものであり、その思想によって人は危機に出遭って飛躍することが可能であるということである。言わばそういう思いが、彼のこの十日間を動かしてきたものだった。そうやって再び母の元に帰る彼だった。

定一はここでビールを買って飲んでしまった、まだ朝の内である。しかし二時に起きたので十時間は過ぎている。家にいても少し休みたくなる時間である。このフライトの旅の時間はアメリカでの旅を思い出させてしまうのだった。『遠い旅、近い旅』だった。飛行機による旅行にはそういうものがある。ケンタッキーのブルー・グラスと呼ばれる、ダービー馬を育てる緑の牧馬の間にあるレキシントンの飛行場から、近くのシンシナティあるいはアトランタへのフライト、今度はそこからニューヨークやデンバーへそしてフェニックスやサン・アントニオへ、そして時には南米やヨーロッパへと飛んだものだった。そこにはいつも妻がいた。思い出は常に妻と一緒だった。この時彼は、その妻の命の危機が一年先に迫っていることを知る由もなかった。だがそれは人間の本質的姿だった。ただそれは気付かれ得ないものであっただけのことである。人はそうやって生きるものだった。

実のところは、この命の危機の問題は母によって気付かされ、今回の旅でも深く体験されることになるのであるが、妻にこの問題が起こって来る時、それはほとんど全く別の様相を呈した。人とはそんな風に、いわば限りのない葛藤の内に生きる者であろう。どこまで行っても、悟りなく安心立命の境地もない。だがそれは逆に言うなら、進歩と変革へのエネルギーである。そうやって生と死を負って、ダイナミックに生きることが出来るからである。生と死を知らぬ生は眠りの生である。生と死を知る生は苦の生である。この苦は変革のエネルギーである。定一はこの苦を肯定的に捉える者である。それは人生が証明する。彼が思い出したアメリカの空の旅は、反面に於いては苦の産物であった。この苦は時が立って忘れられている。仕事に追われた苦しみ、何事であれ、考えたことをやりぬかんとする精神は、日常にあっては逃げ場がなかった。数日間の与えられた休暇は、唯一の解放の時間だったのだ。苦あっての前進、苦あっての解放・喜びである。そこにも霊的生活の一面がある。そこには絶えず相反するものが拮抗する。「愛と憎悪」、「苦と喜び」。しかしこの相反するものがあって変化が生まれ、進歩がある。この個体的霊魂の活動は、命の大本、個々の霊を生んだ世界的霊魂に繋がっている。これはカントが言ったような意味での、大宇宙の原理と言い替えても良い。日本人の祖先感を生んでいるものはそういうものである。定一の中に大自然的原理への深い帰依がある。仏教感とそれは一体となっている。人間の進化は個を超えて類的である。自分勝手ではありえないのだ。個体の脱皮は類の脱皮を促すものである。個の救済と世界の救済は同時に成立する種のものである。

定一はそうやって六月も近い、どこか梅雨っぽい青葉の往還道を歩いて、母のいない家に戻って来たのだった。十日を空けた家の中の掃除や夕方の炊事で忙しかったが、そのことを殆ど意に介しなかった。勉強部屋でのまだ暗い朝の時間が待たれていたようである。場所は変わったが思考は続いていたのだ。そうやって迎えた朝だった。この朝は全て読書に使われる。このため「無量寿経講話」の分厚い本も、身に負われて運ばれてきた。従って彼の旅は、いつも山行用の大型リュックと一体となるものであった。一日の休みも許されてはいないのである。

『死を恐れるは煩悩の所為である。死こそは世間的問題の最たるものだ。出世間道が求めるのは、この死を超えることである。しかして滅土は必然、懐かしきところとなる。意識の絶滅に恐れを持ってはならない。意識世界は、始めから絶対性を持たないのだ、ここにも自己の計が強く働いている。われわれは絶対の寂静の世界に帰るのだ』

定一は諭吉を読んでいる。この時代の特色は、母の病気のため幾度も帰省を繰り返しながらも、諭吉関係の本の読書は一日として途切れることはなかったことにある。彼の意識はずっと文明の問題に集中していたのだ。『わが自由人は文明を批判せざるを得ず。文明といったってこの現代にあっては、たかだか資本主義的な理念に過ぎない。それに対して「自由市民」はそうした束縛を離れ、大宇宙の原理に生き、考える。「自由市民」は精神の革命を訴えるものだ』

諭吉を読む定一の立場は、あくまでも批判的な地点である。ということは諭吉はあくまでも反面教師的であるということである。定一が気付かないことをたくさん教えてくれる。だが情報だけでは何の進歩も生まない。それが自己の知性世界を活気付け、新しいものを自分の中に生んでいくのでないと意味がない。批判は生成的でなくてはならぬ。定一は第三章「文明の本旨を論ず」の始めの所を読んでいる。

『シヴィライズ（civilize）ということに教化の意味があることを知る。人類の教化というようなことは、物質的な豊かさということと直結することではない。資本主義社会の競争原理は現代の野蛮に他ならぬ。文明の本義は、家族そして地域の人々との交際が広まって、人情いよいよ和し、知識が拓かれていくことだと諭吉は言う』

そこまで読んだ彼は、今回十日間秦野に戻って一番良かったのは、体育大会と老人会で話をしたことだったなと思った。諭吉の教えた交際の意味が小さくなることはなかったのである。

一体、諭吉の文明論のことは定一にとってどう考えればいいことだったろうか。それにはやはり明治という時代を抜きにしては考えられないことがある。その文明は物質的なものだった、逆らえば神経衰弱に陥るが常だった。だから流されざるをえなかった。そこに明治という時代の宿命がある。諭吉もまた例外ではないということである。そしてそもそも文明という言葉の字義が、精神的な意味よりも物質的な発達とか社会制度などの文化に比重を置いたものであることは、今になっても変わってはいない。それに対して、もし精神文明ということがあるとしても、そのことは社会にあってもまた個人にあっても、等閑視され過ぎている。定一が考えるような、「自己の内より出発するもの」、「祈りの文明」というような概念は人々の未だ気付くものではない。現代の文明は余りにもエゴイスチックに過ぎるのである。諭吉は人民の精神的な開明を願った、しかし時間の経過はそれを実現しなかった。そして定一は時代の対極に立つ者であった。しかしここで明確にしなくてはならぬことがある。彼がどれほど「祈りの文明」を強調したとしても、現実の文明は等閑視されていないということである。彼は現実主義者以上に現実主義者である。畑を自分で営むこと、車を使わないことには、彼の現実世界への思いが込められている。彼にとって、観念世界と現実世界の二つの世界が実在的である。この二つの世界は現実にあって決して一つになるものではない。ただ彼は両者の世界をともども極めんとする者である。イデーなくして現実理解は進化せず、現実を知らずしてイデーまた進化せずの原理に立つ者である。二つの世界は、からくも一人の人間存在によって繋ぎ止められている。それが人間の生の姿である。彼の現実に対する責任の重みは、どこまで行っても軽くはならない。しかしまた魂が求める現世を離脱した、思想的な変容と進化と飛躍の力はなくならない。そこにあるのはダイナミズムである。

そうやって帰省第一日の朝の時間は終わった。終わってしまえば、朝の自分の食事は自分で作らなくてはならぬ。そしてその炊事場は秦野の家とは全く違う。だがそういう現実に対して、彼は全く戸惑うことを知らない。この現実に対する強さは彼の気付かれざる特徴であろう。しかし彼が、母の入院と妹の家での生活が終わって、これから始まる家での母の生活の現実を見に帰っていながらも、朝の時間は揺るぐことなく信仰の生活を追求していたということにはある矛盾が見える。彼は母の持つ現実を全くと言っていいほど理解していなかった。それは追い追い理解されていくことになる。彼と母の間には、現実上の長い断絶があった。それは現実であって、彼が持つ母という観念的なものとは無関係にあるものであった。母はもう疾《と》っくの昔から、長男から離れて弟の方へ身も心も寄せていたのだ。それが母の歴史であった。そのことを嫌というほど知らされたのがこの帰省であったということになる。彼はそうした現実を知らされることになる。としたら、その現実はどう対応されていくことになるのだろうか。

彼はこの最初の朝、食事が終わると、上の栗畑まで蕗を取りに行った。昼前には母が帰る予定である。母の食事はしばらく自分が面倒を見る積もりである。自分が持ってきたものだけではいろいろと不足がある。出来るだけ新鮮な野菜がほしいのである。

母は、まるで何事もなかったような顔をして、妹と一緒に帰って来た。家を離れて二週間くらいが過ぎている。その間の母の姿は、彼には全く見えていない。それと同じく、その間母の面倒の一切を見た、妹の苦労も見えていない。母を手術後直ぐに退院させたのは妹の決断だった。このまま長く置いておくと惚けてしまうと、彼女は電話で言ってきた。しかしその後の彼女の介護がどれほど大変だったかは分からない。その片鱗は彼も味わうことになる。そこには母の性格自体が介在しているように見える。

彼はその日の午後は、荒れ始めた庭の手入れに手を付けた。それは彼の性格として、一旦そういうことをやり出すと他のことは忘れられてしまうことになる。母のことはほとんど顧みられなかった。手仕事に集中するということはそういうことである。どんな重要な案件も、そしてどんな不愉快なことも遠くのものになってしまう。庭には、祖父が植えた、定一以上の年齢を経た数本の石南花が残っている。彼が満州から帰って以来、毎春見てきた花である。その内の一本が枯れかかっている。それでまず、枝に着いた苔を取った。それから、浮きかかっている根を止めるために、木の幹に支えを作った。それは満足出来るものではなく、余りにも雑であり、明日もう一度やり直そうと思った。

そんなことだったから、母がどんな風で、何をやっていたかというようなことに、定一の気は向いていなかった。妹は一時も母への関心を怠るということはなかったであろう。彼のこの姿には、既にして介護者失格のサインが見えている。彼は帰って来たが、あくまでも自分の時間に生きていたのだ。介護ということは、単なる観念として彼の頭の中にだけあることだった。それでも翌朝の時間は、彼にこうした現実をわずかではあるが考えさせた。最初は読書から考えたことだった。このことは、彼の思考が現実にではなく、思惟へと向かい、普遍的な概念へと向かうことを示している。これは始めからの彼の傾向性である。死に直面してもそれは変わるまい。死の現実よりもそれが持つ普遍性に向かって思考を止めないであろう。現実がどれほど深刻であり、この身を引っ張ったとしても、究極的には霊的世界で終わるであろう。

『確かに我々はたくさんの願いによって生きている。しかしそれらの殆ど全ては、生・死の絆に関わることに過ぎない。すなわち世間と繋がることどもである。そういう生の姿にあって、生・死を超えた願い、生にもあらず死にもあらず、それこそ無性に生きる願い、それが浄土願望なのだ』

これが自己の本分、自立に生きることの意味だった。それがあって、世間や社会での自立が成立しうるのだと彼は思った。これは、諭吉の「自家の本分」とは違う。諭吉のそれは利己主義的なものに過ぎない。それがために、現代に於いても学者や政治家やマスコミが利用してしまう。定一の考えは、信仰なくして「自家の本分」は成立せずということで、明確なのである。

彼がこの状況下でも「無量寿経」に強い指導と示唆を受けていくというのは、どういうことだろうか。仏の教えは、人がどんな現実的苦難、母の死、妻の死というようなことにあっても、それ以上の存在力を持ち得るということだろうか。教えは危難に遭って、より強い力を発揮する。人間というものが単なる希望によっては救いえない、従って生き得ないということだが、彼に人生に度々起こったことだった。そこまで行って宗教が自分に役立つ。またそこまで行かないと、自立的思考もまた存在の力も生まれない。そこに宗教の使命が見える。

杜鵑《ほととぎす》が夜明けの黙の中で鳴いた。四時半である。母が帰って来て、二人の生活が始まった。そしておだやかに一夜が過ぎたのだ。彼は昨日書きつけた「安らかでないと前進出来ない」というメモにはっとした。そしてこう思うのだった。

『自分は今の生活を徹底的にやりぬこう。これは進む心だ。それは私の心が、母の姿から平安を得ることで生まれたものだ。例えば、やりかけた庭をきれいにしようとすることである。母は少なくとも手術前には戻りそうだ。母と二人で仏のことを考えていこうか、その可能性はある気がする。

妹はこの二週間でやつれてしまった。妹は自分のノートに、「この糞婆」と何度も書いたという、口に出すのを堪える、その替わりだった。母はまだ五年くらいは生きるかもしれない。生きていてもらいたいが、問題はその生き様、精神にある。私はその母の生に、ある可能性を見出したい』

妹の「糞婆」の意味は、彼には伝わり難かった。そしてこの妹の本当の苦労は、最後まで定一にも、そして彼女の家族にもよく理解されなかったのである。彼女はそれから二年を待たずして、急な病を発して三日で死んだ。定一は結局母に対しては十分な介護をしなかった。後に妻に対してはかなりの徹底度を見たことから考えると、その資格に欠けていたのかもしれない。介護には理性の道徳法則が関わっている。それによって徹底度も違うし、耐える力も違うということである。

彼は暗い窓の向こうに杜鵑の声を聞きながら、「安らかでないと前進出来ない」と何故思ったのだろうか。

このことは追究される必要がある。ここには人間の原理がある。この原理を奪われた者にもはや前進はない。定一には、それが後に現代人の姿として見えた。

無量寿経にはこうある。

吾れ誓ふ　仏を得んに　普く比の願を行じて　一切の恐懼の為に　大安をなさん。
たとひ仏ましまして　百千億万量の大聖　数恒沙の如くならんに　一切のこれらの諸仏を供養せんよりは
道を求めて　堅正にしてしりぞかんには如かじ。

これについて暁烏はこう言う。

自分が仏になる、この行、この願ひ。六度を行ひ、純真一途の生活をして行かう。かうした自分の心の中には統べての恐れがなくなっている。(続く)

前進する力はどこから生まれてくるものであったろうか。経が教えるものは「道を求めてしりぞかない力」である。定一はそれを一つは「安らかな時間」それは「静かな時間」でもあるが、そういう時間に求めたのだ。そしてそこにもう一つ、「この世の希望に生きない生活」というようなことに求めたのだ。この両者には強い関係がある。この世における生とか死を希望している限り、不安は無くならないということを感じている。これでは不動たり得ない。現実のこの世は、非情を原理とするものである。どうしても「自分中心の考え」から離れなくてはならない。身の境遇などということにこだわってはいられないということである。

宗教書を読むとかあるいはまた寺で僧の説教を聞くというようなことは、その人が置かれている現実とか経験に対してどういう関係を持つものであろうか。このことはなかなか一言では言えないが、例え啓示的な言葉でも彼がそれを受け入れるということには、過去の経験の総体の中で既にそれを理解する概念的な力が育っているということがあってのことである。その力は宗教的なものである。仏書を読むということが、その力を見えるものとして、意識的・概念的世界に引き摺り出す。そういう精神世界の行為が、思惟が、定一の「世界を拓く」ということの、意味するところであった。この開拓が無くなるなら、彼は自分の存在の意味を十分に感じることが出来なくなるだろう。前進する力がこうして経験と知性の深化を押し進める。

こういうことがあって、「変容し変貌する自己」という概念が彼の中にある。「今日の自分は昨日の自分とは違う」という感慨である。ここに朝の時間の本質がある。意識の流れがここで一度切断される。どうしても創造ということが必要だからだ、書くためには。だがこの創造は、彼における新しいものではあるが、本であれ思想であれ、他から借りられたものではなく、昼間における活動が、一見肉体的なものに見えながら霊的でもある活動が生み、帰結するものである。自己の開拓によってしか、何物も生まれえないということである。

彼が求めるものは、自分の自分らしさであり、そういう自分の存在の意味である。それに係わるものが、「静かな時間」であり「進む力」であり「変容する自己」という概念でありその行為であった。

その日の昼間は昨日やった石南花の支えをやり直した。そして庭の草をほぼ取り終わった。どんな場合も何か一事に集中することによってしか、生の不安を取り除きえないということは変わらない。定一をそれは動かすものだ。午後よりかなり蒸し暑くなる。離れの畳に茣蓙を敷き、身を長くした。午後の読書は、たまたま持ち帰った漱石にする。こんなことを言っている。

文明が進み職業が細分化されてしまうと、その人の知識と技術の範囲が狭くなってしまう。それは人間が片端《かたわ》になることだ。一つだけをやるから、他のことが見えなくなる。

諭吉は文明とは交際なりと言ったのだが、文明が進んで逆の現象が起こっているなと、定一は思うのだった。そうやって停年まで働くと、人間の総合的な生きる能力が弱体化されてしまう。完全な片輪者が出来てしまう。こんな者が家庭に転がり込むから、女どもにとっては厄介だ。家庭の崩壊は文明が作ったことである。停年後の時間とは、この生活能力の回復のための全力投球なのである。そして出来うればそれから一歩進んで、社会的、政治的役割の分担にまで進むことである。

彼はたまたま漱石を読んだのだが、諭吉と漱石との対比は面白い。二人の間には、時代に於いて、丁度半生ほどのずれがある。諭吉の場合、封建の世の半生を生きて、息つく閑もなく文明開化の世を生きなくてはならなかったのに対し、漱石の時代を見る眼には余裕がある。それでもロンドンでの生活は、この異邦人をノイローゼ状態にしたのだが。

漱石の文明を見る目は、諭吉と全く違う。一種の「漱石の原理」である。諭吉は文明の進歩に期待を持った、漱石にはそれはない。特に日本の開化は外発的なものである。それまでの、曲がりなりにも内発的であった文化から、外発的文化への乗り換えが起こったのだ。それを漱石は明確に捉えていた。それは何を意味するのか。彼は後に、それが自国の植民地化を意味することを知った。自己搾取である。自分を食い潰すことである。自分達自身を西欧文化の場において、日本という資源を植民地的に利用することを意味する。このことは敗戦後、更に強まる。アメリカへの追随を起こしやすい文化的状況が、現代において出来上がってしまったのだ。西欧文明への単なる傾動は、アメリカという国と共用されている。グローバル化ということを受け入れやすい土壌が、もともと日本には強い。日本のアメリカ一辺倒は、こういうことがあって引き起こされている。勿論ここに他方、反動の動きもある。だが定一が求めるのはそういうものではない。彼が求めるのは、オリジナルな日本の文化であり思想である。そしてそれを日本の固有なものとしてということより、人類の普遍的な概念として捉えるということである。その後彼が急激に進めた西洋近代哲学の理解は、ベルクソンからカントへと、それを具体化したのである。

こういうことを可能にしたのが、通算八年に及んだアメリカ生活だった。特に間に挟まれた一年半の日本帰国での生活は、彼に鋭い両文化の比較を生んでいた。そして再度のアメリカの生活は、この文明が自分の本質とは合わないことを確認させたのだ。そういうことを生活の場においてもっと具体化させたのが、退職後の時間であった。その時間には様々の意味があったことになる。その時間は、「世界を開くという行為」を求め、人間のもっと違った生き方、習慣・感情・本能を変えることを求めたのだ。そして定一を襲った、母そして妻の命の危機は、惰性的な生のあり方に更なる痛撃を加えていくのである。ということは、半生の自分の生き方が徹底的にそしてあらゆる面から見直されることを意味している。社会参画ということで、そして従来はタブーとされてきた政治性や活動の面で、そして幅広い読書に向かってと、彼を駆り立てたのである。彼は身内の最も大事な人間の死さえ乗り越えんとするのである。それはあらゆる重要な出来事であれ出合いであれ、意味することは、いかに自分がそれを受け入れ立ち向かって、自己の改革に役立てるかということにしかなかったということである。

故郷に戻っての三日目の朝である。暗い内から晴れているのが分かった。母のことが少しずつ見えてくる。それでこんなことを思うのだった。

『母のこと、かなり心痛する。だが、病気の正体は見えてきた。昨日は下痢を起こして元気を失った。病にも近因と遠因がある。しかし人は遠因に配慮をしない。そして薬に頼る、薬は必ず害を伴う。人に頼り、薬に頼るのは楽である。自ら考えて、自己を処方しながら生きるは難事である。しかし他に依存し過ぎる時、その先にあるのは痴呆の生である。妹は母をそこから奪還した。

人は何故痴呆になるのだろうか。これはなかなか難しい問題だ。痴呆の者は、若い時から痴呆なのかもしれない。ただ元気さがそれを隠して見せないだけだ。閉じた人生、ただ流されていくだけの人生である時、痴呆はそうなった時から有る。だが「真の自覚」は言葉で言えば簡単だが、実際にそうであることとなると至難なものになる。療養ということにもこういうことが適用されることのように見える。どこにも、何にも安易な生というものはない』

ここに彼の病についての出発的となった考え方がある。病を直すのも、それとして受け入れるのも自分でしかない。これを母の病が教えた。こういう風に、彼は自分の周りのあらゆる事象に革新性を持つ人間となっていったのだ。介護に対してもそうだった。母のことがそういう風に彼を変えていった。

その日は晴れを利用して、出来る限り家の周囲をきれいにすることに、心と体が動いた。石垣の上の方の葛を取り、道の草も刈った。昼の休みも殆ど取らなかったほどだ。だが彼のこうした日常生活の裏では、ひとつの奇妙なることが起こっていた。彼は今回、母の食事と用事の一切を面倒見るために帰ってきた。それは母によって受け入れられているとばかり思っていたのだが、全く違っていた。彼が何度言っても、母は下の弟の家に行き、飯の世話をし、自分もそれを食うのである。今までの、弟の家の奴隷的女中であることを止めないのである。定一が勉強している、まだ暗い朝のうちから下の家に降りて行き、朝の飯のチェックをする。

そこには母の生活の歴史があった。その歴史の中では、定一は何の役割も持たなかった。その歴史は彼自身によってしっかり認識されていなかった。だが母にとっては決定的なことだった。母の今までの生き甲斐は、全て弟の家に繋がれていたのである。いくら彼が母さんは病人だよと言っても聞かぬのを見て、これが妹の言う「糞婆」の意味なのかなと思うのだった。そこにはある本質が見える。因と果が支配する人生の姿である。因果世界を超えて、自分の世界を拓こうとする姿はどこにも見えない。彼はこういう母を、帰国以来ずっと見てきた。それは彼の、母に対する厳し過ぎる見方であったが、母の生活が変えられる種のものではなかったという点においては確かであった。しかしこういうことを別な面から見れば、アメリカ生活を早く切り上げたことで、そしてその後のもう六年にならんとする故郷の家との密着が、母や弟妹理解を進めていたとは言える。ここにも早い退職の意味はあったのである。

兄・弟・妹の三人は、それぞれが母親との違った関係を持っていた。弟は母と同じ因縁の世界で繋がり、妹は感情で繋がり、兄は冷静な観察者であった。しかし三人がそれぞれの役割を持っており、それを果たさんと努力していたということは事実である。

翌朝は雨だった。そしてこの雨は、肉体の活動を封じて、机での作業に一日を費やすために使われた。定一はこの種の雨を待望する人間である。雨が外のトタンを打っている。昨日母に感じたことが、より鮮明になって心に浮かんでくる。

『昨日思っていたようなことは、老いと病気に追い込まれた自我の本能が見せるものだろう。またそのような本能をもってしか生きてこなかったのだ。自我は剝き出されざるをえない。もはや世間体も、長男への配慮もない。それを見て、これが母かと思った、とても手に負えないと思った。しかしこれが人間というものであろう。こんなになって、念仏を要求するのは無理である』

母に対する厳しい眼を持ちながらも、それをもって自己を正当とは思わない自分がいた。そのことが正当でないのは知っているが、そういう風に見る自分の存在は仕方のないことだった。このようなことは、母のことに限らず、世の人間的・道徳的事象に対する彼の本質的姿勢なのだ、どんなに愛する人であっても。彼は自分をどちらか一方に固定しない、あちらがいいとか悪いとか、そして自分がいいとか悪いとか。

彼が朝読んだ「歎異抄」は、念仏と救済についての核心を述べていた。原文にはこうある。

念仏まをさんごとに、罪をほろぼさんと信ぜんは、すでにわれと罪を消して、往生せんとはげむにてこそ候ふなれ。もししからば、一生のあひだ思と思ふこと、みな生死のきづなにあらざることなければ、いのちつきんまで念仏退転せずして往生すべし。ただし業報かぎりあることなれば、いかなる不思議のことにもあひ、また病悩苦痛せめて、正念に住せずしてをはらんに、念仏まをすことかたし。そのあひだの罪をいかがして滅すべきや。罪消えざれば往生はかなふべからず。

定一がこの文から得るのは、「人は正念に住せずして終わるから、最後の時念仏するのはむずかしい」であった。そして、自分達の日常の身・口・意の三業が間違いだらけ、言ってみれば、わがよかことばかりで成り立っていることの認識であった。最後まで正念をもって死ぬことが出来ない、そして念仏も出ない。しかしこの事実は、他面仏により知りぬかれたことだった。そうだからこそ、仏は本願としてあらかじめ願われたことである。救済は決定しているのである。ここから、滅罪の念仏ではなく、報恩の念仏ということが言われている。定一はそういうことが真実であると思う時、母を念仏の出ない人だと思う気持ちが遠退いて、今暫くは辛抱したいと思うのだった。杜鵑がさかんに鳴いている。五時である。こんな句が出てきた。

杜鵑　教えて泣くか　母ごころ

定一は少しばかり、看病の本質が見えた気がした。

その日、朝の自分だけの時間が終わって、妻に一通の手紙を書いた。そこには「天下一品の女房」と書かれた。誰もが皆、天下一品なのである。それが忘れられている。「無量寿経」には、「この世に、一＋一は二はない、仮にそうしたに過ぎない」とある。同じものは二つとないのだから、そういうことになる。暁烏はここに宗教を普遍性として捉えて、「自分の宗教」にこだわることを厳しく否定している。仏教の、こういう他宗を否定しない点を、定一は非常に良いこととかねてより高く評価している。書き上げた手紙を、下のバス停にあるポストまで出しに行った。帰りに雨はどうどう降りとなった。四時間の机での作業、朝食の用意と食事そして片付け、妻への手紙と一連の作業は終わった。雨は彼を封じ込めて、外での作業を許さない。

この日の、雨への期待は満たされたであろうか。彼は、暗い内に読んでいた『文明論之概略』を読み続けた。智徳について論じられた部分である。諭吉はこの章に多くを割《さ》いている。文明の進歩ということを、徳と善の実践の面から見ることは必要なことである。諭吉はそのことに十分気が付いていた。だがそうでありながら、文明の功利性に、それが圧倒的力を持つが故に身を譲るのである。だからそこに、東洋的道徳に育てられた人間の、西洋の文明を受け入れることへの、意識されざる弁明が見える。もしも自国の植民地化が物質面で起こったとするなら、同時に精神の面でもそれが起こるというのは事実であるから。日本人は今もこの侵蝕を受けている。彼がアメリカを去る時の感慨、『日本人でしかありようがない』は、彼の中で自然に生まれていたものであった。始めに言葉となった思想があったわけではなく、生涯の歴史が生んだものだった。彼の戦いはここから始まった。彼のこの立場が、諭吉に対する強い違和感を持つのは必然だった。そして後になり更に経験を深めていく時、西洋の思想も、この徳とか善の実践ということにはもっと価値を置いていたと知るのだった。ソクラテスやプラトンを読み、ベルクソンやカントを知る時、彼は霊性において日本人と西洋人の違いを見ないのである。この雨の日の読書は、具体的にはどんなことだったろうか。

諭吉はまず、「知徳の弁」の冒頭で「文明の進歩は世人一般の智徳の発生に関するものなり」と言っている。しかしこれは諭吉にあって原理的なものではない。容易に有用性とか功利性、すなわち目先主義の当面有効と思われる考え方が優先されてしまう。彼はまず徳義の重要であることを、以下の言葉で述べる。

「そもそも徳義を人に授かるに就いては有形の方術なく、忠告の及ぶ所は僅かに親族朋友の間のみなりといえども、その風化の達する領分は甚だ広し」

定一にとっては、この冒頭の言葉は、学校体験の全てが教えたことだった。先生で徳義に関わって教え得たのは、一人の女性の先生だけであったという事実である。

定一は伯夷の風を知らない。それに対して諭吉は、この兄伯夷と弟の叔斉が、臣である武王が君である紂王を討つのを諫めたが聞き入れられず、結局紂王を殺してしまって周が天下を統一した時、兄弟二人は首陽山に隠れ、わらびを食って餓死したという古事をよく知っていたのだ。明治の維新をやった人々が、基本的にそういう教養を持っていたということは、肝に銘じて置かなくてはならない。諭吉はそこまで言って置きながら、数行先では論旨を変える。

「これまた人間の一科業にて、文明を助るの功能、固より洪大なるが故に、世に教化師の類ありて、徳義の事を勧るは、誠に願うべきことなれども、ただ徳義の一方を以て世界中を籠絡せんとし、あるいは甚しきに至りては、徳教中の一派を主張して他の教派を排し、一派を以て世の徳教を押領して、兼てまた智恵の領分をも犯し、あたかも人間の務は徳教の一事に止りて、徳教の事はまたその内の一派に限るものの如くし、人の思想を束縛して自由を得せしめず、かえって人を無為無智に陥れて実の文明を害するが如きは、余輩の最も悦ばざる所なり。（後略）」

前者の言と後者の言が、同一人物から吐かれていることは、定一にとり驚かずにはいられない。諭吉は言葉を深い意味からではなく、時代の漢語の知識で操る。哲学することで深められた言葉ではない。このことがあって、定一はこの章の多くの諭吉の表現に違和感を憶えて苛立った。そうではあるが、そこにある根本的な違いは何であったろうか。

定一にとっては、徳義とは道徳的なものであり、人間の持つ第一義的なものだった。すなわち、人格に直結するもの、後に読破したカントの思想の要点、理性そのものだった。この道徳の法則こそ、彼の苦しい人生にあって、耐えて結婚を、妻子を養う生活を、そしてそれで終わらない、老いと死を迎えなくてはならぬ家族への実践行為を、責務として強制するものだった。先の諭吉の文にある自由とは全く違って、責務に従うということに、カントも言った自由の本義があった。何故なら、道徳的であることを超える自由など存在しえないからである。従ってこの意味で自由であるところには、いつも最大の喜びがあるのである。

諭吉の言に言葉の言い換えがあるのを、定一は気付いている。

「徳義の事は形を以て教ゆべからず。これを学びて得ると得ざるとは、学ぶ人の心の工夫にありて存せり」

教えられないから、自分で学ぶしかないのである。そこに「世界を開くという行為」の必然性があった。それは道徳法則が自己に要請する実践であった。しかしそれは同時に、自己にとり固定しえるものではなく、変容と変貌を重ねるものだった。そこに時間の、一日の意味が存在するのである。それでいて人格は変わらないということに、この原理の秘密、解けないものがある。思想は言葉では解けない、しかし解く努力を重ねる。それが人生である。彼にとり、そういう人生は守られねばならなかった。

徳義は固定しえない、だから自己の「誠」をもって第一ともなしえない。歴史はその事実を幾度も教えた。言葉の「誠」は良いのだが、それが普遍的なものであるかどうかは、全く別の問題である。言葉の「誠」に埋没することは許されていない。そこに人生の厳しさがある。己の誠があるとするなら、それは生の瞬間、瞬間にあって、反省を変容を迫られているのである。結局定一が自己の歴史に求めるのは、誤謬からの解放である。六年前に襲った慙愧が教えたことである。しかしそのためには庞大な努力が、行為にも思惟にも要請されている。

定一はこの徳ということを理解するのに、『無量寿経講話』で暁烏が言っている「徳は骨折り」そして「骨折らん人には徳はない」という言葉が、最もぴったりとしたものであるのを感じる。徳が始めにあるのではなく、成就されていくものが徳であるということである。暁烏はだから、「因位の行願に徹してゆくことだ」と言ったのだ。これは菩薩の行なのである。ここにも徳が固定しえないことが示されている。

定一は何故、「世界を開くという行為」概念にいきついたのか。つきるところは、いかにして誤謬の生を免れるかということと、同一の意味を有していた。その両者の起源はやはり、死んでしまいたかったほどの慙愧に発していたのである。

人間というものは、容易に言葉に溺れる。そこにメディアの存在理由がある。

ソフィストはギリシャ古代に起源を持つが、今も世界は彼等に支配されている。だが本当に自分が生きていくには、そういう情報的なこととか他人の言論では処理しえない。個人が生きるということは、そういうこととは全く別の所に立っている。定一は今、親孝行について考える。

『西洋にあってはこの教えは弱い。しかしこの言葉の持つ真実は揺るぎ無く有る。実行は難しいが、人はこれと無縁ではいられないものがある。翻って考えれば、これは人間性を教えられる機会なのである。自然が与えた機会である』

これは今、彼にとり現実問題としてあった。それも切迫して起こった。

彼は母に、弟の家の食事のことは一切構ってはならぬと、何度も言ってきた。その日の昼食の時間だった。母は下の家から戻ってこなかった。彼は我慢が出来なくなっていた。それで下まで降りて行って、台所にいる母を連れて帰ろうと、後から抱いて持ち上げた。母はその瞬間、手術した尻穴に激痛が走り悲鳴をあげ、同時にくずおれた。定一は、はっとなった。こうやって看病がしきれなくて、悲劇が起こるのだなと思った。母に食事を作るようになって、まだわずかに四日しか立っていなかった。

この出来事は、一日が過ぎた時見直されないではいない。そのためにも朝の時間が、彼の場合はあった。まずそれは直接的にではなく、「無量寿経」の言葉の中で反響するのだった。

『道を求むる者は必ず苦しいなかを生きていかなくてはならぬと、今朝は教えられた。かくして、「わが行は精進して忍んで終に悔いじ」と人生を終わる。安きに流れるのは仏道ではないのである』

自分と母の間に起こったようなことが、妹にも何度も起こったのだと彼は知った。妹からは昨夜、病気であると連絡があった。母はこれだけ元気になったのだから、元の生活に戻してやってもいいのではないかと思う。だが、病の原因となった便秘を強い下剤なしで凌げるところまで持っていかないと、半年ぐらいで再発するのではないかと思うとそれが出来ない。そうなって苦しむのは妹であった。妹は今からそれを苦にしていた。しかしこの母にはそういう一切のことが理解されていない。これなら十年ぐらいは生きれそうだと、能天気に言う。こちらもそれを喜んで乗ってしまえば、それですむ。しかしそれが出来ないところに自分の苦しみがあった。それだからこそ、朝の法蔵菩薩の言葉に力が感じられた。苦しみを受け入れ、越えることなくして何事も達せられないという思いがある。法蔵の言葉には確たる人生の事実がある。

「たとひ身を諸の苦毒の中におくとも我が行は精進をして終に悔いじ」

まことに人生の業はここにしかなかった。母のことは、自分の行の精進のためにあるのだと知った。少しでも安きにつくなら行は崩れる。仏教はそのことを教える。

「本当の自分の世界を求めるには、血の涙を呑まずして得られないのであります」と、暁烏が説くものなのである。この苦の思想は人生における正当なものとして、定一には捉えられる。この思いは人生で繰り返して直面せられる。このような時間があったればこそ、やがて直面する妻の死の病との遭遇にあって、彼を耐えさせ、明るい前進への気概と妻へのサポートを揺るがされることがなかったのである。まことにこの今における母とのことは、何かを成就するものであったのだ。仏の精進して悔いじということは、その精進すること自体が目的であったのである。

いかなる日々にあっても、朝の他に煩わされることのない、静かな時間があったことは特筆されるべきことである。それによって、彼は自己に帰ることが出来た。彼は今、それを「禅定」として捉える。この時間なくしては自己が保てない、それは流されることを意味する。またそこには本能的な恐れがある。そうであればこそ、早く起きることは、いつも余儀のないことであった。だが、日中の困難が忙しさがそれによって減るということはなかった。それでも、起こってくることに間違いのない対処をする力が、日々より強く与えられていたとは言えるであろう。そこにはより自分らしい行為の実現があった。それは次第により自覚的なものとなり、断固としたものになっていった。そこには理性と実践の関係があった。カントの読書以前に、彼の経験は既にそこまで進んでいたのである。

その朝は、夜来の雨が上がり、山には霧が昇り始めていた。やがて晴れることが明らかだった。彼は朝の机での時間の内に冷静さを取り戻してはいたが、母のことはそう簡単に諦めの付くことではなかった。それで母に確認させるために、一枚の紙に書いたものを渡した。それにはこう書かれている。

食事の決まり（今日より六月五日まで）

朝食　七時三十分より

昼食　十二時より

夜食　五時三十分より

注意すること

①御飯は茶碗軽く一杯

②野菜を中心とする

（肉と魚は少なく）

③食後は必ず薬を飲む

④便の出方に注意する

⑤下の食事については、一切手を出さない。自分の体の療養を第一とする

だがこれを読んで聞かせ、母の室にピンで止めた三十分後には、彼女は下の台所に立っていた。怒りを抑え切れない自分がいた、しかし昨日のことがあったので、母に手が触れるということはなかった。そして、この生活は無理なりと知ったのだ。

後に考えてみるなら、このことは始めから知れたことであったのかもしれない。少なくとも、母には始めからそうだったのだ。彼女は長男のことなど相手にはしていなかったのである。定一はただここを去る決心をした。今やそれはやむをえないことであった。彼は母に、「もういいよ、今まで通り下で食事を作って食べなさい」と言った。彼女は当たり前のようにそうした。その昼、彼が用意した食事には手を付けようともしなかった。そこには彼が作る食事の質自体の問題があったのかもしれない。それが母の食習慣に合わないものであったということである。彼女の食事は肉中心だった。農協から配達される食材のメニューは肉中心のものだった。またその味付けは、自分勝手にやってきたようだった。このことは、本来が畑の作物を中心とした、定一の食生活とは全く合わないことだった。彼の眼からすると、戦後のここでの生活が肉などは一年に何度しか食べないものであったことと比較して、今のここの食事は全く異常であった。しかし今の母にあっては、毎食肉を食べるのは当たり前であり、昔のことは思い出されることもなかったのであろう。彼女のこの姿は現代の日本人に、共通した姿であるように見える。ここには昭和人の典型が見える。昭和の生活に対する反省のいろが見えないのである。母のやっていることが当たり前であり、定一のそれは異常であることになる。彼はそういう生活においては、誰とも折り合おうとはしない。その行為の出所は、彼の理性にあり、従って道徳的なものだからである。彼は、人々が当然なものとして今見ている景に、強い嫌悪を持つ。往還道に車ばかりが走る風景はその典型である。彼にとっては許すことが出来ない。彼はいつもそんな風にある。妻の故郷の早津江川の河口で、今も往き来する海苔船に、義父や義弟の労働の霊を見たように、彼はこの街道の風景にも古人の霊を求めているのだ。彼は何かを認識しようとしているのだ。そこに、一生が持つ厖大な記憶の意味がある。それは全過去を今の一瞬に再生することである。それは感傷ではなく、今も自分を支えているエネルギーに繋がるものである。人は実のところは、そういうものに支えられて生きているのである。彼はそういう風に、自己を見出し自己を表現することで、日々を生きようとする者だった。そこに彼の行為の断固性がある。それが自治会の仕事を一緒にやった人々が、ヤクザだと言ったことの中身である。だがそれも、後には「あの人は自治会の改革をやったのね」と評価されもした。そして実のところは、彼が伝統主義者でありながら、その強い理性的精神故に、何事に対しても改革的・革新的であることに本質があったのである。しかしそれは常に隠されたものだった。だが人生の折折に噴出せずにはすまなかった。ある人が「反権力者」と評したことには、その本質の的確な推理がある。

彼の流儀は全く母とは合わないことであった。母は「流されていかんばやろうもん」ということを、基本の流儀として生きてきた人であったから。この日の出来事において、彼の中に決定的な心の転換が起こっていた。母の看病ということについて、自分には出来ないことが認識され、それを捨てることが決断されていた。

その日の午後、彼は再び漱石を読んだ。漱石が言う、職業が生む片端者論は、職業というものをどう見るかという、人間の基本命題に関わらざるをえない。片端論は職業の本質には触れてはいない。だが今の定一が、その片端者からの脱出に忙しいとは言える。それでも彼の関心は片端者にはない。職業の根本には信仰が関わっている。もしそれを論ずるなら、マックス・ヴェーバーが「プロテスタンティズムの倫理と資本主義の精神」でやったような、壮大な論理的追究が必要である。しかしそのような事業は、普通の人間が一生を費やして示すものでもある。一生の中に、職業論が書かれているのである。

漱石を読みながら、彼はいま一つの奇妙なことを感じていた。

『今、自分が物質的に余裕があるのは、人生に於いて、物質的に人のためにやった分量が多かったからだと知る。自分のためにだけやった、それが精神的なことだけなら、何らの物質的な恩恵を自分にもたらさないのは当たり前だ』
彼は人間が生きることに持つ、物質性と精神性の必然的である相関性の概念に触れている。何故それが漱石の読書から生まれたのだろうか。漱石の持つ思想に、そういうことが含まれているのだろうか。定一はその解明にはほど遠いところにいる。ただこの時点で言えることは、労働という概念が人生に占める位置について、そして信仰との深い係わりについて強く自覚的になりつつあったということである。そしてこの問題は、一人の人間の一生を規定し、ということは文明の質を決めている重要な原理だということである。宗教的な出発点と生活実践は深く関係している。M・ヴェーバーが追求したのはそういうことである。定一は物・肉体と精神的な純粋観念との関係について、経験を得つつあるように見える。現実の上に懸命に働きながら、自分を動かしている眼には見ることの出来ない、高等な観念の存在である。それはソクラテスが持ち、プラトンが表現したイデアの存在である。今定一が考えたようなことは、イデアとして明確にすれば、「労働の持つ霊性」ということになる。その背後にあるのは道徳性である。それは彼の工場における全生活を支えたものである。精神的でありながら、物体的・肉体的でもあるものが、実存する。この見えざる労働の観念があって初めて、多くの豊かなものが生まれてきた。この労働観こそ、社長面接で二度まで対立させた、彼の霊的哲学であったのだ。先に「漱石の原理」と呼んだものも、イデア的であり、近代のカントの理性原理に近い。そこには漱石が道徳的であったのが見える、そしてそれが現代にあっても普遍性を持つ理由であろう。
こうして大事な一日が過ぎていった。彼の中に、ここを去る決心が生まれていた。この数日の体験は、しきりに彼に何かを語っているようだった。それは翌朝かなりはっきりした形を取った。
『宗教を寺にまかせるのが悪い、体を病院にまかせるのが悪い。自分の肉体も、そして精神までもが、自分のものとして掌握されていない。自分が無いということに通じるものだ。そうやっておいて、どう生きどう死ぬというのか。司馬を読むことは日本人への絶望を深まらせ、母の姿はそれをまた加速する。「自家の本分」

を追求せず、ひたすら世間と家族に依存した母に、自分というものはない。

仏の本題が自分の中に浸透していくということは、仏になるということである。母への私の不快は単なる世間的出来事である。だからそれに拘泥するのは出来る限り止めよう。法蔵菩薩が現世を生きた姿勢を忘れてはならない。努力はどこまでもするが、所有の法は離れるということである。宗教の寛容性がここにある。母に対してこう言った、こう思ったもない。逆に母がこう言った、こうしたもない。といってこういうつまらない自分が、悪人故に助かると思ったら逆の列車に乗ることになる。こういうことは全て世間的なことで、広い大道ではない。仏に遠ざかることになる』

「無量寿経」の読書は重要な所に入っている。法蔵の言葉「たとひ身を諸の苦毒の中におくとも我が行は精進して忍んで悔いじ」に出合って、彼はこれが人間の最後の姿だと思ったのだが、実はこれは始めの出発の言葉であった。これが明らかになるのは、僅かに三、四日後のことである。こういう読書にあったことが、母と自分の間の出来事を、少なくとも精神的に重要視させなかった。そして現実は彼が決定したこと以上の方法はなかった。この「法蔵菩薩の物語」は、母の問題を大きく超えて、彼の人生を変えた。彼はこの読書の印象を老人会で話した。それは二ヶ月後のことである。その間、数度読み返された。この行為は重要である。人はある本に重要で決定的な何ものかを、それは多くの場合概念的なものであるが、それを改めて再確認し、自分に持つ意味を明確にするというようなことをなかなかやらない。しかしこの場合彼は、人に話すということでそれをやった。それによって「物語」は不動のものとなり、彼の中に残ったのである。法蔵のように生きれたら、自分の願いをはっきり知ってその実現のために日々を生きることが出来たなら、暫くもぼんやりとしてはいられないだろうということである。だが更に重要なことが示されている。仏の本願の出生のゆえんが明確に示されていることだ。ここには論理性と形而上学的なものとの両方がある。またそれ故に人間を強く引き付ける。問題は、人間の死という、生が持たなくてはならぬ、生と同時に生まれた死という不条理を超えることになある。凡夫の苦しみは全てが死に関わっている。それは生の持たなくてはならぬ、矛盾である。生きている命は、生を欲する熱烈な願いのうちにある。だがそうやって単純に生を求めるならば、「死の海」を泳ぐことになる。それは救いのない生である。仏が願ったようなことは、始めから求められていない。仏とは無縁な人達である。

「死の海」を泳ぐことを欲しないというのは、衆生の本音である。誰だって安らかに死にたい。人は死によって終わらない人生を願う、そこに仏の救済がある。ここに、法蔵菩薩の物語の本質的な存在理由がある。この物語は、論理的であり、形而上学的でもある。信仰理念でありながら、現実的実存性を持つ、それが定一を強く引きつける、そして現実を生きていく武器となる。

彼のこの朝の時間には、単純ではないものがあった。母の元を去るという決断に伴わざるをえないものがある。その決心は、彼が従来ずっと抱いてきた考え、最後は母をこの家で面倒見る、ということに反するものだった。それもわずかに五日の体験で破られたのである。彼がアメリカから帰国後、毎年帰省して年の内二、三ヶ月をここで生活したのは、最後は母をこの家で面倒みて、施設には送るまいという考えがあったからだ。それが簡単に反故にされた。無理をしても良い結果は出そうになかった。母の人生と、自分の人生には違いがありすぎた。あの、彼が二十の時の諍いはそれを明確にしたし、その事件で母の気持ちは離れてしまったのだ。親子の間には歴史が生んだ結果があり、それは変えることが出来ないものだった。父が死ぬ前に言った「俺はおまえに似てたない」は、あの諍いに係わることであろうと、彼は今は思うのである。母にはそういうことは起こらなかった。父の死後、人生の伴侶は弟に託されてきたというのが彼女の歴史であった。定一は子供の責務としての母の世話を考えてきたのだが、それは観念的に過ぎたということになる。母の行と自分の行が違うのなら、自分は自分の行に終生を生きるばかりであった。そこに錯綜とした思いがあったのだ。

『杜鵑よ何を歌うか。本心を語れと歌うのか。人は皆、目下のことで我を忘れている。自分を忘れて何かに自分を預けている。日本人に対する絶望が私の中で大きくなる』

彼はその日、佐賀の「本願寺」へ定例の説教を聞きに行った。母とのことがこういう形で結着したからには、家にじっとしている理由もなかった。そして佐賀の駅に降りた後、ついでに神奈川までの帰りの列車の切符も買った。このことから見ても、現実の彼の心は切り替わっていた。そしてその帰路は直線ではなく、彼の大学の街、宇部に寄り、更には津和野に泊まり、江津に出て三江線で三好まで行き、それから広島に出るというものだった。広島までは全部普通列車を使い、あとは新幹線を使うのである。切符の使用開始は五月二十九日とした。但し二、三日使用が遅れても、有効期間が長いから支障はない。フライトの切符とは大いに違う点である。

朝の早い時間の中で、こういうことはすっかり決断されていたように見える。彼の朝の時間は、読書や書くことに外見上の目的があっても、他方ではこのような重要な問題があった場合はそれが無意識に考えられている、ということである。それも四時間くらいがあるのだから、せかされるというようなこともない。彼がその時間を「禅定」として捉えるのは自然なことだ。自然に起こってくる反省の時間だった。現実生活の問題が、精神的問題であることが見える。両者は決して別々にあるというものではない。そこに生の秘密が隠されている。彼は知らざる内に、信仰と生活の関係を追求している、そこに生に繋がれる最大のテーマがある。そのように、信仰を生活の中心に据えるということが、戦後の現代を典型的に生きた人間である彼に起こっていたのである。その信仰とは一言にして言えば「来世思想」であった。結局これが、彼の現実に起こってくる様々の困難に立ち向かわせる力を生んでいくことになるのである。

彼がこの日の朝に、自己の倫理性を考えていたのは間違いがあるまい。彼の行為は、後に遭遇することになる妻の命の危機の事例にあっては、全く別の形になる。現実は、それをどう思ったにしても無視しえないものである。彼に母の介護の力はなかったし、それを母が受け入れる条件もなかった。もしそれを、彼が自分の倫理性にこだわって強行したなら、両者はそれぞれに悲劇を受け取ることになったであろうから。定一は母を介護の施設に預《あず》けることを、既にこの朝から考え始めていたのだ。このような決断と行為の早さには、彼特有なものがある。生活に霊性を見ながらも、生活を論理的に運ばせる力が強いのである。彼にあっては、形而上学的でない人生はつまらなく、論理的でない生活はありえない。そこにあるのは理性的な強い力であるのかもしれない。そしてそこに彼のもう一つの秘密、あらゆることに対する革新性ということが隠されているのである。

佐賀の本願寺は県庁と並んで、堀の近くにある。もともとは個人の家であり、寄贈されたものである。従って寺の構造を持つものではない。ここで、六の付く日は決まって僧が来て説教をやる。僧は県のいたる所の寺から来る。定一はここに来だしてまだ一年にもならない。形というのも、この場合説教を聞くということだが、大事なものだ。日暮らしの生活はいつのまにか人を仏から遠くさせるからだ。その点で、朝・夕に仏壇の前で手を合わせることは大事である。ここでの説教は、一年中いつもやっているのがいい。

定一は説教聞きには必ず小さな手帳を持っていく。これは寺の僧が勧めることではない。僧は、自然に聞いて、心が受け取るものを受け取れというのであろう。だが定一は、どんなに大事だと感じて聞いたことも、すぐに忘れてその片鱗も残らないという自分の事実に、我慢がならないのである。まるで、精神盲や言語聾の患者である。そんな風に、精神的な観念や概念についての記憶力は弱い、従って想起する力も弱い。これは、かつて釈尊の説教を聞くだけで記憶したインドの僧達とは、全く反対の姿である。ここには、現代人が全く精神的ではあらざる存在に変わってしまったというのがあるかもしれない。そんな彼にとり、メモを残すのは必然的なことだ。だがこの日の手帳に、僧の言葉は殆ど記されていない。ただ「往生」と書かれて、「肉体の死ということの意味はどこにあるのか」とあるだけだ。その後に、「生・死貫通の次元……これが宗教（西谷啓次）」と書かれている。西谷の言葉が「往生」に向かって矢印の線が引かれている。これは、宗教が生と死を一体化して貫き、従って浄土が現実にもあることを示唆するものである。死を念頭にして生きない者には、浄土も遠い。生も死も運命であるならば、それを全部受け入れて「運命の人」として生きよということが、メモには暗示されている。

生死を貫通したものと理解する西谷の思想は深い。定一は今それを感じている、深いところは言葉にはならないが。そこにあるのは「終末の思想」であり「来世思想」であり、それを自己の運命として受け取りきった人間の持つ、すさまじい可能性の力である。結局定一の道が、自分の力ではどうにもならぬような厳しい運命の定めに置かれた時、そういうことは現実となってくるのである。キリストの一生は、歴史において示されたその典型なのである。

その他に書かれたのは、全部母のことだ。

「母を施設に送ることは許されるか、母はそれを喜ぶか、母の為になるのか」

そして最後にこう締め括ったのである。

「私の命、母よりいただいた命、母を疎かにしてよかろうか。例えどうあろうと、私は母を悲しませたくない」

結局は、これが母の事についての結論であった。そしてそれが期せずして次の風景を生んだものだ。説教は終わった。聞いていた間の思いは、こういう形で噴出せざるを得なかったのである。

一人の白髪の男が、一人の同年輩の女性の前に座っている。男は定一である。女は檀那寺の老坊守である。定一の中から込み上げてくる言葉があった。

「母が呆けてしまった、呆けてしまって悲しか」

旧知の老坊守にはなぐさめる言葉もなかった。この風景には深い因縁のようなものが見える。老坊守は、三年前に重い癌を煩って、手術、抗癌剤治療と、苦渋の日々を闘って頭髪も失ったが、今は元気を取り戻していた。定一はこの時、一年後、妻が同じような運命と出遭うことになるとは、神ならぬ身、知る由もない。母への思いが、今まで人には言えずくぐもっていたのが、退役以来何かと縁のあった、そして母をよく知る人であった老坊守にあって、とめどなく溢れたのである。男は涙を流し、ハンカチを押し当て、他人の眼を気にすることもなかった。

母の現実問題と、僧が話した「往生」とか「生・死一体の生」というような形而上学的概念が、彼の中では一緒になって考えられていたのだ。こうして終わった日の翌朝に、こう思うのだった。

『この世での救い、あの世での救い、この二つの救いに合ったということには、無限の安らぎがある。しかしこれはどちらへも極端にまで持っていってはならない。従って、平静の心得は「たとひ身は苦毒の中にありても、わが行は忍んで終に悔ひじ」でよい』

一人の人間の前に、母への思いのありったけを吐露しえて、人前を憚ることなく涙を流した男は幸せであった。その幸せはなかなか彼自身に認識されてはいない。しかしその風景自体が、まるでこの世を超えたものであるかのように実現していた。霊魂の思いと、現実がぴったりと合致して起こったものである。母を大事にしたい、その思いは誰かに打ち明けられずにはいられないものだった。

定一はこの日、朝から村の中心部の集落にある、と言ってもそこからかなり登った峠にあるのだが、老人のための施設を訪ねる計画を立てていた。夕方には妹が来る予定である。朝の自分の時間が終わってから、妻に手紙を書いた。昨日の涙にむせんでいる白髪の男を描き、法蔵菩薩の物語から、暁烏の師匠であった清沢満之のことを書いたのだ。ここで定一は師匠の意味ということを書いている。この出所は、法蔵が世自在王仏に教えを乞うて、厳しい言葉を返されたという事実に係わることである。まず法蔵は仏にこう問うた。

願はくは仏、我が為に広く経法を宣べたまへ。我まさに修業して仏国を摂取し清浄に無量の妙土を荘厳すべし。我をして世に於て速かに正覚を感じて、もろもろの生死勤苦の本を抜かしめ給へ。

これに対する仏の返答は簡単である。

修業して仏土の荘厳を為すが如きは、汝自ら当《ま》さに知るべし。

暁烏も言う。「汝自当知」は実に偉い言葉だと。定一は度胆を抜かれた気分になった。これが真の教育である。ここから、法蔵の「五劫思惟の行」は始まった。師匠は、「大海の水でも願いがあってやるなら、升で汲み取り幾劫とも知れぬ間やり続けるなら、ついには汲み干して海底の珍しい宝を得ることが出来よう」と言ったのだ。暁烏は、自分の体験に、清沢を師匠として「汝自当知」を持っていたのである。しかしここでもう一つ大きな問題が隠されている。師匠に冷たく突き放されて、法蔵がやった「五劫思惟の行」の中身である。定一には長い間、心の中で引っ掛かるものがあった。それは体験なのか、思惟なのかということである。言葉の上では思惟でも、単なる思惟とも思えないのである。このことは、宗教とは体験なのか思惟なのか、ということに関わる重要事である。定一がこのことを理解し始めるのは、もっと時間が過ぎて、それは妻の命の問題があってからのことである。そして宗教が単なる体験ではなく、一つの思想によるものだということについては同意する。しかしその思想はやはり一つの霊的生活から生まれたものである気がする。考えてみれば、生活だから五劫と持つのだ。それでいて生まれた思想は形而上学であることが、特徴である。それは思惟の持つ時間の、物理的ではない無限性から生まれてくるものである。

こんなことを書いて、妻が理解しただろうか。だがそのようなことは彼にはいつも殆ど問着されない。ここには夫婦の間の重要な関係がある。手紙は、昨日の出来事の大要を表現して、妻に伝えたものである。もう手紙は三通出した。いずれも心の感興を、何も隠すことなく伝えるものだ。このことは結婚前から、彼が一貫してやってきたことだ。まだ見合いをして二ヶ月、結婚することは決まったものの、男からは何の便りも来ないので、女は手紙を出した。それを読んだ男は、ただずらずらと書かれたそれを、意味のないものだなと思った。そしてその気持ちをそのまま伝えて返書とした。しかしこのずらずら手紙は簡単に直るという種のものではなかった。彼は、もし自分にも良い点があるとするなら、いつでも自己をはっきり表明する点ではないかと思っている。だがそれは、男と女の場合で言うなら、夫婦の間にだけ成立するものであった。霊の交流というのは、夫婦の間にだけあるものなのかもしれない。定一は一度妹から「兄ちゃんの書いたものは、何度読んでも解らない」と言われて、その後妹との付き合いに疎外感を持つのを禁じえなかった。だが妻は、そういうことは全く言わない。よくは分からなくても、人格的なことは分かるのである。それを後に、妻の年配の、亭主を亡くした叔母は「肌を重ねた者だけに分かること」と表現したのだ。性の力に霊的なものがある。しかし悲しいかな、現代にあっては性の力さえ無力化されつつある、自己本位的な考え方によって。

定一は妻への手紙を書き終わってこう思った。それは前日の行為を結論するものだった。

『中々に仏ということを自分の手元に引き寄せることはむずかしい。説教の場がそれを私に実現していた。説教を聞きに行くのは大変いいことである』

彼はその日、歩いて施設を往復した。本家の叔母がその施設で暮らしていた時、二度ほど訪ねた所である。往復するだけで三時間はかかる。彼はそこで、かなり年配の主任の婦人と会い、一時間近く話した。どうも母の入る施設としては適していないように思われた。叔母の生活の様子も見ていたので、彼女の説明はよく分かった。今の母には、病気の面倒がしっかり見てやれる、組織と生活の形が必要だった。しかしこの訪問は、結果的にはステップアップの一歩となり、すばらしい人物との邂逅を生んだのである。介護とか福祉とか、そして医療でも、結局はどういう人物に出合うかということが成否に関わることではないのか。定一が自分自身による介護を諦めた時、同時に制度の利用に着手したのは当を得ていた。弟も妹も、まだそのことについては何も考えていなかったのだが。

夕方、兄弟三人は母の今後について話し合った。こうしてある方向性を得た。その日は夏の気配が濃厚な、とても暑い一日だった。施設から帰って、彼は家の北側の木々の剪定に汗を流した。彼の中に、母の今後についての、ある安心感が生まれていたのは事実である。しかし本質的には彼は旅人であり、母にとっては来たり去る人であった。それに比し、弟は生涯を共にする者であった。

読むこともまたそれが毎日一定のペースで続くならば、書くことと変わらない、ひとつの思考の流れを作る。翌朝のテーマは、法蔵菩薩が仏に言った「この義弘深にして、我が境界に非ず」をめぐるものであった。暁烏はこう言っている。

願ひといふものは、一面からいへば、境界を突破するものでなければならぬ、即ち境界を突破する所に願ひの世界が生まれて来るのであります。

定一は次のように思った。そこには真に心が願うようなことの実現が、他人に依存出来るような種のものではないという認識がある。

『仏教は自分の仏教を打ち立てるしかないように思える。そうでない仏教は、長い人生にあって、特に老年の危機に持たぬ。わが行に生きることはいいとしても、それを生む願いが分かっているかどうかは別問題である。その願いは、始めから境界を越えていくものなのである』

仏が法蔵比丘に諭し、法蔵がそれにより決意していどんだ「五劫思惟之摂受」の道は、まさに進化を示すものである。仏教のこの進化の思想に人々は注目をしない。ここに示されているのは、ベルクソンが言うような創造的進化の典型である。定一はここから限りない教訓を得る。そして実は、彼の時間認識に新たな視点を生んだものであった。ベルクソンは「真の持続」を現実的なものとして、時間に見たのだ。そこには時間の質の違いがある。

問題は「五劫の時間」にあった。彼が長い間疑問を持ってきたことだ。しかしこの頃になって、この時間が自分達の持っているような時間の種とは違うものであることが分かってきた。すなわち、夜が明けて陽が落ちてゆく一日とか、春が来て夏、秋、冬と過ぎていく一年とかにある時間とは違う種の時間だということである。この時間は思惟の時間である。そこには人間の世事が全く入り込まない。霊の時間と言っていい。魂が思索に熱中する時、時間は単位を失う。そこに無限性が伴う。彼がこういうことに自ら気が付く端緒となったのは、「風景を見る心」という体験である。そこでは時間は止まっていた。祖先の「労働」は聖なるままに、時間を超えて風景のなかにあった。今も生きていた。問題は生身の人間であっても、この時間の無限性を獲得出来る可能性にあった。それは古来、多くの思索家が望んだことだった。「時間よ止まれ」と幾ら叫んでも叶わない。その時間が止まる可能性を求めた努力。これが出来れば、一年をもって百年とすることに可能性があるのである。法蔵の「五劫思惟」の時間にはそういう意味があり、これがまた普通の人間であっても決意次第では、時間の質がそういうレベルに変わりうることを教えるものであった。だがこのようなことには、現実的な見通しなどというものは全くない。それこそ形而上学的なものに過ぎない。法蔵が示したのは例外である。そうではあるが、一人の平凡な人間の挑戦ということはあり続ける。それが霊的生活として求められた時間の質であったのだ。

定一はこの時期から、寺でもない宗派でもない、自分の仏教ということを考え始めた。彼が求めたのは宗教であっただろうか、それとも思想であっただろうか。宗教を生む思想であったように見える。そしてその思想の点で、自分の中に究明されない幾多の問題が残っていることが、本能的にではあるが知覚されていた。宗教にあってさえ、何か一つの固定されたものに依存するなら、突破されるべき境界が突破されえないことが予感されたのである。世俗の人が異端と名付けても、本人にはそれは問題とならない。そんなことを考えて、更にこう思った。

『本を読むことの基本は、人間理解にある。これがなくては、諭吉もよく理解して読めぬ。最近の仏教読書は、この点で大変に力付ける。

諭吉の思想を超えた、新しい文明理解に達しなくてはならない』

定一は予めからの思想的仮説を否定しているのだ。人間があって思想があるという基本理解がある。人間が思想を生むのなら、現実理解が進んで、思想もまた新たな発生をみるという原理が見える。彼の思想の進展には、自己の人間性そのものの深い進化が前提となっている。彼の退役時の感慨「会社は変わらなかったが、自分も変わらなかった」にあるものは、そういう自己の自立の意志に込められたものである。会社は、国家にも、イデオロギーにも適用されて、自己を依存出来るものではあり得ないということである。彼の中に、会社時代も会社以後も変わらない、自立の気概が持続されている。定一は既に諭吉関係の本を再三読み了えたようである。集中的に読み出して三ヶ月が過ぎている。

その日は朝から雨が降っていた。定一は佐賀の県民病院に、妻の叔母を見舞う予定である。朝の自分の作業は終わった。その間も母のことは考えられていた。それでこう思われるのだった。

『今、少なくとも私に求められていることは、母を卑しめないこと、軽んじないことの一点である。これが一昨日の説教の場での私の涙が意味することだ。そこには反省の意味があったのだ。それが今日の「無量寿経」の読書でも起こった。私と母の道がずっと異なるものであったのはよい。ただそれによって母をないがしろにしないということが、私の宗教の根本に於いて求められているのである。これはこれからも起こるであろうことを考えると、難しいことだがここにしか結論はあるまい』

定一は朝食の用意をし、食事が終わるとバスに乗った。神埼の駅で降りて鉄道を使う。神埼・佐賀間は僅かに二百二十円、信じられないような安さである。佐賀駅からは歩く。この病院は建て増し建て増しで造られてきたようで、整然としたところがない。定一は病院を尋ねる機会が増えていく。自分が年を取ることは、自分を含めての生活の環境が、病院との縁を深めていくのであろう。この病院の持つ、整合性のなさは後々にまで印象に残ったほどである。叔母は、何人もいる室に、押し込まれたようにしていた。彼女は思わぬことで転び、左手の指を骨折したのだ。多くの老人に、転倒として結果としての骨折という事故が起こる。それはしばしば致命的である。老いに重なったもう一つの不自由、人生の無情さの一つの事例である。そんな現実が情け容赦もなくやってくる。なんとも歯痒いことだ。叔母は心中に何度も、『はがいか!』と自分に対して言ったであろう。そんな叔母だったが、彼の見舞いを喜んだ。きっとその時、世界が変わったのだろう。定一はベッドに腰を下ろしてしばらく話した後、暇乞いをすると、彼女は室の外まで付いてきた。ナースステーションの前である。そこで二人は別れた。

「つまらん男ですが」

白髪の男は、そう言うと頭を下げた。叔母は笑いながら、手で払うようにして、『そんなばかな』という顔をして、別れを惜しんだ。考えてみるなら、そういう人間の関係が、叔母との間にこの数年のうちに生まれていた。人を助けるという観念が彼の中のどこかにある、しかしこの助ける、あるいは介護でもよいがそれは危うい考えだ。彼に妻の問題が起こってくる時、そういうものは全部吹っ飛ぶ。人とは、誰もが助け助けられる存在に過ぎない。この徹底した認識が、他人への行為の根底になくてはならない。この時代の彼にそれは不足していた。しかし、そうではあるが、こうした一貫した身の回りの老人達への配慮は、彼に行為を生まずにはおれなかった。彼の中に、少年の時出合った村人は生きており、そして実のところは彼の中心思想、人民主権的な考えを生み出していく根底的体験であったのである。

その日は叔母に会っただけで帰ってきた。まだ昼が少し過ぎただけの、早い午後であった。母がいたのでコーヒーを入れて、話をする。やさしく話すと母も心が安らいでいるのが分かる。そんなことがあったせいか、定一は午後の時間を机について、たっぷりと読書に当てることが出来た。そこには重要な問題が提起されている。彼はそれに十分な回答を与えているわけではないが、自分の本質的な考えははっきりしていた。

本は司馬遼太郎対話選集五『日本文明のかたち』である。対談の相手はドナルド・キーンである。定一の意識の中には、キーンという人物に対する何か鋭い興味がある。日本文化の理解ということで、普通の日本人にないものがあるのだろうか。ここで繰り返し議論されているのは「日本人のモラルの根底となっているものは何か」という司馬の問題提起である。それは定一自身が考える『自分は日本人でしかありようがない』と重なるテーマである。

思想の問題を追究していくとき、注意しなくてはならぬことがある。それはそこに常に、自己自身の問題と、社会的存在としての自己からみた社会の問題があるということである。定一自身はまず自己のありようを、自己の人生の生きる意味を問題とする人間である。そうなると自己の道徳性が宗教がどこまで行っても最大の問題である。しかし自己の社会的存在ということに目覚めていく時、この道徳的であることは政治的であらざるを得なくするし、更にはより広く深い探究と活動を余儀なくさせる。だがこの自己を出発点とするということはどこまで進んでも変わらない。そうすると実はこの自己は、日本的なものというより、ギリシャ的そして西欧的なものに近いのである。そしてこのことは既に幼年期において確立しているのである。彼の中に出世主義のようなものは全くなかったのである。

定一が関心を持ったのは、集約すれば、キーンの次の発言であった。ここには、彼の人生の歴史からくる反発が潜んでいた。

「ともかく明治時代に入ってから、昔の道徳を守ることはほとんど不可能になりました。明治時代の人たちは、どうしても偉くなりたかったもっと自分の身分をよくしようと思っていました。しかし儒者としてはそれはできないはずです。つまり、儒学には、商人が君子になるということはどこにもない。そういう考えはないんです。

きわめて西洋的な考え方、毎日朝早く起きて勤勉に働く人は偉くなるというような考えが明治時代の日本人にはありましたから、そうでない人、つまり『浮雲』の文三のように、自分は正直であって人をだますことはない、尊敬できない人に対してお世辞を言わないしそういう古い道を守る人は、もう明治時代には無用でした。文三のような人は、もう要らない社会になったのです（後略）」（『日本文明のかたち』文藝春秋発行）

キーンはこのあと、しかし日本人はみなこうだったとは言えないと付け加えている。それに対して司馬も同感している。

定一の中に文三が住んでいるのである。それは中国が伝えた「儒教」とは無縁であるように見える。定一は「会社生活で一度もお世辞を言わなかった」ことを、内心の誇りとしてきたものだった。アメリカのケンタッキーはレキシントンの日本料理店で、日本から来た社長に向かって「社長の仕事なんて面白いんですかね」と言って、彼を激怒させたのは、もう退役まで二年ばかりを残すばかりだったのだが。彼はいつも自分の仕事を社長の仕事より高く評価していたのだ。入社後四年立っての、全く自分には不利しか生まない、社長との争いの根底にあったものはやはりそれである。定一は少年期の労働、ただ働くことだけに意味を見出していたことの延長の上に、今を働く者であり、会社のためとか何か将来のためではなかった。自己の思いの上に立つ労働だった。それだけは最後まで譲れないものだった。だから、文三について言われていることはひどい話しだなと思った。自分もまた、社会に必要のない人間だと言われたわけだから。

『立身出世主義者ばかりがいて、自分の本分を守る人のいない社会がまだ続く。諭吉は「自分の本分を守る人」を求めながら、古い道徳を否定したのはどういうことか』

ここに定一の立場が、諭吉と違い、司馬やキーンの理解の奥にいるのがわかる。定一が求めているのは、道徳的、宗教的な生涯である。そこにして、生の意味を求めえなかった半生である。自分の本分を、ただの能力主義、利己主義で捉えている人達がたくさんいる。定一は自分を古い人とは思っていない。結局ここに、彼の『日本人でしかありようがない』の真意が見えているようだ。キーンが言う「西洋的な考え方、毎日朝早く起きて勤勉に働く人」と文三のような自己の道徳性に生きる人というのは一体のものなのだ。前者が必要な人であり、後者が不要な人というものではない。それは定一の四十年の会社での半生が証明するものである。定一の考えている日本人とは、少なくとも法然や親鸞を生んだ平安末期にまで遡らないと分からない。その日本人にあるものは、「来世思想」であり、他力の思想であり、念仏信仰だということである。そういうことがあって、自家の本分を守るということと、社会的存在としての社会への貢献がしっかりと両立したのである。

定一の『日本人でしかありようがない』と思う精神は、西欧の古代精神に、中世の精神に、近代精神に強く感応するものだった。それが、プラトンでありカルヴァンであり、ベルクソンやカントであった。人間であるならば、あるいは人間の基本精神は、時代と空間を超越しうるものである。それは霊の本質を言うものである。日本人の伝統ということが余りにも昭和と明治と江戸で捉えられ過ぎている。日本人を生んだのは、平安末から鎌倉の時代である。そしてそれは、人民の自己の価値の目覚めが仏教を通じて起こったということだ。このことは早期に権力者達によって閉じられてしまう。ただ大衆の中に、信仰の形で残り続けた。定一が引き揚げてきて出合った村々はそういう人達であった。彼はそれらの人々の血肉と霊を自己の中に明確に受け取っていたのだ。それが権力に対する、不屈性の源だった。そしてそれは今、人民主権の思想を自己の生活の中から、より明確なものにしようとする悪戦苦闘の時間を生んでいたのである。彼が求めるものは、宗教を生む思想であり、生活が生む思想であった。しかしそれは、社会と歴史の全体をカバーするものであり、従って政治的であることを避けるものではなかった。それは退職後六年立っての彼の大きな変化であった。彼の道徳法則がそれを要求する。彼が会社生活の中で維持し続けた、反権力的な不屈性は、元元が政治性を持つものである。定一が政治の実際の行動とか、そして政治思想により深い関心と勉強の必要性を感じるようになっていくのは、彼が生来持ち、育ててきた理性の力によるものであろう。そこには遺伝的な力もある。村の政治に祖父も祖父の兄も名が残っているし、父はその政治の渦中にあって、命を終わらなくてはならなかった。彼の中に道徳的・宗教的境涯をもって第一の人生の意味するものがありながら、そういう生き方の延長に立った、生活に基盤を置いた政治への思想的なものが生まれようとしていた。

定一が四年前に自己の慙愧の機縁にあって、『もう一つの世界』があるのではないかと考えたのは重要な意味があった。これは具体的にして簡易に言うなら『自己の世界』と『自己が持つ世界像』ということになる。彼の今にあっては、この二つの世界はそれぞれに切実なものである。カントが言ったように、この自己の中にある世界像は物自体ではなく、自分という意識が生んだ実体としての世界を受け取った自己の現象に過ぎない。しかし人が、自己とその受け取った世界の両者の間に生きる者であってみれば、この世界認識は重要な意味を持つ。彼のその時の慙愧は、この彼が受け取っていた世界の安易性と深く関係するものであったのである。その認識は、彼の一つの目覚めであった。彼は自己の世界像の認識に一段高い努力を要請されたのだ。

思想もまた『自己の世界』に過ぎないから、どんなに形而上学世界で恣意的であってもいいだろう。しかし『世界像』は現実世界の反映、像であるならば、どんな恣意性も認められない。だがそれによって、自己世界は世界像とバランスを取らされるのである。これが思想の現実性であった。どちらが重要ということはなく、どちらも重要なのである。定一の慙愧以後の生活はそれを生んだ。それは『世界を開く行為』として概念化されたものだ。『閉じた世界』から『開かれた世界』へである。彼に慙愧を生んだのは、世間生活に溺れた安易性にあったのだ。

母のこと、叔母のことといった現実に触れ、そしてそれに終わらず読書世界の中で、日本人のモラルの根源というようなことを考えた一日であった。そこには充実感が見える。しかしそれは進化を求めるものであった。この主題は一夜が立てば更なる進化を求める。

『諭吉は江戸の世の古い道徳・徳義を否定した。これは、文明の進化にそれらが役立たないと考えたからだ。しかし浮雲の文三のような人もいて、「自分に正直であって人をだまさない、他人に世辞を言わない」人がいたわけだから（文学的創造だとしても）、すなわちその徳義が人格となっていた人もいたわけだから、その徳義は否定が出来ないものなのだ。問題は、文明の世だから「こんな人は要らない」と捉えてしまうことにある。それこそ文明の持つ卑近性に溺れてしまうことだ。彼の思想は、いま一歩、二歩とその超克に耐えていない。法蔵菩薩のような願いが弱い。このようなことは時代が変わってもひとつも進歩しない。人間の根幹的なものは変わらない。かくて新しい時代はやってこない。新しい時代は自己によって自己を開くことからしか始まらない。

父の言葉「おれはお前に似ていた」が思い出される。日本人の中に流れているのは、「自分に正直に生きる」ということなのだ。日本人は自分の中に流れているこの血に気が付いていない』

ここには彼の中では既に明確化されている思想がある。文三が自分に課しているのは、道徳であり宗教であるということだ。大事なことは、道徳が宗教であることだ。それを守って、人生を生きる意味と価値が生まれる。そうであってみれば、どんな時代が来たとて変えることは出来ない。彼自身の中にある道徳法則が行為を反省的に生み、それによって自己を表現し、願いの実践に近付く。「行為を生むものは道徳法則である」という確信が気付かれていく。これを概念として明確に示したのがカントであるが、定一の中では現実として出来上がっていたものであろう。彼の思想の内向性は、幼児以来の本質であったのだから。理性的信念の強い人間だった。先の父の言葉が持つ謎はここに関わっていた。そしてこのことは、父も子も社会の中の少数者を意味していた。そういうものが政治的リーダーとなる時、多大な苦労を負うことになる。だがこのことは民主主義の根もとを形成する問題である。子はやっと父を理解し始めていた。

その日、二人のケアマネージャーが尋ねてきた。定一が施設に介護のことを聞きに行って三日目である。彼は、母に介護保険を使うことを行為化していた。これはその最初の日だった。こうして介護の勉強が始まっていた。兄と弟、そして母もいる仏間の座敷である。ケアマネジャーは男と女の組み合わせである。ここにも出合いがあった。男の年は幾つだろうか、三十は過ぎているようだ。彼は、今が介護を受け始めるにはいいチャンスですよと強調した。呆けてしまってからでは、遅いということである。この言葉は、定一に自分の行為への確信を強めていた。母を一人でこの暗い室に一日中置いておくことの愚かさが、共感されていた。しかし、施設に預けることの反面の危険は十分に理解されていなかった。人間の価値はやはり、自分のことは自分でやれる自立性にあるからである。自分のことを自分でやらなくなれば、社会的存在の意味は消える。しかし現実的には、老人が一人、家庭に放置されるということが、施設の必要性を生んでいるものであろう。

定一の中に一つの安堵感が生まれていた。母のことが、弟にも妹にも限界のところまできており、自分もまた不適格者であるならば、社会の力に頼るしかなかったからである。それが着手されたのであるから。彼は出立を明日にすることを、一人心の中に決めていた。自分の役割が終わったことが知られていたのである。こういう結果になったことについては、特別な感慨もまた反省もなかったようである。自然の結果でもあったように見える。だがこれは見極められなくてはならなかったので、一ヶ月くらいで戻ってこようと思うのだった。結果的にはこういうことは大変良かったようである。ここには彼の持つ、行為の現実性が見える。

出立の朝が来た。この朝の緊張感はいつものことだが鋭い。後に時間がないことの感覚が、彼を早く起こす。本を読みながら、こんなことを思う。

『人間には死ぬということはないのかもしれない。

「生死の苦海をわたり」とあって、死んでからということはどこにも書いていない。この死は、決して自分が自覚できることではないからだ。現実に、自分は死んだと言う人はいない。従って生死の苦海がどこまでもあるだけだ。だがこの苦海のはてに、報土があると思えるなら偉大な救いである。生・死の現実の構造に、浄土がよくマッチしていると思う』

こうやって二時に起き、四時が過ぎ、五時が過ぎていった。彼はこれはやはり、耐えに耐えて机に向かう行であるな、と思った。

先ほどまだ二時半だったが、母が起きてきて話をした。彼は、自分が作った「ニンニク卵黄」を食べること、便の記録をつけることを話した。彼は聞いている母に、仏を感じた。息子が帰るので、そのことでしんみりなっているのだろうと思った。彼の言うことを聞いて、ありがたいと言って涙を零した。これは演技ではあるまいと思った。だがこの生活を共にしない、母と子の間の感情の迫真性は薄い。そこには未だ母が死からは離れた所にいたということがあったのであろう。

この朝のひと通りの自分の作業が終わって、彼は今回の九日間という帰省の時間が持つ意味を考えた。やはりそれは親の介護、老人の介護ということにあった。彼はこの「介護」の意味する、本質的なことを考えるのだった。彼は一つの現実に触れた。日頃より関心の深い老人問題に対する理解が一歩前進させられていた。それは医療とも深く関係するものだった。言うなれば、介護も医療も、それが社会的に大勢を占めているような形では、彼という個人において受け入れられないということの、出発点をなすものである。

『老人がいよいよ老いにかかっていく時の医療について、多くを学ばされた気がする。医者の言う通りに、薬を飲んでいてはならないということだ。妹は、過去に老人達を看取った体験からそれを知っていた。肉体より頭である。両者がバランスを失しないように、家族が気を使わなくてはならぬ。このことは妹だけが早くから知っていた。介護そして医療の真の意味は、人々に理解されていない。制度としての介護と、家族の介護の両者が相俟《ま》ってこそ力を出すことができる。便や食事や薬の管理は家族の仕事だ。その他の体の処置は出来る人がやるのだ。言わばメンタルヘルスに関係してくることは家族でしかやれない。これは命の管理と言っていい。本人に呆けが始まるということは、これが自分で出来なくなるということだ。母の場合、かろうじてあるいは少し遅いが、私と妹がそれに気付いたのだ。ここに最大の成果があった』

母の命は、家族によってしか面倒が見られない。彼はこのことを制度の面から考えてみた。医者によって、あるいは家族以外の者によってだけ行われる医療とは何だろうか。その時、命は別の次元に、言葉を変えるなら霊的次元から離れてしまうように見える。「郭公の巣」の現象がそこに生まれる。命を守るのは、それをどう守っていくかは、本人の意志によることだということである。ここに家族が関わる意味がある。そういうことがしっかり捉えられていないなら、病院によりあるいは薬によって、肉体も心も訳の分からないものになっていくということが起こる。定一はそういうことに気付いたことに、今回の母訪問の最大の意味を見ていた。母の病と老いが、家族によって、より主体的に捉えられていた。だがこの問題は実に重大な社会的問題を含んでいる。定一は十年前に、まだ渡米して間もない頃であったが、自分の部下に雇った米国人から、不思議とも思える言葉を聞いた。彼は母親を生地の近くの病院に預かってもらっているが、惚けてしまってからは、訪ねることもなくなったと、平気で言ったことだ。定一は、これには呆れ果てて言葉もなかった。ところがこれも不思議なことだが、それから十年も立ってみると、日本でもこの現象は一般化しつつあったのだ。それは道路から人影が消えて、車の行列があるだけの現象と同じように、日本はアメリカの跡を追っているという事実である。

家族制度の崩壊とは、人間の命が、最後に第三者に預けられてしまうことを意味しているのである。これこそは、臓器移植論者の究極の目的であるものだろう。これは現代文明の流れにあっている。だがこの文明とは「失敗の文明」なのである。命は最後まで守られなくてはならない。そこに家族制度を守らなくてはならない、自然の原理がある。

青葉が一段と深みを増した故郷の家であった。定一は登山リュックを負って、朝一番のバスに乗るべく家を出た。いつものことであるが、故郷を出る時の彼の心には苦しいものがあった。今母が老い、病んでみれば思いが残るのは当然だった。だがそのように苦しい思いが心にわき上がるのは、単に生きている母の存在にあったのではなく、彼の霊の中に流れる祖先や、村人の霊の力によるものだった。何故ならば、彼等の生き方、死に方そのものが、実は今の彼の生を支えるものであったからである。これは自覚されなかった。しかしやがて妻の死ということから逃れがたくせめられる時、彼はそういう人々の霊の力によらなければ生きてはいけないことを知るのである。それは、仏教の滅度という概念が最もよく示すものであるかもしれない。そこには生者と死者の別はない。その形において生きるしか、死の不安は逃れられない。彼を幾度も故郷に呼ぶものは、古人のそういう霊であったのかもしれない。それは人間に、生き方と死に方を教えるものであった。死者をもこの今の自分の生に一体化するものである。

彼はそうやって九日間暮らした盆地を出た。だが今回の帰路の旅は、従来とは全く趣を異にしていた。どうして今、この時、大学の専門学部の三年間を下宿した宇部の家に寄ることを考えたのか、そしてまた津和野に行くことを考えたのか。そしてまたその後、江の川を走る鉄道を使うことを考えたのだろうか。それらはいずれも確たる答えを持たない。言えるのは彼が母のことを考えながらも、他方何らかのこうした日常性からの解放を考えていたということだろう。しかしそこには、古きもの、何か古き大きなことへの回帰ということも含まれていた。それは自分の青春ということだったろうか。それはまた、母に老いも死の影もない時代だったということだった。だがそれでもまだ、旅の目的は説明されてはいない。この旅は何度も繰り返されることになる。その主たる関心は江の川が生んだものである。それも始めは江の川が持つ自然の景観であったようだが、もっとその底にあるのは、人々への暮らしへの関心、それは自分の根っこに繋がるものへの関心、現状を打破するもっと人々の暮らしに繋がった生き方への模索を生んでいった行為の出発点をなしたものだ。そしてもう一つ、これも自覚されてはいなかったが、彼が多数者の中の一人ではない、少数者としての自己の道を選び、それを自己に強いる、現実の自分のありようをそういう形で自分に認める出発点ともなったものである。彼の半生は大局的に見るならば、多数者の側に付いたものではなかったろうか。反権力者と言われてもである。彼が多数者の側にあったればこそ、あの死にたいほどの慙愧もまた生まれてきたのではなかったのか。それは慣習に流された、惰性的な生活ではなかったろうか。彼の行為の背後には、見えざる壮大な目的が隠されていたのである。

山口へ向かう鉄道の旅は、青春の場に五十年が過ぎようとして戻るものだったが、彼の意識は今の時代のありように対して、それを見ることに強い注意が向いていた。神埼の駅から鳥栖へ、そして博多へ、それから小倉、下関へと電車の人となる。だが現実の旅はなかなかすんなりと行かない。

彼は昔と同じ線路を走っていても、昔のままで走っているわけではなかった。どうしても時代が変えたものに出合わざるを得ないということである。それが彼の中に怒りを生む。昔は直通で行けた電車が、何度も乗り換えをしなければならなくなった。昔の電車は各駅に止まりながら、他の電車を待つこともなく一気に鳥栖から宇部まで走り抜いた。だから人々は無用な選択をすることもなく、それは皆が平等でもあることを意味した。博多、小倉、門司、下関と、新幹線のせいか国鉄が分断されたためか、従来線の列車はこういう不便なものにされた。特急が出来て、電車はまた遅くなってしまった。時代は先端的技術の分野をもって人々に便利を与えたが、従来的技術の分野は切り捨てられていったのである。長い旅には新幹線や飛行機を使うものとして、システムが組まれてしまっている。だが金のない人もいる、急ぐ旅の嫌いな人もいる、雑踏を避ける人もいる。こうした言わば自然に近い旅をする者には、不都合の多い時代がやってきたのだ。それが痛いほど感じられるのだった。

アメリカでの生活が始まって以来、彼の生活はフライトと車による生活に切り替わった。電車もバスも全く存在しない世界だった。それが日本に戻っても生活行為に影響を残していた。九州への往復はフライトに頼れてきた。言わばこうした、在来線の人々の生活に、特に交通ということに、この十年、二十年、三十年と触れることがなかったのだ。それは便利主義が覆った生活だった。人々の普通の生活を踏み躙《にじ》ったのは彼自身でもあった。こうして長い時間が過ぎて行った。彼が好きだった夜の寝台列車、ブルー・トレインもなくなった。消えて行ったのは、旅が持つ生活の匂いである。駅の弁当売りの声が消え、暗い夜の電灯に集まる夥《おびただ》しい虫の群れも消えた。そんな風に自然な生活が消えていくということは、あらゆる分野において起こっていく。最も身近な、食や農や医療の分野に於いても。定一はそこにやはり生活のアメリカ化の影を見ているのである。アメリカはケンタッキーのベレアの町に家を買って住んだ、その頃は聞いた夜の電車の警笛に激しい日本へのノスタルジーを感じたのには、こういう古い自然な生活への憧れが隠されていたのであろう。その鉄道は南部と北部を結んで貨物の輸送にのみ使われていたのである。

定一は自然な生活ということが、日々の生活行為に対する自覚的でもある目標となっていったのである。これが交通だけではなく、食や農、医療へと伸びていったのである。ここにも自己を少数者であることをいとわない強い要求がある。その理由は、そこに道徳性が、強い理念的要請があるからである。それはどうでもいいというようなことではなかったのだ。そして彼の文明観とも強く結びついていたのだ。

鳥栖から宇部まで、長い長い時間が費やされていた。

『なんと不便な世の中なのだろう。金のない者には、実に不便な世の中なのだろう。交通しかり、病院しかり、余分な薬を与え金を徴《はた》る。資本主義の世にあっては、金をこうして徴られることに異義を通しきれない。テロを起こす気持ちが理解出来るようになる。わが心中にもそういうものが生まれる。一歩間違うなら、爆発しそうだ』

文明が置き去りにしたものがあった。それが自然な生活だった。彼がまだアメリカにいる時、九・一一のテロが起こった。ケンタッキーの田舎の工場の食事時、放映されたテレビの画面に向かって、労働者達が手を叩いて歓声を上げげた感情もそこに通じている。航空機もニューヨークも、彼等には無縁なものだった。そういう世界に触れなければ、その世界の人々のことが分からない。この旅は期せずしてそういう人々のことを教えた。

彼がこの旅を繰り返したことには、この世界についてもっとよく知りたいという気持ちが働いていた。この衝動はこの同じ空間に於いて今も生きている過去を、それを歴史の一つとしても知ることだったが、彼の興味は、ある時は過去の時間に、それを歴史として知る事にも動いた。結局彼が知りたいのは庶民の歴史であったように見える。そこにある中心のテーマは人民の思想であった。そういうことが次第に、沖縄や福島の歴史へも拡大されていった理由である。それは自分の生きる意味に繋っている根を探し当てる旅だった。人とはそんな風に日暮らしの生にあっても求める者だった。そこには自己の生活が惰性に流れることを排する、一途《ず》な衝動があるのである。

宇部の駅が近くなってくると、言いようのない昂奮が湧いてくるのを覚えるのだった。初めて宇部線に乗ったのは、大学受験の時だった。一九六一年の二月だった。

『貧しい時代だったな。自分も女達も。思想は未熟でそのくせ理想は高く、表現する力はなかった。私は野心に苦しんだ』

それは端的に彼の青春を象徴していた。女のこと、理想のこと、神を求めた日のこと。遠い遠い時代であった。だがその青春なくして今の自分もなく、人生もまたなかった。下宿とは、そういう時代と場の、彼の生活の象徴であった。それを今尋ねるのである。その下宿には、彼の青春と重なる悲劇が匿されていたのだ。

教養学部の一年が終わって、山口の大学寮から、専門学部のある宇部の寮に移ってまだ一ヶ月余り、彼は真剣に下宿を探す気になっていた。そこには気持ちの大きな変化が見られた。その心の奥にあるのは、自己の真の孤独性を見極めたいということだった。彼は一年の時はそれを恐れた。一度実際に下宿を求めたが、一夜で寮に逃げ帰った。彼は皆から笑われた。だが一晩泊まっただけで、一人の生活の不安と寂しさが耐えがたく思われたのだ。一年が過ぎて、自分がその不安に耐えなくてはならぬことが自覚されていた。そうでないと自分が本物になれないということだった。そこに一年の生活の意味があった。

彼はある日決意して、一日を、歩いての下宿探しに当てた。その一日の意味は大きく、忘れられないものとなった。それは自分自身で歩く人生の、始まりの日であったようだ。街の方から歩き出して、次第に高台の方へと上ってきた。彼は最初に見た下宿のことをずっと憶えている。案内してくれた婦人はまだ若くて、小さな子供がいた。二階の室は広く静かで気に入った。しかし彼は、婦人の持っている人懐かしいような性格を恐れた。この時代にあっては女はそういうものであったし、そうであってみれば、女性を遠ざけるのは本性的であった。青春というもののやっかいさが、そういう点にもあった。

そうやって歩いて、かなりの時間が過ぎた。バス停の店で、男の店員さんに聞いた。男は、この裏の方にいるおばあちゃんが学生の下宿人を求めていたということを、教えてくれた。酒屋で聞けば、場所は知っているだろうとのことだった。酒屋で聞いてその家の木の扉を開いた時、家の中は薄暗かった。奥から一人のおばあさんが出て来た。腰が少し曲がっていて、そして聞いた通りに耳が遠い。もう七十代も半ばであろうか。一人暮らしである。下宿人は他に二人いた。彼の室は、仏壇がある座敷であった。縁側が廊下になっていて、ガラス戸には既に夕方の光が輝いていた。定一はここに決めようと思っていた。

それが、下宿との、そしておばあさんとの出会いだった。彼はこの家で青春の生活と出合い、人間の孤独と戦った。学校は付け足しのように行ったばかりだ。家もおばあさんも彼の青春を象徴するかのようなものだった。そこには深い理由があった。彼はこの家で徹底的に孤独を味わった。学校に行かない日が続いた。一日中寝ている時もあった、するとおばあさんが夕方になって雨戸を閉める音がした。彼は、『ああ、今日も終わったな』と思った。しかし夜もそうやってふとんの中にいた。何日でも人に会わない日が続いた。

おばあさんには、差し出し人の名前も住所もない手紙が時々来る。おばあさんは手乗り文鳥を飼っている。時々鳥籠の掃除をする。文鳥は外まで出て、その間、彼女の肩の上で遊んでいる。おばあさんは時々声に出して言う。

「このばかが、ばかたれが」

文鳥は粟の屑を吹き飛ばして辺りを汚している。

おばあさんの息子は死刑囚であった。広島の刑務所に収監されていた、手紙はそこから来るのである。文鳥はその息子が飼っていたものだ。おばあさんの耳の不調は、息子の起こしたことが明るみに出て、その心痛が極まって発したことだった。戦争が終わって、まだ幾年も立ってはいなかった時のことである。

だが今のおばあさんには不思議な明るさがあった。苦しみの全てを受けてしまった人間の明るさがあった。定一はそれを愛した。おばあさんは、彼の朝夕の食事を三年間作ってくれた。土間のテーブルで食事を摂る。昔は大工の職人さんが働いていたと言う。

定一がこの家に自分の青春が象徴されていると思う理由は何であろうか。彼は真夜中も過ぎて、街の盛り場で女と別れて、バスもなくなった時間に一人で高台にある下宿まで歩いて帰って来ることがあった。屋敷の植え込みの側の小道は暗く、家は闇にしずんでいる。するとふと、死刑囚になった男もこうして暗い道を帰って来たこともあっただろうと思う。男は飛行機乗りの、特攻隊上がりだったという。真面目一方の男だったかもしれない。それ故に堕ちていった道はきつい。定一はかろうじて何かに踏み止まっているに過ぎなかった。学校のこと、女のこと、だが既に友人すら力にはならない。

定一がそれでもどうにか大学も卒業できる身になり、就職も決まり、下宿を去る日が近付いた時、何気なくおばあさんに別れることの寂しさを告げたのだった。おばあさんの回答はこうだった。

「そんなこたぁー」

定一は即下に自分の不明を心に恥じた。おばあさんの生きた姿が、一言に象徴されていた。この言葉は、思い出すと今も心に堪える。彼女にその後会ったのは一度だけである。もう息子が一歳になっていた。家を妻と一緒に尋ねたのだった。おばあちゃんは彼の息子を抱いて、左右にゆらしながら、「よい子になぁーれ、なぁーれ」と言った。定一は、この事実は一生残るな、と思って見ていた。そこにはやはり死刑囚の息子のことが見えていた。文鳥はいなくなっていたし、仏間には違った雰囲気が感じられて、定一は既に息子が処刑されたなと思った。でもおばあさんはとても元気そうだった。定一はこの訪問に有意義なものを感じていた。その日はこの家に泊まった。五右衛門風呂にも入った。そういうことは妻にも忘れがたいこととして残った。

宇部中央の駅から公園行きのバスに乗る。バスは大学の方は通らずに海岸通りを通って、湖の東側に着いた。下宿は西側だから、そこまで歩かなくてはならない。あれから四十年も過ぎている、景色が変わったのは否めない。この道でいつか、考えごとをしている内に、こちら側にいたスワンが泳ぎ出して、再び気付いた時は向こう岸に着いていたことがあった。彼は内面的思考が時間そのものであることを体験した。もの思う青春だった。そしてそういうことを思わしめた静けさは、今はなかった。下宿までの道程にも昔とは違うものを感じた。自分が変わったのか、見ている事物の方が変わったのか分からない、しかしやはり、自分の中の記憶を探るようにして対象そのものを求めていたのだ。そうやって着いた家の感じは微妙に変わっていた。家そのものの形は、全く変わっていなかったのにである。入口から入って、広い庭の空間が無くなってしまっていた。彼は断わりもなく敷地に入って、昔のままの玄関ドアを見ていた。しばらくそうしていたのだが、そのまま立ち去ろうかと思った。おばあさんが生きていないのは明白だったから。実はもう七年前になるのだが、アメリカから帰国直後にここを訪ねたことがあった。その時は本当に何もかもが昔のままだった。それにポストの標札には、おばあちゃんの名前も一番上に書かれたままであった。定一はその時も家の扉は押さなかった。おばあちゃんが生きているとは思いもしなかったからだ。

定一は昔のことを一瞬の間回想し、とまどい、どうともつかぬままに立ち尽くしていた、その時一人の男が家の中から突然に出て来た、年の頃は同じくらいである。定一はこれがおばあさんの末の子であることを直観した。彼女には四人の男の子がいたのである。定一は自分を名乗った。すると男は思いもよらぬことを話した。

「母は百四歳まで生きました。最後まで元気で呆けませんでした。市の最高齢者にまでなりました」

定一の頭の中で何かが弾けた。熱い熱いものが込み上げてくるのを抑えきれなかった。心の中でワァーとばかり叫んでいた。

『勝った、勝った、ばんざぁい、おばぁちゃん勝ったね、最後は』

この感動は床波の駅までのタクシーの中でも、電車を待つ間も消えなかった。

『うれしくて、うれしくてならぬ。苦労して苦労した人だった。しかし苦労の末にどこかつきぬけて、暗さのないさばさばした人だった。それが彼女を最後まで元気に生き抜けさしたのだろう』

おばあさんの洒脱さは、こんなやりとりに憶えている。家の隣に孫娘が住んでいた。まだ高校生であった。娘と祖母がある新聞記事のことで話している。最近あった、男が女を強姦して殺した事件らしい。おばあさんがこんなことを言うのが聞こえてきた。

「蟹の穴にでも突っ込んでればいいのに」

孫娘は困ったような顔をして、そしてあきれて祖母の顔を見ていた。おばあちゃんにはこういう事件は本当に歯痒くて、歯痒くてならぬものがあったのだろう。人間が物（物欲）と精神の分別がつけられれば、こういう事件は起こらぬであろう、おばあちゃんの言葉は息子のことにも関わることであったのだ。どんなに事件を考えに考えてみたって、そうやって誤ってしまった、言わば人間的理性を忘れてしまった行為に対する口惜しい思いしかなかったのであろう。それが身内の者の思いである。まるでおばあちゃんはそういう息子の行為に対する口惜しさをバネにして、非難する世間を見返すように生き抜いたように見える。

不思議なことだが、彼は大学には昔も今も興味がない。大学とも、そして同級生とも全くの音信不通である。今回も大学の方へは全く足を向けなかった。

おばあさんのことは強い印象を残しはしたが、一過性のものであらざるを得なかった。列車が宇部の街を離れ、やがて山口線に乗り換えて、それから山口の駅も通り過ぎてしまうと、彼の興味は別のものに移っていった。だがおばあさんの持っていた、圧倒する状況での苦しさの中で失わなかった力の強さに対しては、彼自身もまたそういう状況に落される時、感服せざるを得ない。この種の強さというのは一体何に起因するのだろうか。おばあさんは息子のやったことが世間に露呈されていった時、全ての誇りとこれまでの自負を捨てねばならなくなり、親であるが故に、その道徳性も否定され一言の抗弁も許されなかったのだから。現世の希望を全て絶たれながら、なおそこに自分を保ち、自己を失わなかった彼女の人生はすごいとしか言いようがない。そうなると、その時は一過性のものであっても、人生のそれも自己を保つことの困苦に出遭う時、回想されそしてあのように元気にあり続けた彼女にやはり自分も負けまいという心を起こさせるのであった。おばあさんとのこの人生での出合いの意味は、そんな風に隠され見えないながらも持続していくのだった。人生とはそんな風にどんな運命に出合うかもしれないものだし、また自分は出合わずともそういう人に出合っていくものなのである。

電車は、小京都と言われる山口を通過すると、急激に車窓から見える景色は自然の持つ野性の色を増す。それでいながら、自然と人の暮らしが生み出した昔ながらの風景である。彼の記憶に僅かに残るのは、スキーに出掛けた時の冬の光景であった。しかし今はもう、六月を前にした緑陰一色の山峡に見る風景であった。定一はやはり人の暮らしの風景を追っていたのである。始めは、人工的なものが消えて自然が深くなっていくことの驚き、そしてやがてはその自然の中で行なわれている人間の昔ながらの営み、そういうことが彼が引きつけてやまなかったのだ。山口線の旅はそういう旅である。トンネルを抜けては山峡から山峡へ、時々に見える田と人家は、かつてはどこにでもあった日本人の自然との暮らしを、今も垣間見せてくれる。

人間とは人為的存在でありながら、自然的存在である。しかし人が人為的社会の中でだけ育てられるならば、自己が自然的存在であることは深くは気付かれない。そうなるとその人は、究極的には利己性でしか生きられない。この原理は現代人において気付かれていない。これを教えるのはやはり自然との接触においてしかない。幾ら田舎に住んでも、土と戦い、天日に汗を流し、生物や植物の誕生と成長を見守った体験の少ない者には、自己が自然的存在であることは自覚されない。子供達はいつしか受験競争に巻き込まれ、出世主義に毒されていく、それは人間を利己主義者にする道だ。

定一には幼年時にあってこの出世主義が全くなかった。このことは、小学校六年の時、同級生の「自分は大きくなったら総理大臣になって、今のこの父が作った家を、国宝にする」と書いた作文が評判になったが、自分の中にはそういう夢が一切ないことに気付いたことに証明されていることだ。だがそれは既に彼の青春の苦しみを確実に予兆するものであった。人生に何の目的もないことが彼自身にあっては始めから明確であったのだから。彼は何故自分がこうなのだろうかと何度も考えた。そしてこれが田舎の生活が生んだものなのだと思った。そしてある日、しかし自分はあの村の生活の前に、満州での体験があったことに気付いた。それは広々とした平原、豚の走り回る原っぱを歩いている自分だった。彼は植民地の持つ自由な空間に人生を出発した者だった。だがそのことは彼を十分に説明し慰めえたのだろうか。それはただ、自己の中のえたいの知れない野心を説明するだけではなかったのか。それ故に彼は苦しんできたというのに。こういうことは就職を決める最終決定にも強く影響した。彼は決まりかけていた一流会社を自分から捨てて、殆ど誰もが知らない都会の小さな会社を選んだのである。そして彼の壮年の時代は、幼年から青春へと続いた自己の思想の証明に使われた感がある。そして壮年の終わりが近付いて、彼はやっとそこから解放されたように見える。だがそれによって彼の秘密は解かれたわけではない。彼がこの自分の問題について、大きな暗示を受けたのはマックス・ヴェーバーの「プロテスタンティズムの倫理と資本主義の精神」からであった。彼は自分の中に、ここで執拗に追求されている「世俗内生活における禁欲」という概念が既に幼年期にあったのだと自覚する。彼の青春を苦しめたのは、目的のない人生であった。労働は霊的なものであった。これこそ、入社四年後に、社長との絶対的対立を生んだものである。一人の人間の短い一生の歴史の中にも、キリスト教が何千年という長い時間の中で戦われた概念が混沌として生きてきたように見える。この目的のない人生は、引き揚げ後の村の生活、自然の中での生活に見たものとよく一致するものである。人生の「無為性」は本質的な事実であった。だが彼はその行き詰まった人生を、すなわち世俗の生を捨てなかった。そうして選んだ結婚には始めから悲劇性があった。ある上司の言った、「あれでは家族が可愛そうだ」ということには、この本質が嗅ぎ当てられている。だがそういう彼であってすら、その人生は無為性を徹底する方向に進められたわけではない。逆に、人生がそれほど無為であるとするならば、その無為なる生にあって夫婦の間に信頼ということが打ち立てられるということがあったとするなら、それは霊的なものにまで進化するということが起こるのではないか。とすると、生・死避け難い人間にあってみれば、それは第二の悲劇を意味するのだろうか。だが、悲劇を悲劇ともしないものが前半の生にもあったし、そして後半の生にあるかもしれない。それが彼の人生で意味するものであった。それは常に未定数のものである。彼にとっては、宇部のおばあちゃんの勝利の人生と急に深さを見せた山口線の車窓に見える自然の生活との間には、繋ぐものがあったのかもしれない。彼にあっては、自然の生活は単なる自然の秩序を意味するものではなく、人間に与えられた本質的には無情な生を乗り越えていく人格的な生の努力を前提としていたということである。この後者の力こそ、彼の壮年の戦が自己の内に育てたものであり、そこに壮年の意味もあったということになる。自然の生活は自然の秩序から生まれてくる機械的なものではなく、人格的な力なくしては成立しないということである。その人格的力には労働が深く係わっている。彼の青春は見えざる形で続き、その質は人生全体を規定し、夫婦の関係の根をも作っていたのである。神の手は見えない形で働き続ける。

電車が仁保《にほ》という駅に着いた。駅に十台ばかりの自転車が置いてある。すぐにトンネルに入る。前に定一より十歳ぐらい上の婦人が三人、山口で買い物をしての帰りらしい。どこに降りるのだろうか。谷間には集落、家、水田、またすぐにトンネルに入った、今度は短い。谷がつきてまたトンネル、おそらくこれで分水嶺は越えるだろうと定一は思った。またトンネル、間近に山、そしてまたトンネル。

『この旅はいい、金では買えぬ。あくびが出る。朝起きたのは二時前だった。精神の意欲は高い、これは良し』

少し長いトンネルを越えた。水は逆向きに流れ出した。そして風景は少し開けた感じになった。日本にもまだ残されているものがあるなと、定一は思っていた。

篠目《しのめ》の駅。おばあちゃん三人が降りて行った。水田が多い。苗が植わったばかり。赤瓦の家が目を引く。石州瓦の家がこの辺りから散見され始める。そしてやがては石州瓦一色になっていく。定一の旅はそういう風に、石州瓦の使用されている分布を見る旅ともなったものである。

長門峡を過ぎる。水田、トンネル。渡川《わたり》。三谷の駅で前の三人が降りて行った。平地が広くなって、両側の水田が美しい。名草《なぐさ》。山が近い。地福《じふく》。どこの駅でもおばあちゃんが降りる。定一は一過性の旅人だ。一瞬に過ぎ去るものをとどめんとする。風景の美しさ、そこにひそむもの、そして自己の心によぎっていく感慨を、しかしそれは限られている。だが出来る限りたくさんのことを、そんな願いの中で見ている。ふと、駅名の表示に引かれた。鍋倉の駅である。漢字も平仮名も右書きである。その下にローマ字だけが左書きである。こういう表示があるだけでも、この地に昔が残っているのが、証明されているわけだ。何でもかんでも壊して、新しいものにすることに意味があるわけではない。そういう住民の心情が見えるかのようだ。だがそれでも、老人達は山口まで買い出しに行かなくてはならぬ現実はある。田舎の小さな商店の多くは、今はなくなった。アメリカのカントリーストアの方がまだ残っているのである。一人生き残った老人には、人生の辛い生活の作業が続く。その一人暮らしの生活は必ずやってくる。夫婦のどちらかに。孤独と労役と肉体的苦痛。今の定一にそれらが見えているわけではない。

リンゴ園多し。徳佐の駅。船平山よりすぐにトンネル、長い、またトンネル、今度は短い。川に沿って集落。トンネルが多い。この山の上でスキーをしたのはもはや遠い昔。そうやって津和野に着いた。

津和野の地形は、その歴史を知って興味を引かれる。だが現場を見ないことにはとても始まらない。時に幕末、維新の歴史に於いてである。それはこの津和野が地勢的には、石見や安芸に属し、その間に天然の胸壁がないという事実である。その点では定一が越えてきたように、防長との間は胸壁が高く長い。このことは幕府の長州征討をめぐって、その間にあって、藩はその去就に苦労したことが、旅人にも知らされる。特に、幕末の藩政はそして人々も、新しい時代を、文明を受け入れていたからである。そういうことを彼にこの旅は教えるのであるが、何度かここを通る内に、津和野に列車が近付いて行く時の、車窓から見る風景には強く印象に残るものがある。開けた谷がかなり続いて、視界が開けて、都会のあるいは文明的な世界が近付いてきたのを感じるからであろう、あるいは海への接近が感じられるのであろうか。山国は過ぎたのである。旅人は自然に、そういう感慨を地形の持つ風景から感じる。今までは、津和野を単なる盆地のようなものとして、感じていた定一であった。

土地には土地の歴史があり、人には人の歴史がある。旅人に過ぎない定一に、この短かった津和野にいた時間が意味したことは多くはない。彼はタクシーに乗り鷗外記念館に行き、展示品を見た。その後旧宅を見、それから川を渡って対岸にある西周の旧居を見た。そこから鷗外記念館の方に戻ってきて、店に売ってある和紙に興味を持ち、メモ型の大福帳を三冊買った。妻と孫二人へのみやげの積もりである。帰りは歩き、途中で養老館に民俗資料を見た。鷗外の遺言碑が注目を引いた。そうやって駅まで戻り、夕方の特急に乗って津和野を離れた。その日は江津に泊まって、翌日六時に出る一番電車に乗る予定であったのだ。

さて鷗外という人物のことである。定一はこの機会を捉えて、鷗外について再度の研究はしなかった。しかしそのかわりに、津和野出身の人達について一応の研究をしてメモに残した。ここにはやはり、諭吉読書によって進んだ、明治という時代の理解の跡が見える。選んだのは、亀井茲監から中村吉蔵までの十一人である、ここには西周も鷗外も含まれている。彼等の生年は一八二五年から一八七七年までに入る。彼等の事績を簡単にまとめてみて、彼が見ようとしたのは明治という時代の、日本人の精神的な位置付けである。そこにこんな感想がある。

『明治始め十年くらいまでの生まれの人には、単なる出世主義ではない、文明開化を押し進めた、人生への悪戦苦闘の戦のあとが見える。体を張って生き抜いた感がある。そうやって進めた文明の開化ではあったが、今日、彼等の精神が我々の中に生きているとは言えない。それが考えられなくてはならないことだ。人生とは一身の興隆のためにあるのではない。永遠に残る精神を残すことにある』

明治の精神とは何であったか、それを彼はこの津和野という町が生んだ二十何人かの人々の事績から考えているように見える。

文明の開化を進めたのが明治の精神とするならば、それは日本人が道徳・宗教として持っていた民族精神からの離脱であったというのが定一の考え方だ。やがては立身出世主義が日本を席巻してしまう姿を、この津和野出生の二十数人の生涯から彼は見るのである。彼が『日本人でしかありようがない』として捉えているのは、明治の精神ではなくそれ以前の、明治の人が昔のものとして捉えた古い道徳にあったのだ。『浮雲』の文三にあるものである。鷗外という人をこの視点からみると、これは漱石にも言えるが、その根底にあったのは古い道徳であった。ただ鷗外は一生を外見的には立身出世の道に置いた。彼の人生は或いは文学への努力は、反面における、そのような人生に対する償いである。精励恪勤の。定一が今回の旅でも会った遺言にもそれは示されている。評価されるべきは事績でもなく、名声でもない、唯その人の精神である。一石見人としての死を選んだ森林太郎は、定一にとってはやはり敬愛の人であった。定一は小説「空車」が鷗外の晩年の心境を最も示していると思っている。そこに流れているのは古来より日本人が持っている霊的な心である。そしてそれは定一にも流れているものである。この精神があって、彼の鷗外への評価は崩れない。同じことが漱石にも感じられている。

明治維新は日本人に新しい思想を生んだだろうか。定一は思想とは何かということを自分の生活から深めていく時、この点について否定的であらざるを得なくなる。そしてこのことが今次大戦の敗戦についても同じように当て嵌まるのだ。思想を生むのは真摯にして自立した霊的な生活がなくてはならぬ。自分ということが追求され極められないで、国家の考えとか時勢に流されてきたものに、どうしていきなり創造的思考がやって来るのだろうか。新しい惰性の流れに乗せられるだけではないか。その意味で定一の退役時の感慨、『会社は変わらなかったが、自分もまた変わらなかった』には、半生に於いて会社を変えようとしたが変わらなかった会社と、しかし自分自身はまた自分の考えに立って行動し続けた、この変わらなかった自分に対する満足を表現して、会社後の新しい可能性が見えている。思想とは自己の生きる意味に関わって、日常の生のありようを表明して表現したものである。定一に初めて日本人の思想性ということを強く感じさせた、「葉隠」の「武士道とは死ぬことと見付けたり」には典型的にそういうものがある。その思想は危機に対して飛躍を生む、原動力となる、それは変革のエネルギーを持つからである。だがそれは静かな生活にあってしか生まれてはこない。

この旅で定一が鷗外について知った一事は、津和野を十一歳で出郷して以来、一度もこの故郷に帰らなかったことである。そういう人にとり、故郷とは何であったろうか、また故郷にとってその人は何であるかという疑問である。この点は定一と全く違う。もっとも定一は庶民そのものであり、そして強い庶民の信仰者である。近い祖先だけではなく、無数の、血に繋がる親様が故郷の大地に暮らしたのだ。従ってその大地には学ぶべきことが多くある筈だった。

定一は鷗外が一度も故郷に帰らなかったのに、不自然なものを感じているのである。あるいは、津和野は彼にとり故郷ではなかったのかもしれない。だが最後に自分をただの一石見人として捉えたところに、彼の霊的なものが、霊への帰還が見える。それが定一を安らがせるのである。鷗外の持つ不動性、偉大性はこの最後の姿が示すものである。死が見えてきた時、一切の世俗的なものは価値を置くに価わざるものであった。

定一はわずかに三時間の滞在で津和野をあとにして、列車の人となった。やがて列車は日本海を左に見ながら北上する。山の風景から海の風景へと変わったのだ。しかしどこか彼の中に、普通列車の中にいた時の気分はないようだ。それが特急列車の特徴なのかもしれない。早く行くために仕組まれた機械とシステム、それは人の心に機心を生んでいる。江津の駅に着いた時、もう六時を回っていた。旅館を探し歩いたが、泊まるのを断わられて駅まで戻った。そして今度はそれをタクシーの運転手に頼んだ。定一には泊めてくれるところがあれば、どこでも良かった。幸いに最初の旅館が受け入れてくれた。但し素泊まりだった。定一は今の社会の常識と自分の常識が、この件において全く違うのを承知しぬいている。彼にあっては、旅の宿とは一日を歩いて結果として行き着いた場だ。あらかじめ予約する場ではない。そうしてしまうと旅の興味も印象も半減してしまう。その意味では、三年前のアメリカ再訪の旅は良かった。全てを車に依存せざるを得なかったが、その日の結果としての、モーテルという旅の宿を自由に選ぶことが出来たからだ。ケンタッキーからテネシーへとミシシッピ川沿いにデルタ地帯を抜けて、ナッチズ（Natchez）までの一週間をかけた旅だった。一度だって宿を断わられるというようなことはない。日本では何度も断わられる、しかし自分の趣向に重点を置くのは変えられない。これが集落めぐりの歩く旅となった時、道の側でも墓の側でもＯＫである。人が近付かない墓の側は、定一には恰好な泊まり場である。

定一はこれまでに旅行会社がやるツアーという形で旅をやったことは一度もない。今後もやらないだろう。どこへ行くにも自分達で本で調べて計画を立てる。必要な都会の宿の予約は旅行会社に頼む。そういう旅であってみれば、自覚されてはいないが、妻との協力関係によって旅は成立してきたのだ。旅の目的は快楽にはない、何かを見ぬき、そして旅を自分達の力でやりぬくことにある。そうやってイタリア、スペイン、ウィーン、南米の旅も二人だけでやった。で結局旅の原点が、四十代の半ばから始まった二人の数時間を掛けた散歩にあるのが見える。歩く旅に原点がある。それがやがて奈良の旅を生み、京都の旅に繋がって、外国の旅も同じ形であった。歩く旅は自然に対する感覚を磨いた。旅はこのようにして彼等に、ある共有感覚を生んだものである。

定一は何であれ宿が取れて安心した。長い長い一日だった。それは時・空における旅でもあった。自分の青春の気分が再現され、明治の時代精神が考えられた。時代の精神を自分で摑むというのは困難な仕事である。それが出来ないなら、歴史は自己の中で意味を持つことは出来ない。明治という時代も、戦後という時代もそういうものになってしまう。定一に求められているのは、鷗外の研究だけではなかったのだ。そして今、何よりも彼に求められているのは民衆の生きた歴史を知ることだった。これに要する多大な困難は今の彼には自覚されてはいない。彼はアメリカ再訪の旅にあって、ナッチズで全くの偶然から、一冊の日記を買った。それを書いたのは一人の黒人の床屋、それも南北戦争が始まる前に暗殺された男であった。男は自分の仕事のこと、趣味の狩猟のこと、家族のこと、消防・防火に対する関心と参加活動について記録を残した。端的に言って、こういう記録の入手は日本では困難である。ナッチズのこの床屋が生きたのは、明治維新の四十年以上前、そしてアメリカ南部の奴隷制の厳しい時代である。だがそういう時代にあって、黒人という境遇にあっても自己を貶めることなく、スポーツを楽しみ、社会への奉仕活動に自ら勤しんだ姿が見える。定一はこの日記を精読したのだが、この旅は日米のここに見えるような違いを意識化させはしなかった。日本という土地の空間が、彼に制約を加えているのだろうか。人間の思考にそういう制約を加える必要はない。そのようにひどい制約が加えられた時代にあって、自由市民として生きたナッチズの床屋の事例は、日本の幕末の時代にあってもいいのである。そういうことが歴史的体験として人民の側に積み上げられていくことが最も大事なのである。このことを更なる自覚のもとに置くというのが、定一の願いの方向にあるものであった。人間とはどこまでも個でありながら、求めるのは普遍的なものである。

宿に泊まって一夜が明けた。そして彼が宿を出たのは五時である。これは一番の電車が六時少し過ぎて出て、あとは昼近くにしか出発する電車がないという現実にあっては、他に選びようのない行為であった。だがこの出立は容易なことではない。どんな状況であれ、彼の朝の思惟の時間の確保は、命の次に欠かせない。彼の旅にはいつもこの困難が伴い、イタリア一ヶ月の旅でも、アメリカ再訪の二十五日間にあっても、欠かされることのなかったものである。これがなくなるのは、テントで大地に寝る時だけだ。この解決策は今のところない。このように自分にとっては大きな現実的存在であるものが、他人にとっては全く見えない、従って無関係なものなのである。それは本人にとってすら昼間は消えている。ただ時に彼がその時間を重みで感じることがある。一日に三枚ぐらいしか書かない原稿用紙が積み重なって三百枚ぐらい、手に取って重みをずしりと感じる、そんな時ぐらいなのである。それは彼にだけ必然的なものだ。妻でさえ、それを知っているのか、価値を認めているのか不明である。後に彼は、ベルクソンが「目に見えないところでの行動こそ本当の行動だ」と言ったことを知る。何故なら、人々の精神に真の衝動を与えうるのはそういう行動でしかないからだ。

起きた時から雨が降っていた。雨の中を歩かなくてはならぬと思っていた。読んでいる本に、「信」と「悟」は違うとあった。また、心・仏・衆生が一体であるというようなことは味わえない、とあった。読んでいる定一は、この二つの捉え方は間違っていると思った。「信」と「悟」を厳格に分ける必要はないと思った。宗教を議論の対象とすると、煩雑なものになってしまう。言葉が違って使われるところにその第一の原因がある。「道徳」と「宗教」を区別して扱うと、その典型的事例となる。定一はベルクソンの読書を通じて、両者を区別しないで同じものとする思想を得る。社会的ないしは法律上の道徳とは、彼にとっては別の概念である。彼の道徳とは、自己の根底を生きる内省的なものであり、自己の生そのものであり、従って霊的、宗教的なものである。定一のこういう点は、後にどんな歴史であれその事件をどう自分が受け入れて思想化していくということにしかないと思う、基本の精神を示している。ベルクソンの「講義録」の読書は始まってもいないし、カントもまだ予定にもない時代である。彼はこう考えた。

『信はすなわち悟である。仏の本願は私の心願である。一体と味わわされる、だからありがたいのだ。仏は内在的にして外在的である。この内在性が味わえないと仏は遠いものになってしまう。内に住むものでありながら、普遍的な存在である。だから求めるということが起こるのだろう。だがこの求めるということには有るということがある。衆生と仏は一体である。衆生はまたわれである。ここに慈悲の心のいわれがある。仏は自己の内を生きる。旅をしている私の中にあるものは、そういう心ではなかろうか』

彼がこうして内省する時、電車が一瞬にして通り過ぎる時に風景が心に刻んだ本質、彼が見らんとしたものが表現されている。見えるものと見ているものが一体なのである。見えるものも、見ているものも仏である。そこには利己的功利の心が消えて、霊が遊んでいるばかりである。こういうことが朝の時間で確認されることで、新しい一日は既に前進を始める。これは彼の思惟の形である。自身の内的体験にまでそれが達しない限り、それは宗教ともなりえない。それは経験としての実効性を持ちえないことを意味する。これはベルクソンの思想と矛盾しない。このことは六歳で遭った妹の死をめぐっての思考に、いかんなく現われているものだ。外地で育った彼が仏を知っていたということには、驚異的なものがある。妹の死は、仏をもってしか彼を慰めえないことであったのだから。彼にとって、思想と宗教と生活は一体であった。

『あの家の前で、おばあちゃんは百四歳まで生きたと聞いた瞬間、ワァーと思った。嬉しくて嬉しくてならなかった、そして息子の最後まで元気だったという言葉はまた嬉しかった。来てよかったと思っていた。自分が求めていたのはこういう事実、真実であった』

『山口線の仁保という駅に着いた頃より、窓外の景色が変わって、山の中の自然の生活の風景が心を捉えていた。谷間に広がる集落、植えられたばかりの早苗の田、日本もまだ捨てたもんじゃないという思いがしきりにする。ここには仏がいる。風景の中に仏が見える。昨朝母に見たのもそういうものだ。ただ人生への執着激しき者と蔑んできた母であったが、あの朝二時の母は仏様であった。私の言うことをしっかり耳に入れていた。仏が求めたのは仏のいる風景であると気付かされる。大事なのは、出合いと気付くこと。それは求める心があってのことだ。願がある、日々の時間のなかに』

マックス・ヴェーバーが言ったように、「思想の宗教的根幹が死滅する時、代わって功利的傾向が知らずのうちに入り込んでこなくてはすまない」のである。定一が言う仏は霊と置き換えてもいいものである。彼は生活の中に霊を見らんとする。しかしこの霊は外からだけでは中々見ることは出来ない。それが見れる可能性はどこにあるのか。ベルクソンが「単純な生活への復帰」と言ったことに表現されているように見える。ここには、キリスト教の中世から近世への歴史が秘められている。この自然的で質朴な生活に喜びを覚える性格と厳密なある規律を自己に課して、自分を統制し自己の道徳法則の要求に身を委ねんとする性格が共存することには、国を問わない普遍性がある。だが宗教が生命を失うなら、功利的現世主義がこれに代わってしまう、これが現代なのである。彼が自然で質朴な生活に目標を置くようになったのは、ここに当然の謂《いわ》れを持つものである。それは一九九八年、リヴィングストンの『破壊の伝統』に出合って知った人類消滅の必然性を知って以来の、一つの思想の帰結なのである。そこにしか自分の生存の意味を見出しえないのである。

定一はやはり鷗外のことを考えていた。そしてそれはいつもそうであるが、彼が捉えた現象に過ぎない。だがそれは旅が目的とするものであり、人生もまたそれを目的とするものである。自分の中の現象に過ぎないからと軽く扱うのではなく、それを機縁として深めることである。そこに「もう一つの世界」がある。

『昨日の鷗外のこと、忘れてはなるまい。展示された彼の略歴を辿っていく時、鋭く感じられることは、彼の生涯が楽しいものではなかったことだ。それは最後に、遺言にたどり着く。そこにあるのは怒りだ。晩年の絶望、そして遺言。鷗外にそれを生んだものには因がある。それは彼が人生において自家の本分を守る者ではなかったからだ。東大出、長州閥、出世主義との無縁性を現実の人生で実現することは出来なかった。それをせめて文学で実現させたということである。しかし本当は、実人生でそれをやり、やがて文学化するということではないか。私の人生はそういうものだ。いつもまず生活が先にある。それ故に生活に色彩が全くなかった青春は苦しかった。だがどんなに苦しくとも、自家の本分は守り抜いた。壮年の盛りが過ぎて、私の人生にやっと光が射してきた。逆に鷗外は後半の人生を鬱として楽しんではいない。鷗外は死して初めて、現実の身として自家の本分に帰った。現世の外飾を全て拒絶し、一個の石見人としての死を選ぶことによってである。それをもってよしとしよう。あの明治の時代であるのだから。それにしても、一度陸軍省をやめ、例え博物館長であれ、官に戻った人生は頂けない』

彼のこの時の自分自身に対する見方には、楽観性の匂いが強い。それは死を遠いものとしているからである。人の生涯は死ななくては見えない。定一の後半の人生を明るくしたものは何であったろうか。前半の人生になく、後半の人生にあるもの、それは何かの実在的なものだろうか。それが何であるかは、その実在的なものが、この世の他の全てのものと同じように仮のものであることが判って、いたいほど知らされることになるのである。とするなら、人生はやはり「空車」を引き続けるしかないのである。

朝の時間が、前日の母のこと、下宿のおばあちゃんのこと、山の中の自然の生活の風景のこと、そして鷗外のことを内省の力によって蘇らさせる。これだけの時間があっての、雨の中の出立であった。しかしどんな朝のそういう時間も、過ぎてしまえばなかったようなものになり、今の時間に夢中になっている自分がいる。よく言えば、それは今日の時間に対する強い欲求である。彼はここに時間の大きな牆壁《しょうへき》があって説明を拒まれている。過ぎたことは殆ど無意味なのだ、まるで今日という日の進化に今日の存在が掛かっている。しかしまたそうであるが故に、朝の時間が、内省のためのそれとして必然的であるということなのだろう。朝の時間があって初めて、彼の記憶の総体が統合されて分裂を防止されている。

五月も最後の日であった。宿から歩いて着いた駅のベンチで三十分待ってホームに出た。他には誰も見なかった。一番電車はホームに待っていた。六時である。出発まであと二分である。客は自分一人である。彼は大変リッチ（rich）な気分がした。昨夜は四千円の素泊まり、飯も食わずに寝たのだった。勿論朝も食べてはいない。六時二分と三時八分に出るだけの電車って何だろうと考えた、そしてこれは遺産だなと思った。かくて出発した電車は、大きな川に沿うて遡って進んだ。川は中国第一の川、江の川である。三次《みよし》まで三時間の旅だった。結局自分の外に、誰も乗らなかった。なんとも豪勢だった、そんな風に彼は感じていた。電車は彼一人のために、川の豊かなる風景を見せてくれるし、夜からこの朝にかけて食うものも食わずに過ごした貧しい自分に、豊かさの感情が逆に溢れ出すのだった。もしも豪勢な宿と豊かな食事の後だったなら、彼のこの時の感情は違うものであったのかもしれない。彼は貧と孤独ということを考えないではいられなかったのだ。またそこには朝の苦闘の時間があった。彼がこのように自分の実際の生活に「自然で質朴」なものを求め続けたということは、人間の歴史が切り捨てた過去のものであったのだ。彼は自己の中に人間性の全面的な復活を求めていたのだ、いかにそれが時代錯誤的であったとしてもである。それが旅にあって強く押し出されていたのだ。これが旅の心であった。

千金駅、金田の踏切、瞬間定一はすごいばかりの神秘を感じていた。その風景はすぐにトンネルに入って断ち切られた。だが一瞬の印象は生涯忘れられない種のものだった。結局彼は五ヶ月後に、この金田の踏切を歩いて渡ることになるのだが。

この車中の旅は、昨日の山口線での旅を繰り返すものだった。彼はその印象を戯言《たわごと》のようにメモ帳に残さずにはおれなかった。従ってこれは、彼のざれ書きである。

『川を離れてまたトンネル。四方を山に囲まる。川に沿う、雲沸き上がる。世の中にこんないい所があったのか。陽が顔を出す。魚がいそう。沼、島、トンネル、川平駅。歩くのによさそう。大集落。まだ一人も乗ってこない。ここらに家を買うのは面白いぞ。川の中の、島の駅、川戸、人家多数あり。学生五人乗り込む』

彼は先ほどの印象を句にする。

山峡に　霧立ち登る　鉄路旅
トンネルを　くぐりくぐれど　青葉なり

定一のざれ書きは続いた。一つ一つの駅名とその読み方、そして微妙なその土地の風景との合致が興を添えるのだった。

もう二時間が過ぎていた。

『日本も広いな、行けども行けども山の中、風景は変わらず。広々とした段地に田と家がある。都賀《つが》。たくさんの人がこの山峡に住んでいる、生きている』

彼は、アメリカ以来のある認識を再確認していた。あの時は空の上だった。自分がどんなにこの大陸を旅したと言ったって、地図の上の一つの小さな町さえ行かなかった。そんな町が無数にあるのだから、アメリカを知っているとは言えないという認識だった。それに近いことが、この鉄路の旅でも知らされていた。このことが、二ヶ月立って、歩く旅を実行させることになるのである。

定一の戯書きは続いた、しかしどんなに長く続いても終わりはくる。三次の街が近づいて直線が多くなる時、旅の感興も弱まっていく。終わりの方では腹が減ってならなかった。

彼はそうやって三次に着き、列車を乗り換えて広島まで出て、そこから新幹線で小田原まで帰ってきた。だが三江線の旅が終わった後のことは、殆ど何も印象に残らなかった。ただ広島が近付くにつれて、石州瓦の赤い家が少なくなっていくのを自覚的に見ていた。それは恰も旅の印象が消えていくのに似ていた。こうして旅は終わった。家に戻り一夜が明けてみると、今回の旅は次のように反省された。そこにこの二日間の列車の旅のことはない。風景は単なる感興的なものとして終わったのだろうか。それが実あるものとなるためには、歩く旅が必要であったのだろうか。ただ今の彼にあっては、やはり母のことが重大問題であった。彼があの出発の朝に母に見たものは、旅の間にも続いていたというのが、心の現実であったのかもしれない。逆にそれがあって、宇部のおばあちゃんの事実も、列車から見る人々の自然の中の生活の風景も印象の強さを増していたということである。

『実に忙しい十二日間であった。たくさんの収穫があって整理しきれない。日々に番号を振って出来事と思いを整理した一表が必要だ。その中でも、最も強く心に残るのは、故郷を去る日の朝の二時、母と交わした会話である。小さな姿は仏様のようであった。母は安心し、私を信頼し、まかせているようだった。

「薬は飲まんちゃよかかい。お前は賛成したんじゃな」

それは妹が止めさせた高血圧の薬のことだった。これは自分の場合止めて四年になる。この母の姿こそ、あの説教の場で、寺の防守りの前で私の心が翻させられて、「ただ母が、母が呆けて悲しか」と涙を流させたことの意味につながり、またひとつの現実でもあった。私が変わり、母も変わった。これが人と人の現実だ。憎めば憎まれる、謗れば謗られる、卑しめれば卑しめられるということだ。母を思う心は自分の根底に流れていた。私はあの場において既に変わっていたのだ。母も変わっていた。そうして私は、母に仏を見ることが出来た。

「人格の完成を遠くあの世に望んでおる」というのは、仏になる道を歩くということだ、日々が行であることを示すものだ。人生とは、自分の顔をより深く知って行く道であるとするならば、今こそその願が深くなってきた時だと感じられる。本当の人生が始まったのだ。だから私は見ているものの真実の意味をいつも考えるようになったのだ』

彼が考えた新しい人生とは何であろうか。この頃から、『自分の人生は今始まったばかりのようだ』という感慨を時に覚えることになる、その意味のことだ。何において新しいのだろうか。彼は一日に充実を求める。だがその充実とは何か。今の彼はそれに回答できるものを持たない。ただ彼は自己の生活の姿に霊的なものを求めている。こういう生活が一年ぐらい続いて、ある日彼はこう思った。

『一日の充実に功利性を求めてはならない。それは何か無限なるものへの奉仕でなくてはならない。そうでなければ利己性の罠に落ちてしまうことになる』

彼が感じた新しい人生には無限性があったが、それは現世における希望ではなかった。逆に彼の実人生は、人の宿命としての死に向き合わされて希望を断つものと変わっていくのである。それでは無限性は何を意味していたのか。それは来世に繋ぐものであったということになる。ここには、ベルクソンが言った意味の「開かれた宗教」がある。その思想は、人を何に向かわせるのか。言わば目先のことしか考えられないことに代わり、従って堂々めぐりすることに代わって、新しい違った世界を見させようとするものだ。しかし本当は、この新しい世界は「来世」にしかないのである。そうであることによって、宗教は開かれたものとなるのである。だがそこには代償があった。個人に於いての苛酷なる運命と、人類の苛酷なる運命の両者を一身に於いて負わなくてはならなかった。それはまるでキリストのようではないか。ベルクソンは、キリストはそれをなした、すなわち新しい宗教を開いたと言うのである。キリストは「運命の人」であった。彼は個人の運命を負うと共に、人類の運命を負うて死んで行った。現世の希望に死んだのではない、来世の救いを信じて死んだのだ。ここで忘れてならないのは、キリストが単に「運命の人」であることに耐えたということだけではなく、その反面として、「知的格闘」を全《まっと》うしたという事実である。定一が人生の時間に新しさを感じ始めたのは、そこに現世的概念の思考を離れた、すなわち利己的利害を離れて行為し考える時間が生まれていたことを意味するものであろう。そしてそれが、いかなる運命にも耐えそして知的格闘も失うことがないならば、その時間は実在的なものと言えるのではなかろうか。ベルクソンは人間のそうした現実的活動を「動的宗教」と呼んだように見える。これは「創造的進化」が生むものである。ベルクソンの時代にあっても人類の危機は現実のものであった。彼はそれから九年後、既にナチスが進出していたパリに於いて死んだ。定一が生まれた、第二次大戦勃発の年でもある。

「動的宗教」は生まれただろうか。新しいイエスは出現しなかった。大戦によってたくさんの人が死んでいった。多くの秀れた若者達が死んだ、その中にイエスもいたのかもしれない。そうやって何百万という人が死んで戦争が終わったけれど、それから六十数年が過ぎた時、戦争という愚も、自然破壊という愚も全く変わりはしなかった。しかしどんな人生であっても、それらの全ては個人の生と死によって引き受けられるしかない。とするならば、歴史もそして未来も、やがてくるであろう人類の終滅も、個々の命により引き受けられるものである。どこにもこの責任を他に擦《なす》り付けるものを定一は見なかった。それは自己の責任であり、運命であったということである。

第六章
この世とあの世

定一の中にこんな思いがあった。

『この世だけを充実させることは出来ない。またあの世だけを充実させることも出来ない。あの世を充実させ、それがまたこの世を充実させる、そしてそれがまたあの世を充実させる。どちらか一方だけの生はつまらない。これは、人間が現し身《うつ》の人間としては悪戦苦闘せざるをえず、そしてそのことを受け入れていながらもどうしてもそれだけでは満足しえない霊魂の存在があるという事実からくる。形而上学世界の開拓は、霊魂によって日々に求められてやまないのだ』

この人間の姿は彼にとって徹底的に明らかにされねばならぬものであった。このことは結局、霊に関することに自分がどう関わるかということである。定一にとってはこれは卒業の出来る種のものではなかったように見える。何故ならば、霊的生活に自己の人格的な生成と変革のエネルギーを感じ、そこから生まれてくる世俗的希望とか身の境遇などということを超える思想を見るからである。しかしそうではありながら、反面には強力な批判の精神が平衡して存在することが無くなることはなかった。彼は四年前に死にたいほどの慙愧に出遭ってもう一つの世界を求めたけれども、その世界もまた誤謬に落ちるなら、慙愧を繰り返すことになるからである。彼の中に、如何にしてこの誤謬を免れるかということが、慙愧以来のテーマとして強くあったものである。だがこの「批判者」の視点は世の中の様々の事件や視点から押し流されようとする。その最大の問題は、妻を襲った「死の病」であった。長く続いて、そして結論の出ない境遇にあって、霊的世界との関係は断てるものではなかったが、この批判者の視点は捨てられなかった。彼は哲学を求めたのではなく、哲学することを求めたのだ。自らの道として、カントが行ったような哲学することを求めることにしか、自分の逃げ道はなかった。自己の形而上学世界を批判しぬいて、より正当なイデア的な概念、理性的な概念を獲得することにしか道はなかったのである。それでも先の冒頭にある思いが無くなることもなかったのである。

定一はベルクソンを読み続けていたが、その生涯に同じような生き方を感じる。ベルクソンは信仰を手離さなかった。カトリック教が、そうした個人の魂の価値に関わって、それを維持する力を持つものであることを知っていた。定一もまたそうした宗教の力を信じた。彼はベルクソンを知る前に、浄土教の思想が持つ日本的な霊性の力について、自らの体験から得ているものがあった。人々は、ベルクソンであれ定一であれ、それを「神秘思想」と名付けるかもしれない。だがそれは直観としてそもそも彼の中を生誕以来生きたものだった。浄土はそのまま、彼の今の世の中に直観的に存在した。だがやがて襲いかかってくる妻の死の問題は、彼を薄氷の上に立たす。生をいかに生き、死をいかに死ぬかの問題は、彼に一段の精神の質の向上と覚醒を求めずにはおかない。だが逆にそれはまた、平常からの彼の持つ宗教の質が問われることでもあった。この宗教性には深さと広さがある。彼と妻の間にある愛は霊的なものだった。それは自覚されざる、彼の四十年の壮年における行為が積み上げた行為の反面であった。これこそ彼があれほど苦しんだ生の無為性と人間の持つ絶対的孤独を消したものであったのだ。それが故に彼は厳しく試されることになるのである。格闘の人生は終わらない、それは「批判者」であり続けることでもある。

定一は「人格の完成を遠くあの世に望んでおる」という言葉に深い陶酔感を覚える。人は言うだろう、「この世で完成しない人格が、何であの世で完成するものか」と。その通りなのだ、あの世で完成するとは、この世で完成することを意味するのだ。だが命ある限り完成しない、しかし命が消えた時、不完全だった霊は完全性を回復する。霊が肉体を離れる時、霊は肉体に宿った時と逆の方向に高く飛躍して還っていく。そこが浄土なのである。その完成された人格が、しかしまたこの世の人生の努力の結果であるということには変わりがない。すなわちこれが成就されたものなのである。定一の人生への信頼感はそこにしかない。この世において何があったとしても、そうやって成就されていくものにしか、自覚されたものされないものに関係なく、信が置けないということである。このことにこの世とあの世の関係が示されている。それはまた、形而上学世界と現実世界の関係が示されたものでもある。どちらか一方だけがあるということではない。そうなるとその人間の努力は、どちらか一方の世界だけに蕩尽されるものではないということである。彼が一日の人生に充足を求めながらも、それが現実を超えた無限性を持つ、何かへの奉仕を含むものでなくてはならぬ意味はそこにある。どうしても世界は二つある。一人の人間として持つ誠実は、自己の世界に尽くされるばかりではなく、他の世界にも尽くされねばならぬ。そこに働いている力は、道徳であり責務的なものなのである。この道徳の力を前にするならば、自己の精神などというのは卑小なるものに過ぎない。「人格の完成を遠くあの世に望む」というのは、この二つの世界の構造から納得せられることなのである。

六月になった。母のことは思うけれど、遠くなってしまった空間は、現実の煩い的なものもまた遠くさせる。一つの旅が終わって、彼の中にまた新しいエネルギーが甦っていた。彼はそんな風な人間だった。

冬が完全に過ぎて、夏が来た。この変化は彼に徹底的な気分の変更を生むものだった。冬の間なら、少しぐらい起きそびれてもまだ外は暗く、落ち着いて机に向かえる。だがこの季節になると空は明け始めている。静かで、安心の決定した時間の質は薄れてしまう。彼は三十代で書いていた頃も、夏のある期間は書くことを放棄した。それは初冬が近付いて感じる朝の充実感とは全く反対にあるものであった。定一は、昔からそうだったなと、この季節の入口で思わざるをえない。だがそれでも反面にはこの季節の良さはあった。彼がとても好きなものがある。それは水色の空が示すものだ。彼は自然が示す力の方に、心を動かされてしまう。冬の間は、自分の内的な力の充実に、そこに力を見ることにしか満足せず依存する者であったのだが。若い時代、代わりにやったのは登山だった。何もかも投げ捨てるようにして山に向かった。今この歳になってみれば、そう迂闊なことも出来ないのだが。しかしそれでも、この水色の空に寄せる思い入れは強い。何故これほど心を引かされるのか説明も出来ないのだが。水色の空は、自然の力の復活を意味しているのだろうか。不思議なことに、この空はアメリカに於いても時期を同じくして出現する。日本から戻って来て、ケンタッキーのアパートメントの窓から見えた、水色の空の美しさに見入っていた自分を思い出す。それが今また再現する。一つの旅の終わりが、彼に新たな意欲を生んでいた。そういう朝である。

『なんまんだぶつは、わが心、心の精神が生む名称である。猿智慧ではだめだ。しかしわれわれは余りに多くの場合、猿智慧とは知らずそれに従っている。どうしてもわが道の発見に努力しなくてはならない理由がここにある。「自己とは願いである」、自然物の信仰とは違う。願いは信仰である。これが、仏が日本の神々を足下に従えた理由だ』

定一がこのように思ったのは、仏教が人間の本性について、すなわち人格に関わって考え尽くされた思想を持ち、従って自然物とか現世の幸福とかについてではない、豊かな形而上学世界を持つものであるという認識から生まれたものだ。仏教は人格に関わる宗教である。ということは、各個人が自分自身に立脚して、思考を積み重ねないと、その本質的なことを理解出来ないことを意味する。そうでありながら、念仏はそれを超えうることを示す。知的な格闘は必然的であるが、それだけでは真理の解明は出来ず、自己の尊大化を招き、人はやはり現実世界の立脚地に戻らなくてはならぬということだろう。しかしそういうことは自分の力だけではなかなか出来ないことなのである。定一の信仰はそれを仏に求めて、ということは仏の人格の力に求めて、念仏を生むということになる。

定一はその日久しぶりに寺の定例の法話会に出た。四月、五月と二度家を空けた彼には畑の仕事がたくさん待っていたが、寺を優先したのだった。しかし今や自治会の仕事は遠いものとなっていた。若い御院主の話は、宗教に関わって、その社会的な意味と自分における意味であったが、その概念を定一は十分に捉えきれなかった。判然としない気持ちは翌日まで残っていた。宗教と社会の関係には際限のない深さが隠されている。

朝一番には、無量寿経の「自己とは何ぞや、自己とは自分の衷心の願いそのもの」という言葉が前日に引続き心を打った。彼は、自分の半生を願いに生きた人生であったと、改めて思うのだった。するとどうしても昨日の寺での話、宗教の自己と社会に関わるテーマが心に浮かんできた。だがこの問題に対して、彼の力はその決定打に欠けていた。そこにまた、昨日の席で何かを言おうとして、口をつぐんだままであった理由がある。彼は宗教の社会性ということに関心はあった。前年の京都旅行でもそんな本を二冊買った。しかし彼の問題意識は観念的なものに過ぎなかった。彼をこの問題のリアリティに近付けたのは現実であった。そして宗教と社会の本質関係が問われた。それは一年後のことである。その本旨は、宗教が社会の質を決定しているということである。となると社会を変えるためには、それだけの質を持った宗教がいるということになる。これを個人に於いて行ったものが、定一の人生である。しかし社会は、その逆に宗教の希薄化へと進んできた。M・ヴェーバーが言った「宗教的根幹が徐々に生命を失って功利的現世主義がこれにかわるようになる」はまさしく現代の形なのである。宗教とはあくまでも内向的なものである。失われた内向性は戻ってこない。世相の思想は殆ど全てを逆に捉えている。人々は慈善や福祉の活動によって、宗教的精神が復活しうるかのように考えているのである。

定一はひたすらに自己の歴史から宗教を捉える。自分の一生に生きている願いがあった。彼が「心願の見える風景」として一生を捉えるのは、そこに自分の生き方を見るからである。故郷の家で母に見たものもまた、母の一生に生きてきた彼女の宗教であった。彼は既にこの時から、宗教を道徳性として捉えていた。道徳性とは道徳法則であり、彼の思考を、行為を決めるものである。これは教えて教えられる種のものではない。彼は妹の死以来、そういう風に生きてきたのだった。彼の内部に生きる心情を理解したのは、唯一、小学校二年の時の担任の女の先生だった。彼女はどんなにその子がかわいくとも、その子の自立性にタッチすることは出来ないことを知り抜いていたのだ。彼女の視線は彼に対して遠くきびしく、それでいて慈愛にあふれたものだった。最も遠きものは、最も近きものである。最も遠くへ行くことは、最も近きところへ還ることである。キリストが言った荒野とはそういうところである。定一が朝の暗い内から小説を書きだした三十代の初めにあって、感じたものはそういうことだった。その時間によって、自分は人々と離れて遠いところまで行くのだが、その行為によって自分が最も近く人々の側にいる気がしたのだから。

彼は坊さんに何かを言おうとしたのだが、自分との隔たりを感じて、つい口を噤んだのだった。彼の宗教は、自分の思想が生み出す質のものであった。

もう梅雨の季節である。雨の降り方に感じられる。だからたまさか見える青い空にも水が映る。水は樹木や草の中にも溢れている。翌朝はそういう雨だった。そんな雨の朝にこう思った。

『「人格の完成を遠くあの世に望んでこの世を送る」のは、この世は精進して終わるの覚悟なり。しかしここにも絶対の概念が見える。地上における幸福などという概念はここには全くない。思想には絶対があるし、そこまで行かないと思想ではない。それ故に死が掛けられる、思想に死ぬということだ。この思想がないから、日本には偉大な人物が生まれない。これは文明の不毛と重なる』

篠突く雨は彼に無言の決意を生んで、机に一日を縛り付けた。旅が生んだ深い思いが、彼の中に情緒を持続して前向きの力を生んでいる。

『絶対にまで至った宗教心は、世俗や法律の道徳とは無縁だ。世俗道徳は白い砂糖に混ざった、白い石であるとある。母を否定しながら母を受け入れたあの朝は、母の中に仏を見た。そうさせたのは私の中の仏であった。母と子の間には、世俗的道徳では言及出来ないものがある。世人はそれを道徳で計ろうとするのだが。母が聞いてきた念仏の力を私は見た。ここのところが肝心で、他人に対して自己の精神を翻して相手を見る力がないと、信仰者とは言えない。問われているのは自分の信仰なのだ、常に。今回の帰省の重要な点はここにかかっていた。この厳しさは言葉を超える。念仏が生まれる。とても自分の力だけでは出来ない、まだまだ奥は深く、私は生き始めたばかりだ』

定一に、あの世における生という概念がないと成立しえないものが見える。彼岸も仏も信仰も経験が行きついたものであった。しかし経験が生んだとは言えない。経験を超える思考的直観が生きている。これを人が何から得るのか、それは単なる誤謬的なものとどう区別されるかは重要な問題である。彼の場合は、絶望が襲うてくる時、それを超えようとするエネルギーの強さだ。現実は常に絶望に満ちている。それを超えるものとして、キリストの「隣人への愛」は思想性を持つ。定一はそれを自分でも正当性を持つものとして深く評価する。定一にとって「あの世における生」はそれと同じような現実性を持つ。この世の運命を全部受け入れて耐えきろうとする先に、この超越的概念が生きる。念仏に思いがこもる。それは諦めと、再生の言葉である。

定一がその昼間の読書で、「日本人には思想がないというのは、良いことだろうか」と自分に問題を提起したのは、司馬遼太郎と山本七平の対話集の読書からくるものである。特にその最後のところにある、「日本に聖人や天才はいらない」に見られる。二人の日本人論についての広範囲にわたるその見方に対して生まれたものである。

『思想がないとは自分がない、そして歴史的には文明がないことに通じる。私が自治会活動でやくざものと言われたのは、思想が関わっていたのだ。この思想を持つ者を、日本人は歴史上敬遠してきたのだ。だが、思想がないことは「日本人とは何であるか」を説明するものではない。そういうことを、良いことであるかのように捉えることも出来よう。しかし自分の歩いてきた道は、日本人の思想をはっきり摑むことを目指すものだった。それはまた自分とは何かを明らかにすることでもあった』

ここには「日本人とは何か」が現代の人に問題意識化されていないことがある。定一の「日本人でしかありようがない」は、アメリカ生活が生んだものだが、異質であるかもしれない。それは知識人や学問社会の人々ほど、見えにくい。定一は、日本人の思想を浄土信仰から捉えている。そしてそれは庶民の中に生き続けたものである。定一の道は、少数者である「創造的生」を選ぶ者である。しかし彼の信仰は庶民であることを強制している。こういうことは、論壇ジャーナリズムの知るところではない。後に、鶴見俊輔から教えられたことだ。それでも先の旅での、津和野の人物研究の感想にも出ているものだ。彼が求めるものは、人生とは一身の興隆のためにあるものではなく、永遠の精神を残すためにあるということだった。それは彼の「日本人でしかありようがない」に関わり、庶民の心に関わることなのであった。彼はやがて、ベルクソンがカトリック教の中に見た神秘思想との、自分自身が持つ浄土信仰の類縁の関係に気付くことになる。ベルクソンにあっても彼岸の予感は本質的なものだった。

定一は朝から本ばかり読んでいたので、気晴らしをしようと、近所のSさんの家に話をしに行った。戻っての感想はこうだった。

『先ほどSさんと一時間ぐらい話す。Sさんは自分で考えることの出来る人である。だから会話が成立する。「自分にも考えなくてはならぬことがある」と最後に、別れる時に言われた』

このSさんの言葉の調子には深いものがあったのだ。夕方になった四時頃思った。

『今日最大の風景はSさんとの会話なり。これで僕はすっかり元気が出た。机に向かっていてほとんど疲れない。「古代ユダヤ教」を読み出した。これをなんとか朝の読書に持って行きたい』

『何故今、ユダヤ教なんだろうか。宗教の普遍的な定義が知りたい。特にこの場合、ユダヤ教がヨーロッパの合理主義の元を作ったものであるからだ。宗教が持つ、社会に対する力とは何であろうか。これは大変に重要なものではないだろうか。この力がないと、社会は功利主義一辺倒で流されていくのではないだろうか。こういう宗教の力で、仏教とキリスト教で違う点は何だろうか』

宗教自体が果たしている社会への役割、という命題はなかなかにその本質を彼に示さなかった。しかしこの時点にして既に、彼が関心を持つ宗教とは、社会を動かしている源泉力としての宗教であって、社会の中で活動している諸力の一分野としての宗教ではなかった。彼がかつていだいた、仏教の持つ社会性といった視点が逆転しているのが見える。それは個人にあっても同じことで、自己を動かしている力としての宗教であった。これはそもそもの彼の社会認識が、「自己を知らずして社会を知ることは深まらない」、「社会を知ることは自己を知ることである」の相互的依存の関係にあることから来るものだった。ここから、宗教とは道徳なり、の認識に至る道は一歩の距離である。

またこの日の「日本人とは何であるか」についての所感は、彼が既にその独自性を得つつあるのが見える。そのことはあくまでも自己の経験によって確かめられるものでなければならなかった。そうでないと、「自分は日本人でしかありようがない」という自己の観念は、説明しえないからである。こういう点で、文人や学者は日本人を一般的概念で説明しようとする。だがそれでは個人を納得させる、自己に固有的で、本質的な特性は説明が出来ない。個人が持つそういう資質、それは社会に対しても普遍性を持つようなものは、どうやって発見され、認識されるのだろうか。これが正に「哲学すること」なのだが、カントが「純粋理性批判」を書き上げるのに、十年も要したような、そのような時間が必要であるようだ。しかし経験という面からみるならば、それはもう既に獲得されたもの、行為化されているものである。その認識に光を当てるものが生活である。カントは「仕事」「思考」「交際」の三つでそれを説明した。定一がこの日、これだけの勉強をしながらも、Sさんとの会話に最大のインパクトを感じさせられた。これは「交際」の分類に入るだろう。だが生活全体を貫く一つの力が見える。それは思惟である。それは物理的時間ではない、だがそこには目的がある、釈尊がそうだったように、カントがそうだったように。この目的の追跡はしんどい。

定一の中に、「道徳」をめぐっての混乱が生まれていた。これは暁烏の「廻心。道徳の根底としての信仰」の読書が引き起こしたものだった。この言葉をそのまま理解するなら、道徳＝宗教でいいわけである。ベルクソンもそう定義した。しかしこの言葉が、「世間的道徳」にも同じように使われるから、いつのまにか混乱が生まれるのだ。そして今の定一には、十分なる使い分けが出来ていない。読者はこれを十分に気を付けて分けられることを願う。

翌朝である。歎異抄講話から、「念々称名、常懺悔」の言葉に出合う。これは信心相続の相を示す、善導大師の言である。定一はこれに対して「道徳根性が真の宗旨の足を引っ張る」と注をつける。しかしここでは、善導の真の宗旨から考えてみよう。それはこれも定一にかなりの月日が過ぎてからのことであるが、何か自分の中に自分の都合のいいことが起こったり、それを何か喜ぶ心が起こってくる時に念仏が口に出るようになった。それは、「そういうことは全部間違ってますよ、全部捨てましょう」とする念仏であったことに符合するものであるようである。念仏によって自己の悪さを消すというものではなく、『また自分の良いことを考えて喜んでいる』という自分のありようを否定し、反省するという働きとしての念仏であるということだ。申し訳がないというのではなく、自分のそういうありようを否定する念仏なのである。『申しわけがない』となると、どうしても道徳根性が混ざってしまう。この歩一歩のところが、宗教にあってはいつも危うい。結局のところ、この利己心というのは人間の本質的な悪さの一つである。それは人の隙を見て働きかけてくる。不断の注意が必要である。仏が言った三毒の始めにくるものだ。常懺悔の意味がここにある。定一の利己心を見分ける眼は、社会の問題に対しても向けられていくのである。

その日は午前中を畑の草取りに使って、午後をグラウンドゴルフに費やした。汗を流すことと、人々との何気ない交流だった。定一はそういう日の時間にあって、何の不足も感じてはいない。何か特別な時間や出来事は必要ない。どんな時間も等質なものとして受け取る。時間の質は、その時の思惟の中にしかない、そしてその質は記憶され保存されても、その定かな時が特定されるとは限らない。人はそのようにして生きている。魂の中を流れる時間は途切れない。思考は続く。魂には、時間という、これは物理的な長さを持つものではない、不断で無限な補給が必要だ。それが思考である。そうやって朝の時間が繰り返す。

『願いがあるならば、衷心よりの願いがあるならば、その願いの力によって成就されていくものがある。これが私の行であり、そのことは私の宗教である』

ここには彼の行為を自然に律し、選択し、決めているものが表現されており、それは更に将来に向かって更に大きな力となっていくものである。利己心によって結実されるものと、衷心の願いによって成就されるものの違いを区別する言葉を定一は持たない。しかし彼がそれを私の宗教だというのは、その願いが道徳性に関わることを意味しているようだ。ただ彼は、この成就という言葉に深いものを覚える。成就されていくものは、自分の力を超えたものだという感覚がそこにはある。衷心の願いは、現世の希望に掛かるものではない、従って目的では測れないものである。

江の川の旅は、津和野の旅は、終わっていなかった。旅というのは終わった時から始まる、そして一定の成果を心の中に生むまで終わらない。そして終わらない旅というのもある。彼はいつもそこを旅している。そしてふと、忘れていた旅をふとまた始めている。旅はそういう形而上学的なものを持っている。人生が一人行くものであるように、旅もまた一人、自分の力で歩かれたからだ。その分だけ旅の意味が深い、人生と同じように。江の川の、ただ電車の中から見ただけの風景が、そんな風に永遠に残り続けるのである。

『私に風景を見させるものは願いだ。願いは私の中を生きる。これは仏の力だ。願いが叔母の病院に行かせ、本願寺に行かせ、Sさんの家に行かせ、宇部、津和野、江の川のことを知らしめた。そこに成就されていくものがあるということだ。願いに生きる人生、それ以外の人生はない』

朝はまだ三時になったばかりである。机の前である。自分が昼間に求める時間を考えて、今こんな風にしているような、何にも追われていない時間を求めるのだろうと思った。

『人はいつも何かに煽られている。これは畜生道を意味するとあった。全くその通りだ。そうやって大半の時間を生活の鞭で叩かれているのだ。それでアメリカ人は鞭のことをモチベーション（motivation）というのだ。それで人は、こんな風に何をやってもいい何もやらなくてもいい時間を、反面恐れる。しかし何もしなくてもいい時間こそ、何か普段出来ないことをやれる時間なのである。こうやって今私が楽しんでいる時間は、実は貴重なものである』

名のためでも金のためでもない、それでいて安らぎと満足のある時間、それは創造の時間であった。この世に畜生道を見たのは、釈尊である。しかし彼はこの世に彼岸を見た者でもあった。この彼岸の世とは、因果応報を超えたものである。結局、この世で見ることの出来る世界しか、あの世でも存在しまい。それは畜生道を知り抜き、悩み抜いた人間の見る夢である。その夢を現実に見るということだ。その夢を見させるものこそ、カントの言う道徳法則である。その夢は実践的、実在的である。それは希望ではない。責務的であるばかりである。

定一の願いは、この世の時間を彼岸の時間に変えることであったと言うことが出来よう。願いに生きる姿そのものが、彼における宗教だった。それは生活そのものだった。だが生きている限り、畜生道もまた続くのである。

定一は岩波の月刊誌「図書」を読んでいた。今の彼に、アメリカにいた頃にこの本を読んでいたほどの集中力はない。彼の地では、殆ど唯一の知的情報源であったのだろう。この本の読書は長い歴史を持っている。彼はこの日、すばらしい女性に会った。G・ガルシア＝マルケスの書いた『辞書を「書いた」女性』である。『ここに書かれたマリア・モリネールという女性は理想的な人生を送ったな、と思った。名を売らず、文を売らず、そんな一生の中で、何か一つ自分にしか出来ないことを残す、そんな一生にしか価値はない』

マルケスは書いている。

「この婦人は、ひと言でいうならば、ほとんど未曾有と言うほどの功績を残した。たった一人で、自宅で、自分自身の手を使って、もっとも完全で役に立つ、もっとも神経の行き届いた、そしてもっとも楽しい、カスティーリャ語（スペイン語）の辞書を書いた」（岩波書店刊「図書」二〇〇八・三月号　田澤耕訳）

彼女はこの仕事を、図書館司書の仕事と、自分本来の仕事と考えていた靴下にツギを当てることの合間にやった。この辞書は完成し、二巻、合計三千ページにおよんで、重さは三キロにもなった。

定一に先の感想以上のものはありえない。彼女は因果世界と形而上学的認識の世界の二つの世界をしっかりと手元に引き寄せて、平安にそして充実して生き終えたのである。世の中の毀誉褒貶《きよほうへん》にまみれるなら、人がどれほど精神の劣化を受けずにおれないかというのはありふれる事実である。

定一の一日はそうやって過ぎていった。翌朝である。

『善悪を超えて、道徳心を捨てて、自己を真実に見ていけ。世間的道徳から身を離していなくてはならぬ。その深い深い道理が見える』

理性的道徳からみるならば、母のことは、普通に人間がそうであることを求められるような、ぼけの少ないそして肉体の苦痛や不自由の少ない日々の生活に求められていた。母が自立した生活が送れることだった。それに自分がどう係わるかではなかった。

『母のことで私の行動の基本をなすのは、世間的道徳ではない。母が五日目に自分が用意した食事を摂らずに下に行ってしまった時、私は母を捨てようとした。しかし捨てなかった。そうさせたのは信仰であった。そうでないと私の信仰が、すなわち仏というものが自分の中で崩れてしまう。これが、命を与えてくれた人との関係であるから、更に厳しいのだ。もし母が最後まで生活本能を優先させたら、私は母に無縁な人間となって故郷を去ったであろう。その一歩の壁は厳しかった。私は佐賀の本願寺に説教を聞きに行ったことで、自分の中で一歩を引いたのである。それで帰って来て、コーヒーと菓子を母に出したのだ。かくて母も変わった。

今回母は奇跡的な復活を遂げたようだ、肉体に於いて、精神に於いて。もう一つ自分が考えることがある。自分の生まれについて、生来生まれの卑しいものとして捉えてきた。しかし、祖父・父・私と流れてきた血は決して卑しくないと思う。この血の特徴は純粋性にある。金とか財産に対する囚われが少ない。これにより家代々が議員を出した、すなわち公に仕えることが出来た。人の信を得る何かが、祖先の血に流れているのだ。これが金の信仰にとって代えられるなら、この伝統は切られてしまうだろう』

定一が母を捨てなかったのは理性的なものだった。母に生活本能が優先したように、それは定一にもあった。彼もまた生活本能によって母のことを捉えている。そうである時、彼は母の立場まで下りて行けないのだ。それは利己主義的なものである。真の相手に対する憐れみは生まれてこない。実はこれは半生における母と子の歴史であった。二十歳の時の母と子の諍いが決定付けたものである。母には母の生活があり、子には子の生活があったということである。夫婦の歴史とは違うのである。信仰の領域が親子を結び付けてはいたが、生活の結び付きは弱かった。そういうことから、母に対する疾《やま》しい感情があったのは事実である。この解決を彼の世間道徳がやるのは無理であった。それを無理にやったとしても、よい結果は出なかったであろう。かくて生活的なことと宗教的なことが、両者によって適宜に使い分けられていたのだ。今回の帰省で起こった母子の間の事件は、このことを露呈したのである。

翌朝である。

『運命と宿業の違いを、それは受け取り方の違いからくるのだが、感じる。祖父・父・私への血の流れを感じる時、自分の人生での幸福ということが、結局それは妻にも子供や孫達にも伝わっているのだろうが、祖父・父がどういう人であり、どう生きてきたのかというようなことが、強く関わっている気がするのだ。他人への奉公心を忘れなかった人達であった。自己への計の少ない人達であった。義務に生きようとした人達であったのだ』

『都会と田舎を往き来することは意味がありそうだ。違いを知って気付くことがある。それは自分が住んでいる世界を、より広くそして明らかにしてくれるということだ』

『運命と宿業の違い、結局この問題は自分が受けなくてはならない運命を知る、受ける、受けなくてはならぬと知ることにある』

それは運命が自覚的なものになることを意味し、そこに耐える人が生まれている。

『自分に母のことを思い直させたものが、世間的道徳だったのか、宗教だったのかというようなことは、本当はむずかしいことだ。「母は母である、母がいかなる者であっても」これもまた世間的道徳なのだろうか。だが自分の力でそこまで行けただろうか。それがポイントかもしれない。宗教的道徳と世間的道徳の境界が消える。この問題に自分はもっともっと突き当たるだろう』

母のことについては、始めから世間的道徳を無視出来ないものがあった。だが現実はそのことだけですむほど容易なものではない。相手を敬わずして家族の介護をするのは難しい。これが家族介護にある問題だ。世間的道徳を守ることだけで介護をやろうとすれば、無理が生まれる。定一は生活における母との共有性のなさを知って、施設の介護にゆだねることに早早に切り替えたのであった。他方にあって、宗教的な面から「母は母である」との認識を維持出来たのだ。宗教的道徳が母の介護の問題を解決したのではなく、合理的な判断が現実問題をよりよい解決へと導きつつあったということである。この使い分けに彼は一点の疚しさを覚えていたのだが、現実上の方法はこういうやり方でしかなかったようである。これは実践上の問題ではなく、理性の認識に関わることであった。母を守ることは彼の道徳的要求であったが、そこに自らの実践性がなく、そうなると方法は変わりうるものだった。その点では彼は合理主義者だった。これもまた彼の半生に見られるものである。しかしこれが余りに素早く行われ過ぎて、失敗を生んだということも彼の歴史にあった。もう少し時間を取って、十分な配慮をしたならばそれは防げたのではないかという、反省がそこにはある。これが人の生・死と関わる時、根は深い。彼はそういうことに、段々と用心深くならざるを得なくなりつつあった。母のことはいつも考えさせられるのである。

その日は、妻と薬膳料理教室に参加した。それは世上における快楽そのものであった。だが快楽の上に建てられた世界は、間を置かず壊滅されることになる。あたかも、大地震がすぐに起こるのだが知らないから大安に暮らしている人の姿である。翌々日の朝である。

『願いがあって、願いの力によってそれらが成就されていくのはいい事だが、そのいいことにこだわって、なかなかそうならない日々に出合うと、不安になったり不機嫌になっている。そこに働いているのは道徳心だ、世間的な奴だ。そもそもそれが精進でもあるかのようになされると、そいつは既に忍び込んでいるのだ』

そのことは人がいだく、善・悪の観念にも適用されていく。

『信仰は、わが心に良からんにつけ悪からんにつけ、それらを越えて成立しなくてはならぬ。自分が良き人ならば信仰はいらない。自然な心のままではあれぬ自分がいる、それが信仰を要とした元々の理由なのだ。道徳心が最後まで自分をしばる。そうだとしたら、ただ、「うまくいった、いかなかった」と暮らしている、俗世に生きる自己の計らい心を一歩も抜けてはいないのだ。念仏にすがらずして、いつのまにか精進心にすがっている自分がいた。いいことが少しあるといいことばかり期待している自分、そんな自分がなくならないのだ。しかしこのことも自分が見、受け取っていかなくてはならないということだ。やっとそういうことに気付き始める。これが「無上仏とまふすはかたちもなくましまます」とあるものであろう。「空」である。義なきをもて義とす、ここに絶対がある』

「因果はめぐる糸車」との歯車の歯は、半分もずれることはない、人は封じ込められているのだ。その認識が、苦しみが定一を変える。

定一はその時、自分に念仏の出ない理由が分かった気がした。計《はか》らい（自力）に生きているからだった。精進ができたできぬではなく、計らう自分の心に気が付いて全てを念仏の内に捨て打ちまかせるということだった。道徳心に生きないことも、肉体に貪計《とんげ》しないことも難しかった。ただありのままに見、生きて、念仏に生きるだけだった。これは実現されることになるが、妻の死への直面という事態の発生を待たなければならなかった。現実は過酷に過ぎるように見える。現実における、因果の歯車の力は強い。

「体に貪計する」とは無量寿経からの言葉だった。それはすぐに母との経験に結び付いた。

『母の出来事は、結局「体」にこだわった日々だった。そのことは単に母に対してだけ認識されたことではなく、自分のことでも働いたのだ。体のことを超えて、何かを願っていくということがないのだ。体ばかりにこだわっている。それを止むを得ないとは言えないと思う。そこに欠けているものが見える。肉体を絶対視したら仏道は無用だ。この心構えが余りに不足していたということだ』

定一はそういうことを考えて、宗教上の知見の進化ということは、生活のありようを変えていくことになるなと思った。

『例えば、仏の本願の第三、三悪道からの離脱ということは、畜生道すなわち鞭に追われている生活からの解放を願うことは、生活を少しは変える。肉体への貪計から離れようとすること、つきまとう道徳心を離れんとすること、これらはすべて生活と関わって精神をもう一度高い次元のものにしたいということだ。無自覚の日暮らし的生活から、自覚された精神生活への願いだ。これもまた自分の中を生きた心願の一つだ。欲望という鞭によって意欲化される人生ではないものを求める、それはすぐにはうまくいかないとしても、今までとは何かを変えていく。それは私の宗教だった。この宗教を文化比較の面から見直すことには興味がある。「古代ユダヤ教」を読んでいると、そんなことも考える、あるいは読む目的がそこにある』

定一は未だ、社会を変える力としての、宗教の持つ特質を明確に捉えてはいないが、問題意識としては、十分にその領域に入り込んでいた。それは以下の感想が十分に示している。また彼は次のような、マックス・ヴェーバーの文をメモした。

宗教的な性質の新しいもろもろの思想が可能とされるためには、人間は、この世界のもろもろの出来事にみずからの問いをもって立ち向かっていくということを、まだ忘れてしまってはいないことが必要なのである。（『古代ユダヤ教』マックス・ヴェーバー著　内田芳明訳　岩波文庫）

これは「イスラエル知識人と隣接の諸文化」に書かれているが、読んだ定一は、現在の自分を説明するものであるかのように捉えて、その言葉の深淵性に震えを覚えた。それはかねてより直観的に、生きた宗教は新興宗教的であることを説明するものだった。この意味の宗教は、いつも自己において刷新され、従って変容を重ねるものであるということだ。ここには『もう一つの世界』の存在が説明されている。『世界を開く行為』の姿が示されているのだ。この文の直ぐ後にこうある。

この世界の進行について驚嘆する能力こそは、この世界の意味を問うことを可能にする前提条件である。

定一は自己にとって新しく開かれた世界を求めながら、他方社会に対してもそのように世界を新しくしていく力の存在の可能性を考えていた。彼の感想は続く。

『自分にこの本を読んでみたくさせるのは、宗教が社会に与える力を知ることにあるのだろう。日本とは違う歴史の国がある。ユダヤ教は一貫してイスラエル人の宗教である。仏教はインドで生まれ、中国に移される。

それが更に日本に移って、日本の土に根付いた。この一転、二転したものに、日本人のアイデンティティはどう結合したのか、そこが私の興味と関心の的だ。しかしそれを具現化したのは、一身の生であったというのは事実であろう。ユダヤ教の場合、イエスは一身の生においてそれを新しくした。親鸞もまた一身の生において、仏の思想を日本の土地に於いて新しくし、具現化した。イエスの思想は自己の自立を促すものだ。そういう歴史を持たないように見える日本にあって、平安末期の新仏教の興隆は、個人の価値ということについて、人民の中に覚醒を生んだ。思想が宗教を生んだのだ。高い次元における意識と生活の刷新というようなことが、一生涯の間起こり続け、やがて世界を変えていく。そこには売文とか宣伝というようなことは一切関係しない』

「自分の問い」を持って、一人自ら社会に立ち向かっていく時、独自の世界が開かれるということである。それはベルクソンが言う、時間を持続性として捉えることである。日本にもこの伝統思想はあった。親鸞の「念仏偈」にある、「五劫思惟之摂受」は法蔵菩薩の生の姿を写し取ったものであるが、これは理念的に我々の生に適用出来るものである。物理的時間は消えて、意識が持続のエネルギーとなって生き続ける。ここでは他人が何をやっているとか、自分をどう見ているかというようなことは関係しないのである。意識生活がその人の生の質を決めている。自己独自の特性を持つ世界、ということは創造的世界を意味するがその世界を持つ者と、本能・感情・習慣によって流されていく惰性的世界しか持たない者に分けられてしまう。M・ヴェーバーの「自らの問いをもって立ち向かう者」は前者であり、そうなると宗教的思想が不可欠であることを意味している。定一はそれを、自分を説明するものでもあるかのように感じたのだ。

それではこの意識世界は、昨日・今日・そして明日へとどう生き抜いているのだろうか。それはどこへ向かうものだろうか。これは大問題である。意識は見えている世界の奥に、何か今日を生きた縁となるあるものを必死に探しているのは確かだが、それをしっかりと名指すのは難しい。それは元々形をなさないものだ。それは事柄ではない、事柄が示しているもの、概念的なものである。だがそういう内的印象が捉えられる前に、既成の言葉が、コマーシャルが、キャッチフレーズが彼を略奪する。人は更なる、自己の奥にあるものを追いかけるのをやめてしまう。定一が、読んだ新聞を見えない所に隠し、テレビの画面を見ないのは、それに気付いているからだ。彼の関心は、昨日・今日・明日と変貌を遂げていく精神の姿にある。一日を生きて、精神は何かを受け取ったのだろうか。この変貌する精神の姿は、中々明確にならない。僅かにメモがそれを残す。たとえば彼はその日、宗教上の知見が生活を変えるということを概念化した。それは「肉体に貪計しない」という本の言葉を出発点とした。そしてこの生活を変えるということは、一身の身の上に起こること、開かれた宗教の意味することだった。それは翌日にどういう姿をとったのだろうか。

『死して絶対の無に還ることを知りながら、なお安らいでいられることは信仰の要である。よくも釈尊はこの真実を知って、教え抜くことにたじろがなかったものだ。絶対の空しか我々の死後にはないのである。「自然法爾」も、この世界が義なきをもて義とすと言われたのも、そういうことだ。かたちになるものはないのだ。それが人間として生を受けながらも、死を前にして人がいかんともすることが出来ないという事実である』

何事も固定化されたものがない。そしてそのまま死を迎える。だが彼はそこから先に道を求める。

『道徳心は母のことばかりに働いてはいない。いいこと、悪いことと受け取っている自分のありように無言の力で働いていた。私はその世間的な道徳に閉じ込められていた。これらを突き抜けた絶対無の境地こそ信仰だ。この絶対がわからぬ人間は、未だ弱い。最後までマスコミ人であり続けた司馬の弱さはこれだ。あの日の母の姿には、絶対の空に帰っていくものがあった。道徳性は離れなくてはならない。相対的世界ではない、絶対の世界にいる母を見たのだ』

定一は、肉体にこだわり道徳にこだわっている自分を見ている。それでは、宗教の、信仰の真の力は発揮されない。開かれた宗教は世間との関わりを持たず、一切の貪着を持たない。新しい日の思考は一歩を進めて、旅で見た風景に新しい意味を加える。

『佐賀と秦野を往復する生活が、文化というものを見直させたのだ。より深い自然の魅力も教えられたし、それは仏の追求に迫力をかけた。それはある力の存在に目覚めることだった。この力は宗教の言葉を以て語られる。人間の本性への目覚めでもある。私は自然の大きな力に曳かれている。江の川の風景が私を呼ぶのはそれだ。この自然とは、仏と言ってもいい。自然が分からないと仏が分からない。この自然が分かるには、一身の歴史が関わる』

車窓の風景に仏を感じたというのは、どういうことであったのか。仏とは力であったということだ。その力とはまた自己の内に力が存在することを意味した。彼はそういう力に感応出来ることが重要だと思ったのだ。自然から感じたものは、無限性、自己を完全に超えた力の存在であった。それが分かるには、自己が自然と触れ合った歴史と、自己の中を生きる力すなわち宗教的歴史の二つが必要なことである。この自然理解ということは人間の教育面から非常に大事である。だがそれは田舎に生まれ育つということだけでは出来ない。土に触れる労働、畑の作物の食との連関、生活に見る人々との交流あって育つものである。定一は人々の生活に念仏信仰を見、土を耕す一生の労働に霊性を見、それを見ている風景や風雪に無限性を感じて育ったのである。この二つの歴史は、その人が生命の存立に関わるような危機に遭遇する時、役立つことである。そういう教育は出来ることだろうか。諦めてもなるまい。定一は妻に、この自然とは何かを教えた。それが、四十代の中頃から始めた日曜毎の山野や集落を通る散歩と、旅の意味したことだ。しかし、彼は宗教を教えたわけではない。自然は教えられるが、宗教は教えられないということであろう。とするならば、少なくとも自然を教えることは必務的であることになる。定一はその点で、孫が成長するにつれてその職務から離れていることに、危惧の念を持たざるを得ないのである。

この日々にあって、定一の問題意識の根本にあるものは何であったろうか。それは、宗教が社会を変える力であり、それを自分自身の問題として言えば、自己の生活を変える宗教的な性質を持つ新しい思想の獲得であったように見える。それを彼は、「宗教上の知見」と言ったのだ。だがそれは、M・ヴェーバーが言うような思想でなくてはならなかった。そうでないと、世界は変えられないし、流されるということを止めることは出来ないからだ。

人間というものは、何かの経験概念を求めて日々の時間の総合ということに苦闘する者であるわけだが、そこにはいつも限界があるように見える。何か最も重要なことが見逃されるというようなことが起こるのではないか。それは時間の統一が不十分だということである。法蔵菩薩の「五劫思惟」はその不十分を防ぐものである。定一のこの時における思惟は不十分ではあったが、M・ヴェーバーの言う、「この世界のもろもろの出来事にみずからの間をもって立ち向かう」という生活の姿勢は維持されたようである。とするならばその新しい思想は、獲得されるものであったかもしれない。

彼がその日の昼間の時間を費やしたのは、畑であった。春の四月と五月を、長期間二度に分けて不在であったことは、畑の作物にとっては決定的なことだった。畑の姿は、「不在証明」にならぬかと、真剣に思ったくらいである。彼はこの時期を、昼間はその畑の回復作業に当てていた。結局彼の苗床は全滅状態だった。ただ、さつまいもの苗だけが今やっと定植出来るまでに成長しただけである。トマトの苗は昔の会社仲間から分けて貰った。今はその三十本の成長を見守り、これを追いかけるように伸び始めたトウモロコシの元気さを見守っているのである。この時期の畑は面白い。

畑の作業にも二つのものがあるようだ。見えているものと、見えていないものだ。まるで、現実的なものと形而上学的世界との二つの世界だ。後者は深く思考して、選択し、新たな行為が生まれて進化する世界である。ただ畑に行き、見えていることのためにだけ働く時、それは惰性的になる。例えその日何かに気付いて考えたとしても、翌日は忘れていることが大半を占める。そのために、畑に日に二度行くのはいいことだ。準備をして行くことになるからだ。定一はその日、ゴーヤの苗を求めて二つの店を尋ねたが、既に季節外れで、売ってはいなかった。ところが畑に行くと、仲間の二人が「君の畑に自然に生えているぞ」と教えてくれた。それで彼はそれを、合計七本になったが、上の畑と下の畑に植えたのだ。ゴーヤの苗は、こういうものでも十分のようである。苗床では一本も育てられなかったのだが。

実のところ、彼は畑を十年近くもやってきたが本質的な植生の原理、いかにしたら植物がよく育ち人間の体に健康をもたらすものとなるか、というようなことについては全くの無智者であった。これが気付かれて、そしてなお現実的進化が生まれるには機縁が、そして指導者が必要であった。その道は遠かったが、やがて実現し、彼の努力が始まることになる。そこには何か偶然的なものが、それが努力の結果ではあるが、恰も神の出現でもあるかのようなものが見える。自力には限界がある。

午前中はそうやって終わり、午後はグラウンドゴルフを仲間とやった。昼間の時間は多くはこんな形で費やされる。この日中の時間は何の意味を持つのだろうか。その解明は殆ど不可能だ、一生の意味が解明出来ないようにである。その点では、人間の一生も蟻や蜂のそれと似ている。意味はないのである、ただその生の務めを果たすだけのことだ。これもまた、この虫達に似ている。そんな人間ではあるが、彼は今やっと、思考する存在として人間の価値を認めた。その点では、デカルト的であり、パスカル的であり、ベルクソン的であり、法蔵菩薩的であった。それでは思考に関わって、昼間の時間は何であろうか。自由行為の問題も残る。定一が思考するものとしての人間を考える時、昼間の行為は無意味であろうか。これは長く、彼の心に引っ掛かってきたことだ。それは何よりも仕事人間であることによって、自己の心ということと恰も無縁であるかのように過ぎていく時間の質のことだった。これを深く考えさせたのは、アメリカはベレアの大学の森の中での経験だった。土曜日だった。彼は妻と二人、この自分が好きな森に一週間ぶりに来た。彼は歩いていると、森の木々が自分に語りかけてくるのを感じた。すると、月曜から金曜まで自分の上を通り過ぎて行った時間とは一体何だったのかと思った。今、木々は自分の心に語りかける。だが会社で過ぎて行った時間は、心との対話は全くなかった。彼は仕事の忙しさと、その問題を解くのに、追われただけだった。だがこの自然の中では、心が豊かに膨らみ、忘れていた様々の思いが、何かを感じ蘇ってくる。この経験は、その心を普段の生活にあって失ってはならぬと教えるものだった。森の木々はそれを彼に語ったのである。そうであっては、人生は有っても無きが如きものとして過ぎ去り、失われてしまうからだ。

昼間の時間の意味に関わって、ここには彼が人生を理解しようとする努力の総体が掛かっているのである。それは自分にとってこの世界が何であるかということだ。それを自覚的にならしめたのが四年前の、故郷の寺の「報恩講」御満座の席で、突然にやってきた、死にたくなるほどの「慚愧」であった。それは自己の世界を無反省・無自覚的に生きてきた者の気付きであった。彼は自分が罪ある人間であることを深く知ったのだ。しかしこの経験は、新しい世界を開き、獲得する出発点とあった。彼がベレアの森で知った、昼間の仕事中の心と無縁であるかのような時間にある世界は、「物」に属するものだった。しかし森の木々が語りかけてくるような、それは心が完全に自由に戻った世界は「心」に属するものだった。既にここに、世界が二つの矛盾したものによって成り立っているのが分かる。一方は徹底した因果の世界であり、他は自由世界である。彼はこの四年、二つの世界に自覚的に向き合ってきた。彼が三十四歳で気付いた、自己の中の心願の存在は、この自己の人生を徹底して制約している因果世界からの自由を意味していた。彼はその苦しみから、書くことを始めた者だった。この世界の構造は普遍的、必然的なものだった。このことを最も深くそれも徹底して哲学したのがカントであった。彼は『純粋理性批判』の完成に十年以上を費やし、それと関係する四冊の本の完成に更に十年を使ったのだから。定一の一生が、世界の解明ということに関わって費やされたのは、十分に理由のあることだったのである。

だが定一の長い壮年の戦いの時代も終わった、そして老年の時代が現実のものとなりつつある。その彼に、昼間の時間は新しい意味を持ちつつあった。今の彼には、思惟ということが自分を占めている早朝の時間よりも、昼間の時間の方にこそ意味があるのではないのかと思えることがある。結局その人間を規定しているのは行為であるからだ。何を考えているかより、何をやっているかである。逆に言うなら、昼間の彼が、早朝の彼を決めているということになる。この二つの時間の相関は、純粋理性と実践理性の関係に近い。しかしこのことは、世界ということが創造によってしか捉えられないことを意味している。何事も自分を固定化するものがないということである。そのことは、世界が、「世界を開くという行為」によってしか進化されないことを意味する。経験の全体は決して完結したものとしては与えられず、生成し変容するものなのである。こうした世界の理解は彼の仏の世界の理解とよく一致する。とするなら、彼の仏の世界についての思惟的な概念も理性的、理念的なものであるのかもしれない。

　そうやってまた一日が終わっていく。思考は翌朝へと続く。そして変化する。一つの問題が過去と今と未来を示す。

　空の意味するものは何であろうか。固定された意味あるものはないということだろう。生もまたそういうものとして捉えられる。生命の生は実体なのにである。この意味はなんだろうか。ここに「二つの世界」の実質が説明されている。空は別な言葉で言うと、活動とか、変化とか、変容・進化で捉えられるものだ。すなわち空間には描けないもの、場を持たないもの、そして時間も定まらないものである。定一が気付き始めていた、法蔵菩薩の「五劫思惟」の時間概念と重なるものである。時間というものがそうであるなら、未来はかくとは描けない。実体的なものはそこにはない。ところが定一は、そのことをかえって、この生の持つすばらしさと捉えるのだった。今日は、前日が結果を生んだものだと言えるが、その過程は線では描けない。それが時間の作用である。そこに変容ということがある。それはそのまま、この思惟の特質なのである。彼は、肉体に貪計する人間ということから、更には、その精神性も世間的道徳に閉じ込められている存在であることを知った。しかしそうやって何も自分を固定するものがないことを知って、空の概念を得た。それは無為・無情として捉えられる人の概念を更に徹底して説明する。だがこのことは仏に出合うことでもあった。世間的利害からも完全に離れるからである。それが絶対の世界であった。ここにおいて、生きて浄土を知ることが予感されるということが起こってくるのである。定一にあって浄土は不可欠のものであった。そうやってやってきた三日目には、何が彼の意識界に生まれたのだろうか。

『親鸞の言った「自然法爾」には、現代においても深い問題が含まれている。行者の良し悪しを超えた、如来への信心が力となって自然に浄土にお仰えされるという。ここには、自然ということが分からないとどうにもならぬものがある。人為的世界しか分からぬ者には、この自然が分からない。このことはこれで終わらない。自然ということをこのように認めると、自然に霊性を認めることになる。人為的律法や道徳には権威を認めないことになる。そんなものでは思想としての宗教は成立しない。暁烏は「人生の救いの道として、道徳律は無価値である」と宣言する。「自然」の概念は「他力」を説明するものなのである。自然ということが分からないと、人間がなかなか大きくならないと、日頃より思っていたことは、こういうことに根拠を置いている』

定一に霊性という概念を生んだものは、自然の理解からきたように見える。この自然にあっては生命の差別ということはない。人間だけではなく、虫や草木との間にもない。そういう根本的な生命の姿に視点を置くことから、霊の概念が生まれているように見える。またそういうことから、自分の生活を質朴で、出来る限り自然な形にしたいという姿勢も生まれている。こういうことは現代の人々のありようからは懸け離れている、しかしそうでありながら、彼自身は社会との関係を失ってはいない。自然的存在としての自己と、社会的存在としての自己はバランスを失ってはいない。というのは、彼がどんなに霊性をもって生きようとも、徹底的因果世界に自分が生きる者であることを誰よりも厳しく受け入れているからである。釈尊の思想もまたそういうものであったことは、彼の長年における確信である。定一の場合、そういう霊性への理解があって、引き揚げ後の村の老人達との交流が成立し、村人の生活に普遍的な生を見、下宿の死刑囚の母親であった「おばあちゃん」への親近感が持続され、日本であれアメリカであれ直接労働者への愛情は失われることがなかった。

彼をそのように振る舞わせるものは何か。その典型は入社四年後の面接試験での社長との対立に現われている。自己の絶対的不利益を前にしても、彼を一歩も後に引かせなかったもの、そして一年立っても全く変わらなかったもの。対立の軸は労働の意味に関わるものだった。定一にとり労働は自己の人格に関わるものであり、他に目的を持たなかった。社長はその目的を会社という組織のために要請するものだった。

こう見てくると、彼がその行為しか選択出来ないということには倫理的なものが見える。それは自分の自由にはならないということである。結婚を控えていても、子供が生まれても自由にはならない。彼は考えを変えないことで、会社を一生不利益なままで過ごさなくてはならない。だが考えは変えられない。それからもう二、三年過ぎた時だが、これも彼と対立関係にいた上司の有力な役員が「あれじゃ、家族が可愛そうだ」と言ったのにも同じ意味がある。彼の中には自分の中の何かが守れなければ家族は守れないという、この重役の言うことなどに取り合えないものがあるのである。彼はそういう自分を守り続けたことになる。

定一が後にカントに出合って、「責務」、「道徳法則」ということをすんなりと受け入れられたのには、この半生の悪戦苦闘の歴史があっての故のものがある。カントの言うようなことを理解してみるならば、彼が少年時に深く確信した「人の一生はこの村人の一生を超えじ」には、責務と道徳法則が見える。目的などない定言命法である。それは妹の死が教えた、「人間の絶対平等性」と同一の根元にあるものだ。彼の霊性は「理念的」なものである。その理念的なものは、この世を徹底的に因果性と見る見方と、併存した。理念的なものは因果性とは無縁な、自己への強制であるから、それはあたかも自己の中に生まれ、自分を押し出す自由意志であるかのようだ。定一は、強制された自由という、二律背反の言葉の内に生きてきた者であるということになる。

彼が考える霊性と、カントの言う理念の違いはどこにあるのだろうか。今の定一に、これを解く力はない。ただ彼が気付いているのは「二つの世界」の存在である。霊も理念も、「もう一つの世界」である形而上学世界に属するのは間違いないが、理念が自己を規定する、自己に出立点を持っている道徳法則と深い関係を持つことと比べると、霊は生命の全てに宿り、自己と他を含む、一草一木に宿る自然的なものである。しかしこの霊を自己に宿ったものとして捉える時、これはベルクソンが教えてくれたことだが、変化し変容を繰り返す、創造的進化を生む力の源泉である。カントもベルクソンも、「自分とは何か」を説明する点では、定一の生来の疑問を大いに解いた。だが彼が妹の死によって出合い、そして少年時の労働体験から生まれたような概念は強く仏教的である。またアメリカの生活が終わって帰国する時の感慨「自分は日本人でしかありようがない」にも同種のものがある。だから、鈴木大拙の言う「日本的霊性」は彼を強く納得させた。特に日本的霊性の発生を鎌倉時代に見る見方に引き付けられる。それは定一が農民の子だからである。鈴木の言う「親しく大地の上に起臥する人間」だからである。鎌倉の仏教はそういう農民の間に息衝き、大戦が終わっても生きているのを、満州から引き揚げてきた六歳の定一は知った。この日本的霊性は、カントやベルクソンの哲学と彼の中で全く矛盾しない。

霊というのは単に自然的存在ではない。変容し、進化するものである。ということは社会との深い関わりを持っている。社会を媒体としなくては経済的なものとならない。定一が「社会を知ることは自分を知ることである」と気付いたのは、この原理があるからである。ロビンソン・クルーソーは絶海の孤島に一人流されたが、社会との縁は切ることが出来なかった。彼は生活を秩序あるものとすべく、道具を作り改善した。彼は野獣的生活に堕しなかった。彼を支えたのは社会性だった。この社会性ということを自覚的にしたものこそ、退役後の、それによって会社組織を離れて真の自由時間を持てる可能性下にあった新しい時間であったのだ。クルーソーは一人になって社会性を自覚した。定一は組織を離れ自由になって社会性を自覚した。霊性というのは、本質的に向上を、進化を求めるものである。それは生きている限り続くものなのである。そしてその質的向上は社会を媒体としなくては経験化されない。この霊性は日本的霊性として捉えられる。平安末から鎌倉時代にかけて発生したものであり、それは庶民である農民の自己の意味と価値の目覚めと同時性を持つ。これが日本独自の仏教なのである。仏教は不可避的に社会性を持っている。そうでないと、霊の資質的向上は生まれてこない。

このように彼を変えていく時間の質は何だろうか。定一はそれを思惟性から捉えた。ベルクソンはそこに強度ではない、質の変容、色合いの変化を見た。どのような人生の時間も、この意識世界からみると無意味ではないということである。意識がどう変容し、進化を遂げているかに重要性がある。定一の友人マイクが、アンスケジュールドタイムを生きるのだと、手紙に書いてくれた言葉の意味はここにあった。

時間がこのように捉えられるなら、自分の人生自体も変化していく。あらゆる「物」が、物自体として受け取られない。現象があるばかりだからだ。それが「自分にとって何か」であることだけが問題なのである。絶対的な時間も空間を消える。自己の世界が、自己の世界として打ち立てられなくてはならぬ。彼が、自分の人生が今始まったばかりのようだと感じたのは、こういう哲学的認識から来るものである。だがこのことは、彼の人生が容易ならぬ段階に突入していたことを意味していた。何故なら、惰性の生が拒絶されているからである。あらゆることが疑われることになる。無意識の内にそういう人生が始まっていた。そうした三日間が終わっての、次の朝のことである。

『結局、善・悪で捉える道徳心が闇のように我々を被うているのだ。これは罪福信の心から離れられないことを意味する。それが第十九願を法蔵菩薩が設けた理由なのだ。これは他人のことではなく、自分の為だった。従って化土往生は自分のこと、自分の疑いがはれてついには真仏土に入るという教えはありがたい。そこに深い仏の慈悲を感じてならない。滅土といい、化土といい、言葉に力があるのはそのためだ』

「疑城胎宮の内に五百年」、これが自分に当てはまることの自覚である。彼の中に、それで十分、それは自分に似つかわしいという感覚がある。親鸞が化身土巻に多くをさいたのには理由があるのである。

雨が降っている。定一はこの雨は大変いいと思った。どこにも出掛ける必要がないからだ。昼間、『古代ユダヤ教』を読んで中巻を読み終わった。下巻は欠本したままである。それでもずい分と読み飛ばしたのだった。彼のこの読書への関心は、古代ユダヤ教が西洋文化の特質である合理主義にどう関わるものであるかである。またそれに対して、日本に於ける宗教の社会に対する役割はどう違うかを考えることであった。定一がここで考えたようなことは十分な理解に達したものではない、ただの出発点である。

『宗教と社会の関係を考える時、古代イスラエルを生きた「ヤハウェ」を考えることは一つの教材となる。ヤハウェー神は一種の社会契約神であるように見える。自然神ではないということだ。これは更に、個人の思弁が生んだものではないということに繋がる。仏教の仏はつきつめると自然力に近い、また個人の思弁の余地も強い。この思弁とは生きる意味の追求のことである。「イスラエルにはこの思弁の発展するための地盤はぜんぜん存在せず」とある。この思弁の余地がないというのはどういうことだろうか。神が単なる自然力ではなく、人格的力を持つことを意味するのではないか。法蔵の思惟も人格的なものである。それが故に私も引かれる。それは単なる思弁ではない。人間そうあるべしが、示されている。そこには自己の選択だけによらない、社会への責務が示されている。それがないと家族も守れない。

一方的に仏のお慈悲というだけでは弱いのだ。仏ということの持つ社会的意味の追求、果たしている社会への役割ということから、新しい思想が生まれる可能性がある。母の問題、老人福祉ボランティアでこの問題を追求していきたい』

定一は一年ぐらい前に、仏教の持つ社会性という事に関心を持ち、多少の勉強をした。しかしここで書かれている、古代のイスラエルにあってユダヤ教の果たした役割と比較すると、仏教の社会的な役割は余りにも小さく見える。そして民衆サイドと宗教の関係も弱い。それがインドに於いて、仏教が消えていった理由でもあろう。古代ユダヤ教と比較してみれば、何で日本でも仏教の力が弱いかが理解できる。仏教の持つ一つの宿命が見える。定一にはここにも一つの絶望が見えた。しかし世界を開いていくものは、自己の中の内向的な力、規律なのだから、歴史的な事実をひとつの事実として受け取っても、そこから歩き出すよりなかった。それは仏教の持つ力を、自分の力で摑み自分のものとすることを意味していた。彼が日々の生活に求めていたのは、そういう力の獲得であった。どんな事実も恐れるべきことではなかった。絶望は希望の旗だった。霊魂はそれを受け入れ、変容し新しい世界を開くものだった。そういう点では、宗教が歴史的な制約を強く受けながらも、個人が一身の生において自己の宗教としてそれを刷新して生きた人達の歴史を考えるのであった。それをベルクソンは「開かれた宗教」と言ったのだ。定一が、自分は御堂を出て社会の中で活動するのだと宣言したのも、宗教を寺にだけまかせてはいられないと言うのも、ここに関係するものである。この様に、一身において宗教的事実に生きんとする時、時間も空間も消える。定一はフランス人であるベルクソンを限りなく自分に近い人間として感じる。定一が言う「日本人」は普遍性を持つ。霊魂というのは原理的、普遍的であり、元々は何かに片寄っていないのかもしれない。歴史的条件があって、ベルクソンはカトリック教と同一視点に至り、定一は浄土思想を自分のものとするに至っただけのことである。いずれにしても、彼は一人の人間の中に生まれてくる宗教ということに関心を持ち、自己の内向性から捉えた宗教にしか関心を持たないのである。彼が一貫して求めているのは開かれた世界であるように見える。そのことはあらゆることに対してそうである。そうであってみれば、時間が過ぎていくほどにその困難性が知らされていったようだ。だが逆に言うと、この新しく始まった世界はそういうものでなければならなかった。人生の要点は、楽にはなく苦にある。

定一はひどいギックリ腰が続いていた。日曜日の自治会の公園清掃で働き過ぎたのだ。僅か一時間の草刈りが生んだものだ。これを生んだ行為には、彼の特徴のあるいは全てが表現されている。彼はフェンスの外側にある、フェンスと境界地間のはびこった草に気付いて、一人それを刈り取るのに挑んだ。しばらくして数人が手伝ってはくれた。しかし彼はそれこそ全力で鎌をふるい続けた。例え、誰も手伝わなくても一人やり抜いたであろう。結局彼はそんな風にいつも生きているように見える。あらかじめ予定されたり、決まっていることではない。ただそれが自分のやるべきことと認識されるならそれでよい、瞬間に選択されてしまう。それは結婚のように人生の一生を左右するような決断でも、このような草刈りでもさしたる違いがない。だが一旦受け入れられたなら、もはや後に退けないという点でも同じなのだ。彼が「一諾命を軽んず」という言葉が、普段の自分に着いて回るものだと感ずるのは原理的なのである。

一時間の作業でも腰は壊れる、そんなにひどく働いた。その日は敢えてゴルフレンジ（練習場）に行った。クラブは何とか振れたが、腰はまったく好転しなかった。腰というのは、よく言われるように人種の共通の弱点である。定一は生来腰が弱い、まだ中学生の時田植えをして、腰が痛くなり田の畦を転げ回ったことを鮮烈に覚えている。牛を使って、代掻きをやってる方がずっと楽だった。だがこういう体験も、他人の病気に関わると、生きることがあるのである。その翌朝である。四時間、この最悪状態に耐えた。全力を尽くして、今の問題は屈伏した。その後のことは後で何とか出来るだろう、これはいつもの彼の楽観主義である。

定一は津和野のことを考えている。考えるだけでなく、あることをまとめてみた。彼はあの時、西周の生家を見た後、鷗外記念館に戻ってきて、津和野のことを書いた三冊の地元で発行された小本を買った。津和野藩のこと、津和野の町のこと、津和野が生んだ人々のこと、の三冊である。この内、最後の本に抜群に引かれたのだ。江戸末、明治を生きた人達の苦労がいかなるものであったかよく知れた。その努力は並大抵なものではなかった。そこに書かれたほとんど皆の人が外国生活を体験していた。定一の関心はそれから一世紀以上が過ぎた、今日の時点に立っての彼等の行為に対する評価である。文明史的評価とも言える。だが過ぎ去った人々の行為は出来事の系列に属するし、ということは原因の強制下にあったということであり、それに対して未来に対しては新たな体系的統一の視点が加わっている。そこには主人公の自由な観念的な規定が働いているということである。

『そうやって開かれた文明は、今の世に、彼等が願ったものを実現しただろうか、答えは否である。第一に、明治と今では人々の生き方が違う。今の世では、彼等のように最後の最後まで何かに対してやり抜く努力というものがない。今日読んだ無量寿経には「永遠の名を重んずるということが大切なのであります」とあった。こういう気持ちが今の人々はなくなっている。「大事なことには偽物が出る」とある。内容がなくて「名」だけが横行している社会だ。残すべきは「永遠の名」である。しかしとにかく明治の人達は努力した。あの時、三冊の本をそっくり買ったのは意味があったのだ』

三冊の本をまとめて買った彼の中には、津和野を、そして維新が動かした津和野を知らんとする気持ちが強く働いていた。そうやって彼の新しい世界が開かれていく。願いが行為に一体化されている。開かれていく世界は英知的である。

彼が津和野が生んだ二十人ぐらいの人々の生涯を閲《けみ》していて、明治の人は努力したと思ったことには理由があった。そこには、時代を下るにつれて人間の立身とか功績というようなことが学歴のようなものと直結して捉えられてしまっていることが、認識されていたのだ。そういう風になると、最後までの一身の奮励努力というようなことが見られなくなるのである。功なり名を遂げて終わりの人生となる。定一にはこれが面白くなくてしょうがない。明治の始めには、そういう風はなかったように思えるのである。彼にそういう気持ちがあって、十二人の人物が選ばれ、その人の学問や仕事が一覧表にされた。その感想にはこうある。

明治始めの十年ぐらいまでの生まれの人々は、単なる出世主義ではない、文明の開化を押し進めた人生への悪戦苦闘の戦のあとが見える。体を張って生き抜いた感がある。そうやって進めた文明の開化ではあるが、今日彼等の精神が我々の中に生きているとは言えない。それが考えなくてはならないことだ。人生とは一身の興隆のためにあるのではない。永遠に残る精神を残すことにある。

求められるべきは、個性ある人生なのである。維新精神の変質は出世主義を生み、日本の軍隊、会社、官僚にわたって広く組織をだめにして世界との戦争を止められなかった。そしてなおそのことは、戦後世界にも引き継がれている。彼の人生はそういう世相との戦いだった、昔も今も。彼の更なる感想はこうだった。

明治の人は、世界を知ることに自らの力を以て努力した、そのために命を縮めた。世界を知るということは、自分の世界を開くことであった。開明ということを自分の身に課して生きた。それでは今の世ではこのことはどうなったのか。

今の世では、一身をもって世界を理解するのがすこぶる難しくなった。例えば医療、経済のこと、市の財政や行政のやり方、アメリカのこと、地方の集落の生活実態や将来のこと、どれ一つをとっても真実を知ることは大変だ。人間がやみくもに進めた開化の時代は終わった。今は大いなる反省の時期である。

これが津和野に旅し、明治という時代を考えた、彼の結論だったようである。言わばこの反省の深さこそ、彼のその後の人生の意味をなすものであった。

明治の人が求めた文明の真意は人類によって得られなかったということである。人々は開明を求めたが、仏が言ったような無明の闇の中にある。光は溢れていながら無明であるということだ。文明の光は単に物質であり、反って霊としての精神は無明の闇に沈み、人々は開明への努力を忘れたかのようである。宗教や道徳は無視出来るようなことではなく、文明のそして社会の基盤となるものなのである。かくして定一は、諭吉の考えたようなことから、完全に離れようとしていた。津和野に旅して、時代や人々について考えて、そういう風に捉えられたのである。歴史もまた、内向によって捉えられない限り意味をなさない。

翌朝である。毎朝の読書から、「化土」の意味が自分と係わって考えられていた。

「信心の行者すくなき故に、化土におほくすすめ入れられ候ふを……」とあるを読んで、「信心の行者」などになれぬ自分であることを思って、化土はありがたかった。そこには次のような気持ちもあった。『少数の信心の行者に入るよりも、多数の化土成仏の行者であることがありがたい気がする。庶民、衆生であり続けたい。妹や父や、母と一緒にいたい』

化土の意味が、やっと彼に理解されていたのである。しかしこのことは、彼がこの世でも求めてきた自分の姿でもあるように見える。この世でのありように、あの世でのありようが示されている。従って開明は、あるいは反省に、遅すぎるということはないということだろう。彼は、あの世を保証されたのだから。定一が感じる、本家の叔父の最後の姿に感じるのはそういうものだ。「御院主さん、大丈夫かんた、お浄土には必ず行けますか……」の問いは、既にこの世での成仏を示しているのではないか。叔父は、これまでの人生を支配していた自己の人生への不納得感の理由を完全に了解していたのだから。「おいが悪かった、おいがお前達によしてやれんのが悪かった」には、既に仏の姿がある。定一の叔父に対する敬意は揺るがない。

先の三日間で得られた概念は、この生の肝心な点は肉体の貪計より離れ、物質性から離れるということにあった。自己の生には自己規定的なものがもっと強く働いているということである。それは彼の「心願」に係わるものだった。そこにこそ、彼が自律的な生を求める根本の理由があった。後にベルクソンを受け入れ、そしてカントを受け入れる思想の基盤は十分に育っていたのである。内的な意識活動の世界はそういうものだった。物質的として因果的世界を超えるものとしての自己、絶対の世界が求められていた。それを可能にするのが時代であった。内から開いていく世界、それは世俗性を超えたものなのである。世間的なものからの離脱は決して「諦め」ではない。定一は物質世界に依存したままでは限界が超えられないことを知って、自律的な力にシフトしているのである。仏教を「諦め」として多くの人達が誤解してきた。釈尊はこの物質世界を知り抜いていたからこそ、それを超える仏法世界を立てて、自律の生を人々に求めたのである。定一の「絶望とは希望に向かって振られた赤い小さな小旗である」という感覚はここにあるものだ。霊とは無限性を求めるものである。

とするなら、自己の使命もまた無限なのではなかろうか。ベルクソンの言う、力動性が、変容する力がそこにある。これは進化の力である。霊の本質はその資質の向上を求め続けることにある。こういうことは更に翌日の思考に強く現われた。

『自力と他力の間に揺れている自分である。しかしこれからの道は、どんなに自分の力を尽くそうとも、如来の自然力とも言える今えられている命の力を信じて、自己の計を捨てきる道、それは仏になる道なのだ。念仏はそういう道にあっての感謝の心が生むものであろう。腰痛との戦いの中で、力を出しながら、力を捨てきる。良いも悪しもない世界で生き抜きたい』

自己の計に生きないこと、良いも悪いも求めないこと、そこにしか自分の道がないことは、はっきりと宣言された。それがどんな状況でも明るさを失わない秘密なのだろう。そこにある「成就」の仏法の概念は、証明されるべきことではなく、仏の存在と一体化されたものであろう。

『自分の世界が見えていないというのは、今も昔も同じだ。「自由市民」足り得るには、どうしても世界が見えなくてはならない。この努力は欠かせない。この問題に一結着をつけるまでは、新しい小説は書けない気がする。

「無量寿経」：自己と社会の関係に対する基本の姿勢を生む
「医療と薬」：命の姿を通して、死の現実と身の事実を掌握する
「アメリカ」：大国が向かおうとしている道、その方向
「江川の旅」：集落の姿と人々の生活のありよう
「作物研究」：畑を通じての、食と農の研究………………』

定一の中に、あらゆる事象が自分の足で歩かれて研究し考えられなければそこに確かなものは一つとしてないということが、予感されつつあったのである。これは単なる出発点だった。この研究的態度と何事に対して

も疑うことは真剣さを深めていった。それは単に研究の量では測りえない、知性的な深化と進化が生まれてこない限り、満足されえない種のものであった。社会の一つ一つの問題が、自分によって、その立つ足場と身の状況から解かれない限り、何一つ意味あるものとならないというのは大変なことである。このことはやがて妻の癌のことで極まる。一見これほど医学であれ科学であれ進歩したように見えながら、一素人が自分で問題を判断し、病を極める努力をしなくてはならぬというのはどういうことなのか。そしてそういうことが実のところは、政治や経済の領域において目白押しなのだ。ただそれが身が置かれている切迫した事実として認識されていないだけなのだ。生が事実としてこの状況にあるのは、何を意味するのであろうか。彼が六十歳ですっぱりと停年した理由はこういうことがあってのことだったが、その真の出発のためには、七年という時間を要したことになる。彼は何を求められていたのか。それは誰にも求められることなのか。それも肉体は老年の時に入らんとしつつあるのに。定一自身はこれを、一つの形而上学世界の体系の完成として捉えていたのだが、それを「不断の自己超克」と表現するなら、求められていたことは具体性を増す。このことは若年の日々が導いたものであるように見える。「仏になる道」というようなことも、こういうことを意味しているのだろうか。これは要請される最も厳しい修業道であるように見えるのだが。

定一はその丸山の本『忠誠と反逆』を読んでいて、ベルクソンの言葉に出合った。この言葉は彼の中に永遠に記録された。しかしその真の意味は時々に消えた。だがこの時僅かにメモされた記録から、ベルクソンの元著、『道徳と宗教の二源泉』はチェックされた。この言葉は、彼が社会を研究して経験が深まるにつれて、強くコミットしていく概念であったのだ。その言葉はこうである。

（前略）しかも、我々の文明社会は、自然が我々を直接に運命づけていた社会とどんなに異なっているにしても、やはりそうした社会と根本的な類似を呈示している。

実際、我々の文明社会もまた閉じた社会である。（後略）（「道徳と宗教の二源泉」ベルクソン著　平山高次訳　岩波文庫）

ここには、今の形でどんなに文明が進んでも人間の知性は開かれず、従って「開かれた社会」が出現しないことの原理が示されている。それは定一がますます深く理解していくことになるものだった。自分がいる真の現実の世界像を知ることとの困難がそこにはある。これは人が、本能と慣習と感情によって閉じ込められていることを意味する。昆虫とさしたる変わりがない。人々はそうやって命を終わる。

定一はそんなことを考えて、ひとつの世界を回想する。その世界は、彼が満州から五歳で引き揚げて、父の故郷で出合った「村の生活」のことだった。それは戦争前の世界がそっくり残っていた世界である。それに止まらず、彼がその時親鸞がまだ生きている人のように思っていたことに表われているような、奇妙にもっと古いイマージュを持つものだった。彼は植民地の文化の中で育ち、引き揚げにおいて妹の死という不条理に出合って覚醒されていたから、この世界は恐ろしく新鮮だった。この「村の世界」を考えて、それが閉ざされた世界であったかと考える。すると、今の世界より開かれていた気がしてならないのだ。それは彼等の世界が、金とか物とか名誉によって制せられていなかったことからくるものだった。そしてもう一つは、身は土によって制せられていながらも、心には仏法の世界をもっていたところからくる。労働は目的を持たず、手段にあらず、労働自身に安住する体のものであった。定一が少年にあって、「人間の一生はこの村人の一生を出でじ」の概念を持ったのは、この村人の世界にひとつの完成されたものを見ていたからだ。人々は自足し、少年もまた自足していた。だがこの社会は急激に変わろうとしていた。ここに、少年が青年へと成長するにつれての、悲劇の根が隠されていた。それは彼の全青春の苦悩をもってしても解くことの出来ないものだった。

村の世界は、あってもなきが如きものとして、彼の青春から壮年の時代にあっては封印されなくてはならなかった。高度成長の時代を人々は受け入れて、ただ豊かさを求めるかのように働いた。だが定一にあっては、どれほどそうした現実が受け入れられても、彼の形而上学的世界は「村の生活」の延長にあったのではなかろうか。彼が管理職登用の社長面接で自分の考えを一年掛けても譲らなかったことにも、三十歳にして小説を書くことにしか救いを求められなかったことにも現われているのはそういうことではなかろうか。彼の形而上学世界が仏教から得られているように見えながら、そこに流れているものは生活の歴史である。妹の死、村の生活、青春の苦悩、壮年の労働の底には変わらない一貫された人格が見える。とするならば、停年後七年近くが過ぎて、彼は「村の生活」に還ってきたことになる。

彼の「村の生活」が閉じられたものであったか開かれたものであったかは、今の彼の関心事ではない。ただ、これも後になって教えられた概念だが、そこに「豊かさへの歯止めが」あったという事実である。現代の文明の危機にあって、文明論を考えることから離れられない定一に、このことは最大の関心事であらざるを得ない。「村の生活」は江戸を遡って鎌倉の時代に繋がっているように思われる。彼が「村の生活」を今の自分の現実からは消えたものとしながらも、それが形而上学世界では生き続けていたとするなら、彼の生活に転向はなかったということになる。彼がいつの間にか、「自然で質朴な生活」に理想を置くようになっていたことにもそれは見える。彼がそうやって現実生活の面でも、「村の生活」を求めだしたということは、一般の人から見るとその外観は奇妙なものとなっていく。天秤棒に桶を下げて水を運ぶ彼の姿を、人々は街道に見ることになるからだ。

彼にあっては、生活ということから故郷が決定的な意味を持っていたのだ。そしてこの故郷の生活に繋がるものが、この団地にもあったのだ。彼は地域のある人々に出合う時、まるで「村の生活」で出合った人々に対するのと同じ姿勢で向き合っているのである。そこに壮年の五十年の歳月は消えている。相対的には狭い世界であっても、絶対的には広い世界というものがあって、それが彼の中に生き続けている。あの故郷の「タイの川」の平らになった川縁で、村人達が家から持ってきた鍋や釜を藁の束子を使って砂で洗っている風景には普遍的なものが見える。人々はそういう場と時間を失った。だが定一の心に生きているのは、そういう基本の風景であった。

次の朝である。

『「化土」を設けた法蔵の思惟は実に深い配慮だと思われざるをえない。ドストエフスキーの「大審問官」の話が思い出される。釈尊の仏教は、この問題が基本問題として深く考えつくされて、対応されている。だが今の人はこのことが分かるだろうか。「閉じた世界か」、「開かれた世界か」に、その人間の生き方が全て現われていると言っても過言ではあるまい。「閉じた世界」は本能のままに制圧された世界だ。世界は自己における世界のことだが、自己と他の関係としてみれば、自己と社会との二元的関係だ。しかしそういう二元論が成立せず、社会によって一元的に制圧されているのだ。社会の真実を理解するためにその問の一つ一つを自分の力で解く努力の欠如は、本能が、あるいは命の不安が、あるいは現世利益とか罪福心が心を被うているからだ。それを、仏は無明と言われた。だからこそ、智慧の光の無量とその寿命の無量を願われた。これは知性の話である。ベルクソンの哲学は、その根本において釈迦の知るところだった』

ベルクソンはカトリシズムの「神秘主義」に深く共感した。東西を超え、時間を超え、人間性の根底には違いはないように見える。それは救いである。人種によっても、歴史や文化によっても、人は本質的違いを持たない、人間性の普遍的資質の存在を意味するからだ。

定一の腰は相変わらず痛い。六月も半ばだが、今日はよく晴れて水色の空が見える。丸山の『開国』を読んでいる。文明は開かれた世界を求めたが、ベルクソンが言ったように閉じたままである。定一にとってこれは歴史の問題ではなく現実問題である。

『私が書いた二十年度の「自治会報告」は、ここに書かれているような、新しく日本が開かれた社会に向かう地域のありようを提唱したものであることに気が付く。違いを認めあう社会、人と人の交際が奨励され、その施策が書かれている。これは私が地域に鼓吹したもの、ひとつの思想である。これは開かれた世界を目指すものだ』

定一は会長を辞めるに際して、防災、体育関係行事、福祉活動の三つのボランティア組織を作って残した。彼という人間が、単に形而上学世界に生きる者ではなく、因果の世界にあっても熱意ある実践者であるのが見える。

彼はその日、老人会の月例会が明日に迫って、そこで話す内容を二枚にまとめた。その題は、「人間の知性を開くということについて」となっている。毎月作るのだが、中々に骨の折れる論文なのである。いつもこれをまとめタイプ化するのに三日間を使う。諭吉が言った「権力の偏重」ということから書き出され、次にこうある。

治める者と治められる者がいると、治者が上、被治者が下というように権力が偏るだけでなく、あたかも人間の価値までも治者が高く、被治者は低いように見ている、そこが根本の問題なのです。そこに「独立して自家の本分を保つ者なし」ということが生まれてくるのです。私は会社において、そのことと最初から最後まで戦い続けた者でした。私は、「人間の一生は、自分の本分を守り自分の道を見つけてそれを開いていくことにしかない」と思います。

最後はこう締め括られている。

諭吉が言った人民の交際は、人間の知性を開き文明の精神を進化させる有力な手段である、という結論に再び帰ってきました。私達はこの第三の開国に失敗してはならないのです。

定一の思想は常に反権力・反組織的であった。彼が考えるような「人民の交際」が広く成立するためには、やはり個人における世界の開化が求められるのであり、それは先に文明の歴史が示すように容易ではないのである。

第三の開国とは丸山の言葉を延長したものであるが、定一の精神は、第一の開国すなわち南蛮文化の渡来によって生じた開国よりも、鎌倉時代前後の庶民が自己の生の意味に目覚めた、他のどの時代よりも日本が内的活動力に溢れた時代の再来を願うものなのである。彼はただこのように一地域の老人会、それも十人そこそこの集まりにおいて、自分の思想を開陳するという作業を続けた。そのことにいかなる過・不足も覚えてはいない。しかしこの作業は彼においてはなかなかに困難なことだった。おそらく、一流の学界で発表するとしても、努力の程度は変わらなかったであろう。彼は学界の知性より、一生を終わらんとする庶民の老人達の経験的知性に受け入れられるかどうかに重点を置く者であろう。彼の書いたものは、今現在の切羽詰まるような考えの発露と要約に過ぎなかった。しかしこのことだけで、自分の努力は十分に償われているように思うのだった。この努力は、書かれたものとして彼の思想の発生と進化の跡を残すものであったのである。

そんな日の翌朝である。彼が朝の時間に戻る時、昼間の行為は何かの経験的なことを残さんとする。それは新たな今日という日の思考の始まりである。

彼は最近、絶対ということを考えるようになった。絶対世界は時間の質が思惟性にだけある時に生まれる。『この娑婆をいくら延長してもしょうがない、とすれば、いかに早く娑婆を捨てるかが勝負だ。迷いは捨てねばならぬ。それが信の世界である。信の世界を生きなくてはならぬ』

これは並々ならぬ決意であった。これが普段の生活、ということは未だ世俗的幸福に酔い痴れているような中で宣告されていた。こう宣告したからとて、「信の世界」一返倒にはなれぬ。しかしこう感じられたことには普遍性があった。彼が生活の時間にあって屡々覚えることになる、世間的会話にあっての大儀さ、信のない世界への唾棄は怒りなのである。そして何があろうと必ず再び信の世界に戻ってくるだろう。世俗性は抜かれるだろう。そうでないと迷いの人生から離れることは出来ない。だがその歩みは、どこまで進んでも漸進的であった。

定一が今日話す予定の小論文も、そしてこの後読みだした丸山の『開国』も、彼においては自己の仏教的思考との親縁性から離れてはいない。自家の本分を貫いているのが宗教性であるのは彼の実感である。丸山の本によって、明治の「開化」とか「開国」を考えてみると、そこに人心の開化という要素がすこぶる弱かったのが見える。それは当然なことで、それまでの徳川の世が支配したものは、農民とか庶民は権力と刀と儒教的な道徳で押さえ付けてしまって、物理的なまでの閉鎖社会が続いたのだから。ここに徳川の最大の罪が見える。人心の開化はそう簡単には起こらぬ。だから国は、すぐに「富国強兵」と、開化の目的をここに持ってきた。定一はこの文明化の課題が、「閉じた社会」のままに、富と科学と武器を持ち込んだだけで、どこにも「開かれた世界」に向かう始動はなかったし、今もそれは続いていることを知るのだった。司馬が、今の後進国にとり文明とは武器のことだ、と言ったのはその意味だった。そして武器を離れても、「富国」の思想から国は離れられない。定一が「村の生活」に引かれ、そこに還っていくのは、この世界には豊かさへの憧憬がないということだ。おそらく彼の内部に、幼児より得た体験は言葉もなく残り続けて、思想の諸問題に彼が働きかけることになる時、噴出してくるのだ。

丸山の考えは、「閉じた世界」ということから、現在の問題に通じる重大なモチーフに触れていた。人々に「視野を拡大する」という視点が欠けており、それが自己と異質的な社会を避けさせて理解を妨げているという現象である。定一は丸山の次の文章に強い関心を持った。

個人関係の次元においで上にのべたような「他者」への寛容と「われ」の自主という相関的な自覚が大量的に生ずるためには、他の条件は別として、少なくとも社会的底辺において異質的なものとの交渉がある程度まで行なわれなければならないであろう。そうした意味のコミュニケーションは今日の日本でさえ必ずしも発達していないのであるから、まして当時においてをやである。（『忠誠と反逆』　丸山眞男著　ちくま学芸文庫）

定一がこれを読んでまず思ったのは、宗教心なき開化がやがて人々を立身出世主義に導き、それが今も続いているということだった。彼は、丸山の言う、「他者」への寛容と「われ」の自主という相関的な自覚は、人格的なもの宗教的なものがあってしか生まれないことを強く感じていたのである。他人の思想や思いを大切にし、また自己の願いの自主性を守るということは宗教性そのものであった。定一の自治会報告の原文は六ヶ月前に書かれている。庶民社会における異質性の本質を示し、それを超える交流の重要性を明示したものである。学者が認識することを、定一はただの日常時間の経験から概念化する。だが両者に本質的な違いはあるまい。カントの言う意味において、経験、この自然的であるものは判断力の力によって体系として考えることが出来るようになるということは、人であることの共通の能力であるのだから。彼が丸山の思想に感じる親近性は、この原理によるものであろう。丸山は、戦争、原爆、病気、そして世界を開き続ける者としての宿命、「自己超克」に生きなくてはならなかった。運命とこの判断力の強さには相関性が見える。苦しければ苦しいほど、力はそれを超えようとするからだ。定一はそういうことを丸山に感じている。この日の読書の感想は次の様なものだった。

『結局、私の関心は文明の行く末にあるようだ。私はこの問題を、あくまで庶民が作っていく歴史と捉える。従って自分は思想家であるより、民俗学者のように生きる。文明とは民衆の開化でなければならない。民衆の知性の進化ということはおそらく難しい問題ではあるが、九九％を占める民衆の進化なくして文明の進化がないのは確実なことだ。仏が持っていた超一流の智慧を私もまたほしい。仏になる道は、現実でもあるものだ』

彼が目指すものは何だったろうか。思想家のように考え、民俗学者のように庶民の生活を見、聞き、体験化し、宗教家のように無明世界にあって光明を見出すことに努力することだった。娑婆の世界に生きながらも、本質的なところでそれは捨てられ超えられなくてはならなかった。そこに形而上学世界があった。そこにもう一つの自分の世界があった。そしてその世界における自己こそ、この娑婆世界における自分のありようを規定するものであった。この自覚には、カントとの出合いを持たなくてはならなかった。カントは「純粋理性批判」の中で、形而上学世界であつかわれる概念を、「神」、「自由」、「永生」と明示しているが、定一の概念で言うなら、「仏」、「道徳」、「滅度」ということになる。この形而上学世界は、形而下世界とぴったり境界を接した実在である。海と空のようにである。どちらがなくても成立しない。これを「この世」と「あの世」と言うことも出来る。形而上学世界は彼において必然的なものである。それを失うことは、生を失うことを意味していた。

文明の根本問題を考える時、人は深い蹉跌《さてつ》に突き当たる。丸山は三人の維新前後の人物をあげている。吉田松陰、佐久間象山、福沢諭吉である。象山について、丸山は端的に次のように言っている。

学問的な認識と探究の精神を国民化することが象山の課題であった。

しかしそれがきわめて遠大な、ロングランな問題であって、きょうあすに出来ることでないということは、象山自身が述べていることだ。このようなことは、諭吉が言った「人の知徳の進歩」というようなことにも当て嵌まることだ。きょうあすに出来ることではないことは、いつになったら実現されるのだろうか。かく一世紀半近くが過ぎた。しかし事態は全く進歩したように見えない。とするならそういうことを期待するのは、全く間違ったことではないか、それが定一の基本的感覚である。しかしだからそこに信仰的なものがいるのである。しかしそれは自己を規定している、一歩進んで言えば、道徳的なものなのである。人は未来を期待して生きるべきではなく、ひたすらにこの自己が持つ理念的なものに生きるべきであるように見える。それが蹉跌を超えていく道である。自己超克の道である。定一はそこに宗教の役割を見ている。

そういう彼にあっては、世俗的満足などというのは全くないのだろうか。一体、人間にあって、世俗的満足以外の「快」ということがあるのだろうか。そういう自覚されざる疑問が、彼の中には長い間存在し続けている。それは「豊かさ」の概念によらない「快」の概念が問われ続けたことを意味する。

彼がこの日老人会で話した後の時間には、「豊かさ」でもない、世間的幸・不幸や満足でもない、「快」の感情があったようである。それでいて、この快には深い意味があるようだ、まるで自己の生きがいに繋がるような。そうやって終わった日の次の朝である。

歎異抄講話の「化土は報土の道にあるなり」を読んでいる。「釈尊出世の本懐は他力摂守の旨を明かすのほかはないのである」とある。それで彼は二つのことを思った。

(1) 自分の出世の本懐とは何であるか。

(2) 他力が分かるには一生がかかる。

二つとも形而上学的問いである。であるから、多くの人には無縁な問いである。こういう問いをた持たずとも生きてゆけるからだ。しかし定一はこれを、大きな問題であり、人間の秘奥に関わることだなと思った。彼の中に化土をもってよしとする気持ちが生まれたのは、まだ数日前のことだ。無量寿経第十九願の自力の願門をもってよしとすることである。その自分を仏は救うとおっしゃったから、これはありがたいことではないかということだ。それが本当にありがたいと思うことには、自力根生は抜けないのだが、仏の誓いの中にいるのが見える。暁烏はそれを、「仏が救うてくれると知らされれば、ありがたやもったいなやと、するりと第十八願に出られるのではないか」と言っている。

どんなに先天的に見える概念にも、カントが言ったように、日々の経験から生まれたイデアが見えざる形、隠れて関わっているように見える。経験の全体は見えているわけではない。彼が化土をもってありがたいと思ったこと、そこには何か人格の根底に大きな変化があるように見える。仏への帰依に深化が見える。深化は進化でもある。かくて、十九願から十八願への道は近いのである。それは仏の意図に近い。なかなかこういうところにまで行けなかったのが、彼の人生の道程であったということになる。この変化は流されていくものではなく、集約されていく変化である。従って命題的である。道徳的命題と言えるかもしれない。

老人会で話したことが昨日になってみると、今日の自分はそれを少し違えて捉え直していることに気付く。彼は一年ぐらい前から、「仏教は寺にだけにはまかせられぬ」と思い始めた。一日過ぎてみると、皆の反応にもそういうものが確かにあるなと感じられた。彼はそれを具体的に考えようとする。

『Nさんは先々回、死ぬことを考えると不安だ、と言った。Tさんは先日、自分を引き取ってくれた娘のことを言って、「こんなだとは思わなかった。しかし自分は片道切符で来たのだから、行く所はないし」と言った。こういうことには仏教的な答えが必要だ。すなわち、世間的なことをもっては答えられない。それは現世にだけ満足しようとする心では解決出来ないということだ。娑婆の世界を超えて生きる、永遠の命ということを考えていかなくてはならない。今日を生き明日を生きる命の霊とはそういうものだ。それが死を突き抜けて来世に繋ぐものだ。こういうことを、現実の交際でも考えていきたい。これをあえて仏法と言わなくともいい。しかし背後に宗教の精神が流れているのは事実だ。それは幸・不幸を超えたものだ』

娑婆の世界にこだわれば、知性を開くことは疎外されてしまう。彼の老人会での話は、その題にあるように「知性を開くこと」に重点がある。それを阻んでいるのが、「閉じた社会」だと彼は言った。閉じた社会は娑婆の世界であった。世間的利害とか幸・不幸を超出したところに、知性の世界が、自らの要求と立場に立って駆り立てられ開かれていく世界が出現していくのである。娑婆世界にはとどまってはいられないものがそこにはある。

仏教を寺にまかせてしまうなら、このような日常的な生活の中での知性の開発が起こってこない。そうなると、寺での説教の場でだけ仏法を聞くことになって、現実の中で自らが問い、探究する力が弱い。逆になって、仏教の出世間道が日常の知性を開く活動のエネルギーとなっていかなくてはならぬのだ。世界はあるがままに見えるものではない。それを知るのは自分の意識が持つ、内向的な力の活動によるのである。新聞やテレビが教えるものもまた世界の一つの現象に過ぎない。

老人会で話したことは一つの充実ではあったがその後の時間にあっては、その時間は行為と思惟にあるわけだから、変容と進歩が起こる。また一日が終わり、一夜が明けた時、彼はこう思った。そこにはこの数日の考えの一貫性が見える。

『娑婆へのこだわりを捨てる、それはなるようにしかならぬ、そしてそれは現実の姿であることの諦めであろう。妻・子のことだってそうだし、体や年が生むものも同じだ。捨てることで徹底されていくことがある、徹底が深まる。昨日の庭木の剪定。グラウンドゴルフから帰ってきた自分には力が残っていた。ゴルフはスポーツ、体を調整してくれていた。私は食事を作るのを忘れて、剪定作業に打ち込んでいた。

死すべき定めを生きる人間に、何を煩うことがあろうか。何かを徹底しながら生きるだけではないか。妻は踊りに、私は朝の思考の時間に。他に何を望むことがあろうか』

そうやって歎異抄講話の読書に移った定一は、一時間くらいが立って次のことをメモする。ここに思考の一貫性の崩れはない。老人会で話したこと、一日の作業のこと、暁烏の講話、基本に流れているモチーフは同じだ。

『親鸞は庶民にしか関心を持たなかった。ということは、僧よりも庶民に近い暮らしをしたことを意味する。これはなかなかのことだ。「僧にあらず俗にあらず」という言葉には、何か人を鋭く緊張させ、傷《いた》ましく思わせる響きがある。暁烏が引用した。「秀存語録」と「香樹院語録」にあるものはそれを示す。このことは親鸞が命ということ、人の一生ということを考え続けたことを示す。命に差なしということが、しっかりと捉えられていたのだろう。人は皆、自力の内に死ぬ。化土はありがたい、仏のおぼしめしである。そう受け入れて死んだ庶民の姿に、涙が溢れてくるのを禁じえない』

五百年は短いものである、迷いの世界を離れてやがては往生できるのであれば。この思いを定一は共有する。それは自力とその感情を捨てられない自分を認めながらも、それをするりと抜け出ることである。この概念的なことが重要なのではなく、概念が生む行為が大事なのである。言葉は消えても行為は残る。娑婆の世界は因果性とすなわち利己性によってしか生きられないのだが、自己の感情にこだわる色合いは薄められる。それはいつしかその人間そのものを変えていく。

人間が宗教的であることは、普遍的なことである。人とはただこの世の利害だけで生きているものではない。それだから、この宗教心は社会を支える力として現実を生きる。それが庶民に焦点を合わせる根本的理由なのだ。この庶民の力は身の回りに溢れている。何をやっていても彼はそれを感じる。こういう直観は先天的だ。定一はキリスト教を勉強してみて、その核心にあるものが、キリストが言った「隣人愛」であると思う。仏教でこれに匹敵するのは「慈悲心」ということになるが、これには若干の抽象性が伴う。隣人愛は直接的で具体的である。これは出合う者、全てへの愛を意味する。ここにも先の自力的なものを捨てることが関わる。定一はこのキリストの言葉を理解しつつある。自力を捨てた愛は、慈悲の心に繋がっている。

不思議なことに、庶民の姿に涙を覚えた彼は、起きた直後の感慨、娑婆を忌む心にあった。しかし両者は同一の心であり、娑婆を捨てきらぬながらも死を受け入れて仏に向かって手を合わせる心なのである。それが例えどんなに難しく、困難なことであってもである。

『娑婆を離れた心、妻さえ厭わしくなる心、この肉体に対しても関心の薄くなる心、そんなものがやっと私の中に生まれ始めたのだろうか。娑婆的なものにこだわっていると、実際のところ何ひとつ本当には打ち込めない。体も心も捨てて、今やっていることに打ち込む、それが出来れば今の時間に本当の楽しみと安らぎがある。その必然性がある。時間などはどうでもよいという、そういう瞬間が必要だ。信仰とは娑婆に背を向けることとあった。本当の慈悲ということなども、そうならないと生まれてこないのかもしれぬ』

娑婆を捨てられぬのだが仏に手を合わせる姿は、信仰の姿である。人はここに還るしかない。だが娑婆の力は手強い。定一は娑婆の世にあって、人々への愛と人々からの愛なくしては生きていられない存在である。それは衆生そのものを意味する。そうなると娑婆への務めは厳しい、因果を全て引き受けることなのだから。彼が停年した最後の夜、「人の信頼を裏切ってはならない」と言ったことには、そういう原理が含まれている。彼はその世界であえぐ。しかしその娑婆世界は自己を正当化するものではない、「娑婆を捨てよ」という声がする。因果の法則に従うだけでは、彼に自由はない。彼がどんなにこの現実の因果世界を受け入れても、あるいはそれ故に心の世界が息衝く。形而上学世界の、あるいは出世道の必然性がここにある。この世とあの世は一緒にある。これを二律背反と言うことも出来る。だがこれは人間であることの宿命なのだ。結局彼は、娑婆世界でどんなに自己の務めを果たしても、それをもって自己を正当化するものではない、という方向に進んでいく。それは利己心において生きないということに他ならない。全てのことが、利己心において行われる時無意味化される。それは人生における別の時間の始まりを意味していたのではなかろうか。それは彼岸の生に繋ぐものである。娑婆世界の酷薄さは衰えを見せないのだが。

そういうことがあって、すなわち娑婆を生きることに懸命であらざるをえない自分がいて、またそういうことに高い能力を有しているわけなのだが、その分だけより一層と娑婆を離れようとする心があり、また次の日の梅雨の雨があって、丸山の本は一段と強く彼の理解を引き立てていたようだ。その主題のアイデアとなったものは、アンビヴァレント（ambivalent）である。丸山が付けた題は、「思想史の考え方について」である。そこにはこうある。

（前略）「君、君たらざれば去る」というほうが自由であって、「君、君たらずとも、臣、臣たらざるべからず」というほうは権威に対する屈従である、というふうに一概に公式的に断定できない、アンビヴァレントな可能性があったのであります。

そうするとこの可能性は、たとえば自分がある集団に属し、それに忠誠をささげている場合、その集団が悪ければさっさと去るという淡泊な自由さと、あくまで諫争するという態度との思想的な意味にまで問題を一般的に発展させることができる。（『同前』ちくま学芸文庫）

丸山がここに使ったアンビヴァレントという語は、日本人の思想のあり方に係わって使われているのだが、定一は全くこの言葉を知らなかった。それでやっとのことで綴りを引き当てた。「両価（相反する）の意味・価値を持つ」という意味である。ここから考えたのは以下のことだった。

『去ってしまえばおしまい、しかしとどまっても自家の本分を失わないならば、諫争の内にある価値を生んでいくということだ』

定一は両価という概念になじみがない。それで彼はただ直ぐに、自分の会社生活での体験の方に考えを移した。「反権力者」、「あれでは家族が可愛そうだ」と言われながら、彼はある意味では平然と会社に残り続けたし、自分の態度を少しも変えることもしなかった。落胆もせず、鬱にもならず、しかしひたすらに苦しい人生だった。それは「自家の本分を守る者」の生活の本質ではなかろうか。そこに流れているのは精神の自己法則性である。それが一つの存在である限り、やがては組織の中で力を持つ時がやってくる。そしてその力は彼が去っても残り続ける。人々は一つの生き方を見たのだから、言葉ではない人格の存在を。彼が日頃、冗談ともつかず「会社と女房はひとつがいいよ」と言う意味はどこにあるのだろうか。丸山が使った言葉の意味では、会社に忠誠をささげている場合にあって、去ることにも去らずに自己を貫くことにもその両方に意味や価値があるということなのだろう。一人の人間にとって、去るにしろ去らないにしろ、否定的意味と肯定的意味の両方の可能性があるということだろう。定一は結果として去らないことを選んだ。しかし前提となる、会社への忠誠心ということは元々全くなかった。自己の義務は他人には負けないが、それは忠誠心ではもともとないということである。忠誠心はなくとも仕事は必要なのである。これはどうも会社の選択の時からあった。それでも終わってみれば、あたかも忠誠心があったように見える。それは人格的忠誠なのである。それが通せるなら、会社も女房もひとつがいいということなのだろうか。彼は去らないことで、ひとつの価値を見出しているのである。しかしそれは人間的、道徳的なものであり、会社とは組織ではなく、同僚・後輩そして長年一緒に働いてきた労働者を意味している。

定一はここで更に、翻って考える。

『もともとこの本の本旨はどこにあるのか。過去の日本の思想的な伝統の可能性を、もう一度考え直していくことの必要性を指摘したものであろう。これが思想の可能性の探究となって、新しい伝統に気付くことになる、と言うのである。

思想の持つ両価的な意味をいつも考えていくということだろう。丸山氏はこうして、諭吉や、内村や、佐久間を見直したのだ』

定一は次の丸山の言葉に本旨を見ていたのである。

日本の思想史のように、さまざまの思想が雑然と雑居して必ずしも伝統としてまとまった構造を持っていないところで、思想的な伝統を引き出すには、思想が孕まれてくる過程でのアンビヴァレントな可能性ということをいつも見逃してはならないと思います。(『同前』)

問題は日本の思想の伝統性に関わる、だがそれは定一が会社生活とか妻とのことを連想したように、生活に関わること、すなわちその人の生き方に関わることなのである。それでやはり彼は日本の民衆史というようなことを考えて、網野善彦氏の本をもっと読むことを連想するのだった。ここには彼が先に考えたような、自分は思想家であり、かつ民俗学者のように生きるのだということが再現されている。そして問題を日本思想の伝統というようなことに立てるならば、彼が考えなくてはならぬことは無限性を以てその領野を広げるのである。彼が思想を考えることの意味は、自分という一人の人間としてのことであり、また民衆の一人としての考え方の選択あるいは創造のことである。彼が読み求める本には、そういう市民としてのありようを、またそれを日本の歴史から求めるものがあってのことだった。こういうことは簡単に言うと娑婆世界のことである。信仰において世俗世界を離れんと強く決意しながら、他方このような問題に深くエネルギーを費やす。だがこの両者は彼の人格において強い結合をなしている。形而上学的問題と社会の問題の両方が、彼の人格に関わることと、両者を極めて人たりうるということだった。これは「開いた世界」の意味することだったということになる、というより、常に開かれていく世界があるだけで、そこには結論とか原理があるのではなく、相互の関係が全く新しいものとなるということだけがあったのだ。こうやって初めて、知性の広大な沃野が開けてくる。ここにも第二の生の意味があり、この生は死を超えんとする。「生即死であり、死即生である」、生・死を超えた、いわば永遠の時間に自己を預けようとする感覚だ。我々はこの無限の荒野を知らぬままに一生を終わるというのか。それでは動物達の生と余り変わりのないものではないか。人間の生には、道徳的な自律性と理念的な自己規定とが相互に関係しているということである。このカントの論究したことを、定一は自己の人生にあって歩いているように見える。

日本人の思想はこのように両価性をもって捉えないと、これを補足し有効的に活用することは出来ないかもしれない。定一がそれをもっとも感じるのは、故郷の「葉隠」の思想である。「お家が大事」という定朝の言葉を、「郎党根生」と蔑めばそれで終わり、しかし諫争し下の者が上の者に直言して過ちを直させるのなら、現代の組織にあっても価値を持つ。「お家」がなければ家族の生活も成り立たぬわけだから、逆に言うならこれしかないのである。だから「武士道とは死ぬことと見付けたり」の思想が生まれたのだ。これは自己の道徳と想念に生ききんとするものの、突き立てられた槍である。定一が若い時から、日本で唯一とも思えた、「葉隠」の思想性はこういう点にあった。両価性があるから、必ず批判者を持つ。定一は諭吉を強く批判する、しかし彼が「自分と違う人を研究し尽くそうとするのは、最もいい勉強法だ」と感じるのは、それによって自分の思想が明確性を得ていくからだ。日本の社会にある様々の異質性を理解しながらも、新しい自己の思想の根幹を打ち立てんとすることは、新たな伝統を生むであろう。定一の自治会長体験はこういう点に最大の意義を持っていた。それはI氏との論争から生まれ、自分を変え、地域を変えていく契機となったのだ。

丸山の本に、定一は手応えを覚えていた。書くことを止めて、朝の四時間が丸々読書に当てられて、中途半端なところがなくなった。かくて、諭吉も丸山もデフォーも読み上げられた。そして歎異抄講話も、無量寿経講話の上巻も終わりに近付いていた。書くことだけにこだわることもないな、そんな気持ちがどこかにあった。だが本を読むことがどんなにうまくいっても、次のような感想も生まれてこずにはいない。翌朝のことである。

『本当に精神が残った、不朽の書を書きたい。読むごとに、力と真実が湧れてくるような本のことだ。

一日の中で念仏は出てこないが、仏に助けられているという信は、一日中揺らぐことはない。涅槃経で、親を殺した王が、釈尊の話を聞いて、自分にも仕事ができたと言ったのは、信心を開いて新しく仕事をする力が生まれたということだ。十八願の信とはそういうものだ。これは自然に生まれた信である。これはいろんなことに改めて興味が湧いてきたことを言ったものだ。長く罪の中に閉じ込められていた王に、この力はなかった。罪から信へと移ったのである。「人生は今始まったばかりのような気がする」とは、正にこれを言ったものだ』

「信」なくしては成立しないものがある。それは自覚されているわけではない、しかし何かが強固に守られている。そこには利己性とか世間的なものが超えられたものが生きている。人々はこの信を見ないのだろうか、しかし感じているのだ。それは、自己を自己たらしめているものなのだ。王はそれを失っていたのだ。

その日も雨だった。定一は時間ということを考えている。実のところ、この時間認識の新たな視点は、彼の哲学を、新しい地点に押し上げるものだった。それは長い時間をかけて、ある核心へと近付いていく。

『時間というものが、歴史的時間の中で起こったことを古びさせるものだと、信じきっているものが私たちの中にはある。しかし古びない時間もあるのだ。このように必ず時間と共に古くなるというのは、機械式時計の感覚が生むもののようだ。「流されていかんばいかんやろうもの」は、通俗の歴史学者と共通するものかもしれない。事物や出来事には古びないものがある。それは人の中に生き続ける。実は、そういう出来事の意味が大事なのであり、私達が毎日の生活の中で求めているのは、そういうことに出合うことなのだ。それは私が風景と呼んだものと同一化される。妻の故郷の早津江川の河口の風景は海苔の漁場がある限り不変であり、江の川の風景は水と石州瓦の集落がある限り不変である。宇部のおばあちゃんの一生は私の中で不変である』

定一の中に、歴史は自分の心で捉えなくてはならぬという思いが生き続けた。だがその個人の人の心は、哀切なまでに弱くか細い。だがそんなに万巻の書物があったとしても、歴史はそれが個人において理解され、批判的にその人の中で生きなければ、その歴史は今日において役立つものではない。

ここには既に時間のもつ二つの形式が暗示されている。彼は気付いたのだ、時間の持つ別の意味を、そして自己の内に存するある持続性を。この持続するものは、変容と呼んでも経験ともあるいは人格と呼んでもいい。

いずれにしても総合的、総体的であるものだ。変容を可能ならしむるものこそ時間なのである。思考の本質がこの時間の原理に示されている。そしてそれは機械仕掛け的な時間とは違うということである。時間を内向性の内に捉えたものである。定一が人間を、その思想を変容において捉える理由はここに生まれている。この意味においては、変容する自己なくしては時間もない。時間の持つこの二重性に気付くことは、先の「開かれた世界」の始まりと軌を一にするものだ。この新たに認識された時間は生死の境を超えて、浄土の予感を生んでいるものでもある。

『昨日は一つの思想が持つ両価性ということを学び、今日は歴史的時間の中で起こった出来事でありながらその意味が古びない、決して流されないものがあるのを知った。かのように未知との遭遇は、予感の内に耐えて生まれる。これは風景を見る心でもある』

雨が降り続いた。昼間も机に着いている時間が多くなる。雨の中で一日が終わる。朝と昼が繰り返す。定一の中には、どんな現実状況であれ前進願望がある。そこには出来事によらない時間の質がある。次の日も雨だった。日曜日である。

『十八願、十九願、二十願の関係が様々の角度より説明してある。十八願で悟って、全ては仏様におまかせと自由な境地を真に得て、自力の計がしりぞいた後に生まれてくる自然な自己制御の心は、徳に対してもすなおになる、また行も力強いものになる。すなわち、十九、二十の願は十八願の結果とも受け取られる。今の自分にはそういう気持ちがある。

十八願は自由ということに開眼した人の姿だ。今まで仕事がはっきりしなかった者に、仕事ができたのである。これが人生が今始まったばかりのようだと感じさせるものだ。そこでは、自力・他力のわずらいが消える』

このように、三願の相互の関係、時間的順序、また全てが衆生の行為として願われている等、論じられるべき点は多い。しかし今彼に於いて重要なことは、往生とか浄土ということが彼の中に生まれ、生き始めていることである。それは新しい世界の始まりであり、新しい時間の始まりであったということである。これは信仰の生が始まったことを意味する。ここには抽象的なものはない。この信の世界は、彼がこの娑婆の現実に躓くとき、激しい力となって彼を支えるのである。それは決してその躓いた不幸の源を幸福に変えるために働くのではない。そうではなくその運命を受け入れて、幸・不幸を超えて、ということは生・死を超えてただ自己の義務に徹して、それを自己への要請と受け取って、利己欲からではない努力を払うことである。もしもそれが何か自分のための努力であったら、長続きはしまい。この努力はあの世に繋ぐものである。宗教とは日々の生を生きるものであり、死があるから必要なものでもある。定一がこういう信の世界を自分のものにするということは、あたかも何かのために用意されたものであるかのように見える。ここに人生の秘奥が見える。いかなる小さな努力も、未来を準備するものだ。そこにはそういう「自然的目的」というのはないのだが、成就ということはあるということである。何事も一朝一夕には成らないのである。道徳的自律と現実、物とか経験世界の間には、それを人間が見渡すことの出来ない裂け目が横たわっている。二つの世界は統一出来ないように見える。

定一は理念的人間である。しかしそのことは現実を勉強しないことを意味しない。彼はこの雨の午後を「貧困大国アメリカ」という本を読んでいる。先の裂け目は全体を見ることは出来ない、だがどんな宿命的原理であれそれを受け入れていても、努力することはその意欲は別の法則から生まれ移行してくるものなのだ。読んでいる彼に働いているのは、先に丸山が言った思想の両価性ということである。そこには明らかな一つの対象とする概念があったのだ。それは「自由」という概念だった。この概念ぐらい正の価値と負の価値を持つものはない。世俗的言葉として使う時、そのことが際立つ。何故なら、人間の生とは本質的には不条理だからである。そこに「自由」ということを適用すると、様々の矛盾を発生させてしまうのだ。それが個人にも、国家にも起こる。定一には、今アメリカで起こっていることがそういうものに見えて仕方がない。不条理を教えてきたものは、人類の長い歴史である。ところがアメリカは歴史を持たず、歴史を捨てて「自由」の旗の元に集ってきた人々が作った国だから、これがやっかいなのだ。建国にあって謳われた「自由」は理念的なものである。だから「自由」をプラス思考でただ肯定的な意味だけで捉えるなら、様々の問題を生むことになる。まして今や、悪い意味でのポピュリズムの時代である。定一にこういう基本の認識があって本は読まれた。それと、「アメリカとは何か」ということはしっかりと捉えられるべき、彼にとっての基本的な事象であった。

『市場主義という思想がある。これはレーガンの時代に「小さな政府」という政策が取られ、規制緩和が進み、資本による競争を制限の少ないものにして活性化させた。これがいわゆる新自由主義である。これはアダム・スミスが言った「自由主義」とは違うものだった。自由競争というのは大変いいことのようだが、この自由ということには大きな問題がある。正の価値と負の価値の両者が内在化しているということだ。

アメリカという国は自由でないとすまない、といった社会である。だが不自由に耐えて人がとどまる時、社会に対しては貢献をする。家族制度とか女性の伝統的な地位・役割とかいうことにはそれが見える。自分と会社の関係もそういうものだった。日本の場合、アンビヴァレントな思想が本能的にではあるが、一方向だけに流れることを少なくとも今日までは抑えてきた、だからアメリカと同じ政策を取ったようでも違うものとなった。

日本では「改革」ということを小泉以下がやってきた。その下で働いた、竹中・高橋というような人は大変な変人のように見える。「改革」はひたすら一方向にだけ流れて行ったように見える。改革にも、必ず否定的な面があった筈なのにである。

思想には必ず矛盾した面がある。だから一方向だけで政治をやってはならぬ。これを私は自治会の仕事で教えられた。そして異質性を認め合う社会ということに結実させた。自由の概念についていうと、不自由の選択に何か別の積極的な意味がある気がするのである』

彼は日本的な思想が持つ、一つの可能性について考えていた。伝統の良さということだった。だがそこには別の意味での大きな壁があった。それが諭吉の言った、そして文明に期待した、人民の知性の開明すなわち「自分の本分を保つ者」の出現ということだった。それは今もまだ遠い夢に過ぎなかった。彼自身においてもまだ暗中模索の時代である。生涯において不自由を選択させた理由は何であったのか、結婚を、子育てを、会社を受け入れさせたものは。そこにはもっと人間の根元的なものが働いていた。彼はそれを選択したと言えるのだ。自由という言葉が持つ、世俗的な軽いプラス的価値ではない、自己の生の意味と価値をなしている根元的な道徳の選択が。最も大事なことが人生で選択されたとするなら、それ以上の選択、すなわち選択の自由を指すものはない。自由と言ったって結局は、一番大事なことを守るということなのだから、そして自己の生の意味を生んでいる根元の道徳を超える大事なものなどありはしないのだから。定一はカントの言った「自由」を自分の生涯の経験から、深い納得性で受け入れて、更にそれを日々の生にあって確認する作業を続けていくようになるのである。彼は無意識の内に大きく変化したのだ。大学卒業を控えた秋の頃だろうか、彼は三つ年下の従妹とデートをした。彼女は同じ県の短大で学んでいた。下宿まで尋ねてくれたのだ。彼等は市内まで散歩に出た。その時彼は言うこともなく、「自分には世界を放浪することしか残っていない」と漏らした。彼は既に東京の小さな会社で働くことが決まっていた。この言葉は、人々との関係を拒絶するものでもあった。だから彼女に対して言わずもがなのセリフであったかという気持ちは残り続けた。だがこれは、青春の苦悩が、そしてそれが一段落を付けたその時のいつわらざる告白でもあった。彼は家を、父母を捨てた。これは青春が結論した一つの結果であったのだ。満州、九州の山の中の村、そして宇部、それから東京へと、現実にも彼の道は放浪を示していた。「船乗り」になることにしか自分の将来を考えることが出来なかった思春期の夢は、まだ残っていた。それから四十年が過ぎた。彼はバガボンドにはならなかった。アメリカに七年も暮らしたが、それはバガボンドにならなかった彼への、別の意味の褒美であった。そんな彼に、現役が終わって三年ぐらいが過ぎて、ベルクソンは「社会的責務」という言葉で自分の過ぎた人生を説明してくれたのである。そこからカントの言う「自由」の定義は近いものであった。

このように過ぎていった雨の一日だったが、そこには単なる充実が、そしてそれが安易にあったのではない。一日にも危機がある。それは翌朝の反省に見える。

『なんとか前に進みたいという心がある。昨日の雨の中、私の中に弛緩したものがあった。こんな雨の日の一日ぐらい、何にもせず、ぼんやりしてたっていいじゃないかという気持ちだ。だが私は知っている、一日の無駄が一生の無駄に繋がることを。自分は怠惰な気持ちをやっと引き締めながら、アメリカ史を読み、アメリカの現在の、大衆に貧困が広がっている状況がどうして生まれているのか知る努力をした。それは十日ぐらい前の、アメリカがどこへ向かおうとしているのか知ることの、私なりの努力の延長にあるものだった。一つの思想が持つ、本来はアンビヴァレントなものが、一価的に人々をコントロールしているように私には思えた。それに市場主義にブレーキをかけえないのは、人民のそれを理解するアンビヴァレントな性向が強いからだ。それに対して日本人は、自由に対して不自由を受け入れる性向を、まだ持っている気がするのである』

「自由」という概念の持つ両価性を、定一は徹底的に考えんとする、そして社会の通念としてある自由が社会の道徳を壊していくのを見る、しかし人々はそれを気付かない。それでもまだ、日本の方がアメリカよりましだと彼は思う。歴史のある国と、ない国の違いが見える。アメリカとは、歴史を捨てて自由についた国のことであるからだ。新しいこの国にも歴史が出来ていく、そこには伝統が生まれていく、それは不自由を受け入れることを要請するだろう。それが歴史の持つ力なのだから。

晴れると思ったその日も一日中雨だった。雨は三日連続した。だが雨か晴れかなどというのは、彼には全く関係のないことだった。今日という一日に、どんな妥協も認められない。なさねばならぬことをなさなくてはならぬ。一日の無駄が一生の無駄を意味するという感覚には、恐ろしいリアリティがある。結局それを許すものは、一生にそれを許すことになるのだから。それが連続し持続するものの質である。大事な用の時間があるわけでも、大事でない用の時間があるわけでもない、全ての時間が大事なのだ、時間とはそういうものであった。進化というのは、そういう時間にあって生まれてくるもののように見える。人とは現在を未来に繋ぎ、現在は過去に繋がっている、そういう伝統的存在者ということになる。求められているのは部分の開明ではなく、生の全体の統一性である。これを「進化の思想」ということが出来る。

定一は阿部謹也の『中世賤民の宇宙』を読んでいた。彼が気付いたのは、歴史の研究が自分に意味するものであった。

『歴史的時間の中で古びない時間があるということである。それはその出来事が時間が過ぎても一つの意味を持ち続ける、流されてしまわないことである。その埋由は、研究する人間の中に同一の事実があるからだ。外の現象ではなく、自分の中の現象になっているのだ。歴史がそういう形で研究されている。阿部謹也はこう言う。

われわれが賤視の根源を明らかにしたいということは、その賤視と同じものを自分の中に発見する作業である。（「中世賤民の宇宙」　阿部謹也著　ちくま学芸文庫刊）

自分の中にあるものと無縁な歴史的事実なら、色褪せてしまうだけなのだ。古い写真が今でも私に語りかけうるのは、自分の中に同質の体験が生き続いているからだ』

定一は今はっきりと、歴史とは内向性から捉えられるものだということを会得したのだ。ここにはカントの言った「思考法の革命」が見える。阿部の「ヨーロッパを見る視角」を読んだのは一年以上前のことである。だがまた五、六年前には「中世の星の下で」を読んでいる。そして更にその前に読んだ「ハーメルンの笛吹き男」の話は、これまた奇妙で恐いヨーロッパ中世で起こったことが日本人にも伝わってくるものだった。しかし結局のところ、氏のこの自己が捉える歴史研究の方法は、日本の学問社会に正統的本流として定着していない。そしてそういうことが、日本の学問社会の全体について言えるように見える。学問、出世、金、名誉に連結された世界だということである。信仰で言う「仏の道を歩く」というような、何をやっても自分自身の道を探してその道を歩くというのが見えないのである。そうでないと惚けるのも早いのである。彼の意識の進化は、阿部氏の本の読書の歴史という一例にあっても、少しずつ進んでいったものなのである。氏の本を読むのは、彼にとって半ばの興味と半ばの困難を絶えず伴うものであったのだ。そこにはやはり、自己の世界を開いていくことの難しさがある。ここには常に自己の精神の原理が求められているのだ。本を読んでも、その人の世界が、そこに使われた言葉の概念自体が、経験的に自己のものとなっていなければ理解することは難しい。定一が歴史を内向性から捉えることの重要性に気付いたというのは、一大変化であったのだ。そうやって暮れた一日であった。翌朝である。

『開かれていく世界は「無上正真道」である。これは出世間道である。何故なら、自己自身の道であるからだ。自己の道を歩くということが世界を開くということであり、仏への道を歩くことなのだ。自分の道を開くのは厳しいことなのだが楽しくもある。これが「園林遊戯地門」の心であろう。楽しくもないことが何でやれようか。昨日の雨の中でやった剪定の作業もそうであった。かくして成就されていく世界がある』

定一は二つの世界の存在を言っているのだろうか。そうではないように見える。二つの世界があると考えるなら、それは一つの錯覚である。しかし時にそういう観念が現われるということは起こる。彼の形而上学的世界は、彼にとっては必然的存在としてある。だがその世界は現下の形而下世界があって成立しているものである。考える者がいて、考えられた世界があるのだから。人が「あの世」と言う時、それは今生きている者の「あの世」である。死んでしまった者の「あの世」とは違う、その意味では「あの世」とは生きている者にしか存在しない。ということは「あの世」も「この世」も生きている者には一つの世界である。しかしこの世にあって、あの世を持たぬ者達は多い。それはただそういう人々は、この世の幸・不幸ということだけに閉じ込められているということだ。あの世はこの世にあって、その人の形而上学世界にあって死後の可能性を持って予感され、生きているものなのである。それを現実的に言えば、この世で懸命に続ける生への努力は、「あの世」の生に繋ぐものであるということになる。そこに現実性が見える。それほど苦しい人生だということだ。例えば、彼が一年後に妻の現実の命の危機に出遭って続けた、彼女の生への帰還に対する努力には現実的なものだけではないものがある。彼は妻との霊魂の一致というところまで追い詰められるのである。それは生死一体、妻の危機は自己の危機と一体であることだった。命の問題は現実的なものだけでは解決が出来ない。命の置かれている広い世界を知る努力がいる。それでいて命の命運は自己の手中にはない。これはカントの言う「有機体の思想」に関わる。自己の精神的存在を自然から考える時、こういうことになる。自己という個体から離れてしまう。とすれば既にして、命はこの世のものではないとも言える。だがそういう命でありながら、生き抜く努力は、その現実の活動はあの世の生に繋がるものである。そのようにこの世の限界を超えんとする努力は、あの世に繋がっていると言える。死んだら終わりではないということが、現下の生に見えている。かくて世界は一つでしかありようがない。もう一つの生は既に所有されているのだ。現実に向かって立ち向かい、これを超えんとするような努力をするには、こういう宗教的な、あるいは宗教を生む思想が必要なようだ。

その日は晴れた。定一の昼間の行動は天気予報に基づかない。晴れるか晴れぬかは神が決める。だから自分が決める余地は始めからない。とするなら、そんなことはどうでもいい、晴れたら晴れたと思えばいい。自分の行為への願いは、ただ自分の中に生きているのだ。他に依存することではない。晴れるか晴れないかは、それをやるための条件の一つに過ぎない。願いが意志となり、それが推進されることの方が重要だ。彼はその一点に意志的努力を集中する。

そんなわけで、梅雨が明けぬ前にやっておきたいと思った庭木の剪定をやった。家の木は少ないようでも二十本はある。殆どが三十年以上になるから大きくもある。木のない庭は彼には殺風景だ。敷地が狭いこともあり、車は置いてない。昼食は取らないので、午前中から午後にかけて連続して働いた。だが、その午後の陽がまだその力を弱めない前に作業を止めて、机に還った。それを捉える意志とタイミングが合ったのだ。

『貧困大国アメリカ』の中に、実に戦慄の走る言葉があった。こう書かれている。

二〇〇四年一一月までCIAのウサマ・ビンラディン追跡およびテロ対策部門の責任者を務め、退任後はブラックウォーターUSA社の副代表を務めるコーファー・ブラック氏は、議会でこんな発言をしている。

「九・一一以前と九・一一以後がある。九・一一以後はルール無用の世界だ」（「ルポ貧困大国アメリカ」　堤未果著　岩波書店刊）

ちなみにブラックウォーター社の主要業務は警備である。国務省と契約を結んで、戦争に人も出す。定一は九・一一の起こったテロのことを思い出さずにはいられない、どんなにアメリカ人達が驚きあわてたかというのは分かる。テレビでさえ冷静を失っていた。風に流れる星条旗を映して、ゴッド・セイブ・アメリカを繰り返していた。確かに、あの聳え立つビルは乗客の命と共に一瞬に炎と化して崩れ落ちた、そして何千人という人が死んだ。だがこの言葉はひどい、おそらくアメリカ人の中で、これが共有されるものがあるのであろう。

定一の感想は次のようなものにつながる。

『ルールなきテロによってやられた方も、またルールなき国へと走ったのだ、なだれを打つようにして。この感情が一般の国民の中にあったかもしれない。しかし、ルールのない行為が悪いものならば、自分達がそうなるのも悪いことではないか。しかしこのことは人間の理性にとって難しいことだ。ここに人間の持つ判断力の働きがある、そうでないと野獣と変わらぬ。日本に原爆を落とした国のいわれが見えるようである。そしてこれは大衆が決めたのではなく、国家の少数のトップが決めたことなのだ。だがルールなき国家は、やがてそのことが身を損なわす。それが今のアメリカに見える』

定一にとって、六年以上住んだアメリカは第二の故郷である。心情的には何も悪く思いたくないし、思うものもない。ケンタッキーの田舎の町での生活には、詩情性さえあった。たくさんの友人も、一緒に働いた労働者も部下もいる。しかしあの種の事件は、人のよいアメリカ人を変えてしまう、そのことはテロから二ヶ月後くらいいた間にも感じたことだった。彼のアメリカ理解が新たな勉強を要求されていたということは事実である。この傾動は心の中にいつもあった。そこにあるのは、日本の平和という根本の問題なのである。

定一はこの後、阿部謹也の『中世賤民の宇宙』を読み終えた。

賤視の思想の発生と、社会の制度的なものへのその定着化の現象を明らかにするのは難しい。氏はあくまでもヨーロッパ中世で起こったことを追求されているのだが。定一の関心は、小宇宙・大宇宙と概念化されているものにあった。だがこういうことを理解するには、現代人にあっては難しいものがある。というのは、現代人の世界像が、均質的な時間・空間観念で貫かれているからである。氏の説明は次の様である。

森羅万象に対する感覚が中世人の場合現代人とはかなり異なっており、その違いを認識することが中世における賤視の原因を探るうえで、まず第一に行なわれねばならないことである。ということは、私たちが現代の人間としてもっている基本的な世界像をいったん捨て去ることを意味している。ではその捨て去るべき世界像とは何か。それは近代科学によって構築されてきた均質的な時間、空間観念によって貫かれている世界像である。賤視とはまず第一に人やモノを見るときの視線の行方であり、その結果生ずる心の動きであり、そこから生ずる行動である。それを規定しているのが人間の世界像であることはいうまでもない。（『中世賤

民の宇宙』 阿部謹也著 ちくま学芸文庫刊）

人間が持つ「世界像」の違いという視点は、現代の様々の問題に見える鍵である。世界像をどう確定するかということは、定一の日々を生きる上での主要課題であった。現代の科学的世界観が、中世人の自然的、霊的世界観を超えたものであるかどうかは、彼にとっては大変に疑わしいものだ。均質的世界観では、個性が持つ多様性と独創性が生む世界像は解けない。定一の感想は次のようなものであるが、これは古代的、中世的世界像を引き継いだものであることが見える。

『小宇宙は世間世界であるように見える。大宇宙は小宇宙の臨界である死の向こう側にある世界だ。浄土の概念に近い。どんなに科学が発達しても行けない世界である。世間世界から死はそのように遠ざけられている。この死と境界を接して働いている者が賤民と解される。そしてその境界を、人は汚物を処理する人や、道路清掃人にも見た、それは畏怖のまなざしである。死の側で生きる者が賤民と見られた。かつての「村の生活」が思われる。死は手近な所にあった。死人が出れば、「うどん山」に穴を掘り、村人は行列を作って死者を運んだ。穴を掘れば骨も出るし、時には頭の骸骨も出た。子供達は行列の先頭に立って、提灯や旗を持った。病院で死ぬ人はまずいなかった。人々は死体の腐る臭いを嗅いだ。死がこのように近くにあることで、大宇宙が開けてくる。それは死んで終わりではない世界である』

親鸞の信仰がこの環境にあって、村人に引き継がれてきたのは事実であろう。従って村人の世界観も、死と隣接して彼岸にある浄土、西方のくにを理解するものだったのである。浄土をいつも心の中に持つ者は、生と死の境界に住む者であった。定一は村人のこの気風を引き継いでいた。またそこでは、妹の死が違和感なくそして妹が彼の心の中に住むことが出来た。生者と死者が共存出来るのである。信仰が生まれてくる土壌にはそういうものが必要だったが、現代はそれを失ってしまっている。豊かさとか、世間的幸・不幸の概念に埋没してしまっている人間には、現実世界を超える、そこでは自己の利己的な力は全く無力であるような大宇宙世界観は、開けてこないし存在しない。そして問題な点は、この大宇宙世界が世間的溟濛《めいもう》を打ち破って、自分自身の世界観と重なることである。定一は、西洋とか日本とか特定することもない中世人のこの大宇宙感を引き継いでいる。それが浄土を、仏が説く世界を、簡明に受け入れさせるのだ。それが、現代人としての彼の形而上学を可能とさせるものだ。死が常に生と共存している世界なのである。しかしこのことは、妻の死が予言されても動揺することなく、ある覚悟を定めて、現実に対する努力を全力で推進させたものであるように見える、死の脅迫下にあってである。そこにはある「信」が見える。

だが定一の幼年から少年時代に育まれた大宇宙世界は長く等閑《なおざり》に付されていた。これを教えたものこそ、六年前の報恩講の御満座の席での、死にたいほどの慙愧であった。彼は自分が罪ある者であることに気付いた。今までそういうことを気付かないで、どこか自分だけは安全な地にいた自分を知った。彼は世間的な暮らしの中で、能天気に自分を評価していたのだ。だが、そのことに気付いたことは死にたいほど恥ずかしいことではあったがそうではない世界があるのではないかと考え始めていたのである。新しい世界への出発点だった。春と秋の報恩講通いに使った、退職後六年間の九州への帰省の生活は、その意味で成果を生んだ。阿部氏は、いかような世界像を持つかが重要であるということを教えていた。この世界像の問題は四年前の、苦しい慙愧にあって提示されていたのである。

翌朝である。

『往生とは成就されたものである。畑を本当によくしよう、庭もよくしよう、そんな風に生きていく日々の願いが自分の道を発見し、その道を歩き、新しい世界を発見する。願いを生きる自分の道は成就されるのである』

そこに目的は見えない。信仰者の道はまるで職人の生涯と同じだ。職人は自分のやり方で、物を造り続ける、確かに物は売らなくてはならないが、造ること自体が目的であるかのように造り続ける。信仰者は願いに生きる。両者に言えるのは、目的が超えられていることである。そこに生き方の、生活の一種独得の風采が生まれる。

定一はその朝から、ベルクソン講義録の『心理学』を読み出した。これは定一の歴史にとって画期的意味をなしていた。結局この講義録四巻はその後一年以内で読み通されて、多大なる知見の進化を生み、更なる前進を促すこととなったからである。書くことを中止した期間の大きな収穫となったものだ。

『ベルクソンを読みだした。これを読んでいて、呆けの発生が防止されるような、そんな力が湧き出てくるように思う。老人会で「呆けないようにするには、どうすればいいかを研究する」と公言したのを思い出した。こうやって、研究しなくてはならぬ世界が、たくさんあることに気が付く。我々は知らぬうちに呆け、病を深める。人間にとり大事なのは、まず考える習慣なのではないか』

この「習慣」が「時間」と書き換えられていくのが、ベルクソン読書が彼の中に生んだ歴史であったということになる。思考ということを時間の特性の中によみ、物理的時間と分けることである。この時間こそ、人間に進化と変容を生むものであった。この世には、学校では教えられないことが溢れているのだ。固定したものがあるのではなく、現象であれ概念であれ、それらを生成において追求するときだけ、明瞭で統一されたものが得られる。そこに思惟の時間の重要性がある。定一がこれを呆けと連関させたのは、知識人の方が反《かえ》ってこの思惟ということに欠けるものがあることが、直観されていたからである。

この日は、昼間を畑で、トマトの烏除けの網を完成するのに殆どが費やされた。網は妻の故郷の親戚が呉れた海苔用の、漁場で使う丈夫なものである。畑には既に、友人から貰った四十本の苗が生育中である。雨が多いこの季節、疫病との戦いである。それでもどうやら生き延びるだろう、そう思うと、この烏と白鼻心対策は、彼にとっては必須の作業である。彼は、トマトの疫病対策であれ、動物による被害であれ、やられた後で悔やんだりあれこれ言うのを極度に嫌う。事前にやれることの最善を尽くして、後はなるようになれである。この考え方は、実のところ、形而下世界のあらゆることに適用されていたのだ。そんなわけでこの作業も、朝四時間、その後の午後の二時間のグラウンドゴルフの後の二時間で完成されたのだ。彼という人間を最も説明するのは、こういう点にある。現実世界のこの努力は、恰も形而上学世界での努力、例えば朝の書く時間でのそれさえ超えているようにさえ見える。だが両者の努力が必然的だった。自然的生命の充実と精神的生命の充実の両方が求められていた。一方だけが進化するというのは、起こらないことだろう。この姿は他人には見えない、妻にさえ見えない。しかし妻が命の危機の中で生きだした時、それは見えだしたのだ。それは両者の繋がりが見えだしたということだった。その時、彼女は夫の本当の姿を見たような気がした。夫の思考を生んでいくものが、日常の現実の夫の行為に見えるような気がしたのである。

だがそこには苦しいものがある、それが努力というものの現実である。現実が苦しい要求をするなら、形而上学世界でもそれは要求されることを意味するからだ。そうして進化が生まれる、それを教えたのはベルクソンであったが、ベルクソン自身もまたひどい病の中で経験されたことだった。この過程は、思想を神秘主義的なものに導くのかもしれない。だがベルクソンは病に負けなかった。

その翌朝である。

『いかなる自己以外の権威も受けつけない、自由であることは宗教の最も大事な要点だ。そういう点で、宗派の持つ権威はもっともやっかいだ。国家の権力とか法もやっかいである。自分の信心ひとつで生きるとは他の一切の囚われから自由であるということだ。だが何よりも重点がかかるのは、自分の良し悪しばかり考えているいることから離れることだ、そういう自分への自省の念がいつもいる。その上での権威・権力からの解放がいる。

法然の負の秘密が見える。人間が行が立派すぎた。弟子達はついついその立派すぎる人柄にほれた。どうしても、この立派な人が宗団を引っぱっているという感覚をもった。これは浄土宗の彼の死後の発展を止める要因となった。立派な人間とか行いは、衆生の生活からは遠いものである。だがこれは、法然がどうのこうのという問題ではない。歴史であったということだ』

定一はこの日、雨の中を鶴見まで登山用品を買いに行った。買ったのは軽登山靴・小さなガスボンベそして夏用の上着のシャツである。この行為は明らかに次の行為を決定するものだった。彼は密かに、江の川沿いの歩く旅を計画していた。秦野から鶴見まで往復するのは煩わしいことだったが、それもすましてしまうと落ち着いた気分になった。帰って来た彼はベルクソンに取り組むのだった。

『言うに言われないベルクソンの特徴を感じてならない。思考の持つ並外れたスケールを感じる。彼の思考は相互の関連性が濃厚である。そこには本能的なものが、思考と深く関わっていることがいつも気付かれていた。我々自身の中に思想を生むものがあるということである。我々は本能は本能として、習慣は習慣として分けて考えているのだが』

ベルクソンはわれわれ人間の心理的事象において、意志的な決定が本能と習慣によって条件付けられており、帰結を生んでいるというのだ。とするならば、そこには真の思考ということは存在しないことになる。「われ思う」この考える私はいないことになる。この考える人間の存在ということは、定一の後半生の主要なテーマとなっていく。思考の本質は何かということだ。そこから生まれてくるものは何かということだ。思考に関わる本能の解明は別に必要なことかもしれない。ベルクソンの、殆ど投げ込むように書かれた何気ない一文が定一の心に強く引っ掛かる。

世界全体が破壊されたと想定してみよう。精神の作品もまたすべて無に帰したと想定してみよう。この廃墟に生き残った人間が感性的現象を有することはありうる。が、思考は存在しえない。なぜなら、思考する

こと、それは常に何かを思考することだからだ。（『ベルクソン講義録Ⅰ』　合田正人／谷口博史訳　法政大学出版局刊）

破壊された世界に於いては、もはや考える対象はない。定一にはこの現代にあって、そういう自暴自棄的な世相が見える。人種が滅亡に向かっていることの予感から逃れられない彼には、世界が廃墟に向かうものであるのは、現実に感じることである。だがこのことは、思考の対象が消滅していくことと機を同じゅうするということなのだ。とするならば、この思考が衰えていく世界とは何と恐ろしいことかと思ったのだ。そんな時代が人類の歴史にあっただろうか。だが人類の出生以来、歴史は現在に至る過程にあったというのも事実だ。物が、自然が衰え果てる前に、思考の力が衰えていく人間がいる。これは現在の人間の姿を言い当てているように見える。だがそこから彼は次の概念を得ていた。

『豊かさとは、実は思考の豊かさを指している言葉であった』

昔の人達はそのことを知っていた。だからそこに豊かさへのセーブがかかっていた。定一が引き揚げて帰って来て会った村人達も、そういう人達だった。豊かさを物質的なものとして解する時、思考の豊かさは消えていく。ということは、物質的豊かさとは自然の破壊であるからだ。テレビも車も道も自然を破壊するものである、そして心の豊かさを消していくものである。それは自然が消えていく過程であった。貧しい者にしか人の心は分からないということになる。

ベルクソンは世紀の変換点、一九〇〇年まで四十一年を生き、その後更に四十一年を生きた人である。この講義録に書かれていることは、全てが世紀が変わる前に講義を聞いた人によって記録されたものである。それは、大天才のまるで一点の障害もない、前進の意欲に溢れた時代の言葉だ。それをこうして読めることは、定一の尽きない喜びであった。まずそのことが理解されなくてはならない。それは始めから終わりまで、少しの弛緩した感情を生むこともなく読まれたのだ。

ベルクソンの一生は、そんな風に二分されているのかもしれない、それは写真にも写っている。前半生の「お嬢さん」風と、後半生の「苦悩する爺」の顔にあるものだ。だが彼の内部を突き抜ける精神は、首尾一貫、変容しながらも持続する生成のエネルギーに満ちていた。

その翌朝である。

『「誓願の不思議のほかに信心なし」とある、他は全てもってそこより廻向されたものであるということだ。そこには七高僧を始めたくさんの親様の努力があって、この自分に伝えられたということがある。脳学者は、全ては脳の中に書かれていると思っているらしい。有機体の持つ思考の本質を知らぬらしい。書かれたものではなく、生成されるものだということをだ。従って浄土というようなことをてんから受けつけないようだ。これは大いに世の中を危《あや》める。

今日は天気がいい、とするなら、また断固として働かなくてはならぬ』

カントが「理性批判」で言ったように、われわれは現象の内に自己を発見するものである。それでいて自己のアイデンティティーは守られている。定一はそういうところにも本能の力が働いている気がする。人は「私」にこだわるけれど、自然的存在、すなわち一個の有機体でもあるということだ。しかしそうであるが故に「関連性の希薄」ということが起こるのかもしれない。それは考えることがバラバラだということだ。「私」が続ききれないのである。定一がベルクソンに思考相互の連関性が強いと思ったのは、ベルクソンの思考の力が強く、現象間の境界が乗り越えられていることを感じたからだ。定一の関心は思想の発展性にある。人生を生きるとは、新しきものとの出合いを意味した。

難しいのは信心の「信」であった。それは同じものであって、同じものではない。人の願いがそれぞれ違うから、信も異なるのである。しかしその違いを乗り越えて「信」の本質があるということだろう。それが仏の本願である。そんなことを考えたのが、その日の午後だった。

『「歎異抄」に「安楽仏土の依正は、法蔵願力のなせるなり」とあり、また「如来浄華の聖衆は正覚の華より化生して」、また曇鸞は「同一に念仏して別の道なきが故に四海皆兄弟なり」と言った。念仏一つ、信一つ、行道の同じなるを言われた、しかしである。この数日来あることが胸に引っ掛かる。

畑に見えるものだ。ある畑は手入れがされていて、その人が「これは性格だから仕方がない」と言ったが、やり抜いている。自分もその一端を持っており、この数日来トマトの疫病対策と外からの動物の侵入防止に働いてきた。とする内に、ある一部の畑の無慚とも言える風景に気付いた。風景の違いは、単なる見える物の違いではない。その人の願いの違いがあって、そこからよってくる行動の違いを見える形で現すものだ。恐ろしいことだ。もしそんな風に人生もまたできているとしたら。

一方に願いに準じて生きている人がいる。他方に願いに気付くことなく日を送っている人がいたとしたら、人生の持つ風景は、この畑の違いのように見えるものではないだろうか。妹の死が教えたのは、人間の絶対平等ということだった。しかしこの願いの違い、そしてそこからくる行動の違いには歴然たるものがある。だがいまのところ私はここまでしか言えない。

逆に言うなら、この人間の願と行の違い故に、そういう現世上の違いを乗り越えた、各人の悲しみを救う浄土が願われた。人の姿は余りにも哀れであり、惨に過ぎる。妹のあの早い死に通じるものがあるのだ、どんなに長く生きた人生であっても』

彼はここまで考えて、胸中に暗然たる思いが涌いてくるのを禁じえなかった。そこには光の届かない闇があった。そしてそこにあるのは、思惟することの不在であった。人々は思惟することなく振る舞う時、個体としても種としても、世界の崩壊と機を同じくするだろう。だが定一はそれを絶望として受け取ることを拒絶する。彼の心の奥に、自分はそんな大きな存在ではないという思いがある。今を生きそして死ぬ、一個の有機体に過ぎないからである。しかしただ、自己の思惟する力の強化を仏に願う。諦念のうちにがんばる道がある。このまま人類の絶滅に加担することは許されない、そこにはまず自己の課題が多く横たわっていることが気付かれていた。仏の救済は世上の問題に対しても願われることであった。無限性への願望とはそういうものである。あの世だけでもすまない、この世だけでもすまない。

彼にとって不思議な時代だった。「法蔵菩薩の物語」とベルクソンの哲学が出合い、彼の意識はこの二つの外からの現象によって、それをまるで自分自身が生んだものであるかのように産出し、感動するのだった。彼自身の、もっと深い思索ということになると、まだ時間を待たなくてはならなかったがその準備ということでは、この両者との出合いは絶好なタイミングであった。

その翌朝である。

『朝の時間、それは知性の発展という快楽の時間だ』

彼にとって、朝の時間は幾通りにも解釈されてきた。今、この苦しい時間が、快楽の時間でもあるというのは事実だった、少なくとも快であった。それが成立している限り、今日の時間は有り難いものであった。どんな状況に陥っても、このことだけは守ることに本能的だった。三十の時、自分の苦しい心境を一番の親友に告白して、「そりゃー、書くしきゃないな」と言われたことは、今も続いているのである。ということは、これが始めから理念的要求であったということだろう、その実践が快を生むのはそこに理由があるのであろう。

書かない朝の時間が、これまで思っても出来なかった読書世界を切り開いたのは事実であった。限界が破られていた。特に近代の西洋哲学の世界が彼を待っていたのだ。やがてはデカルトからカントまで、出来たらニーチェまでを読み尽くさんとする野望が生まれていた。それはある意味で実現した。そこには自分自身の思想の構造が、最も深い関心事が説明されていたのである。何年も前に買ってはいたが読めなかった、カントの『純粋理性批判』がそして彼がその十年間の同時代に書いた他の四つの著作が、多大な興味と共に読み解かれることになるのである。

『人間における一日の意味を考えて、結論を得たものがいるだろうか。私はやはり得られない。あえて言うなら無である。どんな一日であっても、終わった後には消すことの出来ない虚しさが残る、あっという間に一日のページがめくられてしまう。それは虫の持つ一日と同じだ、如何なる絶対性もない。どんな悔恨もこの力には及ばない。過ぎ去る日は戻ってこない。「即得往生」は身の事実である。明日はないのである。こうなると、娑婆を超えたところで自然と人間のありようを見ていくしかない。人為は無に過ぎない、いかなる野心も無に過ぎぬ。そういうことを早く知った者が勝ちだな。

一日がそんな風に無であり空であるなら、一層と努力をしなくてはならぬように思われる。ここには絶対がある、それは物ではない何かだ。それは零を超える、超出する無限の努力だ。一プラス一＝二の世界ではない。零の世界にとどまりながら、無限をわがものとする世界だ』

今日という一日は、現に明らかに有るものでありながら立ち所に無に帰するものである。だが定一は、一日の有意味性を考えられずにはいない。そしてそれは恰も、無から有を作り出すような試みであったのだ。彼が追求していたのは時間の本義であり、思惟の本義であった。思惟ということを生む原理に関わることであった。それは人間と他の動物を分けるものだった。これを明確に言葉化したのは、親鸞の「五劫思惟之摂受」である。これは『法蔵菩薩の物語』が、親鸞自身の悟性の内に生起した概念である。カントが先験的分析論で「判断力」として究明したのも同じものである。これは教えることが出来ないものである。定一は今の自分の手に余る、そしてその原理をしかとは掴み得ないことの自覚下にあって、ベルクソンが教えた、デカルトの「方法序説」の第三部に呈示された、暫定道徳をもって満足するのである。彼は「方法序説」からそれを得て、以下のメモにまとめて食堂の戸に張り付けた。

デカルトの平安な生活のための三つの暫定道徳

①神の恵をもって自分を幼児より育ててきた宗教をつねに守る。

②志を堅くして断じて迷わぬ

※ひとたび決定したことは変えない（ぶれない）ということである。人の信頼を裏切らないことに通じる。

③情念を制動する（反省と意志の力を働かせるということである）

これは自分の体験からして、世間の中で自分の身を安定して保つ秀れた方法であるように思われる。

デカルトは伝統的宗教を容認して、かつ自己の自立と自律の道徳の上に立たんとする。これは暫定を超えてかつ常識的である。この感覚は定一がベルクソンを読み切り、カントを読み切っても残り続けたものだった。ベルクソンはここでカントの理論に触れてはいないが、それを外れてもいない。ベルクソンは言う。

「分析の精神は情念の最大の敵である。したがって、それをいくら成長させても成長させすぎることはない。反省し、理由を考え、ものごとをいわば解剖したお陰で、偉大な哲学者たちは人間の情念を超えたところに身を置いたのだ。もしもできるなら、われわれも彼らの真似をしようではないか」

これはまさにカントの「判断力」そのものである。カントの道徳は生の本義に関わるものである。しかし今のところ定一は暫定的道徳にとどまる者である。それでも彼はカントの言う道徳の絶対性に気付いている。ベルクソンの言う「意志の努力」（強力な意志によって、ひとは常に自己の主人と化すことができる）を理解する者であったからだ。絶対への願望があるところには、経験を超え、しかし経験を統合する内的直観の統一が求められているのだ。だがそれは無限的な意志の努力がないと得られない種の概念なのである。彼が西洋哲学を学ぶことは、すなわちそれは「哲学すること」であったが、自分の力でこの絶対的・無限的なものに近付くことであった。そしてそのことによって、彼の中に生きている祖先より伝わる宗教は、批判されるものである。

だが実のところは、哲学を学ぶことは、彼の理性理念においてもその宗教をより確たるものにしていったのである。だが「絶対」を求めれば求めるほど、「批判精神」も強まらなくてはならぬ。人間の足下の地盤が現実世界であることは変わりがないからだ。定一には絶えず自分がこの二つの世界の境界にいることの自覚がある。このバランスは破れないものである。

デカルトの暫定道徳は、翌朝の次の感想が示すように強い印象を与えたのだが、そういう風に自己の選択を決定しているものが自分の中にあることに、より強い関心があったのである。

『デカルトの「方法序説」三部の暫定道徳の三点の格率を昨日読んで、深い納得を得た』

暫定道徳は世俗の感覚にマッチする。だから彼は食堂の戸にはったのだ。だが世俗の感覚にマッチしながら、深い納得性を持つ、その秘密はずっと解けないのだが。ベルクソンは決定的道徳の力を予感している。だがそれはデカルトにもあったものだ。ただカントがその内実を徹底的に明らかにしたのだが。カント以前のデカルトと、以後のベルクソンでは表現が異なる。ベルクソンは「社会的責務」という概念でこの道徳を決定的に打ち出している。ベルクソンの言う「人間の情念を超えたところに身を置く」というようなことが、一夜が明けてみると印象に残っている。

『デカルトにしろベルクソンにしても、人生の早い時期にこういうことに気付いていた。天才の所以であろう。私はやっとこの年で、これらこそ現世での人生を無難の内に守ってきたものであることに気付いた。そして今、暫定的道徳ではない、すなわちこれらの道徳を生んだ宗教的な本質を摑んでいく道を歩いているのだ。それでもやはり、世間人生を生きていくことは続くわけだから、この三つの格率は自然の内に働き続けることになるだろう』

道徳を生むものが宗教的なものであるというのが、今の彼の直観である。宗教的なものが理性理念と別にあるという構造にはない。この宗教的なものは生活のうちにある。それも功利性を廃した霊的生活から生まれてくるものである。

雨はずっと降り続いていた。もう夕方だった。彼はベルクソン講義録を読み続けている、そしてこんなことをメモした。


時間の意識を有するためには、持続するためには、根底においては自分自身と同一なものであり続けると共に、他方では、相継起する各瞬間に、数多の変容がこの根底のいわば色合いを変化させるものでなければならない。したがって、時間はわれわれの外に実在しているのではない。時間は、一方ではわれわれの相継起する心理的状態について、他方では、われわれの自我の自己同一性についてわれわれが有する意識以外のものではない。（『ベルクソン講義録Ｉ』　合田正人／谷口博史訳　法政大学出版局）

定一はそれでこう思った。

『時間とは自己の内部における自己の変容だということだ。考えないで生きるから、一日という時間が無為化して過ぎてしまう。人間とは自己同一性を維持しつつ、変化する存在なのだ。時間は自分の外にあるものではないということだ』

定一は思惟の本質に触れていた。これを講義したベルクソンはまだ三十歳の前、彼の博士論文「意識の直接与件」が書かれた時と同じくしている。ベルクソンにとって、思考＝時間として認識されたのは、カントの言う先験的な純粋悟性認識であるだろう。彼の論文は常に結論が先に出てくる。定一にとってそれは読み易いことだった。そして人生においてもこのように結論がかくも早い時期に出されているのである。

実のところは、この時期、新しい時間概念を教えたのは、ベルクソンだけではなかった。それは「無量寿経」に書かれた「法蔵菩薩の物語」からくるものだった。ベルクソンの教説が近代西洋哲学から生まれたとすれば、「無量寿経」が教えるものは、釈尊の苦悩と独創に満ちた人生と思想から生まれ、多くの人々によって今日に伝えられたものである。この東西の思想の教えが、機を同じくして定一の身に起こったのは不思議なことである。翌朝のメモはそれを残した。

『外部の時間に翻弄され制約されている限り、自分の悟り、真の自覚はやってこないと気付いた。時間とは自己の魂の変容を意味し、日と季節の移り変わりを意味するものではない。時間とは私が生きて得た思考の歴史以外のものではない。だがまだ何かが欠けている気もする。阿弥陀仏は時を超え場を超えた存在、その仏に自分が一体化されている、そう思えた時、私もまた時・空を超えて生きる。自分は暁烏の言う「運命宗教」にとどまっていたようだ。阿弥陀仏に救うていただくというのは、阿弥陀仏になるということだ。私の願いが自立・超世にあるとするならば、道は更に更に遠い』

物理的ではない時間が、自分の思惟を成立させている条件としての時間が、自分の中を流れている。この認識は、「無量寿経」の「法蔵菩薩の物語」に書かれている時間の意味から、一層と具体的なものになっていった。彼はこれを単に読書体験だけですませなかった。老人会で、この経験は解りやすい形で語られることになる。この一連の自分でやる作業、書くこと、タイプすること、語ることは、意識の概念化を一歩も二歩も深めたのである。

朝の時間を終わった彼は、今自分が出合っていることの大きさを感じないではいられなかった。それで思うのである。

『人間は余りに大きい思想に出合うと、自分の位置を見失いそうになる。仏の願が時・空を超える超世の願と教えられ、ベルクソンには、われという実体はその変容によって時を刻むものであり、自己の内に流れる時間ということを教えられた。この世に、因果を超えた存在としての自己がある、それが阿弥陀仏である。かくてここに真の自立が成立する。あたかも自己を除いて、「世界」はない。自分を除いては、「世界」の実体性はなくなる。あるのは物の世界、分子と原子が占めている』

一個の有機体である人間が、その精神においてはこのように途方もない進化の可能性を時間によって与えられているのだろうか。法蔵に教えられた五劫の思惟はまたそういう時間だった。動物から人間に到った時間もまたそういう長い時間である。

定一は、物ではない世界、思惟の世界の内実を知った。そこに、時間の新しい定義と意味があった。彼は「考える存在」としての自己の存在を知った。逆に言うなら、考えない者にはこの時間は存在しないことになる。彼が娑婆とか世間にこだわった理由の一つがここにあった。彼はこの時間の意味をもっともっと考えてみたかった。それでこうして朝の時間が終わった時、山へ向かうことを決心していた。登山ということにはそもそも目標がない、であれば、こういうことを考える時間として使うのには都合がいい。もともと彼が山登りが好きなのはそういう理由からだろう。山へ向かう人間の後ろ姿には、他人を寄せ付けない孤独性がある。彼はただ、「自分の中の時間」ということを考えながら、八時間を歩いたのだった。かくして一日は、ただ無為のうちに過ぎたように見えた。

その翌朝であった、「無量寿経」のこの言葉に合ったのは。

「如所修業・荘厳仏土・汝自当知」

（修行せんところのごとき荘厳の仏土は、汝自らまさに知るべし）

「願わくは仏、わがために広く経法を宣べたまえ」と世自在王仏に問うた法蔵比丘に対して、「そんなことは俺に訊くんじゃない、自分で考えることだ」と手厳しい答えが返ってきたのだ。ここには人生の全ての秘密が明らかにされている。実のところ彼は、数日前の法蔵の次の言葉をもって人生の結論と感じていたのだ。

「仮令身止・諸苦毒中・我行精進・忍終不悔」

（たとい身を、諸の苦毒の中に止くとも、わが行は精進して、忍びてついに悔じ）

だがどれだけ精進しても解けぬものは解けぬ、そこにはどんなに考えてみても「わが境界にあらず」の思いがあったのである。それを打ち破ったのが「汝自当知」であったのだ。この言葉は限りなく厳しい。「一番大事なことを人から教えてもらおうなんて！」ということである。ここから親鸞も感じ取った「五劫思惟《ごこうしゆい》」の時間が法蔵の中で始まったのである。定一はこの五劫の時間が、朝が来て夜が来るというような外的・物理的時間ではないことを直観していた。それは集中された思考の時間であった。朝も夜も、食べることも飲むことも気付かれない。思惟の時間が流れたのだ。法蔵の思考は変質・変容し、次々に新しい世界を開いて行って、時間は無限性をもつものと変わった。そのことを世自在五仏はこう言って諭したのだ。

「法蔵比丘よ、たとい大海の水でも、わずか一人の人間が升で汲み取り、幾劫とも知れぬながい間それを続けるなら、ついには底まで汲み干して、海底の珍しい宝を手に入れることができるように、人間がまごころこめて一心不乱に道を求めてやまぬなら、必ずその目的を果たしとげ、いかなる願いでも成就せぬことはないであろう」

ここに物語の本質はある。それを定一は今、しっかりと受け取った、しかしそこは人間の悲しさ、法蔵の持つ力はない。だが物語の本質は彼の中に生きていくだろう、彼が念仏を忘れない限り。物語が教えるのは、努力の一事なのである。朝の四時間の机での作業が終わってこう思った。

『実に驚いた、「汝自身、法蔵菩薩たれ」と言うのだから。昨日のシダンゴ山登山、そんなことばかり考えていた。「念々刻々自分を養う」ということだ。考えれば、「五劫思惟之摂受」とは時間が自己の中を流れるものと変わったことを意味する。

仏に自己をあずけるとは奴隷の宗教なりとある。自己を自然の一部と位置付けるだけでは、これも奴隷の宗教となるであろう。何故か、それでは自己の真の自立は達成されていないからだ。「無上正真道」はそういうものではなく、どこまでも自己自身に立脚して歩く者の道である。これは大いなる変革である。

しかし考えてみると、真に生きることそして自分は生き始めたばかりだというのは、こういうことなのだろう。過去の自分は破られていく。書いてばかりいた時は、その意味では安定していた。書かない生活もきつい。情報は殆ど外から来る、知性はそれをこなしていかなくてはならない。自己の願いは反省させられる。そこにデカルトの暫定道徳では収拾しきれない世界がある。釈迦の言う、無上正真道はこれだ。自らが知っていかなくてはならない。これは辛い。かくて外の時間は消え、自分の中の時間があるばかりとなる。法蔵のようになれないのは勿論であるが。今そのことが自分の中で確かめられる』

定一は「法蔵菩薩の物語」を自分のこととして受け取った。神話が神話でなくなり物語が物語でなくなる時、その創造者の意図は実現されることにある。かくして信仰と思想の歴史は一歩進むことになる。未だ彼自身において自覚されてはいなくとも、彼がその生において求めていたのは、信仰と思想の開発だった。「法蔵菩薩の物語」が自分の物語として受け取られたところに、彼の未来が暗示されていた。もしもその人間の偉大性というようなことが出現するとするならば、この世でもないあの世でもない、ただ、今という思考の時間に全ての努力がかけられて、何かが実現され生まれていくことではないだろうか。だがその努力とは例えいかなる鬱の状態にあっても、屈伏され超えられていく種のものでなければならなかった。何故なら、この因業の世は生と死と老いと病に閉ざされているからである。この人間の所業の世界と英知の世界の現実的な一致などというのは起こることではないのである。

翌朝である。

『「五劫思惟」の時間は外部に流れたものではなく、法蔵の内部に流れたものであることをはっきりと知った。凡人であるわれわれでは、どんなに長い時間も夢の如く過ぎ去って、自己の精神の変容をもたらさない。法蔵は、ひたすら仏の国、自分の国がいかなるところかを考え続けた、自己の願いの真実を知るために反省し続けた、その心のうちに過ぎた時間は五劫であったのだ』

定一はこういう自分の中を過ぎていく時間が、単なる空想ではないことを経験から知る。何かを集中して読んで、ふとある時間が過ぎたなと思って時計を見る、すると忘れていた間に針が進んでいる。時間を気にしている間は針が進まない。考えに集中していると針が進んでいる。読書とはこれを言うと思った。読書とは、自分の中を時間が過ぎることなのだ。大人はこういう時間を持たなくなる、外部の時間ばかり気にして生きている。自分の中を刻む時間を持たない。求められているのは、新しい人間の創造ということだった。それは自分が新しい人間になるということだった。それは誰にも求められていることだが、外部の物理的時間にあって自己の生命をその霊魂を打ち捨てて世を送る。覚醒ということを求めない。人はこの命がいつまでも続くかのように生きている。

家の入口の、ブロック塀の土台石は取り壊されて、その基礎には太い鉄筋が組まれてコンクリートが打たれた。その上の新しいブロックも幅の広いものである。もう家を買って三十五年が立つ。ブロックは傾き、階段との間に大きな空隙が出来て、野バラが自生して成長し、晩春になると白い花が一杯に咲くようになった。空隙を作ったのは地震である。定一はこの状態を放置して、晩春のバラを楽しんだ。こういうやり方が生活の一方であることは理解されていた。これを直させたのは自治会活動が生んだ経験であるように見える。特定すれば防災意識である。とにかくこの自治会活動は自己の社会性の認識ということで、革新的な変化を生んだのである。彼は直すに当たっては玄関先の美観と使い勝手について、改めて考えた。十年前に二階を増設するために働いてもらった大工さんには、その後も様々の機会に、家の中の改善のために働いてもらった。この大工が今回の工事でも働いてくれたが、大工の個性と定一の個性がぶつかりかつ協合しながら仕事は進んだ。定一もまたこの大工以上に職人的なところがある。しかしそうやって完成に近付いた「物」は、ある個性的な空間を出現させていた。基礎屋が作った丈夫なブロック、大工が作った木の垣根。定一はそれから二年ぐらいが過ぎた時、このように人間と人間との関係があって、家なり庭や垣根が造られるということが、今の時代に失われてしまっていることを知ることになる。この宮大工の腕を持つ働き盛りの人に仕事がなくなり、一年も二年も新築の家の注文など来なくなるのである。定一はここに時代の持つ悪さの一つを見る。街の、見える風景の変質、味気なさと荒廃の原因がここにあることを知る。定一の少し早すぎるように見えた停年は、こういう点においても意味があった。それは生活が、その道具が、自分の考えと意志で作られていくということである。

完成が近付いた入口から玄関に到る十メートルぐらいの道には、違った雰囲気が生まれていた。彼はこの空間に意味を感じた。それで竹の鉢を下げてみるのだった。彼の中に九州へ帰る日が近付いている意識がある。そしてこの工事には未だ完成していない部分がある気がする。帰省のことは、母のところから戻って、この一ヶ月間の奔走に流れた思考に、制約をつけだしたようだ。外部的な、スケジュール化された時間が、内部的な時間にだけ埋没することを許さないのだ。定一は短い時間だったが、母の問題から解放されていたのだ、そして今再び気になりだしていた。帰省の予定は一週間後である。彼はこのことを、ギリギリまで忘れていたかのように振る舞った。人が外部的な制約、様々の予定や義務の感覚に耐えて、内的な思惟に生きるには強い意志的な努力が必要だった。外部的な制約とは、人間であることが持つ基本的な制限なのだ。どんな天才でもこの制限の中で生きた。人間が時代の制約から逃れられないのは、この理由から来るのだろう。しかしそんな外部的な、そして現実の生活だけでは耐えられない者だけが英知的世界への脱出を試みたのだ。定一の三十歳の時の、友人に言われた「そりゃ書くしかないよ」という状態は、彼の現実に於ける存在に限界があったということになる。この試みはそれから四十年近くが過ぎても続いている。どんなに自分の外に大きな問題があっても、自分の考える時間は手離せないということである。

その翌朝である。

『所有の観念が、時間に闇を作っているのだなと、ふと気付く。囚われているというのは、自分の時間がそういうもので過ぎていくことを意味し、自分の内部の時間を失うことだ。金・家・人の三つに人は依存して生きている。釈尊と親鸞、その人の生き方を自分のこととして考えよ』

自ら仏たれ、という生き方しかないということだった。そう考えると自分が再び、あるいは三度新しくなる時を得たように思われた。だがその内実は何であろうか。

『自分より他に依存するものなし、ということに更に深く徹することなのだ。仏も依存する対象ではなし。自分の中にしか自分で発見すべき仏はいない。固定観念の殻がもう一つ脱がれなくてはならないのだ。そうやって、生きている時間、思惟の時間が自分のものとならなくてはならぬ。何かこう漠然と、仏とか仏の本願に依存している自分を捨て去ろう。自分自身が仏にならなくてはならぬ』

仏になろうと幾ら自分が思ってみても、そんなに簡単になれるものではなかろう。例え自分がどれだけ深くこの時に思ったとしても、そんなに世界を一時に新しくすることは出来ない。だが彼は、そうでなくては自分がどうしても自由の境地に立てぬことを感じていたのである。この自由とは何か、これはカントの言う「自由な道徳」である。カントはこれに人間の行為の最高の価値を置いた。定一がカントに出合うには、まだ一年を要する。しかし既に、仏になるということで、道徳を選択する自由についての理解を示しているのだ。東洋と西洋の思想が矛盾することなく彼の中を生きていく土台は、既に彼の中に出来上がっていたのだ。世界を一度に変えることは出来なくても、そういう風に考えた彼の道は正しかったように見える。囚われている自分が、そんな自分が急になくなるものではない。しかしそのことを知って、固定的である所有の観念から離れるというのは、自分がなさねばならぬ努力であった。生はどこまでも苛酷であり、不条理だった。彼はそれを超える努力を自分に求めたのだ。時間を思惟性として捉えた知性は、新しい段階に入っていたと言えるのである。そしてそれには再度ではあるが、ベルクソンと釈尊の力があったということを確認しておく。

定一はその日、門扉から玄関までの道が自分の手で直されるべきことに気付いた。大工の仕事ではないということである。それで近くのDIYの店まで敷石を探しに行った。このことは全く予想されたことではなかったが、ブロックを新しくし垣根が新しくなってみると、この道を新しくしないとバランスが取れないことに気付いたのだ。敷石はいろんな種類のものがあったが、唯一気に入ったのは、天然石をカットしたものだった。従ってその石は一個一個が異なる文様と色を持っていた。彼はそれをあるだけ買ってきて実際に敷いてみて、現場に合うかチェックした。二時間ぐらい働いてみて、どうにかうまく行けそうだと思った。不足の石は店に発注した。この石は翌日には届き、その日に歩道は完成した。従来のコンクリートの敷石は外して、家の裏手の方に廻した。こうやって家の入口部の改造は基本的に完了した。これで、帰省に支障になるものはないなと、内心に納得するものがあった。それから一年ぐらい立ってのことだが、垣根をやってくれた大工がこの敷石の配置について、見事な曲線ですねと言った。確かに、彼はその形を出すためにかなり考えてやったのだ。この作業は、一連のことがうまく運ばれて、全体の調和美に貢献するものだった。だがこんなことが評価されうることだろうか。彼がどんなに現実的な物に忠実かつ誠実であったとしても、自分の精神世界が危機に見舞われるなら、どれほどの価値を持ちえるだろうか。しかしそれでも、精神世界は現実と無縁にあるわけではないから、こういう行為そのものには意味がある。問題なのは、行為を成果に結び付けて、そこに現世的な幸福ということに溺れてしまうという悪さである。精神はそういう幸福を求めてはいない。因果を超えて求めているものがある。そこに快の感情が生まれていたとしても、それは幸福的なものではなく、なすべきことをなしたという道徳的快なのである。因果性を超えて振る舞わせるところには、宗教的・思想的な力が働いている。思惟の世界が続いていないと成立しない。それでいて、思惟と経験が無限の連関をなしている。経験的なものの発展が完全性を求める時、形而上学世界は出現してこずにはいない。

翌朝である。

『人間の魂の内なる光が、危難の運命を切り開く。人間を助けたいと思わば、霊魂の眼を開かしめることだ。ベルクソンという人がいた、それだけで私は幸せである』

人はまだ眠りの内にあって、雨が降っていた。そしてふと気が付けば空には光が差し、水色の空が見えた。朝の時間が佳境を迎える。

『やはり、時間の問題が一番大きい気がする。時間を魂の中に刻ましむるは結局、知性の働きである。知性を働かせていない時は、現世の欲を働かせているのだ。金・住まい・人に掻き乱されて一日を送る。三つの欲に依存して生きる。

だが、自己の内部にだけ時間を刻んで生きるのは不可能であろう。それが誰にも出来ることなら、釈尊の一生は無用であった。しかし、釈尊の一生をわれもまた望む。あるいはそれをベルクソンの一生と言い換えてもいい。天上天下《てんげ》唯我独尊である。他に依存するものなしである』

梅雨の間の晴れた一日は何事もなく過ぎる。敷石を完成した彼は、トマトの疫病の消毒に行く。梅雨の前半はこれが欠かせない。これもまた、満足なトマトを得るために必要であることには違いない。昼間はやはりそうして過ぎる、どこにも特異性はない。

翌朝である。

『信仰の質を一段と変えねばならぬとしきりに思う。仏の本願を遠いものと捉えるのではなく、自分が今を生きる世界の中にあるもの、自らがその本願に生きていることの自覚である。死してなる阿弥陀仏は、この自己そのものである。この自己を除いて実体はない。この実体こそ阿弥陀仏の当体に他ならぬのだ』

定一がこうして暗い朝の内に考えているようなことは、主体的人格ということに関わることではないだろうか。彼は宗教を通してそれを自己のものとする道を歩いているということである。そしてそのための、思惟の時間の重要性が気付かれたのだ。そうするとどうしても、反面としての大衆のことが気付かれることになる。

定一は書かなくなって三ヶ月が過ぎている。その違いを考えてみる。

『書かない者とは誰か。読む者、知る者である。この者は急がない。急ぐ必要がない。どんな些細な一事でも、どんなに時間がかかっても納得が得られるまで、そうやって自分のものにすることだけに意味があるからだ。その点、書く者は急いでいる。自己を追求するに急である。これは仕方がない』

彼の中には、書かないで読んでばかりいる三時間から四時間という時間は、奇妙なものだという感覚がある。このやり方は、小説は書かないが長い日記を残すことになる。この日も長い日記を書いた。本を読んでいると、書かれている事象が彼の意識の中に何かを生む。生まれるものは意識の表象である。その表象は意識が持っていたものとは言いがたい、生まれてくるものだということだ。これが彼の読書であった。求めているのは情報ではない。彼はベルクソンの心理学講義の二七講「記憶」を読んでいた。「思い出」を考えていて、重要な疑念が湧いてきた。感傷としての思い出ではない、知性の領域におけるそれを考えている。

『例えば、女房というのは「思い出」になるのだろうか、そして母親はどうなのか。「思い出」は忘れられうる。忘れられうる存在なのかということだ。忘れられないもの、単なる「思い出」ではないものがある。それは死ぬまで自己と一体となったものだ。霊魂となり、思想となって自分の中を一緒に生きるものだ。妹、村人、先生、父は思想にまでなった。母は思想に残すこと少なし、女房もか』

彼はそう思ったが、大いに疑わしいものがある。それは二人とも生きているからだ。そして生きている者に、大衆的である者に、思想的・霊的なものは希薄であるからだ。言ってみれば自己の利害によって生きている姿が強く見えるのである。この見方は苛酷に過ぎよう。だが一方の自分自身は、毎朝の悪戦苦闘の時間を持つ者であり、その思惟的時間は昼間にも及ぶものであった。それはますます深まっていた。普通の生者に、そういうことを期待するのは難しいことだった。

ベルクソンは「思い出」を、心理学的にどう説明しているのだろうか。これがなかなか難しい。ベルクソンにとっても、この難しさから「記憶」が持つ単なる「思い出」ではない、人間の進化に繋がる、すなわち物質を超える精神へと向かうエネルギーを見るに到るのである。定一が回想した、妹や村人が与えた記憶もまたそういうものであった。単に記憶を超える重要な概念的なものが与えられて、彼の一生にそれらは生きてきたのだ。経験はそれを気付かせたが、先験的にあったものであるように見えるものだ。人間の「絶対平等性」ということである。そして後の人生は、すべてこの少年の概念を確認するものに過ぎなかった。定一は始めからベルクソンがたどった、記憶から進化への思考の過程を受け入れられる経験を持っていたのだ。ベルクソンの「記憶」の意味を理解するためには、この後もたくさんの読書が必要だった。結果的にはそれらの本は一年足らずで読まれた。講義録の四巻も、「創造的進化」も、「物質と記憶」も読まれた。今彼が読んでいるのは、一八八八年の頃の講義録だから、「記憶」について語られた最も早期の記録だということになる。

定一の心に残った言葉の概念は、記憶が持つ単に事実の記録ではない、思考性の持つ能動性、人格的努力と混在するものだった。定一はベルクソンの「記憶」の章の最後の言葉に注意を残した。

経験が示していることだが、われわれの祖先のある者が、その生活を取り巻く情勢のゆえに、例えば数の記憶をより完全なものにし、よりいっそうそれに磨きをかけるように導かれ、この長所が一代後の世代に、更に何世代も後の世代にまで伝達されることになったのだ。したがって、われわれが本性と呼んでいるもの

は大抵、獲得された習慣、われわれもしくはわれわれの祖先たちによってなされた仕事の成果に他ならないのである。（前出）

ここには恰も、記憶が持続となって世代から世代へと引き継がれていくものであるかのような印象がある。定一が後に「物質と記憶」から得た、「記憶は現在から過去への退行のうちに存しているものではなく、逆に、過去から現在への進展のうちに存しているのだ」というのも、記憶というものがそういう風に人を進化させてきた力となっていることを示すものである。ということになると、彼は思い出＝記憶の内に自分を進化させる力としての持続を求めていたということになる。それは端的には死者に求めていた。五歳で失った妹は彼の中を生き続けたが、それは最も明確に死者の力を示すものであった。

『にいちゃん、そんなことをしてるとあたいはにいちゃんの中には住めなくなるよ』

妹が自分の中に生きていられるように生きる、それは彼の最も根元的道徳であった。

ベルクソンの「記憶」についての考え方は、定一の思想と相関的である。彼には自分に繋がれた無数の親様、自分とはその生命の流れの中にあるという強い自覚がある。持続する力を死者に求めるということは、そういう無数の親様に繋がることを本質的に意味する。人間とはこの無数の親様が様々に引き継がれたものだ。それは人間の持つ、一種の記憶である。しかして、自己の本質的なものが、そういう血の流れの中に求められる。ところがそれは単なる伝統を意味せず、変化と変容を意味してもいるということである。だから人は動物から人へと進化が出来たのだ。定一は本質と形成を一体として捉える、これが彼の思想のエートスである。記憶は思想を固定化せず、機に応じて飛躍をもたらす。彼の少年時の記憶、「人間の絶対平等性」はそういう種のものであるように見える。このことは、時代がどんなにゲゼルシャフト的な環境に変わろうとも、人間と人間の関係において生きる生活の形を守り、それでいて強い市民主義の考えを持って自立と自律の精神から社会に立ち向かう、主張するということが両立しているのである。実際の人間の存在は、社会学者や政治学者が言うような形では実存しないものかもしれない。定一は自分が哲学するという形での存在であるのだろう。それは政治より下級の存在を意味するのであろう。

考えようでは一日は長い。その日は畑に三度行った。夕方には丘陵を歩く、一時間の散歩もした。だが昼間も机に戻った。読んだのは司馬の対話選集2『日本語の本質』である。この読んだ部分の司馬の対話の相手は、大野晋氏である。この対談は司馬が「雑談風に……」と言って始まり、大野氏は「では、まあ、雑談でいきましょう」と応じたものである。だが大野氏がその前に言っている、「日本語の起源は、日本人の起源につながる重大事である」という事実は変わらない。氏の研究は、このことを基本的動機としてあるものであろう。日本人とはどこから来たのか、地理的に文化的に。この問題は日本の歴史から、物的にも記録の上からも解きがたい。「古事記」が恰も無から日本の国土が生まれたものであるように書いているのは、当時ですら、民族の伝承を伝えるような「記憶」は、人々には残されていなかったということだろうか。起源があいまいなら、思想もあいまいである。

『日本には思想はなかったというようなことが、司馬と大野氏の間に同意されている。日本人はどのくらい仏教がわかったのか』

日本の歴史について、思想について、それが仏教という一つの形而上学的なものの受容ということと軌を一にして語られなくてはならぬということに、この国の出現の唐突性がある。大野氏は、日本人全体が、日本民族がどのくらい分かったのか疑問を示している。インドの釈尊以前の数千年の文明の歴史と、縄文時代をやっと終わった日本の歴史を比較するなら、愕然とならざるをえない。それでいて、仏教が生まれたのと日本に伝わった間には、千年の時間が流れているのである。

この仏教は、聖徳太子くらいの人物でなくては分からなかったのではなかろうか。定一はすぐに『法然と親鸞は分かった』と思ったのだが。仏教が伝わって既に六百年が過ぎている。そこには、この形而上学的概念が人々に理解をされるためには、長い時間が必要だということが示されている。定一は思想としての仏教を問うている。この形而上学を、日本の民衆は理解したのかと。民衆によって理解されて自分のものとならないなら、思想・宗教となって生活の中に生きるということにはならないのである。浄土の思想は、民衆に初めて自分というものの生の価値を目覚めさした。それは歴史的には、一向一揆として示されている。だがその後、徳川の世にあっては、その二百五十年の間、単に体制の道具となってしまった。近世になって、法然と親鸞の思想家としての意味を明らかにしたのは、清沢満之である。定一は彼の弟子の一人、暁烏敏からそれを学んだことになる。しかし歴史はそういう風にくれない。彼が親鸞を知ったのは、少年期の初め、村の生活からであったからだ。民衆の親鸞理解の姿が、そこには様々に生きていた。この少年から思春期にかけての村の生活は、それから五十年近くが過ぎた、アメリカから帰国時の感想「日本人でしかありようがない」を生んでいるものだ。定一は信仰と思想を一体として捉える。それが故に「思想とは人がそれによって死ぬもの」ということが、彼のなかで成立している。日本人とは何であるかを、思想から捉えようとするのは、帰国以来の彼のテーマとなっていたのだ。

日本人の思想性は、大野氏がこの対談で言われているように、日本人の言葉の中に残っている心性、例えば「親に尽くす」に示されるような、功利性のないものというような形の中で、今日も強くある。日本人に思想はないと言いながらも、心性としては強く残って、政治や経済にまで影響力を持っているのである。そのような日本人の心性を復古性と言うことは出来ないのである。どんなに人間がそのような性質的なものを持っていたとしても、今日を新たに生きるものだからである。変容と進化に生きるしかない、しかし人格が変わらないように、社会の持つ「格」もそうそう容易には変わっていかないのである。

こう見てくると、彼の一日の中のあらゆる行為は一方では、内的な世界である形而上学世界のある発見を目指すものであるのが分かる。だが残念ながら、そこに思惟的反省的時間が伴わないなら、恰も無から始まり無に帰るように、新しい世界の認識は生まれない。それでは世界は開けてこないのである。そこに彼の安らぎとなるものはない。愚と闇と、そして願いと無限を求める世界が常に相対している。そこに念仏が生きる理由がある。

翌日の早い朝である。

『ベルクソンを読んでいて、一日の印象とか記憶というのは、過去の「観念連合」の巨大な集積の上に浮かんだ、一点の点の如きものかもしれぬと思った。それで、直ぐに二、三日前のことでも思い出せなくなるのだ。これでは、恰も新しい一日が必要でないかのようだ、ゆゆしきことである』

この「連合」の定義には問題がある。現実の人間が、そういう風に連合された観念を持っているのか、ということだ。それは彼が長い間、折に触れて感じ続けてきた「関連性の稀薄」という現象に係わるものである。一つ一つの概念がバラバラになって保存されており、自己という当体はそれらを全体として一つに捉えていないということである。そうなると、恰もその概念は概念として脳の中に書き込まれているのではなく、何か別の現象の付随物となっており、その現象とか事象が思い出される時、その概念も浮かんでくるといった風なのである。その特定の現象は、他の現象と関係を持つわけではないから、伴っている概念同士は近親性を持たないということになる。もしそうなら、人間の思想性の弱さを本質的に説明するものである。ベルクソンはそこのところを「思考するとは要するに諸観念を連合する以外のものではない」と言っている。それで定一はこう思った。

『かつて自分が「関連性の稀薄」と呼んだものは、この諸観念を体系付ける主体的意志の弱さ、すなわち思惟性の余りの弱さ、知性の弱さを言ったことになる』

かくして「思惟の意味」が深く考えられつつあった。このことが、二日後の老人会で話されることになる。こういうことが自分の力で考えられ書かれることには、重要な意味があった。この行為にはいかなる金も評判も関係しない、どれだけ自分の思いがはっきりと人に伝えられるかだけがある。

彼はこの日の朝、食事の後の時間に、話の原稿をペン書きでまとめた。タイプをする一日前に、原案を終わっておくのがいい。題は「法蔵菩薩の物語」となっている。「物語」が、実は自分の物語にまでなっていたのだ。「無量寿経」でこれを読んだのは二ヶ月くらい前である。彼が話したいと思うのは、「物語」そのものと、それが生んだ自己の経験であった。両者が他人に話が出来るほどに、すっかりと自信を伴うものとなっていた。彼は「物語」を深く納得していたのだ。その「物語」は人間の生きる力を教えるものだった。人はこういう風に生きなくてはなりませんよと、彼に語るものであった。

その日は週末で、孫達が遊びに来た。畑を見せて、作物について質問したりした。夜になるといつもの如く、トランプ遊びに興じた。

翌朝は早くから、雨が屋根を打つ音が聞こえた。七夕の朝だった。すると、テネシーのキャンプ場で会ったリンゼイのことを思い出さずにはいられなかった。『彼女はどんな娘になったのだろうか』、それはいつになっても思わずにはいられないことだった。しかし時は自分にもそうであるように、彼女にも疾う疾うとして過ぎ行くものであったのだが。だがそうであるからこそ、彼女が流れ星に気付いて「Make a wish.」と鋭く放った言葉が色褪せることはないのである。一瞬の刻刻に覚える感情、それは流れ星に覚える感情に代表され、そこに東西の文化の差はないのである。

定一はそうやって十年以上も前の思い出に浸ったのだが、すぐに考えたのは今の目下の思いである。

『自分の中にある願いを、よくよく案じながら生きなくてはならぬ。これはなかなかの難事である。法蔵の五劫思惟はこの願いを見定めることで過ぎた。母のことを考えると、これを現実としてしっかり捉えなくてはならぬと思う。母の思いに添いたい、これは私の願いである』

定一が法蔵菩薩のことをよくよく理解出来たのは、やはり暁烏敏の力のお蔭である。それも今読んでいる「歎異抄講話」に、平易にその核心部が書かれている。しかし彼にはやはり、「無量寿経講話」と重なって理解が総合的なものになる。そして暁烏がそうであったように、この物語が単独にあるのではなく、釈尊も親鸞も暁烏もベルクソンも理解が一体となって重なるのである。

『暁烏はベルクソンについてすごい理解を持っていた。「越中のある村に、学問といっては何もないが、大変気持ちのいいお婆さんがいます」という。そのお婆さんのもっている独自の世界は豊かに輝かしい、ベルクソンの哲学そのままだという。これは先ほど読んだベルクソンの言葉、「特殊な事実に立ち戻ってそれを材料として考えていくことがないなら、一般化ということはしないほうがいい」という考えとつながるものだ。

ベルクソンはこのお婆さんと共通の思想性を持ち、暁烏はまたこのお婆さんとそしてベルクソンと同じ思想性の中に生きたということである。ベルクソンは特異性を持ち、それを知りながら変人ではなかった。これは法蔵の物語が示すものと共通することだ。この「自分は人様のやることと同じことなどやっていられない」と言った越中のお婆さんも、七十人からの御同業を持っていたということから、変人にあらずであるのが分かる。私もまた社会の中で支持者を持ってきた、自己の特異性を深く知り、それでいて一般化の領域をさぐっていきたい』

ここには人間の持つ一つの原理性が見える。すなわち、人はそれぞれが特異性を持ちながらなおそれは一般化の領域を持つということは、そもそもそれが普遍性をも持つ可能性があるということである。その特異性とは何か。定一は後にそれをストレートに道徳と解した。行為を生んでいるもの、自己が従う、従うことに自由がある、自己の生を意味あるもの足らしめる最高道徳のことである。その道徳はプラトンが言った「理念」であり、プロチノスが言った「善なるもの一なるもの」である。個において特異性を持つことは避けられない原理であるが、社会に対して普遍性を持つことが可能だということだ。そしてこの特異性は実践性を持つ、理念からくる行為である。これが実現されたのが、プラトンの「共和国」なのである。定一にこの時理解されたのは、特異性を持ちながら普遍性を持つものとしての「法蔵菩薩の物語」であったのだ。物語自体は経験を遥かに超出したものでありながら彼の経験に馴染むものであった。人生の生きる意味を表現しているように思えたのだ。彼はそれを自分の人生に重ねていた。妹の死、村人の生涯が教えたことは、経験が教えたことながらもそれを超えており、それから六十年という時間の体験をもってしても証明出来ないことでありながら、今もって自分の生き方を根本的に決めているように思えるのである。そんな風に「法蔵の物語」もあったということだ。定一はそれに、自分の物語と共通するものを見ていたのだろうか。もしそれがあるとするならば理念的なものではないだろうか。「法蔵の物語」は、彼の道徳に深く適うものであったということである。それはどう話されたのだろうか。老人会で話す朝が来た。今はまだ暗い朝である。

『目下の考えることとは、法蔵の五劫思惟と兆載永劫の作業という労苦の時間についてである。これを自分のこととして、自分の人生に受け取らざるをえない。人生の過半を自己の願いの見えなかったことに苦しみ、自己の願いを仏の願いに重ね合わせることが出来るようになり、新しい世界は開かれたのだが、死ぬまで続く修業があるばかりなのだ。それでも、ゴルフから帰って畑で、トマトの前での会話は楽しかったのだが』

忘れてならないのは、死ぬまで続く兆載永劫の修業の精神であったのだが、悲しいかな人は、世間的幸福にそして人情に溺れる。しかしそこに念仏があり、それを導く仏の本願があった。妻の病気の問題は、法蔵の修業的努力と労苦の生と、人情の生をよりリアルなものとして、全体的には彼の人生を時間を緊迫するものに変えていったのである。それでも法蔵的な思惟の時間と行為、それに対する妻の問題を第一とする人情的行為は両立していかざるをえないものであった。

『人の前で話すためには、話すことを表現しなくてはならない。ベルクソンが「表現出来るやいなやその事象は理解され、所有されたことになる」と言っていることだ。考えていることを明らかにし表現することが、必要不可欠だ、それが話すという行為なのだ』

そうやって話す朝が来て、それは済んで、時は流れた。緊迫の時間は過ぎた。しかし実のところはもう一つどうしてもやりたいことがあって、それは今このわずかの時間の内に終わらさねばならなかった。九州への帰省が二日後に控えていた。どうしてもやりたいことは、帰省からの帰りに江の川の道を徒歩でテントに泊まりながら歩くというものだった。一体こういう願いが何故生まれてくるのか、それもまた、この願いが法蔵の本願が機をもって生まれて来たように、彼にとって必然性のあることなのか。少なくとも、若き日の心に痛いほどに障った「心願」と同じ種のものであるのか。確かに、それを現世上の単なる一つの享楽として切り捨てることは出来る。だが本当のところは、人間というものはその個々の享楽的なものにその時々に曳かされて生きているのではなく、仏の持った「本願」と同種の、定一が考える責務的道徳的なものに、プラトンの言表「イデー（理念）」によって生きているのではないのか。定一にとってそれは今や、やらなくてはならないことだった。三江線の列車から見た風景は、彼の根底の何かを揺す振って、歩く旅を必然化していた。そのことは無自覚的ではあったが、自己の人格と統一性すなわち秩序に繋がるものであった。帰省を明日に控えた彼の思想と行為はそういう点ではりつめていたのだ。

『願いということを考えてみるだけで、自分のやっていることの中身について、いろんな新しい見方を得る。一昨日の私のトマト畑の風景から得たものだ。トマトは見えても、その人の願いは他人には見えないという事実があるのだ。私の言う風景は、結局人の心、願いというものがそこにかかって見えているものであろう。妻の故郷、早津江川の漁場より帰る海苔船の風景には、家族を守って働く労働の霊が映っていたのだ。江の川の風景にも何かが映っている。それは小説にもなるようなものだろう。私の中にあるのは、それを摑みたい、自分のものにしたいという心だ。テントのチェックもした。思い切って出掛けるばかりだという気がする。

それともう一つ、一日の時間の中で、法蔵の五劫の思惟、兆載永劫《ちょうさいえいごう》の修業の時間ということを自分の身において考えるのは有効である。老人会での話が終わって、こういうことばかりを考えていた』
『願いのある人間にとっては、一日はどうでもいいようなものではない。その圧迫があって一日を生きている。明日はない、今日があるばかりだ。明日やればいいことは、始めから明日に述べられているのだ。ここに大いなる生き方の違いがあるようだ。それは今に始まったことではなかろう。あの「心願成就」の赤い小旗に出合って以来、長い時間が掛かって意識化されたようである。もう三十二年にもなる。困難な人生を生き抜かしめるものこそ、この願いの力であるということだ。どんなに忙しくとも、自己を疎かにしていなければそれでいい。

・富を求める者は富者に頭が下がる。
・権力を求める者は上司に頭が下がる。
・真実を求める者は仏に頭が下がる。

要は何に頭が下がるかなんだな』
彼が風景に見るのは、人間が一生をそのように生かさしめた道徳そのものであった。早津江川の河口で見た、海苔の漁場から帰る船と、逆光に照らし出されたキラキラと光る航跡に、彼は義父と義弟の霊を見ていた。彼等はそうやって働いて、妻子を養い、引いては地域と社会に貢献して一生を生き、死んだ。それはベルクソンの言った責務であり、カントの言った道徳法則そのものであった。彼等の働きは労苦なくしては出来ないことだった。そしてそれは風景として現にあったのだ。ここに彼の風景観の原形がある。彼の風景の評価は、それを生んだ古人の道徳にあるのであって、単なる見ての美感によるものではない。だから自然の中に無用の橋をかけて、自然の風景を壊すならそれは悪である。そこに行為の倫理性が欠けているからである。
定一は老人会で話をして、それは一日が立ってより深い満足と安らぎを与えた。始めはこの古い物語を話すということだけで、圧迫されるものがあった。しかしそれでもちゃんと話しがしたかった。それは遣り抜かれた。終わってみて、ベルクソンが言ったような、「十分に話表現出来るということが、内容を理解しそれを自分のものに出来たことの現れである」ことが、起こった気がしたのである。人の前で話すことが事象の深い理解に繋がることだということは、老人会で語ることを始めた時から気付かれたことである。終わった後、最長老の、彼の父親と同じ歳の程の、それもどこにも呆けの見えない先輩はこう言った。

「野之宮さんの仏法の話はいい。中国人にはないものだ」

しかしこの言は後に考えてみるならば、浄土の教えが、今の日本人にどれだけ身近にあって思想にまでなっているかは疑問がある。それでも、心性においては日本人に深く通じるものがあるとは思った。

『今日、原稿を再読してみて、ほとんど完璧に出来ているなと思った。こういう行為の全てに、私の中の願が発現されている。願があって初めて、成就されていくものがある。この緊迫感の元で生きれたら、自分の命は短いのかもしれない。しかしまた、私はこの緊迫感の解放ということも知っている。先々日のゴルフレンジ行き、散歩等はその典型だ。現に今日は、老人会での話が終わって、明日の九州出立を控えながら心は解放感に浸っているのだから』

定一の朝の時間はまだ続いている。「大荘厳を以て衆行を具足す」という言葉に出合った。定一の中では、仏の行というものが少しもちまちましたところのない、思いっきりの前向きの行であることが感じられている。これは法蔵が「衷心の願いを刻々に実現してゆかれる道程」であったとある。

『自己の行というのは、全てこの謂《いい》を持つのだな。自分が家への入口をこういう形に直したのでも、自分というものと無関係ではないし、ただ無闇に金を浪費したわけでもない。やっていることは願の現れなのだ。こういうことにも気付かれていかなくてはならない』

老人会での話が思った様に済んだことで、帰省前にやることがほとんど終わったのであろう。その日は畑で、ボランティアとして道の草を抜いた。そして午後はグラウンドゴルフで皆と遊び、終わって直ぐに荷物を運送屋まで持っていった。大きなことが終われば、あとは坦坦と進む。それでもやらなくてはならぬことは多いのだが。ここに見えているのは、因果的なものに対する彼の忠実性である。

九州出立の朝である。少し早めに起きた。

『暁烏の生きた時代は大変な時代である。国際的な戦争が繰り返された。「歎異抄講話」を出した明治四十三年と、「無量寿経講話」を出した大正十三年では、暁烏の信仰の姿勢が大きく変わっている。仏に依存する形から、自らが大自覚者とならんとする意志へと変わっている。そこには時代と民衆への絶望があったのではないか。時代は無視されえない。

「法蔵菩薩の物語」をまとめて、話したのは大変に良かった気がする、この気持ちは言葉にしがたい。仏についての理解を私に増し、聞いた人もまた仏についての理解を増した気がする。実のところ、自分は苦労してまとめた。だがそれも私の長い人生があってのことだ、それがまとめさせた。それは苦労の人生だった。法蔵の一生をまともに受け取れる人が少なくなってきたのだろうが、そこには仏ということが、人生のありようと係わって最もしっかりと表現されたものであるのが見える。このことはもっと広く知られてよい』

定一は自分を苦労人として見る自覚は少ない。もし彼が苦労人だとするなら、その苦労はどこから来るのか、それは自分の人生を生きる意味を求めて長く呻吟した者であることからくる。現実の労苦に、形而上学的なものが負荷されているのである。だがその苦労が生んだものは自覚されえないことである。

そうやって『歎異抄』が読まれ、ベルクソンが読まれ、そして追われるようにと九州へ旅立っていった。家を離れる時間が近付くとき、ぐっとばかりにそのための行為へと身も心も移る。そこには新しい願が係わっているのだろうか、それともそうでなければ旅への一歩が踏み出せないのだろうか、そして残していく妻のことなどは忘れられている。またこのことは、この数日の印象が色褪せていくことでもあったのだろうか。旅とは、日常性からの離脱を必ず伴うものである。

さて、「法蔵菩薩の物語」はあの世の話として語られたのだろうか、それともこの世の話として語られたのだろうか。定一がこの物語から受け取ったのは、「生きる力」ということだった。彼はその生きる力ということを考えて、お経に書かれた法蔵菩薩の一生の物語に辿り着いたのだ。そこには、人間がどう生きるべきかということが、最もはっきりと述べられていると思った。だから話が終わってこう言ったのだ。

「以上が法蔵物語の概要です。簡単に言うなら、その人生は初めに願があって、その願を知るために過半の人生は使われ、願がはっきりした時、その願を成就するまでの修業が死ぬまで続いたということです。私はここに人生の実相を見ます。自分の人生もこういうものに思えます。自分の中に願があるのに気付くのですが、それがはっきりと概念化されずに苦しんだのが三十代から六十代初めまでの人生でした。私は今、自分の中に刻々の願があるのに気付きます。すると始終自らの願に緊張して、暫くもぼんやりしていられない気がします」

自分の形而上学的世界をどんなに深く広く開いたとしても、その過程で得た「実践的理念」は、やはり現実の場で客観・妥当性を問われ続けられねばならないし、現にそういうことにある。このことは彼の生における主要な課題であった。いかにして誤謬をまぬがれるか、そのためには批判的であることは必然的だということである。形而上学世界と言っても、それをカントが言ったように神・自由・永生だけを主題と出来ないところがある。それが最終の主題、あるいは根底の課題ではあってもこの現実にはあまりにも解くことの難しい多くの問題があり、その解決の手立てなくしては人はやはり不安に落ち入らざるを得ないからだ。彼が法蔵の物語を信仰だけに関わって受け取らず、生きる問題として感じ取っていたのはこのことに関係している。人間の生は余りにも多難であり苦しい。だがそのように生きて手に入れられた、経験を超える、それ故に形而上学世界に入り込んだ理念ですら、客観性と普遍性という面から正当化しえないのではないかという疑念である。結局彼がベルクソンを読み、やがて西洋近代哲学の領域を読み尽くさんと決意した動機もここにあった。そしてそのことを、やがてカントの動機の中にも見ることになるのである。動機を共有するなら、どんなに難しい思惟も共有しうる、何故ならそう考える理由だけはおぼらげでも理解しているからだ。

しかしだからといって彼が信仰を離れて、現実の問題を考えているとは言えない。彼が法蔵物語に感じる力は、信仰の力そのものでもあったからだ。それは「無量寿経」の次の言葉にしっかりと表現されている。

「所有の法を離れて、心常に度世の道に諦住す」

この生きる力は決して利己的なことに発しないということである。欲という概念は初めから否定されている。現実の問題が考えられながら、その解決の原理は自己の道徳と宗教に求められているのである。経済や医療の問題であってもである。何故なら、どんな人間の現実の活動でも、それが生きる意味や目的に適うものでないなら、それはただの動物以下の活動に過ぎないものであるからだ。だからこそそこにプラトンの言った「イデー」の存在必要性がある。定一の中に、心の発展が主であって物の進歩は補であるという思想が、生き続けている。だがその心とは、日本でいう「和魂」というような伝統的なものの上に固定したものではなく、激しく真実を求めて生成と流転を繰り返す、進化するエネルギーである。

イデーなき政治は、人を導くことは出来ない。しかしそのイデーもまた、経験からその正しさを証明出来る種のものではない。定一は理念的なものを求めるのだが、その正しさは証明されることがない。彼の関心はこういう点に集中していた。それはすなわち、思考、道徳、実践の繰り返しを意味していた。ということは、彼の「度世の道」は努力以外を意味するものではなかった。信仰と「哲学すること」は併行するものだった。このことは彼の人生の構図を作っていたし、崩れることはなかった。それは生誕以来、彼を支配しているものであった。妹の死は、「人間の絶対平等性」という人間に対する見方を、彼の中に生んだ。しかしそれはこの世に実現されるものではなかった、それでいながら彼に命令するものだった。彼の中に住む妹とは根底の道徳を意味し、「兄ちゃん、そんなことをしていたら私は住めなくなってしまうよ」という声は、彼の生涯についてまわるものであった。死者とはそういうものであるものだろう。定一が近代的自立と自律の精神に掛けて現実世界の問題を解く努力をしながらも、心においては死者達の声を聞き、それは更には、親鸞や釈尊の言葉や思想に繋がるものだった。彼の『日本人でしかありようがない』はそういうことから生まれてくるものであった。彼の中の日本人は、固定的権威とか権力を意味せず、絶対的平等性を意味するが故に逆に「反権力的」であるものだった。彼は自分の中の心の声を聞くことに於いてしか生きる道がなかったのだ。それが、大学を卒業して四年が立って社長との対決を辞することの出来なかった理由だったのだ。そしてそういうことが、人生の時々に顔を出さずにはすまなかったのだ。しかし彼の中の「反権力性」は、社会に対しては能動性を持たなかった。非政治性の内に陥没したままだった。だがその病は今は消えつつあった。それでも、彼という人間が政治の直中で生きるというのはないのではなかろうか。父は村の政治の直中で死んでいったのだが。彼の中の、思想と信仰の声は強い。カントの「実践的理性」に出合う時、彼はそれを自己の根底の道徳法則として納得するのだった。今はそこまでにとどまるものだった。

第七章
思想と行為

この場合思想とは、経験に出合って生まれたものではあるが、経験を超えるすなわち先験的概念であり、カントが言った理性的認識のことである。定一にとりその意味で、故郷、佐賀の「葉隠」の思想「武士道とは死ぬことと見つけたり」は、その典型であり続けたものだ。これを言った山本定朝の生きた時代にあっては、命を固定的に捉えるなら自己の生の意味をなしている道徳は守れなかった。死ぬことをもって自由とするという選択は、カントの言う「自由」と共通のものがある。この形の中で定朝は自分の生きる道を求め続けたのだ。定一がこの思想に若い時から惹かれたのは、ここに理由を持つのであろう。

この思想は証明が出来ない。その理由は思想が一回性のものではなく、変容を含むものであるからのようだ。思想を言葉に出すか出さぬかは別として、われわれは思想に掛けて一生を送るのだが、その生も思想も変容をまぬがれない。定一は「理性」も「思想」もそう捉える。しかしだからこそ、そこに人生の努力の要点があるのではないか。どこにも立派な人間とか、理念的人物とかは存在しない。少しでもぼんやりとしていれば、生は無明の内に終わる。それでは「理性」といえど力を出せないのだから。だから逆に言うと、思想を示すものは一生の行為であるということにもなる。

思想のために一生を生きるだけである。すなわち一生の行為とは思想を示すものである。行為は思想の限界を示す。「言ったことは聞くな、やったことを見よ」ということの原理がここに成立する理由がある。思想は極北を示すが、行為はいつも限界の内にある。しかして人間を説得し改心させるのは、行為でしかないということになる。

『法蔵菩薩の物語』は生きる力を教えて、精神的力の上昇を生んだ。だが現実の自分は、すなわち自分のやっていることは変わってはいなかった。すると反省が生まれてこないではいない。それは精神の形而上学世界への一方的な傾斜をセーブするという意味ではなく、現実と精神の一体化という欲求が根底にあった。何故なら彼がどんなに浄土なり永劫の命ということに願望を強めても、生きる場は現実しかないことを知り抜いていたからである。それは少年時の労働が教えたものだった。彼の思春期から青春の苦悩はそれを忘れて、本能と感情に溺れながらそれでいて理想の元に生きようとしたことにあったためであろう。少年時の労働の意味が、人生にあって有効なものとして蘇ったのは、壮年の最も仕事が厳しくなった時である。労働の記憶が、背骨を圧した体験が彼を支えたのである。彼はこうやって労働こそは生の一つの本質だと知ったのだ。そういう彼であってみれば、「法蔵の物語」を自分のものだとした彼の思考が、その後一ヶ月ぐらい一日の生の意味を追求することに集中したのは、当然だった。労働的である毎日の自分の生と、法蔵的な出世間的な思惟の世界は、どういう関係にあるのかということが課題であったことになる。そうなると追求されるのは、現実の日々の生活のありようである。だがそこにはなりわい、よすぎということしかなかった。命は肉体に隠れたままだった。その命は今ということしかなく、今しか分からない。未来を語ることは出来ない。となると法蔵的精神、時間の中を思惟する精神はどこへ行ってしまったのだろう。しかしそれでも「法蔵の物語」に示された、精神が求める限りない努力への意志は、このなりわいの生にも生きているように思えた。定一の新しい物語は、それを明らかにせんとするものである。三時にいとまなき庶民が如何にして知性的進化を遂げ得るか、ということである。

「法蔵の物語」を単にお経の世界のこととしてではなく、現実の苦悩に満ちた、四苦八苦の現実を生きる力の形として理解したことは、知らずの内に困難を生んでいたのである。しかしそのようなことは、すなわち理念的なことと現実の多様性・要求に生きるというのは、彼の宿命であったものである。あるいはそれは人間であることの宿命である。どちらが重要だということもない。人は一つの体系・世界を求めて生きながら、そこに含まれる個々の各様性を否定出来ない。そこに経験的人生が成立する理由がある。どんなに英知的人間の人生にも経験が関与する。とするなら、庶民の三事にいとまなき生活も体験されねばなるまい。どれほどの知性的人物でも、生活の苦を知らないなら、その思想は人間的事実との遊離を生まざるを得ないだろうからである。思惟の世界と経験世界の関係が考えられた日々であったということになる。

定一は登山リュックを負って歩いている。駅はもう近かった。前をX脚の女学生が歩いている。『かわいそうだな』と彼は瞬間思っていた。しかしすぐ、肉体的ハンディキャップは誰もが負うものだと、内心思い返していた。しばらく歩いて彼は追い越した。ちらりと見た女学生の顔は、珍しく知性的だった。で、このことは、羽田へ向かう電車とバスを乗り継ぐ時間の内にも継続されていた。

『俺達は肉体を持った存在だ。朝前を歩いていた女学生、前の席に座った胸の異常に大きい女性、降りて行った大きな体のフィリピン人らしい人、そして自分だって中年の頭は白くなり禿げかかった足の短い男である。肉体は不幸の源でもあり、喜びの源でもある。肉体あっての命であり心であるからだ。これが現世の生につきまとう。しかし肉体は生命を時間の中に運ぶもの、車のようなもの、問題は中の魂を生きたるものとしてくれればいい』

羽田空港のフライトの待ち合い室である。この時間はいつも何かを考えるのに都合がいい。彼は朝思ったことを繰り返していた。時間の中を生きる願、という概念だった。浄土とか死について考えることもそこに含まれていた。時間が勝手に過ぎていくのではないということである。願と行為が時間を生きるということがあるばかりだった。それでこんな風に思うのだった。
『時間のことは面白い。時間の中を願が生きているというか、願は時を生きるのだ。歩く、小田急線の電車の中、相鉄線の電車の中、願はその刻々を生きて時を充実させる、今を充実させる。過去もない、未来もない、ただこの今がある』
定一は女学生の姿から、肉体とは基本的に人間にとってのハンディキャップであると考えて、そして肉体に宿る命そのものがこの頼りにならない、動く箱に住むものだと思った。死があることは究極のハンディキャップであった。死は生にとって不条理であった。彼はずっと心の中を生きる、刻々の時間を生きる願について考えていたのだ。この時間の思惟性は、彼の『法蔵菩薩の物語』では次のように書かれていた。

皆さん、法蔵菩薩の五劫の思惟の時間とは何でしょうか。これは心の中を過ぎていく時間、考える者の中で変容していく思惟・思想の時間と言えるものに思えます。この長い思惟の時間によって、菩薩の願は具体的に四十八願となって姿を現わしました。

朝の考える時間の質は、昼間の行為にどう関わるものであろうか。朝の考えが違ったものであれば、昼間の行為もまた違ったものにあるのであろうか。行為は思想の枠を超えないもののように、彼には見えた。願が深まらない限り、行為の力も質も上がってはこないのだ。一日がただのなりわい的になってしまうのは、本能と習慣と感情に流されてしまう、それほど惰性の力が強いからである。本当の自分の願というのは、思惟の時間の中で、それは無限性を持つ時間のことだが、明らかにされていくものである。同じ意味において、ベルクソンも時間の新しい意味を明らかにしたが、定一はこれを、法蔵の持った時間と同一種のものとして捉えていく。時間は勝手に過ぎるものではない。願と思惟が時間を生きる。この時間の中でしか、「進化」ということは生まれない。物理的時間から、知性を生み育て、知性が生きる時間概念の誕生だった。これは親鸞の念仏偈にある「五劫思惟之摂受」から生まれ、暁烏の語る『法蔵菩薩の物語』から一段の強い認識を生んで、人に語るまでになった。

その時間は昼間にも求められていたのだ。魂を生きたるものとするのは、時間の思惟性であり、それが生んだ願と行為であるのだから。このことが現実をよく知った、すなわち因果世界を知り抜いた人間であるほど強く起こるものであることには、一つのパラドクスがアンチノミーがある。定一はそれを釈尊という人に感じてきたし、そしてまた自分の道を知るほどにそれが現実の因果を知るほど来世の願と一体的に深まるのを知るからである。われわれの中に魂と呼ばれるものがあるとするならば、思惟という時間に魂を生きたるものとする救いの道があった。朝の時間の質は、昼間にも生かされなくてはならなかった。

そうやって帰ってきた母の家だった。一体母は彼が不在だった四十日の間、どういう生活をしてきたのだろうか、それは一切彼の頭から抜け落ちていた。そこには理由があった。彼は母を見捨てたのだ。自分には母を介護する力がない、そういう条件にはないということが知らされたからである。後になって思うと、彼と母の間には食に関わる共有なものが全く欠けているというのが主条件をなしていた。食に共有性がないと住めないということである。しかし食であれ他のことであれ、それらは両者の歴史の違いにあるのである。このことは妻との場合は全く違うものだった。彼は結局、良かれ悪しかれ合理的判断を下した。母は術後二ヶ月が過ぎていた。自分が下した判断によって母の元を去ったのだが、その結果について無関心に過ぎた。それでも帰って来たのは結果を見るためではあったが。母の現実は立ち所に現われた。彼の帰省は切羽詰まって待たれていたことになる。

そういう状況下の帰省だったが、法蔵の物語が生んだ思惟の世界が昼間の時間にも強い力をもって生きていたから、これを生かし続けることに関心は集中していた。だが現実は、やはりどちらか一方に偏ることは許さない。そういう状況にあって、法蔵的な力はどう生き残っていったのだろうか。

帰った日の夕方は、自分の用事の決着をつけるので精一杯だった。明日の暗い内からの、机での作業を支障のないものにするというのが一番だった。子供の頃に使った勉強部屋は、今やスチール製のデスクと椅子と、最小限は収納の能力を持つ本棚があって、小書斎の形を備えていた。だがそれは退職後六年の歴史が生んだものである。物置として使われ、床の根太が落ちるほどに傷んだ部屋は、その時々に定一の手によって復元されたものだった。そういうことのためにも、彼の自由になった時間は使われたということである。この初日は、書斎から小書斎への移動でもあった。彼にとって書斎とは、心における静けさを守る、知的な快適性を保証するものだった。従って彼の帰省には不動性があった。暁烏全集を新しい棚に飾ったことで、それがより象徴された。彼は叩きを使って埃を払い、机に雑巾を掛け、床の塵を箒《ほうき》で掃き出すのだった。

なんとか一人夕食を終わって、風呂にも入って、離れの八畳間に寝た。いつのまにか、母親はシーツの用意も寝巻の用意もしてくれなくなった。だがそんなことを彼は意に介しない。彼に夜の時間はない。日が沈んだ時、彼の一日も終わる。あとは眠る時間があるだけで、朝の時間が待たれるだけなのだ。そんな生活は退職後続いたものだった。今の彼は、自分にはこういう生活しかないかの如くに暮らしている。だから、稀なことではあるが、昔の、夜の街に浮き名を流した時代のことを回想する時、不思議の感がする。自分を今に変えたもの、あの時の状況や感情とは全く無縁、それは夜という物理的な時間との無縁性でもあるのだが、考えてみるとおかしかった。今の彼には朝が、それも暗い内の朝だけが親友だったのだから。彼が「卒業」と定義する行為は、再び戻ることのないものだった。ただ、自分にとって普遍的な行為だけが残る。それは彼にとっては、書くことと労働が典型であったということになる。そしてそのことは自覚されてはいないのだが、死へと繋ぐものであり、そうでなければならないものであった。何故なら、残された時間はもうなかったのだから。

彼の中を思惟の時間だけが流れていたように見える。母とは殆ど言葉も交わさなかったほどだ。だから朝起きた時も、母への注意など心を占めてはいなかった。まだ二時だった。起きて顔を洗いに行った時、母はベッドにいなかった。台所の方で、何かごそごそやっていた。だがとにかく彼にとっての朝の時間は、世間の外のものであった。母への関心は起きなかった。彼の心を占めていたのは別のことだった。机に座った彼には、やっと戻って来た静かな時間への安堵がある。そして考えがスタートする。

『念仏が弾圧を受けたということについては、よくよく考えなくてはならぬことがあるようだ。念仏は、庶民に初めて自己の価値ということについての目覚めを生み、歴史において自己の自由・解放の精神を生んだ。「まことに如来の御恩といふことをばさたなくして、われもひとも善し悪しといふことをのみまをしあへり」歎異抄のこの言葉は、如来という第一人者を置くことで、それが地上権力から庶民を解放する大きな力となったことを教える。親鸞の一生自体がそれを示している』

親鸞が持った「念仏弾圧事件」以来の、権力への胡乱《うろん》くささを定一は体感していた。読書と思考が、現実の世間的問題を遠くに置いているのが見える。時間が過ぎて五時だった。ひぐらし蝉が盛んに鳴く。九州は既に梅雨明けだった。夜が明けだしたばかりなのに、凄まじい暑さである。定一は、昨日高速バスを降りてリュックを負い往還道を上ってきた時のことを思い出していた。何か、自然の持つ大きな野性が、人間をそして生活と文化を圧倒しているのを覚えた。そしてこの時、先ほどの三時のことだが、母が体が痒くてならず冷凍のおからを体に乗せて起きていたことを、簡単にメモに残している。それはただそれだけで、後は自分の思いに帰っている。

『哲学とは、生の学のことだ。生の時間を解明し、深化させることだ。ベルクソンは私が毎日考えていることを哲学する。暁烏はそれで、越後のおばあちゃんをベルクソンと同じだと言ったのだ。トマトを育てたのは、欲望なのだろうか意志だろうか』

定一は、『歎異抄講話』も『ベルクソン講義録一巻』も読み終わりつつあった。朝の四時間を全て読書に当てるから、どんな本も読み進めることが出来た。それは彼の人生においてなかなかなかったことだ。読みたい本や、買った本や、読みかけの本があるばかりで、こんな風に様々の本が次々と読破されそれも朝という緊張した時間になされるというのは、長い人生にあってもなかったのだ。そしてまたこうして帰省して一夜が明けて朝の読書に帰った時、様々の思いが、昨日のそれを受けて湧いてくるのを禁じえなかった。現実的には世間と全くの没交渉である時間の中で、自分の行為は閲《けみ》され反省されていくのである。

『昨日の旅行中のメモにあるように、時間の中を生きる願、その願が刻々を生きる魂を充実させるというとを感じていた。法蔵の物語がこのことを考えさせるようになったのだ。刻々の一瞬を生きている魂がある。ＪＡＬのフライト中、脳学者の書いた記憶についての小論を読んでいた。自分はその時、こんな記事に負けない真実を獲得するのだと、涙していた。ベルクソンなら何と言うだろうか。この記憶という奴（思い出と言ってもいい）、なかなか容易なものではない。われわれとはこの瞬間を除けば全て記憶なのだから。ベルクソンは「記憶とは過去の心理的事象の再生、再認、位置付け」と言う。この記憶には発展の余地がある』

定一はここに自分の小説の意義を感じていた。彼の小説は記憶からの創造作業であった。だが行為の事実は変更されえない。その意味が、未来に繋ぐものが創造されるだけである。

『脳学者のレベルなど問題ではない。もっと深い、哲学・宗教・思想のレベルでの追求しか創造を生まない。単なる科学主義では限界がある。人間というのは、科学では捉えられないもっと深いところを生きているのだ。そもそも生自体が、創造的であるのだ』

彼は科学主義の限界に気付いていた。悪しき意味の科学主義が、医学から経済まで被っており、人間の自由な創造的活動を塞ぎ、必要な発展を阻んでいる。この科学主義は人間の文明を閉ざしたものとするために使われていた。人々は、それによってより深く自立的にものごとを考えることを、社会的にも自己の心理の上からも規制をかけられているからである。科学するというのは、もっと個人的なものであり、個人の数ほど科学があっていいのである。彼の「世界を開くという行為」はこのように、科学であれ歴史であれ政治であれ、全ての方面に適用されるものである。

『読書メモに「ベルクソンは、私が毎日考えることを哲学するとあった。これがベルクソンに対して、この一週間くらい感じていたことらしい。それで彼はいつ読んでも自分を引き付ける。

昨日考えていた「願い」は欲望ではない。知性の活動から生まれた意志であるように思う。畑のトマトを大きくしたいというのは、赤いトマトを食べたい、見たいという欲望ではない。また、他人に秀れたところを見せようというのでもない。何か。トマトの命を開化させたい、空一杯に枝を広げて実をたくさん付けさせたいということだ。従って今、畑を離れトマトを食えないのも見れないのもさして気にならない。ここで大事なことは、願は欲望であってはならないということだ。これは子育てにも通じることだ。子は元気に育てばそれでいいということだ』

彼は現世的希望や幸福を基本的には捨てた人間だった。それは彼の言わば宗教的歩みの出発点だった。それを教えたのは、釈尊の最初の説法「転法輪経」であった。まだ彼がアメリカに立つ前、五十になったばかりの時である。それは彼の青年から壮年にかけての労苦の時代が終わろうともしていた時代である。そしてこの命題はこの時から自覚的になったのだ。

彼は朝の三時に、母の一つの悲惨な事実を知った。母は彼を呼んだ。彼女は体中を走る痒みに耐えかねて、それを和らげるためにおからや竹の子の冷凍品を体に当てがい、うずくまるように横になっていた。おからは前日彼が高速道路をバスから下りて、その近くの店で当座の食料を買い、サービスとして貰ってきたものだった。

そんなことがあっても、それからの彼自身の机の前での作業が普段の通りに進んだというのは、どういうことだろうか。実のところ、彼の机での朝の時間は、言わば彼の形而上学的な思惟の時間にあって、世間的なことが一切忘れられているというのではなかった。そうではなくて、かえって、自分が世間性の中で置かれている身の事実に、鋭い反省が加えられている時間でもあったのだ。彼はそのことを考えから追い払うことをしない。それが時々頭をかすめるのは避けられないのを知っていたから、かえってそれに客観的判断を加えるチャンスとして活用するのである。定一は自然の内に気が付いていたのだ、自分が世間に対して冷静な判断と対応をなさしめるのに、この時間が大変に役立っていることを。これを、朝目が覚めて直ぐに飯を食いそして現実的行為に連続して突入していく人間と比べるなら、大きな違いがあるように見える。彼の場合、次の行為が知らざる内に、十分点検されているのである。彼の今日の場合は、前日の女学生に見たものと同じ事実を、母の上にも見ていたのだ。母は痛みに合いながらも、そうやってなんとか痒みを抑えることが出来て、冷静さを失ってはいなかったのだから。ただこのことを息子に知ってもらいたかったのだ。定一はかえって、母の持つ冷静さのうちに安心を憶えていた。しかし他方では、母に痒《かゆ》みの走る原因を考えないではいられなかった。そしてこのことは、結局母が、この家では暮らせないと彼に思わしめた、最大の動機を生んだものである。そして彼の現実的アクションを強めかつ早めたものである。実際に母の身は切迫していた。彼の帰省は待たれていた。

母が再び肛門脱腸を起こしていることは、妹から電話で聞いた。肛門の筋肉の代わりをしていた糸が切れたのだ。妹はその日に来て、久留米の病院に母を連れて行った。再手術の相談をするのだ。定一はやはり不安だった。手術をしてもこうして病状を繰り返すなら、将来への心配は消えない。しかし一応母のことに手が打たれると、彼の気持ちはいちはやく転化した。その日は町の方の檀那寺で行われる永代経供養に出向いた。

読経が終わった後の説教を聞きながら、定一は、自分達が地獄にしか住めないのだな、と感じていた。僧の話は、そういう自分達を映し出していたからだ。それで彼は『どうして僧は、法蔵の苦労を語らぬか』と思ったことである。この席で同じ集落の吉野おばさんに会った。そして母のことを聞いた。彼女はこう言った。

「分かっとんじゃごとして、分かっとらんしゃんもんね」

母が鍬を時に使っていたこと、稲の苗を植えていたことを知った。母の病気は再発せざるをえなかったことを知った。そして病の真因性が依然として便の不調にあるのを知った。このため下剤の使用は欠かせないのである。それはますます肛門の機能を弱め、「垂れ流し」の状態を恒常化する。一度失われた神経的本能は回復しない。母の病の源は腸の働きの不調に発し、それは今も彼女を苦しめていた。定一はそこに、食事に関わる生活習慣病を感じとっていた。それが今朝の、母の全身に走る痒みと関係していると思った。要するに、母がこの家で暮らすことには限界があることを感じていたのだ。母はこういう状態下にありながらも、暗い内から、下の弟の家の朝御飯を心配して階段を降りて行く。家の飯炊き女中の役割は続いている。彼女は本能の奴隷なのである。母の体がここまできた限りもはやこの状態を続けることは出来ないと、彼は思うのだった。母が、幾らそこに自己の生きる意味、存在の意義を見ていたとしてもである。だがこのことが正しいことであったかどうかは、後々まで疑問としてずっと残り続けたことである。何故なら、存在の意義を失ってまで生きることには疑問がある。されど命はおしいという矛盾があるからだ。こういうことを経験からだけで解きうることだろうか、正解を得ることが出来るのだろうか。

母のこの、生活に関わる存在のありようは、先回りの帰省で痛感させられたこと、それ故に自分の存在が母には全く意味付けられていないのを知ったくらいだから。母は家と、だから弟と強い絆を持って結ばれていた。定一は家を四十年前に出た、部外者であった。女は何かそういう現実との繋がりを持ってしか、生きられないのだろうか。そうした現実との絆を失った時、彼女等はどんな世界を持つことになるのだろうか。この問題は彼にとっては未知的なものだった。施設に収容されるということは、母が母の個性を失うことだろうか。彼は今、「姥捨山」の問題を現実に考え始めていた。この状況は本家の叔母の最後に見ていた。叔母は一度家を出ると、死ぬまでの三年の間ぐらい、二度と帰らなかった。施設の生活に満足してそこで死んだ。定一は彼女の本家での最後の方の暮らしを見ていたが、体調とか生活の感覚はこの本家での暮らしに合わないものになっているのは、感じられたことだった。施設に移っても、彼女の個性は残っていた。長男は週に二度、母に会いに行った。叔母は最後は全てを忘れたが、この長男の名前だけは忘れなかった。彼女の現世へのつながりの唯一のものでさえあるように見えた。だがそれでも彼女は別の人になったわけではなかったのだ。定一の叔母への関心はずっと残っていた。彼女が施設へ行ったから終わりではなかった。彼は人間の最後の姿に強い視点を合わせる。そこに人間の価値ということが最も強く出ている、表われている気がするからだ。それはそうだろう、長い年月の生を終えようとして、総決算を迎えるのだから。彼の中にこの考えが強くあった。

叔母が亡くなったことを聞いた朝、この故郷に彼はたまたまいたのだが、西の山の稜線を仰ぎ見た時、一つの命の死の持つ意味の大きさに打たれたのは、彼にとり彼女が未だ人格的存在であったからである。叔母の魂がこの故郷の、彼女が暮らした空間に遍在しているように思われたのだ。彼女が生活の空間を、どれだけ施設の中に閉じ込められ狭められたとしても、彼女は自分の世界を持ち、生きるものであるからこの本家に暮らした嫁いで八十年にもなる思いは、この空間に残っているように定一に思えたということである。定一にはこの死者に対する思いが、曰く言いがたく常にある。

定一はその日寺からの帰り、にんにくを三キログラム買ってきた。一度妻に作ったにんにく卵黄を、母の便秘改善のために作るのである。帰って一夜が立っただけで、彼の現実は、そして行為の対象は全く変わっていた。彼は現実をそのまま全て受け入れていた。それでいてその形而上学世界は、法蔵的世界に強い関心が引かれたままである。彼の内部にあって、何か別のものに興味を引かれているわけではないのだ。人格は不動のままに願が生きていく、そこから現実の行為が引き出されていく。彼をそうして動かしているものは、やはりある種の道徳性であるように見える。

翌朝である。

『自ら法蔵の人生を求めることと、次の言葉との間には違いがある。

「よくよく案じてみれば、私は虚偽で固まっておる奴である。罪業深重の横着者である。この横着者は、みずから名乗って仏の子といわるるような奴ではないのである。この奴を目がけて、汝はわが子なり、ためたすくるぞと呼びかけ給う。念仏すなわち南無阿弥陀仏のみが生の生命の親でましますのである」(『歎異抄講話』　暁烏敏著　講談社学術文庫)

だがそれほどに法蔵の行に感謝を感じることが出来れば、あるいは自力を離れ十八願に入ることが出来れば、自ら法蔵の人生を生きたい、心願に生きる火のような人生でありたいというようなことが自然に起こるかもしれない。何故なら、手をこまねいているだけではこの人生は余りにも苦しく困難に満ちているからだ。明け方のカナカナの声はすばらしい。汚れない澄みきった心に刺さる声である。

「意志・願い・自覚的な行為」は同一概念として一つのものとなりうる』

彼がどんなに自己の形而上学世界を開いても、現実の世界は少しも変わることなく、あるがままにあるものであった。両者の世界の狭間にしか生きることが出来ないという運命が見えている。彼が開いていく世界がどれほど固有なもの特殊なものであっても、彼は普通の生活者に過ぎないということである。逆に言うなら、彼の自己の世界を開くということが、彼を生活者としてはそうあらしめたということになる。そのことは幼児より続いていたものであり、そして今、彼自身の世界が深まるほど、その普通の生活は徹底されていったように見える。この答えは難しくかつ深遠なものがある。彼にとって庶民であることは、庶民の生活は、普遍的なものであった。だから彼は、どれほど政治的なものに目覚めていっても、あるいは丸山の本によって「国民主義」ということを知っても、庶民から権力を貫く一つの軸としての見方は変わらなかったのだ。彼が会社時代、有力な重役から「反権力者」として烙印を押されたようなことは、彼が根元的に持っている「庶民的愛」に貫かれているが故に起こったことなのだ。

彼は一方において仏教の持つ世界観を深めながら、他方にあっては西洋の近代哲学から学んでいった。この両者は彼にあって、全く矛盾しなかった。彼が朝の時間と昼間の自己のありようとの関係を追求していったようなことは、後者の方により強い関係を持つようである。経験からだけでは解けないことなのである。言わば、彼が開いていった形而上学的世界の実存性が問われていたことになる。これに答えたのがカントの『純粋理性批判』であったということになる。これを読ましめたのは、彼自身が持つ、必然的な問いであった。すなわちカントがこれを書いた動機と同じものなのである。このことは、ベルクソンの関係の本をほとんど読み終わって起こった。カントの結論は彼に異義を生ぜしめなかった。その理由はその結論が彼の経験の中では、既に確立し了解されるものであったからである。その過程こそは、「世界を開くという行為」にあったものである。

彼の形而上学は、昼間の行為において経験的な査定を求められているように見える。我々は経験に理念的なものの実証を求める。一日が目的としてはそういう風にある。ところが、行為というのはそういう風に目的を持つものではない。カントの「実践理性」が生む行為は目的を持たない。行為が目的を持たないから、結果は別のものを生んでしまう。理念的な査定を求めても、別の理念が生まれてしまう、それは経験を超えてしまっている。定一の幼児の体験、妹の死は「人間の絶対平等」の理念を生んだ。このことはそれから六十年が過ぎたが、今に証明の出来ることではない。ただその理念に外れたら、自分が無価値化されるということがあるばかりである。そのことを、「そんなことをしていたら、私は兄ちゃんの中に住めなくなる」という妹の声は、強く示してきたのだ。経験が、それは一日の経験にも言えるが、新しい理念的先験的な超体験を生むとするなら、我々は生きている内には最終的極面には至りえないことになる。この構造は一つの矛盾である。しかしだからこそ、どんな一日にも意味があり、それを死ぬまで繰り返す意味があるのだ。

彼が普通の生活者に、庶民に重きを置いてきたのはこういうことに原理があったのだろう。権威とか権力的なものが全て除外されている。理念的でありながら、固定的ではないものが見える。ここにも変化と変容が見える。ここに進化の法則があるのだろう。

『法蔵の願と自分の願ということを考えて止まない。老人会で話をして翌日、Iさんと畑で話し、帰省した翌日神埼の坊守と会う。この出合いに何の違いがあろうか。佐賀の叔母さんのことを含めて共通点がある。心に願を持つ人達ではなかろうか、ということだ。もしそうなら、「願に生きる、それが人生である」という私の一般化は、それほど外れてはいまい。気付かれていない願に自分が気付いていく生の一般化である。文学などというのも、特殊なる生を特殊なものとして描くだけなら、さしたる意味はない。やはり一般化を目指すものであろう。それにしても彼女等の笑顔はやはり私をはっとさせる。この彼女等の願も、世間上の欲望に根差すものであってはなるまい』

彼女等が持つ共通点は何であったろうか、そして何故定一が彼女等に心を引かされるのだろうか。それはやはりカントを研究して後に気付かされたのだが。ここにはやはり、経験の重視ということがある、それは持続性をも意味している。彼女等の毎日の行為が、それを自然に示しているということである。やっていることに徹底性がある。定一はそこに、強い願の存在を見ていた。この日々の体験はその後数ヶ月が立って、「私の好きな人々」と題して老人会で話されることになるのである。

定一はその一日、にんにく卵黄を作るのに費やした。庭の梅の木の下に練炭焜炉と椅子を据え、鍋で水気を出来る限り飛ばすまで捏《こ》ねながら煮た。昔ながらの古い家、緑の庭、緑の山があるだけである。そうやって一人いると、無心に帰り心が落ち着く。人生の時間は、始めから目的性などでは捉えられないものだ。このようにゆったりした無言の時間、急がない時間、それだけで生きている意味があるような気がするのだ。だがそんな風に、他人とは無縁なような行為にも、何がしかの哲学的意味が存在する。そこには少しでも母の困難を助けたい願がある。それは彼の行き場のないような母親に対する愛情の、一つの表現であったということである。

人間がそういうことを感じるかどうか、そしてそれが行動に至るかどうかということは、その人間のありようを大きく変えるものである。「そこまでやるの」と他人が感じるものを生む、根本の原理がそこにはある。

昼を過ぎて、妹が母と一緒に帰って来た。母は妹の家で一泊してきたのだ。母の再手術は決定した。入院は三日後である。母の体の痒みは無くなってはいなかった。だが母は、妹が病院に連れていってもらい、その日の夜は彼女の家で一泊して細かく面倒を見てもらったことで、心が落ち着いていた。彼はそういう母を見ていたのだが、彼女の身になりきってはいなかった。何故ならそういう点では妹の力に頼りきっていたからだ。そこには、とても女にはかなわないという実感がある。妹は母の肛門に指を入れることもやった。とても彼には出来ない。だがそうではあるが、帰省したことで母の現状を具体的かつ客観的には知りつつあった。そうであることが今のところの彼の務めであったということになろう。

その翌朝である。

『願とは、この今の真実を求める心であろう。人間は今をしか生きる手立てがない。今日という一日に、何か一つでも出来ればいいのである。昨日はそんな気持ちで、にんにく卵黄を火にかけ捏ねていた。成果は分からないのだが。願ということを、真実ということを遠いものとしたくない、何故なら人には今という時間しか与えられていないのだから。例えそれが遠くにあるものとしても、近くに引き寄せて生きたいのだ。だからこそこの今に、刻々の願が生きる。結局自分は、「トマト」という自然が示す真実を願っているだけなのかもしれない、そしてまた「にんにく卵黄」という真実を』

どんな行為でもそこに哲学的な意味があるのだが、ただの経験的な領野で終わってしまう。彼の以下の思考にも表われていることだ。

『母は母の行を積んで死んでいくのだな、とふと思った。これにしか生き様も死に様もない、ということだ。それをとやかく言うことは出来る。しかしそういう形でしか生も死もない。昨日も母は体が痒くて冷やしていた。朝も三時半には、ごそごそやっていた。寝る間もあるまい。しかしやっぱりこうして生きて、死んでいく、業を尽くすということだ。

しかしこの母の生にも願はあるのだ。何かに触れれば感じるし、考えもする。やはりそういう風に考えさせられていく人生が必要だ。妹がやってくれたこと、私のにんにく卵黄作りも何かを与えた筈だ。ただの言葉だけでは役立たない。心の琴線に触れる行為が必要だ。

願とは真実であるが、日常の私達の行為はひたすらのなりわいである。従ってそのなりわいの中に、真実が現われてくるものでなくてはならない。そういうことを、刻々の時間の中で自分達は願っている。願とは何か、そんなことを次の老人会で話さなくてはならぬ』

人は自分の行為の持つ本当の意味を捉え切れてはいない。母がそうであるように、彼もまたそうであったのだ。この時代の印象には、人間はどう転んでもなりわいにしか生きられないと思ったことが、強く残った。だがそれはどんなになりわい的行為であっても、他面に於いて形而上学的意味があるのである。だがそれを知るというのは、非常な困難があった。なりわいという形で流される方が楽だった、だがそれでは行動の中味は深まらなかった。人生の重要な経験とはこういうことにあるのかもしれない。

あたかも、霊魂は日々の糧としての感情と思想を一日に求めているかのようである。もしそれがないと、霊は生きておれないと悲鳴をあげるのではないか。そしてそれは実は彼の人生に何度も起こったことなのだ。三十で小説を書きだした時、四十で罪に落ちた時、五十でベレアの森で木々が語りかけた時、これらは全て霊魂が上げた悲鳴であった。だが今その行動がこの自覚によって深められることが求められていた。少なくとも今ここに直観的なものが存在していた。単なるなりわいを超えて、そういう言葉で流すのではない、行為の意味を更に深めることで行為の質が上がっていくことが示されていたのである。

母は朝から、二日後に迫った入院の準備をしている。明日は妹が迎えにきて、久留米の家で一泊した後入院するのだ。そんな中であったが、母は彼の諫めも聞かず、雨の降る中を上下ビニールの雨合羽を着て田の水の見回りに出て行った。二時間立って元気に戻ってきた。母は朝も夜も体中の痒みに攻め立てられていたのだが。それなのに雨の中を出掛けた。定一の言葉は母の行為を止めることは出来なかった。少なくともそこには、母の母としての行があった。それならそれは奪えないということである。

翌朝である。

『人間が願行に生きて、それを詰めに詰めて死にいく者とすれば、死を恐れる必要もない。自然の内に行が極まって死ぬのだから。それを止めたり、呼び戻す必要はあるまい。施設へ行くことは行を奪うことになるのだろうか。療養との比較のうえで考えなくてはならぬこともある。最も良いのは、行が自己の療養に変わることなのだが、今のところはそれは期待が出来ない』

母にはまだ、十分な体の力があった。そのことをはっきりと示した、最後の行動となったものである。そうやって足を使い、体を使う生活は再びやってはこなかった。ビニールの上下のカッパは、その後使われることもなく廊下の釘に掛かったままだった。このことが良かったか悪かったかは、定一は論ずることが出来ない。ただ、自分にもこういう時がやって来るのだろうかと、思うばかりである。だが母の歳まで生きているだけでも大変なことである。それでも老いは目前に迫っている。それを遠い先のことと見なす視点は、人々からなくならない。そんな風に、人間の現実であるものがどこまでも先送りされているのが、人間の姿だということである。それでも定一には、この老いと死を先取りしようとする意志には強いものがあった。

その日夜になって妹が母を迎えに来た。妹の存在があって、彼は安心していられたのである。

再び母がいなくなった朝が来た。暗い廊下のベッドがそれを示す。定一には朝の机が待っているだけである。

『まず始めに、「法蔵菩薩の物語」に人間の生きる力が強く現われているのを感じ、話す原稿を書いた。そして話した。書きそして話すために表現することに意を尽くしたのだが、そのことは自分自身の理解を深めることになった。私が法蔵のうえに見たのは、願と行ということだった。それを考えている内に、これは誰のうえにもあるものだと気付かれた、あのX脚の女学生にも感じていた。何故なら彼女はその肉体を身に受けて、それでも耐えて自己の行を続けるものであることが直観されたからだ。同じことを母の上にも見た。老いと病に体を甚振《いたぶ》られながらも死ぬことは出来ず、それに対抗して生きねばならぬ、母の姿に感じたものだ。それは行である。命は死ぬことを願ってはいない。命はどこまでも、生を求めている。それは願となって自己の内を生きている。法蔵の苦労を思い、自分への御恩と感じる思いはある。だが単に恩と感じるのは弱い。人間の生きる姿、その真実を示してくれたのだから。私はそこに、自分と同じ人生の実相があることを知った。願と行をつきつめ、つきつめて死んでいく人生であるという事実に触れ得た。命とは時間である。命の他に時間があるのではない』

願は精神的内的生命が生んだものであった。その生命は一切の地上的現世的な利害関係を断つものであった。これが故に、願を持つ者は苦しみを受ける。だが願は力でもあった。であるならばその力はその人を強くする。この力が、定一に江川に歩く旅を決行させた。それは更に次の旅を生じた。だがそのように願が行為の力を高め、行為がまた願の力を高めても、それらの関係は外部から見えるものでは一切ない。思想は誰もが寝静まった時間に変容し、行為は誰一人知る者のいない空間に展開されるのだから。彼はこの思想としての願と行為の関係を究明しぬかんとする。これが彼の根本的動機としてある。それは彼が天から与えられた資質であった。これがあって、彼はカントの道徳と自由を理解出来たのだ。しかしまたここには、自分の中に己惚れが生まれてくる理由があった、しかしそれも人生の度重なる機縁によって、懺悔を生んできた。ここにまた、カントの「批判」ということを、他方の原理の旗として受け入れる基盤があった。それが彼の人生の構造だった。

定一はこの朝、食事が終わって妻に手紙を出した。昨夜電話があって、願行ということを話したからだ。彼は故郷にいる間、こうして二日に一度くらい妻に手紙を書く。世間的なことは一切書かぬ、思想や信仰や哲学を書く。一度の帰省で五・六通の手紙になるであろう。これは妻にとっては、彼の不在を補うものであろう。肉体としての夫の存在は煩わしい、しかし精神的存在としての夫は必要である。手紙を書いてから再び考えた。食事の後でしんどい。

『願行ということが、われわれ俗人にはなりわいにしかないというのは、悲しい事実である。仏の願行とは違うなと気付く。仏のそれは、先のようであるわれわれに対する願だということだ。われわれとは肉体というハンディキャップを持ちながら、生活というこれまたハンディキャップを負いながら、世に交わって生きなくてはならぬ。かつての村人と同じように、置かれた環境を全部身に受けて生きねばならない。母の生も、私の生も同じものである。だがおむつをし、体の痒みがいつもする母と比ぶれば、なんと恵まれていることか。この恵まれた生は、その精神活動に繋がれなくてはならぬ。より強い力を発起して成就していかねばならぬことがある。それは日々の行為に思想の開発に及ぶものだ。そしてこの自己の解明は社会への貢献に繋がるものでなければならぬ。母の姿はそれを私に教える。うかうかと生きているわれである』

その日母は入院した。彼の生活はここへ来て、すっかりと母を中心としたもの、この家を中心としたものに変わっている。存在の場、空間における肉体の位置には力がある。その場に無縁であった彼の長い不在は、母への貢献において無力であった。彼は今、母の心へと近付く。

朝の時間による『歎異抄講話』の読書は、丁度半年をかけて終わる直前である。毎朝の、一日も欠かさぬ丹念な読書の結果だけに、感慨には無量なものがある。人間の行為には、有限的なものと無限的なものが組み合わされている。行為はどんなに時間をかけ意力を注いだとしても有限だが、その日々の限られた行為の内にも無限性が見える。このことは人生の全体にも敷衍《ふえん》されることだ。言葉によって言い表さざれざるものである。どんな行為にもそういうものがあるのだ。その行為に、功利では説明出来ないものがあるからだ。功利性だけしかない時間には、無限性は見えない。工場の作業の標準時間のようなものだ。定一の朝の時間には無限性が見える。そこでは時間は急がれない、となると早く起きたも遅く起きたもないことになる、ただ常に何かが待たれている、急げばそれは欠落する。だがこのことは昼間の時間にも適用されうることだ。工場の時間だって、急ぎすぎて品質を失えば全てを失うのだから。行為の一つの目的を超えて何かが生きている。定一がトマトの栽培に係わって、願と感じたものもそういうものである。この場合はトマトの生命自体にあるもののようだ。功利性を超えた願、それは人間の存在をかけた願だ。それは言ってみれば、人が死んであの世に持っていけるもの、自分が持つ本性のようなものだ。だから行為に道徳の法則が係わっているのだ。

　そうやって終わりかけた読書であった。

『「末燈鈔」の御消息に係わって暁烏は、「言うたことをあてにするな、思ったことにたよるな、仏智不思議に助けらるる一つだと仰せらるるところが、いかにもありがたいのである」と残している。これは法も思想も変わっていくものだということにその根本の性を見ているからであろう。「空」ということである。だから自分の書いたこともあまりこだわらなくてもよいのである。卒業していっているのである』

　定一が行き着いた結論は、人はどんなに願を持ったにしても、毎日の行為はただひたすらのなりわいでしかないということだった。ということは、それは絶望を意味した。だがその行為にも無限性があることは、無自覚ながら掌握されていたように見える。そうでなかったらこの絶望はもっと深く、そして具体的な形を持ったであろうから。彼の絶望は、どんな形を取ったか、読書が終わった後の感想にそれは少しばかり残されている。

『願行に、肉体が、生理的生命が関係しているのは明らかのようだ。命を守るということが、願と行を押し上げているというのは、確かであるようだからだ。とするなら、生きる力の根本とも言える。しかし生命自体を意識は捕捉出来ないというのも事実だ。だから通常的な行為はそれを知識でもってやるしかない。すなわち多くは、本能にゆだねられたままだということだ。しかし願は単なる知識や本能や習慣ではない、英知から・精神的内的生命から生まれてくるもののように見える。この願は見えない命を捉えようとしているのではないか。ベルクソンの言葉を借りると、生命現象と心理的事象に橋をかけようとするものではないか。知性は生命を等閑に付することは出来ない。本当はいつも死を恐れているのだから。法蔵の願いというようなことも、死を安らかに受け入れることが出来ること、命を尽くして生きぬいて死を恐れることなく受け入れることが出来ることにあるのだから。しかしただ日暮らしとなりわいしか持たないわれわれ俗人は、なりわいに生きなりわいに死ぬしかない。それでも自己の願行はつきつめ、つきつめつめて死ぬのが道なのだ。かくて仏は、そういうわれらを阿弥陀仏となして浄土に迎え取ることを願われたのだ』

定一はやはり、なりわいをどこか聖業としてみている。「なりわいしかない、しかしそれは聖業なんだ」彼の心の中に聞こえざる叫びがある、それが真の絶望との間に一線を引いている。人とは死への道を歩く者であった、それが彼に死ぬことを学ばせようとする、それで彼は、老いに、病に、死に積極的に近付かんとする。ところがそれらは多くの人達が最も等閑に付していることなのだ。ところがここに別の大きな意味が隠されていて、ベルクソンが言ったように、内的生命となりわいが、例えばなりわいが日常のクッキングでも農でもいいのだが命の価値というようなことに結び付いていくならば、そしてやがてそのことが自覚につながるなら、料理も農も一層の質的充実を一歩も二歩も深めるという、現実的具体的道があったのだ。しかしここには人が哲学して生きる、自己の行為を哲学して見るということが必要なのだ。これを本当に、具体的に持つか持たぬかに、進歩の質がかかる。定一は未だそこに到達してはいない。

その日彼は、実に奇妙なるある行為をなした。牛小屋の整理を始めたのだ。牛小屋は、父の死後は、ただ母親の手によって気儘に使われてきた。二十五年間もである。こういうことは、ある人が死んで残された、物なり家なり田畑などの宿命である。この場合、残された女にとって、整理整頓などということはまず不可能なことである。だが七年前から帰省をするようになって、それを見てきた彼に、特別なそういう見方があったわけではない。彼はただ、自分が手を付け得ざるえたいの知れない空間として、見てきたものだった。それを何故今、手を付けたのか。母のこの家における存在が終わろうとしていることを、はっきりと感じていたからのように見える。始めは寂しくて寂しくてならなかったことが、今や当然の事実化されようとしていた。すなわちそれを当然の事実として受け入れていく時、彼の心にそういう感情は浮かんでこなくなるのである。

牛小屋の建物そのものは、まさに彼と父親の働きによる所産だった。そしてそこには、未だ牛の存在感が残っていた。牛を飼ったのは母であり定一だった。考えてみるなら、昔の百姓にとって牛の存在は大きなものだった。牛が消えて日本の農業は一変した。特に土の再生、それが及ぼす作物の質と深く関係していた。作物を作るのは土の質である。これが牛がいなくなって決定的に変化したのだ。こういうことを、今の農業の政策者は考えることはあるまい。作物の変質と人々の肉食を主体とする食の趣向の変化は、癌疾病の増加を生むものである。農業は、これを体を使って真剣にやった者にしか分からない。彼がこの日牛小屋に手を出したということには、少年時の労働体験が深く関わっていたのである。すなわち他人事ではないものがあったのだ。そしてこのことは、後に様々の関連的思考と新たな行為を生んでいったのである。農は今もって彼の身近に生きるものであり、更には哲学することが始まって質的充実が生まれていくのである。自分の人生にあって本当は重要な事実であり概念的であるものが、意識に顕在化されていく、一つの出発点となった行為である。

牛のいた室と納屋は土壁で隔てられている。その日は納屋にあるものを全部引き出した。そこには妻の実家から持ってきた「ダンベ」と呼ばれる小船が置いてあった。息子が小さい時、夏にはこれに乗せて水を浴びせたものだ。船には義父の名が書いてある。底はもう完全に腐っている。彼はこれを崩したが、その名前が書かれた側板だけは天上に残した。納屋には父が残した、水草の枯らした藻がたくさん残っていた。父は退職後、蘭の栽培を意図したのかもしれない。接ぎ木にも熱心であった、本も残っている。しかし父がそういう風に自由であった時間は、一年しかなかった。議員になり、すぐに議長になったのだ。だが残したものには祖父の影響が見えた。祖父が残したのはたくさんの植木鉢としゃくなげの花であった。定一は満州から帰って、この祖父が残した庭の風景を、ある異常感をもって記憶している。

牛小屋は、原則として父が遺したものを保存していた。母は、この空間を自分のものとすることをしなかった。ただ空いたスペースを、自分の用を足すのに使っただけだった、二十五年の間。しかして、かつての農機具は殆ど残っていた。定一は整理している内に、これらを一堂の元に置きたいと考えた。きれいになって、そこに文化的な色彩が出たら面白いと思った。この行為を根底で動かしたのは、労働の持つ聖性という概念であったようである。残っていたのは少年の手によって使われた車力であり、鍬であり、馬鍬であった。そして小屋そのものには、限りなく父の臭いがした。父に叱られた忘れられない言葉がある。それは小屋の土台石を敷き終わった時のことである。勤めから帰って来た父はこう言った。

「こんなに石の角ばった所を外に出して、牛が怪我すっぞ」

彼はこの言葉が忘れられない。三角錐の花崗岩を錐を下にして、半分埋め込んだ石があった。彼は安定性しか考えていなかった。彼はもう中学生だった。父の思い出は限られている。しかしひとつひとつのそれには、無限性がある。この小屋の屋根は、近くの発電所が払い下げたものを貰ってきたものだ。貰うと言っても、父と二人して上に登って釘を抜きトタンを剥ぎ、板も取ったのだ。考えてみると、父はとても踏み込んだことまでやった。牛の去勢の作業もそういう典型である。ただ、商売っ気とか金儲けというようなことには全くの興味も才能もなかったようである。このことは定一に遺伝している。何でも人が驚くぐらいやるが、金銭とは無縁のことだ。どうもこういう先天的な資質は、男から男へと遺伝するようである。肉体的なものは、女から男へと遺伝するようであるが。となると、彼が信仰者としてのみ捉えている祖父にも、現実に対する行動力の強さと浄土信仰が一体としてあったのであろう。父が遺した最後の言葉、「俺はお前に似ていたのう」は、彼がまた最後になって「父さん僕はあなたに似てましたね」と同じように吐かれるのかもしれない。

彼がこうやって何といった目的も意図もなく、誰一人とも会うこともなく働いた一日、四十年も五十年も昔の道具達との会話の一日には、人生の一日というものが本来その始めにあっては、何の意味も持たないことが例証のように示されている。誰かなら言うだろう。「せっかくの一日を、そんなに昔の、誰も使わない、使えなくなった物をいじって何になるの」と。こういう行為にも、働きというようなことがあるのだろうか。それとも単なる過去への埋没だろうか。だが人間の存在とは、活動と働きにあるように見えるから、この目的を持たない一日にも意味があるだろう。そしてやがて、この行為は「労働の霊性」という概念、そして更に時間が過ぎて行った時「全ては僕の中を流れている血の所為であった」と、気付かせる遠いきっかけでもあった。彼の行為は全てが理念的なものだったのだ。従ってこの行為は生涯の中でいつしか忘れ果てようとしていた労働の記憶を、過去との対話の中から拾い出すといった種の行為であったことになる。人とはそんな風に、他人のことは忘れ、理念的なことも忘れ、自分の中を真に生きた時間を十分に活用していない。だが重要なことは、それでも理念の中を時間は生きているという事実があるということだ。彼がそう理念に自覚的にいきつくためには、現在における諸問題に対する意識的な追求（哲学する）という他面の努力があってのことなのである。記憶は単に何かを生まない、そこには必ず現在の問題に対する生きたる問いが関わる。記憶はこの意志的努力と一体化されなくてはならぬ。一体人間は何のために生きているのだろうか。そういう問いを発したくなる一日である。一日にも顔があるとするなら、この日の顔はそういう面で際立っている。言葉で表現しえないもの、無限性がある。ここには何か人間の根本的なものが見えている。カントの言う「純粋理念」である。人生をそして一日を理念的なもので捉えようとする心の中にある動きである。結局彼の人生は、ぼんやりとしてあっという間に過ぎていく時間を理念的なもので捉えていこうとする努力であったということになる。この出発は青春の日に聞いた叔母の言葉にあった。

「思い出そうとしても、自分が何をしたというわけでもない。ただぼんやりとしか見えない人生であった」

それは叔母が教えた、人生の長い間の彼の懸案であったものだ。実のところそれに解答が出つつあったのである。叔母は父の信頼した姉であった。父の最後の人生に見えるものが理念的なものであることを、彼は後に気付くのである。このことは父と叔母を繋ぐ線であり、父と自分を繋ぐ線でもあったのだ。そして何ということはない、全ては彼の多くの祖先達の血が、彼の思想を理念を作ってきたのである。こういう一日を得た翌日の早朝の時間が静かで、禅定的であったのは言うまでもないことである。

定一は「無量寿経講話」から、三法忍の言葉を、自分なりの理解のために次のように書き止めた。

音響忍　〝かなかなの声を聞く〟

柔順心　〝清浄な生活〟

　　　　〝願と行に生きる〟

無生法認　〝死を恐れない〟

　　　　〝行を尽くして死に至る心〟

それからこんなことを思うのだった。

『この功徳がどこから来るのかと考えていて、ふと、今の自分の生活は浄土の暮らしのようだと思った。かなかなの声が心にしみて、静かな心に堪《こた》える。自己の願と行に生きる時、苦しくはあっても耐えて行に生きる。昨日は牛小屋を片付けて、いつのまにか六時に近付いていた。舟まで片付けた。ただ一つ、母のことが気になる。しかしそこから思うのは、人は行を尽くして死ぬばかりだということだ。死をも受け入れて平気であることが無生法忍の姿だ。そう心の奥底に、広く深い願いの世界が広がっているのである。そしてその心には、人生の長い歴史があったのだということである。願行は続く、しかし死の準備はなされたようだ。自分がこうしているのも、御先祖様の遺徳なのだな』

母もいなくなり自分一人だけが住むこの家での生活になって、彼はいわゆる小さな自己の世界に籠もることなく、仏教世界を広く尋ね、そしてまた過去の記憶のなかに今を生きている理念的なものを考えていたのだ。

だが過去のどのような功徳が今の自分に与えられ、かつ支えていたとしても、この今は常に剣ヶ峰の上に立つものであった。しかしそうではあるが、彼の退職後の時間が、死の準備というようなことに使われてきたのは事実だった。とするなら、それは何ほどかの成果を生むことにはなるであろう、そこのことは困難が大きなものであるほど、より大きな成果となって見返るだろう、だがその困難は小さくなるということはないであろう。

その日は母の手術の日であった。一回目と同じ久留米の病院である。定一はバスと電車を乗り継ぎ、そして久留米の駅からは歩いて病院まで行った。手術の間、一時から二時半までは待合室に詰めた。妹は家事を済ますために家に帰っていたが、手術が終わった時には戻っていた。母は麻酔からさめつつあった。手術は予定通り終わった。先回と同じ女医が簡単な説明をしてくれた。

定一は一人、三時半頃より帰路に就いた。彼はどうしても紅茶がほしくて、「伊勢丹」で買い物をして帰った。今の、三キロメートル周囲には店がない山の生活は、都会での生活感覚、それは食べたり飲んだりすることだが全く異なるものだった。従ってこういう都会に来ると、どうしてもそういう欲求が出て余分なものを買うのだった。とするならば彼が求めた質朴で自然な生活という思想的なものは真に思想とありえていないことを意味した。彼がこれがより身に付くには、妻の病とそれを受け入れて変わっていった家事と食の進化ということを待たなくてはならない。それでも欲望に対して自由であったとは言えない。

山の家に帰ってみれば所詮は一人の生活、忙しさ感はまぬがれない、こんな一人の暮らしであってもだ。それは人生に付き纏うことだった。この山での生活が暇《ひま》と自由に恵まれているようでも、それが与えられているのは僅かである。もしも人間が物理的時間にだけ生きるとするならば、自由な時間は存在しないことになる。因果性の支配から自由になれないからだ。仏教の「業」の世界である。定一が、予定で詰まっていたこの一日に、ある自由性を覚えたのは翌日のことである。あるいは、このようなことは全ての一日に言えることかもしれない。一日を過ぎて顧みられた「今日」に充実があるとするなら、それはその時の刻下の生に意志の努力があったためであろう。法蔵の思惟の時間に対する強かった憧憬が、反省的なものになりつつある。それが理念的なもので、行為から実証されるしかないのだが、なかなか経験されることの難しい概念であるということからくるのであろう。

『われわれは今という時間をわずかに生かされて、許されている存在に過ぎないということを知られる。しからば、この刻々の時間に、知性のありったけを燃焼しなくてはならぬ。刻々の生が、なりわいのそれであってもである。その願いは真摯なるものであり、従ってその成就も同じく大事である。そこに時間への緊張があるのだ。願行に生きる者であることの根拠がそこに見える』

思惟の時間を奪うものは何であろうか、それは分かり切ったことだと言えるだろうか。人間の生活はその点に於いて、無数のレベルを示しているように見える。思惟の時間が、妻の世辞ひとつで消える。新聞の見出しひとつで消える。この世はまるで、思惟の時間を奪うように構成されている。この中にあって、自己の時間をすなわち思惟の時間を保とうとする努力は、人によって無数の段階がある。人間の限界がこういうところに見えている。人とは一個の有機体に過ぎないのだ。定一は昨日、手術の間、司馬の「空海の風景」を読んでいた。彼は空海の人生の真意というようなことを考えていたが、よく分からなかった。なんとか本を読了したいと思ったが、それは結局のところ実現しなかった。その日は午後から雨になった。それで「空海」を読み出したのだが、時間は充実したものにならなかった。雨に閉じ込められた彼は、この本で元気を出すに至らなかった。それで朝の食事の後、つい横になり寝入ってしまった。弟の末っ子が下から上ってきて、定一を起こした。この子の結婚式は明日である。定一は祝金を渡した。

母の手術が一応は無事に終わった翌日の彼の中には倦怠感が生まれていた。そこには、彼のここでの存在が、誰の役にも立っていないということがある。母の術後の面倒を見るのは妹である。こういう日を、怠惰な感情から、生活から救い出すのは何か。決して机の上の作業ではない。昼間にあって、朝の時間に戻ることは殆ど不可能であった。それは朝の時間が終わり世間に戻ってしまった人間の、言わば世間性に没入した者の宿命である。

定一は「空海」に没入出来ない。従って時は過ぎない、まるで止まったままだ。日中の読書は、かくも彼にとって難しい。もしもそこに文学というものがあるならば、それは彼が興味があり理解が出来るという条件があってのことだが、彼は引き付けられ時間を忘れえたかもしれない。文学にはそういう秘的な力がある。直観でありながら、哲学が不可能であることを文学が理解せしめることがある。彼は司馬のこの本に、文学的興味も哲学的興味も感じえなかった。司馬が手を付けるような人物ではなかったのではないか、それが彼の感想である。司馬の本は、これを最後として読まれることが少なくなったようである。

この怠惰な一日から彼を救ったのは一つの行為であった。それはにんにく卵黄の練り直しだった。一回目の乾燥が十分には達せず、雨の季節のこととて柔らかいままなのが、ずっと気になっていたのだ。そんな些細なことだが、立って台所で働いている内に気分が回復してきた。その時電話が鳴った。母の介護保険のことで働いてくれた、福祉施設のケアマネージャーのＹ氏からのものだった。母は既に「要支援２」に認定されていた。彼はこの後も、母のことに対応してくれていた。彼は電話が定一に繋がったのを喜んだようである。何故なら、彼の行為に即座の反応を示すのは、定一しかいなかったからである。この時、Ｙ氏はこう言ったのだ。

「お母さんの施設のことで、あちこち調べて電話を十箇所以上にかけました。その内で良さそうな所を、五ヶ所ぐらい実際に尋ねました。その結果、一番いいと思える所を見付けました」

定一はそこを直ぐに尋ねることを決め、その日を三日後と約束した。彼にここでの仕事が残っていたのだ。仕事が出来たのである。やはりどうも、使わなくなった牛小屋の整理というようなことだけでは、存在の役割というようなことは満たされていなかったようである。この電話は、母のことを決定的に次の段階に進ませる機縁となったものである。雨の中に元気の出なかった一日であるが、どうやら無駄にはしなかったようである。

その朝彼は『歎異抄講話』の二度目となる精読を終わっていた。その最後のメモは次のようになっている。

身の苦悩によって理解できるのが、親鸞の教えである。それだけ大衆にとって、生きるよすが（縁・因）となるものだった。

これが変わらぬ彼の親鸞観であった。これは単純な原理である。そして大衆の中の親鸞という概念は彼の中に生き続けた。その翌朝である。暗い内から、雨がトタンを打つ音がした。

『ある人が、この世の常なる物欲の悩みから逃れて、自分の道を求めるということが起こるのは、不思議のことである。物が満足するだけでは心が満足出来ない。これは出生以来自分の中にあったものだが、そうはっきりと認識されたわけではない。これは宗教心である。だがそれ故に苦しむ人生というものがある。願と行に生きると定義したが、これは宗教心のある人に自然と起こることのようだ。自分をそういう風に歩かせた。衷心の願いがあったということである。私は、人の中にある宗教的な衷心の願いというものを見る、そして引かされる。佐賀の坊守、叔母さんにあるものが、そういうものであるのに気付いた。そして今読んでいる須賀淳子もその典型だ。これがあるかないかは天成の資質なのだろうか。先祖の遺徳が大きい。「道を求めて到った、本願の信に基礎を置く宗教」とあった。ここに信仰者の姿がある』

宗教心などというのは見えもしないし、教えることも出来ない。定一の人生は、この見えない道に近付いていくものであったように見える。だがその人生は苦悩がより深まっていくものであった。それでいて、若い時より今の方がいいと思うのは、そのことがより自覚的で認識されているからであろう。そのことがほとんど分からず、そういう無知蒙昧からくる苦悩よりよほど増しなのである。一体この宗教的道は何なのだろうか、それは生の苦悩を深めていく道であるようだ、そしてそれを乗り越えていく道なのである。なんでそんな道を行くの、と人は思うかもしれない、だがそこには、生の持つ不条理が厳然として横たわっている。そして実はここに大きなメリットがあるのだ。それはルソーの言っていることだが、苦難が大きければ大きいほどそれに耐えられるようになる。よってそうでない人から比べるといよいよ有利になるということである。もしそうであるなら、宗教心から離れることは、ますます身を不利にしてしまうことになるのだが。身の安逸などということは、必ず崩れることである。ルソーが言うように「この人生というのは、苦難の一状態でしかない」のだから。

今日で二晩・二昼と、雨が同じように降る。驟雨が時間を置いて続く。こんな雨には出合ったことがない。大きな山崩れでも起こるのではないかと思う。定一の中に、変わってしまった日本の季候への心配がある。この雨が上がれば梅雨は終わるのだろうか。これは七月が半ばにかかる時の、日本人に共通した本能的感情である。定一はにんにくを練《ね》り直した。洗濯物は三日目になるが乾かない。雨の中を、今日は佐賀まで結婚式に行かなくてはならぬ。何か中途半端な気分だ。結婚式という世俗的なことが、どうも今の自分の気持ちに合わないのである。これは結婚式の間も続いたものだった。だがそこには逆の、その場の雰囲気に流されない不動的なものがあった。それは翌日の回顧されたものに、余分なものは切り捨てられて甦った。結婚式の形はすっかり変わった。厳粛性は消えて、恰も若者の娯楽の場と化した。だが定一にはそういうことはどうでも良かったようである。ただ見失ってはならぬものがあった。

翌朝の思考は、世俗性に係わらない。これは彼の鉄則である。

『仏教は、世をはかなむ教えではない。物質だけではどうしても満足できない、心の中にある衷心の願いを発見し、それによって生きようとするものである。これが求道の人生である。そのために半生が使われてしまうのだが、だがまた後半の生も不断の努力ということしかないのである』

彼のこの人生の回顧観には仏教者の典型がある。彼は生が持っている物質的制約を徹底的に知り抜いた者だった。しかしてその生の限界を、それは精神に、心に関わって知り抜かせたことなのである。物質的限界を超えることが、必然として彼に要求されていたのだ。それは更なる苦難、現実に妻の死の予感が深まる時、切実な要求となるものだった。死をものともしない、彼女に対する思いと願が自己の中に生き抜くことの要求なのである。半生の苦労が、彼をそういう地点に導いていたということになる。

朝の時間が終わった時、実際には騒騒しかった結婚式は次のように捉えられた。

『昨夜は式が終わって、七時半頃にバスで帰ってきた。大変疲れていたが、精神は緊張していた。酒はたくさん飲んだが、酔ってはいなかった。私は、何かを見ようとしていたようだ。猥雑と喧噪の中にあって。甥の母親方の祖父が、この会が終わりかけた頃だったが、定一にこう言った。彼はこの式にうんざりしたものがあったのかもしれない。

「戦争はしちゃいけないけれど、軍隊の生活の中には意味のあることもあった。あんまり自由過ぎるのもな……」

確かに、こう感じられるものがその場にあった。それが若者だけではなく、壮年者から老人に到る者までにも出る。この風潮ではとてもだめだというのが、軍隊生活を体験した祖父の思いなのである。どこかにきりりとしたものがない。だがいい面もあるだろう。私は善悪含めて受け取ろうとしていた。それで気はしっかりしていたのだ』

彼には、酔いにそして状況に流されえないものがあったのだ。それは一体何だったろうか、そこには人類の歴史に関わることがある。人間は、自己の自由に係わって習俗とか形式とか法を変えていくのだが、その方向では決して心に満足出来るようなことは獲得出来ないということだ。自由は常に履き違えられている。本当の自由とは、いかなることであれ、自己の道徳に立脚することなのである。祖父の軍隊の生活にも意味のあることもあったという言には、それが暗示されている。革命は革命をもって終わらない。それは大衆の本質が先の点にあるからだ。道徳性が置き去られているのである。そしてこれは人類の歴史である。一日が、自分のやっていることがどんなことであれ、心の中にはやはり不動なものがあって、それは追求され続けているのではなかろうか。

その日は、牛小屋の半分、納屋の室の整理を終わり、農具を展示した。現在も有用であり、使われているものは殆どない。どんなに働いてみたところで、昼寝の時間は十分にある。一人のこの家での暮らしが自分に徹底されていく。寂しさなどというのはどこにもない。

翌朝である。この日はケアマネージャーのYとホームを尋ねる予定である。

『なりわいの生活にあって真実が現われてくる。それしかない。それは、刻々の時間を生きている願の成就ということなのだ。ここにしか生の意味はないと思い出した。なりわいの暮らしの中に、真実を見るという強い自覚の姿勢である。自分が小説の最後で言った「風景」はこれと同じだ。「風景」の中に真実が出現しているのだ。人間はどんなに思想が進んでも、なりわいしかないのだから。こう思うことで行為の一歩は強まる。牛小屋の清掃が進み、農機具は展示された。我が家の戦後の生活を支えた農具たち、そして私の小さな手の垢に汚れたものたちが、目前に並んだのだ。鍬、ぶりこ、車力、千歯、一つ一つのことを語れば、尽きせぬ思い出を持つ物達だ』

定一はその朝、Yの車で老人ホームを尋ねた。ホームの環境は申し分のないものに思えた。何よりも個室から構成されており、大きな一棟に九人しかいないこと、看護士が二十四時間居てくれることに安心感があった。まだ建って新しく、家は埋まっていなかった。このホームの実際は都会とは大きく異なるものに思えた。そしてこのホームの施設長は、定一の高校の同級生の女性であった。彼はそれらのことに、地元の良さを感じていた。とても都会ではこうはいかない。彼を知る者もいない。人間と人間の関係ということが薄い。こうしたことで安心感が生まれ、後は母や弟が同意するだけだった。それはこれからの仕事だったが、先の安心感があって、日常的時間に心配を生まなかったようである。それにそれは強制することではなく、母と弟が選択することだった。

ホームの訪問を終わって定一は戻ってきた。まだ午後の時間はたっぷりある。彼はその時間を、小屋の半分、牛が棲んだ室を整理することに手を付けた。そこから出てきたのは、食に関わる道具類だった。今は使われることのなくなったものを外に出した。鉄やアルミの鍋や釜、薬缶の類。そして様々の食器である。また大小の瓶が幾つもあった。言わば戦後の一家の食に関わる道具の歴史がそこにはあった。例えば魔法瓶の歴史がある。始めは簡単で小さなものに始まって、電気式のポットに至る、その間には十個ぐらいのいろんなものがあるといった具合である。

そんなことをやっている時、弟が母のことで話しにきた。夫婦で話しあってくれたらしい。今後の母のことで、方針に自分とさほどの違いがないのを知った。定一は最後に、自分達の祖先の徳を言い、「積善の家の余徳」ということを言った。弟にはこれは耳の痛いことかなと思った。積善というようなことは、なかなかに意図して出来ることではなし、それでいて一生続く長い辛抱と努力によって出来ることだった。血というもの、家というものも本当はそうした理性的道徳律を引き継ぐものであるが、金とか自分の功利でだけ考えるようになると、その最も大事なものを失うのである。定一の故郷への帰省は、始めは歩いての寺への説教の聴聞に費やされ、そしてまたたくさんの親様に対する思いと、血の継承ということを深く納得させたのである。

翌朝である。

『自己の形而上学世界は体系を持つと、昨日のベルクソン読書で気付いた。その世界は現実から離れて、独立してあるものではない。いつも日々の生活の中で試され反省されて変容する。この体系の中で自分生きている。だから一つ二つ間違ってもぶれない。この体系は心願を作っているものと一体だ。日々の行為により体系は前進を意図し意欲する』

形而上学世界が常に意識化されて、物によって、物の良し悪しだけでは生きないということが始まっていたのだ。その世界の究明が、現実の自分の問題を解く鍵でもあった。その世界があるということは、自己の存在に欠くべからざることであった。言わばそれは長い哲学の歴史において、「形而上学」という言葉が幾多の誤解にまみれながらも、「自然の背後を探る真摯な認識努力として」復活を遂げたのと同じことが、個人の中にも起こっていたということである。定一の場合、それを徹底的に導いたのは信仰である。自然的存在と理念的存在の合体・結合が望まれていたのだ。それでいて、人間が一個の有機体、蚊や蝿のように、ピシャリと叩かれれば死んでしまう存在であることは変わらないのだ。

今日もまた予定のない一日であった。空は晴れたり曇ったりで安定しない。だがこの誰とも関わらない、車の音も聞こえない。人の眼を完全に逃れている世界にあって、スケジュールのない時間の良さを彼は味わう。小屋から全てのものを引っ張り出した時、そこには不要品の山が出た。不要品が不要であるなら、不要品を集めた彼も不要品のようであった、そして時間もそういう時間であったことになる。だが彼自身はこの無為なる行為にあって、充実するものがあった。社会と全く無関係にあって、単に自己に埋没した活動の世界にあって。朝考えたことが、この現実にあって実在していた。自己の形而上学世界の体系の中で存在している自分に対する確信である。別個に形而上学世界があるのではなかった。このことを、彼は新しい認識がやって来たと感じていたのだ。

『知性の世界で忙しく、現実で忙しく、現実と知性の世界が交錯するから、忙しさが増すというわけだ』

この生家の一人暮らしにあって、彼は実なる忙しさを感じていたのだろうか。それは不思議なことだった。とするなら、彼は自分の行為にある無限性を感じていたのではなかろうか。単に物を片付けるという行為だけではない何か。そしてそのことが、形而上学世界と関わることだったのだ。その日はかんね(幹根)桶を壊した。底は腐って抜けていた。かんねとは葛の根のことである。かんねには、引き揚げ直後の村の生活を象徴する、多くの物語が秘められていた。かんねを屑にして水に晒すのに使った桶が、今日まで残っていたのは不思議だった。無限ということは多くの哲学者や宗教家が説くことであるが、このようなありふれた物や、行為にも付きまとう現実なのである。この大人の脇の下まである、直径一メートルはある大きな桶は、かつて寒中の空の下、川の側に並んでいたものだ。雪の中で、かんねを晒す人々の姿が見えてくる。

彼はその朝、ベルクソンの議義録を読み了えて、新たに『創造的進化』を読み出した。書くこととは違った、また別の動的エネルギーが彼を引っ張るのが見える。この魅力は捨てがたい。それを一言で言うなら、人に出合う喜びであった。人は、本によっても人に出合うということである。この場合、彼にとっては生きている人以上の感動がその出合いにあった。これは形而上学世界が、現実以上に現実であることを示すものだ。ベルクソンに感じていることと全く同じことが、一年後にカントに出合っても生じた。そして不思議なことに、その感動には暁鳥に感じたもの以上のものがあった。時代も国も言語も、全く無関係だった。こういう知性的そして理念的世界にあっては、民族の東西の違いなどというのはないようである。感性に於いても知性に於いてもない。定一にあっては、それを求める動機が共有されていることを強く感じるだけである。人という原点に立てば、違いはないのである。そしてこの動機こそは、行為の選択と自由に関わる、人生にあって気付かれざるところで悩み苦しんだ問題の解明ということにあるのである。一体あの三十代から四十代の終わりにかけて、会社生活にあれほどの無意味性を覚えながら、何故、耐えて働いたのか。その無意味さが自棄を生み、罪に走らせたほどだったのに。こういう意味が解けるなら、この老年の生の意味も解けるかもしれない。ベルクソンに出合ったことも、カントに出合ったことも、定一にとってはそういうことを意味していたのである。

定一はその日から数日間、全く時間は自由だった。何もすることはないが、神奈川の家に戻る機は熟してはいなかった。彼は、母と弟妹に施設を見せる機会を待っていた。母はまだ入院中である。このように現実には何もすることはないようでいて、それでも忙しさ感があったのは、他面の形而上学世界が、新しい問題の到来を、それはあらゆる行為が無限性を持つのではないかという認識を予感させていたからである。日常生活の意味を、なりわいの意味を探り続けてきたことの、それは一つの帰結だった。それはやがて、と言っても二・三年を要したのだが、行為の意味を「哲学する」ことを生み、行為の質を自覚的に進化させることを生んでいくのである。

翌朝である。

『「法蔵菩薩の物語」が、自己の生涯の中で味わわされたのだ。私は既に浄土にいたのだ。これが正定聚だとある。これは静かな心の味わいだとある。人に腹を立てない、感謝して生きる、自分の道の成就ということに進んでいく。自分の労苦が報われていく』

この世に浄土があるのだろうか。あるとするならば、死んであの世に行く前に完成されているものがあるからではなかろうか。それは現在の一つの姿に、願いが完成されているのを見る時である。そこには無限なものが見える。願いというものの本質が、そういうところで見えてくる。そこに救いがたい死の、死に対する救いがあるのではなかろうか。

『法蔵菩薩の物語』の意味を理解したのは大きかった。それは皆の前で話すために考えを書いて纏める、そして話すという行為があって明確になった。考えることと、考えを書いてみることは違う、書くことは前進させる。老人会で話すということは、自分が気付かないのだが、否応なく彼の意識世界を前に進めるものであったのである。

法蔵の物語を理解したことの意味は、その結果、彼をしてなりわいである日々の生活の行為の持つ精神的意味とか価値ということが気付かれていったことにある。そこには命の有限性の自覚と、それ故にこの今を生きていることに感じられる無限性の感覚が同時にあった。死に無自覚では、いかなる無限性も生まれてこない。思惟時間を思惟として捉えることで無限性の感覚が生まれていた。このことは彼の人生を変えたようである。思惟の世界と行為の世界が近付いた。それは理念的世界と自然世界が一体化されていくことでもあった。こういうことの始まりがこの日々には見られる。

『現実のなりわいの生活に物凄いばかりの忙しさがありながら、精神生活の秩序が維持されているのは、そこに精進の生があるからだ。それをなすのは意志の働きだ。意志は、欲望が勝手に行動することに障害を設ける。ベルクソンは言う。「それに換えて、思慮を経た自覚的な活動をもってする」と』

だが実際のところ、精神生活の秩序が破られるということが起こるのだ。意志の力をも打ち砕く絶望の所為だ。そんな恐ろしい絶望がある。過去の人生でたった一度だが起こった。彼はそれに対して無自覚だった。そこにあるものは地獄の相である。この無自覚は、絶望と文字通りの自棄から生まれた罪をも自覚させなかった。気付いたのが、あの報恩講の御満座の席で起こった。死にたいほどの慙愧である。絶望が生んだ壮年の過ちの時代と今を比較するなら、地獄と浄土ほどの違いがある。このことは限りなく事実的だ。だから彼は過去を思い出さない。彼が今、自分が浄土にいると感じる感覚は、あながちに空想的ではない。だがそこが現世である限り、檻穽《かんせい》が待っている。地獄が消えない。彼を待っていたのは、妻の病であり、それによる彼女の死の限りない予感であり、それが生んだのは「鬱」であった。となると、彼は過去に対しても、未来に対しても無自覚に生きていたことになる。彼はこんなことを思った。

『考えてみるなら、なりわいの生活が忙しいのは自然的なことだ。机を一歩離れれば、あれもこれもと襲い掛かってくる。それは、肉体をもつもの、生命をもつものの宿命だ。人は誰も蟻のように忙しい。しかしそこに意志が働いて、精神をその現実の渦中に押し立てて、精神中心の生活をなさんとするのだ。日暮らしではない、精神の秩序によって守られた生を維持しようとするのだ。

そんなことを時々思っている。そこに願と行が生きる。因業に追い回されていながら、精神の何か確かなるものを受け取っていく。そういう一日でありたいのだ』

『炊事に使う汲み置き用のバケツに、穴があいた。大きなスチールの鍋を見付けて台にしたが、それにも穴があいていた。違うバケツを使うことにした。水は洩れないから、床は濡れなくなった。こんな風に何事も確かなことに行き着かない限り、問題は解決してくれない。これが因業だ。こういうことは、牛小屋を片付けていても、いろいろと出てくる。そして母の問題にもある。そういう生活にあって、朝の時間がやってくる。

ベルクソンを読み上げ、次のベルクソンへ。「歎異抄講話」を読み上げて「龍樹」へ。一日も精神の活動は止まっていないのだ。「龍樹」も「創造的進化」も、前には一度読みあぐねて中止した本である。今回は、両者とも読めそうだ。読む理由があるのだろうか。その新しい本を、読もうと手にすることには理由がある。しかし目的はあるまい。読むこと自体に目的がある。かくして、目的によって連鎖されない、新しい未知の世界が開ける。これが本を読む目的なのだ。

龍樹の活躍は大乗仏教の起点をなした。いわば、仏教を停滞を破って殻から出し、新しい力をもって立ち上がらせたのだ。それは、釈尊の死後の仏教の長い思想的停滞と惰性化を、新たな形で再生する意味をもった大運動であった。しかし全てのこうした人間の活動は、再び衰退化の時を迎える。だが龍樹の思想は、日本の浄土教の思想の大きな元を作ったようだ。そういう視点から読みたい』

彼がこの朝に考えたような、精神の秩序によって守られた生は、後にカントが教えた理念的生・道徳的生に繋がるものがある。これは妻が昔から言ってきた、ぶれない生の実体であるものだ。哲学とか思想の勉強は、彼にとっては、何か非凡であるような真理に到達するというような種のものではなく、普通の人にも手引きとなるようなことを考えることに過ぎなかった。だからそこでは、いつも常識に帰するということが起こる。彼にとっては、哲学とは「哲学すること」以上のものではなかったのだ。

この日はたくさん出た金属関係の屑の内、鉄器類を竹の子の出る山に捨てた。十年もすれば大地に帰るだろう。そして翌日はガラス類を、父が掘って作った温室の穴の深い所に捨てた。この温室も使わなくなったので遺して、花が自然に咲く庭の一部となるであろう。こうやってみると、この前後数日の時間はまるで人生にあって猶予された日々のものであるかのようだ。因果性という残酷な法則からである。それでも自然的存在としては、そこから外れているわけではないというのは、あくまでも事実である。猶予されていたとすれば、彼の形而上学的世界が、昼間にあっても豊かに息衝いていた、あるいは理性の認識世界に光が当たっていたということである。光という言葉によってしか言い表せないものだった。光は理性の力が生むものだ。言葉を変えれば仏の力であった。そうやって二日間が過ぎた朝にこう思った。この日々は後になってみると殆ど何人の印象を残すものではなかったのだが。

『昨日の読書ノートには、この現世にあって浄土へ行くのではなく、命終わって行くと書いたが、今朝は「人生は今、始まったばかりのようだ」という感覚を再確認した。これは実はお浄土の感覚だと、この二・三日来思いだした。新しい人生は浄土を生きる感覚なのだろうか』

彼が考える死して行く浄土と、今感じたこの現世の浄土は同一のものであろうか。前者の浄土には人生が成就したものの意味がある、この成就は死ななくては終わらない、死んで完成するものである。それは生が収束するまで続く努力の結果である。後者の浄土は自由の感覚である、因果性からの解放である。肉体上の制約がなくなったことではない、それをどこまでも引き受けながら、ということはこの因果性ということがより徹底して身に知らされていくことを意味するのだが、逆に心は自由の世界を生き始めたことを意味した。ここに反転した世界がある。因果の世界だけではどこまで行っても救いがないことの自覚が生まれているのである。この自由が何を意味するかは、なお時間を待たなくてはならないが、比較するなら、彼が自己の中に生きている「心願」ということに気付いた三十代前半の小説を書いた時代、そして壮年の過ちを生んだほどの絶望の時代に比すれば、この自由に於いて雲泥の差があるのは明白だ。彼が若き時代に戻りたくない理由はここにある、それはおそらく、死を目前にしても変わらないであろう。そして実は、人生は今始まったばかりのようだという感覚は、繰り返していくような種のものであった。人生の長い時間は肉体に掛かる因果性を教えぬいたが、他方に於いて彼は因果性を超えた世界を知り始めていたということになる。それが「閉じた世界」から「開かれた世界」への意味することであり、そこに精神の変化と変容を繰り返す進化の力が働いているのである。だがどこまで行っても、この二つの世界の相剋はなくならない。この世にある限り、この世の真実を知り求めるということはなくならない。このことは、妻が晩期の癌に冒されていやというほど分かった。癌の正体を知ってそれを直したいという気持ちはなくなることはなかったのだ。だがそれだけで終わるなら、彼が一生掛かって求めたもう一つの世界、信仰の世界の意味はなかった。

現実と信仰世界の係わりこそ、実は重要なのではなかろうか。定一は現実に対する限界なき努力を自分に求めてきた。それは妻の病に対しても、癌という現代の医学が殆ど何も解明していない分野に対しても彼は自己にそれを要求することになる。だが因果の世界である限り、一個の有機体に過ぎない限り限界は明らかだ。しかし人間の努力のあるところ、そこに未来において成就されていくものがある。それが彼の念仏であり、念仏は力なのである。これも後に彼が出合うカントの言う、「純粋理性」とか「実践理性」というのは、定一の念仏が持つ現世への力の現実上の姿、形であったのである。念仏が来世に対してだけでなく、反射的に現実に働いているのである。カントの道徳法則・道徳律はそれを具体的に言葉で概念化したものである。この道徳には限りのない深みがある、自分ではどんなに道徳的であれと思っていても彼の立つ位置は常に浅かったのである。

定一にあって、信仰と現実は統一されえない。そもそも信仰は現実が因果の世界であるという限界から生まれたものであるからだ。しかし自己が自己であるという一存在である限り、統一は自然の内に求められていることになる。カントの言う理念はあるいは道徳法則と言ってもいいが、それは信仰あるいは形而上学世界と言ってもいいが、そこからの現実への橋渡しの役をしているように見える。そうやって、カントの言う立法の王国が維持されているということである。そして一人の人間の中に、現実として自然的世界の原理と真実を見極めようとする努力と、理念的・理性的である道徳法則を知らんとする努力の二つが生きていくのである。信仰的なものが強いほど、理念的ものも強くなる。そしてこの強い理念が、現実問題への働きかけをそれだけ強めるのである。現実に対する努力は、彼の工学者・技師としての生活にいかんなく発揮され、退職後においても変わってはいない。だがこの朝のような浄土感覚についていうなら、それは全く形而上学世界のものであった。そしてそれは彼と同体にあるもの、彼にとって欠かせないもの、この刻下の生を押し進めている生のエネルギーであった。定一の長年の実感は、現実とか自然をそのままに見、認識する力と、それが故に生まれてきた浄土を求めざるをえない願いがあって、宗教が生まれてくるということである。それは彼の場合既に、五歳における妹の死という体験にあって生まれていたものである。その後の村の生活は、それを習慣的にも本能的にも強めたものであるように見える。定一はそういうことを、仏教を生んだ釈尊の生涯に見る。現実世界の因果性についての卓越した認識者であったこと、またそれが故に出世間道に到ったのだということの理解である。現実の因果性の過酷さは老いるほど深まる。ということは、信仰も深まる。釈尊のこの認識は極めて早い時期に起こって、三十歳では妻子も親も王位も捨てざるを得なかったほどだ。四十八願の第一願で、この世を餓鬼・畜生・地獄としたのは誠に宜《うべ》なきことなのである。

定一はこの二つの世界を見る。そのことはこの日の行為の中にも見える。

この日も牛小屋の清掃をした。そして彼の中に、これが三日続いた殆ど最後となるものではないかという自覚があった。人生の余裕の時間は終わろうとしていた。

この日は瓶や甕類の台を作った。小屋の右側が農具の、左側が容器類の展示室ということである。最後は川より砂を上げて、小屋の凹みや汚れた所に撒いた。都会なら、砂だって買わなくてはならぬが、ここでは自在にどれだけでも採れる。こういう、生活に於ける自然との親和性は、少年の時代が長年かけて生んだものであるだろう。この日の早朝にも思ったように、誰にも会わず一人働いた時間は、浄土に遊ぶ者のような姿であった。日中の生活は因果性の支配から逃れてはいないのだが、そうでありながらある至福性が見える。夕べがきて、夜は物音ひとつせず過ぎていった。そして朝という活動の時が来る。ここに初めて書かれた彼の言葉は奇妙である。それにはそれだけの理由があった。この道は一つの過程であったということである。

『諸仏が現前しているのが浄土世界だな。真理があって現前しているのが知性世界だな』

定一をこう思わせたのは『龍樹』（中村元著、講談社学術文庫）の読書からである。しかし読書からだけではなく、「人生は今始まったばかりのようだ」と思い出した、彼の生活からくる感覚も関わっているのである。本にはこう書かれている。

「深く因縁の法を解せば、すなわち諸の邪見無し。法は皆因縁に属す。自ら定まりて根本無し。因縁の法は生せず、因縁の法は滅せず、もし能くかくのごとく解せば諸仏は常に現前したまう」

『龍樹』の本のこの章は、「中論」に書かれている縁起についての解釈の部分であるが、実際のところは定一の理解力では歯が立たなかった。従って彼の所感には架空的なものがある。論理的な理解は不可能であった。だがそれでも彼が龍樹に引かれるには理由があった。彼が現下にあって心を集中するのは二つの世界のことであり、これが一つに統合出来るものかどうかというようなことだったからである。龍樹の「中論」は、二つの真理、現実界と形而上学世界のどちらにも偏らない、中道を説いているように見える。結局こういう問題主体が、後に西洋近代哲学に足を踏み込ませた理由なのである。定一はカントを学んで、形而上学世界に実体性を持たせるのは間違いであると思うようになる。自己の体系的世界がそこにあると言うにとどまると考えるのである。有るとか無いというのは、対象によるのである。自然的なものにはそのまま使える、形而上学世界ではこの議論は出来ない。実体がないからである。定一が西洋哲学によってこういうことを理解しようとしたのは、やはり論理的であるからそしてもう一つは歴史的であるということから、納得性が高いということにあるようである。そしてカントを学ぶことは、仏教の理解を一段と確信的なものとした、決して逆ではなかったのである。理性に限界を引くというのは、すなわち理性に対する批判的精神は信仰を弱めることではないのである。

経文にある「因縁」とか「法」の議論はこの場合しない。ただ定一にとって、それが一生に係わって考えられた対象であったことは事実である。因果性ということがこの世になかったなら、仏法は生まれてこなかったであろう。だからどうしてもそこのところを考えることになるのである。しかし後に、この時の自分の感想、諸仏の現前という形而上学的観念については、やはり行き過ぎがあるように思った。ここにはカントの「理性批判」の影響が、これまたあるのだが。ある一線を超えているように思えるからである。ただ彼のこの日々の背後には、現実であれ仏法であれ思想であれ、そういう仏でもあるような真実の開示ということに、並並ならぬ意欲があったのは事実である。そしてそれが彼の歴史を引っ張って行くものであった。

その日は佐賀の街まで行く日だった。目的は本願寺で説教を聞くこと、叔母に米を持っていくことであった。そのために、昨日の中に弟に断って米を貰ったのだ。今日の予定が頭にあっても、朝の考える作業は殆ど影響は受けない。重要準備がなされていなければ、朝の作業が出来ないということは起こるのだが、それは年に一度あるかないかのことだ。ということは、今日のことは今日なんとかなる、という捨鉢的とも言える開き直ったものがあるのであろう。因果の世界から少し身を離すことにそもそも朝の行為の意図があったわけだし、それを何年も何十年も続けるためには、このことは原点なのである。彼はやはり過ぎた一日の意味について考えるのである。

『昨日は瓶置き用の台を作った。古いかんね桶の箍《たが》が外れてバラバラになった縦板を使って作る。そうやって五時を過ぎ疲れていたが、ふと後を振り返ってみて、作業用のGパンの裾がきちんとしていて大変に気持ちが良かった。昼の休みの間に鋏で切って短くし、針で縫っておいた。今までは長すぎてじょろびくのであった。

労働用の作業ズボンの股下の長さは、短くなくてはならぬと今になって初めて、しっかりと認識した。ズボンのこの裾の長さはきわめて大事である。つい最近まで安易な始末をしている』

実のところ、それはアメリカ体験が教えたことだった。彼は、アメリカの会社というものを信用していないのだが、今に到っても鮮烈に残っている良い印象が一つある。もう十五、六年前になるが、彼が初めてケンタッキーの会社に顔を出した日、仕立屋が来て股下の寸法を測って、作業用のズボンを五着も作ってくれたことだ。実はこの裾の長さが、彼の作業にぴったりだったのである。二回目のアメリカ赴任でも新しいズボンを作ってくれた。これらのズボンは、今でも農作業に使っている。さすがに膝の部分が摩り切れて薄くなったが、捨てきれないでいる。何はともあれ作業ズボンこそ、生地であれ寸法であれ、自分の肉体にそして作業に対する固有のものでなくてはならないのだ。

『これまでの自分の人生では、なかなかこういうところにまで、願いが行が及んでいない。だから真実があっても、それに出合えないのだ。牛小屋のことだって、汚れ放題になっているのを、ただぼんやりと見ていただけである。どうせあるのならきれいに使えばいい、ごみ小屋にして平気でいるのは鈍感だ。こういう美や生活に対する感受性の働きは、知性的なものからくるのであろう。知性が眠っているのだ。浄土の世界というのも、知性が眠っているのではなくて、活発に働いていることを意味するのであろう』

定一は、経験が発祥するところを言っているように見える。彼の関心や願いは、形而上学世界に片寄るものではないのが見える。カントが言うように、自然学の世界ではそのありようが、ありのままに見えてくることが彼の願いの中で求められていたということである。それは生活者として彼が歩いた道であった。そういうことは、彼が得た特許などにも見えている、これは未だに報奨金がくる。だが現実が、すなわち自然や物がこういう風に明確に見えて経験化される裏には、別の何かの働きが見える。経験を事実として捉えているのは別の力だということである。単に物や自然に過ぎないものが、心性の表象として強く残るのは、それを摑む力があってのことだからである。範囲は物の世界であれ心の世界であれ、その力は経験世界を超えている理念的なものであり、定一が考えている形而上学的世界にあるいは信仰世界に繋がっているように見える。結局それは、ぼんやりとしか見えない人生からの脱皮ということだった。その力にかかっているからである。だから後に再び、叔母が残した「ぼんやりとしてしか残らない人生」ということを考えざるをえなかったのである。彼が一人で生活した三日間には、並並ならぬものが見える。

『かくて余裕と思われた三日間が過ぎた。ベルクソンは存在するということを、変化すること、生成すること、自分を創造することだと言った。「中論」もまた存在を議論するものだ。対象は意識世界についてのことであり、法（真理）とは何かであろう。しかし著者は、歴史的注釈に関わりずらっているというよりそれを根本の目的としているから、真に議論の本位としていることが隠れがちだ。その点ベルクソンは、議論の本位を始めから明示し、繰り返しそこに返って簡潔にまとめていく。思惟ということがいつも自分の中にあって続く。

仏教とベルクソンは共通するものがある。固定された法というものはないということだ。真宗の僧が言ったように、さらさらと流れ去るの法だ。こんなことは辞書には書いてないが、字の形はまさにそうだ。要はいつも新しき法の宣告である。それはより新しくなり刻々と変わる。それでいて、仏法もベルクソンもそのアイデンティティはしっかりと保持されている』

朝はベルクソンと龍樹を読み、日中は物と自然とそして労働に向き合った時間であった。それでいて食事から洗濯までの全ての家事を一人でこなす日々であった。それにしても、経験の概念化という問題はこの時点では意識化されてはいないのだが、大変に大きな命題であった。叔母の言葉に対する回答は、結局、彼の人生の目的そのものであったように見える。それは確かに、少しずつ用意されてはきたのだが、未だ全貌を現わすには遠いものであった。叔母の存在の偉大さは、そういう命題を彼に与えたことにあったのである。

それにしても、定一は何故この人間の変容・変革ということを自分に認め、思想にも求めるのだろうか。このことに正当性とか普遍性ということはあるだろうか。西洋の近代哲学は一貫してこの原理に立っているように見える。「日本人でしかありようがない」という直観に生きる彼が、何故にこの自己の変容の思想に引かれるのか。ジャン・ジャック・ルソーはこんなことを言っている。

「地上にある一切は不断の変転のなかにあって、不変の形体をとることは何物にも許されないのである」

人も物も変わり続けることは原理だということだ。それはまるで「エネルギー不変の法則」という物理的法則と一体化してあるように見える。われわれが外部より水や空気や、そして様々の元素を食物や肉から取り入れるなら、それらの持っていたエネルギーはこのわれわれの中で新たな力として残る。それは肉体を思想を変えていく力となるのでなければ、先の物理の法則は成立しないことになるではないか。人は機械ではない、生命を持つ有機体だ。一つの不易の状態にとどまることは許されていない。またここに、私たちが幸福というものがあたかも実在的にあるかのように誂《あつら》えて捉えていることの、基本的間違いの根拠がある。良化と悪化は繰り返す、一方的な勝利者などいうものは存在しない。問題は両者に耐えて前進することだけである。

その日朝食をすますと、米を入れた袋を担いで出掛けた。バスで神埼の駅まで、そこからは列車で佐賀駅まで行く。駅から叔母の家までは歩く。叔母の家は東佐賀にある。歩いて三十分はかかった。叔母は不在だった。玄関に米を置いていく。そうやって少し早かったが、本願寺のある方へと歩いて行った。

この日のことは、さしたる印象を生まなかった。ただ日照りの中を米を担いで歩いたこと、説教の合間に知り合いの御同行と母のことを話したくらいだ。経験が生まれてくるには、予定のない時間の方が有効なのだろうか。それが友人のマイクが言った、unscheduled timeの意味なのだろうか。経験を生むものを、経験からは述べられないのである。この経験化には時間が必要のように見える。従って、今日の見聞を今日の内に伝える時、そこに経験的なものは見えない。新聞とか、テレビニュースの宿命である。このことは後に更に深く気付かれる。彼が、一夜が明けて初めて昨日のことが鮮やかに蘇させられるのは、この現象である。それはまるで、夜の眠りにあって考えられたものでもあるかのようだ。別なことに力点がかかっているのだ。この日のことも、結局は叔母のことに尽きたのだ。その日の夕方、彼女より電話があった。体の具合が悪く、生活が大変のようだった。年寄りのことを悪く言うことは出来る。しかしそこにある苦しみと感情を理解する、若い人の力は弱い。このことは彼の内官を強く打ったのだ。それで妻に電話をしたのだった。年寄りのことを、若い自分のことを中心にして解釈してはならぬと伝えた。過ぎた一日の翌朝の回想は、やはりこの叔母のことだった。

『老いるほど、日々の行はせかされているのだ。ズボンの裾のこともそうだ。が、しかし、われわれはなかなかその真実に触れえぬままに、生きているのだ。越中のお婆さんの話ではないが、世間や人さまがどう考えるかではない、自分がそのことを、どう考えるかだけが大事なのだ。そこにもやはり自分の願いが生きている』

老いに対する尊敬の念は、彼の場合ほとんど先験的である。そして今、いよいよ自分が老いに向かう時、その念は弥増《いやま》す。そこには経験というものに対する尊敬ということが、一体としてある。彼が願うのは、老いが経験を深化することにある。そこには老いの原理が見えている。これをルソーは「老年の思想の改革」と呼んだようだ。それは死と病に迫られて、それに向かい合わされた人間における思想の変革である。このことは、いつも彼の言動に現われてくるものなのである。問題はいつも、生活にあって行為にあって、真実に触れえないでいることにあった。そこには「哲学すること」の不足があった。これではなかなか、心の満足というのは生まれてこないということである。

その日は部落の公役の日だった。弟が仕事の都合で出れないので、代わりに頼まれたのだ。二年前にも出たことがある。公役というのは、実のところ彼にあっては単なる協同作業ではなかった。ここにも彼における人生の歴史が見えている。公役は不思議な性質を彼に対して持っていた。彼をして百%以上の能力発揮に駆り立てる。それがいいことなのか、あるいは自己への功名心のなせる技なのか、はっきりしないのだが。この歴史を遡るならば、既に少年時の体験に由来していた。彼は中学になると父に代わって公役に出ることがあった。これは不思議なことだが、ある一派はこの公役を体を休める機会として捉えていた。戦争での体験などを、それも苦難としてのそれではなく、過ぎた日の今の自分の身に関わらない単なる思い出話として興ずる姿であった。定一はこれを少年ながらひどく嫌った。この根本を追求するなら、時間には差がないという理念的認識にあったように見える。公役の時間がさぼれるなら、全ての時間もまたさぼれるということである。逆に言うと、人生にさぼれる時間は存在しないということである。これは彼のあらゆること、人であれ物であれ仕事であれ、に対する厳しさの根源となっているものであった。意識されることなく、妻に対しても一人息子に対しても会社の仲間にも適用されたことだった。因果性に対する強い畏怖の念が、現実の世間的行為に対してもそういうことを強制しているように見える。それが過剰にあるということである。彼の公役における働きは異常なものがある。この場合、もはや単に出生の地であり、弟の代わりに出ただけの場と時間に過ぎなかったのに。彼は崖地の急斜面に率先して鎌を振った。そこではエンジン付きのものなど使えないほど急だったのだ。

仕事はきつかったが、終わって振る舞われた西瓜はうまかった。翌朝こう回想された。

『公役の仕事はきつかった。この作業に出るのは大変いい。きっと地域の意味を見ているからだろう。都会人は一生暮らしても、地域の生活を持たずして終わる人がいる。

仕事を終わって食べた西瓜は大変うまかった。こんなに大きいのは久し振りだった。暑さで頭がじんじんするほど痛かったので、何度も水道の水で冷やした。でもこうやって皆と仲良くなれた気がする』

かんかん照りの中、彼がいかによく働いたのかが見える。

『公役から帰ると、母が妹の家から戻っていた。母と兄弟妹三人の夕方を持てたのは、大変に良かった。母のことが全てが一応は順調に終わって、皆が安心していた。こう見ると、自分の真実を見ようとする点では、前日ほどの緊迫したものはなかった。公的な行事というものは、そういうものかもしれない』

「scheduled time」を嫌がるものが彼の内にある。彼がこの時にあって追求していたものは何であったか。「自分の真実」とは何であろうか。それは目的では捉えられない。そういう気持ちが彼の中に膨《ふく》れるようにあったのだ。そしてそれが新しい旅への出発に繋がっていくのである。彼が求めていたのは、一日の中における経験だった。だがそれは可能的なものだった。同じ体験をしても、生まれてくるとは限らない経験を意味していた。その経験は心性の根元的認識に繋がるものであることを意味した。一日を目的性からみるなら、この日ぐらい満足な日はなかった筈である。公役ではよく部落の人達とも友交を確認し、母が無事に手術を終わってその術後の順調な回復が確認され、兄弟妹が久しぶりにそのことを確認しあったのであるから。彼はこれらのことに心の満足を覚えてはいなかったようである。幸福というのは外部的の目印を持つものではないのである。現世の幸福は全て妄想に過ぎない。このことはこの日が始まる前の、起きた直後の最初のメモに記録されている。

『縁起を中心に繰り広げられた「中論」の重要な点はどこにあるか。真実の法は因縁によらないとすれば、人間の生と死も、それを生むものも問題ではないではないか。人間とは基本的にそういう存在にある。求められているものは違う』

　定一は縁起を超えたところに、真実の法を見ようとしている。縁起を超える内心の、意識の深い認識に、従ってそれは体験的経験を超えて生まれてくるものに真実の在《あ》り処《か》を見らんとすることである。「中論」への興味は、そういう点にあったようである。だから釈尊の言葉だという「因縁から生まれてくるものは有るとは言えない」に、深い納得性を覚えるのだ。知性が生む創造という作用に、深い関心があるのである。

　この日、兄弟妹三人と母は、先に定一がケアマネージャーと下調べをしたグループホームを訪ねた。あらかじめ弟には、もし良いと思えたら入所の契約が出来るように、準備をして来てくれと伝えてあった。この施設は「地域密着型」と言われるもので、未だ開設して一年も立っていなかった。九人からなるホームが二つあって、軽度の障害を持つ人と、重度の障害を持つ人に別れていた。それに更に、デイサービスの施設が付いている。平家建てで、周りは田野が多い。定一が最もここが気に入った理由は、六畳くらいのしっかりした個室があることである。プライベート性があって、しかもなおここでは、不安であるような障害を持つ者への世話が行き届いているように見えることである。確かにそこがどこであれ、老いたる障害者にとってのキーはそこにある。そしてもう一つは食事の質である。そこでその日は、母の実情をしっかり伝えて、これでも受けてもらえるかと念を押したのだ。心配だったのは便の世話だった。定一には、自分にも出来ないことを他人に頼むということが本当に大丈夫だろうかということが、不安としてあったのだ。

「そんなことは全く問題ありません」

この答えが返ってきた時、定一は深く安心した。そしてここでの自分の仕事が終わったことを感じていた。弟妹も安心した。それで母の入所の契約を進めることにした。母はデイサービスの所へ行っていたが、やはりここが気に入っていたようだった。母には平生から施設に行くことの覚悟が出来ていたようである。二度の手術は、来るべき時が来た、そして世話をしてくれる人の必要性があることを感じさせていたのだ。経済的にも、既に介護保険の「要支援2」が取られていて、問題はなかった。結局この決定は、長く母の生活と健康を守った。問題は生き甲斐のことだが、これについては早々の結論は出まい。だがその後時折母に逢う時、定一は母の中に何か不動なものを、自分が手を合わせたくなるようなものを感じるのだった。ここを捜してくれた、ケアマネージャーへの感謝の気持ちはずっと残り続けたのである。

実はこの日の物語はこれで終わらない。一体、次のようなことがどうして起こったのだろうか、それは後々にも思えてならないことだった。それは初恋も及ばないような老年の恋のようなものである。感受性とイマージュの花である。それでいて、そこを超えることはない。イマージュだけで、十分な満足が得られているのだ。切っ掛けを作ったのは彼女の方である。

弟は母の入所に関わる書類の説明を受けていた。そして必要な個所にはサインを入れていた。その作業はもう彼に直接の関わりを持たないものだったから、妹と二人寛いだ気分になっていた。その時だった、少し席を離れていた妹が戻って来て言ったのは。

「兄ちゃん、岩屋の同級生の人が会いたがっとんしゃっよ」

名前を聞いて定一は思い出した。しかし顔まではっきりと憶えてはいない。名前はしかと憶えていた。中学卒業以来会った記憶はない。彼女の家は学校に通う往還道に面してあった。旧家である。そして何よりも吉野のおばさんの出た家だった。そこのところに、感情的な源泉が繋がっているように見える。しかし今は、彼女の家は養子となった人の名前で呼ばれることが多かった。そして今この時まで、その人と結婚した娘が彼女であるかないかということさえ、彼には判然としなかった。ではあるが、彼は彼女の妹を一度寺で見ている。坊守の手をうやうやしく握っていた妹の姿を、そしてその人が同級生ではないことも。

彼女は、二つあるホームの母が入る予定の棟とは別の棟で待っていた。定一は渡り廊下を歩いて行った。そのホームは重度障害を持つ人のためのものだった。食堂のテーブルが並んだ向こうには炊事場がある。彼は名前を呼ぶか呼ぶまいかと迷ったまま、突っ立っていた。一人の女性が近付いてきた、それが彼女だった。この出合いは、翌朝の回想の方が新鮮なようである。

『彼女は私と会うと手を取らんばかりに、親しみの表情をした。中学卒業以来初めての邂逅だった。五十年の月日とは何か、一瞬に過ぎ、そして戻ってきた。そんなに近しくも付きあったことがないのに、こんなに打ち解けるのはなんだろうか。彼女は吉野おばさんの姪である。おばさんはそこから私の部落に嫁に来た。私はその日のことを知っている。彼女は私の家の歴史を知っていたのであろう。夫を早くに失くし、三人の子と義母、義叔母までを食べさしてきた。彼女が苦労人であるのは一眼で読み取れた、なんともいい感じに年を取っていた。大変いい出合いだった』

定一は彼女が「こんな恰好で」と言って、首の襟に手を回した仕草には、忘れられないような普段性が現われていた。ここには彼女の義母が入所していて、今日は尋ねてきたのだ。家は近くてしょっちゅう来る、いつも普段着のままで、それは彼女の仕事着であり、ここに来れば、いつも炊事を手伝うのだ。彼女の姿はそういうことを表わしているものであった。

二人は並んで座って三十分ぐらい話した。どんなことか全部忘れた、そしてその時間は余りに短く感じられた。多くは彼女の苦労の多かった半生のことであった。彼女はすっかり痩せぎすの女に変わっていた。彼の中学時代のイメージからすれば、ふっくらとした女であったのに。三十代で夫を失くした彼女は厳しい義母の元にあって、外への勤めと野良仕事の両方をこなしてきた。つい最近まで働きに出ていたと言う。母がこうなって勤めを辞めたのであろう。彼女は孫の人数を定一に聞いて、「私は七人よ、私の方が多いわね」と嬉しそうな顔をした。その時ばかりは、人生の苦労が酬《むく》われたような顔だった。彼女が示したあらゆる点における率直性、それこそ彼が愛するものだった。彼と彼女の間に、何の隔てがありえようか。両者は共に苦労の半生を経てここまで来た。小学校と中学校の九年という時間の機縁がこれを生み、母と義母の同じホームということが、今のこの時間を生んだ。人は苦労してただの人間に還る、そこに全く差別のない人生の姿があった。それこそ手を取らんばかりに近付いてきた彼女の姿にあったものだ。

ここに様々の教訓を読み取ることが出来る。それは彼女についても言えるが、彼についても言える。共通しているものがあるのである。それは自己の持つ根元的道徳性に対する忠実性である。労苦を超えさせたものの実体である。彼女の実体、彼の実体、しかしそれは他人に対して実体であると示してやることは出来ない、「物」ではないのだから。この実体は、彼の中に「日本人でしかありようがない」を生んでいるもののように見える。しかし何故に彼等は人生のこの労苦に従うのか、この労苦は結婚が生んだものである。結婚を受け入れるという原点にそういうものがあるのだろうか。ここに何か信仰的なものがあるのか。この原点を経験なしで考えた人がいた。それが親鸞である。定一に後にそれを教えたのは浄土真宗のある僧である。親鸞は、結婚しないと世の人々の苦労は分からぬ、と気が付いたのではなかろうか、またその苦労が分からぬと仏のことが分からず、仏の本願も分からぬと気が付いたのではないだろうか。仏の本願はこの苦労する者に対して願われたものであるから。

人々には皆道がある。彼女との出合いは、そういう原点を指し示すものであったのだ。それは妻の発病を経て、病との戦いの中で示されていく。どんな苦労も、この原点を受け入れた者であってみれば耐えられていく。とするなら、そこには「自分さえよければいい」という概念が強く排除されているのではないだろうか。彼女の一生に見えたものはそういうものだった。それは吉野叔母さんに彼が見てきたものに繋がっている糸である。血の継承でもあるものだ。昭和の女は、そういう女の一生を日本の歴史から消してしまったと思っていたのにである。ここに老年の出合いの意味するものがあったのである。故郷の同級生ということには重いものがある。彼等が持っている伝統は、「葉隠」的な資質、先祖が伝えてきたものであるように見える。彼女の叔母吉野さんを、彼がかつて会った戦前の村人の生き残りと捉えていたものと同質のものであった。

定一は、母はここで世話になる、そして彼女の新しい人生の歴史が始まるのだと思った。そのことは、このような新しい出合いを生んで、大変に幸先良く思われた。いつ思い出しても、どこか明るく輝いていたその日だった。残り少なくなった故郷での日々だった。前の公役の一日からは、目的では捉えられない、すなわち幸福とか因縁によるものではない経験を超えて生まれる心の真実ということを考え、そして昨日のホームでは、恰もこの人生を苦労を選ぶかのように生きる二人の姿が出合ったのだ。彼はこの朝にこんなことを思っている。

『命を土台として考える限り、苦悩の世界は超えられない。「命にこだわっている限り、仏法とは無縁のところにいる」ということだ。ここに釈尊の根本精神がある。昨日のホームでのことも、この意味では全くの無に帰せなくてはならぬ。「わが良か事」であってはならぬ。我々は命によって生かされている。生かされている時間をどう生きるかだけがある。命はせかされ、せかされて、耐えて行を人に急《せ》かすものだ』

ここにある、「行を人に急かす」一日の姿は、人生にあって何度も味わわされることであった。見えない願いがある。だがそれは命に繋がっているのだ。自分にであれ、自分以外の命に対してであれ、この感覚は老いと共に強まるものだった。命を捨ててかかるなら、人はかえってこういう姿を取るのであろうか。あたかも、この刻下の生しか信じられないかのように。

彼は既に、帰る電車の切符を買った。ここにおける彼の役割は終わった。そして到頭、考えてきた旅のプランを実行する時が来た。その旅はリュックに、テント・寝袋・炊飯道具・食糧を詰め込んで歩く旅、寝る場所はその時に及んで見付けて、野宿するものである。ここにはまたこれまでとは全く違った、生の感覚への期待があった。母のこともそして妻のこともある圏外に置いて、自分だけの何か新しい心の境涯を発見しようとするものだった。意図された何かはあったとしても、目的はなかった。それはただ可能的というものでしかない。とするなら、それは無為の行為である。この体験が意味を持ち得るかどうかは、全くの未知数だった。

旅への出発を、翌日に控えた朝だった。言わば生家での静かな生活が終わり、新しい未知の世界を探らんとする切り替えの時間にあって、彼はある大いなる概念的興味を自分の中に覚えていた。それは生命の進化に関わる概念だった。ベルクソンの「創造的進化」は始めから、その本質的問題に真っ向から取り組むものだった。そしてそれが故に、旅を前にした彼の気忙《ぜわ》しさを完全に吹き飛ばすものだった。

『「生命と意識」これは小説の主題となりうるか』

この「意識」はなかなかの難物である。ここで彼が使った意味は、「思惟する実体」というようなことであるようだ。意志的意識と言ってもいい。そしてすぐに「風景」ということが浮かんだのだ。

『ベルクソンには、願と行が知性の働きであることがよく書かれている。ここに生命の進化の切っ掛けがある。私が小説で書くことを思ったのは、「生命活動の本性をつかむ」である。「生命の哲学」とベルクソンは言う。生命と知性が一体化している世界である。そしてそこに進化が生まれる』

定一を引き付けたのはベルクソンの次の文だった。それは彼を、生命を進化するものとして捉えることに導くものだった。

（前略）私たちは事象的な時間を考えないのである。しかし、生命が知性をはみでるからには、私たちは事象的な時間を生きている。純粋持続の中で私たちをはじめ一切の事物は進化しているとの感じがひかえていて、それが本来の意味の知的表象のまわりに定かならぬ暈《かさ》を、闇のなかへぼかしながら描きだす。（『創造的進化』ベルクソン著　真方敬道訳　岩波文庫）

「感じ」といい、「暈」といい、「闇のなかに描かれる」といっても、そういうものが存在するなら、その漠とした直観から、内的生活に起こっている「湧き上がって退いていく瞬間瞬間の活動」、すなわち知性が視野に入るのである。これは創造的知性である。こういうことを書くベルクソンの概念認識の進化は、「記憶」を「持続」として捉えた彼が、十年をかけてたどった道ではなかっただろうか。そこには心理性の根元的なものがある。生命的本体の核心へと切り込む、心理的知性があるということだ。だからこの当時、願と行ということを考え続けていた定一を引き付けたのだ。そして個体の持つ生命自体が、ひとつの進化の過程であると受け取られたのだ。そこで、変容ということが実感的で日々の生のなかにあるものとして承認せられたのだ。今日の自分というものが昨日の自分と違うということに、彼は今日の生の意味を見出していたのだから。「法蔵菩薩の物語」は変容を重ねていく人間の物語であったということになる。ベルクソンの哲学は心理学の領域のものでもある。絶えず、存在と概念の中味が問われている。生命の持つ二重性が見える。一個の有機体であるものが、霊体としても生きるものだということである。

ベルクソンの哲学は、彼が開明しようとする日々の生における自分のありように関係し、従って彼が書く小説にも関わる。それで「生命と意識」という哲学的命題が小説課題として浮かんでくるのである。このことはその日の午後も次のように確認された。

『願と行が知性の働きであることを、ベルクソンは教える。純粋持続と言われる知性である。知性は生命を捉えてはいない、しかし一体である。命は外部的時間を生き、知性は内的時間を独自に刻む。法蔵的時間である。知性を使わねば、この内的時間は止まったままだ。この内的時間の中を願が生きている。しかし願は朧《おぼろ》げである。

日々の生の構造を明らかにすることに、小説の目標はある』

生命活動の本性を知るには、科学を超えるものが必要だ。どうしても知性と一体となった生命という捉え方が必要だからだ。何故なら、人間の生命はまた知性でもあるからだ。この知性が、生命からどうやって生まれてきたかを科学が解く日は来ないだろう。こうして、単なる科学主義では解けない広大な生命の領域が見えてくる。その意味では、現代の医学は小さな範囲でしか動いていない。これは功利主義の持つ限界でもあるものだ。こういうことは、現実でも出合い直面することである。妻の病気は、現実的にも彼をこういう問題で格闘させることになる。自分なりの生命の姿を少しでも知らんとするのだ。ここに信仰の力が働く、働かざるを得ない。何故なら、生命の問題に、自己の力を持って分け入るというのは知性の力をもってなすことであり、そうとするならその奥に信仰という力に触れざるを得ないからだ。ここにも現実と精神がある。定一はどこまで行ってもこの両者を見極めんとする者だった。この道は他に依存するものがない。

出発を明日にして、彼は持ってきた旅に使う以外の全ての物を、一個の箱に納めて宅急便に持って行った。そして、テントとか食糧などはリュックに納めた。彼の中に、意気盛んな旅の決行心がある。この旅にはいかなる観光の心もない。もっとも、彼の旅はいつもそういうものだった。そうでなければ、マチュピチュへの一人旅なんてことは出来なかっただろう。そして今回はそれが最も甚だしく、歩いて行き着く所で路傍に野宿しようとするものであった。これは旅の本義である。かつての東海道を、宿を予約して旅した者など居はしない、大名ぐらいのものだ、彼はそんな者になどなりたくない。

そうやって旅の前の一日を送り、暗くなるとすぐに床に就いたのだが、目覚めた朝の時間にあったものは、ベルクソンへの強い思いであった。この読書は彼をどんどんどん押し上げて、現実を遠くにさせていた。だが旅が一旦始まった時、身の現実は生々しく彼の心をも占めた。全てを行為で、肉体で解決していかなくてはならなかったのだから。しかし旅が終わりかけると、ベルクソンは逸速く概念世界に戻って来た。もしそうならばベルクソンは、一人路傍に寝た三日間も、山中に寝た一日にも生きていたことになるのではないのか。それはまるでベルクソンに向かっていく旅なのではなかったろうか。旅は始まる前に始まっていた、こんな風に。

『自分達は今、生命進化の結果として、あるいは過程としてここにあると考える時、ベルクソンの考察は深い警鐘を生む。自分がどの地点にいるかを考えることになるからだ。ひょっとしたら動物とさして変わらぬ地点であるかもしれぬ。動物とは異なる知性は、自分の生命活動の中でどんな風に毎日を生きて、進歩を遂げているのだろうか。

もっと生き方を変えなくてはならないのではなかろうか。ベルクソンの目指す「生命の哲学」、自分が進化の過程にいる人間として現在の位置を知り、知性の力が限界ぎりぎりの所でせいいっぱい働いている現在の地点が点検されなくてはならない』

かくて彼は旅に出た。空は明るく晴れていた。梅雨は終わった、もう七月の最終日だった。バスの停留所で写した八天山をバックにした彼のリュックには、上の方にまで荷が詰まっている。家からここまで下ってくるのさえ重かった。これで今夜の夕食用の水を入れたら、四十キロを超えるだろう。それに今回はカメラまで持ってきた、大型の重い奴だ。バスが見えた。乗っているのは高校生ばかりだった。夏休みなのである。
『遂に旅に出た、空は晴れ上がっている。これからが本番だ。体は疲れている。この数日も多くのことをこなした。個体における進化ということが自分の上にも起こったのかどうか、これがベルクソンが自分に与えたテーマだ』
だが荷物は重かった。バスが駅に着いて、道に一旦降ろしたリュックを肩まで上げる時、大きな気合をかけた。結局、この荷の重さから旅は始まり旅は成立していたのだ。彼は少なくとも始めの内は、行き倒れの者のように、路端に身を投げるようにして休んだ。身はリュックの重さに耐えかね、頭はベルクソンの概念を追ったとしても、時が過ぎると両者のことは忘れ果てられた。それが事実である。この旅の生活に、いかばかりの真実があったというのだろうか、人生というのはそんな風に、はかないものでもある。あらゆる努力が無為に帰す、その無為にあって人は風に吹かれるようにして生きる。

電車の路線は四十日前に帰った時と同じである。九州と中国を直接一本で走る普通電車はない。しかしとにかく乗り換えを少なくする、前の旅で懲《こ》りたのだ。こんな目的もない旅だが、こんなことにも気をかけないとどこまでもどこまでも不便を食らう、そして時間がかかる。年をどんなに重ねても、この世の因果応報ということは教えられ続ける。気を抜くことが出来ないのが人生である。彼はこの日、鳥栖、小倉、下関、新山口と乗り換えて、ここで初めて山口線を特急に乗った。この特急はそのまま山陰線に出て北上するから、彼は初めて功利性を覚えた。だが特急の電車は、先の旅が老人達の買い物の苦労を見せてくれたのに比して、無機質なものだった。人間の、暮らしの風景は見えない。日中の一日が殆ど電車の中で過ぎた。

江津の駅で、二リットルのペットボトルに水を汲んでリュックに積むと、日盛りの街を歩き出した。こういう時に、他人の視線を眼中に入れないことには慣れている。我が道を行くばかりだった。すぐに往還道の商店街は抜けて、江の川の河口に出た。あとは川沿いに歩くだけである。それでも歩く道がない所もある、迂回しなくてはならぬ。荷が重くて景色はほとんど目に入らない。こういう歩きの宿命的なものである、ただひたすらに耐え、汗をかいて歩く。それでもかなり歩いて振り返ると、遠くに今歩いてきた河口の橋が見えた。河の幅は二百メートルくらいはある。中国地方第一の川であり、九州第一の川である筑後川より五十キロメートルも長い。しかし世に広く喧伝されている川ではないように、彼には思えている。川のイメージがどうしても暗いということもある。

彼はもはや誰にも会わない。車も通らない。そうなって、こうして一人で歩くということには、不思議な自分では理解できない何かがある。『一体何のために、こんな所を歩いているんだ』そんな思いが付いて回る。しかし、時にははっとするような光景にも合う。舗装のされていない道が曲がった向こうに、鉄道の踏切サインが見える、背後には森が迫っている。一体この風景は何を言っているのだ。ノスタルジアか、昔見た物の。だがこの風景は直ぐに消える。荷の重さだけが続く、そして汗が出る。一旦汗にまみれれば、体が最初に持っていた快活な気分と気力は戻ってこない。ただ自分との戦だけがある。とにかく歩くしかないのだ。こうしてこの時間の記憶は殆ど何も残りはしない。

とにかく歩くことしかない。それはまるで精神から肉体へと還ることだった。こうしてこの時間の記憶は殆ど何も残らないことになる。経験的なものは生まれない。日常的な惰性感だけが残る。そのなかでただ歩いている。自然の風景を、自己の中に表象化する力が弱い。過ぎてしまえば残像だけがある。なんとも情けの無いことだ。歩くことの本質なんていうのはそんなものだ。しかし風景の記憶は残らずとも、それは何かを新しくしている。言ってみれば、自立の心を高めるという種のものだ。ここには、人生の厳しいあり様が見える。ぼんやりとしか見えない、振り返って見るところの人生の有り様が。人生の持つある種の普遍性である。しかして歩くことの意味を自己との戦い、そして出合いに求めるならば、それは一日の意味そのままだ。歩くことは人生そのものなのかもしれない。超えんとしても超えられない人生の限界が、より端的に示されている。

定一はこの日今夜の宿りを、歩いていて見えた、畑の向こうの堤防に求めた。河との間には林が見えた。彼はそんな風に、その後も歩いていて直観で宿り地を決めた。獣と同じ行為である。もう陽は落ちかかっていた。荷を放り出すようにして、パンツ一枚になると河に下りた。ブロックの間から水に飛び込んだ。この川遊びは川の側を歩いた三日の間続いた。夕食を終わった時には、周りの山は黒一色になり、ただ川面にだけ夕焼けの名残があって、細波《さざ》が立っていた。しかし定一の心のどこにも、寂しいという種のものはなかった。誰のことも思わなかった。このことは後になってみれば、自分が未だ十分に世俗的な幸福の中にいたことを意味するようだ。鬱的なものがどこにもないということである。その時々の真実が、限られた経験の範囲の中で見えるものだということである。

翌朝は四時に起きた。山での朝食の用意は時間がかかる。この用意をしながら、同時に出発するためにテントや寝袋の片付けも併行してやる。そうやっても出発は六時になった。この生活では朝書くことは不可能である。これがそもそも彼が山に行かなくなった理由だ。この問題に解決の方法があるなら、彼はもっと山へ行くだろう。毎年欠かさず行った、東北の山へもである。六時は、歩き出すのに早くも遅くもない、こういう旅では、出発までにどうしても二時間は要するのだから。旅にだって生きるための因果は働いている、それは超えていかなくてはならぬ。そしてやっと歩行の自由が生まれる。山では、歩くことは自由を意味するのだ。考えるということを持たないままに始まる一日は、充実感を欠いていた。惰性のように始まる一日だということだ。だがこれはさほど自覚的ではない。それに陽が上ったばかりの道を歩けば、気分はすぐに晴れてくる。

定一は歩き続けた。やがて陽の力は強くなり汗がしたたり、始めは力のあった体も疲れてきた。だがどこまでもどこまでも歩き続けたいと思う。五万分の一の地図で見る線路はほぼ東西に一直線に横切っている。出来れば今日中に、地図を出るまで歩きたいくらいだ。ダウンするまで歩くのだ。道がなくなれば線路でも歩く。法に違反するぐらいは承知のこと、間違っても死ぬのは自分だけ、それにそう簡単に死ねるものでも無い。電車には一台も合わなかった。

定一は小さな橋の欄干の下で、伸びたようになって寝ていた。上半身は裸である。道の両側は一面の草藪である。先ほど、数軒の農家の間を通ってきたばかりだ。人は全く見なかった、廃屋かもしれない。ここには、車など一台も来そうにはない。真夏の太陽はさんさんと照りつける。その時だった。女性の声を聞いたのは。

「大丈夫ですか!」

こんな所で、人の声を聞くとは思わなかった。婦人の方は、行き斃れじゃないかと思ったのだ。彼はまるでそんな風に伸びてしまっていたのだ。彼はまだ歩くという行為に、体が慣れていなかった。いきなり四十キロの荷を負って、かんかん照りの日の下を歩いた結果である。日常の生活と山行の間にある落差である。登山は初日が一番きつい。だがこの場合、平地の歩行だからどうも耐えようとするより、どこでも休めるから休みがちなのである。克己心というものが湧いてこない。前途にけわしい坂があるわけではないのだから。声をかけたのは、先ほど通った家のどれか一つに住まう婦人だった。

この出合いは、後になっても、考えれば考えるほどよいものだった。七十五になるらしい。夏は都会では寝れないと言った。それで息子の所から夏だけは家に戻り、米を作ったり畑をやって暮らしているそうだ。彼女はここでの昔の生活のことを話してくれた。その話は大変に面白い、興味のあるものだった。先ほどから見てきた川の風景に、点描となり墨絵となってイメージ化され、残ったものだ。

鮎が籠一杯に取れた時代があった。川向こうまでは渡し舟に乗って買い物に行った。そして川を上下した帆掛け船のこと。東風は朝の六時頃から吹く、そして西風は十時頃から。運んだのは石州瓦、木炭の類。こんな話は値千金、江川の風景に歴史を持たせるものだった。彼は知らずして、宮本常一になっていたのだ。

婦人は、話が定一のことになった時、こう言った。

「何の目的なんでしょうかね」

答えはなかった、彼はそれに対する答えを持たなかった。しかし婦人の言葉は、彼に後々まで問い続けるものだった。その意味で婦人の問いは核心を突いていた、そして彼に自覚的に問わしめるものとなった。これに答えるには、人生の一日が持つ目的に対する答えが必要だった。彼にあっては、経験を生む生活、それはただ自然に生まれるというようなものではなく、自分の世界を開き、世界を自分の力で知らんとする努力が生むものであったことになる。だが婦人に言われたこの時にあって、彼が言葉でそれを返すには未だ遠い遠いものであった。言葉の持つ衝撃だけが残り続けたのだ。

彼は歩き続けた。その足に力が籠もりだしたようだ。確かに彼が残した写真には印象が残っているし、風景の意味もある。例えば墓である。一つは婦人と別れて間もなくして出合った、長葱畑の奥の、二列に並んだ日を受けた墓石群、もう一つは森の中で出合った、五、六個ばかりの小さな墓石たちである。後者の方は日も差さず石も小さく、竹包が二本前に差してあるのが救いだが、いかにも寂しい。墓を守らんとする人々の努力は続く、しかし、代は替わり続ける。時間と空間の変化にあって、この努力はいかんともしがたい。自分の今のこの生も、死してやがてそういうものに、忘れられ誰もそれを知る人もないものになっていくのである。生命の歴史にあって、百年も二百年も瞬時のものに過ぎない。かくして墓は劣化し、忘れられ、荒れていく。

川の風景にも忘れがたいものがある。彼に見えるものは、緑を映した満々たる水と、緑の山の奥へ奥へと続く連なり、変化しながら途切れることのない山の姿である。そして石州瓦の屋根の家々が緑の中に点在する。しかしそれらは知性上の痕跡を彼の上に残しただろうか。彼がこの川の風景に引かれる理由は何だろうか。それはそこに人間が残した歴史が見えているような気がするからである。川は人間と共に今日まで生きた。婦人は、川と人間の生活が一体であった時代を説明したのだ。しかし今、人々の生活は川から離れてしまった、そして川はそういう人間のことは知らん振りをして流れている。定一はこの川の風景に、かつて人間の生活がそこにあったものと今は消え去ったものとの間の懸隔を感じているのである。だがそれは求めても見えない。とするならこの旅は何のためのものであったろうか。先ほどの婦人の言葉が繰り返し浮かんでくるゆえんである。経験たりえないのである。人々の過去の生活の歴史は残らず、人類はかつての質朴で自然な生活を過去のものとして押し流して、ただひたすらに自己の物質的豊かさを求めて、死と老いと病と貧と向き合った生活から離れることに邁進したのだ。風景はそれを定一に語るものであった。そしてこのことは、基本的に、真に基本的に、人間の生き方に、文明の方向に疑問を呈するものであったのだ。外面的に幸福な生活というものは存在するものではない。それは必ず潰えるものだ。人間の一生とはただひたすらの苦難に過ぎないものである。向き合う人生の苦難が彼にそれを教える。だがだからと言って、人は文明に背を向けることは出来ない。死から貧から救われたい。だがである、それが真の幸福を生むものだろうか。定一のこの歩く旅は、切っ掛けから見るなら単純なものに過ぎない。鉄道の旅が見せた、青葉の映る江川の風景であった。だがこうして緑陰の季節となり歩いてみれば、彼の精神の深い部分では全く違うものが生まれ始めていたのだ。目的のない旅であったからこそ、そういうことが生まれ得たということになる。定一はこの向き合う人生に無限性をもって見らんとするがごとき者である。彼は彼岸に浄土を見る者でありながら、此岸にもそれを見らんとする者のようである。彼にあって、「青空」は未来にはない。かえって過去にあるものである。人間の行為を本当にその意味について哲学することが出来るなら、そこには未来の思想の発見に繋がる連鎖の発端がある。しかし、今のこの旅の時間にあっては経験たり得なかったということである。

昼頃に川戸の駅は越えた。しかし歩き始めて八時間くらいが過ぎた時、彼の体力は限界に来ていた。まだまだ荷は重い。太陽は中天に輝いている。彼は路傍にパンツ一枚で一時間くらい寝ている。車が一台通って起こされた。空には雲がない。東からの風が出て涼しい。この風は帆掛け船を下流に流したものだろうか。だが、彼はもうすっかりと歩く意欲を無くしていた。

その日見付けた宿り地は、荒れ果てて草に被われた畑地だった。目隠しになる木もあって選んだ。幸いに川にも出れた。彼が歩くのを止めたのは四時だった。そしてこうして青い空の下で、三角州の下流の方で一人水に入って泳ぐのだった。この余りに茫漠として人工的なもののない、源流のような川に一人いることは不安な感じもあったが、それを自己に徹してみるなら楽しいことだった。この瞬間にあって、文明的なものは一切無用だった。川面から見上げれば、全ては自分より高い所に見えた。彼は源流の魚だった。そんな風にして自分が今ここに居ることは、多分に自覚的だった。身一つ、パンツ一枚の自分だった。これは自分のあり様そのまの原形である。このように誰も知らない、見てもいない所で、自分一人になることは旅の一つの目的なのである。ただ一つの生命、そこに目的も功利性もある筈はない。生命の原初的な形をわずかではあるが体験すること、それは自然に戻ること、例え逆に旅によってどんなに知性的な経験が得られたとしても、この人間の本性としての孤独が体感されるということ以上のものはない。ここにもやはり二つの世界がある。源流の川に棲む魚のような有機体としての存在、そこに住む霊魂の孤独。旅はいつもこの二つを生む。それは自立の訓練でもあるかのようだ。単独で旅したペルーの旅にはそういうものが始終あった。それ故に、全ての旅のなかで最も懐かしい。旅に経験を求めながら、それを超えてこの精神の自立の強化を求めたのは事実である。マチュピチュを正面に見る山の上で、ガイド付きでやって来た中国人達が驚いた彼の姿は、そういうものであったのだ。彼等とは目的が違ったのだ。婦人が言った目的は、こういうことに尽きるものであったのかもしれない。そういうことを土台として、例えわずかでも何かが発見され、経験されるならよいということであろう。だがそれはまた人生にも言える。目的はない、意味もない、無為の内に流される生である。ぼんやりとしか見えない、そして思い出さない人生の本質がある。それを突き抜けて生きうるものは、自立と孤独の精神だけである。

翌朝も、わずかに夜が白みかけた頃に自然に目が覚めた。久しぶりに大地に腹を着けて寝た。このごつごつ感には何かたまらないものがある。もともと人間は何万年もこうした生活をしてきた者だが、それを忘れてしまっている。テントの生活はそれを教えるだけでもいい気がする。言わばこうして旅は、やっと日常性を持ち始めた。読めもしない、書くことも出来ない、思惟もしない、食事の用意と出発の準備で黎明の時間が過ぎていく。飯を用意しているわずかの時間に、やっと短いメモを残す。そこに少しばかりの、旅の真意が覗いている。

『今日もどこかで泳ごう。少なくとも始めたことだ、三日は野宿すべきだと考えたい、旅は辛い』

どんなに辛くとも、意味がなくとも、二日で止めるべきではないと思ったのだ。否、本当は止めてしまいたい気持ちだったのだ。それを、少なくとも三日はと、限界を自分に対して決めていたのである。そこには他方最小限ではあるが、旅の日常化ということがあった。意味はなくとも、これは必要だった。それは旅の定着化であった。

田津を過ぎた朝の辺りの畑と背後の山の風景は、印象に残るものがあった。川は深く掘り込み道は台地の上にあり、川は見えない。山は近くに迫り、霧が掛かって幽玄の趣がある。川面から蒸気が立つのだろう。畑がしっかりと耕されていると存在感を増す。またそこには自分の実在を超えるものを感じる。己は一個の旅人に過ぎない。大きな感じの風景である。出てきたばかりの故郷の風景と違うものがあるのだ。それは、良く耕された畑に見える、人間の行為にあるものだった。

大橋を遠くに見て、小さな町に出た。酒屋があり、学校があり、床屋がある。そんな町の川越の駅舎で休んだ。電車はこの時間まず来ない。駅舎のベンチに手縫いの小さな座蒲団があって心が休まる。こんな所でも、誰かが世話をしてくれているのだ。彼はそういう地域の活動に関心を持つ人間に変わっていた。

定一は日盛りの道を歩き続けた。両側に家の並ぶ街道も通った。石州瓦の一棟、二棟と並ぶ庭の前も通った。だが誰にも会わないし話さない。これでは人の暮らしに触れたとは言えない。どうしても自己の世界の延長にいることになる。宮本常一の旅とは違う。宮本の旅は驚嘆に値する。歩いて、肉体を以て自らの力による旅、そして民族の生活の取材、それから厖大なまでの記録、いずれをとっても敬服せざるを置かぬ。

彼はその日、午前中で歩くのを止めた。求めた露営地は道を少し外れて河の方に降りた、林の中である。川はすぐ真下に、上の方からは直線的に大量の水が押し流されて来て、岸を洗っていた。川洲は対岸の方に広がっている。遠くに釣りをする人の姿が見える。彼はその午後を何度も泳ぎ、昼寝も出来た、そしてやっと旅の満足感を得た。そしてこれにより、この野宿の旅を、今夜限りで止めてもよいなと思った。その後のことは、明日になって考えようと思った。しかしこのあと、真っ直ぐ家に帰るという気持ちはなかったようである。明日のことは明日が決める、というのが彼の基本の生活スタイルであったから、明日に任《まか》せたのだ。

彼がこの時に得た満足感とは何だったろうか。それは知性的なものだったのか、感受性が生んだものなのか。つきるところは後者であるようだ。そしてこれは旅の日的だったのか。そうではないように見える。しかしただこの時、このままずっとこの川の側の平地を歩き続けることにある、ある限界、それこそ知性的な限界を覚えていたのは事実である。確かにこうやってここまで歩いてきたのだから、何かの肉体的な喜びというようなものは必要だったろう。だがそれによって旅自体の満足を得てはいなかったようである。彼が思わず『旅は辛い』と発した時、生命はこの旅の環境下にあって追い詰められていた。しかし彼は他方に於いて、この状況にあっても生き抜かんとする別の生命の力を見らんとしていた。そこには、出発前に読んだ、ベルクソンの生命に関わる哲学が生きていた。単なる物としての生命ではない。知性的なものが求められていた。その答えは出ていなかった。このことは翌日の彼の行為に見えるものである。実のところ、旅のもつ肉体的条件のきつさよりも、彼の中のこの哲学的主題の方が、より厳しく突き付けられていた。

彼が泊まった場所は、道からも見えた。ただ木の下で、歩いて通る者はいなかったから、気疲れはしなかっただろう。その場所は、山へ登る道が降りてきて川にぶつかる、三差路であった。その山への道は小さく、非常に大きな興味を伴うものだった。地図には、孤立してはいるが家もあったから、通ることは出来ると思われた。定一はこういう道に多大な関心があった。だが実際にそれをやると、すなわち車の通らなくなった道を歩こうとすると、多くの場合、多大な困難に出遭うということである。集落の人々が車を使わなくなり、足で歩くということをしなくなってから、長い年月が過ぎた。かつてのこういう道は多くは沢伝いにあって、歩くエネルギーの効率の最もよい自然の地勢の地についていた。そこはまた水の暴れる地勢でもある。こういう道がなくなってしまったのは悲しいことである。ここに道が持つ一つの歴史の姿があるのだが、人はそれを見ない。定一がやがて高地の旅に関心を持つようになるのは、やはりこの旅が一つのステップをなしているのだろう。山は彼にとって本性的である。山の中にも大きな街がある。後に彼は地図を見る度に、そのことの不思議さに打たれた。しかし実際にそこを訪れるには何年も要した。今の彼は、この露営地に原初的な一夜を持っただけだ。川音がする。夜は何度か起きた。朝が近付いて目覚める時、それは一つの僥倖《ぎょうこう》であった。彼にとって、夜は一つの苦痛であったのだから。尿が近くて、長時間ぐっすりと眠ることが中々出来ないということがあった。だがそれ以上に、しかとは言えないのだが、夜の持つ圧迫感があって、彼は眠っている間も朝を待っているように見える。だが全ての苦痛は彼を鍛えるものであった。ルソーの「人生というのはただひたすらの苦悩の状態でしかない」という言葉は、彼の深く納得するものであった。

朝起きて下の川辺まで降りた時、川面にはわずかに朝の光が映っていた。彼は岩の上にコンロを置いて、朝食の用意を始めた。この旅に何の意味があったのか、彼はやはり何度も考えずにはいられない。彼はただ、自分の計画に従い実践しただけのように見える。彼がそれを考えるのは、その行為が単なる利己的なものではなかったのかという疑念にきざしている。実際に川の路を歩いてみて、電車より見た風景と違って見えただろうか。そういうものは殆ど全くないようだった。言わば収穫と言えるようなものはなかった。あるとすれば、あの日盛りの橋で出合った婦人との会話だけであった。しかしそれは目的ではなかった。婦人はかえって、旅の目的のなさを彼に自覚せしめた。人々は普通に考えて、彼の行為に無意味性を感じるのであった。このことは続いた。彼のこの種の行為は続き、他方世の人々のそれを無意味とする感性は変わらない。となれば彼は臍《へそ》が曲がっていることになる。しかしここにこそ、彼が持つ生の無限性が見えている。一身における生の意味が追求されている。定一は街道において、人格と出合わない。通るのは車だけであったから。それは鉄兜のようなもので、それに乗っている限り人的な交流はありえない。その意味で婦人は特異な例であった。ここに現代の姿があった。

「目的」は彼の人格の根幹に係わる概念となっていた。彼の行為の多くは、この「目的」を持たなかった、あるいは目的は彼の内心にあって拒絶されていた。このことを明確にして気付かせたのがカントである。彼を動かしてきたものは、目的や価値ではなく道徳律であった。このカントへの到達はベルクソンを介して始まり、また再確認されたものである。しかしまたこうした旅の体験が役立っているように見える。彼はこうして自分がやろうと思ったことをほとんど実行する。そのこと自体が、まるで絶対的目的であるかのようだ。旅自体が目的であったのだ。彼は三泊でこの旅をよしとしたのだ。

定一の行為は、牛小屋の整理それからこの旅へと一連の無意味性が見えている。しかし彼は故郷にあって、自分に流れている祖先の血を感じ、この血が自分を説明してくれるものであることを知った。自己にある「葉隠」的人格を不変のものとして感じとっていた。これは一体その人間にとって何だろうか、カントの思想でも括《くく》れないものがあるのではなかろうか。日本人とか東洋の伝統から説明出来ないだろうか。その意味で、福沢諭吉の「瘠我慢の説」は、定一の行為が意味するところをよく説明するものではなかろうか。「葉隠」は、人間の一生は瘠我慢の一生でなければならぬ、と説いているようだ。諭吉が「立国の大本」と言うものである。それは士風という気風である。定一は「富風」に流されることを嫌う。諭吉はこの気風に強い意味を認めた。維新が過ぎて二十年が立ち、彼は日本人の気性の堕落を感じていたのだろうか。維新による人心の開明は良いことであったが、恰もその代償として、「立国の大本」たる士風を失ったことを嘆いたのである。それは彼の死の直前のことであった。『日本人でしかありようがない』と思った定一の心情のようなものは、中々にその人の時々の言動だけで説明されるものではない。諭吉の中にもそういうものは生き延びた。彼はそれを「士風」と表現した、そしてそれを一生捨てなかった。そういうものが、彼が死んで既に百年が過ぎたが定一の中にも生きていたのだ。彼が六十歳にして停年を迎えた時、アメリカでの仕事の継続と生活の保証を強く提案されながら、それを蹴り会社との縁を完全に切った行為には、この「瘠我慢の志」が見える。

因原の駅に着く間に、もうすっかり汗をかいてしまった。朝一番の電車が来るのに二十分ぐらいあった。まだ七時前である。上半身を裸にして、コーラを買って飲んだ。一つの旅が終わったのだ。

車窓から見る風景はまた楽しかった。どの家も石州瓦の赤にそまった集落は、緑の中に映えていた。こんなに早くから、公役で働いている人々の姿が見えた。定一は電車に乗ってから、七つめの粕淵の駅で降りた。始発の江津からのこの電車は、因原まで一時間を要している、そして粕淵までは四十分かかった。これを歩くとなると、あと一泊はしなくてはなるまい。

粕淵で下りたその時、彼にははっきりとした計画はなかった。一晩くらい温泉に入って帰りたい気はあったが、まだ朝である。それに、一人旅の男が予約もなく一夜の宿を求める時、どういう扱いを受けるかそして奇異の目で見られるかということは知り抜いていた。何度かは実際に断わられた。旅の本義は足に任せる予定のないところにある。だが世の中はそれを受け入れないものに変わった。そんなわけで、駅では随分と考えた。バスの時刻表まで書き写して間違いのないようにした。時間をロスするのは最も嫌いだった。それで彼が結局選んだのは、三瓶山《さんべさん》に登ることだった。彼は旅館の宿を避けた。日本の現代の宿は、本当の旅人を厭うものだった。この選択は正しかった。どんなにそれが厳しいことであっても、彼は露営の宿を選ぶべきだった。それが彼の自由を意味したのだから。かくてこの日の旅は楽しいものとなった、それは自己の有り様を徹底することであったから。バスを「定めの松」で下りて、再び荷を負うて山に登るのはきつかったのだが。

山上からの風景で、彼を最も引き付けたのは出雲の弧を描いた海岸線だった。半島の先までよく見えた。それは意外に近くに見えた。反対に南側の山の方は、畳畳として山ばかりが重なり暗かった。空には雲が多い。出雲の先端は、その乳色の雲と海に鼻先を伸ばすように突き出ている。この両者の印象の違いが鮮やかだった。

定一は何を見ていたのだろうか。この山また山に囲まれた出雲の国に。彼はこの時、このことに自覚的ではなかった。それは仕方のないことだったろうか、ただ荷を負うて疲れて登ってきただけの人間だったから。だがそうではありながら、彼の社会への目覚めは既に始まっていた。とするなら、やはりそこにはそういうことへの、社会的な意味について考えることがスタートしていたのではないだろうか。この三瓶山の頂上は、ほぼ出雲の国を全貌に収める位置にある。と言っても西部の益田の方は百キロぐらい離れているのだが。定一が歩き始めた江津は、方向は反対だが出雲の岬の先端と同距離にある。彼は、この出雲の国が、山また山に埋まっていることを感じていた。そしてそのことに、現代における島根県の現実が、現実の問題があることをである。島根県はこの地勢上の困難性故に、生活であれ医療であれ、他県に先駆けた先達的努力をしてきた、しなければならなかった。最大の問題は集落の維持ということにあるように見える。

人間は自己の世界が、自分が現実に見ているものが、そしてもう一つ加えるならその行為そのものが、どういう真の意味を持っているかを十分に考えきれないままに、生きている存在である。世界は単なる表象にとどまっている。物の真実が摑まれてはいない。彼が今いる三瓶山の位置を二十万分の一の地図でチェックすると、自分がどこに立って見ていたかが少し明らかになる。やがて彼のこの地図には広島県との境が引かれ、彼が通った歩いた道、電車の道、バスの道、そして次に計画された旅の道が記入されて、一つの世界理解が進歩していくのである。二十万分の一の地図というかなり広い空間といえど、彼の歩いた道に存在感があった。このような具体的努力がない限り、世界の理解は進まない。もし人間がそんな風だとするならば、すなわち自分の持つ行為の真の意味を知らぬままに振る舞う者とするなら、その歴史なるものはでたらめであるのかもしれない。そしてそれは個人の歴史にも言える。そしてそれを今の世界で見るなら、政治・防衛・外交・経済・医療・文化といった全ての領域で起こっていることかもしれないのである。彼が求める午後の書斎の時間、新聞記事の切り抜きといったことを生んだのは、ただこのぼんやりとしか残っていない人生の姿への危惧が根本にあってのことだ。こう見ると、目的のなかった歩く旅に目的があったかのように見える。自己の世界とは創造されていくものである。それが『もう一つの世界』が意味することであった。そうではあるが、それはただの出発点に過ぎなかった。彼を待っていたのは、壮大な苦労であったのだから。

定一が山頂で再び担ぎ上げた荷は、「定めの松」で歩き始めた時から何も変わっているわけではないから、大きく重い。そんな風に、担ぎ上げてまたそのまま降りてくるというのは、合理性からみると馬鹿げたものだ。だが彼はその種の合理性を考慮しない。家康ではないが「人生は重き荷を負うて行くが如し」と現実化されている。軽いからといって何か利点があるわけではないのだ。出合った登山者達は皆、小さなリュック一つである。彼は南に向かう下りの道を確認しながら下りて行く。眼下に小さな池が見えた。池の面は土色で、見るからにうら淋しい。森の中に穴が出来て生まれた、野獣の暗い眼のようである。彼はこの時までは、この宮内池まで下りて次は孫三瓶山まで上り、南斜面を下って三瓶温泉まで出ようと思っていた。そんな風に、池には陰鬱さが漂っていた。定一は三人の登山者に追い付いた。しかし急坂でもあるし、自分には重い荷もあるから、後から付いて行く積もりだった。ところが三人は彼に気付くと振り返って道を譲った。彼は仕方なく先行した。急坂はやがて終わって、ベンチのある所に出た。彼はそこでリュックを置いて休んだが、彼等が下りてきたのはかなり後だった。まだ皆若い、一人は三十代ぐらいである。真ん中の人物が外国人であることはすぐ理解出来たが、二人の日本人が案内をしてこの山に登って来たのも、すれ違った時から分かっていた。それにしても三人ともまだ若いのに、体の動きが固い。彼等もベンチで休んだので、定一は英語を使ってこの外国人と話してみた。インド人だった。久しぶりに英語を使った、実のところ使ってみたくてしようがなかった、久しぶりの英語だった。話したのはたわい無いことばかり、自分もかつてアメリカ人のビルを大山に連れて登ったことがあるから、楽しい気分が移って来た。英語で話すことにもそれがあった。あの時、ビルは大息をつきながら、彼の後に付いてきたものだ。そして登り終わると、「ここは富士山かよと思った」と笑いながら言ったものだ。このインド人も山など登ったことはないのかもしれなかった。

定一は一人、宮内池まで下りた。池の周りは草地で、露営には絶好地である。人も来ない、水もある。彼がここを今日の泊まりにしようと決めるには、時間は掛からなかった。まさに宿命的である。池には、鯉がいるらしい、しかし大きくならないようだ。生物を育む、必要な成分が大地に不足なのか、あるいは何かが過剰なのか。もともとここは火口源で、周囲の山はここからマグマが噴火して出来たものだろう。とするなら生物は少ないわけだ。先ほど張ったテントが木の側に見える。自分の荷はベンチに並んでいる。草地の向こうに夕方の光を受けた山が開けて見える。池にはおだやかに細波が光る。池の面は、ここから見ても土色である。池に生えた萱草《かんぞう》も水の色に近い。ところどころに百合が咲いている。彼は萱草のある風景が好きである。これはやはりアメリカ生活が教えてくれたことだ。妻と二人、様々の山に行っては出合った。春・夏・秋・冬と、色と風情が変わる。彼のその日のメモは、次の短い一行だけである。

「今日は予定を変えて、三瓶登山をす。宮内池の側にテントを張る」

ここには彼の万感の思いがあった。彼は今、自分の旅が終わったのを確認していたのだ。深い安らぎがあった。早るような思いはなくなり、荷に喘いだ時間も遠くになり、ある満足だけがあった。目的は満たされていたのだ。歩くこと自体が目的であったが、その目的が果たされていたのだ。そこには現世上の欲望というようなものはなかった。この最後の山だって、荷を担いで登り、降りるだけだった。先ほど、風越の峠の方から下って来た、若い夫婦の子供連れがいた。太平山の方に帰りを急ぐのであろう。ここもまた、人を離れて静かだった、他は誰も通らない。それだけで彼の露営地に相応しいのである。彼は誰からも期待された者ではなかった。天と地の間の無用者であった。旅の目的は無自覚ながら確認されていた。それは「一人力を尽くし、己の生と行を全うする」ということだけにあった。一人寝のテントで、寝袋を通して大地の熱が身に伝わり、静寂は限りがなく、夜の闇は長く続き、中天の星は今その姿を現わした。この一日の昼と夜がなければ、旅は終わらなかったのだ、結果としてではあったが。そういうことはどこまでいっても続くことだった。行為のもつ空虚性が、こうやって、かろうじて埋められていたのである。彼がこの朝にバス停で費やした時間の内にあったものは、これまでの三泊の旅にあっての言い表せない不充実であり、それはこの日の昼と夜によって、存在は無為でありながらも、行為を尽くして生きるのだという形で決済されていたのである。

翌朝彼は躊躇なく昨日下って来た道を逆に登って、扇谷を下り定めの松まで戻ることにした。バスの時間は、粕淵の駅で控えてあった。乗るのは一番のバスでなければならなかった。

彼は予定通り下って来た。草原は朝の光に輝き、中学生達がランニングに興じていた。こうしてやって来たバスに乗り、彼は山をあとにした。かくて彼は自分が文明の利器の世界に帰ってきたことを自覚していた。それはまた、すばやく彼を変えて因果の世界に引き戻すことでもあった。言わば旅は、一切とも言える世間性との関係を切って成立していた。彼は旅の苦労、歩くとか食事の用意などということに追われていたが、考えたり思うことには自由があった。彼は人間を見ず、人間界のことを考えず、自然の中に心を遊ばせていたのである。だがこうしてバスの人となった時、彼は既に人間を見ていた。

バスとは快楽の象徴だった。冷房がきいて、荷からも解放されていた。バスには老人が多い。幾つかの集落を過ぎて、街が近くなるのが分かる。そして市民病院で四人が降りた。定一は『それでも自分で行ける内はいいな』と思った。母を思い出すと胸が刺した。こうして数日ぶりに思い出した母のことは新鮮だった。母はいつも死にせかされるように生きているのだと思った。彼は老人の現実のことを考えた。田舎から若い人が減っていく。この事実は今深刻であり、これからもっと深刻になる。一人暮らしの老人が増え、それもやがて一人では暮らしていけなくなる。江の川を歩いても、それは平地の旅だったが、この事実が進行中であるのは分かった。

母に起こった事実により、こうして社会の現実がより身近に感じられるようになっていた。だからこういう事実を、より深く知りたいと思った。それは集落のこと、老人の生活のことであった。そういうことが、足で歩いていく世界を離れた途端に出合うのである。次に起こったことは、それがより具体的である。

バスは大田の駅に出た。山陰本線で出雲まで乗った。だが彼は、この出雲の駅で大変に手間取った。その日の予定が決まっていなかったし、地理についても明るくなかった。持っているのは、九州版の「小型時刻表」だけである。出雲大社まで行こうとしたが、決心がつきかねた。そこにはどうしても旅館の問題があった。言わば彼はそれまでの自分だけの世界、それは歩く世界でもあったものだから、広い現代的な空間に自覚せぬまに放り出されていたのだ。そこで理解しにくいのが、山陰本線の路線の持つ性格だった。彼はずっと一枚のJRの切符を使っている。それは山陰本線で京都まで出るものだ。本線ということで理解している彼には、メイン路線のイメージがある。ところが、彼が持っているのは普通切符である。これだけで旅をするのは簡単ではない。このことは既に、九州から山陰本線を使った旅でも知らされたことだ。長距離を走る普通列車は少ない。短くぶち切りになっている。大学の時は小郡から鳥栖まで一つの電車で帰れたのが、今は少なくとも二度は乗り換えなくてはならないのだから。

彼はこの山陰本線を通る切符を細かく点検して買ったわけではない。ただ、京都へ出れる切符として買ったものだ。空間性としては間違っていないが、時間性でみると現実はやっかいだったのだ。彼は結局米子まで出た。そして快速で鳥取まで行った。こうして彼が気付いたのは、京都に出る本線の列車より、山陽本線に出る電車の方が多いということだった。昔は、人々はこの本線を使ってゆったりとした旅をしたのではなかろうかと、定一は思ったし、彼がこの切符にした理由でもあった。だが今や人々は、近くの大都市へ、あるいは新幹線を使うことに日常化されたことが感じられた。人々がそういうことを無意識に行動していたとしても、日本の文化的な本質の変化が現われているのである。便利性とスピードの速さが生活文化の本質的なものとなっているということである。起こっていることは、無限性を持って恐ろしい。やはりこれは、先の自分の行動に対する無自覚、哲学することのなさが生むものである。

定一自身もこの影響は強く受けている。飛行機を使う旅が日常化しているのは、アメリカの生活が生んだものだ。自動車を使うようになったのも、アメリカの生活がそうさせた。こういうことは、環境とか、急がないもっとゆったりとした生活のスタイル、哲学的に言うなら時間をもっと思惟的に使うことなどから考えるなら、問題は大きい。現在の文化には、快楽性への一層の傾斜がある。これは人種の滅亡を早めるだけのものである。それでありながら人は今もそれによりかかったままだ。定一のこの十年間のテーマはここにあった。しかしこれを希望に転ずるものは何も無い。ただ自己の生において貫徹されなくてはならぬことがあるだけだ。彼はここに、自己の道徳法則の根本を置く、そうやって生き死ねればいいということだ。あらゆる人間の行為には道徳性がある。列車の運行にもそれがある。思想と行為の関係が追求されるならば、行き着くのはこの道徳である。カントの思想が定一にとって必然的なものであった理由は、人生がそうしたものである。ベルクソンも、カントを知ってその思索を、「記憶」から「進化」へと進めたように見える。人間の一生の意味をそこに求めたのだ。

鳥取行きの快速列車の中である。彼はここで再び旅の終わりを実感した。肉体と生命は安全地に避難し、知性的活動への渇望が戻ってきた。彼は持ってきた読書ノートから白紙のレポート用紙を取り出すと、旅の印象を考えるのだった。すると、旅に出た日の朝の、ベルクソンの哲学が、それを適切な言葉にすれば「生命と意識」という主題が蘇ってくるのだった。電車の中は書斎だった。形而上学世界はそうやっていきなり出現したのだ。そうするとまず、歩いていた自分は何だったろうかということが浮かんでくる。旅にあって、知性の活動は不可能だった。では、旅と知性は無縁なのだろうか。そこで反射的に想起されたのは、婦人との出合いのことだった。

彼は何故このことに知性的なものを感じていたのだろうか。ここには日々を生きる人間の重要なテーマが見える。それは自己の朝の考えている時間における存在の価値と、昼間の行為する時間における存在の価値の比較である。彼がこの数年求めてきたのは、思惟の時間と行為の時間を繋いでいる連関性だった。もし婦人との出合いに知性的なものがあるなら、昼間の行為にも知性的なるものの可能性があるからである。彼には昼間の行為が、あるいはそれからくる実在としての自己が、朝の思惟の時間に、あるいはそこにある自己の実在性に劣るものだということには、全く納得がいかなかったのである。それは本能的でありおそらくは原理的であり、それ故に説明出来ないことだったが。婦人の使った「目的」は、それを解くキー・ワードであった。解かれるのに一年を要したのだが。彼は昼間の行為にある種のものを求め続けていた、如何にもそれが知性の延長であるかのようなものを。もしもそれがあるとするならば、ただ物との関わりから生まれたものに過ぎないのに、精神の精華とでも言われるものだろう。それを低回することが彼に求められていたことだ。婦人との出合いは、それを一歩進めさせていた。「生命と意識」は、ベルクソンが言うように進化の感じを持たせるものだった。そしてそれは「知の暈《かさ》」のようなものだ。それがどれほど朧げであろうとも、この暈がないと感取されえない。朝の時間は、知の変容ということを自覚させるものだった。しかし行為となると、意味することがなかなかに見えないのである。「願と行」を直結させているものが、見えないということでもある。行は昼間の世間性に関わって、それ故に流されるようにあるものだから、一層見えにくいということである。ベルクソンの進化の概念はその意味でも、すなわち、生命の内に宿る知性が自己の本体である生命に深く切り込んで、より意味の深い現実の活動を引き出すことに道を開くものであった。定一の場合は、それを思惟からだけではなく、行為そのものの内に進化を惹起するということだったのだ。進化のない生命に、いかほどの価値があるというのだろうか。人間というのは単なる行為に押し流されているようにだけ見えても、例えば工場の現場における流れ作業、また単純に彼がやってきたような歩くこと等にあっても、何かある力がその人の中に働いている。それらを何かに結実させることに、人生の意味がある。それは概念的なものであったり、行為の意味や価値であったりして、レベルのアップへと繋ぐ。こういう行為的体験がないと、どんなに朝の時間に創造性があっても、人間としての真なるものには到らないのではないか。ここにはやはり、人間が肉体と共にあるものだという条件がある。おそらく、人間が人間になったのは、精神と肉体の両者に進化があったからだろう。だが定一には、人間が人間になった後の進化には疑問がある。快楽とゆたかさを求めて惰性に落ちて、進化が止まったのだ。これが『破壊の伝統』である。人間が神の造った「失敗作」たる所以である。

彼にあっては、個体の人生自体が一つの進化の過程として受け取られていたのだ。「生命活動の本性をつかむ」という「哲学すること」が、戻ってきたのだ。そうすると、過ぎた昼間の旅の時間が、より鮮明なものとなって今の自分に蘇るのだった。婦人が言った、帆掛け船の浮かぶ江川の風景、三瓶山の下りで会ったインド人の姿、そして静まり返った宮内池の夕方の風景が、何か無限性をもって彼に語り続ける。

鳥取の駅で電車を下り、駅の外に出た彼が結局泊まることにして選んだのは、「東横イン」のホテルだった。この宿にとっては、一人客、そして予約のない客は当たり前だった。その点ではアメリカのモーテルに似ている。彼は数年前のミシシッピ・デルタの一ヶ月に及んだ妻との旅では、それを使ってとても気楽に田舎を回れた。これと同じ感覚だ。観光の気分はここでは少ない。用が足せればいい。目的は歩くこと自体にある、世界のどこへ行っても。

荷物を宿に置き、久しぶりの外食のために、街に出た。食べるのは何でも良かった。ビールをこれもまた久しぶりに飲んだ。それからホテルに戻り、バスに入り垢を流し、旅に出て初めて下着を替えた。山行にあっては下着も変えないのが彼の流儀だ。着た切り雀であるということだ。出来る限り、余分なものを持たない。だがこうやって朝が来た時、彼はそのまま食事の時間まで寝るということはしなかった。五日ぶりに暗い時間から机に向かった。そうすることは実にかったるいことだった。疲れるというのは、命が扱き使われることだなと思った。旅がそういうものであったことが知られた。しかし、それに抗して机に向かわせる意志の力の存在を感じていた。持参してきたベルクソンの本を五日振りに広げた。朝の時間は本能的にまでなっていた。過ぎた五日間の朝は、もう過去のものである。と言っても、ホテルであってみれば環境も違う、違和感があるのは当然である。だがここにもまた、彼の歴史があった。どこであれ、旅の宿は書斎をまた意味したのだ。これが彼におけれ宿の本義であったのだ。彼に夜はないのだから。このことはアメリカ再訪の旅でも、その前年のやはり一ヶ月に及んだイタリアの旅でも、一日として欠かせられることはなかったのだから、そうでないと、一ヶ月も旅になど出てはいられない。こうしてこの朝、「哲学すること」はしっかり戻ってきた。

『ベルクソンを五日振りに読む。論点は、進化が目的を持つのか、あるいは機械的に進むのかだ、しかし彼は言う。

「まだ形態などのないときから、生命が自分の仕事として、課せられた条件に適する形態を自分のために創造するのである……」

環境への適応ではなく、新しい創造だとベルクソンは言いたいのだ。命が環境に対してそれを超えるべく、創造に生きるとすれば、自分の四日の野宿の旅はどう考えられるべきか。自分は環境を超えて新しい創造へ向かったのか、それとも従わされて知性の活動は停止されたのか。

残念だが後者だと思われる。歩きながら知性の時間に生きようとしても、無駄な努力であった。知性は、自分自身の活動する時間を失ったままだったと思われる。問題は人間がこの環境に対してどう振る舞うかにある。そこに創造的活動の余地があるのか、あるとしたらどこからくるのか。人生全体を考える時、これは自分が環境の奴隷だったのか、それともそれを超える自立した主体性を持って生きえたかという問題になる。

われわれはやっぱり、環境の奴隷のようだ、しかしこれは結論ではない』

定一は進化を求めていたが、現実化するものではなかった。それを可能にするものは何だろうか。新しい創造は、精神（意識）の肉体からの真の自立なくしては生まれない。だが今の彼には、それは至難のことである。彼に更なる自立が求められていた。それは更なる苦難の時間によってしか生まれないものだった。そうではあるが以下に見えるように、彼の歩く道はそういう自立に至るものであった。浄土とは死を受け入れる心、そしてそれは真の自立を意味するものである。この自立を持ってしか、現実の人類の迷妄は打ち破ることが出来ない。

旅に出る朝まで、ベルクソンの生命の哲学に深く触発されていた彼が、その日から肉体に苛酷なまでの義務を課し、土の上に寝る生活を強いたのは、思わざる実験であった。この旅において、彼は言表においてベルクソンの哲学を考え続けたということは全くなかった。従って、奴隷のようにこの環境に従ったと思われた。だが従った彼の中に、何かが生まれてはいなかっただろうか。ベルクソンの言葉を借りれば、次のようになる。

「知性的で理性的な存在にとっては、自分の内的世界を知覚する能力と、自分自身の行動ならびに他人たちとの行動を判断する能力との隔たりは顕著なものではありえない」

ベルクソンのこの言葉は、定一の「二つの世界」を一体化しているものではないか。ここには、定一の行為の持つ秘密がある。どのように荒唐無稽と思われる昼間の行為も、彼の内的世界と大きな隔たりを持つものではないということである。知性がなければ行為が成立しないのである。彼を庶民にいつも心を引かせ続けたものもここにある。それは知性の力によるものだということだ。それを「道徳法則」と言ってもいい。先のベルクソンの言葉は、「道徳意識」で言われたことである。定一の心の中に、早るように飛躍を求めるものがあった。彼が庶民に心が惹かれるのは、それが庶民の原理であるからではないだろうか。そこに地位や権力や名や金を求めるものはない。だからそこに、知性と行為の親近性があるという原理である。彼はこの原理に則しながら、更なる新しい原理を求めていたのだ。このことは十分に自覚されてはいないが、急がれていた。彼の毎日は、朝の哲学することと、行為という肉体的な活動に、一体的な認識感を求めるものだった。そういう行為に動かすものは道徳法則であった。この道徳意識が行為と深く関わるものであることの解明には時間を要したのだが、進化ということには意識の更なる真の自立が必要であり、そのためにはまだ更なる時間を要したのである。法蔵の「五劫思惟之摂受」は、単なる物語ではなく現実にもあることなのだ。ただ定一の場合は、思惟が先行して行為が生まれるというものではなく、思惟と行為が常に相互の関係にあって、一体的であるものだった。それが人生の一日一日に進化を感じる理由である。このホテルでの朝、更にこんなことを思った。

『母の命の姿を考えればいい。追い詰められながら、命はやっぱり何かを求めている。知性もまた追い詰められてはいるが、新しい創造に向かっているのではないか。私は母のことを、この施設で新しい生活が始まるのだと思った。そんな生活になってくれることは、自分の希望のようなものだった。

今回の私の旅の実験は、厳しい環境の下に置かれた命にあって、知性がどのように働くことが出来るかを見ることにあった。環境が厳しいほど知性はそれを超えて、創造によってそれを乗り越えんとするのではないか。こういう答えは簡単には出ない。自分の一生の歴史から考えても、幼児・少年・青年・壮年そして今老年に到っても、環境が厳しいから進化が生まれてくるということではないか。老いに対する、自分の積極的な関心の理由がここにある。苛酷な、老人の肉体が直面する環境は、進化を生む。それは極まって仏の国、彼岸があるということだ。それはまるで、この此岸の岸が高まって、彼岸の岸に並ぶかのようなものではないだろうか。この人生のただひたすらの苦難のなかで、人は思想を行為を追いつめ追いつめて死に至る』

彼の中には、自分の一生の全ての環境が苦であったと捉えるものがある。しかしそれは全ての人間の生の姿でもあった。だが、人間が苦を求めて生きるものだと断定するなら、行き過ぎがある。苦を求めているのではなく、内心の道徳意識が責務化されるならば、苦の人生たらざるを得ないということである。そうなるとこの道徳意識の内容が、それを生むものが問われることになる。カントもベルクソンもこれを徹底して追求した。定一はベルクソンの言う「社会的責務」に出合って、自己の壮年の人生を支配したものがそれであることを初めて理解した。それを生んだものは結婚であった。この結婚の持つ深い深い意義は、妻の死の危機に出遭って、更なる概念を彼の中に生んだのである。定一には、思想と行為を直結するものがあるという直観がある。しかしそれでも思想は理念的なものであり、また道徳的なものである。それが、人々に「やくざ的」と評されるほどに、思ったことをやり抜く頑固なところに現われている。四十年の会社生活にも、二年間の自治会長の仕事にもそれは出ている。確かにやり抜かなくては、新しいものは生まれてこないというのは、物事の理である。苦の旅も実行された。そして婦人の言葉には、多くの示唆するものがあった。あらゆる点において、利己主義的なことは、佐賀の言葉で言う「我が良かこと」主義は、捨てられねばならなかった。進化の本質は時間にある。しかして進化とは真の歴史である。この歴史を十分に見据えなくては、未来の新しい現実はやってこない。彼の「日本人でしかありようがない」という思いは、この歴史の先に新しい人間を予測することなのである。進化の概念は日々の生活にあり、それが故に新しい未来を開くものであった。

「東横イン」の朝には、既に日常的なものが戻っていた。だが旅はまだ続いている。ホテルでは簡単な朝食が出た。いろんな人が集まってくる。一人旅の女性の外人もいる。ここでは、彼も異邦人ではない。そのことは自分自身に実感される。もはや自炊することは必要でなくなった。自炊の生活は一ヶ月近くも続いたことだ。旅が終われば新しいことが生まれている、それらはいちいち自覚されてはいないのだが。

リュックを負ってホテルを出た。不要な物は処分したから、それはごみとして残してきたことを意味するが、荷はやっと軽くなった。朝、食事の前に駅まで行って特急券を買っておいた。大阪へ出るものだった。今はもう、電車のことも宿のことも考えることではなかった。こうして彼は、一人だけの列車の旅を味わいつつ、京都の駅までやってきた。この後は新幹線を使うだけである。

京都の駅ではリュックを預けた。こういうリュックを負うているのは、外人ばかりである。定一は生涯の許された全ての旅において、リュックを使うであろう。荷と共に歩く、それは旅の条件である。これからの目的は、西本願寺の前の方にある、数軒の本屋を尋ねて、宗教関係の本を買うことである。荷から解放されたから、少しぐらい遠くても歩くことにした。本を買うことは旅の一つの目的であった。そのためもあってここまでは普通切符にした。西本願寺にも少時だが立ち寄った。それから道路を渡り、本屋のある街に出た。昔からの生活が残っている、彼の好きな地帯でもある。彼の中には、山や川を歩いていた時とは全く別種の、文化的な情趣が息衝いていた。旅はもはや終わりかけていた。正味五日間の旅だった。そして、妻と離れて二十六日間が過ぎていた。

旅から戻る、わが家に着く、それは日常性に完全に帰ることだが、他方では何かを失うことを意味する。定一は「天然の旅情」という言葉が好きだ。旅というのは確かにそれ自身が人生を意味しているが、あるいは人生のより典型ではあるが、もし人が旅にだけ生きたなら、これまた失うものも大きい。定一の青春とはこの間で揺れたものである。彼は一日の見合いで、そして僅か十分の思考で結婚を決めたのだが、それは社会との結縁を誓うことを意味していた。だがそれは、「天然の旅情」を捨てることではなかった。どんなに社会との結縁が強かろうと、それ故にどれほど外見の自由を失うても、人生を一つの旅情として受け取るものは生き続けたのである。だから定一は旅に出る。そして旅から日常に復帰する。映子はそういう彼を見ていて、「家にばかりいたら貴方の野性が失われる」と言う。過半の人生の時間によって、本性としての「天然の旅情」と、自分が人として持っている「社会的責務」の両方が今や自覚的に強く彼の中に生きている。その歴史が地域との密着性を生んだ。彼の社会性は不可欠である。恰も少年期の村の生活のようなものだ。人生の立場は逆転してしまったが。旅は終わり、そこに戻って来たのだ。しかし妻が言うように、野性に戻ること、何もかも捨てて大地に腹を着けて寝るというような行為は、一年に一度くらいはやってみるべきことだった。もともと、名も地位も権力もなくこの世に出生した命であってみれば。

二十六日間不在にした書斎の朝の時間に戻った時、何かこう自分が人工的な場に居ることが感じさせられた。そこに安心的なものもあるのだが、土に近い生活への憧れが彼のなかにあった。草庵での生活ということを考えることが、よくある。具体的には、故郷の栗畑で、周りには全く人家のない所で、一人暮らす生活である。それはこの社会的な生活を選択したことのもう一歩奥にある、原始的な本能のようなものだ。それは土への接近、自然との一体感を強めることだ。虫の生活である。土こそはあらゆる生命のふるさとである。例え今のこの身が、どれほどまでに家とか家族とか社会に繋がれていたとしても、土の生活に帰るというのは人間の本能ではないのか。定一は有機体であることを、思想として失う者ではない。そこを基本として自然を、自然の中の生命を見る眼がある。虫の命も自分の命も同じである。生物多様性の思想は、彼にとっては全く経済上の問題ではない、命という存在の何ものにも変えられないという価値に関わることである。

久し振りに戻った書斎の朝である。ベルクソンを読んでいてこう思った。

『ベルクソンが言うように、生命は個体としてであれ種の長い歴史においてであれ、自分の仕事として環境の中で課せられ、あるいは自ら選んだその条件に適した生き方あるいは考えを、創造しながら前進を繰り返すのだ。それは適応ではなく、全く別の応当の仕方だ。そこに知性の力があり、創造の力が進化を生むのだ。これによって、何故自分が苦しい時も楽しい時も耐えてそれを無視し前進出来たかが、理解される』

ここには彼の新しい出発が見える。旅が生んだとも言える、ベルクソンの思想が自分のものとなったとも言える、そして世上で言われる科学は科学でなくなった。それは人類と自己の進化を適応と競争に見ない、いわゆる科学ではないところの新しい哲学との出合いであった。この進化は因果系を外れるものだった。そんな進化があるのかと、人は言うであろう。しかし彼が目的のない行為を行為それ自体として持つこと、そしてそこから生まれてきたものはそういうものだった。外部的因果によらない、自己の内なる創造の力が押し進めるものである。ベルクソンの「持続」は創造を生むものだった。人間とは一つの記憶の総体である、しかしそれに終わらず、持続は創造を生む。経験がきっかけとなっていても、それは経験には書かれていない、持続されてきたものから涌出してきた創造的なものなのである。とするなら、科学は対象を一つの固定的なもので捉えようとし、哲学は対象を固定したものと見ず、自己の内に変容しながらも「持続」するものによってそれを捉え直すものである。定一はそこに「哲学すること」の本義を知って、現実の行為にそれを見らんとする努力を始めたのだ。

一ヶ月近くも不在だった彼に対して、戻って来た世界は待つものがあったであろうか。彼は今年になって三度帰省し、不在の時間は二ヶ月以上になる。不在が長くなれば、その世界は彼の存在を抜きにして始まるのだろうか。そういうことはなかったように見えた。だからこそ妻は、安心して日常性を保つことが出来ていたのだ。この共有された空間における不在があっても、夫が生きている限りその存在は彼女にとって確かなものであったのだから。それは霊ある者に成立することである。定一は不在の間、手紙を出し続けた。そこには世間的な瑣事とか世辞は書かれていない、ラブレターとも言えるものである。その手紙が来れば、一ヶ月ぐらいの不在はさして意とするには足りないものだ。彼にはその自信がある。そうなると、帰って来た今彼がやるべきことは、霊なきものの面倒を見ることだということになる。ただそれだけのことだった。自己の存在とは、手紙と何であれ体を使ってやる面倒見に代表されることになる。この二つがなければ、不在の証明になるのだろうか、この世における不在が証明されることになるような気がする。どこかに生きていることが存在と言えるのか、それははなはだ疑問に思えるのである。

この日、田舎を出る前日に送っておいた荷物を片付けた、そして書斎も整理すると畑に行った。トマトが真っ赤に熟れて、たくさんなっていた。彼はそれを大きなごみの袋に入れて、担いで持って帰った。こんなにたくさんのトマトを収穫したのは、前にも後にもなかったほどである。途中の公園で、老人会の仲間がグラウンドゴルフをやっていた。彼は彼等にこのトマトを配って、水で洗って食べるように言った。それからまたついでに、知人の家に寄って分けてあげた。彼を一番待っていたのは、このトマト達と畑であったろうか。畑のことはいつもこう感じることではある。彼の不在証明はこの畑に最も現われているものなのだ。それからの三日間ぐらいはあっという間に過ぎていった。その多くは畑で費やされた。彼には書かない日々が続いていたが、この三日は朝も早く起きれなかった。やはり、旅の生活が少し度外れのものであったのだろうか。彼の中に逸速く戻ってきたのは、母への思いだった。帰って二日目に思ったのは、『ことはやはり母のことしかない』だった。妹からの電話でも、母は混乱し困っているようだった。術後の回復は順調だったが、御襁褓《おむつ》は当てっぱなしになり、下剤の使用は欠かせないのである。人間というのは、食べることと排泄の二つが順調であることが基本である。後者に問題があるというのは、生の健全性を欠くものである。しかしこれがなかなかの難題なのである。ここには生命力というようなものが関わっているように見える。人為的手段ではなかなかに解決が出来ない。母を思うと念仏がこぼれてくる、そして思うのだった。

『念仏は、母の救いの願ではない。命、苦しむ命を自分の中にも深く味わい、おろそかにすまいという願いである。母の命がある、その深い感謝にあって、今という時間にあって母の命ということをしっかり味わっていきたいということに他ならない』

この彼の思いは、命というものに対する新しい概念に導いたようである。母の命を味わうとは、母の生を味わうことであり、それは自分のこの生を味わうことなのである。他人の生を感じて、自己の生が感じられているのだ。ここに霊の一致ということが起こっている。他者ではないということだ。命という現象に、われわれは自分であれ他人であれ、それが物でありながらも触れることが出来ない。自分の場合であれば、それを自分の心で実感するだけである。これは表象されたもので、実体的な物ではない。そうなら他人に対してもこのことは起こる、空間を超えて感じることが出来るということだ。母を思うことは、母の命を思うことであった。

それで翌日も母のことを思うのだった。

『母の命も、私の命も仏様におまかせするしかない、おまかせして今のこの命を、せいいっぱい生かさせていくしかない。日暮らしの中に願と行が成就されていく。心と肉体が一致した生活の可能性がある』

戻ってからの、畑に費やされた三日間が過ぎていった。社会との関わりはなかった。彼は旅での経験と母への思いに生きていた。だがそれでも自分自身の新しい空間はあった。例え話ともどんな関係もなくなってしまっても。そこに自分の世界があったのだから、それは真に自立した世界、他には何ものにも依存しない世界であった。彼が求めたものはいつの時代もこの自立であった。そしてこの自立への努力は、生涯続く種のものであったのだ。となると、信仰と自立の道が一体であったということになる。浄土の思想はここに生きるものであった。

彼のこの四月までの、二年間の自治会長としての働きは、今はどこにあったのだろうか。彼の三度に渡った帰省、四月、五月、七月、それを無にしていたのだろうか。だがそうではなかったようである。夏の盆踊の日が近付いていた。戻って三日が過ぎたこの日、櫓立てに参加することになっていた。彼は辞める時、ボランティアグループを三つ作った。体育活動を援助する専門員はその一つである。だからこうして仕事が残っていた。また老人会の定例日も近付いていた。話すことの内容のことが、頭を過《よぎ》る。彼の場合、何のことで話すのであれ、内容は決まったものではない。自分が今、最も課題とされていることが、整理され纏められて話される。いつも自分の今の思いから話すということだ。自分の中に生まれてくるもの、今の自分の問題であることを話すのである。このことは彼の歴史だった。このことは、話すこと自体が思想の前進となることを意味していた。彼に取って、人前で話すということはそういうことだった。従ってこの行為は、他人のためになされるのではなく、自分のためになされるのだった。そこに苦しさもまたあったのだが。

彼はこの朝、過ぎた時間を意識した。朝の机での時間を持たない三日間のことだ。日記帳も空白である。だがその三日間が充実していなかったわけでもないことが、感じられていた。それは次のように集約されるものだった。

『この三日、日記を書くことにすら余裕な時間を持たなかった。今朝は、二時半ぐらいから、寝床の中で考えていた。いよいよ死が迫り自覚するのは、こういう早い時間に起きてがんばったことへの満足感ではないかと。それで起きたのだが、先ほどまた、寝床に戻って長くなっていた。今は三時四十五分である。

先ほど、西田全集の月報二三に思想登攀の一回性ということが書いてあった。一度書いたものは二度と書けないということだ。昨日もそういうことがあった。生家の机の側に貼った紙に書いたことを思い出そうとするのだが、文章はとてもそのままには浮かんでこない。書き写したと思って探す、やっと日記の中に見付ける。私は今もこれを空で言えない。こう書かれている。

「われわれにはなりわいしかない。とするなら、もしわれわれに真実というものがあるとするなら、それはなりわいの中に現われてくるものでなくてはならない。それは刻々の時間の中で、われわれが願っていることなのだ」

で、結局、この考えが江川の歩く旅に、そして昨日までの畑の作業の中で確認されようとして過ぎて行ったのだ。そこに成就されていったものはあったのか。

トマトのことは一つの実例のようだ。昨日も畑で仲間と話した。この結果の裏には、私の願いが行となって様々に働いているんですよと。昨日の草取りだって、かんかん照りの中を三時間、そういう作業がないと、次の秋の野菜の収穫もないのだ。

しかし更に考えるなら、江川の歩きと草取りでは違いがある。あの時出合った婦人の言葉、「何の目的ですか」は残る。全てはなりわいだとして、成就されたものはあったのか、なかったのか。だが、かんかん照りの道に四十キログラムの荷を負うて歩き続けるのは、なりわいではあるまい。僧が自己の上に課した修業のようなものではないのか。とすれば自分は何でそれを課すのか。苦労を何のためにするのか、そこに何の願いがあるのか、それは見えないのか。ただ言えるのは、身の苦労をものともしない、そこに何か進化を期待するものがあるのだ。それはなりわいではすまないことだ。母の命のことは、いつもそういうものとしてある。苦であって苦でなし、そこに業を超えた行が成立しているのではないか。苦にとどまるなら目的がいる。それが苦でないなら、目的もいらない。苦でも楽でもない、それが願より生まれた行だ、因果より逃れている、自己の内より発したものだ。

「現実に例えすぎて考えていないか。もともとは、法蔵菩薩の生涯の生き方から、力を貰うということで始まった。全ての労苦を法蔵のような大きな願いにささげきってしまうということだった。日暮らしの中の個々の願いを超えた、何かそこに説明の出来ないような大きな願い、生死を超脱するものが生きているのではないか」

「なりわいの中に現われてくるもの」、「刻々の時間の中で願っていること」というのは、仏、阿弥陀仏の姿であったり、母の姿であったり、仏の本願であったりするのではなかろうか。日暮らしの中にもそれらが生きているのである。だから古人は、そしてかつての村人達にも、「ナムアミダブツ」が自然に口に出たのではないのか。

生は空であり、無為である。目的はない。しかしそこに生まれてくるものはある。美しいトマトはそれだった。生は滅する、しかし何かを生むだろう。仏は、生・死ということを超えて歩かれた。われわれには仏になる道があるばかりだ、しかるとすれば、その仏は日々の行の中に生きているのだ。

阿弥陀仏は日々の行の中に生きている』

最後の一行は諸縁を断ち切って、一個の独立した言葉となって、彼の中を生き続ける種のものである。こういう概念はやはり、旅がなかったら生まれてこなかったであろう。そしてこれが、日常の中でも生きていくとするなら、旅にも負けない労苦に耐える力が要る。そういう労苦が自己に課せられるものならば、念仏はほとばしり出るであろう。古人の姿はそういうものであった。定一は逆に言うなら、独立と気力の人生を求めていたのだ。そこにしか文明への希望はなかったということになる。

現実の生活に知性と行為の一体化が求められ、精神世界にあっては生・死を超える概念がいつも求められているのである。それが彼にあって、惰性の生を排除するものである。二つの世界は、彼が意識する・しないに関わらず、常に存在し続けたということになる。二つの世界があるということは、そこにどうしても闘争的なものがあることになる。だが闘争はエネルギーである。その点で、彼は東洋の一如の思想にはない。ベルクソンの進化もまたそういうものであろう。科学がこの世のことの研究であるなら、哲学することはあの世のことを研究することでもあるかのように、二つの世界のことが考え続けられた。あの世のことがわかってこなければ、この世のより深い解明が出来ないかのようなものとしてあの世はあった。二つの世界を生きざるを得ないというのが、存在する者にとっての事実であった。彼にとって仏の思想は全く虚無的なものではなく、現実世界の実相に最も強く肉迫するための武器であったのだ。そうして彼は一つの概念に行き着きつつあった。それは翌朝こう表現された。

『死して永劫の命を得る、ということではないか。死が不安であることは無くなるまい、その不安を鎮めえるのは永劫の命、死なない命である他はない。仏になる、阿弥陀仏になるというのはそういうことだ。死んで終わりではないのである。それが信心の生活だと初めて知った』

この思考は翌日も続いて、こう結ばれた。

『新しい命を得たのだ、それが、人生が今始まったばかりのようだと感じられたものの本旨であったのだ。願いはここにかかっていた。釈尊の並外れた願いの困難がやっと理解出来た』

老人会は明日に控えていた。彼は自分だけの朝の時間が終わって、食事が済んだ後、話の原稿をタイプした。

表題は「信と願・行について」となっている。それは前月に、「法蔵菩薩の物語」を話して以来の、一ヶ月の彼の物語が書かれたものだ。それは他人に話すというより、まるで自分に向かって語るようなものだった。日記に書かれた、なりわいについての感想をそのまま出して、その後にこう記してある。

「私はここに二つの問題があると思う。一つは、人間は生死の苦海より逃れられない命によって生きるものだということ。もう一つは、願いといっても自分達の行為はひたすらのなりわいであるということ、人間というものが命を土台として生きるものである限り、迷える衆生、苦しんでおる衆生を出ないのです。ここに、命にこだわっている限り、仏と無縁のところにいる私達がいる。だがここに、永遠の命を求めるということが起こる。ここに信ということが生まれます」

彼はそう断言するように言う。願と行の背後に信を見る。母が、死にせかされるように生きていながら、落ち着いているのは、長年聞いてきた仏法の力によるのではないかと知らされるのだった。

彼はそうやって老人会で話したのだが、主題は「永劫の命」ということだった。それは物と対比される、物とは無限の距離を持つ、人間が最後に至る自由を意味した。この自由の意味は幾重にも解釈が出来る。肉体を離れて、すなわち因果世界から解放されることである。だがそうでありながらも、努力と意志がそこにかかっているようでもある。彼は「死して永劫の命を得る」と言ったのだが。哲学することは、現実の時間の内に起こることだ。しかしその命のことを考えている内に、物質的なものと離れて信仰の世界に入り込む。これは既に、「思想と行為」の問題を超えている。それは「新しい命」という直感に繋いだ。しかしそれが直感である限り、この新しい命を他人に与えることは出来ない、例え妻であっても。そこに、二人で一緒に歩くことの出来ない一本の道がある。「一つの道を二人で行くことが悪い」がある。これこそが、人生の厳しさなのである。

信仰とは何だろうか。哲学することは信仰を説明しはする。しかし信仰そのものは、祖先の血を受け継ぐものであるように見える。しかし更には血だけでは説明出来ない、伝統的なものが関わっている。この血のことは、彼が故郷の家に帰った時、強く感じさせられるものだった。それは単に血という物によって示されているものではなく、祖先が残した家とか庭、物、自然、風景そして風土が語るものだった。風景を壊せば、子孫に伝わらないものがある。これが環境破壊の大元凶である。定一の自然保護の思想もここにある。これを一言で言えば伝統ということになる。自己が自己であることがこの伝統にあることが、生家に帰って自覚されるのだ。それを更には、少年時の村の生活が教えているのである。しかしここには大変に困難な問題がある。

もしも信仰が伝統からしか引き継がれ得ないとすれば、その伝統がない地では、信仰のことはどういうことになるのか。彼は現実に、この関東の地における信仰の薄いことにそれを感じる。他方、新興宗教は多いように思える。定一は信仰のことを考えている内に、全ては新興宗教と言ってもいいのではないかと思うようになった。親鸞の新しい信仰が当時における新興宗教であったように、自分のこの現代における信仰も、時代に合いそして時代を乗り越える、逆に言うと新しい宗教でなくてはならぬという思いである。法蔵菩薩が本願の第一願で説いたように、この世の現実が地獄であることは今も昔も変わらないのである。この因果世界の逃れえぬ桎梏《しっこく》に気付くなら、人は新しいその人の信仰世界を求めざるをえないのではないだろうか。それが新興宗教である。自分自身の問題から生まれ、この人生の意味を求め続け、苦難の現実にあって因果的なことから超脱して新しい独立と自立の生き方を求めることが、死ぬまで続くのだ。宗教とは生まれるものだ、先達者はいたとしても。その先達者と同じように、自分もまた新しい信仰を生むのだ。

何故そういう形になるのだろうか。何かを本当に自分が信じるということは、自分の中に生まれたものあるいは既に有るものによってしか成立しないからである。この有るものは一個の生命体によって引き継がれた伝統である。彼という人間は、伝統から切り離し得ない、そういう存在としてのありようを、自身が見ている。逆に言うと、伝統が責務的に受け入れられているということである。カントの自己を律している道徳法則がどこから来るかをよく見ると、この伝統が持つ力は大きい役割を占めている。労働だって、結婚だってそういうものではないか。もしそれが少しでも弱かったら、彼はバガボンドで終わっただろう。自由であることは、最も道徳的であることを意味する。何故なら自由より価値あるものはどこにも存在しないからだ。とするなら、道徳法則を守ること自体が自由である。道徳を外れて、人間の価値は存在しえないからだ。しかしこのことが分かるには過半の人生が必要である。

永劫の命を得るということは出発点であったが、到達点をも意味するような出発点だった。しかし生が続く限り、その新しい力は現実世界に反響せずにはおかぬ。そうするとまた、新たな変容を生んでいくことになる。そうやって信仰が忘れられていくわけではないが、概念的なものはいつしか遠ざかっていくことになる、思い出すことも出来ないほどにである。そうではあるが、丁度お盆という季節と無量寿経講話の読書が重なって、数日間はこの信心生活の相ということに思いが集中したのだった。読書の重要性ということはある。自己の不足が見えたのだ。思いとは裏腹にある自分の有り様が見える、それは現実だった。思いほど高尚なものではないのだ、この自分は。それを教えたのは、無意識に戻った、夜の時間のようである。

『信心生活の深さが足りないことに対する、反省・不満足が夜の間の私の中にあるようだ。生死の苦海に沈んでいる者を助ける、生ある命と断絶し、永遠の命を得んとするのが仏法だ』

苦海即浄土の相が見えている。しかし彼にはそれが見えていなかった、彼の現実が余りに現世の幸福ということに溺れていたからである。彼がこれを知るには時間を待たなくてはならぬ、新たな艱難辛苦《かんなんしんく》に耐えねばならぬ。

信心生活には種々の相があり、この無量寿経を読んでいると、自分などは一番下の段（下輩）にさえ至っていないのである。仏を求める姿が違う。しかしそうではあるがよく読んでみると、信心ひとつがかたいならば、生活の相は逆にどんな形をとってもよいようにも見える。そして次の朝にこう思った。盂蘭盆最後の日である。

『信心の相は幾重にも深い。修業的生活は、本当は家を捨て欲を離れたものである。そういう者が真の仏を見るとある。私のような者では、せいぜい死に臨んで、夢の中で仏を見るだけだ。日暮らしの俗世の世界が、いかに仏に遠いものか、仏の言葉と毎日の生活の体験から納得される』

仏を便宜的に使っている自分がいる。そうなると究極としての仏という実質から、自分は遠い所にいる。そういう人間である者が語る信仰ならば、聞く者にもまた伝わらない。この小説にもそういう限界があるだろう。だがそれでも信仰を語ることは、存在しないものを存在するものとして語ることは不可避である。小説の材料としては、異端・異物であろうか、小説とは実在的なものの追求にあるように見えるから。しかし実在はしないが、人生を迫真を持って追求する者にとって、そのことは生の主題であること、存在しないが存在するものよりもより確かなものとして自己の内に確立することは避けることの出来ないことなのである。であってみれば、彼の書く小説は公表することには目的はない。ただ精神の進化に関わることだった。ベルクソンは、「思想と動くもの」の中で次のように言っている。もっともこれは引用ではなく、主人公が後に自分の言葉として受け取ったものである。

『この世には存在しないものが、存在するものよりもより存在的であるものがある。神とか秩序はそういうものだ。これは人間の理解を超えている。しかしそれ故にそこに止まるなら、別の危険に遭う。止まることで進歩が止まってしまう。しかし更に生み出すことを試みるならば、創造的意志と思考のエネルギーは更なる上昇をもたらすであろう』

生とはこういうことにあるのではないか。読む人には、この考えを認めて貰いたい。そこには、カント的「実践理性批判」の精神が附随しているという条件付きでである。信仰が持つ本質的なものを抜きにして、信仰を語るならば無意味ではないか、定一のお盆前後の思考はそういうものだった。

「永劫の命」とは、暁烏が言う「自分の胸から湧いてくるもの」であった。定一の先の自己の不足感は暁烏が教えるものであったが、それは痛切に自己の直観を打つものだった。なりわいを持って良しとする人生観から変わらなくてはならないものが生まれていた。彼の人生にあって長い時間が掛かっていた。暁烏はこんな意味のことを言っている。

「阿弥陀様のいる浄土は、死んでから行くのだ」といふても、その死んでいくといふことが、はっきり自分の胸に信ぜられた時に、死んだ向ふは向ふにあるのではなくして、今ここにあるのである。

定一は、悟りを求める、信心を求める求道の生活はすばらしいと思うのだった。暁烏が言うように、死が向こうの方にある限り阿弥陀様はやって来ない、それでは求道の生活は成り立たないのである。そこには弁円の次の歌があった。

山は山　山は昔にかはらねど
かはりはてたる　わが心かな

定一はこの信心生活の相ということを、昼間も考えるのだった。
『われわれは生きることの目的について、暇とか暇でないとかについて、多くの間違いの中で生きているのだなと気付かせられる。それによって人生が深まっていかないのだ。人生の時間に目的はない、暇とか忙しいというのもない。そういうことは始めからないのだ。であるが故にそれらは全部捨てられる。そうだから仏教がある。これは虚無ではない。やはり捨てるというのは原点であり、ここにきびしく帰らなくてはならない。

いいことに浮かれてはならないのだ。それが自分の場合も自覚的な強い認識に到っていない。ぼんやりしたまなのだ、だから生活の中に、信心の相がはっきりと浮かんでこないのだ。無心に畑の土を打つ、昨日の時間の中ではやはりその時だけが光っていたようだ。全ての行為は無である。それによって静かな、急がない時間が獲得されていく。一喜一憂しない生の時間が続く。念仏はそういう心の中にあるものだ。そこに悠久の時間が流れている』

定一は問題が新しい側面を見せ始めたと思った。

彼に捨てることなど出来ただろうか。一喜一憂しないことなど出来ることだろうか。答えは明らかに否である。だが彼はそれが出来るかのように考える。無明の闇が破られうるかの如くに。この問題は考え続けられた。そして翌朝である。

『自分の生活の相は信心生活の相にはなっていない。家庭を捨て、子を捨て、家を捨て、食を衣を捨てたものではない。形がそうなら心もそうだ。こういうことをどう考えたらいいのか』

『信心生活の相ということで数日考えて、それが自分に遠いことを悩むのだが、信心の相は知性の相に通じているのではないか』

彼がここで知性を持ち出したのは、読んでいるベルクソンからきたものだ。例えば「本能は事物に向かって働き、知性は関係に働く」というようなことが書いてある。そしてそこから道具の製作というようなことが書いてある。道具という卑近的で現実的なことと、人間の知性の関係が論じられたのは、古代ギリシアの哲学以来あったものだ。道具の選択は、環境に応じて変化してきたものであったが、それは常に利便性を伴うものであったというのは、人間の変わらぬ歴史であった。知性を伴う選択ではなかった。知性が導いてきた歴史ではなかった。知性が環境を理解し、そこから行為が生まれてくるのなら、新しい道具を人々は自分で選択したり発明したりするのだが。知性にはそういう力はないように見える。利便性だけに流れる、惰性的生活を打ち破ることが出来るものはないのか。だが人間の現実のなりわいが、日々の問題の解決にだけ向けられた努力である限り、この罠から逃れうるものではないのである。定一は、なりわいだけではだめだという、新しい視点は得ていたのだが。

「信心生活の相」の不足などというのは、大変な問題だった。その「不足」は、現世上の良し悪しとか、幸・不幸とか、因果性だけに流されている生活の中の行為を言うものだった。それでは信仰の意味がない。世界を変えることが出来ない。信仰は現世の幸・不幸を超えたものであり、それを捨てて成立するものだった。現代の信仰は余りに現世の幸福にこだわり過ぎている。定一の「永劫の命」とは、この自己の生活の貧しさに気付いたことの帰結であったものだ。翌朝、更に考えるのだった。

『現状の日常生活への不満足というものがあるのだろうか、それはどこから生まれてくるのか。現実に、環境の悪化があり、人種の滅亡が見える、そして自分の生活はそれに対してそれなりに対応されていても、社会への働きかけが弱いせいだろうか。自分の宗教が社会に対して真に働きかけるものとはなっていない、親鸞が敢然と実行したようなものにはなっていない。これはやはり書くことで最も新しく、そしてエネルギーを高めなくてはならぬ。そのためには未だ自分が不足のところにある、開明が弱い、弱すぎる。自分には、社会活動家になる積もりはない。思想家としての充実を求めるだけだ、しかし思想に行動は相伴う。行動は思想の持つ限界の内にとどまるだろう。だがこの思想は、自分にとっては書くことによってしか深まらない。だから人が寝ている、世間は無用としている朝の時間を使ってきたのだ。求められているのは、いつの時代も自分にとっては、新しい世界であったようだ』

新しい世界は、新しい行動を意味していた。そこに彼が、いつも苦しみを背負わなくてはならぬ原理があった。彼の内部に、社会に向かって働きかけさせる衝動がある。内的生活の充実を目指しながら、社会的活動への実践を深めることは、当然に過大なるエネルギーが要請されることだった。しかしそれが義務であり責務であったようだ。ということは、二つの世界は現実的実体でありながら、個人にあっては常に一体化を要求されていることになる。本来宗教的である世界概念が、その世界で変容しながら上昇する意味が、それ故に現実的行動を意欲するというのは、一つの悲劇であった。だがそれは彼の宿命であったものだ。彼には新しい力の発見が求められていたし、それは死ぬまで終わらない。そしてそれは社会への貢献に繋がる。日本の民衆社会は自らが生み出してきた、そういう社会変革のエネルギーを忘れたように見える。このことは歴史を自分の力で理解しようとする時、見えてくるものだった。そういう努力が、隠れたところで彼に求められていた。結局彼には、物と精神、宗教と社会と言った二つの世界を、どちらに偏ることもなく生きることが、人生のいつの時代も要求されていたのだ。そして二つの世界の意味が、自覚的かつ明瞭なものとなりつつあった。しかしそれらを全体としてみれば、彼が常識性から外れない理由がそこにあったのである。

永劫の命に生きるとは、仏の世界を生きることだった。これは「解脱」を意味する。こういうことは言葉だけのことだろうか。しかし言葉を超えて、一つの事実が残り続けるように見える。事実とは言葉で表現出来ないものだ。自己の死ぬべき定めを知りながら、永劫の命に生きるのだと考えるのは反逆の力である。物質の法則に対する反逆である。因果の法則に対する反逆である。彼にとって、生きるとはそして生命の持つ意味はこの反逆にあった。だからこそ生きることは苦であったが、苦はまた歓迎されることであったのだ。このことは、ベルクソンが知性を説明することにすっぽりと当てはまっている。

私達は役牛もどきに重労働につながれて自分の筋肉や筋々の動きを感じ、鋤の重みや土の抵抗を感じている。活動することと、活動している自己を知ること、事象との接触にはいりこみ事象をそれこそ生きること、それも私達のはたす業や掘る畝溝にたいして事象のもつ重要度にもっぱら応じてそのようにすること、これが人間知性の機能なのである」（『創造的進化』 ベルクソン著 真方敬道訳 岩波文庫刊）

彼はこれを読んでいて、ふと気付いたのだ。自分を育てたのが学校の勉強や本ではなく、少年時代の牛を使っての田の仕事、山や畑の労働であったということが、やっと分かったのである。受験勉強とか大学での勉強は、知識は教えても、知性の進化そのものにはほとんど役立ってはいないのである。

「役牛もどき」とはまさに、自己の人生の姿であり、現にこの毎日を生きる姿であった。彼が少年時に車力を牛に引かせるのに使った軛《くびき》は、今の自分にも目には見えないが着いていた。鷗外の「空車」の意味することも、そういうことであろう。だが実は、定一は知性の意味を理解出来ていなかった。彼はただ、自分が「役牛もどき」であることの現実を、強く実感しただけだった。だがベルクソンが言うのは、そういう労働を、労働の持つ様々の意味を、日常の行為にある意味を、知性の力を以て解きほぐせということなのである。労働のきつさは分かる、しかしそれだけでは「役牛もどき」になってしまうということである。ベルクソンの「知性は関係に働く」という意味がここにあったのだ。この理解は、今の定一に遠いものであった。そうではあるが、この知性の働きを自覚して知るために、この役牛もどきの生の体験が、それこそ幼児以来のそして今に到り死ぬまで続く現実が必要であったと言えるであろう。定一がこれを知りえたのは、二年後に知った、ある料理研究家の言葉である。彼女はそれを、「行為を哲学すること」と言って、料理の例で教えたのである。定一は妻の病と向き合っての苦闘の続く日々にあったのだが。

だが彼が知性を求めていたというのは事実である。それはカントの本の精読に問わしめたものでもある。だが他方、現実の運命は妻の命の救済という労働的命題の軛を彼に掛けたのだ。それは例えいかなる辛辣なる労働であっても、それを知性の力で理解せよと迫るものであったかのようである。だが本当は、一日一日の日々は、そういうことを要求しているのではなかろうか。一日が一日の意味を解く、そういう風に一日があるということであり、死に至るまで終着点はないのだから。

二つの世界のことは考え続けられた、無自覚的ではあったが。信心生活の相は、単なる信仰をそして宗教だけを意味するものではない。信仰が真に切実なるものとなっていくなら、行為は例えて言えば炎の如きものとなって、人類全般の問題にもあるいは個人の一つの命にも適応されることを意味する。そこにはやはり、二つの世界の一体化への願があるようである。これらのことは言葉でも説明出来ないし、教えることも出来ないのだが。翌朝の思いの中にもそれはあるものだ。

『日暮らしの生活の中の、信心の生活の相の不足などというのは、どう考えればいいのか。生活の相というのは、自分の道を求め、そこに生まれてくる願いの結果なのだから。それ以上を出ないものだ。身を引き立てて、ということはあっても限界がある。教えてくれる人がほしいということがそこにあるのか。今の私の悩みはここにある』

教えてくれる人はいるのだろうか、今の定一には、これを肯定することも否定することも出来ない。しかし何と魅惑的な命題であることだろうか。人間の未来の行為は予測されえない、新しく生まれるものは予測されえない。それを生むのは、彼の中を生きる持続しながらも変転を重ねる一つの主体なのだから。それは因果系を離脱して変容する、進化する主体、それ自体がエネルギーである。最後の最後のところで、教える人はいないであろう。それは法蔵の物語に現われていることなのである。ところが彼の心の中にはもっと別種のものも生きている。それは自分の親様ということを、それは団地の子供達のクリスマス会で、自分達の親様の数はこれを五百年、千年前とたどるなら何億にもなるのですよと話したことにあるものだ。それは古人に対する無限の崇拝の念である。自分を自分足らしめたものへの信頼の情である。そしてそれは東西を問わない。彼は諭吉の読書に戻る、儒教の本に戻る、カントもジャン・ジャック・ルソーも読む。教える人は幾らでもいた、しかし肝心なのは、いつも学ぶ自分である。諭吉は晩年に至るほど、古人を崇める気持ちに傾いた。それは凋落する文明の姿がそうさせるのではないのだろうか。

『ベルクソンを読んでいてふと、江の川を私に歩かせたものは知性ではないかと考えた。知性は行動で何かを確かめたいのだ。例えば、電車の中で私が受け取った集落の持つ美の実質をである。知性が求めるものは言葉にならない、ただ行為だけが実はそれを表現しているということだ。とするなら、目的は行為をもって終わる』

定一がその日読み始めたのは『龍樹の政治思想』、北畠利親著、永田文昌堂発行である。最初に引用された「ラトナーバリー」の偈は彼の多大の注意を引いた。解脱ということの現実性が求められていたのだろう。

はじめに繁栄の法があり、後に至善（すなわち定と慧の相）があらわれます。それゆえに、繁栄を達成して、次第に至善（解脱）に到ることができるのです。このうち、繁栄は安楽であり、至善は解脱であると考えられます。それを完成する（因）を簡単にいえば、信と（善を正しく知る）智慧であります。信があれば法を受けいれ、智慧によって（法の）真性を知ることができます。この（信と智の）両者のうちで、主体的なものは智慧でありますが、信がそれに先行します。欲望、瞋恚、恐怖、痴暗のために、法を犯さない人は信者であると知られます。彼こそ最勝の器であります。（『龍樹の政治思想』から）

これは非常に常識的であることを語っていた。そして定一の心を不思議に安らがせた。自分は解脱を求めている人間だと、自然に了解された。語っているのは、禽獣から人への道なのである。そして次の早朝に思うのだった。

『人生の背後には信と智慧があるばかりだ、と龍樹に言われて、今の生活でもこれで良しと、少しばかり安心させられたということだろう』

このことは、「信心生活の想」の不足という不満足の解消を意味するものではない。そして更に次の日の思いは次のようだった。

『信心ひとつがかたいならば、生活の相は逆にどんな形をとっても良いのではないかと思った。そこにあるのは、生死の世界からの解脱、それが不可能だとしても願いとしてあるものだ。逆に繁栄の法とは利己主義の達成にあるものだ。それらが全部捨てられる道を歩くことが意味するものだ。そうなると全ての行為は修業としてあることになる。業という、この世では逃れられない絆を断って来世の永劫の命に繋ぐということなのだ。これが信となって生き続けるならば、行は日々の願いの中に生きて生活の諸相が生まれるだろう。信を戴いたありがたさがつくづくと感じられる。こんなにも恵まれた人生であるよと、日頃から思わせられる根本だなと、やっと分かるのである』

しかしこの時の彼の中に、龍樹の言う「繁栄の法」の持つ悪さの真意が、十分には理解されていなかった嫌いがある。彼の中のどこかに、現世における幸福という概念が隠れ住んでいる。これはある種の信仰が持つ悪さだ。そこに信仰の目的はない。龍樹は平易に説きながら、それらを捨てることを求めている。それは恰も、「行為にあるものは信と知、それを欠く者は禽獣なり」と言うが如きである。定一の中には、信を求めながらも従来の生活の名残が本能のように残っていたのだ、しかし彼の今の生のテーマが利己性の屈伏ということにあるのは続いている。ベルクソンはそれを、「思想と動くもの」の中で「事象性と可能性」ということで説明していた。行為に可能的なものを見なくともいいのである。一歩進んで言うなら、進化的なものが未知の新しい領域を開くということであろう。これが閉じた世界ではない、それは因果系に封印されない、開かれた世界への可能性である。自己の内なる創造性に掛けることによってしか、真の未来が開かれえないことを暗示するものだ。それが思想というものなのだ。それに対して、文明は因果系に封印されていた、それは人の心がそうであるからだった。求められているのは「繁栄の法」ばかりなのである。定一はベルクソンの思想を、自分の考える「二つの世界」から考える。二つの世界は二律背反的な矛盾があった。しかしこの矛盾の上に立つのでなければ新しい世界は開けなかった。彼が絶望を肯定的に捉える理由もここにあった。「自己と世界の救済」というようなことも、偏に自己の創造性に掛けて、自己と世界の未知の新しい領野を開くということにしかなかったのである。絶望こそは常に新しい出発点だった。そこに、掲げられた希望の旗であることの意味がある。一つの迷妄が破られたことを意味したのである。それから二日が過ぎていって思うのだった。

『我は下輩・下品の者なり。衆生の群に入らねばならぬ者である。しかしこれは幸せなことである、皆と同じということは。母とも同じ、友達とも同じ、誰とも同じなのだから。そこに十八願の意味があるという。念仏の声一つによって、汚濁の生・死の世界より救っていただき永遠の命を得るということの喜びが、より真なる力を持つ。自分をどこまでも大衆として捉え、そこにあって、皆と共に無限の努力へ向かうのだということで一生を終わりたい。我執を除き、命を、命から命へとつなぐ、これが解脱の意味であるかもしれない。今ある命にこだわる限り、解脱は遠い。母の姿が教えたものは大きい』

定一の世界は、「永劫の命」から「信心生活の相」へ、それから「解脱」へと進んだ。この解脱は、現実的には知性への目覚めを意味していた。これら三つのいずれにも命が関わっているのが見える。そしてやがてそれらは新たな現実、妻の逼迫した命の危機によって洗われる運命にあった。命の危機とは、より真実の生活へ近付くことの、仏の命令である。それは平和の時もあったのだ。彼が再び、小説を書くことの必要を感じ、過去の時間のチェックを始めたのは、八月も終わりの頃であった。新しい思想を読む時間とこれを併行する作業はきついものだった。『意味は深いが、大変にすぎる。先は見えない』とメモされたものだ。

小説はなかなか書き始められなかった。書かない生活は五ヶ月続いていた、そして書く作業へ復帰が、手続きでもあるかのようにあった。書くべきテーマは何だったろうか。どうしても書きたいことが生まれるまで書かない、と思ってきたのだ。この今の生活の中で書くことの大変さが先のように認識されたということは、一旦始められれば作業の中断はありえないことを意味した。それは彼の人生への姿勢であったものだ、苦しみから逃れないというのは、それは単なる、愚鈍なる者であるかのような姿であった。

彼の小説はいつも完成しなかった。完成ではなく、新しい世界の前に立つ者の姿であったものだ。とすると、その新しい世界の内実が極められなくてはならないことになる。しかしそのためのどんな努力も、結果は新しい世界を教えるだけのことだった。これでは終わりはない、突き詰めた積もりが、それは新しい世界の開幕にすぎない、堂堂巡りでもあるかのようだ。彼は、先に書いたものには大きな不足があると思った。自分の中に願いがある、それによって主人公に「世界を開くという行為」が生まれるのだが、最後のところが明確にされていない。定一は今、願いは「永遠の命」を得ることに掛かっていると思った。しかし事実としての、現実の行為を伴うものであった。それを明らかにしたいということが、無意識のうちにあった。となると、彼は新しい世界の前に立つものであったが、その内実はこれから明らかにされるという、従来の堂堂巡りと変わらぬ位置にある。彼の小説は、見えざるものを、見ていないものを、見えるものとする努力だった。だが見えたものにも、その先があった。彼が「心願の見える風景」として書いたものもそういうものだった。しかし願いはあっても、生活にあって利己主義的なものによって閉ざされているなら、彼の視線は全体を見ない。全体はネグレクト（無視）されている。そうなるとそこには軽佻浮薄の人生があるばかりである。彼はこれを、一度深い慚愧に落ち入ることで屈伏した。そうでない人生を求め、別の世界の存在の可能性を追い続けて到ったのが、「世界を開くという行為」だった。そこには更に四年の歳月が流れていた。

理念の深まりは、必ずそこに新しい行為を求めている。何故なら実質は生活の中にしかないからである。とするなら、絶えず行為の変容が、すなわち進化が求められているのだ。彼が求めたのは生活の中の真実性であり、そこに不足を感じていたことになる。彼は今、「永劫の命」ということを得て、「真実の生活」ということに到ったのだが、その実践ということには並々ならぬもの、実のところは努力ではない機縁ということが必要だったように見える。それは確かに命に関わっていたのだから。しかしそれでもここには新しい出発があった。

彼が、「真実の生活」ということで体験的に考えたのは、次のようなことだった。それは九月の最初の日だった。

『一昨日の夕方、散歩で、もう三十年ぐらいになる行き付けの床屋の前を通った。頭を摘んで貰ったのは、その前日だ。短くしてもらって、うざったさが消え清清した。そこで、人間が手に持つ技術ということを考えた。これを床屋は飯の種とする。そこでまた、父のことを思った。父は、この技術で戦後の私達の生活を守ってくれた。そんなこともあって、散歩の足を床屋の方に迂回させた。彼は店の外にいた。背が低い。縮んだのだろうか。話していると、歯がボロボロに抜けているのが分かる。自己と同じ歳なのに。今、彼は入れ歯を外しているのだ。私は全て自分の歯であるのに。

「俺はあんまり長くないから」と彼は言った。あれやこれや考えると、床屋の仕事が体に良くないのが分かる。冷暖房がきいた室に、一日中いるのは体に悪い。私のアメリカ生活もこれを深刻なまでに教えた。それに床屋の場合は、運動にもならぬ。そんな彼が、昨日寄ってみると、店をやっていなかった。日曜日の稼ぎ時だというのに。前日のあのほとくのない（見る者に不安を与える）ような姿を思っても、心に不安を覚えた。こんな一事の中にも、「真実の生活」ということを考える。何事もないように見える生のなかに、命の不安が見えている。

昨日はいつもよく会う、犬の散歩人と急な坂道の木の下で話す。後で雨に合ったくらいだから、既に樹下は暗くなりかけ、太った犬は座り込んで潑剌としたところがない。子供の成長のこと、豊かになった生活のことなど話す。その人は最後に、「また教えてください」と言った。今日読んだ暁烏の言葉ではないが、聞いて分かる人は少ない。「仏の智慧は知ることが難しい」ということだが、このことが仏の場合だけではなく、自分と他人の間にも成立しているのである。自分の言うことが分かるためには、相手もまたそういうことを衷心より道を求めているということがなくてはならない。そうなると結論は、「若し聞かば精進して求めよ」ということになる。精進ということが鍵となるのだ。「真実の生活」を求めるということには、どこまでも精進する心が付いて回る。
床屋のことにも、犬の散歩人のことにも、「真実の生活」ということの片鱗が見える。この意味することは何か。私は二人の姿からそして会話から、真実の生活の意味を考えていたのだ。それは毎日の生活が表現している真実、自分の生活の本当の意味というものがあるということだろう。それが美しくもあるいは醜いものでもあろうともである。
床屋は床屋の店に閉じ込められている。その環境は目には見えぬが劣悪だ。冷房病を作るものだ。この苦しさは、味わった者でないと分からない。長年かかって命を虫食んできたのだ。しかし床屋の技術は生き延びて、今も私の髪を摘む。他方なお、床屋の生活を助ける、しかし命を虫食み続ける。これが彼の生活の真実である。だがこれだけで終わるなら、彼の真実の生活はまだおとずれてはいまい。しかし自分ということに、この命ということに気付いていれば、その生活の細部に願いが生まれて、精進ということが起こるだろう』
定一がどんなにもう一つの世界を、それは形而上学世界と言ってもいいものだが、求めたとしても、現実の生活を離れては成立しえない。形而上学世界にどれだけ近付き親しんだとしても、現実生活と遊離することでは全くないということである。彼が全く一人になって山中で独居の生活を始めたとしても、そんなことを自分の故郷の栗畑でやることを夢想することがあるのだが、現実にやらなくてはならぬことは毫《ごう》も無くならないのだ。そのことを歴史上、最も深く知り抜いていたのが釈尊である。それが故に、生まれ出でたる仏教である。ということは何を意味していたのだろうか。願いは現実にも精神世界にも掛かっていたのだ。床屋と犬の散歩人の姿から、命とか精進ということを考えさせられていたのだが、それらはただ流されるだけの生活にはないものを求めて生まれてくる、両者の世界の飛躍的進歩ということに願いがあったのだ。それで彼は、ベルクソンの「創造的進化」ということを、自己の内にも見らんとするのである。精進ということにも、二つの世界が掛かっているのである。

『自分の場合はどうだろうか。昨日の行為、にんにく卵黄作りは妻の便秘を直すため、菊花の懸崖作り、とても言葉の意味するところまで行くものではないが、それに風呂ボイラーの直し、これはまだ本解決には到らないが。それでやっていることの意味を考えてみると、この春にやった門と生垣の工事に典型的に現われているものではないだろうか。願いはある結実を持つ、ということだ。経にある「成就」の概念である。しかしこの成就は社の小旗に書かれた「大願成就」と違って、目的を持たない。それが現実のことであってもである。私と大工は垣を、土台を直した、それは地震対策であり住まいの環境改善という目的はあった。しかし成就されたものにはそれを超えて、そこに住む人の心が表現されているように思えるのだ。心にかかる何か、それはあたかもあの世に、そして永遠の概念に繋がるものである。だから例え命の存続という願いであっても、単に命が助かるというのではなく、現実においては無限の自己の努力を誓うものであり且つ心においては、死しても残る愛とか信仰に繋がるものなのだ。願うものは世間的利害に、それは例え命でもそうなのだが、そこにはない。薬作りも、ボイラー直しも、長生きしたいとか生活の不具合を直すのは利害であるとしても、当の行為は薬を作ることにそして不具合の原因を掴むことに集中しているのだ。そうでないと、その行為に本当に打ち込めないのだ。それはすなわち、自己の良し悪しで、またそのためにすることではないということだ。今、にんにくを自分で栽培することを考え始めたが、これもまたにんにくを自分の畠で育てること自体への意欲である。「真実の生活」には精神の相がある。それはやったことに見える。風景ともなるものだ。自然を壊せば風景が壊れる。そしてそれを見る子供達の心は劣化していく。こういうことはやった目的とか利害には関係しないが、やったことには見える。物のためにやりながら、精神の相が残る。

「真実の生活の相」を求めるのは、仏道の修業が意味することかも知れない。これが自分が狙っている生活の相なのだ。このことは何をやっても現われるであろう。「仏の世界に生きる」というのにも現実があり、それはこういうことにあるものだろう』

定一が「人生は今始まったばかりのようだ」と感じた根底にあるものは、この利己心を正当化する生の否定であった。こうなると、利己心を正当化しているのが社会である限り、そういう社会との対立そして緊張を生み、現実となるものなのだろうか。彼は闘争を避けるものではない。ここに深く関係しているのは文明の質である。彼が嘗て考えた、祈りの文明の相が今はかなり具体化されているように見える。だがこれは次の物語であろう。

生家へ帰省する日が近付いていた。例年の通り、栗畑の草刈りをやるのである。その前に、老人会での話を済まさなくてはならなかった。一ヶ月近くを不在にするから、こうやっていつも例会をその前に済ませて帰るのだ。今年はもう四度目の帰省である。新しい月がやってくることは、何を話すかそしてそれをどうまとめるかが気になることでもある。そして終われば逆に、解放と安らぎが戻ってくる。他人には説明の出来ることではないのだが。「そんなにきついのなら、止めてしまえば。自分のためには何の役にも立たないのならば」と言われそうだ。しかしそれも何かを学ぶ、重要な手段の一つであった。学ぶというのは、その多面な働きによって進むものである。そのことを、諭吉は『学問のすすめ』の中で明示した。人前で話すこの彼のスピーチは、自分の思想や所見を話す言葉で皆に伝え、批判も受けるという形の、得がたい機会を作るものであった。学問とは何かというようなことも、ただ子供を塾や良い学校に行かせるというようなことに終わらず、その行為の持つ質とか意味を十分に考えるなら、そこには世間的な名分にはない、広大な領野を持つものなのである。しかしいつの時代になっても、人々は学問を自己や社会の功利性や目先のことに封じてしまっている。定一の人生にあっても、嘗て浪人までして受験に失敗して一流と言われる大学に落ち、より地方の大学に行き、恰もそのことが自分を二流の人間とするかのように思わしめられた時間の屈伏には、長い時を要したのである。考えてみるならば、人生の時間と空間の全体が学ぶという行為のためにあるものなのである。

月日は容赦なく過ぎる。生命の一日一日が失われていく。老人会では「仏の世界を生きる」と題して話した。彼は精神の問題と現実を生きて出合う問題の両方を話したのだ。そこにはこう書かれている。

「私が生・死とか、幸・不幸とか、損得とかの問題を離れて、永劫の命を求めあるいは現実には江の川の道に四十キロの荷を負うて歩いたりするのは、知性の要求あるいは知性と深い関係を持つ行為であったと気付かされます。本を読んだり小説を書くだけでは、決して知性は進歩するものではありません。仏の世界というものが、ベルクソンが説明するような、創造的進化を推し進めた知性の世界に似ているのを知り、私は自分の歩く道に確信を深めるのです。江の川の道で会った七十五歳の老婦人は、何の目的ですかと聞きましたが、これが答えのようであります」

彼は二つの世界の存在を批判的にそして冷静に認めながらも、その精神の奥底には両者を一体として摑もうとする強い力が働いてもいる。形而上学世界を直観的なものとしながらも、その意識世界は持続され連続的であることが可能であるものである。それは人格の一元性を持続しているものでもある。それにより経験が可能なものとなる。ベルクソンの言った、物体的である記憶は、いつしか精神的なもの、持続するもの、エネルギー的なものに変わっているのだ。彼は最初にこんなことを言ったのだ。それは「物質と精神」ということを話すもののようだった。

「仏の世界と言うと、皆さんは、何か現実的ではない、自分と懸け離れた遠いものに感じられるでしょう。ですから、私が自分は仏の世界に生きるのだと言うと、そんな事がと思われるでしょう。しかし仏が自分とは遠い第三者であるならば、仏という概念は生活の中にはなくともよい、簡単に言うなら、自分とは無縁な存在になってしまうのではないでしょうか。現に、今の日本人にはそういう人は多い」

それから彼は、日本人の伝統の中にある二つの流れ（傾向）を語った。

（1） 目先だけを考える。今・ここの思想

⑵　仏の思想（出世間道としての）

そしてこう言った。

「この⑴と⑵でもって、新聞の記事を批判的に読むといい。⑴だけでは、地球が人間にとって住みにくい環境に向かっているのに人間の都合でばかり考えて、国も個人も全く反省しないことになる。⑵ということがもっと出てくれば、それは遠い未来をも考えた人間全体の生命の福祉を考えることだが、生活の仕方はもっと変わってくるはずなのです。

今日は、こういうことを前提として話を聞いてほしい」

こうして始まった話は、再び「日本人でしかありようがない」で終わった。この日本人とは仏の心が生活の中に生きている人間を意味していたのである。それは定一が出合った、戦後の村人の姿に見たものである。彼の、日本との往き来はあったけれど八年に及んだアメリカの生活は、そこが異文化の土地であることによって、自分の中にある血が伝えた日本人の伝統を強く自覚させていたのである。これは異文化の社会で得た、最大の収穫であったけれど、その意味するところを知るのには退職後の七年の時間が必要だったのである。そしてそれは、更に老いと死に向かって歩みを早める彼のための準備となったものである。現に危機は目前に迫っていた。

彼がこのように二つの世界の関係を他人の前でも話すことが出来るようになっていたということは、カントの『純粋理性批判』を十分に咀嚼して読める素養を、自己の体験から既に確立していたことを意味する。結局カントは、形而上学の可能性を追求することに思想上の重要な一つの主題を持っていたのだ。そしてベルクソンはカントの結論の先へと思考を進めたのだ。それは、「物と精神」、「動くものと動かざるもの」を説明するものだ。ベルクソンは人間の持つ知性に焦点を当てて、変化と変容を見たのだ。この変容を恐れなく受け入れることは、一日一日が持つ時間の意味として定一に納得されたのだ。三十歳にして小説を書き始めた動機もこういう点にあったのだ。人間というのは、単にこの世における柵《しがらみ》的存在ではないのである。妻と子を守りながらも、彼は知性の発展を望んだのだ。そして四十年が過ぎようとしていた。

二つの世界を一体として捉えようとするのは、人間の意志であり、知性の力である。だがこれを語るには別の物語が必要のようだ。仏が自分の中にいるということは、二つの世界が一体化されていることの証《あかし》のようなものだ。現実の問題もそれによって解かれなくてはならぬ、来世のこともそれによって解かれなくてはならぬ、文明の問題も解かれなくてはならぬ。

老人会で話した後の数日がゆっくりと過ぎていった。横浜の古本屋に本を捜しに行った日は、馬車道をぶらりぶらりと歩いた。ベルクソン講義録の不足分二冊を見付けて買った。しかし横浜の現実の街には、ほとんど興味を引くものはなかった。彼は実利性を離れて、心を満たすものがほしかった。それはその朝に読んだ、「常に法を広く求めて生きる」という言葉にあるもの、菩薩の日暮らしであり、日暮らしというものが世間的なものでなくなれば、智慧とか真実を求める生活になるということと関わっていた。こういうことが、この時代の彼の日々の時間にあって心の中に動くものであったのだ。彼は風景を超えて、生活の中に実質がほしかったのだ。

長い間書かなかった彼の中に、書かんとする感情が生まれていた。そしてもう一ヶ月が過ぎていた。こんな感想を生んだのは、帰省の二日前である。

『本を読むことと、書くことは明らかに違う。ベルクソンを読んで、理解するかしないかに関わりなく、この作業は著者の概念を追うだけなのだから。この作業だけで、本当の自分が生まれるのか。自己の追求とそれによる自己の自立とか独立ということが成立しうるのか、自分が人生で求める主題がそこにあるのか』

書かない生活が、読むことを深めていたのは事実である。書く時間がそっくり読む時間に替わっていたのだから。このことが、諭吉をベルクソンを無量寿経を、短期間の内に精読させた。しかし彼はやはり書くことに何かを求めた。書かないことには、明らかな一つの弱点が見えた。それは、書くために過去の時間の記録からそれを閲し始めた時見えるのだった。過去にあって自分が摑み、生きた概念が今を生きるのに弱い、それはもっと自分の中に強く生きるべきではないかということである。このことは記憶を弱め、持続を弱めることを意味する。このことは、叔母の言葉、「ぼんやりとしか見えない、過ぎてしまった時間と人生」に関わることであった。書くことは過去の現在化とも言えることだった。

帰省の朝はまたたく間にやってきた。起きた時から雨の音がした。起きるのは起きたが、元気がなかった。毎日読んでいる本も前日送ったたし、書かない日々も続いていた。彼は、一体自分の生きがいは何なのかと、考えてしまった。日記帳だけは手元にあった。それで九月の初日に書いた、「真実の生活」のところを読んで考えるのだった。そして考えていく内に、起きた直後の気分が変わっていくのだった。旅に出なくてはならぬ、という重圧は残っていたけれども。

『この真実の生活の意味するところは自動的にはやってこない。精進の相がなくてはならぬ、何に対してか。解脱の生活がそのままありはしない。利害を超えて生きる生があるとするならば、それは何を目指しているのか。そういうことを小説は表現出来るのか、それが小説のモチーフなのか。ある時は、現実の市民的な活動かもしれない。しかしそれを超えてその上にあるものが重要だ。目的のない、目的を超えた何か。ベルクソンの言う生命存在の意義、そこに智慧があかあかと燃えているようなもの、自分独自の生活ということにまだまだ十分に到ってはいないのだ。そこに私の願いはあるのだろう。

明け方に奇妙な夢を見た。昔会社で、トヨタが生産方式を指導に来ていた頃のことだろうか。これはきっと、世の中にある真実ではない仕組みの存在を指摘するものだ。夢の意味するものは、真実の社会のありように目覚めよということだろうか。嘗てのトヨタの指導は、そういうことを現実に教えたものだ。何故夢は今、こんな形で現われるのか。そこに根底の自己が願うものがあるのか。

考えてみるなら、退職した老人はコンピュータとＩＴ技術にはまりこんで、碁を打ったり競馬をやったりと、現《うつつ》とは言えない仮想の世界に生きている。逆に働いている老人は会社生活にはまり込んで、自己の社会的役割を考えることから遠い。私が考える、もっと開かれていく世界に身を置く生き方は、しんどい。この本当に開かれていく世界は、まだ描かれてはいない。やっと入口に立ったばかりなのだ。そしてカフカの「門」のようなものかもしれない。入口までは来たが入れないのだ。小説はいつもこれに対する挑戦である、だから繰り返す。仮想世界でもない、社会の部分になりきって、凡であり愚であるままに、広く自己の社会的存在のありようが追求されていく生活でなくてはならないのだ。自分の役割を考えた生活の実質を求めて、小説はそれを描かなくてはならない。これはどう主題化されるものか、解脱でもない、菩薩道でもない、もっと現実の生活と共にあるものだ。そして静かな生活がなくてはならない。そんな生活があるのだろうかとも思われる。

考えてみると、そこに孤独という、あるいは人間の命の個別性という大問題があるのかもしれない。床屋にも、犬の散歩人にもあるものだろう。人はそれに打ち勝つことが出来ぬままに老いて、くたばりつつあるのではないか。私は青春の時、孤独に打ち勝った。そのことだけが、青春の戦利品だった。それ以外は何もない、学んだものも得たものもない。仏教の「一人来たり、一人行く道」も、「一つの道を二人で行くが悪し」の精神も、その時から自分のものとなったものである。孤独は人間の本質と知ったのだ。本質なら、嘆くことも悲しむことも要しないということだ。しかし老人の孤独には別の問題があるかもしれない。そこに現実の主題はないのか』

自分が開かれた世界の戸口に立っているという感覚は、持続されるものであった。そこには絶えず未経験で未知なる領野が待ちかまえていた。逆に言うなら、われわれの経験はあまりにも狭く、固定的な観念の巣に住んでいるのである。定一はこの開かれた門の前に立ってはいたが、行動は余りにも弱かった。だが行為を生むのは思惟であった。そしてこの思惟は自分の形而上学世界と深く係わっていた。それが深まらなければ、行為の質も上がってはこないのである。そういうことが、今再び書くことの不可欠なることを教えつつあった。

定一は佐賀の母の元に向かって家を出た。いつものように大きなリュックを負って、妻に車で送ってもらうこともせず、駅へと歩いた。新しい空間へと向かう旅は、やはり日常との癒着を断ち切る。映子は別れる時に、朝の飯が食べたくなくなると言った。だがこれはなさねばならない旅であった。彼の中にも同じようなものがないわけではなかったが、人間には絶えざる出立ということが現実にもあることであった。様々の思いは切られて、気分は旅のものに変わる。羽田のフライト前の時間には、いつもそうであるように、自由な思考を許すものがあった。それは無意識に早朝の時間から続くもので、内心には燃え立つような思いがあったのだ。

『自分の人生は終わりかけているのだろうか。何か真実を、人の肺腑を絞るようなものが書いてみたいのだ。しかしそれは深い真実の、逆に自分自身から生み出されたものでなくてはならない。そういうものはどうやったら生まれるのか。そういう真面目さがないから、こう世の中が崩れていくだけではないか。私の中に怒りがある、涙が込み上げてくるような怒りが。

ひしゃく星、Aさん、私、Bさんの共有空間、そこにも言葉にならぬ無限性がある。そいつを書くということだ、人と人の間の無限空間を。人が気付いていない普通の人々の生活に、そんな血の出るようなものを込めて描けないのか。どこへ行ってしまったんだ！　人間の持つ真実は。血痰吐いて求めよ。妹よ、妹よ、私を助けてくれ。何かそうでないと、死んでいけない気がする。孫の五年生にある女の子の、「私の時代はもう来たのよ」はすばらしい。彼女は生命の持つ永遠性に気付いている、命の持つ力にだ。平凡な事実の中に込められた、命が囁くような小説が書きたい。知性には手に負えぬ、命の言葉によって。母が生きている内に、妹のことを書こう。血に、血族に繋がる歴史として書こう。そこには現代に対する抗議もある、自己への鋭い合口もある』

彼の中に「動くもの」、沸き立つようなエネルギーがある。それは未だ十分な形を取りえてはいない。だが動くもののエネルギーが見える。彼は自己のありように不足を感じていた。それは自己の現実のありようが、十分に自己のあるべき姿となっていないからだった。彼は自己の責務を尽くしていない。しかしそうではあるが、彼の中のこの動くものは、やがて自己のあるべき姿となるであろう。それはより道徳的存在であることを意味する。この脱皮は一筋縄ではいかないだろう、だが利己心という欲の罠はより薄められるだろう。彼の道はそうやってここまで歩かれてきたし、この道しかなかった。彼は今、二つの世界ということを知った。自己の救済と世界の救済は重なるものであった。それは未だ十分には一体とはなっていなかったが、この二つの世界が共に自分のものであるという確信はエネルギーを生んでいた。この自己の命は永遠性を持ち、そうならば自己が挑む外的世界もまた永遠性を持つものだった。

諭吉が求めた精神の文明は、可能性としての実在であった。しかしそこに到るには、ベルクソンが言ったような進化が必要だった。だがこの文明に進化は起こらなかった。諭吉の死後百十年が過ぎて、それは証明された。人間の精神は堕落し、物質文明も限界に近付き、人種は滅亡へと大きく一歩を進めてしまった。定一はこの十年、なすすべもなくここまで来た。しかしこの文明の歴史を変えるものが、一人一人の自覚と自立によるしかないというのは変わらなかった。それは諭吉も強調したことである。自己の救済とは、文明の救済に係わることであった。それは一体としてあるものだった。だが出来ないことがあるだろうか。出来るものと出来ないことが始めからあるのか、結局、信仰や形而上学的確信はここに掛かるものだ。問題の困難性は十年かかって十分に分かっていたことだった。

時間に対する人間の身の感覚とかその対処ぐらい雑で不確かなものはない。過去の時間はあっという間に過ぎたものであり、今という時間も飛ぶように過ぎ去るものでありながら、未来の時間に対しては、それがいつまでもあるかのようにのんびりとしたものであり、自分の死ということも勘定には入っていない。何かを考えてやるとしても、十年ぐらいではなかなかに完成しない。定一は退職後、十年という時間にある目処を持ってやってきた、そしてその時間はもう後三年しか残っていない。その目処はついたのか。小説は五年立っても完成しなかった、十年立ったら完成するのか。この時間を充実させるものは何か、時間は止まらない、そして話の上にも一様に過ぎる、人にはその対処の方がない、しかしそれ故にこそ、定一は朝早く起きる者であったのだろう、結果は別にして。

定一に個人的重大な運命が五ヶ月後に待っていた。それは生ある者の宿命であった。命は未来を語らない、いつまで生きるかを知らないのだ。とするなら、この今を十分に生き尽くすという努力しかないのだ。もしもそれが真に出来るなら、どんな運命であれ克服することが可能ではないか。少なくとも、そこに成就されるものがあるであろう。出来るとか出来ないということは、その後で語ればいい。

（終わり）

自分を見出せない人々

二〇一五年二月十二日　初版印刷
二〇一五年三月　一日　初版発行

著者　岡木愚山人 ©
発行者　川口敦己
発行所　鉱脈社
〒八八〇－八五五一
宮崎市田代町二六三番地
電話　〇九八五－二五－一七五八
郵便振替　〇二〇七〇－七－二三六七

印刷　有限会社　鉱脈社
製本　日宝綜合製本株式会社